기업경영형법

이상돈 지음

박영사

도입글: 형법의 진압적 통제와 소통적 규제

기업을 경영하는 사람들은 점점 다양한 형사처벌의 위험에 직면하고 있다. 경영자들은 기업경영을 실패하거나 심지어 성공한 경우에도 모럴헤저드가 있었다고, 기업재산을 유지·증대시키는 경영판단을 하지 못했다고, 그리고 심지어 근로자 사망사고와 인과성이 없지만 그와 관련한 산업안전경영을 다하지 못했다고 비난받고 형사처벌된다(**01**). 정치체계는 경영을 뒷받침해주기 보다는 사사건건 범죄화 관점에서만 경영행위를 바라보고, 범죄의 목록을 지속적으로 늘려나가고 있다. 이처럼 법이 경영(경제체제)을 과도하게 규율하는 데에는 정치적 이유도 있지만, 법의 이원적 코드에 그 근본이유가 있다. 법은 인간의 행동에 대해 합법과 불법의 코드로 판단할 뿐 제3, 제4의 판단코드를 갖고 있지 않다. 경제체계도 이원적 코드(효율/비효율)로 작동하지만 법의 이원적 코드는 경제체계에 대해 매우 폐쇄적이고 권력적으로 작동한다. 법의 규율을 받는 경영자들은 법이 자신들을 적대한다고 느낄 정도이다.

그럼에도 법은 이원적 코드를 버릴 수 없다. 그것을 통해 사람들은 행위방향을 안정적으로 설정하고, 또한 언제 자신의 행위가 불법이 되는지를 알 수 있으며, 이를 통해 비로소 자유를 최대한 누릴 가능성도 확보할 수 있기 때문이다. 하지만 이원적 코드의 법이 무조건적으로 경영현실을 적대한다면 합법과 불법의 코드가 작동하는 새로운 지점을 찾을 필요가 있다. 이처럼 경영을 통제하는 형법의 이원적 코드를 '리셋'할 수 있다는 사고는 법다원주의(legal pluralism)와 연합할 수 있다. 법은 법을 구성하는 실질을 법 안에서 자체 생산하는 것이 아니라, 법 밖의 규범이나 관습, 문화로부터 가져온다는 관점이 그 출발점이 된다. 더 나아가 법은 공식적인 입법기구나 사회적 헤게모니(hegemony)를 장악한 세력(예; 정당, 시민단체)만 만드는 것이 아니라 헤게모니에 대한 그람시(A. Gramsci)의 통찰에서 보듯 사회에서 펼쳐지는 법의 가치, 윤리, 이데올로기에 대한 (법적) 담론과 대항담론에 의해서도 생산된다고 보아야 한다. 가령 분식회계와 부실감사의 죄(**11**)를 판단하는 전제인 기업회계기준도 금융위원회의 승인은 받지만 그 내용의 실질은 공인회계사회가 정하고 있다.

기업경영형법도 경제체계내의 경영자사회나 시민사회에서 생성 · 변화하는 담론에 귀를 기울여야 하고, 그런 담론을 위한 소통공간(communicative scope)도 남겨두어야 한다. 가령 (사기적) 부정거래(**10**)는 법의 도덕편중적 사고와 모험거래적인 비즈니스 마인드의 길항관계가 강한 행위영역이기 때문에 형사사법기관은 그런 행위들이 경영현실에서 갖는 (관행적) 의미와 (경제적) 기능을 통찰하면서 부정거래죄를 가능한 한 좁게 해석하고 적용해야 한다. 또 다른 예로 조세저항이나 탈세에 관한 시민적 담론(**13**)은 조세형법의 형성과 집행에서 귀 기울여야 한다. 더 나아가 형사사법은 도덕적으로 비난하는 경영행위들을 통제하는 수단으로서 형법 이외의 다른 제재들이 갖는 의미와 기능에 대해서도 높은 수준의 이론적 이해(**03**)를 가질 필요가 있다.

이런 다원주의적 법적 사고는 법치주의에 대한 이해의 변화를 요구한다. 법의 지배는 본래 서구 근대시민사회에서 성장한 자유주의의 역사적, 제도적 산물이다. 자유주의의 기획에서 법(근대법)은 타인의 자유를 침해하지 않는 한 자신의 인격을 자율적으로 발현하는 인간의 자유와 권리(인권) 및 시민사회의 자율성, 즉 사적 자율(Privatautonomie)을 최대한 보장한다. 하지만 현대사회의 법은 사적 자율의 오 · 남용, 가령 시장의 공정경쟁을 왜곡하는 시장지배지위의 남용(**05**)이나 카르텔(**06**)을 규제하여 실질적 정의를 도모하는 실질법으로 발전하면서 동시에 지속적으로 분화해가는 다양한 사회체계, 대표적으로 자본시장체계의 기능을 해치는 행위들, 이를테면 주가조작(**09**)이나 내부자거래(**08**) 등을 규제하여 그 체계기능을 유지하고 향상시키는 법으로 발전하였다.

그 결과 법의 지배는 약자보호라는 윤리를 위해 다른 시민적 자유를 제한하거나 사회체계의 기능향상을 위해 권리 없는 의무(예: 환경보호의무, 건강검진의무, 안전모착용의무)를 부과하고 그 목록을 지속적으로 늘려나감으로써 사적 자율을 약화시키고 있다. 그러면서도 법은 여전히 경영영역을 포함하여 사회영역의 모든 문제들을 해결하는 거대한 통일적인 규범체계로 이해되고 있고, 또한 그렇게 남으려고 한다. 비유적으로 법은 모든 사회영역과 문제들을 덮고 있는 거대한 솥뚜껑과 같은 것이다.

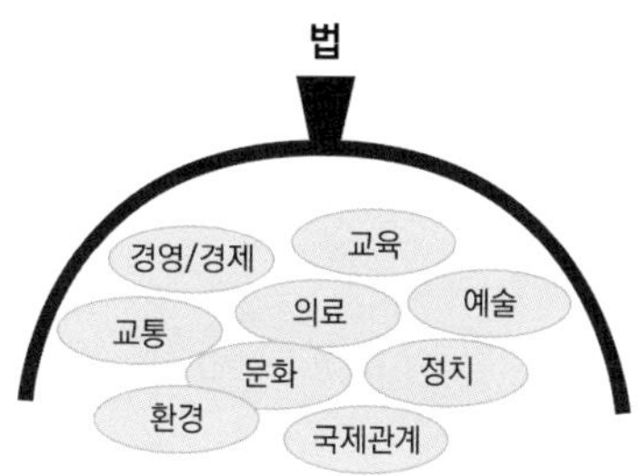

이처럼 사적 자율을 확립시키면서 동시에 약화시키는 법의 모순적인 양면성에도 불구하고 법의 문제해결에 대한 사람들의 기대는 계속 커지고 있고, 법은 그 기대에 부응할 수 있는 것처럼 계속해서 자기를 확대 재생산하며, 여전히 합법과 불법이라는 폐쇄적인 이원적 코드의 작동방식으로 사회를 규율한다. 이런 모습의 법은 루만(Luhmann)의 개념을 빌리면 '자기준거적 체계'(selbstreferentielles System)라고 부를 수 있다. 그런데 이런 자기준거적 체계로서 법은 루만이 설명하듯 실은 모든 사회체계들을 관할할 수 있는 거대한 솥뚜껑 같은 것이 아니라 그것들과 나란히 위치하는 사회체계의 단지 '하나'로 그 위상이 바뀐다. 그런데도 솥뚜껑 역할을 하려고 하는 법은 사회체계, 특히 경제체계를 더욱 적대하기 쉽다. 특히 형법의 적대기능이 강력하고 체계적임을 고려할 때 법의 지배는 경영영역에서는 더욱 더 성찰적으로 이해되어야 한다. 그 핵심은 형법이란 경영(경제체계)의 전반을 규율하는 상위의 지배규범이 아니라 경영의 현실과 소통하고, 그 내적 자율을 존중하면서 경영의 자유에 대한 단지 외적 한계를 설정하고 규제하는 수평적 상호작용의 규법이라는 것이다. 이와 같은 소통적 규제는 입법단계에서 뿐만 아니라 법원이 법률의 흠결을 보충하거나 법률을 수정하는 법률해석의 단계에서도 이루어져야 한다.

이런 소통적 규제의 법은 법체계와 경영(경제체계) 사이의 소통, 즉 체계간 소통(intersystemic communication)을 도모하는 법이 될 수 있다. 체계간 소통에서 가장 중요한 점은 법이 다른 사회체계에 통용하는 합리성(another rationaliy)을 고려하는 것이다. '경영판단원칙'(**02**)은 그 대표적인 예이다. 경영판단원칙은 배임이나 횡령의 혐의를 받는 기업경영자들에게 뿐만 아니라 중대재해처벌의 위기에 선 경영책임자의 산업안전보건확보의무 위반여부에 대한 판단에도 확장 적용될 수 있다. 체계간 원칙은 분식회계와 부실감사에 대한 제재에서도 마련될 수 있다. 가령 분식회계를 회계부정, 회계오류, 회계판단의 차이로 나누고, 회계판단의 차이는 법적으로 분식회계로 보지 않는 것이다(**15**). 이를 회계판단원칙(accounting judgement rule)이라고 말할 수 있다. 전속고발도 형법이 경영합리성을 고려할 수 있게 하는 제도이다. 예컨대 조세범죄는 국세청장이나 세무서장의 고발(조세범처벌법 제21조) 없이는 공소를 제기할 수 없다(**14**). 이 제도는 법에 조세체계의 현실을 고려하고 조세행정적 규제의 강도를 합리적으로 조절하는 공간을 마련한다. 이로써 조세체계의 합리성과 법체계의 과세정의 사이의 괴리가 극복될 수 있고, 전속고발기관이 축적한 심결례는 사법체계에서 고려됨으로써 법적 정의를 더 섬세하게 실현할 수 있게 된다. 그리고 맹목적인 법의 지배는 조세체계에 대한 형법의 소통적 규제로 변화된다.

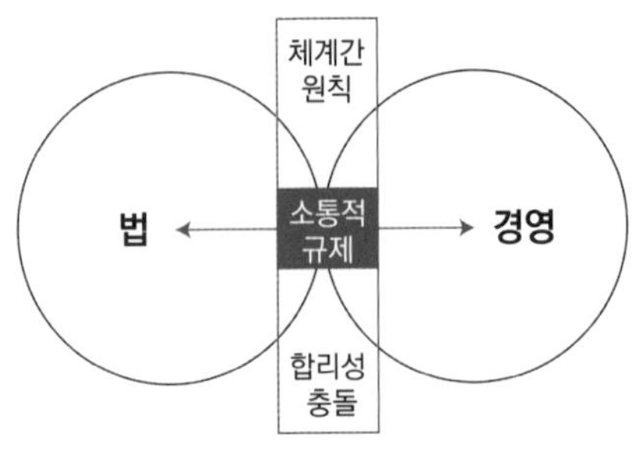

이 책은 경영자들에게 너무나 중대한 리스크이면서도 기업경영을

위해 완전히 피하기도 어려운 일탈행위들(예: 배임, 횡령, 중대재해처벌법위반, 조세포탈, 시장지배지위남용, 카르텔, 주가조작, 내부자거래, 부당지원, 변칙방법에 의한 경영권 승계행위)에 대한 형법적 통제의 문제들을 다룬다. 이 문제들을 다룸에 있어 이 책은 특히 정의를 내세우지만 실제로는 주관적이며 배타적인 도덕적 관점이 배제하기 쉬운 **경영의 내적 자율**(경영합리성)과 경영행위에 대한 **실정형법의 외적 제한**(법적 정의) **사이에 평형**을 이루는 법과 그 기초가 되는 법리를 설계한다. 아울러 이 책은 내가 지난 20여 년간 써온 기업경영 관련 논문들과 단행본들(목록참조)을 뒤돌아보고 그 내용을 집약하면서도 새롭게 재구성하고, 오늘의 새로운 문제들과 판례들, 이론들과의 논쟁을 통해 그 지평을 확장한 것이기도 하다. 고려대학교에서 허락해준 연구년이 없었다면 불가능했음에 감사의 마음을 갖게 된다. 끝으로 이 책을 출간해준 박영사와 수고스런 교정을 해준 고려대 대학원생 조문주, 윤상희 양에게도 깊은 감사의 마음을 전한다.

2022년 8월 여름의 끝자락
고려대학교 연구실에서
이 상 돈

■ 이 책의 기초가 된 저자의 저술목록

— “단체협약위반죄의 위헌여부”, 저스티스, 제32권 제3호, 1999, 176～193쪽.
— “내부자거래의 시장유해성과 시장의 형법 비친화성”, 형사정책연구, 1999 겨울호, 101～131쪽.
— “신용카드체계의 위험분배와 형법정책, 자기신용카드의 부정발급과 사용의 범죄화 정책에 대한 비판”, 형사정책연구, 제11권 제2호, 2000, 115～145쪽.
— “부실감사의 형사책임”, 안암법학, 통권 제11호, 2000, 106～140쪽.
— “부실회계감사와 법”, 고려법학, 제37호, 2001, 95～147쪽
— “해킹의 형법적 규율방안”, 법조, 통권 제546호, 2002, 86～121쪽.
— “경영실패와 경영진의 형사책임”, 법조, 통권 제560호, 2003, 61～99쪽.
— “부실감사죄의 형법정책과 헌법재판의 방향”, 저스티스, 통권 제83호, 2005, 198～221쪽.
— “주가조작의 형사책임”, 저스티스, 통권 제89호, 2006, 87～109쪽.
— “정보이용동의 — 정보적 자기결정의 새로운 차원”, 고려법학, 제47호, 2006, 87～122쪽.
— “노동형법과 헌법질서”, 형사정책연구, 2006 겨울호, 103～132쪽.
— “공정거래법상의 독점규제에 관한 동의명령과 입법정책상 쟁점”, 기업소송연구 2007, 127～147쪽(공저자: 지유미).
— 부실감사법, 법문사, 2007.
— “차입에 의한 기업인수(LBO)와 배임죄”, 경제법연구, 제7권 1호, 2008, 171～194쪽.
— 조세형법론, 법문사, 2009.
— “시장지배지위남용의 형법적 적정규제”, 영남법학, 제31호, 2010, 27～61쪽.
— 경영과 형법, 법문사, 2011.
— “국제거래분쟁에서 강제집행면탈죄의 초국가적 확장”, 고려대학교 법학연구원 , 고려법학 제64권, 2012, 521～556쪽.
— “전환사채의 저가발행을 통한 경영권 승계의 배임성”, 형사정책연구, 통권 제90호, 2012, 5～40쪽.
— “형법상 경영판단원칙의 지평확대”, 고려법학 제74호, 2014, 253～287쪽.

— "조세범칙조사 불승인결정 사건에 대한 공소제기와 공소권 남용", 고려법학, 제76호, 2015, 193～226쪽.
— 경영판단원칙과 형법, 박영사, 2015.
— "네트워크 의료기관 경영의 법적 허용과 그 한계", 영남법학, 제42집, 2016, 255～284쪽.
— "영구전환사채의 발행과 차액정산계약의 형법적 한계", 고려법학, 제91호, 2018, 69～114쪽.
— 자본시장형법, 박영사, 2021(공저자: 조영석).

목 차

01 경영자의 형사책임: 경영실패·배임·중대재해

Ⅰ. 기업경영과 형사책임의 위험 ········· 2

Ⅱ. 경영실패의 형사책임 ········· 5

1. 경영실패와 무관한 불법적 행위 ········· 5

2. 모럴헤저드의 범죄화 ········· 7

Ⅲ. 준법경영과 경영배임의 불확실한 범죄화 ········· 13

1. 준법경영시대와 배임죄의 위상 ········· 13

2. 배임죄의 포괄구성요건화 ········· 17

3. 경영배임의 과잉통제: 차입매수사건의 예 ········· 25

Ⅳ. ESG 경영과 경영배임 · 중대재해책임 ········· 41

1. 리스크로서 경영배임의 새로운 기능 ········· 41

2. 안전보건경영책임의 범죄화 ········· 44

02 경영판단원칙

Ⅰ. 경영판단원칙의 수용과 의미 ········· 50

1. 추정과 안전항 ········· 51

2. 항변과 원칙 ········· 52

3. 법제화흐름 ········· 52

4. 미국법의 영향 ········· 54

Ⅱ. 경영판단원칙의 내부적 기능 ········· 55
1. 경영배임에서 미필적 고의 배제의 법리 ········· 56
2. 사실인정에서 경영판단의 효과 ········· 58
3. 경영판단원칙에 의한 임무위배 판단 ········· 60
4. 위법성조각사유 ········· 62

Ⅲ. 경영판단원칙의 외부적 기능 ········· 63
1. 형법과 경영의 체계 간 충돌 ········· 63
2. 법치주의의 재해석 ········· 64
3. 체계간 원칙 ········· 64
4. 경영패러다임의 변화와 경영판단원칙 ········· 65

Ⅳ. 경영판단원칙의 적용요건 완화 ········· 68
1. 선의의무 ········· 68
2. 충실의무 ········· 72
3. 선관주의의무 ········· 73

Ⅴ. 기업집단과 경영판단원칙의 확장적용 ········· 80
1. 그룹차원의 경영판단 인정필요성 ········· 80
2, 독점규제법적 법리와 경영판단 ········· 82
3. 경영판단에서 사실상 하나의 사업자 법리 ········· 84

Ⅵ. 횡령죄와 경영판단원칙의 확장적용 ········· 86
1. 횡령죄의 신임관계와 경영판단 ········· 87
2. 횡령죄에 대한 경영판단원칙의 예외 ········· 88
3. 상계충당과 경영판단원칙 ········· 91

Ⅶ. 기업집단 내의 횡령과 경영판단 ········· 94
1. 부외자금의 경영판단적인 계열사 지원사용 ········· 94
2. 계열사자금의 횡령과 경영판단적 상계충당 ········· 95

Ⅷ. 경영판단원칙과 입증책임의 분배 ······ 99
1. 경영판단과 배임고의의 엄격증명 ······ 99
2. 경영판단원칙과 횡령고의의 입증책임 ······ 100
3. 부외자금에 대한 불법영득의사 ······ 101

03 경영책임의 제재수단

Ⅰ. 형벌대체적인 제재 ······ 106
1. 제재수단의 유형화 ······ 106
2. 제재수단의 법이론적 배열 ······ 112
3. 위법경영 기업에 대한 제재 ······ 116

Ⅱ. 동의의결제 ······ 119
1. 동의의결의 의미와 성격 ······ 119
2. 동의의결제의 기능조건 ······ 122
3. 동의의결에 대한 검찰과의 협의 ······ 125

Ⅲ. 전속고발제 ······ 127
1. 통합모델과 고발의무 ······ 128
2. 분업모델과 전속고발 ······ 129
3. 분리모델과 대화적 고발 ······ 132

04 공정거래형법의 범죄화유형

Ⅰ. 불공정거래행위와 공정거래형법 ······ 136
1. 시장의 공정성-경제성과 도덕성의 수렴 ······ 136
2. 불공정거래행위의 불법구조 ······ 137

Ⅱ. 공정거래형법의 과제 ······ 140

05 시장지배지위남용죄

Ⅰ. 시장지배지위남용죄의 현황 ······ 144
1. 구성요건의 형성 ······ 144
2. 불법의 비교 ······ 145
3. 시장지배지위남용에 대한 형법정책 ······ 146
Ⅱ. 시장지배지위남용의 불법유형 ······ 147
1. 보호법익 ······ 147
2. 경쟁적 시장구조의 의미 ······ 149
3. 소비자주권 ······ 151
4. 불법의 불명확성과 순환논증의 오류와 극복 ······ 153
Ⅲ. 시장지배지위남용죄의 성립요건 ······ 156
1. 시장지배성 ······ 156
2. 부당성 ······ 160
3. 유형성 ······ 165
4. 의도성 ······ 168
5. 시장지배지위남용에 대한 제재 ······ 171

06 카르텔죄

Ⅰ. 카르텔의 보호법익과 불법구조 ······ 178
1. 카르텔의 강한 통제 ······ 178
2. 카르텔죄의 보호법익 ······ 180
3. 카르텔의 고유한 불법유형 ······ 184
4. 카르텔의 불법구성요건 구조 ······ 185
Ⅱ. 카르텔죄의 주체 ······ 188
1. 시장영향력 ······ 188
2. 비신분성 ······ 189
3. 사실상 하나의 사업자 ······ 189

Ⅲ. 카르텔의 합의 ········· 191
1. 합의 입증에 편중된 실무 ········· 191
2. 합의 개념의 의미론 ········· 191
3. 합의의 (행위)반가치 차등 ········· 194
4. 합의의 추정 ········· 196

Ⅳ. 공동부당행위: 카르텔의 실행행위 ········· 201
1. 공동성 ········· 201
2. 부당성 ········· 204
3. 유형성 ········· 207

Ⅴ. 경쟁제한성: 카르텔의 결과 ········· 210
1. 경쟁제한효과의 불확실성 ········· 210
2. 경쟁제한의 적성 ········· 211
3. 경쟁제한적성이 없는 예외들 ········· 213
4. 경쟁제한성의 추정과 그 한계 ········· 217

Ⅵ. 카르텔의 제제 ········· 219
1. 객관적 처벌조건: 소비자후생의 실질증감 ········· 220
2. 정당한 카르텔과 위법성조각 ········· 225
3. 카르텔 불법과 제재의 비례성 ········· 228
4. 리니언시와 인적 처벌조건 ········· 229
5. 카르텔 불법과 경제체계의 통합기제 ········· 232

07 계열사 부당지원죄: 영구전환사채와 TRS

Ⅰ. 차액정산계약의 경영효율과 법적 금지 ········· 238
1. 영구전환사채와 차액정산계약의 경영효율성 ········· 240
2. 차액정산계약의 형사불법 가능성 ········· 243

Ⅱ. 불법구조의 차이 ······ 245
1. 보호법익의 차이 ······ 245
2. 가치합리성과 목적합리성 ······ 247
3. 법익침해의 판단시점과 구조 ······ 249

Ⅲ. 차액정산계약과 배임죄의 경계 ······ 251
1. 배임죄의 적용 ······ 251
2. 구조화된 손해발생의 위험 ······ 252
3. 신용공여에 대한 반대급부의 요청 ······ 254

Ⅳ. 차액정산계약과 특수관계인거래위반죄의 경계 ······ 259

Ⅴ. 차액정산계약과 특수관계인부당지원죄의 경계 ······ 261

08 내부자거래죄

Ⅰ. 의의 ······ 266

Ⅱ. 내부자거래 형법의 회의와 정당성 ······ 267
1. 내부자거래의 특성과 형법의 상징성 ······ 267
2. 정당화 이론 ······ 270
3. 내부자거래죄의 역기능 ······ 275

Ⅲ. 내부자거래의 요건과 축소해석 ······ 280
1. 규제대상자 ······ 281
2. 규제대상 증권 ······ 284
3. 내부정보 ······ 284
4. 내부정보의 이용행위 ······ 289

Ⅳ. 내부자거래의 이득액 산정 ······ 290
1. 이득액의 산정방법 ······ 290
2. 정보전달 내부자거래의 이득액 산정 ······ 294
3. 내부자거래의 죄수와 이득액산정 ······ 296

09 주가조작죄

Ⅰ. 주가조작죄의 현황과 해석정책의 방향 …… 300

1. 주가조작죄의 현황과 정당성 …… 300
2. 주가조작의 불법유형 …… 306
3. 시장의 최소도덕으로서 공정성의 해석과제 …… 314

Ⅱ. 불공정한 시장 참여 …… 315

1. 시장참여: 거래 …… 316
2. 불공정성 …… 317

Ⅲ. 투자유인효과와 투자유발효과 …… 322

1. 투자유인효과 …… 322
2. 투자유발효과 …… 323

Ⅳ. 시장의 가격결정기능 왜곡 …… 324

Ⅴ. 주가조작죄의 목적조항 …… 328

1. 목적 개념의 재해석 …… 328

Ⅵ. 주가조작죄의 이득액 산정 …… 334

1. 이득액 산정의 대상범위 …… 334
2. 이득액의 계산 …… 337

10 사기적 부정거래죄

Ⅰ. 의의 …… 342

1. 시장사기의 포괄적 범죄화 …… 342
2. 사기죄와의 불법의 비교 …… 346

Ⅱ. 사기적 부정거래의 유형 ······ 347
1. 부정한 수단 사용의 죄 ······ 347
2. 허위·부실표시의 죄 ······ 350
3. 거짓시세이용의 죄 ······ 354
4. 풍문유포·위계사용 등의 죄 ······ 355

Ⅲ. 사기적 부정거래의 이득액 산정 ······ 358
1. 내부자거래·주가조작죄의 방식 준용 ······ 359
2. 사기적 부정거래의 죄수 ······ 360

11 분식회계와 부실감사죄

Ⅰ. 외부감사책임법제의 현황 ······ 362
1. 외부감사인의 법적 의무 ······ 362
2. 부실감사의 의미와 외연 ······ 363
3. 민·형사책임 ······ 364

Ⅱ. 부실감사책임의 귀속원리와 법이론 ······ 373
1. 개인적 귀속가능성의 부재 ······ 374
2. 부실감사책임의 집단적 귀속 ······ 385
3. 부실감사법의 대화이론적 설계 ······ 387
4. 민사적 책임법제 ······ 389
5. 형사 및 형사유사법제 ······ 393

Ⅲ. 현행 부실감사책임법제의 해석정책 ······ 395
1. 외부감사법과 자본시장법의 해석 ······ 395
2. 불법행위법의 해석 ······ 400
3. 부실감사형사책임의 해석 ······ 414

12 증권범죄의 조사와 수사

Ⅰ. 한국거래소의 심리 및 감리 절차 ···································· 422

1. 한국거래소의 자율규제 ···································· 422

2. 시장감시 · 심리 및 감리 ···································· 423

Ⅱ. 금융감독원 · 금융위원회의 조사 절차 ···································· 425

1. 증권선물위원회의 조사권 ···································· 425

2. 조사 사건의 분류와 조사직제 ···································· 425

3. 조사의 방식 ···································· 426

4. 조사결과의 처리 ···································· 429

Ⅲ. 특별사법경찰 ···································· 431

Ⅳ. 검찰 수사 등 ···································· 432

13 조세포탈죄와 조세형법이론

Ⅰ. 조세형법의 정당성기초 ···································· 436

1. 조세일탈행위의 개념과 유형 ···································· 436

2. 조세형법의 도덕적 이중구조 ···································· 440

3. 국고주의와 책임주의 ···································· 442

Ⅱ. 조세포탈죄의 불법구조와 처벌 ···································· 448

1. 조세포탈죄의 불법구조 ···································· 448

2. 조세포탈의 처벌 ···································· 454

3. 조세포탈죄의 정당성과 위헌성 ···································· 455

Ⅲ. 조세포탈죄 이외의 조세범죄 ···································· 463

1. 조세범죄의 개관 ···································· 463

2. 유형화의 기준 ···································· 467

3. 유형화의 법적 기능 ···································· 469

14 조세범처벌절차법

Ⅰ. 세무조사 ········ 474

1. 세무조사의 합법성원칙 ········ 475
2. 세무조사의 적법절차성 ········ 476
3. 이중위험금지원칙 ········ 482

Ⅱ. 범칙조사 ········ 488

1. 범칙조사의 의의 ········ 488
2. 범칙조사의 적법절차 ········ 489
3. 범칙사건의 심사와 처리 ········ 493

Ⅲ. 수사 ········ 503

1. 수사의 방법과 절차 ········ 503
2. 수사비례원칙 ········ 504
3. 사건처리와 공소 ········ 507

15 경영권 승계의 형법적 한계

Ⅰ. 합법과 불법 사이의 경영권승계 ········ 510

1. 주식상속의 자유에 대한 과도한 제한 ········ 510
2. 경영권승계전략의 형법적 문제들 ········ 511

Ⅱ. 차명주식관리에 의한 경영권승계 ········ 512

1. 차명주식의 관리와 조세포탈죄의 적용 ········ 512
2. 대주주 주식양도세포탈의 제한해석 ········ 516
3. 양형기준의 절차법적 설계 ········ 520
4. 차명주식의 상속회복과 차명주식관리의 횡령여부 ········ 522

Ⅲ. 전환사채발행에 의한 경영권 승계 ······ 543
1. 전환사채의 제3자 저가발행의 합법화 판결 ······ 543
2. 배임죄해석의 상법 종속성과 독자성 ······ 546
3. 형법의 도덕성과 상법과의 수평적 법형성 ······ 550
4. 업무상 배임죄 적용의 방향 ······ 554

Ⅳ. 인수합병에 의한 경영권 승계 ······ 560
1. 복합적, 합법적, 장기적 승계전략 ······ 560
2. 부정거래죄의 성립여부 ······ 565
3. 업무상 배임죄의 성립여부 ······ 568
4. 분식회계죄의 성립여부 ······ 571

사항색인 ······ 575

01

경영자의 형사책임: 경영실패·배임·중대재해

Ⅰ. 기업경영과 형사책임의 위험

Ⅱ. 경영실패의 형사책임

Ⅲ. 준법경영과 경영배임의 불확실한 범죄화

Ⅳ. ESG 경영과 경영배임·중대재해책임

01

경영자의 형사책임: 경영실패 · 배임 · 중대재해

Ⅰ. 기업경영과 형사책임의 위험

기업경영에서 경영자들이 가장 두려워하는 법적 책임은 중대재해처벌법에 따른 처벌(법 제6조)일 것이다. 그러나 오랜 세월 동안 횡령 · 배임죄가 가장 큰 두려움의 대상이었다. 이들 범죄의 공통점은 공정거래법 위반이나 노동법 위반처럼 회사의 경영에 타격을 주는 데에 그치지 않고, 경영자 특히 재벌기업의 오너들에게 직접 타격을 주기 때문이다. 가령 재벌회장도 배임죄나 횡령죄의 혐의를 받게 되면 그가 꿈꾸어 온 기업의 성장은 물론 그(녀) 자신의 행복한 여생의 기반까지 빼앗겨버릴 수 있다. ① 배임죄[1]는 이 세 가지 형사책임 가운데에서도 그 성립 여부가 매우 모호해서 경영자 입장에서 가장 불안하고 두려운 죄이다. 특히 배임죄(형법 제356조, 제355조 제2항)는 그 구성요건의 모호성 덕에 기업경영을 통제하는 명확한 법령이 없는 경우에 언제나 동원되는 형법규범으로 유명하다.

★ 형법의 업무상 배임죄와 상법의 특별배임죄 배임죄로는 형법의 업무상 배임죄(형법 제356조)와 부수형법인 상법상의 특별배임죄(상법 제622조 제1항[2])가 있다. 이들은 불법유형과 법률텍스트가 똑같다. 다만 특별배임죄는

---

1 **제355조(횡령, 배임)** ② 타인의 사무를 처리하는 자가 그 임무에 위배하는 행위로써 재산상의 이익을 취득하거나 제3자로 하여금 이를 취득하게 하여 본인에게 손해를 가한 때에도 전항의 형과 같다.
제356조(업무상의 횡령과 배임) 업무상의 임무에 위배하여 제355조의 죄를 범한 자는 10년 이하의 징역 또는 3천만 원 이하의 벌금에 처한다.

2 **상법 제622조(발기인, 이사 기타의 임원등의 특별배임죄)** ① 회사의 발기인, 업무집행사원, 이사,

그 행위주체를 업무집행사원, 이사, 감사 등에 국한하고, 행위객체를 회사의 재산으로 특수화하고 있을 뿐이다. 그러므로 특별배임죄는 업무상 배임죄와 법조경합관계(특별관계)에 놓인다. 하지만 실무는 경영진의 경영상 배임행위를 처벌할 때 특별배임죄를 적용하기보다는 주로 업무상 배임죄를 적용한다. 이는 상법상 회사대표로서 적법한 권한이 없거나 소멸한 경영진[3]에게 형사책임을 묻기 위한 것이기도 하지만, 배임으로 취득한 이득액이 5억 원 이상인 때에는 업무상 배임죄의 가중처벌규정인 특정경제범죄 가중처벌 등에 관한 법률 제3조 제1항을 적용하여 매우 무겁게 처벌할 수 있기 때문이기도 하다.

② 횡령죄도 배임죄와 더불어 경영자에 묻는 형사책임의 대표적인 범죄유형이다. 배임죄보다는 구성요건이 명확하지만, 배임과의 경계가 모호한 횡령이 매우 많다. 횡령죄에 포섭될 위험이 있는 많은 경영행위들은 기업경영에서 불시에 등장하는 다양한 위기요인들에 대응하기 위한 경우가 많다. 가령 기업들은 규모의 차이는 있으나 대개 비자금을 조성해둔다. 경영자들에게 비자금은 근로자들에게 주는 일회성 포상금이나 M&A를 위해 피인수회사의 대주주에게 제공하는 자금으로 사용하는 등 회사발전을 위해 필요한 것으로 여겨지지만 경영자들은 비자금 운영으로 인해 횡령죄로 처벌될 위험에 늘 처하게 된다.

③ 경영자들이 불안한 점은 배임죄와 횡령죄에 포섭되는 경영행위와 그렇지 않은 경영행위의 경계가 모호하다는 점이다. 지금은 위법이

집행임원, 감사위원회 위원, 감사 또는 제386조 제2항, 제407조 제1항, 제415조 또는 제567조의 직무대행자, 지배인 기타 회사영업에 관한 어느 종류 또는 특정한 사항의 위임을 받은 사용인이 그 임무에 위배한 행위로써 재산상의 이익을 취하거나 제삼자로 하여금 이를 취득하게 하여 회사에 손해를 가한 때에는 10년 이하의 징역 또는 3천만 원 이하의 벌금에 처한다. ② 회사의 청산인 또는 제542조 제2항의 직무대행자, 제175조의 설립위원이 제1항의 행위를 한 때에도 제1항과 같다.

제624조(특별배임죄의 미수) 전2조의 미수범은 처벌한다.

3 판례(大判 96도2287, 83도218, 78도1297, 77도3731)는 특별배임죄를 "상법상 회사의 적법한 이사나 대표이사의 지위에 있는 자"에 국한하여 적용하였고, 1998년 개정 상법 제401조의2 제1항 업무집행지시자(법적으로 이사의 지위를 갖지 않으면서도 회사의 업무를 직접 수행하거나 회사의 경영진에 대하여 업무를 지시하는 자) 등에게 회사의 손해에 대한 손해배상책임을 귀속시키지만, 이들은 특별배임의 행위주체에서는 배제된다.

아니지만, 미래에 가서는 지금의 행위가 불법, 즉 배임이나 횡령이었던 것으로 될 수 있다는 점은 그 불안을 더욱 높인다. 이런 전前미래시제의 구조는 법철학적으로는 모든 법의 숙명과 같은 것이지만 배임과 횡령에서는 조금 특별하다. 배임·횡령죄의 변화는 명시적, 표현적이지 않고, (판례의) 소급금지원칙에 의해 보호될 가능성이 은밀하게 사라져 버린다. 이것은 배임죄나 횡령죄의 요건이 상대적으로 많이 불명확해서, 해석을 통해 배임·횡령죄규범이 실질적으로 변화해도, 그 새로운 규범이 배임·횡령죄의 본래적인 규범내용이었던 것처럼 생각되기 쉽기 때문이다. ④ 또한 경영자의 배임·횡령은 대개 그 액수가 크다. 경영자에 대한 단죄의 여론은 오로지 그 액수가 크다는 점, 형법이론적으로 말하면 결과반가치가 크다는 점만으로 특정경제범죄 가중처벌 등에 관한 법률은 법정형을 살인죄에 버금갈 정도로 — 이득액이 5억 이상 50억 미만이면 3년 이상의 유기징역, 5억 이상이면 무기 또는 5년 이상의 유기징역으로 — 가중한다.[4] 그렇기에 경영자들의 이 범죄에 대한 염려와 불안은 더욱 커진다.

⑤ 이와 같은 법적 불안정성이 특징인 배임·횡령죄는 역사적으로 보면 경영자의 경영책임과 사회적 책임을 강화하는 근본적인 평가관점의 변화·발전 속에서 더욱 확장되었다. 그런 근본적인 평가관점으로 1997년 IMF－경제위기를 전후로 등장한 **윤리경영**, 2000년대 중반부터 등장해서 2011.4. 상법 제542조의13에 입법된 **준법**(통제)**경영**, 그리고 2020년대 기업경영의 가치방향을 대표하면서 2025년부터 자산총액 2조원 이상의 상장사에게 공시가 의무화된 ESG(환경·사회·지배구조)**경영**, 즉 재무적

---

4 **특정경제범죄법 제3조(특정재산범죄의 가중처벌)** ① 「형법」 제347조(사기), 제347조의2(컴퓨터등 사용사기), 제350조(공갈), 제350조의2(특수공갈), 제351조(제347조, 제347조의2, 제350조 및 제350조의2의 상습범만 해당한다), 제355조(횡령·배임) 또는 제356조(업무상의 횡령과 배임)의 죄를 범한 사람은 그 범죄행위로 인하여 취득하거나 제3자로 하여금 취득하게 한 재물 또는 재산상 이익의 가액(이하 이 조에서 "이득액"이라 한다)이 5억 원 이상일 때에는 다음 각 호의 구분에 따라 가중처벌한다. 1. 이득액이 50억 원 이상일 때: 무기 또는 5년 이상의 징역 2. 이득액이 5억 원 이상 50억 원 미만일 때: 3년 이상의 유기징역 ② 제1항의 경우 이득액 이하에 상당하는 벌금을 병과(倂科)할 수 있다.

요소 이외에 비재무적인 사회적·윤리적 가치를 반영하라는 관점들을 들 수 있다. 이러한 근본관점들은 경영행위를 범죄화하는 사회적 의사소통의 거시적인 흐름현상이다. 이 세 단계의 변화에 따른 경영자의 형사책임을 경영실패책임, 경영배임, 중대재해책임을 중심으로 살펴본다.

Ⅱ. 경영실패의 형사책임

1997년 경제위기와 IMF체제 하에서 많은 기업들이 도산하였고, 경영자의 경영실패에 대한 단죄가 당시의 시대적 요청이었다. 그런 상황에서 경영자에게 불법이 아닌 경영상 모럴헤저드만 있어도 그 기업의 경영실패에 대해 형사책임을 — 배임죄나 횡령죄 때로는 사기죄 등으로 — 물었다. 하지만 경영실패는 너무 포괄적이고, 그 구성요소도 비체계적으로 분산된 개념이어서 법적으로 의미 있는 유형을 만들고, 경영실패의 범죄화가 갖는 문제점을 섬세하게 분석할 필요가 있다.

1. 경영실패와 무관한 불법적 행위

경영실패의 법적 의미를 공시적(synchronic)으로 바라보면, 즉 나중에 결과적으로 경영실패라고 불리는 사태의 원인이 된 행위를 시간의 흐름을 제쳐 놓은 채 행위 시점에서 바라보면, 경영실패는 경영진이 '개인적 귀속이 가능한'(individuell zurechenbar) 불법적인 행위(도표의 B)를 하여 초래되는 경우와 시장의 기능을 위태화하는 행위(도표의 A)를 하여 초래되는 경우로 나눌 수 있다. ① 먼저 경영진이 '개인적 귀속이 가능한'(individuell zurechenbar) 불법적인 행위를 한 경우는 다음처럼 자기 이익을 위한 경우와 회사 이익을 위한 경우로 나뉜다.

B. 경영진의 개인적 귀속가능한 불법이 있는 경우	
자기 이익을 위한 경우	회사 이익을 위한 경우
ⓐ 회사의 대표이사가 회사의 자금을 가지급금 등의 명목으로 변칙회계처리	ⓕ 당해 회계연도의 결산이 적자가 되자 대표이사가 재무이사에게 분식결산서를 작

하여 자신의 주식취득자금 또는 주택 분양대금용도(大判 99도4923)나 경영권 방어용도(大判 2008도1652)로 사용(업무상 횡령)

ⓑ 1인회사의 주주이자 경영자가 회사의 자금을 개인적 용도에 사용(大判 99도1040 등: 업무상 횡령)

ⓒ 비상장·비등록 회사의 대표이사가 시세차익을 얻을 의도로 이사회나 주주총회의 결의를 거치지 않은 상황에서 시가 이하로 전환사채를 발행하여 제3자의 명의로 인수(大判 2001도3191: 업무상 배임)

ⓓ 이사가 대주주들의 지시에 따라 그들이 개인적인 용도에 사용할 자금이라는 사실을 알면서 회사명의의 약속어음을 작성·교부(大判 82도2873: 업무상 배임)

ⓔ 신용협동조합의 전무가 담당 직원을 기망하여 예금인출금 또는 대출금 명목으로 금원을 교부받는 행위(大判 2002도669: 사기)

ⓕ 성하게 하여 이를 토대로 금융기관으로부터 대출을 받음(大判 2000도1447: 사기)

ⓖ 법정관리기업의 사실상 경영자가 회사 운영자금 조달과 어음결제자금 마련을 위해 법원의 허가 없이 융통어음을 발행(大判 97도1095: 업무상 배임)

ⓗ 백화점의 경영진이 당일 판매되지 못한 생식품들에 대하여 그 다음 날 아침 포장지를 교체하고 가공일자가 재포장일자로 기재된 바코드라벨을 부착하여 재판매(大判 95도1157: 사기)

ⓘ 백화점의 경영진이 종전에 출하한 일이 없는 신상품에 대하여 첫 출하 시부터 종전가격과 할인가격을 비교표시하여 곧바로 세일에 들어가는 변칙세일(大判 91도2994: 사기)

ⓙ 은행장이 은행의 업무추진비로 주주가 속해 있는 단체 등에 판공비를 지급하거나 은행의 임직원에게 수고비를 지급함(大判 94도619: 업무상 배임)

② 다음으로 경영실패에 (자본)시장[5]의 기능을 위태롭게 하는 행위가 있는 경우도 다음과 같이 경영진 개인의 이익을 위한 경우와 회사의 이익을 위한 경우를 들 수 있다.

A. 시장기능을 위태화하는 행위	
자기 이익을 위한 경우	회사 이익을 위한 경우
ⓚ 회사 경영진이 경영실패에 대한 자신의	ⓜ M&A를 통해 종합금융회사의 경영권

5 자본시장의 기능은 아니나 보편적 법익을 위태화 하는 일탈행위로는 ① 경영자가 회사의 (비)자금으로 공무원에게 뇌물을 제공하는 행위(大判 97도2609), ② 기업의 경영진이 장부를 허위로 작성하여 매출을 누락하고 허위의 증빙자료에 기하여 허위비용을 계상하여 법인세 과세표준을 축소 신고하는 행위(大判 2002도2569), ③ 기업의 경영진이 상품가치 없는 재고품의 위장수출·입을 반복하면서, 이를 정상적인 무역거래로 위장하기 위하여 임의로 책정한 금액 상당의 외화를 무역거래대금 결제방식을 빌어 마치 그 재고품의 수출·입대금인 양 비거주자에게 지급하거나 비거주자로부터 영수하는 행위(大判 99도4862) 등을 들 수 있다.

책임을 은폐하려고 분식결산을 함(大判 96다41991)

① 대표이사가 분식회계로 작성한 허위의 재무제표에 기초한 허위의 사업보고서를 증권거래위원회에 제출하고 불확실한 사업을 확정적인 것처럼 홍보하고 회사의 주가가 상승하자 자신의 주식을 매도하여 이익을 취득하고, 미리 발행 · 인수해 두었던 사모전환사채를 주식으로 전환한 행위(大判 2000도4444)

을 장악한 사실상의 경영자가 대외적 신용도를 높이기 위해 외국자본으로 가장한 페이퍼 컴퍼니가 회사의 증자계획에 자본을 투자할 것이라는 허위의 투자정보를 유통시키는 행위

ⓝ 파킹료를 지급하고 다른 회사로 하여금 그 회사의 주식을 매수 · 보유하도록 하는 행위(大判 2002도1696)

③ 그러나 경영실패는 이 두 가지(A. B.) 유형의 행위가 엄밀한 의미에서 '인과적으로' 초래한 결과는 아니다. 그런 행위가 있어도 기업이 번창할 수 있는가 하면 그런 행위가 없어도 기업은 도산할 수 있기 때문이다. 그렇기에 경영실패를 형법으로 통제하려고 한다면, 경영진의 불법적 행위를 형법전의 개인적 범죄규정으로 처벌하거나 경영진의 시장유해적 일탈행위를 부수형법(예: 자본시장법, 외부감사법)으로 처벌하는 것이 반드시 필요한 것도 아니고 충분한 것도 아니다. 어떤 경영행위가 경영실패로 결말지어졌을 때, 그 경영행위를 법적 책임을 물어야 할 원인으로 인식하는 것은 그 경영행위의 존재적 · 불법적 속성 때문이 아니라 그것을 범죄화하는 사회적 의사소통의 메커니즘 때문인 경우가 많다.

2. 모럴헤저드의 범죄화

경영행위를 범죄화하는 사회적 의사소통의 특징은 책임귀속을 통시적인(diachronic) 사회적 · 윤리적 책임의 귀속으로 바라보는 데에 있다.

(1) 통시적 책임귀속 예컨대 앞의 두 유형에 속하는 불법적 행위들이 그 자체로서 경영실패를 인과적으로 야기하는 것은 아니지만 그런 행위들의 끝이 경영실패로 결말지어지면 '사후적으로' 그 행위들을 경영실패의 원인으로 지목하기 쉽다. 사람들은 흔히 '회사의 부실화나 도산은 경영진의 부도덕한 행위(즉 불법적 행위) 때문에 빚어졌다'고 말한다.

즉, 어떤 경영행위가 경영실패의 원인이 되는지는 그 행위 뒤에 진행되는 경영성과의 변화에 따라 결정되는 것이다. 이처럼 경영실패를 어떤 범죄행위의 결말로 이해하려고 할 때, 그 이해는 어떤 경영행위와 시간적으로 뒤에 등장하는 경영상태의 변화 및 그 결과를 통시적으로 바라볼 때에만 가능하다. 그러나 이러한 통시적인 책임귀속은 기존 형법의 책임귀속과는 사뭇 다르다. 예컨대 남의 물건을 훔치는 행위는 그 행위 뒤에 피해자에게 어떤 결과가 발생했는가와 무관하게 그 자체로서 절도죄라는 책임을 귀속 받는 것이기 때문이다.

(2) 사회적 책임귀속 둘째, 이러한 통시적 책임귀속은 법적 책임귀속이기보다는 '사회적 책임귀속'이다.[6] 이 사회적 책임귀속의 요청은 1997년 경제위기의 사회적 맥락에서 급격히 강화되었다. 그런 위기상황에서 사람들이 느끼는 두려움의 감정은 그 위기의 사회적 원인으로 지목되는 행위를 범죄화 하는 사회적 의사소통[7]의 기반이 된다. 이와 같이 범죄화 하는 의사소통은 위기의 원인을 사회체계의 구조 속에서 찾지 않고, 개인의 인격적 결함에서 찾는 특징이 있다. IMF－체제에서 모럴 헤저드(moral hazard)라는 말이 유행한 것은 이러한 의사소통의 흐름을 단적으로 보여준다. 그런 의사소통의 흐름은 법적 의미의 책임귀속, 즉 엄격한 '개인적 책임귀속'(inviduelle Zurechnung)을 완화시킨다. 이를 테면 경영진의 개인적인 범죄(도표 B)나 (자본)시장의 기능을 위태화 하는 행위(도표 A)와 기업의 경영실패(결과) 사이에 합법칙적 인과관계가 존재하지 않음에도 불구하고, 경영실패의 결과를 그런 행위의 탓으로 돌린다. 이러한 책임귀속을 법적 책임의 귀속과 구별하여 '사회적 책임의 귀

6 사회적 책임과 법적 책임의 구별에 관해서는 Schild, "Soziale und rechtliche Verantwortung", JZ, 1980, 597~603쪽 참조.

7 Hassemer, Theorie und Soziologie des Verbrechens, 1973, 130쪽 아래: 하쎄머는 범죄화의 의사소통적 요소로서 어떤 일탈행위에 의해 침해되는 재화의 결핍정도, 그 일탈행위의 발생빈도수, 그리고 그 행위에 대해 시민들이 느끼는 두려움의 감정(Bedrohungsgefühl)을 들고 있다. 이를 위험사회의 형법현상에 적용한 이상돈, 형법의 근대성과 대화이론, 홍문사, 1994, 37~46쪽 참조.

속'이라고 할 수 있다. 이 사회적 책임귀속에서는 '결국은 경영진의 모럴헤저드 때문에 경영실패(결과)가 초래된 것이다'라는 인과적 설정이 만들어진다. 경영자 개인의 범죄나 (자본)시장의 기능을 위태화 하는 일탈행위들은 이런 인과적 설정에서 모럴헤저드의 개념에 포괄됨으로써 사회적으로는 경영실패에 대해 책임을 져야 할 행위로서 규정된다. 아래 도표는 지금까지 설명한 통시적, 사회적 책임귀속의 모습을 보여준다.

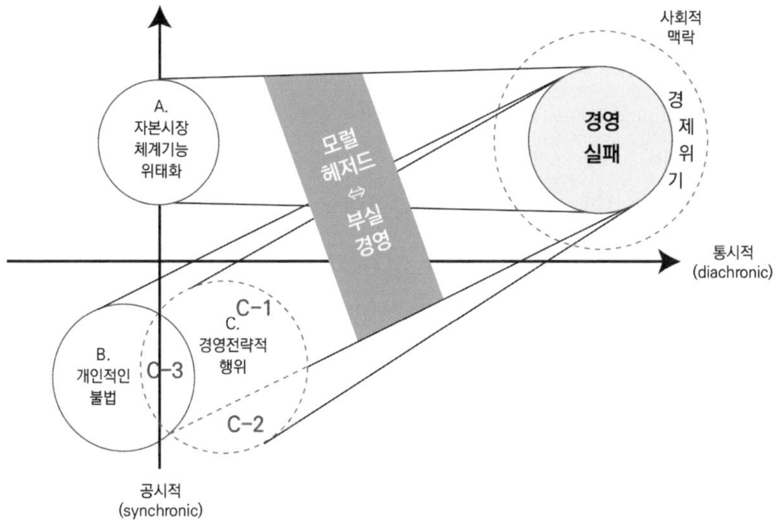

그런데 모럴헤저드는 그 의미요소가 매우 불분명한 규합(糾合)개념이다. 그 안에는 경영진의 불법적인 행위뿐만 아니라 오랜 세월 통상적인 경영행위의 하나로 인식된 행위(도표의 C−1)도 포함되어 있다. 다음의 판례들도 널리 행해져온 경영 전략적 행위를 경영실패의 결과에 대해 책임을 져야 할 모럴헤저드의 현상으로 파악한 것으로 볼 수 있다.[8]

8 그 밖에 판례에서 문제된 경영행위의 예를 들면 은행의 경영진이 합리적인 여신심사와 채권회수조치를 실행하지 않은 상태에서 행한 부실대출행위(大判 2001도4947; 2001다52407; 2002도1696), 재벌기업의 회장으로서 사실상 회사내부의 실질적인 경영자가 같은 계열그룹의 다른 회사에 회사자금을 지원하거나 회사가 지급을 보증하도록 하는 행위(大判 99그66), 재벌기업의 경영진이 이사회의 결의를 통해 재무구조가 부실한 중소회사에 거액을 출자 · 인수

C-1. 범죄화된 경영전략적 행위

ⓞ 주식회사의 이사가 경영상의 판단에 따라 어음금의 지급능력이 없는 타인 발행의 약속어음에 회사 명의로 배서하여, 금융기관으로부터 자금을 융통하는 행위(大判 99도2781)
ⓟ 전문경영인이 안정주주를 확보하여 경영권을 계속 유지하기 위해 종업원지주제도상의 경영발전위원회에 회사자금을 지원하여 종업원의 자사주 매입을 돕는 행위(大判 99도1141)
ⓠ 재벌그룹 모기업의 대표가 계열회사의 자금을 모회사에 대여·지원하도록 지시하는 행위(大判 99도4923; 2004도5167; 2007도541)

어음배서와 어음할인으로 자금을 융통하는 행위(사례 ⓞ)는 BIS(Bank for International Settlements)의 자기자본비율이 300%가 넘는 대기업이 많았던 시대에는 통상적인 경영의 하나로 승인되어 온 '부채경영'과 구조적으로 같은 경영전략이다. 또한 종업원의 자사주 매입을 돕는 행위(사례 ⓟ)는 완전히 합법적이며 심지어 바람직한 참여경영의 현상인데도 경영권의 장악이라는 '심정윤리적으로 부정적인 동기' 때문에 범죄행위로 단죄되고 있다.

★ **ESOP와 경영권방어** 우리사주제도(Employ Stock Ownership Plan)는 2002년 제정된 근로복지기본법 제32조 내지 제49조에 의해 합법화된다. 우리사주제도의 ① 주된 목적은 근로자복지향상이고, ② 부수적 목적은 근로자의 경영참여촉진이다. ③ 경영권 방어역량의 강화는 반사적 효과에 그쳐야 한다. ④ 그러므로 경영권방어역량의 강화를 주된 목적으로 삼는 우리사주제도, 이를테면 M&A를 위한 공개매수가 시작된 이후 현 경영진들이 우리사주발행을 결정하고, 그 구입자금이 오로지 회사에 의해 조달된 경우에는 배임죄가 성립할 수 있다. ⑤ 이에 비해 공개매수 이전에 우리사주의 발행이 시작되었고, 자금조달도 조합원 스스로[9] 또는 회사의 담보제공에 의해 이루어진 경우에는 배임죄를 인정할 수 없는 경영판단이 된다.[10]

하여 계열회사에 편입된 회사에 대한 은행의 채무에 관하여 지급보증을 하는 행위(수원지법 2001.12.27. 선고 98가합22553 판결) 등을 들 수 있다.

9 이런 취지의 미국 판례로 Shamrock Holdings, Inc. v. Polaroid Corp. 559 A.2d 257, 269-270, Del.Cj.1989 참조.

10 이상돈·지유미·박혜림, 기업윤리와 법, 법문사, 2008, 64~72쪽 참조.

(3) 윤리적 책임귀속 셋째, 이런 통시적이며 사회적인 책임귀속은 아울러 윤리적 책임귀속의 성격을 띤다. 모럴헤저드를 거점으로 한 책임의 귀속에서 말하는 모럴, 즉 도덕의 개념은 근대법의 규범적 골격이 되는 도덕(Moral)이 아니라 고도의 윤리(Ethik), 그러니까 흔히 말하는 경영윤리를 가리키기 때문이다. 그러므로 경영실패의 책임귀속은 법의 윤리에 대한 중립성 요청[11]을 저버리고, 법을 윤리의 실천도구로 종속시킨다. 법의 윤리에 대한 종속 문제는 법과 도덕의 관계에 관한 근본문제라서 여기서 논의하지 않지만 이런 책임귀속이 예측가능성과 같은 법의 '형식적 합리성'을 심각하게 파괴한다는 점은 간과할 수 없다. ① 경영윤리에서 윤리개념은 종교적 또는 형이상학적 윤리처럼 사회문화적으로 전승된 것도 아니고, 또한 그런 윤리 개념만큼의 명확성도 갖고 있지 않다. 선진경영의 핵심적 지표로서 말해졌던 "윤리경영"(moral management)[12]의 개념에서 보듯, 경영윤리의 개념은 매우 이질적이고 다양한 요소를 담고 있다. 시장에서의 '공정한 경쟁'이나 '경영의 투명성'과 같이 경쟁적 시장구조를 구축하는 조건에서부터 사원복지나 소비자만족을 지향한 경영처럼 기업의 사회적 책임을 강조하는 가치이념, 탈법적 · 불법적 경영전략의 배제, 회사지배구조의 민주화, 더 나아가 세계화에 따른 국제적 표준의 수용이나 인권의 존중 등에 이르기까지 그 의미의 스펙트럼이 매우 넓다. 경영행위의 윤리성을 판단하는 척도는 적어도 아직 법적용이 가능할 수 있으리만큼 세밀하게 개념화되어 있지 못하다. ② 또한 그처럼 경영행위에 대해 말하는 모럴헤저드가 아직 '법적용이 가능한 개념'(rechtsanwendungsfähiger Begriff)이 되지 못하고 있다는 점은 범죄로 승인된 경영전략적 행위(도표의 C−1)와 그렇지 않은 행위(도표의 C−2) 사이를 차별화할 수 있는 의미요소가 분명하지 않다는 점에서도 확인된

11 이상돈, 법의 깊이, 법문사, 2018, 362쪽 참조.

12 이상민 · 최인철, 재인식되는 기업의 사회적 책임, 삼성경제연구소, 2002; 윤리경영의 선진사례와 도입방안, 삼성경제연구소, CEO Information, 2002, 제351호 참조.

다.[13] 이 점은 범죄화된 행위와 모럴헤저드의 측면에서는 차이가 거의 없는데도 합법적인 경영전략적 행위로 승인되는 다음 사례들을 범죄화된 사례들과 비교하면 더욱 분명해진다.

C-2. 합법으로 승인된 모럴헤저드의 경영행위	
경영진의 이익을 위함	회사의 이익을 위함
ⓡ 회사의 대주주이자 대표이사가 전문경영인인 이사에게 경영성과의 공로로 주식을 양도하는 행위(大判 95누4353) ⓢ 회사의 대표이사가 회사를 위하여 보관하고 있는 회사 소유의 금전으로 자신의 회사에 대한 채권의 변제에 충당하는 행위(大判 98도2296; 2001도5459) ⓣ 금융기관의 임원이 주의를 기울였다면 법령이나 정관에 위반한 대출임을 알 수 있었음에도 그런 주의를 현저히 게을리 하여 그 사실을 알지 못하고 대출해 주는 행위(大判 2001다52407) ⓤ 회사의 대표이사가 주주총회의 동의 없이 회사와 동종영업을 목적으로 하는 다른 회사를 설립하고 그 회사의 대표이사가 되어 공장부지 매수 등의 영업개시를 준비하는 행위(大判 92다53583) ⓥ 사실상 1인주주회사인 회사의 대표이사가 자신의 개인채무를 회사로 하여금 인수하도록 하는 행위(大判 2002다20544)	ⓦ 경영자가 회사 명의로 정치자금에 관한 법률에 위반하지 않는 정치자금을 정치인에게 기부함(大判 2003도5519)[14] ⓧ 경영자가 비자금을 조성하는 행위는 장부상의 분식에 불과하여 불법영득의사가 없다(大判 99도2889)[15]

13 이 두 가지 행위는 경영윤리학적으로는 모두 탈윤리적 경영에 속한다. 경영윤리학은 경영을 〈비윤리적 경영(unmoral management) → 탈윤리적 경영(amoral management) → 윤리적 경영〉으로 구분하는데, 이때 비윤리적이란 불법과 탈법을 무릅쓰는 경영을 가리키고, 탈윤리적이란 법은 지키되 사회윤리적 기대는 전혀 고려하지 않는 경영을 가리킨다. 이런 구분은 법과 윤리를 구별하지 못하는 전제 위에 서있다. 양자를 구분한다면 비윤리적 경영이란 불법적·탈법적 경영을, 탈윤리적이란 일상언어로는 (불법적이지 않지만) 비윤리적 경영을 가리킨다. 그러면 위 발전단계는 〈불법적·탈법적 경영 → 비윤리적 경영 → 윤리적 경영〉으로 재해석된다. 그런데 어떤 비윤리적 경영은 범죄화 하고 또 다른 비윤리적 경영은 법적으로 통제하지 않는다면, '비윤리적 경영'은 앞의 경우에만 '적극적으로 사회적으로 기대되는 윤리적 행동의 준칙을 위반한 경영'의 의미로 계속 사용하고, 뒤의 경우에는 '비윤리적인지 윤리적인지 자체의 판단을 유보하는 회색지대에 놓인 행위'를 가리키는 말로 이해할 필요가 있다. '탈윤리적'(amoral)이라는 표현은 바로 그런 회색경계지대의 행위를 표현하는데 더 적합하다. 물론 비윤리적(unmoral)을 반反윤리적이라고 표현한다면, 탈윤리적(amoral)은 비非윤리적이라고 표현할 수 있다. 우리의 언어관용은 이 표현에 더 친숙하다. 다만 기업경영과 관련하여 반윤리적이라는 표현이 다소 강한 어감이 있다는 점에서 〈비윤리적 – 탈윤리적〉이라는 용어의 짝을 그대로 사용하는 것이 현재로서는 더 적절하다.

14 "회사의 대표이사가 보관 중인 회사 재산을 처분하여 그 대금을 정치자금으로 기부한 경우 그것이 회사의 이익을 도모할 목적으로 합리적인 범위 내에서 이루어졌다면 그 이사에게 횡령죄에 있어서 요구되는 불법영득의 의사가 있다고 할 수 없을 것이나, 그것이 회사의 이익을 도모할 목적보다는 후보자 개인의 이익을 도모할 목적이나 기타 다른 목적으로 행하여졌다면 그 이사는 회사에 대하여 횡령죄의 죄책을 면하지 못한다."

15 大判 2006도3039; 87도966은 경영진이 회사의 사업집행을 위해 비자금을 조성하는 행위 자

이를테면 법적인 개념으로 불법이득(영득)의사가 없어 범죄가 되지 않을 뿐이지만 비자금조성(사례 ⓧ)처럼 윤리경영의 관점에서 보면 매우 부정적인 행위가 경영의 통상적인 현실이었던 부채경영이나 경영권장악의 동기와 다른 평가를 받아야 할 이유가 분명하지 않다. 또한 정치자금의 기부와 같은 경영행위(사례 ⓦ)는 부채경영과 마찬가지로 경영현실에 구조화되어 있는 모럴헤저드임에도 불구하고, 그 행위 뒤에 경영실패의 결과가 발생할 경우 그에 대한 책임귀속에서 왜 부채경영과 다른 평가를 받아야 하는지[16]가 분명하지 않다. 물론 여기서 경영 전략적 행위가 기존의 형법이 정해놓은 범죄에 해당할 때(도표의 C-3)에 그 행위가 형사처벌된다는 점에는 아무런 변화도 있을 수 없음을 간과해서는 안 된다.

Ⅲ. 준법경영과 경영배임의 불확실한 범죄화

경영자의 형사책임은 2000년대 중반에 오면 윤리경영에서 준법경영이라는 시대적 요청 아래 놓이게 된다.

1. 준법경영시대와 배임죄의 위상

(1) 불법경영 · 탈법경영 · 준법경영 1970, 80년대의 경영이 불법을 무릅쓴 경영의 시대였다면, 1990년대는 실정법을 위반하지는 않지만 법의 흠결을 이용하거나 법을 우회하여 경영목적을 달성하는 '탈법경영'의 시대였다. 윤리경영은 이 탈법경영시대의 끝무렵인 90년대 말부터 강조되기 시작했는데, 윤리경영이 2000년대 중반부터 점차 준법경영으로 귀결하게 된 것은 그 사이 많은 경영윤리들이 실정법에 의해 구체적으로 제도화되었기 때문이기도 하다. 즉 공정거래법이나 금융법의 규제도 촘촘해졌고, 근로자를 위한 노동법은 더욱 성장하고, 특히 근로자의 안전

체는 상법상의 특별배임에 해당하지 않는다고 본다.

16 판례의 입장과는 달리 경제범죄론(사법연수원, 2002), 245쪽은 정치자금을 제공함으로써 회사의 사업계획의 수행을 어렵게 하는 등의 경우에는 정치자금을 제공하는 행위가 상법상의 특별배임죄를 구성한다고 본다.

을 도모하는 산업안전보건법도 새로운 패러다임으로(예: 산언안전영향평가제도) 경영을 규제하게 되었기에, 준법경영이 곧 윤리경영의 실천이 된 것이다. 탈법경영시대에서 윤리경영시대를 거쳐 준법경영시대로 발전하는 과정에서 경영자의 법에 대한 태도도 법을 위반하지만 않으면 된다는 소극적 태도로부터 실정법을 경영내부에 행위규범으로 수용하는 적극적 태도로 전환되었다. 따라서 준법을 위한 법적 판단은 경영행위와 분리되지 않게 되었다.

(2) 준법경영의 최고규범이 된 배임죄 윤리경영이 준법경영으로 발전하는 과정에서 배임죄는 경영실패에 이르게 된 모럴헤저드를 범죄화하였고 성공적인 경영을 한 경영자의 모럴헤저드까지 처벌하는 전가보도(傳家寶刀)의 방편으로 발전하였다. 이를테면 피인수회사의 자산을 담보로 대출을 받아 그 회사를 인수(차입매수 LBO)하고 회사를 회생시키고 성장까지 이루어낸 경영자도 반대급부를 제공하지 않았다는 도덕적 이유로 배임범죄자가 되었다. 경영행위를 처벌하는 명확한 처벌법규가 없고, 그 처벌가치와 필요성이 확실하지 않은 경우에도 경영윤리적 관점을 관철하기 위해 배임죄가 동원된 것이다. 이처럼 윤리경영의 수많은 강령들이 배임죄의 규범내용으로 수용될수록 배임죄를 범하지 않는 것은 그만큼 더 준법경영의 핵심을 이루게 된다. 그렇기에 배임죄는 대략 1990년대 말~ 2000년대 중반까지는 윤리경영의 최후보루였다고 본다면, 2000년대 중반 이후로는 준법경영의 최고수단(prima ratio), 최고규범으로 그 위상이 더욱 높아졌다.

(3) 경영판단원칙에 의한 성찰 배임죄의 광범위한 적용은 경영의 자유를 지나치게 제한하기 쉽다. 그에 대한 작은 균형추로 미국 판례를 통해 형성된[17] 경영판단원칙(business judgement rule)을 생각할 수 있다.

17 우리나라와 같은 대륙법계인 독일과 일본에서도 경영판단원칙이 수용되었는데, 독일 2006년 주식법 제93조 제1항 제2문은 경영판단원칙을 명문으로 도입하였고, 일본 최고재판소는 2010년 북해도 척식은행 소피아 사건에서 "경영판단"이라는 용어를 처음 사용했다. 이에 관

'경영판단의 원칙'이란 경영자가 선의(in good faith)와 상당한 주의(due care)로 자신의 권한 범위 내에서 행한 거래는 회사에게 손해를 발생시켜도 그에 대한 책임을 경영자에게 귀속시킬 수 없다는 것[18]을 말한다. 미국에서 경영판단원칙은 이사의 고도의 경영판단 영역에 사법심사를 배제하는 원칙이다. 우리나라에서는 필자가 2003년 배임죄에 경영판단원칙의 적용을 처음 주장하였고,[19] 대법원이 2004년 경영판단원칙을 배임고의의 배제 기준으로 명시하고 사용하였다.

★ **경영판단원칙의 수용** 대한보증보험 대표 甲은 D개발 대표 乙이 연대보증한 H산업의 기술개발유자금에 대한 지급보증을 하였지만 이 회사는 부도처리되었고 대한보증보험은 지급보증액 상당의 손해를 입었다. 이 과정에서 甲은 지급보증에 관한 영업지침을 위배하였지만, D개발이 중국흑룡강성 삼강평원에서 한국 최초 대규모 해외농업개발 추진하고 있었고, 乙이 정재계에 영향력 있는 인물이며, 중국과의 수교를 계기로 위 개발계획이 언론에 유명세를 타는 등 사업전망이 있다고 판단하였다. 실무자들도 이 지급보증에 반대하지 않았고, 甲의 개인적 이익도 얻으려 하지 않았다. ① "경영자에게 배임의 고의가 있었는지 여부를 판단함에 있어서도 기업의 경영에는 원천적으로 위험이 내재하여 있어서 경영자가 아무런 개인적인 이익을 취할 의도 없이[20] 선의에 기하여 가능한 범위 내에서 수집된 정보를 바탕으로 기업의 이익에 합치된다는 믿음을 가지고 신중하게 결정을 내렸다 하더라도 그 예측이 빗나가 기업에 손해가 발생하는 경우가 있을 수 있는바, 이러한 경우에까지 고의에 관한 해석기준을 완화하여 업무상 배임죄의 형사책임을 묻고자 한다면 이는 죄형법정주의의 원칙에 위배되는 것

해 김대규, "부실대출에 대한 금융기관 이사의 책임과 경영판단의 원칙 – 북해도 척식은행 소피아 사건에 대한 검토 – ", 상사판례연구 제23권 제3호, 2010, 5쪽 참조.

18 Black's Law Dictionany, 7th ed., 1999, 192쪽.

19 이상돈, "경영실패와 경영진의 형사책임", 법조 제52권 제5호, 2003, 61~99쪽.

20 이처럼 경영판단원칙의 적용요건으로 '경영자 또는 제3자의 이익이 아니라 회사의 이익을 위하여 행해질 것'이라는 요건을 다는 경제범죄론, 사법연수원, 2002, 216쪽; 이경열, "경영판단의 과오와 업무상배임죄의 성부", 법조 제55권 제12호, 2006, 155쪽 참조. 그러나 이는 불법이득의사가 없어야 한다는 요건인데, 이는 당연한 것이며, 경영판단원칙의 적용을 제한하는 고유한 요소는 아니다.

임은 물론이고 정책적인 차원에서 볼 때에도 영업이익의 원천인 기업가 정신을 위축시키는 결과를 낳게 되어 당해 기업뿐만 아니라 사회적으로도 큰 손실이 될 것이므로 … 제반 사정에 비추어 자기 또는 제3자가 재산상 이익을 취득한다는 인식과 본인에게 손해를 가한다는 인식(미필적 인식을 포함)하의 의도적 행위임이 인정되는 경우에 한하여 배임죄의 고의를 인정하는 엄격한 해석기준은 유지되어야 할 것"이다(大判 2002도4229). ② 절차의 하자는 '위법'인 경우라면 배임고의를 인정하여야 하지만, 甲처럼 내부지침을 위반한 경우는 경영판단원칙의 다른 적용요건들을 종합 고려하여[21] 배임고의 여부를 정할 수 있다.

경영판단원칙은 배임고의의 귀속에서 법적 정의와 경영의 합리성을 서로 소통시키는 장치로 기능한다. 그렇기에 경영배임의 고의는 의도적 고의로만 인정되어야 한다. 위험발생을 감수하지 않고는 기업의 수익을 창출할 수 없고, 그런 경영결정은 법적으로는 미필적 고의의 내적 상태와 중첩되기 때문이다. 또한 (준법경영의 시대에는 더욱 당연하지만) 경영판단은 충분한 정보수집과 합리적 근거에 의한 판단일 뿐만 아니라 관련한 법률을 위반하지 않아야 한다(준법 · 윤리경영의 요청).[22]

여기서 더 나아가 경영자의 업무집행이 합리적인 경영판단의 영역에서 이루어졌다고 추정하고, 경영자에 대한 책임을 추궁하는 자가 경영행위의 비합리성[23]을 입증할 부담까지 진다고 보면[24] 경영행위의 자

---

21 "금융기관의 임 · 직원이 대출을 함에 있어서 금융기관의 이자수익을 위한다는 의사가 있었다고 하더라도 대출 당시 여신규정을 위반하였을 뿐만 아니라 대출신청인의 재무상태, 다른 금융기관에 대한 차입금 등의 채무를 포함한 전반적인 금융거래상황, 대출금의 용도, 사용기간 및 상환능력이나 제공된 담보의 가치를 평가하여 대출 적격 여부를 제대로 심사하지도 아니한 채 채무상환능력이 불량한 대출신청인에게 대출을 한 경우에는 이러한 임무위배행위로 제3자로 하여금 재산상 이득을 취득하게 하고 금융기관에 손해를 가한다는 인식과 의사가 없었다고 볼 수 없다"(大判 2006도7487).

22 예컨대 경영진이 변호사, 공인회계사 등의 전문가가 작성한 합리적인 보고를 신뢰하고 판단했다면 합리적 근거에 의한 판단이 된다. 이를 미국에서는 '신뢰항변의 원칙'이라고 한다. 이는 미국의 경우 ALI §4.02와 MDCA §8.30(d)에 명문화되어 있다.

23 그 예로 경영자의 충실의무(duty of loyalty) 위반, 고의적인 위법행위, 경영자 자신의 이익추구 행위(미국 델라웨어주 일반회사법 §102(b)(7) 참조) 등을 들 수 있다.

24 미국법률협회(American Law Institute) 회사경영원칙 §4.01(d) 참조; 미국의 경영판단원칙은

율성에 대한 법의 존중은 극대화되고, 배임죄의 적용은 더욱 제한될 수 있다. 이와는 반대로 경영판단원칙의 적용을 제한하는 이론들도 등장하기도 하였다.[25]

2. 배임죄의 포괄구성요건화

배임죄의 요건	포괄구성요건의 배임
타인사무처리자 (적극적 재산관리의무자)	실질적 경영자
임무위배행위	비윤리적 경영 (하이리스크의 경영결정)
손해	손해의 위험초래
인식과 의욕	비윤리성의 인식(의무위반)

경영판단원칙에 의해 견제를 받더라도 다양한 윤리경영책임을 처벌하도록 해석 · 적용된 배임죄는 법치국가적 엄격성을 잃어버리기 쉽다. 다양한 윤리경영(규범)[26]을 구축하기 위해 배임죄가 사용되면, 배임죄의 성립요건은 확장될 수밖에 없고, 종국에 배임죄는 그 적용범위가 광활한 **포괄구성요건**(Auffangstatbestand)[27]으로

강한 추정력을 가지는 반면, 우리나라 판례에 적용되는 경영판단원칙은 그렇지 못해 원고의 입증책임이 완화되는 차이를 보인다는 지적으로 권재열, "대법원 판례상 경영판단의 원칙에 관한 소고", 증권법연구 제9권 제1호, 2008, 257쪽.

25 ① 이종상(회사와 관련된 배임죄 적용상 문제점에 대한 연구, 서울대학교 박사학위논문, 2010, 268~269쪽)은 경영자가 대주주와 무관하게 자기의 이익을 또는 제3자를 위하여 회사에 배임행위(1유형)를 하거나 1인 주주 또는 대주주와 같이 가해자인 경영자와 피해자인 회사가 겹치는 경우(2유형)에는 경영상의 판단이라고 보기 어렵고, 제3자를 위한 경영자의 배임행위 중, 제3자가 전혀 회사와 경영진과 관련이 없는 독립적인 제3자로서 경영진의 의도와는 관계없이 이익을 얻는 경우(3유형)나 경영진과 회사가 하나의 실체를 형성해 결과적으로는 회사 및 경영진 모두에게 손해를 끼치지만, 최선의 결론을 내린 경우(4유형)의 경우에만 경영판단원칙을 적용하자고 한다. ② 이정민(부실대출에 대한 형법정책, 비교형사법연구 제9권 제2호, 271쪽)은 부실대출을 권력형, 절차하자형, 리스크판단 오류형으로 유형화한 후, 정경유착이 낳은 권력형 부실대출이나, 내부에서 정한 재무제표의 확인, 주주총회 등의 절차를 위반한 경우에는 경영판단 원칙의 적용에 대하여 신중할 필요가 있는 반면, 수집된 정보를 가지고 각 상황에 따라 판단하게 되는 리스크 오류형에는 경영판단원칙의 적용이 강하게 요청된다고 본다.

26 배임죄의 추상적인 구성요건으로 포괄하기 어려운 배임혐의를 받는 경영행위의 유형이 다양함을 비판적으로 보여준 이종상, 회사와 관련된 배임죄 적용상 문제점에 대한 연구, 서울대학교 박사학위논문, 2010, 198~203쪽.

27 A. Dierlamm, "Untreue ein Auffangtatbestand?", *NStZ*, 1997, 534쪽.

변질된다.[28] 배임죄의 포괄구성요건화는 곧 경영배임의 윤리화이기도 한 것이다. 그 중요내용은 다음과 같다.

(1) 배임주체의 확장 경영행위의 공식적 주체(업무집행기관)는 이사회이다. 만일 이사가 이사회에 참여하지 않았다면 배임행위를 공동으로 기획한 것이 아니고, 이사회에 참여하여 찬성하였어도 그 행위의 집행에 참여하지 않았다면 실행의 분담이 없으므로 배임죄의 교사 또는 방조의 책임을 질 수는 있어도 공동정범의 책임을 질 수는 없다.

1) 조직지배와 사실상(실질적) 경영자 판례는 공동정범의 책임을 이사회가 아닌 이사에게 그리고 실행의 분담이 없는 경우에도 공동정범을 인정하기도 한다.

> ★ 경영상 배임의 주체확장 A증권사가 B종합금융회사의 발행주식 27%를 소유하는 상태에서 A증권사의 대표이사이자 B종금사의 비상근이사 甲은 H창업투자(주) 대표 戊의 부탁을 받고, B종금사 영업담당이사 乙에게 H(주)에 대해 600억 원의 콜론에 힘써 달라고 부탁하였다. B종금사 자금담당이사 丙도 乙에게 甲의 부탁을 전하였고, B종금사의 대표이사 丁은 乙과 丙으로부터 같은 내용의 부탁을 들은 후, 대주주인 A증권사가 양해한 사항으로 생각하고, 신용조사나 담보 없이 투자유가증권 목록만을 제공받고 H(주)에 600억 원의 한도초과 대출을 주었다. ① 판례는 甲, 乙, 丙, 丁에게 업무상 배임죄의 공동정범을 인정하였다(大判 2001도4947).

가령 회사의 업무방향을 사실상 결정할 수 있는 지배주주(controlling shareholders)는 그 영향력 아래 있는 회사 내의 이사들(위 사례의 乙, 丙, 丁)이 행한 비윤리적 경영행위를 직접 분담하지 않고 있으므로(실행의 기능적 분담 결여) 공동정범이 될 수 없다. 또한 그의 업무에 대한 영향력이란 그 이사들의 의사력을 지배하는 정도가 아니므로(의사지배의 결여) 지

---

28 물론 배임죄의 포괄구성요건화는 오랜 세월에 걸쳐 진행된 것이지만, 무엇보다도 1997년 IMF 경제위기 하에 여러 요인에 의해 도산한 기업의 경영자들이 보였던 경영상 모럴해저드를 사후적으로 범죄화하는 과정에서 더욱 촉진되었고, 그 이후로도 계속된 것이다.

배주주는 간접정범도 될 수 없다. 물론 판례의 오래된 공모공동정범이론에 의하면 지배주주도 공동정범이 될 수 있다. 이런 경영배임을 지배주주에게 적용하는 것은 공모성에 근거가 있는 것이 아니라 **조직적 범행지배**(organisatorische Tatherrschaft)에 있다. 즉 지배주주가 공동정범이 되는 이유는 범행을 지배했기 때문이 아니라 주식소유를 통해 회사조직을 지배했기 때문이다.[29] 즉, 지배주주는 업무상 배임죄의 주체인 경영자를 뒤에서 경영하는 자, 즉 경영자 뒤의 경영자라는 점에서 정범이 되는 셈이다.[30]

이러한 조직적 범행지배는 **사실상 경영자**, 실질적 경영자라는 개념으로 변모할 수도 있다. 가령 계열회사 전반의 경영과 자금에 관한 주요정책을 수립하고 그 집행을 계열회사의 이사들에게 지시하고, 부실경영으로 모기업이 자금난에 처하면 계열회사의 대표이사들에게 지시하여 계열회사의 자금을 채권회수방안 확보 없이 모기업에 대여 · 지원(大判 99도4923)하게 하는 재벌그룹의 회장은 실질적인 경영의 주체이며, 이를 처벌하지 않으면 경영배임에 대한 형사책임의 추궁이 중심에서 비껴나며 "형사정책적으로 불만족스러운 결과"[31]를 가져온다. 여기서 배임죄 주체의 근거를 **신의칙에 의한 회사와의 신임관계**(大判 85도2144)에서 찾고,[32] 그런 신임관계의 자를 사실상의 경영진[33](예: 배후이사, 무권대행자, 명예회장 등의 표현이사 등)[34]이라고 부르는 것이다.

---

29 이 점에서 독일연방법원(BGHSt 40, 236)은 조직지배(Orgasationsherrschaft)라는 표현을 쓰고 있다.

30 독일에서는 일찍이 이를 "정범 뒤의 정범"(Schroeder, Der Täter hinter dem Täter, 1965, 166쪽)으로 이론화한 바 있다.

31 Bruns, "Zur strafrechtlichen Relevanz des gesetzesumgehenden Täterverhaltens", GA, 1986, 12쪽.

32 안경옥, "'사실상의 신임관계'에 기초한 배임죄 처벌의 한계", 형사판례연구 제9권, 2001, 298쪽.

33 독일연방대법원(BGHSt 3, 32; 31, 118)도 "사실상의 기관"(faktisches Organ) 개념을 사용하여 형식적인 절차에 의해 임명되거나 또는 법인등기부에 등기되어 있지 않은 자가 유한회사 사원의 동의를 받아 업무집행사원의 지위를 사실상 행사하는 경우에는 업무집행사원과 동일한 형사책임을 부담시킨다; Bruns, "Grundproleme der strafrechtlichen Organ- und Vertreterhaftung", GA, 1982, 21쪽.

34 배후이사(shadow director)는 회사에 대한 자신의 영향력을 이용하여 이사에게 업무집행을

2) 의무범의 폐기 하지만 지배주주나 재벌그룹의 회장은 "경영진 뒤의 경영진", 바꿔 말해 "정범 뒤의 정범"[35]이라는 이해에 의하면 지배주주나 사실상 경영자는 배임죄가 규정하는 의무범적인 신분요소를 얻게 된다.[36] 그러나 그런 해석으로 (업무상) 배임죄, 상법상 특별배임죄의 의무범[37](Pflichtdelikte) 성격은 오히려 지워질 수 있다. 하지만 배임죄는 의무범의 성격을 엄격히 유지해야만 19세기 말 자본주의체제의 고도성장과 함께 등장한 배임죄가 시장참여행위에 지나치게 깊숙이 개입함으로써 발생하는 역기능을 어느 정도 제어할 수 있다. 여기서 의무의 핵심은 타인(회사)에 대하여 완전히 독립적인 관계(예: 회사의 채권자)나 완전히 종속적인 관계(예: 회사근로자)에 있지 않은 자(경영자)가 부담하는 '**적극적인 재산관리의무**'이다. 이 의무는 재산신탁계약의 수탁자가 부담하는 의무에 견줄 수 있다. 정범 뒤의 정범 개념이나 사실상 경영자 개념 등은 이런 의무범의 형벌제한기능을 제거해버리고, 형사책임을 개인책임에서 단체책임으로서 변질시키며, 궁극에는 형법의 행위책임원칙을 폐기시킬 수 있다. 게다가 어떤 형태의 조직을 어느 정도 지배해야 정범이 되는지는 불분명하다는 점에서 명확성원칙도 심각하게 약화된다.[38]

(2) 임무위배와 비윤리적 경영의 동치 배임죄의 주체를 확장하는

지시하는 자, 무권대행자는 이사의 이름으로 직접 회사의 업무를 집행하는 자, 표현이사는 이사가 아니면서 명예회장, 회장, 사장, 부사장, 전무, 상무, 이사 등 업무집행권이 있는 직책의 명칭을 사용하여 회사업무를 집행하는 자를 가리킨다.

35 하태훈, "정범배후의 정범이론", 고시연구 제26권 제10호, 1999, 80~87쪽 참조.

36 다만 지배주주를 배임죄의 주체가 되는 의무자라고 보고, 조직의 지배를 범죄실행의 분담이라고 보더라도, 비윤리적 경영행위를 한 경영자는 업무상 배임죄의 정범으로 그 뒤에서 영향력을 행사한 지배주주는 단순 배임죄의 공동정범으로 처벌하는 이론이 가능할 수 있다(김일수, 한국형법 Ⅲ, 박영사, 1997, 789쪽). 이는 형법 제33조 단서를 적용한 결과이다; 또한 '비신분자도 업무상 배임의 공동정범이 되지만, 단지 과형상으로만 배임에 따른다'는 판례(大判 97도2609; 86도1517)도 법적 효과에서는 다소 제한적인 기능을 하지만 근본적으로 지배주주를 공동실행을 한 업무상 배임죄의 주체로 인정함에는 변함이 없다.

37 자세히는 Roxin, Täterschaft und Tatherrschaft, 7. Auflage, 2000, 352쪽 참조.

38 이런 관점으로 이상돈, 형법강론, 박영사, 2020, 305쪽.

이론들은 배임죄의 신분요소를 더욱 불명확하게[39] 만들면서 동시에 경영자의 배임을 사실상 비윤리적 경영행위와 동치하기 쉽다. 배임죄의 불법유형은 (주주총회의 결의로 선임된 이사와 회사 사이의) **내부적 신뢰관계를 저버리는 임무위배**[40]로부터 외부자가 그런 **신뢰관계를 파괴하는 비윤리적 경영**이 되어 버린다. 비윤리적 경영은 배임, 즉 경영자가 회사로부터 부여받은 권한을 초월하거나 남용하지 않는 경우에도 인정될 수 있다는 점이 문제이다. 특히 고위험, 고수익(High Risk, High Return)을 따른 경영, 하이리스크를 감수하는 경영도 합리적 경영일 수 있는데, 결과가 좋지 않게 끝나면 대개 비윤리적 경영으로 낙인찍히고, 배임죄로 포섭된다.

이러한 불법유형의 변질은 사회윤리적 목적을 추구하는 것일 수 있다. 가령 재벌그룹을 구성하는 계열회사 간의 상호출자를 통해 계열회사를 실질적으로 장악하고 있는 모기업 또는 지주회사의 대주주 또는 지배주주의 비윤리적 경영행태에 대해 형사책임을 물음으로써 궁극적으로 회사의 소수주주와 채권자를 보호하고 회사의 사회적 책임을 강화하기 위한 것이다. 하지만 이렇게 되면 배임죄는 회사의 재산을 보호하는 형법에서 소수주주를 보호하고 기업의 사회적 책임을 유지 · 강화하는 법으로 변질된다.[41]

(3) 경영행위의 윤리적 평가결과로서 손해 이런 변질과정에는 흔히 비윤리적인 경영전략적 행위와 손해 발생 사이의 인과관계의 변질을 수반한다. 판례는 손해발생 개념을 법률적 관점에서 벗어나 경제적 관점에서 '실해발생의 위험을 초래'한 경우까지로 확장한다.[42] "채권회수가

39 Löffeler, "Strafrechtliche Konsenquenzen faktischer Geschäftsführung", wistra, 1989, 121쪽 아래.

40 Nelles, Untreue zum Nachteil von Gesellschaften, 1991, 483, 550쪽 참조.

41 신동운 교수("회사의 대표기관등에 대한 형사책임과 배임죄", 형사판례연구 제1권, 1996, 320쪽 아래)는 이런 위험한 이론구성을 넘어서서 아예 상법상 특별배임의 관할영역을 회사의 재산에서 "회사와 거래한 타인의 재산"을 보호하는, 그러니까 공정한 거래질서를 보호하는 범죄로 개정해야 한다는 입법론을 제시한다.

42 大判 2000도3716; 99도3338(이에 상응하는 독일판례 BGHSt 21, 113쪽 참조); 안경옥, "배

곤란해질 위험”(大判 2000도3716), “대가지급의 약정”(大判 2002도1696), “일정한 용도에 사용될 예정인 자금의 감소”(大判 99도4587), 심지어 “유동성의 장애”까지 손해로 인정한다.[43] 이러한 손해 개념은 “객관적으로 보아 취득할 것이 충분히 기대되는데도 임무위배행위로 말미암아 이익을 얻지 못한 경우”(기대이익의 상실)와 같은 소극적 손해도 포함한다.[44]

★ **손해로서 유동성장애** 신용협동조합의 이사장이 자신의 부동산을 동 조합에 매도하면서 받을 대금의 일부를 동 조합에 대한 자신의 전세금반환채무와 대출금채무로 상계하고, 나머지는 동 조합 소유의 부동산을 자신에게 인도받는 것으로 하였다. ① 판례(大判 2001도3531)는 이 거래로 조합에 손해가 발생하지 않았지만 “조합의 자금을 그 본래의 목적인 금융업무에 사용할 수 없게 되는 유동성의 장애”를 초래한다는 이유로 업무상 배임죄(손해)를 인정하였다. ② 상계충당이 횡령죄에 해당하기 어렵기에 배임죄를 검토하는 것인데 유동성의 장애는 경제적 관점의 손해일 뿐만 아니라 소극적 손해(기대이익의 상실)이기도 하다.

그러나 이렇게 되면 경영행위는 합리적인 행위일지라도 언제나 손해를 초래할 위험을 내재하고 있기 때문에 손해의 판단은 실제로는 그것을 초래한 **경영행위에 대한 윤리적 평가**에 의존하게 된다.

임죄에 있어서 실해발생의 위험”, 비교형사법연구 제2권 제1호, 2000, 217 참조. 이에 반해 손해는 실제로 발생한 손해만을 의미한다는 김일수·서보학, 형법각론, 박영사, 2004, 487쪽 참조.

43 이렇게 되면 손해 개념은 회사의 자산운영의 경제적 합리성, 곧 경영행위의 합리성과 같은 개념이 되고 만다. 이런 손해개념은 독일의 인격적 재산개념과 유사하다. 인격적 재산개념을 주장한 Otto, Grundkurs Strafrecht. Die einzelnen Delikte(BT), 5. Auflage, 1998, §51 Ⅲ 4. 참조.

44 ★ 배임죄에서 소극적 손해인정과 법률주의 위반 문제 소극적 손해의 인정은 법률주의에 위반한다고 보는 견해(안경옥, 앞의 논문, 211~232쪽)가 있다. 그러나 배임죄의 주체를 적극적 재산관리의무를 지는 자에 국한한다면, 신탁관리처럼 통상적인 재산증식의 기회를 포기하여 발생하는 기대이익의 상실도 임무위배행위와 인과관계가 있는 손해가 된다. 그런 점에서 소극적 손해의 인정이 곧바로 법률주의를 위배하는 것은 아니다. 예컨대 전환사채에 대한 주총의 특별결의 제도가 없었을 당시 비상장 회사가 전환사채를 발행하면서 주주들이 실권한 전환사채를 제3자에게 액면가로 배정함으로써 시가배정할 경우 얻을 수 있는 이익을 잃어버린 점, 즉 기대이익의 상실은 손해에 해당한다. 이런 손해개념에 대한 비판으로 이종상, 회사와 관련된 배임죄 적용상 문제점에 대한 연구, 서울대학교 박사학위논문, 2010, 286~290쪽 참조.

(4) 윤리적 경영의무가 된 배임고의 배임죄가 성립하려면 경영자는 자신이 회사의 사무처리자이고, 자신의 경영행위가 회사와의 신임관계를 저버리는 점(임무위배고의), 그로 인해 회사에 손해가 발생하고(손해고의) 자신이나 제3자가 이익을 불법하게 취득한다는 점(불법이득의사)에 대한 인식과 의욕을 갖고 있어야 한다. ① 손해개념이 비합리적 · 비윤리적 경영 개념에 수렴되고 경영자가 경영행위의 비합리성이나 비윤리성을 행위 당시 인식했다면 손해고의는 자동적으로 인정된다. ② 임무위반고의는 경영자가 불법에 해당하지 않더라도[45] 비윤리적 경영을 하지 않을 의무가 있음을 인식하여야만 인정될 수 있다. 윤리경영이 경영현실로 확립되지 못한 상태에서는 경영자에게 자신의 경영전략적 행위가 회사에 대해 신임을 져버리는 비윤리적 경영행위라는 점을 인식해야 할 의무의 부과 여부가 고의판단이 되기 쉽다.[46] 그러나 이는 배임고의의 귀속을 행위자의 내면의식에 대한 평가에서 **윤리적 경영의무를 인식할 의무 부과에 대한 정책**의 문제로 변질시킨다.[47] ③ 불법이득의사는 경영자가 자신의 경영행위가 회사를 위한 것으로 인식했다면 인정될 수 없다. 경영현실에서는 많은 경우가 그러하다. 그러나 판례[48]는 경영자에게 회사를 위한다는 의사가 있어도 경영자 자신 또는 제3자의 이익을 위하는 의사가 더 주된 것이었는지를 평가하여 불법이득의사를 인정한다. 이는 일종의 비교형량적 (배임고의)**귀속정책**이며, 배임고의를 사회윤리적 개념으로

---

45 판례에 의하면 배임행위의 내용인 가해행위에 대한 의사는 고의의 성립에 필요하지 않다(大判 99도2781; 89도25; 83도2330).

46 기업에게 비난 가능한 행위에 대해 배임죄를 적용하는 것은 이윤창출이라는 목적 이외 윤리의무라는 또 하나의 의무를 부과하는 것으로 보는 이종상, 회사와 관련된 배임죄 적용상 문제점에 대한 연구, 서울대학교 박사학위논문, 2010, 259쪽.

47 고의의 귀속이 의무귀속으로 되어버린 현실에 대한 분석과 비판으로 이상돈, 형법학, 형법이론과 형법정책, 홍문사, 1999, [11] 단락 참조.

48 大判 2000도3716; 99도334("피고인이 본인의 이익을 위한다는 의사도 가지고 있었다 하더라도 … 본인의 이익을 위한다는 의사는 부수적일 뿐이고 이득 또는 가해의 의사가 주된 것임이 판명되면 배임죄의 고의가 있었다고 할 것이다").

변질시킨다. 이런 변질은 죄형법정주의에 위반된다고 비판받기도 한다.[49]

★ 주식파킹사건 A(주) 대표이사 甲은 페이퍼컴퍼니를 이용하여 B종합금융회사의 경영권을 인수하고 이사회 의장으로 취임한 후, B종금사의 대외적인 신용도를 높일 목적으로 거액의 주식매매차익을 달성한 것처럼 보이게 하고 BIS－비율을 낮추기 위해, B종금사가 보유한 다른 회사의 주식들을 매수해준 C캐피탈(주)에 그 주식보유의 대가(파킹료)로 23억 원을 지급약정하였다. ① 판례(大判 2002도1696)는 甲에게 배임죄고의를 인정하였다. ② 주식파킹은 회사(배임죄의 본인), 경영자(배임죄의 자기), 파킹한 캐피탈회사(배임죄의 제3자) 모두에게 이익이 된다. 甲은 자기 또는 제3자를 위한 이득의사가 있는 것이다. 주식파킹은 불법이라고 보기 어렵지만 그런 대안금융 참여자들의 행위동기[50]에는 시장에 대한 사기(fraud) 요소가 매우 엷게 있다는 점에서 비윤리적인 '탈법'행위로 볼 수 있다.[51] 동기의 비윤리성은 법이 관여할 바가 아니다.[52] 위 판례의 고의귀속은 불법이득의사를 비윤리적 이득의사로 바꾼 셈이다. 판례가 배임고의를 '목적과 취지가 법령이나 사회상규에 위반된 위법한 행위에 대한 인식'으로 설시한 점도 이를 잘 보여준다.

그러나 이처럼 배임죄가 경영상 모럴을 구축하는 수단으로 변모하면 배임죄 적용은 준법경영을 위해 경영합리성을 지나치게 외면하게 하거나 반대로 법의 형식논리에 매몰되어 불법적인 모럴헤저드를 놓치게 할 수도 있다. 즉 포괄구성요건이 된 배임죄는 경영배임을 통제하는 과

49 배임죄의 본질을 이익 취득이라고 보고, 제3자가 얻는 이익은 특별한 상관관계를 밝히지 못하는 한 자기에게 발생한 경제적 이익으로 국한하여 인정해야 죄형법정주의에 반하지 않는다고 보는 이종상, 앞의 박사학위논문, 273~280쪽.

50 '동기'는 고의 개념을 건드리지 않는다. 다만 고의를 추론하는 소송법상의 간접인자가 될 뿐이다. 목적은 고의 개념의 특수한 형태로서 초과주관적 고의 요소가 된다.

51 그 이유는 주식파킹은 은행대출의 대안적인 – 특히 BIS의 자기자본율을 높이지 않는 – 자금융통방편이다. 파킹해 주는 캐피탈회사도 그 회사의 경영전망을 합리적으로 평가해 파킹료를 산정하고 주식을 매수하는 것이며, 그 주식투자가 때로는 높은 수익을 올릴 가능성도 배제하지 않는다.

52 법은 윤리적 동기의 형성을 배제해서도 안 되지만 그것을 강제해서도 안 된다. 이 점을 대화이론적으로 설명하는 K. Günther, Möglichkeiten einer diskursethischen Begründung des Strafrechts, 이상돈(엮음), 대화이론과 법, 161, 162쪽 참조.

잉수단이 되기도 하고, 과소수단[53]이 되기도 한다. 아래에서는 전자의 예로 차입매수의 배임범죄화사건(아래 3.)을 상세히 분석해보기로 한다.

3. 경영배임의 과잉통제: 차입매수사건의 예

차입매수, 즉 차입자금에 의한 기업인수(Leveraged Buyouts LBO)는 "기업매수가 성공할 것이라는 기대 하에서 피매수기업의 자산이나 수익력을 담보로 매수에 소요되는 자금을 여러 가지 원천으로부터 조달하고, 차후에 피매수기업의 수익성이 향상되고 나면 그 이익이나 자산의 매각대금으로 이들 채무를 상환해 나가는 기업매수방식"[54]이다.

(1) 차입매수의 범죄화와 경영합리성의 충돌 차입매수는 재무구조가 취약하지만 발전 전망이 있는 기업의 효과적인 구조조정 및 M&A 기법이지만[55] 이를 업무상 배임죄로 무겁게[56] 처벌한 판례(大判 2004도7027; 2007도5987)로 인해 더 이상 활용될 수 없게 되었고, 그만큼 M&A 시장도 위축되었다.[57]

★ 성공한 차입매수의 배임범죄화 甲은 금융기관으로부터 자금을 조달할 목적으로 2001.5.23. 주택건축 및 분양업의 K(주)를 설립하였다. K(주) 대표이사 甲은 2001.5.25. D종금과 A(주)의 법정관리가 종결하면 A(주)가 D종금에 90억 원을 지급하여 D종금의 A(주)에 대한 모든 (잔여정리)채권을 자동 소멸시키고 A(주) 보유채권에 설정한 질권도 모두 해지한다는 약정을

53 이에 관한 사례는 제3자에 대한 전환사채의 액면가발행사건인데, 이 점은 [15] 경영권 승계의 형법적 한계 편의 논의를 참조.

54 윤종훈 · 이호준 · 법무법인 한결 · 화인 경영회계법인, M&A 전략과 실전사례, 매경출판, 2005, 588쪽.

55 송종준, "PEF와 M&A: LBO의 구조와 법적 문제", 금융법연구 제2권 제1호, 2005, 60쪽.

56 2009년 대법원 양형위원회의 양형기준안에 의하면 차입매수를 배임죄로 처벌한다면 최소 4년에서 최대 11년의 징역형에 처할 수 있다고 한다. 이상현, "LBO에 대한 정당한 규제", 규제연구 제18권 제1호, 2009, 131쪽.

57 학계에서도 전면금지를 주장하는 Loren Goldner, "1973년으로의 회귀?: 달러중심 축적체계 쇠퇴의 연속과 불연속", 진보평론 제28권, 2006, 258쪽 아래; LBO를 전면적으로 금지하는 유럽연합의 Second Council Directive 77/91/EEC(1976.12.13.)의 제23조 제1항 참조.

체결하였다. 이 약정은 甲이 A(주)의 대표이사가 된 후 2001.6.15. A(주)가 D종금에 96억 원을 지급하는 것으로 변경되었고, 6.27. 약정한 96억 원을 지급하였다. 甲은 A(주)를 인수할 자금을 조달하기 위해 K(주) 명의로 2001. 6.4. D종금으로부터 350억 원을 대출받으면서 K(주)가 취득할 A(주)의 발행주식 520만 주에 대하여 근질권을 설정하되, K(주)가 A(주)를 인수한 이후에는 A(주) 소유의 부동산에 대해 근저당권을 설정하기로 약정하였고, 이에 따라 K(주)가 A(주)를 인수한 후 2001.6.25. 약정한 근저당권 설정계약을 체결하여 2001. 7.3.부터 2001.7.9.까지 근저당권설정등기를 경료하고 D종금으로부터 신주를 반환받았다. 甲은 2001.6.5. K(주) 명의로 H은행으로부터 320억 원을 대출받으면서 K(주)가 A(주)의 정리채권자인 N종금으로부터 양수하기로 한 정리채권(620억 원)에 대해 우선 담보를 설정하고, A(주)를 인수한 후에 A(주)가 현금 시재로 보유하고 있는 320억 원을 H은행에 예치하여 이를 대출금채무에 대한 담보로 제공하는 대신 정리채권에 대한 담보를 해지하기로 약정하였다. 이에 따라 2001.6.9. A(주)의 자금인 320억 원을 H은행에 예치하고, 2001.6.13. 그 정기예금채권에 대해 근질권을 설정하고 정리채권에 대한 담보를 해지하였다. 2001.6.7. 서울지방법원 파산부는 A(주)의 관리인 乙의 정리담보권 및 정리채권 조기변제 허가신청을 허가하였고, 같은 날 甲은 법원으로부터 대표이사 선임허가를 받아 등기를 경료하였다. A(주)는 법원의 법정관리가 종결된 2001.6.8. 채무가 1,035억 원이었으나 2001.12.31.에는 876억 원, 2002.12.31.에는 737억 원으로 감소하였고, 2001.10.경부터 2002.12.31.까지 9,259억 원의 공사를 수주하였으며, 순자산가치도 2001.3. 888억 원에서 2003.6.30. 1,262억에 달하는 비약적인 성장을 이루었다. ① 대법원은 "만일 인수자가 피인수회사에 아무런 반대급부를 제공하지 않고 임의로 피인수회사의 재산을 담보로 제공하게 하였다면, 인수자 또는 제3자에게 담보 가치에 상응한 재산상 이익을 취득하게 하고 피인수회사에게 그 재산상 손해를 가하였다고 봄이 상당하다"고 보고 업무상 배임죄를 인정하였다(大判 2004도7027). 이는 인수자가 자신이 인수한 주식, 채권 등이 임의로 처분되지 못하도록 피인수회사 또는 금융기관에 담보로 제공됨으로써 피담보채무에 대한 별도의 담보를 제공한 경우라고 하더라도 마찬가지이다(大判 2007도5987).

1) 범죄화의 근거 이러한 범죄화의 근거는 ① 첫째, 피인수회사는 주채무가 변제되지 않을 경우 담보로 제공된 자산을 잃게 되는 위험을

부담하는데, 그에 상응하는 인수자의 **반대급부가 없다**는 점이다.[58] 이때 판례는 급부와 반대급부 여부를 인수자의 경영능력이나 네트워크 형성 능력과 같은 경제적 재산은 배제하고 법률적 재산으로만 판단하는 것이다. 이는 형법상 재산 개념의 확장(법적 재산개념 → 법적-경제적 재산개념 → 경제적 재산개념) 흐름에 역행하고 도산위기에 처한 기업에게 불가피한 모험거래(를 통한 기사회생의 경영전략)를 불법화한다. ② 둘째, 차입매수의 범죄화는 피인수회사의 투자자(주주, 채권자) 보호를 절대명령(imperative)으로 보는 데에 있다. 그렇기에 인수자가 피인수회사를 위한 의사를 가졌어도 법률적 재산 개념의 반대급부를 하지 않는 한 배임고의가 있다는 논리(大判 99도882; 2001도4857)를 펴는 것이다. ③ 셋째, 반대급부가 없다는 점에서 실질적인 자본감소(상법 제438조)인데도 상법 제434조의 주총 특별결의(출석주주 의결권의 3분의 2 이상, 발행주식총수의 3분의 1 이상의 수)를 받지 않은 점도 배임성의 근거가 된다. 물론 이런 해석은 실질적으로 상법을 개정하는 효과를 갖는 것이고, 이는 상법의 형법에 대한 종속을 가져온다는 점에서 '형법의 과잉'이나 '과도한 도덕주의적 편향'이라고 비판할 수 있다.

2) 차입매수의 경영합리성 그러나 차입매수는 당사자들의 관점에서 보면 부실화되어 정리절차에 넘어간 회사를, 페이퍼컴퍼니를 설립하고, 은행권으로부터 프로젝트파이낸싱(Project Financing P/F)[59]을 일으켜서 영업을 활성화하고 순자산가치를 꾸준히 상승시키는 등 회사를 정상화시킨 사건이다. 차입매수는 다음의 도표에서 열거하듯 단점도 있지만, 경영학적으로 많은 장점이 널리 인정된다.

---

58 인수인의 대가제공 없는 차입매수를 배임으로 보는 전현정, "LBO와 배임죄: 손해를 중심으로", 서울대 금융법센터 BFL 제24호, 2007, 96쪽 아래, 101~102쪽.

59 페이퍼컴퍼니가 Project Company가 된다는 점, 프로젝트가 특정 사업이 아니라 피매수회사의 모든 사업을 포괄한다는 점에서 차입매수가 P/F인지는 의문이 있다. 하지만 피매수회사의 정상화를 프로젝트로 삼고, 그 수행에 따른 현금흐름과 수입을 상환재원으로 삼아, 프로젝트회사(매수회사)에 대하여 자금을 공급한다는 점에서 P/F로 볼 수 있다.

LBO의 장점	LBO의 단점
• 여러 경제주체(인수자, 피인수회사)가 하나로 합쳐 (피인수회사의) 자산을 공동으로 이용함으로써 가치 창출의 비용을 절감 • 위기에 빠져 활용이 비효율적으로 되어버린 기업의 자산매각을 촉진시킴 • 피인수기업의 기존 경영진을 교체함으로써 대리인 비용을 절감하게 함 • 경영혁신기법의 도입으로 회사재정의 건전화와 기업가치의 향상을 도모할 수 있음 • 법인세법상 혜택(이자의 세금공제)[60]	• 피인수회사의 자기자본 대비 부채비율을 높임 • 피인수회사의 내부정보의 편의적 이용과 사기양도의 위험 • 인수자에 대한 신뢰성 평가의 어려움

이러한 차입매수의 경영합리성은 차입매수를 회사를 매수할 자본도 없으면서 매수할 회사의 자산을 담보로 잡아 돈을 빌린 다음, 그 돈으로 회사를 꿀꺽 삼켜 먹은 사건으로 바라보는 대법원의 관점에 정면으로 반한다. 법조인집단과 경영인집단 사이의 차이, 선이해의 집단적인 전형성과 그 위에서 형성된 하부문화의 차이 그리고 사회체계들, 즉 법체계와 경제체계 사이의 합리성 괴리를 두고 대법원(법조인, 법적 정의)의 관점만 옳다고 단정하는 것은 권위적 합법주의에 속한다.

(2) 모험거래의 필요성과 경영판단원칙의 적용 차입매수는 불법과 합법 어느 한 범주에 확정적으로 가둘 수 없다. ① 특히 도산 위기에 빠진 기업은 성장의 모멘트를 가져다주는 차입매수와 같은 모험거래적 경영행위가 필요하다. 그런 모험을 무릅쓰는 것은 위험회피원칙(principle of risk avoiding)이 지배하는 법에서는 반가치인 것이지만, 위험감수원칙(principle of risk taking)이 지배하는 경영에서는 가치적인 것이다. 이렇듯 차입매수는 경영의 (비)합리성 개념과 법적 (부)정의 사이의 구조적인 간극과 충돌 현상의 전형을 이룬다. 여기서 차입매수가 회사를 소생시켰음에도 불구하고 법률가의 맹목적인 정의관점과 회사, 채권자 등의 재

60 이상훈, "LBO와 배임죄 (상)", 법조 제57권 제4호, 2008, 112~113쪽.

산권 절대보호라는 심정윤리적 관점에서나 보이는 모럴헤저드(예: 반대급부 결여)를 배임죄로 만드는 것은 권위적 합법주의의 모습이다. 법체계는 경영의 합리성에 대해 개방적이고 성찰적인 태도를 취해야 하고, 그렇기에 경영판단원칙의 적용이 필요하다. ② 경영판단원칙을 적용해보면 차입매수인이 도산위기에 처한 기업의 사실상 경영자로서 담보설정 등을 통한 프로젝트파이낸싱(P/F)이 피인수회사를 회생시키는 효과적 방편이라는 믿음으로 하였다면 선의와 선관주의를 다한 것으로 볼 수 있다. ③ 차입매수인의 페이퍼컴퍼니와 피인수회사가 양해각서(MOU)를 체결하고 피인수회사의 자산으로 담보를 설정하는 단계에서 차입매수인은 아직 피인수회사의 이사가 아니므로 차입매수행위는 충실의무에 직접 위반되지는 않는다. 하지만 이 단계에서 설령 차입매수자를 사실상 이사(경영자)로 보더라도 기업이 대출기간에 창출할 수 있는 현금의 총합을 현금흐름할인법(DCF)에 의해 현재가치로 환산한 액수가 대출금액에 못 미치게 된다는 확신을 할 수 없었다면 충실의무[61]의 위반도 인정할 수 없다. 또한 포괄적인 배임죄가 없는[62] 미국과 달리 포괄구성요건으로 운영되는 우리나라 배임죄는 그 규범의 보호목적(Schutzzweck)을 고려할 때 ― 민사사건[63]과는 달리 ― 회사를 해하는 충실의무위반만이 경영판단원칙의 적용을 배제한다고 보는 것이 적절하다. 차입매수가 충실의무를 위반한다고 보더라도 그 위반은 피인수회사를 회생시키는 구조조정의 일환이었으므로 그 위반은 배임죄 규범의 보호목적 밖에 위치하고 따라서 경영판단원칙을 적용할 수 있다.

61 **상법 제382조의3(이사의 충실의무)** 이사는 법령과 정관의 규정에 따라 회사를 위하여 그 직무를 충실하게 수행하여야 한다.

62 미국 연방법(U.S.C. Title 18, Chapter 63 중 §1341, §1343)상의 '우편사기죄'(mail fraud)가 배임죄에 해당한다는 조국, "기업범죄 통제에 있어서 형법의 역할과 한계 ― 업무상 배임죄 배제론에 대한 응답", 형사법연구 제19권 제3호, 2007, 169쪽.

63 大判 2000다9086; 2001다52407; 2002다61378; 이영봉, "경영판단의 법칙의 수용에 관한 검토", 상사법연구 제19권 제1호, 2000, 47~52쪽; 고재종, "경영판단의 원칙의 도입여부에 관한 비교법적 고찰", 비교법학연구 제2집, 2003, 39쪽 참조.

(3) 차입매수배임죄의 구조분석 이상과 같은 차입매수의 배임범죄화에 대한 (형법)체계초월적 비판뿐만 아니라 차입매수를 배임죄로 구성하는 해석의 체계내재적 관점도 분석·비판될 수 있다.

1) 차입매수자의 배임죄 주체성 판례처럼 '피인수회사의 우선협상대상자 및 대표자'를 피인수회사의 사무를 처리하는 자 또는 사실상의 경영자로 보면,[64] 그는 배임죄의 신분을 갖게 된다. ① 그러나 차입매수(예정)자가 나중에 그 회사의 대표가 될 개연성이 높거나 회사자산을 처분할 사실상의 가능성이 있다고 해서 차입매수의 양해각서(MOU) 체결 당시에 이미 신탁재산관리의 수탁자와 같은 재산관리의무를 진다는 해석은 유추금지원칙에 위배된다. 그런 해석은 배임죄 주체를 상법상 이사(예: 등기 대표이사)와 같은 법적인 경영자를 넘어 실질적인 업무집행지시자(예: 미등기 회장)와 같은 사실상의 경영자로 확장하는 것을 또다시 넘어 **회사의 외부인**(피인수회사의 자산을 담보로 설정하는 행위시점의 차입매수인)을 회사 내부인인 경영자(회사사무처리자) 개념에 포섭하기 때문이다. 이런 삼중의 배임죄 확장은 (업무관계의 내부자에 의한 재산침해를 내용으로 하는) 배임죄의 불법유형과 (업무관계의 외부자에 의한 재산침해를 내용으로 하는) 사기죄의 불법유형의 차이를 소멸시킨다. 그 결과 회사를 소생시키는 M&A 방법인 차입매수와 회사를 사기쳐 팔아먹는 미국의 사기양도죄의 행위(예: 차입매수자가 매수 이후 주가가 상승하면 처분하여 이익을 실현하고 나가는 고의를 처음부터 갖고 있는 경우)가 똑같은 범죄로 취급된다. ② 물론 피인수회사의 기존 경영자가 차입매수에 동의하고 담보를 설정해주는 행위가 배임죄에 해당한다면, 차입매수인은 비신분자이지만 형법 제33조에 의해 공범(공동정범 또는 방조범)[65]이 될 수는 있다. 여기서 차입

64 독일연방법원(BGHSt 3, 32; 6, 314; 21, 101; 31, 118 등)도 사실상의 기관(faktisches Organ) 개념을 사용한다. 상세히는 Bruns, "Grundprobleme der strafrechtlichen Organ- und Vertreterhaftung", GA, 1982, 21쪽 참조.

65 이 경우 공동정범에서의 분업적 불법실현의 원리는 신분요소에도 적용되므로, 비신분자인 차입매수인은 신분요소의 결여를 만회할 만큼 다른 실행에서 중요한 역할을 해야만 한다. 피인

매수인을 배임공범으로 처벌하려면 차입매수에 의한 기업구조조정을 기획한 주체들의 모럴헤저드 정도나 주도적 역할 여부 등을 면밀하게 살펴야 한다.

2) 손해의 추상적 위험과 구체적 위험 차입매수가 배임이 되려면 그로 인해 피인수회사에 손해가 발생하였어야 한다.[66] ① 배임죄를 침해범으로 보더라도 담보제공까지 손해발생으로 보면 차입매수는 손해요건을 충족할 수 있다.[67] 물론 담보제공은 경영학적으로는 부채비율을 증가시키지만 법인세법상의 혜택으로 그 부담이 일정 부분 상쇄되며,[68] 더욱이 기업을 회생시키기 위한 인수합병인 차입매수의 손해여부는 차입매수의 전체과정을 통한 경영의 정상화나 효율성 증대 등을 함께 고려하여 판단하여야 한다.[69]

② 그러나 판례는 배임죄의 손해요건을 "경제적인 관점에서 보아 본인에게 손해가 발생한 것과 같은 정도로[70] 구체적인 위험"(大判 2015도6745)으로 정의한다. 첫째, 차입매수에는 피인수회사가 설정한 담보를 이용해 인수자금을 차입한 다음 매수자가 차입채무를 변제하지 않고 처분할 가능성이나 처분하지는 않더라도 그 회사의 채무를 갚을 만큼 회사의 신용도를 높이지 못할 가능성이 논리적으로 상존한다. 그러나 이

수회사의 경영진은 신분을 갖고 있어서 실행에서 기여는 작아도 무방하다. 이상돈, "공범과 신분", 고시계 제50권 제2호, 2005, 57쪽.

66 판례(大判 83도2330)는 오래 전부터 손해를 입는 주체인 "본인"으로 주주가 아니라 회사로 본다. 따라서 차입매수자가 지배주주(예: 66% 주식보유) 이외의 주주들(34%)도 본인 개념을 구성하는 요소가 된다.

67 이정원, 형법각론, 2000, 471쪽; 김일수 · 서보학, 형법각론, 박영사, 2004, 486쪽.

68 담보제공으로 인한 대출금으로 피인수회사가 기존 채무의 소멸 등의 이익을 얻고 인수인이 개인적인 이득을 취하지 않은 경우에는 손해를 인정해서는 안 된다고 보는 김홍식, "차입매수(Leveraged Buyout)의 법적 논점에 관한 고찰", 상사판례연구 제20집 제2권, 2007, 251쪽.

69 이런 입장은 조국, "기업범죄 통제에 있어서 형법의 역할과 한계", 형사법연구 제19권 제3호, 2007, 172쪽; 이상현, "LBO에 대한 정당한 규제", 규제연구 제18권 제1호, 2009, 127쪽.

70 "손해와 동등한 위험"으로 개념화한 안경옥, "배임죄에 있어서 실해발생의 위험", 비교형사법연구 제2권 제1호, 2000, 217쪽 참조.

자체는 구체적 위험이 아니라 추상적 위험(abstrakte Gefährdung)이다. 배임죄의 손해요건을 손해의 추상적 위험까지 확장하는 것은 과도한 유연화이며 금지된 유추이다. 둘째, 차입매수로도 피인수회사가 정상화되지 못해서 발생하는 손해로 이어질 **구체적 위험**(konkrete Gefährdung)은 실제적인 것이며, 구체적 사실에 입각한 개연성이 있는 것이어야 한다. 이를 판단하는 거점으로 현금흐름할인법(dicount cash flow)을 사용할 수 있다. 즉, 일정기간 피인수기업이 창출할 수 있는 현금(유동성)의 총합을 연간 할인율(이자율의 반대)을 적용하여 현재의 (기업)가치(PV)를 산출해낸 다음, 피인수회사의 자산을 담보로 대출받는 자금의 총액이 그 가치의 총액을 (훨씬) 넘어서는지 여부를 분석하는 것이다.[71]

$$PV = \sum_i \frac{(FCF_i)}{(1+r)^i} \leq \text{대출총액}$$

PV: 현재가치
FCFi: i 기간의 잉여현금흐름
r: 현금흐름의 불확실성 반영 할인율

예컨대 미래 3년간 기업이 창출할 수 있는 현금이 평균 100억(이하 원)이라 하면 원년 100억, 1년차 100억, 2년차 100억, 3년차 100억을 합한 총 400억에서 1년차 10% 할인하여 90억, 2년차 20% 할인하여 80억, 3년차 30% 할인하여 70억으로 총 340억이 현재가치(PV)가 된다. 이때 그 피인수회사의 자산을 담보로 차입매수자가 340억 이하로 대출받는다면 피인수회사에게 손해의 구체적 위험이 없다고 판단하고, 340억을 초과하면 구체적 위험이 존재한다고 판단한다.

③ 또한 손해 개념을 '경제적 이성'(wirtschaftliche Vernunft)[72]의 상실, "일정한 용도에 사용될 예정인 자금의 감소"(大判 99도4587), "유동성의 장애"(大判 2001도3531) 등과 같이 **경제적 행동의 합리성** 상실로 재구성해도 차입매수는 손해요건을 충족할 수 없다. 차입매수에서 경제적 이성이란 차입매수가 M&A 기법으로서 갖는 합리성을 말하고, 차입매수의

71 물론 PV의 산출은 기계적 정확성이 있는 것이 아니라 일종의 평가이기 때문에 기업의 현재가치를 훨씬 상회하는 차입을 하는 경우에만 손해의 구체적 위험이 존재한다고 보는 것이 적절하다. 또한 그런 경우에만 피인수회사의 채권자는 회사의 담보제공행위에 대해 채권자취소를 할 수 있다는 지유미, M&A에 대한 형법정책의 방향, 고려대학교 박사학위논문, 2009, 93쪽 참조.

72 대표적인 독일연방법원 판례로 BGHSt 16, 321; 19, 71 등을 참조.

전체적인 과정이 성실하게 진행되는 한 그런 경제적 합리성이 인정되기 때문이다. 특히 정리절차에 들어간 회사는 차입매수 이전에 이미 손해의 위험이 존재하는데, 차입매수를 통해 기사회생의 가능성은 이미 존재하는 위험을 제거한다.[73]

3) 차입매수의 임무위배성 판단 　차입매수는 피인수회사의 자산을 담보로 그 회사를 인수한다는 점에서 (마치 봉이 김선달 식의) 비윤리적인 것으로 볼 여지가 있다. 판례는 담보제공부담에 상응하는 반대급부를 제공하지 않은 점을 임무위배행위로 보았다.

㈎ 충실의무와 경제적 반대급부 　이는 **회사자산관리의무**[74]라는 충실의무(상법 제382조의3) 위반을 근거로 한 권한남용의 배임을 인정한 셈이다. 그러나 차입매수자와 MOU를 체결하여 기업회생계획을 수립 · 실행하고, 기업의 회생을 통해 회사의 자산상태를 오히려 더 건전화할 수 있기에 그런 위반은 인정할 수 없다. 물론 차입매수에 의한 기업의 회생이 실패하고, 손해가 발생한 경우는 현금흐름할인법에 의해 차입금 총액이 기업가치의 총액보다 훨씬 상회하지 않는 한에서만 —이 경우에도 채권자 취소권의 행사를 허용할 수 있지만— 여전히 임무위배행위가 되지 않는다.[75] 또한 차입매수에는 **경제적 의미의 반대급부**가 있다는 점도 간과할 수 없다. 차입매수자는 자신의 정치적 사회적 네트워크를 이용하고 네트워킹(networkling) 능력을 발휘하여 프로젝트파이낸싱(P/F)을 성공시키

73 부산지방법원 2009. 2. 10. 선고 2008고합482 판결("불법한 동기를 실현하는 합병을 하였으므로 배임이 성립된다고 하기 위해서는 필히 그로 인한 손해가 증명되어야 할 것인데, 피인수회수가 인수회사에 합병된 결과 얻게 되는 법제상 경영상의 이익은 전혀 감안하지 않은 채 … 인수회사가 인출하여 사용한 피인수회사가 보유하였던 현금성 자산만이 손해라고 하는 것은 합당하다고 보기 어렵"다).

74 이처럼 회사자산관리의무를 충실의무로 보는 기유미, M&A에 대한 형법정책의 방향, 고려대학교 박사학위논문, 2009, 96쪽.

75 비슷하게 "담보제공된 자산이 상실될 구체적인 위험이 합리적으로 의심할 만한 여지없이 십중팔구의 확률로 인정되어야 한다"고 보는 진현섭, "LBO와 이사의 배임죄 성립 여부", 인천법조 제8집, 2007, 49쪽.

고, 차입자금으로 피인수회사의 신주를 인수한 다음 그 회사의 채무를 변제할 자본을 조달하고, 기업의 신용도를 높여 정상화하는 리엔지니어링(reengineering)을 하는 것이다.[76] 이를 반대급부로 보는 것은 지나치게 자본주의적이라는 비판을 받을 수는 있다. 하지만 루만처럼 경제체계를 자기완결적 체계로 바라보고,[77] 재산 개념을 시장경제에서 교환기능의 수행에 특수화된 개념으로 보면 개인의 전문적 능력과 네트워킹의 역량도 재산이 된다고 볼 수 있다.

(나) 선관주의의무 임무위배성은 선관주의의무 위반으로도 인정할 수 있다. 하지만 〈우선협상대상자→MOU체결→실질적 담보설정→신주발행 및 대표취임→물권적 담보설정 등(계약이행)→경영정상화〉라는 차입매수의 전 과정을 고찰하여, 피인수회사의 경영진과 채권단의 경영자가 나름의 경영판단으로 — 이를테면 투자은행의 공정성의견서나 전문가 조언을 검토하는 방식으로[78] — 차입매수자를 우선협상대상자로 지정하는 등의 과정을 밟았고, 차입매수자도 그들과 함께 기업회생의 프로젝트에 참여한 것이라면 차입매수자는 피인수회사의 법적 경영진과 마찬가지로 선관주의(상법 제382조 제2항, 민법 제681조)를 다한 것이다.[79]

---

76 이는 경제적 재산 개념의 핵심인 시장에서의 교환가치, 즉 교환가능성이 인간에게도 적용됨을 전제한다. 인간도 교환객체의 하나가 된다. 이에 관해 U. Nelles, Untreue zum Nachteil von Gesellschaften: Zugleich ein Betrag zur Struktur des Vermögensbegriffs als Beziehungsbegriff, 1991, 382~385쪽 참조.

77 이런 관점으로 N. Luhmann, Die Wirtschaft der Gesellschaft, 2. Auflage, 1989, 13쪽 아래 참조.

78 김홍식, "차입매수(Leveraged Buyout)의 법적 논점에 관한 고찰", 상사판례연구 제20집 제2권, 2007, 259쪽.

79 이는 의심스러울 때에는 시민자유의 이익으로(in dubio pro libertate) — 원칙을 적용한 결과이다: 충실의무가 선관주의의무를 구체화한 것인지 아니면 그보다 가중된 수준의 의무, 특히 단체법으로서의 회사법상 이익충돌시 회사이익을 우선할 의무와 같은 것인지에 관한 상법학계의 논란은 중요하지 않다. 하지만 배임 여부를 판단하는 요소로서 선관주의의무는 차입매수에 의한 기업회생의 프로그램에 대한 결정 전반에 관계되는 주의의무로 보고, 충실의무는 차입매수로 인한 회사자산의 감소위험에 대한 관리의무로 특수화시켜 볼 수 있다.

그 밖에 차입매수가 **위법한 자기거래**라면 권한초월의 배임(임무위배)을 인정할 여지가 있다. 먼저 인수회사의 대표(차입매수자)가 피인수회사의 사실상 이사(상법 제398조 1호의 "이사"의 확장해석)라고 본다면, 그가 소유한 인수회사(제3자)의 차입채무에 대해 그 채권자와 담보설정계약을 하는 것은 자기거래가 된다. 그러나 이 경우에도 상법 제398조는 이사와 회사의 이해가 충돌하고 이사에게는 이익, 회사에게는 손해가 되는 경우를 금지하므로,[80] 차입매수자(사실상 이사)와 회사 모두에게 이익이 되는 차입매수는 제398조의 보호목적 밖에 놓이고, 따라서 이사회 개최와 승인을 받을 의무는 보증인의무가 될 수 없고, 이 의무를 다하지 않은 부작위는 임무위배행위에 해당할 수 없다.[81]

㈐ **허용리스크이론** 독일의 허용리스크이론에 의하면, 재산관리의무의 위반은 경영영역에서 승인되는 리스크의 정도를 넘어섰을 때에만 인정되며, 리스크의 정도는 '사업의 대상과 회사의 경제적 상황, 손실의 개연성과 손실위험의 통제 가능성, 손해발생의 개연성과 이익획득의 개연성 사이의 관계를 고려하여 판단'[82]한다. 차입매수가 적어도 회사정리절차에 들어가 있는 기업에 대한 합리적인 구조조정의 일환으로 이루어지는 한 그것은 '허용된 경영리스크'[83]의 범위 안에 있는 것이다. 결론적으로 차입매수가 성공적으로 진행되어 회사가 정상화되면, 회사의 재산도 늘어나고, 채권자들도 자신들의 채권을 추심할 가능성을 합리적 판단으로 인정할 수 있는 한, 차입매수는 배임행위가 될 수 없다.

---

80 송종준, "PEF와 M&A: LBO의 구조와 법적 문제", 금융법연구 제2권 제1호, 2005, 74쪽; 김홍식, "차입매수(Leveraged Buyout)의 법적 논점에 관한 고찰", 상사판례연구 제20집 2권, 2007, 249쪽.

81 이상현, "LBO에 대한 정당한 규제", 규제연구 제18권 제1호, 2009, 123쪽: 또한 차입매수자가 "법정관리 중에 있는 회사의 우선협상대상자로 선정되었다면 회사 회생이라는 목적(큰 이익) 달성을 위해 인수자금조달의 구체적 방법(작은 이익)에 관해서는 거래 관행의 범위 내에서 법정절차를 따르는 한 피인수회사는 추정적 승낙한 것으로 분석될 수 있"다. 이에 의하면 차입매수자는 이사회의 승인을 받지 않은 거래를 한 것이 아니다

82 Tiedemann, Kommentar zum GmbH-Strafrecht, 1995, Vor §§82ff. 방주 19.

83 대표적으로 H. Otto, Aktienstrafrecht, 1997, Vor §399 방주 39; K. Tiedemann, Kommentar zum GmbH-Strafrecht, 3.Auflage, 1995, Vor §82 방주 19; Th. Hillenkamp, "Risikogeschäft und Untreue", NStZ, 1981, 166쪽 아래.

4) 차입매수의 배임고의성 판단 불법이득의사(Bereicherungsabsicht)에 관하여 대법원은 다음과 같이 판시한다.

'차입매수인에게 피인수회사의 이익을 위한다는 의사가 있다 하더라도 차입매수인이 피인수회사의 자산을 금융기관들에 대해 담보로 제공한 것은 실질적으로 차입매수인 자신 또는 차입매수를 위해 설립한 서류상의 회사가 피인수회사의 주주로서의 지위 또는 경영권을 취득하려는 개인적 이익을 위하여 한 행위이므로, 자신의 이득 또는 가해의 의사가 주된 것이라고 볼 수 있어 배임의 고의를 인정해야 한다'(大判 2004도7027).

이 입장에 의하면 피인수회사의 자산을 담보로 하면서 '법률적 재산의 의미에서 반대급부'를 제공하지 않는 한 배임고의(불법이득의사)를 자동적으로 인정하게 된다. 그러나 차입매수자의 의사는 사기양도(예: 차입매수 후 주가가 상승하면 경영정상화의 노력을 하지 않고 주식을 매도하여 시세차익만 얻고 나간 경우)에서는 불법이득의사이지만, 정상적인 차입매수에서는 자신은 이익을 얻고 피인수회사는 손해를 보게 하는 불법이득의사, 즉 **피인수회사를 위하는 의사와 분리된 불법이득의사**를 가지지 않는다. 피인수회사의 담보제공은 차입매수에 의한 기업인수와 구조조정의 한 과정이고, 프로젝트파이낸싱과 회사인수 후의 구조조정과 손익구조개선, 그에 따른 시장의 긍정적 반응이 이어지지 않는다면 차입매수인도 개인적으로 이익을 얻을 수 없기 때문이다.[84] 차입매수자의 의사는 자신에게는 경영권인수와 투자차익의 실현 그리고 피인수회사에게는 구조조정과 경영정상화를 동시적으로 성공시키려는 윈-윈(win-win)[85]의사이다. 이와 같은 윈-윈의 의사를 두고 불법이득의사라고 보는 것은 피고인의 내적 성향을 왜곡하는 것이다. 이런 왜곡 속에서 이루어지는 고의

84 같은 취지의 서울고등법원 2004. 10. 6. 선고 2003노3322 판결 참조.

85 이는 자신이 대표로 있는 회사의 주식을 캐피탈회사가 매수하여 일정기간 보유하여 주가를 유지시키고 그 대가로 파킹료를 준 회사대표의 사례(배임죄를 인정한 大判 2002도1696)와 비슷하다. 주식파킹계약을 통해 대표, 배임죄에서의 본인인 회사, 그리고 파킹한 캐피탈회사도 이익을 얻는 윈-윈-윈의 의사가 있다.

의 귀속은 책임원칙에 심각하게 위배된다.[86]

(4) 차입매수의 법정책적 지평 판례처럼 반대급부의 제공이 없다는 점만으로 차입매수 방식의 기업인수를 모럴헤저드로 바라보고, 배임죄로 단죄하는 해석정책은 다음 세 가지 측면에서 재고되어야 한다.

1) 법체계의 구조적 문제 ① 첫째, 판례에 따르면 차입매수인이 배임범죄자가 되지 않으려면 피인수회사의 주주총회에서 차입매수에 대한 특별결의를 받아야 한다. 이는 상법(제438조의 "자본감소")의 실질이 형법해석에 의해 일방적으로 형성되는 결과를 가져온다. 그러나 형법과 상법은 수평적 상호관계에 있으며, 주주총회의 특별결의가 없다고 하여 차입매수가 배임죄에 해당한다고 보아서는 안 된다. ② 둘째, 페이퍼컴퍼니 부동산개발 프로젝트금융투자회사(Project Financing Vehicle)는 출자자들의 보증 아래 은행으로부터 사업자금을 대출받아 사업을 수행하는데, 이는 10~20%의 지분출자가 있는 차입매수의 경우[87]와 구조적으로 같고, 반대급부 없이 출자자들의 담보제공이 이루어지는 점도 같다. 그럼에도 불구하고 PFV는 각종 세법[88]에 의해 합법화되고, 세제혜택도 받는다. 이로써 법체계의 정합성은 심각히 훼손된다. 차입매수가 프로젝트금융투자회사처럼 세제상의 혜택을 받지는 못할지언정 배임범죄로 낙인찍히는 것은 헌법상 과잉금지원칙에도 위배된다.

2) 일반예방기획의 오류 차입매수의 배임성은 오직 차입매수가 남용되는 경우, 즉 차입매수로 회사를 인수한 후, 시장의 긍정적 반응으로 주가가 상승하자 바로 매각하여 차익을 실현하는 경우처럼 미국의 사기

86 LBO 과정에서 반대급부가 제공되지 않은 경우 자동적으로 배임의 고의가 인정된다고 단정할 수는 없다는 조국, "기업범죄 통제에 있어서 형법의 역할과 한계 – 업무상 배임죄 배제론에 대한 응답", 형사법학연구 제19권 제3호, 2007, 174쪽.

87 대개 특수목적회사를 설립하여 전체 차입금액의 약 10~20% 정도를 자본금으로 충당시키는 차입매수가 일반적이다.

88 법인세법 제51조의2 제6호, 조세특례법 제120조 제4항, 제199조 제6항 등 참조.

양도금지법(Fraudulent Conveyance Statute)[89]이 적용될 사안에만 있다.[90] 물론 사기양도금지법이 없는 우리나라에서 차입매수의 배임범죄화는 차입매수의 오남용을 예방하기 위한 고육지책일 수 있다. 그러나 이런 일반예방적 처벌의 기획은 사기양도금지법과 같은 특별법이나, 배임죄처럼 회사 내부자의 신임파괴가 아니라 회사 외부자의 기망적인 재산 침해행위를 통제하는 사기죄에 의해 실행되어야 한다. 차입매수의 남용은 대개 사전에 계획되고 고의적인 것이어서 차입매수를 기망의 수단으로 삼는 사기행위에 해당할 수 있다.

3) 인수합병시장의 고사위험 차입매수의 배임범죄화는 기업의 인수·합병 방법으로서 차입매수, 심지어 차입매수자가 일정부분 자산을 출자하는 방식까지 현저히 감소시키고, 도산 위기에 직면한 기업에게 불가피한 소생수단 하나를 앗아가버리는 것일 수 있다. 차입매수로 취급되지 않았지만 다음 사례는 차입매수의 배임범죄화가 인수합병시장에 경직된 두려움을 낳는다는 점을 잘 보여준다.

★ **차입후매수와 매수후차입상환** D(주) 회장 甲은 법정관리상태에 있던 계열사와 함께 출자하여 특수목적회사 D산업(주)(SPC)를 설립하고, D산업(주)는 금융기관에서 인수자금을 대출받아 H(주)의 유상증자에 참여하여 H(주)의 경영권 및 대주주 지위를 취득하였다. 그 다음 D(주)는 D산업(주)를 흡수합병하고, H(주)를 순차로 흡수합병하였다. 이후 D(주)는 이미 알

89 미국의 사기양도금지법(Fraudulent Conveyance Law)은 채무자의 이용가능한 자산을 현금화하여 자신의 권리에 대해 만족을 얻을 채권자의 권리가 침해되는 것을 막는 데에 그 주된 기능이 있다. 부당한 취급을 받은 채권자들은 부적절한 양도를 무효화하기 위해 주법에 의하여 소를 제기할 수 있고, 승소할 경우에는 자신의 권리범위 내에서 양도된 재산에 대해 선취특권(lien)을 얻을 수 있다. 사기양도금지법에 관한 상세한 내용은 Raymond J. Blackwood, "Applying Fraudulent Conveyance Law to Leveraged Buyouts", Duke Law Journal (Vol. 42, No. 2, 1992), 340~381쪽; Kevin J. Liss, "Fraudulent Conveyance Law and Leveraged Buyouts", Columbia Law Review, Vol. 87, No. 7, 1987, 1491~1514쪽 참조.

90 미국에서도 LBO에 대해 사기양도금지법이 적용되는지에 관해 견해대립이 있다. 대부분의 법원들은 이를 긍정한다. United States v. Tabor Court Reality Corp., 803 F.2d 1288, 1297 (3d Cir. 1986), cert. denied, 107 S. Ct. 3229 (1987); In re Ohio Corrugating Co., 70 Bankr. (Bankr. W. D. Mich. 1985) 참조.

고 있었던 H(주)의 부동산 매각대금 중 현금 1,800억 원을 인수대금의 채무변제에 사용하였다. ① 판례(大判 2009도6634)에 의하면 H(주)의 인수합병이 "LBO 방식과 그 기본적인 전제가 다르고 합병의 실질이나 절차에 하자가 없어 위 합병으로 H(주)가 손해를 입었다고 볼 수 없"[91]어서 甲은 배임죄가 성립하지 않는다. ② 검사가 이를 차입매수로 본 것은 D(주)의 H(주) 인수가 LBO와 그 실질과 경제적인 효과가 같고, 단지 합병과 피인수기업의 자산처분 사이의 시간적 선후관계만 다를 뿐인 점(LBO=차입 후 매수, 이 사안은 매수 후 차입)과 이 시간적 선후관계의 차이는 실질의 동일성을 깨뜨리지 못하는 형식의 차이라는 사고에 기인한다. ③ 이 인수합병의 실질은 '자신의 자산으로 남의 회사를 산 것이 아니다'는 점에서 일상적 윤리관념[92]에 위배된다. 그러나 D(주)의 그룹이 먼저 인수자금을 독자적인 계산으로 차입해올 수 있는 것은 D(주)와 그 계열사에 대한 시장의 긍정적 평가에 기초한 것이며, 또한 D(주)는 차입 후 예상치 못한 사정으로 인수를 못하거나 인수 후 피인수회사의 부외부채나 시장환경 급변으로 직면할 수 있는 위험을 떠안으며 성장[93]을 도모하는 것이다. 이러한 기업의 인수·합병은 자본시장에서 책임이 뒤따르는 합리적 행동의 하나이다. 검찰의 사고는 이런 합리적 경영행위를 일상윤리의 관념으로 밀어낸다. 만일 이 사안과 같은 기업인수를 배임으로 본다면 기업인수·합병은 대부분 사라질 것이다. 일체의 자금 차입이 필요없고, 피인수회사의 자산을 처분하여 갚을 필요가 전혀 없을 정도로 잉여자산을 충분히 갖고 있는 기업은 극히 드물기 때문이다.

4) 법정책의 지표 결론적으로 차입매수가 프로젝트금융투자회사처

91 이는 부산고등법원 2009. 6. 25. 선고 2009노184 판결의 입장을 유지한 상고심 판례임.

92 이 점을 언론도 법원과 검찰은 "돈 한 푼 안 쓰는 LBO는 업무상 배임죄"라고 개념화하기도 한다(한국경제신문, 2008.7.23.자).

93 기업의 성장은 기업의 존속을 위한 조건이 된다. 성장하지 않고 정체하는 기업은 결국 존속하지 못한다. 기업의 존속과 성장은 크게 두 가지 방법에 의존한다. 하나는 새로운 기술개발로 새로운 시장을 개척하여 수익창출을 증대시키는 것이고, 다른 하나는 다른 기업을 인수·합병하는 것이다. 그러므로 기업은 R&D를 통한 새로운 시장의 진입과 함께 부단히 인수·합병을 도모해야 하는 것이다. 이런 기업활동은 시장이 살아 있기 위한 조건이 되기도 한다. 또한 간과해서는 안 되는 점은 인수·합병이 새로운 시장의 직접적 진입보다 비용이 적게 든다는 점이다. 스스로 상품을 개발하고, 시장을 개척하여 수익을 창출하는 데 드는 시간과 비용보다는 기존의 재정위기에 처한 기업을 인수하여 구조조정함으로써 그 기업의 시장에 좀더 적은 비용으로 성공적으로 진입할 수 있다.

럼 세제혜택을 줄만큼 장려할 것인지는 법정책적 결정에 달렸다. 이 결정에 앞서 고려해야 할 점은 ① 차입매수자가 위기에 처한 회사의 경영정상화를 이루는 데 필요한 자본을 조달하기 위해 프로젝트파이낸싱을 은행권으로부터 해낼 수 있는 정치적, 사회적 의사소통의 역량이 있고, 그 역량이 경영인으로서의 업적과 그 위에서 구축된 네트워크에서 형성된 것이라면 기업을 인수하는 정당한 자산을 인정할 수 있는 반면, 그 역량이 정치권력을 배후에 두었기 때문에 형성된 것이라면 정당한 자산을 인정할 수 없다. ② 차입매수자의 역량이 정당한 자산인 경우가 많은 사회일수록 차입매수는 전문성과 투자합리성이 커지고, 오남용에 대한 일반예방의 필요성도 약화되며, 프로젝트금융투자회사처럼 세제혜택을 주는 법정책도 가능할 수 있다. 우리사회는 적어도 차입매수의 배임범죄화는 필요하지 않은 수준에 도달해있다. 다만 차입매수를 비범죄화하되, 다음과 같은 보안적인 입법과 법해석이 바람직하다.

— 기업의 사기적 양도를 금지하고 처벌하는 법률을 제정하거나 상법 제625조(회사재산을 위태롭게 하는 죄)[94]를 적용한다.
— 차입매수가 진행되는 전과정의 정보를 공개하게 하고, 차입매수로 인수한 주식의 조기처분을 제한하는 주식저당제를 도입한다.[95]
— 차입매수자는 지분출자(예: 인수자금의 10%)를 하고 차입매수에 이해관계없는 이사들 중 2/3 이상의 동의를 요구한다.
— 현금흐름할인법에 의한 기업의 현재가치(PV)를 넘는 차입을 하는 경우는 민법상 채권자취소권(제406조 제1항)의 행사를 허용한다.[96]

---

94 이정민, 회사형법의 합리화와 형법정책의 방향, 고려대학교 박사학위논문, 2006 참조.

95 자세히는 설민수, "M&A의 한 방법으로서의 LBO에 대한 규제, 그 필요성과 방법, 그리고 문제점: 대법원의 2004도7027 판결에 대한 다른 시각: 미국 사해행위 취소와 한국 배임죄 규제의 비교", 사법논집 제45집, 2008, 43쪽, 92쪽 참조.

96 지유미, M&A에 대한 형법정책의 방향, 고려대학교 박사학위논문, 2009, 86쪽.

Ⅳ. ESG 경영과 경영배임 · 중대재해책임

최근 수 년 전부터 많은 기업들이 앞다투어 ESG경영(Environment Social Governance)을 선포해오고 있다. 이는 윤리경영과 준법경영의 발전이 기업과 사회 및 지구의 지속가능성을 위한 환경 고려(예: RE100), 기업이윤(profit), 이해관계자와 시민사회에 널리 혜택(Benefit)을 가져다 주는 사회적 경영(예: 비콥 B-corp 인증), 그리고 지배구조 개선을 포함하는 더욱 윤리적인 준법경영으로 나아가는 현상이다. 아래에서는 ESG경영의 전반을 다루는 것이 아니라 ESG경영시대에 경영배임과 경영판단의 컨버전스(아래 1.) 현상과 중대재해처벌과 같은 경영자의 형사책임 강화(아래 2.) 현상을 다룬다.

1. 리스크로서 경영배임의 새로운 기능

본래 현대사회에서는 경영의 합리성과 법적 정의는 포개지지 않기 때문에 법은 경영자 입장에서 무엇이 합리적 경영행위인가를 들여다보아야 하고 경영자도 자신의 경영행위에 대한 외적 한계로서 법(배임죄규범)이 어떤 경영행위를 금지하는지를 살펴보아야 한다. 하지만 배임죄 요건의 해석에서 그런 성찰은 오랜 세월 결핍되어 왔다.

(1) 경영판단과 배임판단의 동행성 그러나 이제 그런 성찰은 경영의 일상이 되어야 한다. 왜냐하면 윤리경영과 준법경영의 패러다임에서 배임죄가 넓게 확장되고 그 성립요건이 유연화될수록 배임죄는 경영자의 거버넌스에 직접 타격을 가져오는 경영리스크이면서, 예측하기 어려운 불확실한 미래의 그림자와 같다. 자신에게 치명적인 불확실성 때문에 오늘날 경영자는 경영행위를 할 때 그 행위가 미래에 가서 지금 배임죄였던 것이 되는지, 즉 **선미래시제**(le futur antérieur)**의 배임죄** 여부를 검토하지 않을 수 없다. 이런 검토는 윤리경영과 준법경영의 요구이면서 윤리적이고 합법적인 거버넌스(Governance), 즉 ESG경영의 한 요소

(G)가 되고 있다. 배임죄의 전미래적 성립 여부에 대한 검토는 경영자가 일상에서 지속해야 하는 경영리스크 관리의 중요한 하나이다.

가령 계열회사가 영구전환사채(perpetual convertible bond)를 발행하고, 지주회사가 그 전환사채의 인수자(투자자)와 그 투자로 인한 총수익을 정산하는 계약[총수익스왑(Total Return Swap)의 계약]을 체결하는 지주회사의 경영자는 공정거래위원회에 의한 (계열사부당지원행위) 규제를 넘어 미래에 언젠가는 그 계약이 배임죄에 해당한다는 사법당국의 판단을 받게 될 가능성을 검토해야 한다.

> **★ 차액정산계약의 배임 여부** ① 영구전환사채와 차액정산계약은 계열회사에게는 부채비율을 낮추면서, 자본조달을 할 수 있게 하고, 지주회사에게는 계열회사에 대한 유상증자의 부담을 피하면서 계열회사가 성장하면 차액정산계약으로 이익을 얻을 수 있다는 점에서 많은 이점이 있다. 그럼에도 영구전환사채에 대한 차액정산계약은 계열회사에게 신용공여를 하는 것이면서, 대기업에 속한 계열회사가 기업집단이 아닌 개별기업과 경쟁하는데 유리함을 주는 것이며, 또한 계열회사의 경영이 더 악화하면 지주회사는 차액정산계약으로 인해 투자손실을 입을 위험도 있다. ② 차액정산계약의 체결은 계열회사에 대한 신용공여의 상법상 요건을 충족하지 못하는 경우에는 권한남용의 배임죄에 그리고 계약 당시 계열회사의 실제주가(주당가치)가 액면가에 미달하는 경우와 같이 '구조화된 손해'의 위험이 있는 경우에는 신의파괴의 배임죄에 해당할 여지가 있다. ③ 하지만 지주회사가 계열회사의 영업이익으로부터 얻는 지분법평가이익과 높은 브랜드사용료(브랜드사용료의 잉여분)는 비록 불완전하긴 하지만 신용공여에 대한 반대급부의 성격을 가진다. ④ 다만 그러한 반대급부의 부족분은 계열회사가 지주회사에 대해 투자손실보전계약을 체결해주거나 지주회사의 손실보전채권을 출자전환하는 계약을 함으로써 채워질 수 있다. ⑤ 따라서 차액정산계약체결은 상법에 위반하는 신용공여인 경우이거나 구조화된 손해가 있음에도 불구하고 그 손해에 대한 반대급부로서 투자손실보전계약 등이 없었던 경우라면 업무상 배임죄에 해당할 수 있다.

이런 리스크관리는 중요한 경영결정에 대한 간헐적인 검토가 아니라 배임 가능성에 대한 매번의 전미래적 판단에 의한다. 그렇기에 경영행위의 판단과 경영배임의 판단은 이제 동행同行한다고 말할 수 있다. 이때 동행성은 단순한 병렬적 진행을 의미하는 것이 아니라 경영배임의 판단에 의해 경영행위가 제약받고, 경영판단에 의해 경영배임의 판단이 구체화되는 상호적인 컨버전스를 수반한다. 이런 배임리스크의 관리를 하지 않으면 경영자는 자신의 직책을 지속해나가기 어렵고, 해당기업도 흔히 오너리스크라고 불리는 위험에 처할 수 있다.

(2) 배임죄의 예방법화와 사회공헌유인 이처럼 경영리스크가 된 배임죄는 그 법적 성격도 변화된다. 형법은 본래 과거에 발생한 법익침해를 진압하는 법으로서 위험예방을 목적으로 하는 경찰법과 구분된다. 또한 배임죄는 타인의 권리(재산권) 침해 행위가 아니라 그러한 목적가치를 유지하기 위한 다양한 의무 위반 행위[97]로 변질된다.

본래 민주적 법치국가에서 법은 시장 안에서 개인의 자유로운 행위를 보장하고, 각 개인의 자유로운 행위가 시장에서 경쟁을 함으로써 각 개인은 성공이나 실패를 겪긴 하지만 사회는 발전하고, 질서는 자율적으로 형성된다. 경영행위는 시장에서 누리는 개인적 자유의 전형이다. 그런데 위와 같이 변화된 배임죄는 시장경쟁의 결과로 빚어지는 불평등을 배분적 정의의 관점에서 교정하는 것을 넘어서 경영의 자유를 제한하기 쉽다. 그런 경영자유의 제한을 대가로 치르면서 배임죄에게 기대하는 바는 기업의 재산을 보호하는 본래적 역할을 넘어서, 구성원과 이해당사자들(예: 주주, 채권자, 하청기업 등)의 집단적 이익을 실현하고, 더 나아가 경영행위와 관련된 사회체계(예: 자본시장질서, 공정질서)의 기능을 유지 · 발전시키며, ESG경영시대에는 심지어 가능한 한 일반시민들에게도 혜택(Benefit)을 주는 경영을 하도록 유도하는 인프라가 되는 것이다. 가령 회사의 체육관을 기업회장이 마치 개인체육관처럼 전용하는 것은 배임이지만, 각종 사회문화활동을 지원하는 메세나활동, 특히 기업의 정

97 K. Günther, "Von der Rechts– zur Pflichtverletzng, Ein "Paradigmawechsel" im Strafrecht?", 이상돈 엮음, 대화이론과 법, 법문사, 2002, 165~184쪽 참조.

관상 목적과 무관한 사회문화활동에 대한 지원까지도 배임이 아닌 것으로 배임죄를 해석하면, 배임죄는 시민사회에 혜택을 주는 경영을 유도하는 기능도 발휘하게 된다.

2. 안전보건경영책임의 범죄화

ESG경영시대에 와서는 배임·횡령죄에 의한 경영자 처벌과 비윤리경영의 통제가 충분하지 않다는 생각들이 점점 많아졌다. 그 결과 근로자보호를 위해 산업안전보건경영을 제대로 하지 않은 최고경영자에게 중대산업재해(종사자 사망·상해)나 중대시민재해(예: 제조물결함사고)에 대한 형사책임을 묻는 중대재해처벌법이 만들어지고 2022. 1. 27. 시행되었다. 이 법은 산업안전을 넘어서 근로자의 인권을 더 책임있게 보호하고, 시민들에 대한 물품과 용역을 더욱 안전하게 제공하는 목적을 추구한다.

(1) 중대재해책임의 핵심내용 기업의 중대재해는 중대재해 예방과 시민·종사자의 생명·신체를 보호하기 위해 기업 내의 산업안전·보건관리체계[안전보건경영시스템(OSHMS)][98]가 기능하도록 만드는 경영이 실패하면 발생할 수 있는 결과이다. 중대재해처벌법은 경영자의 이러한 산업안전·보건경영의 실패를 중범죄로 범죄화 한다. 즉 법은 안전·보건확보의무(제4조, 제9조)를 위반하여 중대산업재해(예: 물류창고화재)에 '이르게' 하거나 특정원료, 제조물, 공중이용·교통시설의 "결함을 원인으로"(제2조 제3호 본문) 중대시민재해(예: 가습기살균제사고)에 '이르게 한' 사업자와 경영책임자(제6조, 제10조) 및 (양벌규정으로) 기업을 처벌하고, 아울러 "고의 또는 중과실로" 중대재해를 초래한 경우엔 손해액의 5배까지 징벌적 배상책임(제15조)을 인정한다.

(2) 비합리적인 결과책임 여기서 의무위반을 형사처벌의 귀책사유

98 안전보건경영시스템은 90년대 초 영국의 BS8800에서 규역화되고, 2018년 ISO45001이라는 국제기준이 제정되어 있으며, 우리나라 안전보건공단도 KOSHAMS를 정립하고 있다.

로 삼으면서 더 중한 귀책사유인 고의 · 중과실을 형벌과 병과될 수 있는 징벌손해배상의 귀책사유로 삼는 것은 제재법의 체계성을 해친다.[99] 그러나 더 큰 문제는 인과관계이다. 이 법은 안전 · 보건확보의무의 위반이 (산업안전보건법이 정하는 산업재해 중) 사망자 1명 이상 등의 "결과를 야기"하는 중대산업재해에 "이르게" 한 경우 또는 특정 원료, 제조물, 시설 등의 설계, 제조, 설치, 관리상의 결함을 "원인으로 하여 발생한 재해"(제2조 제3호)로서 사망자 1명 이상 등의 "결과를 야기"한 중대시민재해에 "이르게 한" 경우에 사업주와 경영책임자를 처벌한다.

이는 인과관계를 귀책요건에서 사실상 제외시켜버린다. 사망 등의 "결과를 야기"한다거나 결과를 야기한 중대재해에 "이르게 한" 경우란 합(경험)법칙적 조건관계의 인과성도 확인되기 어려운 경우를 포함하기 때문이다. 그렇기에 중대재해책임은 위험책임을 넘어 **사실상 결과책임**에 근접한다.[100] 게다가 중대시민재해의 경우 제조물 등의 결함과 재해의 결과발생 사이에는 제조물책임론에서 보듯 단지 추상적인 '일반적 인과관계'(generelle Kausalität)[101]만 존재하고 합법칙적 조건관계는 존재하지 않는다. 하지만 대표이사와 같은 경영책임자의 안전 · 보건확보의무위반과 사망 등의 '결과야기' 사이에 합법칙적 조건관계가 인정되는 경우를 가정하더라도, 그 둘은 너무 멀리 떨어져(too remote) 있다. 즉, 재해의 결과로 실현된 위험의 발생에 관여한 종사자(근로자)의 행위, 사업장의 해당 위험원을 관리하는 조직체를 구성하는 안전 · 보건관리담당자, 안전 ·

99 과실범도 처벌할 수 있다는 법무부장관의 발언으로 "박범계 '악의적 과실로 인한 중대재해 단호히 대처해야'"(뉴시스 2021.12.1.) 참조. 이에 대해 아예 과실범 명문규정을 두고, 고의범과 법정형의 차등을 두자는 김광수, "중대재해처벌 등에 관한 법률의 제정과 문제점", 형사 · 법무정책연구소식, Vol. 161, 2022, 31쪽.

100 "근대 형법이 극복하고 있는 결과책임을 은폐하는 장식적 규정"으로 비판하는 이근우, "중대재해처벌법 경과와 제정법률에 대한 비판적 검토", 형사정책 제32권 제4호, 2021, 22쪽.

101 Kuhlen, *Fragen einer strafrechtlichen Produkthaftung*, C. F. Müller, 1989, 63쪽. 일반적 인과관계는 일정한 행위준칙의 위반, 위반행위에 뒤이은 결과의 발생, 위반행위와 결과발생 사이의 통계적 상관관계, 결과발생에 작용한 다른 조건이 발견되지 않는다는 조건에서 인정되며, 합법칙적 연관은 통계적 상관관계로 약화된다.

보건관리자(또는 감독자), 그 위의 안전·보건관리책임자 그리고 사업본부장이나 경영총괄 등의 행위들이 개입하고 있다. 이처럼 너무나 멀리 떨어진 원인은 법적으로 인과관계가 인정될 수 없다.

이런 인과성의 문제를 검찰은 산업안전보건법상 안전보건조치 불이행을 확정하고, 그 다음 경영책임자의 안전보건확보의무 위반이 산업안전보건법상 안전보건조치 불이행의 원인이 됐는지를 찾는 방식으로 해결하려고 한다. 그러나 여기서 말하는 인과관계는 법적 인과관계를 뜻하는 것이 아니라, 해당 기업의 안전·보건체계를 기능하게 만드는 윤리경영을 다하지 못한 책임의 표현일 뿐이다. 이 경영윤리적 책임은 안전·보건확보의무를 어느 정도로 강하게 부과할 것인지, 즉 '적정한' 안전·보건확보의무는 무엇인가에 대한 정책적 판단에 좌우되기 쉽고, 특히 재해사고에 대한 그때그때 여론의 향방에 좌우되기 쉽다. 그렇기에 이런 형사책임을 인정하는 것은 법치국가의 중대한 후퇴이다. 여기서 경영책임자의 안전보건확보의무위반죄를 적용할 때에는 **경영판단원칙**(business judgement rule)을 적용할 필요성이 강하게 인정된다.

★ 안전보건확보의무여부 판단과 경영판단 가령 ① 법 제4조 제1항 1호(재해예방 안전보건관리체계의 구축 및 이행조치)을 구체화한 시행령 제4조 3호가 산업안전보건법 제36조에 따른 '위험성평가'를 하면 재해예방을 위한 유해·위험요인의 확인 및 개선에 대한 점검조치를 이행한 것으로 보는데, 이는 '위험성평가'를 하였지만 여전히 유해·위험요인 점검이 미흡하여 산업재해의 결과에 이르게 되어도 안전보건확보의무를 위반하지 않은 것으로 보는 것이다. ② 법 제4조 제1항 1호를 구체화한 시행령 제4조 4호가 정하는 '안전보건관리체계 구축에 필요한 예산 편성 및 편성용도에 맞는 집행'에서 안전보건확보의무의 이행여부는 예산(규모)의 '적정성' 여부로 환원될 수 있다. 안전보건관리체제의 실효성을 위해서 요구되는 일정 규모 이상의 예산이 기업의 재무상황에 따라서는 감당하기 어려운 경우가 있고, 게다가 기업이 발생(가능)한 재해의 최소비용회피자도 아닌 경우 그 재해에 대한 책임은 법경제학적으로 정당화되지 않을 수 있다.[102] 그러므로 경영책임자는

102 물론 중대재해사고로 인한 피해자들의 아픔은 공동체가 분담하여야 한다. 산업안전·보건을

안전보건관리체계의 실효성을 위해 요구되는 예산을 편성하지 않았어도, 그 기업의 재무상태에서 '적정한 예산'을 편성하기 위한 절차와 체계를 갖추었다면 경영판단원칙에 따라 안전보건확보의무의 하나인 예산편성의무를 위반하지 않을 것으로 보아야 한다.

(3) 행위책임원칙을 폐기한 경영책임자 개념 경영책임자의 안전보건경영책임의 불이행에 대한 적정제재는 현행법처럼 1년 이상[최대 30년(형법 제42조)]의 징역과 같은 중한 형벌이 아니라[103] 과태료나 중간법적 제재(예: 과징금, 징벌손해배상)라고 보아야 한다. ① 경영책임자의 책임은 안전보건 경영을 다하지 못한 것에 대한 책임일 뿐 재해의 결과를 야기하는 '행위'를 직접 하거나 형법상 공범(공동정범, 간접정범, 교사범이나 방조범)으로 가담한 책임이 아니다. 그렇기에 경영책임자의 안전보건확보의무위반(안전보건경영의 실패)을 형사처벌하는 것은 형법의 대원칙인 **행위책임원칙**에 위반된다. ② 이에 비해 산업안전보건법상의 안전보건관리(책임)자는 재해발생의 위험원을 직접 관리하는 자라는 점에서 그 위험원으로부터 나오는 재해의 결과에 대해 위험책임을 부과할 여지는 있다. 하지만 이 위험책임을 형벌로 묻는 것은 마치 현행 제조물책임법도 인정하지 않는 위험책임 형태의 **제조물형사책임**을 인정하는 것과 같다는 점에서 역시 적정제재가 될 수 없다. ③ 위험관리'체계'를 구축하고 기능화시키는 윤리적 성격의 법적 책임을 질 뿐인 경영책임자는 산업안전보건법상의 안전보건관리(책임)자와 같은 위험관리행위도 하지 않는다. 그럼에도 불구하고 현행 중대재해의 형사책임을 지는 경영책임자 개념, 즉 "사업을 대표하고 사업을 총괄하는 권한과 책임이 있는 사람"(제2조 9호[104])의 의미는 법적 개념(예: 대표이사, 집행임원)도 아니고 경영학적 개

확보하는 제도들과 함께 중대재해 영역별로 (무과실) 사고보험제도를 설립·운영하는 방안도 생각해볼 수 있다.

103 4대 사회보험의 하나인 현행 산업재해보상보험법 제37조도 근로자의 업무와 재해 사이에 상당인과관계를 요구하고 있는데, 사회보험적 책임이 아니라 개인책임에 인과관계를 사실상 요구하지 않는 것은 법체계적으로도 비정합적이다.

104 **중대재해처벌법 제2조 제9호**: "경영책임자등"이란 다음 각 목의 어느 하나에 해당하는 자를

념으로 보기도 어려운 매우 일상적인 개념이다. 이 개념이 안전보건경영의 총책임자를 넘어 기업의 각 사업부(BU)를 총괄하는 경영진(예: 사업부총괄), 대표이사 그리고 배임죄의 주체로 인정되는 사실상의 경영자, 특히 그 기업이 소속한 기업집단(재벌)의 회장까지 포함하는 의미를 담을수록 행위책임원칙은 더욱 더 완전하게 폐기되는 것이다.

말한다. 가. 사업을 대표하고 사업을 총괄하는 권한과 책임이 있는 사람 또는 이에 준하여 안전보건에 관한 업무를 담당하는 사람 나. 중앙행정기관의 장, 지방자치단체의 장, 「지방공기업법」에 따른 지방공기업의 장, 「공공기관의 운영에 관한 법률」 제4조부터 제6조까지의 규정에 따라 지정된 공공기관의 장.

02

경영판단원칙

Ⅰ. 경영판단원칙의 수용과 의미
Ⅱ. 경영판단원칙의 내부적 기능
Ⅲ. 경영판단원칙의 외부적 기능
Ⅳ. 경영판단원칙의 적용요건 완화
Ⅴ. 기업집단과 경영판단원칙의 확장적용
Ⅵ. 횡령죄와 경영판단원칙의 확장적용
Ⅶ. 기업집단 내의 횡령과 경영판단
Ⅷ. 경영판단원칙과 입증책임의 분배

02

경영판단원칙

경영판단원칙은 경영의 합리성과 법적 정의 사이의 괴리를 조율하고, 경영과 법을 서로 소통시키며, 경제체계와 법체계의 통합을 수행하는 체계 간 원칙(intersystemic pronciple)이다.

Ⅰ. 경영판단원칙의 수용과 의미

미국에서 발전한 경영판단원칙은 1980년대 중반부터 상법학계에서 주주대표소송의 남용을 견제[1]하거나 이사의 권한과 책임 사이의 균형을 잡게 하는 목적으로 논의되고 수용되었다.[2] 2003년에는 "경영실패와 경영진의 형사책임"[3]이라는 논문을 통해 경영판단원칙이 형법학계에서 논의되기 시작했고, 2004년에는 대법원이 경영판단원칙을 수용하였다.

> "경영상의 판단과 관련하여 기업의 경영자에게 배임의 고의가 있었는지 여부를 판단함에 있어서 … **경영자가 아무런 개인적인 이익을 취할 의도 없이 선의에 기하여 가능한 범위 내에서 수집된 정보를 바탕으로 기업의 이익에 합치된다는 믿음을 가지고 신중하게 결정**을 내렸다 하더라도 그 예측이 빗나가 기업에 손해가 발생하는 경우가 있을 수 있는바, 이러한 경우에까지 고의에 관한 해석기준을 완화하여 업무상배임죄의 형사책임을 묻고자 한다면 이는 죄형법정주의의 원칙에 위배되는 것임은 물론이고 정책적인 차원에서 볼 때에도 영업이익

---

1 김대연, "주주대표소송과 경영판단의 원칙", 상사법연구 제17권 제3호, 1999, 111쪽.

2 형법학계에서도 이 점을 인식하는 논의로 박미숙, "독일에서의 경영판단 논의와 시점", 형사정책연구소식 128호, 2013, 42쪽 참조.

3 이상돈, "경영실패와 경영진의 형사책임", 법조 제52권 제5호, 2003, 61~99쪽.

의 원천인 기업가 정신을 위축시키는 결과를 낳게 되어 당해 기업뿐만 아니라 사회적으로도 큰 손실이 될 것이므로 … 제반 사정에 비추어 자기 또는 제3자가 재산상 이익을 취득한다는 인식과 본인에게 손해를 가한다는 인식(미필적 인식을 포함)하의 의도적 행위임이 인정되는 경우에 한하여 배임죄의 고의를 인정하는 엄격한 해석기준은 유지되어야 할 것이"다(大判 2002도4229).

1. 추정과 안전항

미국의 경영판단원칙은 추정과 안전항으로 구분된다. ① **추정**(presumption)의 경영판단원칙은 경영결정이 사기(fraud), 악의(bad faith) 또는 자기거래(self-dealing)가 존재하지 않는 한 이사들이 신인의무를 위반하지 않았다고 추정하고,[4] 원고는 이런 추정을 깨고 신인의무 위반을 입증할 책임을 부담함을 말한다.[5] 물론 피고의 반증도 가능하다.[6] ② **안전항**(safe harbor)의 경영판단원칙[7]은 이사가 신인의무의 요건을 충족하는 경영결정을 한 경우에는 회사에 손해가 발생하더라도 책임을 지지 않는다는 것을 말한다.[8] 위 판례가 언급한 경영상 판단을 항변으로 보는 견해[9]가 있는데, 이 견해 역시 대법원이 추정의 경영판단원칙을 수용한 것으로 보는 입장[10]에 속한다. 하지만 판례의 입장은 명확하지 않다.[11]

---

4 Smith v. Van Gorkom, 488 A.2d 858, 873 (Del. 1985).

5 In re the Walt Disney Co. Derivative Litigation, 906 A.2d 27, 52 (Del. 2006).

6 Fred W. Triem, "Judicial Schizophrenia in Corporate Law: Confusing the Standard of Care with Business Judgment Rule", Alaska L. Rev. Vol. 24, No. 23, 2007, 31쪽.

7 이는 미국법률협회(American Law Institute)의 회사지배원칙: 분석과 권고(Principles of Corporate Governance: Analysis and Recommendations)의 §4.01에 정립되어 있다.

8 안전항(safe harbor)의 경영판단원칙에 관해 R. Franklin Balotti & James J. Hanks, Jr., "Rejudging the Business Judgment Rule", Bus. Law, Vol. 48, 1993, 1337, 1353쪽.

9 김준호, "형법상 경영판단의 원칙 도입론에 관한 비판적 검토", 법조 통권 제636호, 2009. 9, 133쪽, 137쪽 아래 참조.

10 이규훈, "업무상 배임죄와 경영판단", 형사판례연구 제13권, 2005, 330쪽; 이경렬, "경영판단의 과오와 업무상배임죄의 성부", 법조 제55권 제12호, 2006, 146~147쪽.

11 같은 견해로 구회근, "업무상 배임죄와 경영판단원칙: 대법원판례를 중심으로", 법조 제54권 제11호, 2005, 103쪽.

2. 항변과 원칙

그러나 경영판단원칙은 항변으로서뿐만 아니라 실체법과 절차법에 걸쳐 다음과 같은 이중적 의미를 갖는 원칙이다.

— **실체법상의 해석원칙** 경영판단원칙은 (마치 안전항의 경영판단원칙과 유사하게) 경영영역에서 배임죄를 의도적 불법이득의사(목적)가 있는 경우에만 인정하는 해석원칙으로 기능한다.[12]
— **소송법상의 입증책임분배원칙** 경영판단원칙은 (추정의 경영판단원칙과 유사하게) 소송상 입증책임분배의 원칙으로도 기능한다.[13]

또한 이처럼 경영판단원칙이 배임죄의 요건해석이나 입증책임의 분배에서 법원칙의 지위를 가져도 경영판단원칙은 일종의 사법정책(judicial policy)의 측면[14]도 갖는다. 경영판단원칙은 연혁적으로는 사법정책으로 실행된 것이기 때문이다. 사실 법이론적으로는 어떤 법원칙도 일정한 정책수행기능을 가진다.

3. 법제화흐름

경영판단원칙은 미국의 판례법에서만이 아니라 대륙법계인 독일에서도 수용되었다. ① 1997년 독일연방법원은 ARAG 보험회사 사건의 판결에서[15] 회사의 업무를 수행하는 이사에게 넓은 (재량적인) 활동영역(weiter Handlungsspielraum)을 인정하였다. 2005년에는 '기업의 완전성 및 취소권의 현대화에 관한 법률'(UMAG)[16]이 시행되어 주식회사법

12 배임의 임무위배는 의도적 고의로 이루어진 것이어야 한다는 이규훈, "업무상 배임죄와 경영판단", 형사판례연구 제13권, 2005, 339, 344쪽.

13 이로써 이상돈 · 지유미, "경영판단과 경영배임", 사법 제24호, 2013, 54~55쪽에서 피력한 나의 관점을 수정한다.

14 경영판단원칙을 법원칙이 아니라 사법정책이라고 보는 손창일, "미국법상 경영판단의 원칙에 관한 비판적 소고: 주주와 회사 이익 보호의 관점에서", 상사판례연구 제22집 제4권, 2009, 33쪽.

15 BGH, Urteil vom 21. April 1997－II ZR 175/95＝BGHZ 135, 244, 253 "ARAG"; Henze NJW 1998, 3309, 3310 참조.

16 Gesetz zur Unternehmensintegrität und Modernisierung des Anfechtungsrechts, 전문은

(Aktiengesellschaftsrecht) 제93조(이사들의 주의의무와 책임) 제1항 제2문에 경영판단원칙이 명문화되었다.[17]

> AktG § 93 (1) Satz 2. “이사가 기업가적 결정[18]을 함에 있어 적절한 정보에 기초하여 회사의 이익을 위해 행동한다고 합리적으로 믿은 경우에 의무위반은 인정되지 않는다.”[19]

이 조항은 경영판단원칙을 주로 **주의의무**(Sorgfaltspflicht)의 판단에 관련한 원칙으로 입법하였는데, 현재 판례는 주의의무 뿐만 아니라 충실의무를 위반한 경우에도 경영판단원칙을 적용하지 않는다고 봄으로써[20] 사실상 미국의 경영판단원칙을 수용한 것이라고 말할 수 있다. ② 2013년 발의된 우리나라 상법 개정안[21] 제382조 제2항 단서는 독일 주식회사법과 달리 주의의무뿐만 아니라 충실의무, 선의의무를 명문으로 포함하고 있다.

> 상법(개정안) 제382조 제2항 단서: “다만, 이사가 충분한 정보를 바탕으로 어떠한 이해관계를 갖지 않고, 상당한 주의를 다하여 회사에 최선의 이익이 된다고 선의로 믿고 경영상의 결정을 내렸을 경우에는 비록 회사에 손해를 끼쳤다고 하더라도 의무의 위반으로 보지 않는다.”

Bundesgesetzblatt 2005 Teil I Nr. 60, 2802쪽 아래 참조.

17 자세히는 조지헌, “경영판단원칙 – 독일 주식법 내용을 중심으로”, 경영법률 제21집 제1호, 2010, 159~185쪽; 최병규, “경영판단원칙과 그의 수용 방안: 최근 독일의 입법내용을 중심으로”, 기업법연구 제19권 제2호, 2005, 107~128쪽 참조.

18 독일법의 unternehmerischen Entscheidung를 흔히 경영판단 또는 경영결정이라고 번역하지만 좀더 법문에 충실하게 번역한다면 기업가적 결정이라고 봄이 타당하다.

19 AktG § 93 (1) “Die Vorstandsmitglieder haben bei ihrer Geschäftsführung die Sorgfalt eines ordentlichen und gewissenhaften Geschäftsleiters anzuwenden. Eine Pflichtverletzung liegt nicht vor, wenn das Vorstandsmitglied bei einer unternehmerischen Entscheidung vernünftigerweise annehmen durfte, auf der Grundlage angemessener Information zum Wohle der Gesellschaft zu handeln.”.

20 Marcus Lutter, “Die Business Judgment Rule und ihre praktische Anwendung”, Zeitschrift für Wirtschaftsrecht, 2007, 843쪽.

21 2013. 3. 25. 이명수 의원 등 10인이 발의한 상법 일부개정법률안.

이 개정안의 "경영상의 결정"은 독일 상법상의 "기업가적 결정(unternehmerische Entscheidung)" 개념과 매우 유사하다. 판례는 경영결정을 경영상의 판단이라는 개념을 사용하는데 이는 **'장래에 대한 예측의 성격을 띠는 경영결정'**을 국한하여 말한다고 해석할 수 있다.[22]

4. 미국법의 영향

우리나라에 수용된 경영판단원칙은 미국에서 델라웨어(Delaware) 주(州) 의회가 1986년 제정한 Delaware General Corporations Law, Section 102(b)(7)[23]과 델라웨어 주 대법원의 판례[24]의 영향을 많이 받은 것이다. 미국법상 경영판단원칙은 독일처럼 단순히 주의의무만이 아니라 이사가 회사와 주주에게 부담하는 신인(또는 신임[25])의무(fiduciary duty),[26] 즉 1) 선관주의의무(duty of due care), 2) 충실의무(duty of loyalty), 3) 선의의무(duty of good faith)의 준수를 전제[27]로 적용된다. 우리나라의 판례와 상법개정안이 수용한 경영판단원칙도 이러한 세 가지 의무를 전제한다.[28] ① 첫째, "가능한 범위 내에서 수집된 정보를 바탕으로 기업

---

22 이런 해석으로 Christoph Hauschaka, Grundsätze pflichtgemäßer Unternehmensführung, ZRP, Heft 3, 2004, 66쪽.

23 David Rosenberg, "Supplying the Adverb: The Future of Corporate Risk-Taking and the Business Judgment Rule", 6 Berkeley Bus. L. J. 216, 229 (2009) 참조.

24 대표적으로 Cede & Co. v. Technicolor, Inc., 634 A.2d 345 (Del. 1993) 판결.

25 신인의무는 상법학계의, 신임의무는 형법학계의 번역용어이다. 권재열, "경영판단원칙의 도입여부를 다시 논함", 상사법연구 제19권 제2호, 2000, 504쪽 참조.

26 1999년 MBCA(Model Business Corporation Act) 8.30(General Standards for Directors) (a) "이사는 (1) 선의로 (2) 그와 같은 지위에 있는 통상의 신중한 사람이 그와 유사한 상황 속에서 기울였을 주의를 다하고, (3) 회사에 최선의 이익이 된다고 합리적으로 믿은 경우에는, 이사회의 구성원으로서 갖는 의무를 포함하여 이사로서의 의무를 다한 것이 된다."(A director shall discharge his duties as a director, including his duties as a member of a committee: (1) in good faith; (2) with the care an ordinarily prudent person in a like position would exercise under similar circumstances; and (3) in a manner he reasonably believes to be in the best interests of the corporation).

27 경영판단원칙은 이사의 주의의무를 완화시키는 것이 아니라 그 의무의 준수를 전제로 적용된다고 보는 박명서, "경영판단의 원칙", 기업법연구 제17집, 2004, 52쪽.

28 자세히는 이상돈·지유미, "경영판단과 경영배임", 사법 제24호, 2013, 49~55쪽 참조.

의 이익에 합치된다는 믿음을 가지고 신중하게 결정"(위 판례)해야 한다거나 "충분한 정보를 바탕으로 … 상당한 주의를 다하여 … 경영상의 결정을 내렸을 경우"(위 상법개정안)라는 부분은 **선관주의의무**의 이행을 표현한다. 또한 경영판단원칙의 소극적 요건으로서 선관주의의무의 위반은 단순한 과실에는 인정되지 않고, 중과실(gross negligence)에만 인정되므로 상법상 이사의 배상책임의 요건이 되는 과실보다는 좁게 인정된다.[29] ② 둘째, "경영자가 아무런 개인적인 이익을 취할 의도 없이"(판례)나 "어떠한 이해관계를 갖지 않고"(상법개정안)와 같은 표현들은 **충실의무**를 표현한다. 이 표현들이 이사가 경영결정을 통해 사소한 이해관계를 추구하는 것도 배제하는 식의 심정윤리적인 요청으로 이해된다면[30] 경영판단원칙은 윤리강령으로 변질된다. ③ 셋째, 미국에서 선의의무는 충실의무의 보조적 요건(subsidiary requirement)으로 확립[31]되어 있는 반면 "선의에 기하여"(판례)라는 표현은 범죄체계론이 발달한 우리나라의 형법학에서 보면 배임고의(확장하면 횡령고의)를 탈락시키는 '주관적' 정당화의사라고 볼 수 있다. 선관주의의무나 충실의무는 경영판단원칙의 '객관적 요건'이므로 **선의의무**는 이와 구별되는 독립된 요건이 된다.

Ⅱ. 경영판단원칙의 내부적 기능

경영판단원칙은 형법체계 내에서 범죄의 성립에 영향을 미치고(내부적 기능, 형법체계내재적 기능) 형법체계와 사회영역(경영)의 상호작용에도 영향을 미친다(외부적 기능, 형법체계초월적 기능). 형사법률가의 인식관심은 내부적 기능, 법사회학자나 경영인의 인식관심은 외부적 기능에

29 김재범, "대출결정시 금융기관 이사의 주의의무와 경영판단의 원칙", 상사판례연구 제21집 제1권, 2008, 13~16쪽.

30 이사의 선관주의의무 위반을 판단할 때 상당한 주의의 내용으로 이사가 주주나 회사만이 아니라 고객, 근로자, 납품업체, 경쟁업체 등과의 관계에서 사회적 책임을 다하는 것까지 포함하자는 견해(정운용, "업무상배임죄에 있어서 경영판단의 원칙", 경영법률 제20집 제1호, 2009, 325~327쪽)는 경영판단원칙을 윤리강령으로 변질시킨다.

31 Stone v. Ritter, 911 A.2d 362, 370-37, 2006 참조.

모여 있다. 경영판단원칙의 내부적 기능은 경영영역에서 배임죄의 성립요건에 미치는 영향을 말한다.

1. 경영배임에서 미필적 고의 배제의 법리

배임죄는 미필적 배임고의로도 성립할 수 있지만, 경영판단원칙을 적용하면 미필적 배임고의로는 배임죄가 성립할 수 없게 된다.

★ 한·독형법전의 절도·배임죄의 문언차이 ① 절도죄의 고의는 타인의 재물에 대한 '절취'[점유의 배제와 취득=취거(Wegnahme)]에 대한 인식과 의욕으로서 불법영득의사를 포함하지 않으며, 따라서 불법영득의사는 절도고의와는 별개의, 구성요건에 기술되지 아니한, 초과주관적 요소이다. 이에 비해 독일형법상 절도죄는 "자기가 재물을 영득하거나 제3자로 하여금 영득하게 할 의도로 절취"라는 문언을 갖고 있다. ② 배임죄규정(제355조 제2항)은 손해를 가하는 것뿐만 아니라 이익을 취득하는 것도 객관적 구성요건으로 규정하므로 배임고의는 불법이득의사를 당연히 포함한다. 즉 불법이득의사는 초과주관적 요소가 아니라 일반적인 주관적 구성요건(고의)에 속한다. 이에 비해 독일형법상 배임죄는 손해를 가한다는 문언은 있지만, 이익을 취득한다는 문언이 없으므로 배임고의는 가해의사에 국한되고, 이득의사는 고의를 넘어서는 초과주관적 요소가 된다.

	한국 형법전	독일 형법전(StGB)
절도죄	"타인의 재물을 절취한 자"(제329조)	"자기가 재물을 영득하거나 제3자로 하여금 영득하게 할 의도로, 타인의 재물을 절취한 자"(§242)[32]
배임죄	"타인의 사무를 처리하는 자가 그 임무에 위배하는 행위로써 재산상의 이익을 취득하거나 제삼자로 하여금 이를 취득하게 하여 본인에게 손해를 가한 때"(제355조 제2항)	"법률, 관청의 위임 또는 법률행위에 의하여 타인의 재산을 처분하거나 제3자에게 의무를 부과할 권한을 남용하거나, 법률, 관청의 위임, 법률행위 또는 신임관계에 의해 타인의 재산상 이익을 보호하여야 할 의무를 위반하고, 이로 인하여 재산상 이익을 보호하여야 할 자에게 손해를 가한 자"(§266 (1))[33]

32 StGB §242 "Wer eine fremde bewegliche Sache einem anderen in der Absicht wegnimmt, die Sache sich oder einem Dritten rechtswidrig zuzueignen".

33 StGB §266 (1)Wer die ihm durch Gesetz, behördlichen Auftrag oder Rechtsgeschäft

이런 문언의 차이로부터 ① 한국형법상 배임죄는 미필적 불법이득의사[34]로도 성립한다. 불법이득의사는 배임고의의 한 내용이고, 고의는 일반적으로 미필적 고의로도 충분하기 때문이다. ② 독일형법상 배임죄에서 불법이득의사는 고의 외의 '초과주관적' 요소이므로 미필적 이득의사로는 불충분하고[35] 불법이득목적으로 해석되는 것이 타당하다.

경영판단원칙을 기업경영상 배임에 적용한다는 것은, 배임고의는 **의도적 불법이득의사**(목적)(Bereicherungsabsicht)가 있어야 한다는 것을 의미한다. 가장 합리적인 경영판단도 회사에 손해를 끼치는 결과를 가져올 수 있고, 그럼에도 손해발생가능성(위험)을 인식하고 감수하는 의사, 즉 미필적 불법이득의사 없이는 기업경영을 할 수 없기 때문이다.[36] 판례도 이와 같은 미필적 배임고의의 배제 법리를 보여준다.

★ 판례의 미필적 배임고의 배제 ① N중앙회 대표 甲은 N중앙회가 다른 채권은행들과 P계열사에 대한 워크아웃을 추진하는 과정에서 P계열사 발행 신규 CP(단기기업어음)를 매입하였다. 하지만 이 당시 P계열사의 기존 CP를 매입한 단위조합의 반발로 P계열사의 워크아웃이 중단될 가능성이 있었고, 그 경우 N중앙회는 246억 원 상당의 채권 손실을 입을 것으로 예상되었다. 甲의 매입결정은 P계열사가 여러 리스크의 증가를 회피하고 워크아웃이 순조롭게 진행된다면 N중앙회에 더 큰 수익을 돌아올 수 있다는

---

eingeräumte Befugnis, über fremdes Vermögen zu verfügen oder einen anderen zu verpflichten, mißbraucht oder die ihm kraft Gesetzes, behördlichen Auftrags, Rechtsgeschäfts oder eines Treueverhältnisses obliegende Pflicht, fremde Vermögensinteressen wahrzunehmen, verletzt und dadurch dem, dessen Vermögensinteressen er zu betreuen hat, Nachteil zufügt, wird mit Freiheitsstrafe bis zu fünf Jahren oder mit Geldstrafe bestraft.

34 미필적 배임고의와 의도적 배임고의의 용어를 명확하게 구분하여 사용하는 이상돈·지유미, "경영판단과 경영배임", 사법 제24호, 2013, 63~67쪽 참조.

35 그러나 독일 판례와 통설은 의도적 불법이득의사, 즉 이득목적(Bereicherungsabsicht)은 필요하지 않다고 본다.

36 경영판단원칙의 수용을 반대하면서도 주의의무와 충실의무를 다하였다면 회사에 손해가 발생하였어도 배임죄의 미필적 고의를 인정하지 않는 견해(강동욱, "이사의 경영판단행위와 배임죄의 성부", 한양법학 제21권 제4집, 2010, 121쪽)도 있지만, 손해가 발생하면 이사의 주의의무 위반에 대한 강력한 간접사실이 있는 셈이고, 그런데도 불구하고 미필적 배임고의마저 인정하지 않는 것은 바로 경영판단원칙의 작용 때문이다.

> 예측에 근거한 것이었다. ① 판례가 甲의 배임고의를 인정하지 않은 근거는 "자기 또는 제3자가 재산상 이득을 취득한다는 인식과 본인에게 손해를 가한다는 인식하의 **의도적 행위**임이 인정되는 경우에 한하여 배임죄의 고의를 인정하는 엄격한 해석기준이 유지되어야 한다"(大判 2010도7546)는 것이었다. ② 판례는 경영배임에서 미필적 배임고의를 배제한 셈이다.

이에 대하여 "고의론의 기본체계와 일치하지 않는다"[37]거나 "배임죄 전체의 체계성과 일관성이라는 점에서 보면 논리적 타당성을 결여한다"[38]는 비판이 가해진다. 이 비판에서 고의론의 기본체계란 고의는 미필적 고의로도 범죄가 성립할 수 있다는 주관적인 귀책요건에 관한 일반원칙을 말한다. 그러나 사회체계가 생활세계로부터 분화된 현대사회에서 법은 각 사회체계의 자율성과 합리성을 훼손하지 않도록 **각 사회체계와 소통(체계통합)**을 해야 한다. 그렇게 하지 않는 법은 정의로울 수 없다.[39] 경영배임에서 미필적 불법이득의사의 배제는 체계간 소통과 통합을 위한 것이다.

2. 사실인정에서 경영판단의 효과

이러한 경영판단원칙의 기능은 법리적 차원의 효과이고, 합리적 경영판단의 사실인정상 효과와 구분되어야 한다. 여기서 사실인정상의 효과란 ① 첫째, 기업의 이사가 **합리적 경영판단을 내렸다는 사실이 소송에서 인정되면, 그 이사에게는 의도적 불법이득의사(목적)가 없었다는 사실을 인정**해야 함을 말한다. 왜냐하면 만일 이사가 자신의 이득을 위해 손해발생을 적극적으로 의도했다면 바꿔 말해 이사가 불법이득목적을 갖고 있었다면, 그 이사는 선의(good faith)로 경영판단을 한 것이 아니며, 그렇게 악의였다면 이사는 선량한 관리자의 주의(due care)도 다하지 않았을 개연

37 오경식, "경영판단의 원칙과 배임죄 성립여부에 관한 연구", 비교형사법연구 제15권 제2호, 2013, 276쪽.

38 강동욱, "이사의 경영판단행위와 배임죄의 성부", 한양법학 제21권 제4집, 2010, 114쪽.

39 이상돈, 법의 깊이, 법문사, 2018, 73, 413쪽.

성이 높다는 점에서 애당초 합리적 경영판단을 한 것이 아니기 때문이다. 따라서 합리적 경영판단을 인정하면서 배임고의를 인정하는 것은 불합리한 심증형성으로서 소송법적으로는 채증법칙의 위반에 해당한다. ② 둘째, 반면 이사가 내린 경영판단이 합리성이 없었다고 인정되는 경우에는 의도적 배임고의(불법이득목적)의 사실이 인정될 수 있다.

★ 손해의 미필적 인식과 의도적 배임고의 S(주)의 회장 甲은 H그룹의 도산으로 해체위기에 처한 H야구단을 인수해달라는 부탁을 다수의 국회의원들로부터 받고, 비상장 K(주)가 컨소시엄을 구성하여 H구단을 인수하기로 하자, 향후 K(주)의 유상증자 및 해외자본 유치에 도움을 주기 위해 K(주)의 주식을 매입하기로 하였다. 甲은 당시 K(주) 주식의 객관적 가치나 거래시세를 검토하지 않고 K(주)의 대주주 乙의 '주당 4만 원에 유상증자를 할 예정이며, S회계법인의 평가에 따르면 장차 K(주)의 주가가 주당 20만 원 이상 될 것이다'는 말만 듣고 S(주)의 계열사들로 하여금 K(주)의 주식 20만 주를 당시의 적정가액이며 실제거래가격인[40] 주당 2만 원보다 높은 주당 35,000원에 회사별로 나누어 대주주 乙에게서 매수하게 하였다. 이로써 乙은 전체 매매대금 70억 원과 적정가액 40억 원의 차액인 30억 원의 이익을 취득하였다. ① 판례는 甲의 경영결정은 경영상 판단이 아니라 정치적 이유 등으로 곤란한 상황에서 벗어나기 위한 것이라고 보고 경영판단원칙을 적용하지 않았고, 甲에게 계열사들에 대하여 "재산상 손해를 가하는 결과가 초래되더라도 이를 **용인할 수밖에 없다는 인식하에 의도적으로** 그와 같은 행위를 하였다"[41]고 보아 업무상배임죄의 고의를 인정하였다. 그리고

40 판례는 "비상장주식의 경우에도 그에 관한 객관적 교환가치가 적정하게 반영된 정상적인 거래의 실례가 있는 경우에는 **그 거래가격을 시가로 보아 주식의 가액을 평가**하여야 할 것"(大判 2001도3191; 2005도856)이라고 본다; 가령 재벌그룹 소속 A(주)가 100% 지분을 지닌 비상장회사 B(주)의 골프장 건설 사업에 대해 수백억 원의 채무보증을 한 상태에서 A회사의 이사들이 B(주)의 주식 전부를 주당 1원으로 계산하여 그룹 회장 A(주)의 대표이사와 그룹 계열사에 매도한 행위는, 비록 B(주)의 부채가 자산을 근소하게 초과한 상태였어도 골프장사업은 회원권이 분양되기 전에는 수입을 기대할 수 없지만 골프장 사업계획을 진행하여 수익을 내고 기업의 가치도 상승할 가능성이 충분하므로 A(주) 주식의 내재된 가치를 포기하면서 신용위험만을 부담시키는 것으로서 A(주)에 주식의 적정한 거래가격과 매도가격의 차액 상당에 해당하는 손해를 가한 배임행위가 된다(大判 2005도7911).

41 大判 2004도5742("기업의 경영자가 문제된 행위를 함에 있어 합리적으로 가능한 범위 내에서 수집한 정보를 근거로 하여 당해 기업이 처한 경제적 상황이나 그 행위로 인한 손실발생

이러한 사실인정은 다른 간접사실들에 의해 이사의 가해의사와 이득의사가 회사를 위한다는 의사(합리적 경영판단 의사)보다 주된 것이었음이 증명되면, 이사가 배임고의를 부인하여도 가능하다.[42] ② "용인할 수밖에 없다는 인식" 또는 "재산상 실해 발생의 위험을 초래한다는 점을 미필적으로나마 인식하고 있었다"는 논증은 미필적 배임고의를 인정하는 것처럼 보이고[43] 미필적 불법이득의사로는 배임죄가 성립할 수 없다고 한 판례(大判 2004도1632; 2010도7546)와는 부정합적이다. 하지만 판례의 '미필적 인식'이란 인식한 손해발생의 불확실성을 가리킬 뿐, 가해의사나 이득의사의 의지적 강도와는 무관하고, 미필적 고의와 의도적 고의의 구분은 '인식'이 아니라 '의지'(의욕)에 중점이 있다. 따라서 **손해발생은 단지 가능성(50% 이하) 수준(미필적 인식)일지라도 행위자가 그런 발생을 적극적으로 의욕한 경우도 의도적인 배임고의(불법이득의사)**에 해당한다. 甲이 주식매입하면서 인식한 것은 손해발생의 낮은 가능성이지만, 그 의도는 그 손해발생가능성을 감수하는 정치적 목적에 있었기에 의도적 배임고의에 해당한다.

3. 경영판단원칙에 의한 임무위배 판단

합리적 경영판단을 근거로 범죄성립을 조각시키지만 그 기능을 수행하는 논증장소(Argumentationstopos)를 고의가 아니라 임무위배 여부로 볼 수도 있다.[44] 그러면 신임의무위반은 ① 재판시점에서 사후적 판단으로, ② 경영자의 진정성보다 전문성을 중심으로 판단하게 되며, ③ 불능미수범도 가능하게 된다.

과 이익획득의 개연성 등의 제반 사정을 신중하게 검토하지 아니한 채, 당해 기업이나 경영자 개인이 정치적인 이유 등으로 곤란함을 겪고 있는 상황에서 벗어나기 위해서는 비록 경제적인 관점에서 기업에 재산상 손해를 가하는 결과가 초래되더라도 이를 용인할 수밖에 없다는 인식하에 의도적으로 그와 같은 행위를 하였다면 업무상배임죄의 고의는 있었다고 봄이 상당하다").

42 大判 99도3338; 2004도520("피고인이 본인의 이익을 위한다는 의사도 가지고 있었다 하더라도 위와 같은 간접사실에 의하여 본인의 이익을 위한다는 의사는 부수적일 뿐이고 이득 또는 가해의 의사가 주된 것임이 판명되면 업무상배임죄의 고의가 있었다고 할 것이다").

43 같은 취지의 大判 2002도4229("제반 사정에 비추어 자기 또는 제3자가 재산상 이익을 취득한다는 인식과 본인에게 손해를 가한다는 인식(미필적 인식을 포함)하의 의도적 행위임이 인정되는 경우에 한하여 배임죄의 고의를 인정하는 엄격한 해석기준은 유지되어야 할 것").

44 이정민, "경영판단원칙과 업무상 배임죄", 형사정책연구 제18권 제4호, 2007, 172쪽.

① 고의 판단은 이사의 내면의식상태를 판단하는 것이고, 따라서 그것을 추론하는 간접사실인 신임의무위반도 **행위시점**에 행위자가 인지한 사정만을 토대로 미래를 향해 바라보아, 즉 **사전적(ex ante) 판단**을 하여 회사에 이익보다 손해를 끼칠 개연성이 높다는 점을 합리적으로 예측하였는지 여부에 의해 판단된다. 반면 임무위배는 객관적 구성요건요소이고, 그에 대한 판단은 행위의 내부적 사정보다 외부적 사정이 더 중요하므로, 행위 당시에는 알 수 없었지만 **재판시점**에 드러난 사정으로서 행위 당시에 이미 존재했거나 잠재적으로 존재한 사정을 함께 고려하는 **사후적(ex post) 판단**이 합리적이다. 하지만 사후적 판단으로 이사에게 법적 책임을 귀속시키면, 이사들이 더 주의를 다하도록 유도하는 예방기능은 매우 약해진다.[45] ② 배임고의의 귀속을 근거지우는 신임의무의 위반여부에서는 경영자의 **진정성**(truthfullness)이 중요하지만 임무위배성을 근거지우는 신임의무의 위반여부에서는 경영자의 전문적인 경험과 지식, 즉 **전문성**(expertness)이 더 중요하다.[46] 임무위배성을 근거지우는 신임의무위반의 중점은 '선관주의의무'의 위반에 있고, 고의를 근거지우는 신임의무위반의 중점은 '선의의무'의 위반에 있기 때문이다. 진정성은 행위반가치의 요소로서만이 아니라 심정반가치(Gesinnungsunwert)의 요소도 된다. 구성요건적 고의는 전문적인 경험과 지식으로 합리적인 경영판단을 했는지를 간접사실로 삼아 판단하며, 그 한에서 경영배임죄는 인수책임(Übernahmeverschulden)의 성격을 갖는다. 하지만 경영자가 전문적인 경험과 지식이 부족하여 반가치적인 행동으로 나아가는 고의를 형성했다고 비난할 수 있는 경우에도 그런 결핍을 고려할 때 그로서는 진정성 있게 경영판단했다면 책임고의가 배제된다. ③ 배임고의를 다른 간접사실로 인정하면서도, 임무위배는 합리적 경영판단임을 이유로 인정하지 않는 경우 "그 임무에 위배하는"이라는 배임죄 표지가 "실행의 수단으로 인하여 결과의 발생이 불가능"(제27조)한 경우에 해당하므로 **배임(불능)미수범**이 될 수 있다. 이 경우 위험성을 구체적 위험설에 의거하면 인정되기 어렵고 **추상적 위험설**[47](행위자 위험설)에 의거해야만 인정될 수 있다. 즉, 배임고의

45 "법원의 사후적인 판단에 의하여 이사의 손해배상액의 범위가 크게 변동된다면, 회사의 실손해액에 비례하여 더 높은 이사의 주의 정도를 유도하려는 효과를 기대할 수 없게 될 것이다" 고 보는 전우정, "삼성전자 판례에 나타난 법원의 경영판단의 원칙에 대한 태도와 이사의 책임 제한", 고려법학 제57호, 2010, 339쪽.

46 홍가혜, 배임죄 해석에서 경영합리성의 고려, 고려대학교 박사학위논문, 2014, 72쪽.

47 추상적 위험설과 구체적 위험설의 차이는 이상돈, 형법강론, 법문사, 2020, 296쪽.

를 가졌던 이사가 경영결정을 할 당시에 인식한 사실만을 기초로 결과발생의 가능성을 예측할 수 있었던 경우에 위험성이 인정될 수 있다. 하지만 이는 불능미수규정(위험성)의 과도한 확장해석이 된다. 경영결정 당시에는 이득보다 손해가 발생할 가능성이 높음을 알면서도 위기타개 또는 일거에 큰 수익을 올리기 위해 미필적 배임고의를 갖고 **(통상적인 수준을 넘어서) 지나치게** 무리한 모험거래를 하였지만, 그 후 외부의 사정이 유리하게 바뀌어 사후적으로 사업이 성공하고 임무위배가 되지 않게 된 경우도 이에 해당할 수 있다. 이는 궁극적으로는 무엇을 기업가정신으로 볼 것인가의 가치문제로 귀착되고, 배임죄의 불명확성을 더욱 증가시킨다. 그렇기에 경영판단원칙을 임무위배 판단에서 고려하는 것은 지양하고 배임고의의 귀속에서 고려해야 한다.

4. 위법성조각사유

합리적 경영판단을 배임죄의 해석·적용에 고려하는 또 다른 범죄체계론상의 위치는 위법성조각사유이다. ① 업무로 인한 행위(형법 제20조)는 법률가, 의사, 성직자와 같이 역사적으로 그 윤리성, 전문성, 공익성이 두드러진 직역의 업무에 대해서만 인정되는데[48] 경영행위는 공익성이 없고, 윤리경영이념이 기업경영을 지배하지도 않고, 자본주의체제의 특성상 그렇게 되기도 어렵기 때문에 윤리성도 미약하다.[49] 따라서 업무로 인한 행위가 될 수 없다. ② 합리적 경영판단을 사회상규에 위배되지 않는 행위로 보려면[50] 사회상규의 의미를 현대사회의 하부문화(subculture)로 재해석하고,[51] 합리적 경영판단을 통해 위험을 감수하면서 최대의 수익창출을 도모하는 기업가 정신을 그런 하부문화의 하나로 보아야 한다. 그러나 경영판단을 하는 이사는 흔히 사회상규에 해당하는 사실(정당화상황)이 있다고 적극적으로 착오(오상정당행위)하기 쉽고, 회사

48 이상돈, 형법강론, 법문사, 2020, 206쪽.

49 이상돈·지유미, "경영판단과 경영배임", 사법 제24호, 2013, 62쪽.

50 임중호, "주식회사 이사의 반자본단체적 행위에 대한 형사책임", 현대의 형사법학, 법원사, 1990, 681~682쪽.

51 이상돈, 형법강론, 법문사, 2020, 206쪽.

의 이익을 증대하기 위한 의사, 즉 '법익보호의사'와 같은 정당화의사도 갖는데, 그런 착오는 "죄의 성립요소인 사실을 인식하지 못한 행위"(제13조)에 해당하기에 결국에는 배임고의가 탈락하게 된다.

Ⅲ. 경영판단원칙의 외부적 기능

경영판단원칙은 범죄체계 또는 형사사법체계를 넘어서 형법과 경영의 (합리성)충돌을 해소하고 조율하는 원칙, 즉 체계간(intersystemic) 원칙으로 기능한다.

1. 형법과 경영의 체계 간 충돌

판례(大判 2002도4229)도 언급하는 "기업가 정신"이란 회사에 손해가 될 위험을 무릅쓰고, 더 큰 수익을 창출하려는 의지를 끊임없이 좇는 정신이다. 기업가적 결정(unternehmerische Entscheidung) 개념을 사용하는 독일 주식회사법 제93조 제1항도 이를 잘 보여준다. 경영영역은 **위험감수**(risk taking)**의 원리**가 지배한다. 이에 반해 배임죄나 횡령죄와 같은 형법은 재산권이라는 법익의 보호를 위해 그 법익을 침해하거나 위험을 발생시키는 행위를 금지하고, 그 위반을 처벌한다. 법은 최대한 손해발생의 위험을 피하라는 **위험회피**(risk avoiding)**의 원리**가 지배한다. 위험을 감수해야 하는 합리적 경영행위는 법에서 요청되는 위험회피의 요청에 위배되고, 형법적 정의와 경영의 합리성 사이에는 범주적 충돌이 발생한다. 그렇기에 경영판단원칙을 수용하지 않으면 형법적 정의를 위하여 경영 합리성이 희생될 수밖에 없다. 그러나 경영합리성을 고려하지 않는 법은 오히려 법망을 빠져나가기 위한 불법과 탈법의 경영전략을 부추기고, 대기업의 지배주주들이 "소액주주나 일부 투자자 등에 대해 손해를 일으키거나 국가와 사회에 부당한 피해를 초래하"[52]는 반생산적

52 이를 경영판단원칙 비판의 논거로 삼는 강동욱, "이사의 경영판단행위와 배임죄의 성부", 한양법학 제32집, 2010, 120쪽.

결과(Kontraproduktivität)를 막기 어렵다.[53]

2. 법치주의의 재해석

고전적인 법의 지배(rule of law)는 현대사회에서는 더 이상 문자 그대로 관철될 수 없다. 현대사회는 하나의 통일된 가치와 질서로 짜인 사회가 아니라 다원적인 가치와 각자 독립된 사회체계(subsystem)의 지속적인 분화가 진행되는 사회이기 때문이다. 법은 많은 사회체계의 하나일 뿐이다. 사회체계의 하나로서 법은 다원적 가치를 수용하고, 각 사회체계들의 자율성을 존중하여 그 체계가 생산하는 가치를 시민들이 향유할 수 있도록, 그 체계들과 소통하고, 그 체계들 사이의 충돌과 대립[54]을 조정하고 통합하는 임무를 수행하여야 한다. 경영에 대해서도 마찬가지이다. 대법원이 "영업이익의 원천인 기업가 정신을 위축시키는 결과를 낳게 되"(大判 2002도4229)지 않기 위해 경영판단원칙을 수용한 것도 같은 이유에서다. 경영판단원칙을 통해 법은 기업가 정신을 존중하고, 영업이익을 극대화하기 위한 경영결정을 할 수 있게 하며, 이를 위해서 회사의 손해를 감수하면서도 더 큰 이익을 추구하는 행위를 할 수 있게 한다.

3. 체계간 원칙

경영판단원칙은 법과 경영(또는 경제체계)이라는 두 사회 '체계 간의 소통'[55]을 매개하고, 두 체계를 하나의 사회로 통합시킨다. 다시 말해 경

---

53 지배주주들의 사적 이익추구, 회사기회의 유용(Usurpation of Corporate Opportunity), 만연한 충실의무위반 등을 이유로 경영판단원칙의 수용을 반대하는 이지수, "경영판단과 배임죄. 최근 배임죄 면책논의를 중심으로", ERRI 이슈&분석, 2013, 12~14쪽.

54 Sangdon Yi · SungSoo Hong, "The Legal development in Korea: juridification and proceduralization", Law and Society in Korea, Edward Elgar Publishing Limited 2013, 108~128쪽.

55 체계'간' 소통이란 말은 저자가 여러 글에서 피력해왔는데, 이 개념을 옮긴 듯한 영어개념으로 intersystemic communication이 사용된다. 이러한 용어의 사용에 대하여는 Alberto Febbrajo,

영판단원칙은 좁은 의미의 법원칙이 아니라 법과 경영의 체계간間원칙(intersystemic principle), 체계들의 사이원칙(inbetween principle)이 된다. 이처럼 체계간 원칙을 수용함으로써 법은 법률가 집단의 정의관념에 국한된 '폐쇄적인 체계'가 아니라 사회와 소통하는 '개방적인 체계'가 될 수 있다. 체계간 원칙은 —공식적인 민주적 입법제도의 한계를 성찰하고 그 민주성의 부족분을 메워주는 시민불복종, 인권운동, 공익소송운동 등의 시민운동[56]과 함께— 다원주의 사회에서 민주주의를 실현하는 새로운 기제의 하나가 된다. 체계간 원칙을 통해 법은 상부(국가)에서 생산되어 굴절 없이 하부(사회) 속에 집행되어야 하는 규범의 체계가 아니라 하부(사회)에서 생산되는 규범을 통해 반성적으로 조율되는 규범의 체계가 되는 것이다.

4. 경영패러다임의 변화와 경영판단원칙

경영판단원칙에 의해 체계간 충돌을 조율하는 강도는 시대마다 사회마다 다르다.

(1) 경영패러다임의 변화와 발전 경영판단원칙의 수용과 발전에 대한 역사적 인식을 갖기 위해 경영의 패러다임을 경영에서 법이 차지하는 중요성의 단계적 차이를 기준으로 1960년대의 경제개발시대 이래로 《불법경영시대 → 탈법경영시대 → 윤리경영시대 → 준법경영시대 → ESG경영시대》로 나눌 수 있다. ① 첫째, 개발독재의 시대로 불리는 1961년 이후부터 군사정부가 유지되었던 1980년대 말까지의 경영은 실정법을 위반하고, 정치와 유착되었으며, (대)기업의 고속 성장이 경영을 규율하는 법의 사실상 목적이 되었다. ② 둘째, 탈법경영시대는 정치체계가 민주화되고, 1992년 문민정부가 들어섰음에도 불구하고 노골적으로 법을 위반하지는 않지만, (법의 취지에 비추어 보면 위법한) 탈법적인 방

Gorm Harste, Law and Intersystemic Communication: Understanding 'Structural Coupling', Ashgate Pub Co, 2013 참조.

56 자세히는 이상돈, 시민운동론, 법문사, 2005 참조.

법으로 경영의 효율성을 추구했던 시대이다. 대략 문민정부 출범 이후부터 1997년 시작된 경제위기와 IMF 관리체제에 이르는 기간이 이에 해당한다. 전환사채를 그룹회장의 자녀에게 저가로 제3자 배정을 하는 등의 경영결정[57]은 대표적인 예이다. 불법경영시대나 탈법경영시대에서 경영은 법에 대해 우위를 점하는 위치에 있었고, 그렇기에 경영판단원칙을 수용할 필요도 없었다. 학문적으로 미국의 경영판단원칙이 연구되기는 했지만, 당시 경영판단원칙의 수용은 불법 및 탈법경영을 더욱 부추기고 뒷받침하는 법파괴의 기능을 발휘했을 것이다. ③ 셋째, 1997년 경제위기와 IMF 관리체제 이후의 경영패러다임이다. 이 시기에 기업의 사회적 책임은 더욱 강조되었고, 경영은 윤리적으로 비판받을 만한 행위들(예: 분식회계, 내부자거래, 주가조작 등 시장 사기)을 지양해야 한다는 시대적 요청은 윤리경영(moral management)[58]의 시대를 가져왔다. 하지만 윤리경영은 일종의 '목적강령'과 같은 것이었고, 많은 법제화에도 불구하고 경영의 현실은 아니었다. 법제화의 측면에서 판단하면 윤리를 제도화한 법이 경영에 대해 상대적으로 약간 우위를 점하였지만 이는 보편적인 경영현실이 아니었다. 하지만 법제화된 윤리경영의 요청은 경영현실의 일부분이 되었고, 그 한에서는 경영판단원칙이 적용될 필요성과 정당성이 생겨났다. 경영상의 모럴헤저드(moral hazard)를 배임죄로 처벌하는[59] 형법이 만연했던 2000년대 초반에 경영판단원칙이 본격적으로 수용된 것은 결코 우연이 아니다.

---

57 이 행위가 당시에도 배임죄에 해당했다고 보는 이상돈, "전환사채의 저가발행을 통한 경영권 승계의 배임성", 형사정책연구 통권 제90호, 2012, 5~40쪽 참조.

58 이상민·최인철, 재인식되는 기업의 사회적 책임, 2002; 윤리경영의 선진사례와 도입방안, CEO Information, 2002, 제351호 참조.

59 자세히는 이상돈, "경영실패와 경영진의 형사책임", 법조 제52권 제5호, 2003.

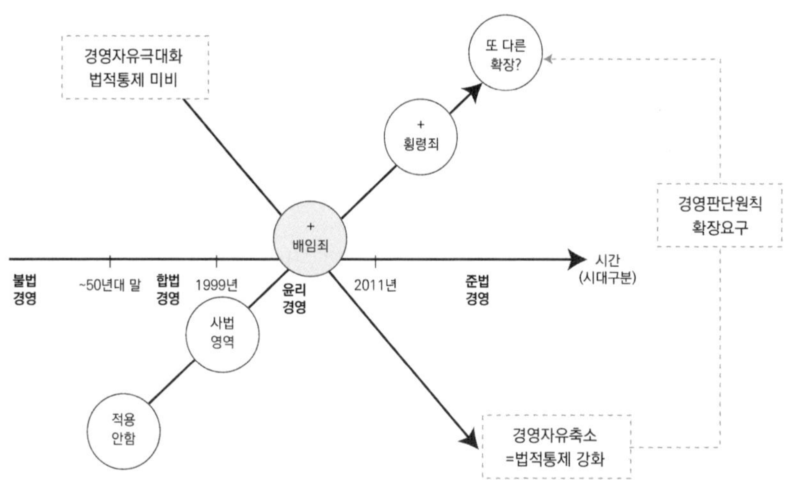

④ 넷째, 윤리경영의 강령은 2000년대 후반 경제민주화의 요청이 점점 더 강해지면서, 준법경영에 대한 요구로 발전하였다. 2011년 상법 제542조의13(준법통제기준 및 준법지원인)의 제정은 준법경영시대를 공식 선포하는 신호탄[60]이었다. 오늘날 상장회사들은 준법지원인을 두고, 경영을 함에 있어 "법령을 준수하고 회사경영을 적정하게 하"(상법 제542조의13 제1항)여야 한다. 이로써 경영은 원칙적으로 '모든' 회사경영에서 '모든' 법령을 준수할 의무를 지게 되었고, 법의 경영에 대한 우위의 시대가 열렸다.

(2) 적정경영과 경영판단원칙의 확장 필요성 하지만 경영에서 전방위적인 준법은 자칫 경영합리성을 해칠 수 있다. 그렇기에 상법은 "회사경영을 적정하게"라고 표현한다. 적정성(proportionality)이란 경영과 법(및 법이 제도화하는 윤리) 사이의 균형을 의미한다. 경영이라는 사회체계와 법이라는 사회체계 사이의 합리성 충돌을 해소하고 조율하는 것이 바로 이 '적정성'의 의미이다. 준법경영이 현실이 될수록 법이 경영에 대

60 준법경영시대는 S그룹 Y회장이 차명주식의 양도차익 조세포탈죄로 처벌받은 이후 그 차명주식들을 실명으로 전환한 사건(2008년)에서 서막이 열렸다고 볼 수 있다.

해 지나치게 우위에 놓이게 될 위험이 발생하며, 이 위험에 대응하는 체계간 원칙의 하나가 바로 경영판단원칙이다. 따라서 오늘날 경영판단원칙은 거의 모든 유형의 경영결정을 포위하고 있는 법의 역기능을 견제하고, 경영합리성을 유지하기 위해 좀 더 넓은 영역(예: 배임죄, 횡령죄, 그룹차원의 경영판단, 그리고 중대재해처벌법)에 적용해야 하고, 형사책임에서는 민사상 손해배상책임에서보다 그 적용요건을 좀 더 완화할 필요가 있다.

Ⅳ. 경영판단원칙의 적용요건 완화

경영판단원칙의 적용요건인 이사의 선의의무, 충실의무, 선관주의의무의 이행은 사법상 손해배상책임 배제요건이면서 형법상 배임고의를 배제시키는 요건(정확히는 간접사실)이 되지만 형사책임에서는 형법의 목적과 보충성에 비추어 다소 완화될 수 있다.

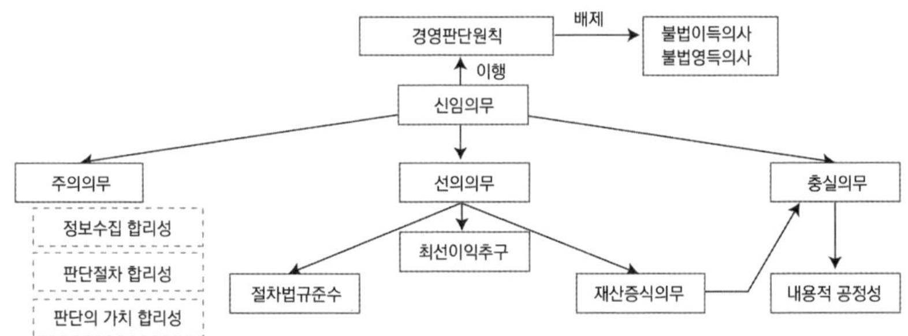

1. 선의의무

선의(good faith)의 의미는 불명확하지만 미국 델라웨어 주(州) 대법원은 다음 세 경우에 선의의무를 위반한 악의(bad faith)로 본다.[61]

61 Stone v. Ritter, 911 A.2d 369 (2006) 참조: "A failure to act in good faith may b shown, for instance, where the fiduciary intentionally acts with a purpose other than tna of advancing the best interests of the corporation, where the fiduciary acts with the intent to violate applicable positive law, or where the fiducuary

① 회사의 최선의 이익을 다하는 것 **이외의 목적**을 가지고 행위함
② 해당 거래나 행위에 적용되는 **실정법을 위반할 의도**로 행위함
③ 작위의무가 있음을 알면서도 이를 의도적으로 이행하지 않음으로써 그 의무에 대해 **의식적 무관심**을 보인 경우

이 악의 유형들은 형법상 경영판단원칙의 요건으로 재구성된다.

(1) 회사와 이사의 윈-윈의사 회사의 최선의 이익을 도모하는 목적 이외의 목적은 '사적 이익'을 추구하는 목적이지만, 모든 사적 이익 추구를 말하는 것이 아니라 **사익추구를 위해 회사의 최선이익 추구를 희생**하는 의사만을 가리킨다. 회사와 이사가 모두 윈－윈(win－win) 하는 의사는 선의의무에 위반하는 것이 아니다. 여기서 윈－윈의 이익추구란 회사에게 '최대'의 이익(biggest interest)이 아니라 **'최선의 이익'**(best interests)을 실현해주는 것을 말한다. 따라서 이사에게 이득이 되면서 회사에 그 행위를 하지 않는 것보다는 다소의 이익을 가져다 주는 경우에도 선의는 인정될 수 있다.

★ LBO에서 윈-윈의사와 선의의무 K(주) 대표 甲은 2001.6.4. K(주)의 A(주) 인수자금 조달을 위해 K(주) 명의로 D종금에서 350억 원을 대출받으면서 K(주)가 취득할 A(주) 발행 520만 주에 근질권을 설정하고, K(주)가 A(주)를 인수한 이후 A(주)의 부동산에 대해 근저당권을 설정하고 주식을 반환받았다. 甲은 A(주)의 대표이사가 되었고. A(주)에 대한 회사정리절차는 2001.6.8. 종결되었으며, 이 당시 A(주)의 채무는 1,035억 원이었으나 甲의 경영으로 회사는 성장하여 2003.6.30.엔 순자산가치가 1천억 원을 넘어섰다. ① 판례(大判 2004도7027)는 '차입매수인에게 피인수회사의 이익을 위한다는 의사가 있다 하더라도 차입매수인이 피인수회사의 자산을 금융기관들에 대해 담보로 제공한 것은 실질적으로 차입매수인 자신 또는 차입매수를 위해 설립한 서류상의 회사가 피인수회사의 주주로서의 지위 또는 경영권을 취득하려는 개인적 이익을 위하여 한 행위이므로, 자신의 이득 또

---

intentionally fails to act in the face of a kown duty to act, demonstrating a conscious disregard for his duties. There may be other examples of bad faith yet to be proven or alleged, but these three are the most salient".

는 가해의 의사가 주된 것이라고 볼 수 있어 배임의 고의를 인정해야 한다'고 보았다. ② 차입매수(Leveraged BuyOuts)가 차입매수자에게 이익을 주는 것은 맞지만 피인수회사가 회생하지 않고는 차입매수자의 이익도 물거품이 되는 것이며 차입매수자에게는 경영권인수와 투자차익의 실현 그리고 피인수회사의 회사정리절차상 구조조정과 경영정상화를 동시적으로 성공시키려는 **윈-윈의 의사**가 있다. 따라서 피인수회사 경영자와 인수자 모두 선의가 인정되고, 경영판단원칙을 적용하면 배임고의가 배제된다.

(2) 적극적 재산증식의사 또한 선의의무위반은 회사에 최선의 이익을 실현하는 데 필요한 작위의무(duty to act)를 하지 않는 것이다. 이는 회사의 재산을 적극적으로 증식시킬 의무(aktive Vermögensfürsorgepflicht)를 다하지 않는 것이다. 독일형법상 신임파괴(Treubruch)의 배임죄 요건인 재산관리의무도 민사상 재산관리의무에 의해 각인되어 왔는데,[62] 이는 미국법상 선의의무와 매우 흡사하다.

예를 들어 ① M&A는 회사의 발전을 가져오기도 하고 인수자금조달의 부담으로 재무구조가 악화시키기도 한다. 하지만 회사를 성장시킬 것이라는 합리적 판단으로 하는 M&A에 대해서는 선의의무위반를 인정할 수 없다. 왜냐하면 그런 M&A를 추진하지 않는다면, 그것이 바로 이사의 적극적 재산관리의무 위반(배임)이 되기 때문이다. ② 또 다른 예로 합리적 판단으로 긍정적인 효과가 예측되는 M&A를 하면서 M&A를 성공시키기 위해 회사의 부외자금을 경비(예: 대주주에 제공)로 사용하는 경영인에게도 선의의무 위반을 인정할 수 없다. 이러한 부외자금 횡령죄에도 경영판단원칙을 적용할 수 있다.[63]

(3) 경영결정관련 절차적 법령의 준수 선의가 인정되기 위해 이사가 준수해야 할 법의 범위는 회사내부의 **당해 경영결정에 관련한 절차적 법령**(예: 상법상 이사회결의나 주총결의의 요건과 절차)에 국한된다. 예컨대 경

62 Kathrin Rentrop, Untreue und Unterschlagung (§§ 266 und 246 StGB). Reformdiskussion und Gesetzgebung seit dem 19. Jahrhundert, Berliner Wissenschafts-Verlag, 2007, 190, 275, 289쪽 참조.

63 물론 부외자금의 조성·운영은 외부감사법 제20조에 의해 처벌된다.

영판단이 상법상 주주총회의 특별결의(예: 전환사채 제3자 발행)[64]를 필요로 하는 사항인데도 그 법적 절차(제513조)를 위반하였다면, 선의의무의 위반이 인정된다. 당해 경영결정과 무관한 그 밖의 모든 법준수 여부는 이사의 주관적 내면의식상태인 선의와 관련이 없기 때문이다. 그런 분식회계행위는 별도로 외부감사법 제20조 제1항 제2항에 의해 처벌되어야 한다.

> **★ 선의의무의 준법범위와 이중위험평가금지** ① 회사의 대표이사 甲이 분식회계를 통하여 비자금을 조성해서 전망이 밝은 M&A를 성사시키는데 경비로 50억 원을 사용한 경우, 그리고 횡령죄의 불법영득의사 인정여부에도 경영판단원칙을 적용할 경우, 그 선의의무의 요소인 준법의무는 분식회계를 하지 않을 법적 의무에 미치지 않는다. 분식회계라는 위법을 이유로 배임죄나 횡령죄의 성립에 대한 판단에서 경영판단원칙의 적용을 제외한다면 하나의 불법요소가 처단형을 정하는 양형에서 이중평가를 받기 때문이다.[65] 甲에게 적용되는 특경법상 법정형은 무기 또는 5년 이상의 징역이고, 외부감사법 제20조 제1항 위반죄가 경합범으로 성립하면 처단형은 제38조 제1항 제2호를 적용하면 7년 6월 이상의 징역형이 되어 존속살인죄보다도 높아지게 된다. 이는 과잉금지원칙에도 위배된다.

델라웨어 주(州) 대법원이 제시한 "이사가 해당 거래나 행위에 적용되는 실정법을 위반할 의도"(with the intent to violate applicable positive law)도 같은 취지로 해석된다. 경영판단을 리스크 판단오류형과 절차위반형으로 나누어 후자의 경우 경영판단원칙의 적용을 배제하는 이론[66]도 이런 입장에 서 있다. 그럼에도 선의를 인정받기 위해 일체의 법준수가 필요하다고 본다면 그때의 선의의무는 준법경영의 강화라는 목적을 실현하는 수단이 되고, 준법경영시대를 구현하기 위한 투쟁적 개념이

---

64 이 점에 관해 자세히는 이상돈, "전환사채의 저가발행을 통한 경영권 승계의 배임성", 형사정책연구 제23권 제2호, 2012, 29쪽 아래 참조.

65 독일 형법학에서는 양형요소의 이중평가금지(Verbot der Doppelsverwertung) 원칙이 있지만, 우리나라에서는 사안에 따라 준수되기도 하고 그렇지 않기도 한다.

66 이정민, "경영판단원칙과 업무상 배임죄", 형사정책연구 제18권 제4호, 2007, 176쪽.

되고 만다.[67]

2. 충실의무

미국법상 신인의무의 요소로서 충실의무는 1998년 상법 제382조의 3("이사는 법령과 정관의 규정에 따라 회사를 위하여 그 직무를 충실하게 수행하여야 한다")에 수용되었다. 충실의무의 핵심은 이사의 자기거래(self-dealing)를 제한(상법 제398조[68])하는 것이다.

(1) 자기거래제한과 배임·횡령죄의 목적 이 제한의 주된 목적은 "회사의 이익을 침해하면서 부당한 이득을 취하는 행위를 방지"[69]하는 것이다. 이는 형법상 배임죄나 횡령죄의 보호법익에 대한 해석과 일치한다. 이에 반해 상법 제398조의 '절차적' 요건, 즉 이사회의 3분의 2 이상의 찬성 결의를 받도록 하는 것은 **경영판단의 절차적 합리성**을 실현하고 대표이사의 독단적 결정을 배제하기 위한 것, 즉 회사 거버넌스의 민주성(democracy of governace)[70]을 위한 것이다. 이 **절차의 공정성**은 배임죄와 횡령죄의 보호목적(Schutzzweck der Norm) 밖에 있다. 그런데도 경영

---

67 이 한에서 "준법경영 또는 윤리경영의 시대에 회사의 이사가 업무를 수행함에 있어 실정법을 위반하지 않아야 한다는 것은 회사의 이사가 회사 및 주주에게 부담하는 의무의 한 부분을 이룬다"고 본 저자의 공동논문(이상돈·지유미, "경영판단과 경영배임", 사법 제24호, 2013, 54쪽)의 입장은 다소 수정된다.

68 **상법 제398조(이사 등과 회사 간의 거래)** 다음 각 호의 어느 하나에 해당하는 자가 자기 또는 제3자의 계산으로 회사와 거래를 하기 위하여는 미리 이사회에서 해당 거래에 관한 중요사실을 밝히고 이사회의 승인을 받아야 한다. 이 경우 이사회의 승인은 이사 3분의 2 이상의 수로써 하여야 하고, 그 거래의 내용과 절차는 공정하여야 한다. 1. 이사 또는 제542조의8 제2항 제6호에 따른 주요주주 2. 제1호의 자의 배우자 및 직계존비속 3. 제1호의 자의 배우자의 직계존비속 4. 제1호부터 제3호까지의 자가 단독 또는 공동으로 의결권 있는 발행주식 총수의 100분의 50 이상을 가진 회사 및 그 자회사 5. 제1호부터 제3호까지의 자가 제4호의 회사와 합하여 의결권 있는 발행주식총수의 100분의 50 이상을 가진 회사.

69 2011. 4. 14. 상법개정 이유 주요내용 사. 참조.

70 회사 거버넌스란 기업이 경영진, 주주, 종업원, 채권자 등의 복잡한 이해관계를 조화롭게 실현하기 위한 의사결정력의 분배에 관련한 제도적 장치를 가리킨다. 예컨대 사외이사를 이사회의 과반수이상으로 하거나 이사의 자기거래에 이사회의 가중정족수 의결을 요구하는 등 회사 거버넌스의 민주성이라고 말할 수 있다.

결정의 법적 절차 위반만을 이유로 경영판단원칙의 적용을 배제하고 배임죄로 처벌한다면 형법은 상법상의 일탈행위를 광범위하게 통제하는 규범, 즉 연성법(soft law)으로 유연화되고, 형법의 보충성원칙이 약화된다.

(2) 회사에 대한 가해와 이득의사 자기거래제한에 구현된 충실의무의 의미로서 이사의 자기거래의 **내용적 공정성**은 판례에서 "아무런 개인적인 이익을 취할 의도 없이"(大判 2002도4229)라고 풀이된다. 이는 '**회사에 손해를 끼치면서 개인적 이익을 취하는 의도 없이**'로 해석되어야 한다. 이는 배임죄가 "이익을 취득하게 하여 본인에게 손해를 가한 때"라고 규정하고 있어서 이득만으로는 배임죄가 성립할 수 없다는 점을 고려한 해석이다. 가령 적대적 M&A가 그 대상회사와 주주에 해가 되는 상황에서 이사는 자신에게 이익이 되는 경영권방어행위를 하더라도 회사에 손해를 가져오지 않으므로 아직 '내용적' 공정성이 상실되었다고 보기 어렵고, 충실의무위반도 인정할 수 없으며, 따라서 경영판단원칙의 적용도 배제되지 않는다. 이에 반해 이사가 자신의 경영권을 지키기 위하여 회사에 이로운 M&A를 방어하고, 그 결과 회사와 주주의 이익을 해하는 경우[71]는 자기거래의 내용적 공정성이 없고, 따라서 충실의무위반이 인정된다.[72]

3. 선관주의의무

상법상 이사는 민법(제681조)상 수임인이 부담하는 "선량한 관리자의 주의로써 위임사무를 처리하여야" 한다(상법 제382조 제2항의 준용). 따라서 이사는 경영결정을 할 때 자신의 경영판단이 회사의 재산을 보존·

71 이 경우 방어행위는 강화된 경영판단원칙에서 보듯 적대적 M&A가 가져오는 위험의 정도와 비례적인(proportional) 것이어야 한다.

72 양동석 · 박진호, "경영판단원칙과 주주대표소송", 조선대 통일문제연구소, 2001, 148쪽; 이영봉, "경영판단법칙의 수용에 관한 검토", 상사법무 제19권 제1호, 2000, 26쪽.

증식하게 하는 것인지를 예측하여야 하고(예측판단의무), 이 예측판단을 함에 있어 선량한 관리자의 주의를 다하여야 한다(예측판단의 선관주의의무). 이러한 선관주의의무는 신임관계의 기초이며, 그 위반은 배임고의 또는 임무(재산관리의무)위배를 추론케 하는 간접사실이다. 이때 선관주의는 해당 경영영역의 **평균적 전문인의 능력을 기준으로 경영판단의 합리성을 평가**하여 판단한다. 다만 행위자가 전문경영인의 평균적 능력을 갖추지 못하여 경영판단을 불합리하게 했지만, 합리적인 판단을 위해 진지하고 성실하게 노력한 경우[73]에 (인수책임이론에 의하면) 배임고의는 인정되지만 배임죄의 책임고의는 감소·탈락할 수 있다. 여기서 책임고의란 행위반가치(Handlungsunwert)와 구별되는 심정반가치(Gesinnungsunwert)인 불법이득의사를 말한다. 책임고의가 없었던 이사에게는 배임죄가 성립하여도 법률상 감경사유(제55조)가 인정된다.

(1) 합리적 경영판단의 세 가지 요소 합리적 경영판단이란 그 판단의 기초가 되는 정보를 충분히 수집하고, 판단의 절차가 합리적이며, 판단이 회사에 최선의 이익이 되는 바를 지향한 경우를 말한다.

1) 정보의 충분한 수집 첫째, 합리적 경영판단은 그 판단의 기초가 되는 정보를 충분히 수집한 경우이어야 한다. 이를 위해 경영인은 외부의 전문가의견(예: 회계법인의 컨설팅)을 활용할 수 있다. 예컨대 M&A를 할 때에는 2개 이상의 회계법인이 실사(due diligence)를 하고, 피인수기업의 잠재적 가치를 예측[74]하는 정보를 수집한다. 하지만 이런 정보의

73 이를 경영판단의 합리성에 대한 '진정성'(truthfullness)이라고 하는 홍가혜, 배임죄 해석에서 경영 합리성의 고려, 고려대학교 박사학위논문, 2014, 137쪽. 이 논문은 **진정성**을 (행위반가치로서) 배임고의를 탈락시키는 요소로 그리고 임무위배를 판단할 때에는 진정성은 고려되지 않고 **전문성**만 고려된다고 본다(앞의 논문, 79쪽). 그러나 진정성이 있다고 하여 배임고의를 배제하면 배임미수범의 성립가능성도 사라진다. 진정성의 요건충족이 전문성의 요건충족보다 더 쉬울 수 있고, 그처럼 더 쉬운 요건사실로 미수범의 성립가능성이 처음부터 배제되는 것은 합리적이지 못하다.

74 이런 예측정보가 M&A에서 필요한 정보임을 강조하는 조지베이커·조지 데이빗 스미스, LBO, M&A, 사모펀드의 선도자 KKR 스토리, 새로운 제안, 2009, 109쪽.

수집은 선관주의의무의 준수를 추론케 하는 중요한 간접사실이 될 뿐, 이런 정보의 수집이 없다고 곧바로 선관주의의무의 위반이 인정되는 것은 아니다. 컨설팅이 종종 의뢰기관에 유리하게 작성되는 유착의 부패현상을 고려하면 더욱 그러하다.[75] 경영판단의 기초로 삼기 위해 수집한 정보는 경영학적 전문지식의 형태를 띨수록 선관주의의무를 준수하였다고 볼 수 있다. 예컨대 기업대출의 규모는 대출기간 동안 현금흐름할인법(DFC: Discount Cash Flow)[76]에 의해 그 기업이 창출하는 순현금흐름의 총액을 넘지 않도록 한다. 그 밖에 유사기업분석법(comparable company analysis)도 전문지식의 형태를 띤 경영판단의 기초정보가 될 수 있다.[77]

★ **진정성 있는 경영판단과 합리적 경영판단** J은행 대표 甲은 K(주)에 200억 원을 대출을 하면서 K(주)의 재무상태, 다른 금융기관에 대한 차입금 등 전반적인 금융거래상황, 대출금의 용도, 사용기간 및 상환능력이나 제공된 담보의 가치를 평가하여 대출 적격 여부를 제대로 심사하지 않았다. 이 대출은 J은행의 악화된 수익구조 개선을 위해 이자수익을 증대시키기 위한 것이었다. ① 이처럼 대출적격심사를 하지 않았다면, 대출이라는 경영판단의 기초가 되는 정보수집을 충분히 하지 않은 점에서 경영판단상 선관주의의무를 위반한 것이 된다. 경영판단원칙은 적용될 수 없게 된다. 따라서 행위반가치로서 배임고의(불법이득의사)는 인정된다.[78] ② 하지만 은행의 수익구조는 수신과 여신 어느 쪽이 부족해도 악화되므로, '적극적 재산관리의무'를 다하기 위해서는 대출도 적극적으로 활성화하여야 하고 그 대출이 부실화 위험이 있어도 대출수익증대에 기여할 것으로 믿고 대출을 한 은행장은 '진정성'(authenticity) 있는 경영판단으로서 심정반가치의 배임(책임)고의를 탈락시킬 수 있다.

---

75 이런 점에서 미국 Delaware 주 대법원도 제3의 독립적이고 전문적인 기관의 정보 수집이 충분한 정보에 기초한 경영판단으로 보기 위한 필수조건은 아니라고 판시한 바 있다. 자세히는 Smith v. Van Gorkom 488 A.2d, 858쪽 참조.

76 이에 관해 자세히는 이상돈, 경영과 형법, 법문사, 2011, 350~351쪽.

77 유사기업분석법에 관해서 자세히는 이를 도산절차에 적용한 윤남근, "도산절차에 있어서 재산 및 기업가치의 평가", 고려법학 제56호, 2010, 638쪽 참조.

78 "이러한 임무위배행위로 제3자로 하여금 재산상 이득을 취득하게 하고 금융기관에 손해를 가한다는 인식과 의사가 없었다고 볼 수 없다"는 大判 2006도7487 참조.

2) 경영판단의 절차적 합리성 둘째, 경영판단은 그 판단의 과정과 절차가 합리적이어야 한다. 이를 경영판단의 절차적 합리성이라고 할 수 있다. 여기서 선관주의의무는 경영판단의 합리성을 실현하는 경영내부의 절차(예: 은행대출규정, 영업지침, 심사규칙)를 준수할 의무를 말한다. 하지만 경영내부의 절차규정들은 언제든지 변경할 수 있는 것이어서 내부규정 위반만으로 곧바로 경영판단의 합리성이 탈락하는 것이 아니다. 경영내부의 절차규정들이 갖는 중요성이나 다른 요소들(충분한 정보수집 여부, 경영판단의 가치성)과의 비교형량을 통해 경영판단의 합리성에 미치는 영향을 평가하여 선관주의의무 위반여부를 정하여야 한다.

★ **경영판단의 절차적 합리성** D보험 대표 甲은 D개발의 대표 乙이 연대보증한 H(주)의 기술개발융자금을 지급보증 하였지만 D개발과 H(주)의 부도로 회사에 손해를 입혔다. 당시 甲은 영업지침을 위배하였지만 D개발이 흑룡강 삼강평원에 대규모 해외농업개발을 추진하고 있었고, 乙이 정재계에 영향력이 막강한 인물이었으며, 중국과의 수교를 계기로 그 개발계획이 언론에 유명세를 타는 등 사업전망이 있다고 보았다. D보험의 실무진도 지급보증에 반대하지 않았고, 甲은 개인적 이익을 얻지도 않았다. ① 甲은 영업지침을 위반했지만, 경영판단의 기초가 된 정보의 수집 · 고려, 경영판단의 가치합리성을 잃은 것은 아니어서[79] 선관주의의무 위반이 인정되지 않는다.

3) 합리적 가치판단 셋째, 경영판단을 할 때 기초가 되는 정보를 충분히 수집하고, 경영판단의 절차를 준수하더라도 이사는 재량적인 선택을 할 때 **합리적 가치판단**을 하여야 한다. 예컨대 일정한 자본으로 M&A를 할 지 아니면, 아니면 R&D에 투자하고 신기술을 개발하여 새로운 사업을 할지를 선택하는 것은 대표의 재량이다. 이때 선관주의는 회

79 판례도 "문제된 경영상의 판단에 이르게 된 경위와 동기, 판단대상인 사업의 내용, 기업이 처한 경제적 상황, 손실발생의 개연성과 이익획득의 개연성 등 제반 사정에 비추어 자기 또는 제3자가 재산상 이익을 취득한다는 인식과 본인에게 손해를 가한다는 인식(미필적 인식을 포함)하의 의도적 행위임이 인정되는 경우"(大判 2002도4229)가 아니라고 보았다.

사에 최선의 이익이 되는 방향으로 자신의 선택을 지향시킬 의무가 된다. 회사에 최선의 이익이 되는 것을 '가치'라고 개념화하면, 이러한 선관주의의무는 합리적 가치판단의 의무가 된다. 하지만 이러한 선관주의의무의 위반여부는 객관적으로 심사하기 어렵기 때문에 미국법상 사법자제의 원칙(rule of judicial restraint)[80]에서 보면 "법관은 경영결정의 실질적 가치에 대한 심사(reviewing the substantive merits of business decision)를 자제해야 한다."[81] 하지만 가치선택의 비합리성이 중대하고 명백한 경우에는 적용판단원칙이 배제될 수 있다.[82] 그 한에서는 이사의 가치결정도 여전히 법원의 심사 범위 안에 있게 된다.

★ 제3자 배정 전환사채가액 산정의 경영판단 S그룹 회장 甲은 비상장계열사 E(주)의 이사들로 하여금 100억 원의 무기명식 이권부 무보증전환사채를 낮은 이율(표면이율 1% 만기보장수익률 5%)로 발행하게 하고, 주주들인 계열사 M(주)와 J(주)에게 우선 배정하게 하고, 실권 시 제3자에게 배정하기로 하였다. 전환가액은 주식의 액면가보다는 높았지만, 당시 주식가치인 1.5만 원보다 낮은 주당 8천 원으로 정하였다. 甲의 지배력 아래 있던 M(주)는 실권하였고, E(주)의 이사회는 실권한 전환사채 전부를 甲의 아들 乙에게 주당 8천 원으로 배정하였다. 乙은 배정된 전량을 인수하였고, 수년이 지나 전환권을 행사하여 E(주)의 대주주가 되었다. 당시 상법은 전환사채 제3자 발행에 주총 특별결의를 요구하는 규정이 없었고, 당시 E(주)의 재무구조와 발전가능성을 고려할 때 전환사채를 시가로 인수할 사람은 있었다. ① 乙에게 전환사채를 배정하면서 주주배정과 동일한 조건으로 부과한 것은 위법하지 않다는 판례(大判 2007도4949)를 전제한다면 선의의무

80 원동욱, "경영판단 원칙의 최근 동향과 향후 전망: 미국의 사례를 중심으로", 상사법연구 제29권 제3호, 2010, 117쪽.

81 Stephen M Bainbridge, "The Business Judgement Rule as Abstention Doctrine", Vanderbilt Law Review, Vol. 57, 2004, 114쪽; "경영판단의 내용에 대한 실질적 심사를 통한 주의의무 위반 여부를 심사하려는 것은 지양"하자는 문정해, "미국의 최근 판결동향에 따른 경영판단원칙의 수용가능성 검토", 상사법연구 제27권 제4호, 2009, 32쪽.

82 미국과 달리 일본법원은 이사의 주의의무위반여부를 심사하되, 그 안에서 이사의 경영판단을 존중하는 모습을 보인다는 박정국, "경영판단의 원칙에 관한 일본 판례의 검토", 홍익법학 제14권 제4호, 2013, 539~568쪽 참조.

의 위반을 인정하기가 어렵다.[83] ② 그러나 시가에 근접한 전환가액으로 배정하여 회사에 '최선의 이익'을 가져다주는 결정을 할 수 있음에도 하지 않고 제3자에게 저가로 발행하는 행위는 중대하고 명백한 경영판단의 재량권 남용(gross and palpable overreaching)으로서 선관주의의무에 위배된다. 경영판단원칙이 적용되지 않으며 甲은 재산관리의무를 위반하고, 제3자를 위한 불법이득의사가 인정된다.[84]

(2) 합리성 요소의 비교형량 경영판단의 세 가지 합리성 요소 가운데 일부만 충족되는 경우에도 그 요소들의 중요성에 대한 형량적 평가를 통해 선관주의의무의 위반 여부를 판단할 수 있다. 경영판단의 절차적 합리성은 다른 두 요소에 비해 상대적으로 비중이 적다. 하지만 비교형량의 방법에 관한 메타규칙(Metaregeln)은 없다.

★ 경영판단의 가치합리성 S(주)는 대표 甲의 판단에 따라 부실기업이지만 기술력, 브랜드가치 있는 K(주)를 인수하기 위해 이사회의 적법한 결의를 거쳐 K(주)의 신주 140만주를 주당 2,500원, 총 35억 원에 매입하였다. 이 과정에서 K(주)에게 자료제출을 요청하였고, K(주)가 사업계획서 및 유가증권발행계획서를 작성하는 과정에도 여러 차례 협의하였다. 하지만 당시 신주의 적정가는 1,300원으로 평가되었고 당시 인수가 산정은 통상적인 거래관행을 따르지 않은 것이었다. 하지만 K(주)는 35억 원의 유상증자대금으로 기존 채무를 변제하고 경영을 정상화하였다. 35억 원은 S(주)의 매출액과 순이익 규모에 비하면 적은 것이었다. ① 판례(大判 2007도10415)는 甲에게 경영상 판단을 이유로 임무위배나 고의를 모두 인정하지 않았다. ② 인수합병이 가져다 줄 이익보다 유상증자 인수상의 손해(=1,200[=2,500 −1,300]×140만 주=16.8억)가 더 클 가능성이 없지 않으므로 甲에게 미필적 배임고의(불법이득의사)는 인정될 수 있다. 甲의 경영판단은 정보수집이 미흡했던 반면 비싼 금액의 유상증자참여로 오히려 그 피인수기업의 재무구조를 개선하여 경영정상화를 촉진시킨 점을 종합고려해보면

83 "이사회에 주어진 실권부분의 제3자배정 권한 범위와 한계를 초과하여 주식회사의 본질과 회사법의 기본원칙에 반"한다는 성민섭, "전환사채의 저가발행에 대한 이사의 형사책임", 숙명여자대학교 법학논총 제23권 제2호, 2009, 420, 438쪽 참조.

84 이상돈, "전환사채의 저가발행을 통한 경영권 승계의 배임성", 형사정책연구 통권 제90호, 2012, 5~40쪽.

합리적 가치결정으로 볼 수 있고, 따라서 선관주의를 다 한 것이므로 경영판단원칙이 적용된다.

(3) 선관주의의무로서 일반 법령의 준수 경영판단의 합리성을 보장하는 절차법규의 준수는 선의의무의 내용을 구성하고, 그 밖의 일반적인 법령의 준수는 선관주의의무의 내용이 된다. 준법 없이 지속가능한 경영이 불가능해진 오늘날 일체의 법령에 대한 준수는 이사가 회사의 선량한 관리자로서 해야 할 임무의 하나가 되었다.

"법령을 위반한 행위에 대하여는 이사가 임무를 수행함에 있어서 선량한 관리자의 주의의무를 위반하여 임무해태로 인한 손해배상책임이 문제되는 경우에 고려될 수 있는 경영판단의 원칙은 적용될 여지가 없다. 다만, 여기서 … '법령'은 일반적인 의미에서의 법령, 즉 법률과 그 밖의 법규명령으로서의 대통령령, 총리령, 부령 등을 의미하는 것인바, 종합금융회사 업무운용지침, 외화자금거래취급요령 … 심사관리규정 등은 이에 해당하지 않는다"(大判 2004다41651).

이처럼 일반법령의 위반은 사법상 선관주의의무위반을 근거지우고, 경영판단원칙을 배제시켜 손해배상책임을 발생시킨다.[85] 그러나 이는 형법에서는 타당하지 않다. 경영판단의 합리성 보장과 직접 관련이 없는 일반적인 법령의 위반행위는 회사의 재산권을 보호하는 배임죄의 보호영역(Schutzberiech der Norm) 밖에 있기 때문이다. 다만 일반적인 법령의 위반이 기업의 사회적 평판을 낮추고 시장의 수요에도 실제 영향을 끼쳐 기업의 수익 악화(기대가능한 수익증가의 실패)로 이어지는 경우에는 경영판단원칙을 배제시키고 배임죄의 책임을 발생시킬 수 있다.

★ **일반법령의 위반과 배임고의** S상호저축은행 대표 甲은 골프장을 건설·운영하기로 하고, 상호저축은행법 위반을 피하기 위해 그 은행 임직원의 친척 乙의 명의로 특수목적법인 Y컨트리클럽을 설립하고, 이 회사에 근저당

85 선관주의의무 위반여부에 대한 심사비용도 대폭 절감할 수 있다. 이에 관해 김효신, "경영판단원칙과 선관주의의무의 재정립", 중앙법학 제13집 제4호, 2011, 471쪽.

권 설정 등의 채권회수조치를 하지 않은 채 자금을 대출하여 골프장부지를 매입하였다. 그 골프장은 매입 2주전에는 28억 원에 거래된 토지였으나 이를 48억 원에 매입하였다. 甲은 부지매입 당시 현장답사를 하고, 토지이용계획확인서를 확인하였지만, 주변 토지의 시세 등에 비추어 매입가격이 적정한지, 해당 토지에 골프장사업이 가능한지, 예상수입 등 사업타당성에 관해서는 검토를 하지 않았다. 그 골프장부지는 도시기본계획법상 농립지역에 위치하여 체육시설을 설치할 수 없는 곳이었다. 甲은 도시기본계획 변경건의를 하였지만 반려되었고, 결국 S은행에 손해를 끼쳤다. ① 甲은 "위 사업추진의 위법성을 논외로 하고 그 경영상 판단의 면에서만" 보더라도 임무위배와 고의를 인정하기에 충분하다(大判 2009도14464). ② "사업추진의 위법성을 논외로 하고"라는 논증을 보면 대법원은 일반 법령 위반이 경영판단원칙의 적용을 배제하는 것은 아니라고 보는 듯하다.

V. 기업집단과 경영판단원칙의 확장적용

1. 그룹차원의 경영판단 인정필요성

판례는 대규모기업집단 내에서 이루어지는 경영판단에 대해서는 대부분 배임고의를 인정한다.

★ **그룹차원의 경영판단원칙** H그룹 계열사 L(주)는 자본금 300억 원이 모두 잠식되고 발행주식의 실질가치가 0원으로 평가되는 상태였고, 재정경제원 장관은 L(주)에 대하여 자본금 증액명령을 내렸다. H그룹 회장 甲은 이 증자명령을 이행하지 않으면 H그룹 전체의 명예가 손상되어 다른 계열사 E(주)의 영업에도 지장이 있게 될 가능성을 고려하여 E(주)로 하여금 L(주)의 신주를 액면가격으로 인수하게 하였다. 이로써 E(주)는 인수대금총액만큼의 손해를 입었다. ① 판례(大判 2004도520)에 의하면 甲의 행위는 E(주)에 손해를 가하는 배임행위이고, E(주)를 위한다는 의사는 "부수적인 의사에 불과할 뿐이고", 그 피해는 E(주)에 "돌아갈 것임을 잘 알고 있었으므로 배임에 대한 고의도 충분히 인정되며", "단순히 그것이 경영상의 판단이라는 이유를 내세워 그에 대한 죄책을 면할 수 없다."

이는 계열사들의 법인격이 서로 별개라는 점을 중시하고, 그룹이

하나의 경제적 단일체인 점을 전혀 고려하지 않는 데서 비롯된다. 그러나 같은 그룹내 회사들 사이의 상호 지원은 그룹차원에서는 합리적인 경영판단일 수 있다. 예컨대 지원을 해준 기업이 지주회사(또는 모회사)인 경우 재무구조가 악화된 계열사의 신주를 인수해줌으로써 그 계열사의 재무구조를 개선하게 되면, 그 계열사의 각종 자본조달(예: 회사채의 발행)이 쉬워지고, 그로 인해 재무제표도 개선될 수 있다.

(1) 지분법평가이익 그리고 계열사의 재무구조와 재무제표의 개선은 곧바로 지주회사에게 지분법(Equity Method) 평가이익[86]을 가져다 준다. 예컨대 계열사가 재무구조의 개선에 힘입어 적자에서 흑자로 전환하여 100억 원의 당기순이익을 얻게 되면 그 계열사에 대한 지주회사의 지분률이 40%인 경우에 지주회사는 40억 원을 '회계장부'상 이익으로 계상하게 된다. 물론 지분법평가이익은 그에 해당하는 현금이 지주회사에 실제로 입금되는 것은 아니다. 하지만 지주회사의 재무제표가 개선됨으로써 지주회사의 자본조달이나 주가상승 등의 이익을 얻을 수 있고, 이는 주주와 채권자 그리고 회사임직원 모두에게 이익이 된다. 그러므로 지주회사는 계열사(제3자)로 하여금 재무적 이익을 취득하게 하고, 자신은 단지 손해(의 위험)만을 감수하게 되는 것이 아니다. 설령 단기적으로는 계열사의 지원이 지주회사에 손해가 되지만, 중·장기적으로는 이익이 될 수 있다.

★ 영구전환사채발행에 대한 차액정산계약체결의 경영판단 가령 특수관계인거래위반죄(상법 제624조의2, 제542조의9 제1항 제1호)는 특수관계인을 상대방으로 하거나 그를 위한 신용공여 등의 거래를 금지하는 범죄구성요건이지만, "상장회사의 경영건전성을 해칠 우려가 없는 금전대여 등으로서 대통령령으로 정하는 신용공여"(제542조의9 제2항 제3호), 즉 "회사의 경영상 목적을 달성하기 위하여 필요한 경우"(법시행령 제35조 제3항)에는

86 지분법평가이익(손실)은 지분율의 계산방법에 따른 회계장부상의 이익(손실)이라고 풀을 수 있다. 지분법의 '법'개념이 law가 아니라 방법(method)임에 주의를 요한다.

그 구성요건해당성이 탈락한다. 이때 경영건전성을 해칠 우려라는 표지의 충족여부 판단은 일종의 위험판단이다. 가령 계열회사의 영구전환사채 발행에 대해 채권자와 차액정산계약을 체결하여 법률적 재산의 의미에서 반대급부 없이 신용을 공여해주는 지주회사가 계열회사의 경영에 대한 합리적 분석·전망, 브랜드사용료 수취액의 적정성 평가 및 향후 인상가능성, 지분법평가손익에 대한 분석·전망, 계열회사 유지를 통한 그룹 전체의 볼륨에 의한 시장지배력의 유지·강화 등을 선의로 성실한 주의를 다하여 판단하였다면 경영판단원칙에 의해 특수관계인거래위반죄고의가 인정될 수 없다.

(2) 폐쇄적인 법의 내부적 부정합성 그런데도 지주회사에 대한 배임을 인정하는 것은 회사의 손해 여부를 근시안적으로 판단하는 것이며, 경영의 합리성을 외면하는 것이다. 그룹차원의 경영판단을 전혀 인정하지 않는다면, 근시안적인 경영인만 법에 의해 보호되고, 거시적인 경영인은 범죄인이 되기 쉽다. 하지만 거시적인 관점에서 예측되는 지분법평가이익을 고려하여 지주회사의 재산을 관리할 의무 역시 배임죄가 이사에게 부과하는 재산관리의무의 한 내용이다. 그렇기에 그룹차원의 경영판단을 전혀 인정하지 않는 것은 배임죄 해석에 내부적 부정합(internal incoherence)을 가져온다. 여기서 그룹차원에서 합리적인 경영판단에도 경영판단원칙을 적용할 필요가 있다.

2. 독점규제법적 법리와 경영판단

그럼에도 판례가 그룹차원의 경영판단에 대해 경영판단원칙을 적용하지 않는 것은 크게 두 가지 이유에서다.

(1) 신고전주의 경제학 관점 첫째, 같은 그룹에 속한 회사들은 기업활동면에서 경제적 단일체일 수는 있지만, **법인격이 별개**이고 각각의 주주와 채권자, 근로자를 갖고 있어서 이해관계가 서로 충돌할 수 있다. 둘째, 기업집단은 단일 회사들에 비해 한 회사가 재무적 위기에 처해있을 때 그룹 내 회사들 사이의 상호 지원을 통해 그 위기를 훨씬 쉽게 극

복할 수 있다.

> 예컨대 위기에 처한 계열사가 신주를 발행하고, 모기업이 그 신주를 매수하면, 그 계열사는 재정위기를 쉽게 극복하거나 적어도 다른 단일기업에 비하여 오랫동안 버틸 수 있다. 또한 재무구조가 취약해진 계열사에 모기업이 그의 자산을 양도하고 신주를 받으면 모기업의 재무상태는 악화됨이 없이, 계열사의 재무상태가 호전될 수 있다.

이는 재벌그룹에 속한 회사가 그룹에 속하지 않은 단일 회사보다 경쟁에서 구조적으로 유리함을 의미한다. 그룹차원의 합리적 경영판단에 경영판단원칙을 적용하지 않는 것은 이런 불공정경쟁의 구조를 해소하기 위한 **독점규제법적 고려**이기도 하다. 이런 법정책은 같은 그룹 내의 회사들 사이의 카르텔도 원칙적으로 독점규제법상 부당공동행위로 규제하는 법정책과 같은 맥락에 있다. 이는 경제와 법 및 그 밖의 사회체계를 분리하고 시장을 오로지 공급과 수요의 균형을 지향하는 조정체계로만 바라보는 (신)고전주의 경제학의 관점을 전제한다.

(2) 신제도학파 경제학 관점 이에 비해 경제를 법제도와의 상호작용 속에서 바라보는 신제도학파 경제학의 관점에서는 법인격이 독립된 회사들일지라도 **사실상 하나의 사업자**인 경우라면 그 회사들간의 카르텔은 독점규제법적 제한을 받지 않는 것이 정당하다.[87] 같은 그룹에 속한 회사들 간의 카르텔은 경쟁을 제한하는 것이 아니라 거래비용(transaction costs)을 낮추기 쉽고, 장기적으로 소비자후생을 증대시킬 개연성이 높기 때문이다. 예컨대 모회사와 (100%) 자회사 사이의 협력행위(the coordinated activity of a parent and its wholly owned subsidiary)를 셔먼법 제1조의 목적에서 볼 때 공모가 되지 않는다고 판시한 미국 판례[88]나 카르텔을 형성한 두 사업자가 모회사와 자회사의 관계와 같이 한 "사업자가 다른 사

---

87 신제도학파와 신고전학파 경제학이 경제와 법의 관계를 이해하는 차이와 그룹내 회사들의 카르텔에 대한 차이는 이상돈, 공정거래형법, 법문사, 2010, 72~74쪽.

88 Copperweld Corp. v. Independece Tube Corp., 467 U.S. 752 (1984) 참조.

업자를 실질적으로 지배함으로써 이들이 상호 독립적으로 운영된다고 볼 수 없는 경우에는 사실상 하나의 사업자로 본다"[89]고 규정한 공정거래위원회의 심사기준도 같은 관점에 서 있다.

3. 경영판단에서 사실상 하나의 사업자 법리

'사실상 하나의 사업자' 개념은 경영판단의 법리에도 적용할 수 있다. 즉, 같은 그룹에 속하는 회사들 사이에 재무적 지원행위가 배임죄가 성립하는 경우라고 할지라도 그 회사들이 '사실상 하나의 사업자'를 이루는 경우에는 경영판단원칙을 적용하자는 것이다. 다만 그로 인한 실질적인 경쟁제한효과를 최소화하고, 거래비용축소를 극대화하기 위해 다음과 같은 두 가지 전제조건을 설정할 필요가 있다고 본다.

— **하향적 지원행위** 재무적 지원행위는 지주회사나 상위의 계열회사(예: 소지주회사)가 하위의 계열회사에게 하는 경우에 국한한다.
— **경영지배력** 재정적 지원을 하는 모기업은 그 지원대상인 기업의 경영을 완벽하게 좌우할 수 있는 지배력을 갖고 있어야 한다.

하향적 지원행위만을 인정하는 이유는 자회사가 모회사를 지원하는 경우까지 허용하면 마치 순환출자와 유사한 경쟁제한효과가 발생할 우려가 높기 때문이다.

(1) 경영지배력에 관한 회계기준 경영지배력은 지분율과 **연결재무제표** 작성 여부로 판단할 수 있다. ① 현재 주식회사 등의 외부감사에 관한 법률에 의해 연결재무제표 작성이 요구되는 회사들 사이의 **지배·종속의 관계**란 주식회사가 경제활동에서 효용과 이익을 얻기 위하여 다른 회사(조합 등 법인격이 없는 기업을 포함)의 재무정책과 영업정책을 결정할 수 있는 능력을 가지는 경우로서 그 주식회사(이하 '지배회사')와 그 다른 회사(이하 '종속회사')의 관계를 말한다(외부감사법 시행령 제1조의3 제1항

89 공정거래위원회가 고시한 「공동행위심사기준」 V.2.

1문). 이 경우에 적용되는(외부감사법 시행령 제1조의2 제1항 2문) 2007년 금융위원회가 도입한 한국채택국제회계기준(K－IFRS 1027호)은 지배기업이 다른 기업 의결권의 50%를 초과하여 소유하거나, 실질적으로[90] 50%를 초과하는 의결권을 행사할 수 있는 경우에 지배종속관계를 인정하였다. ② 그러나 50%를 초과하는 지분율의 요건은 공정거래법상 지배구조를 인정하는 지분율인 30% 이상에 비해 지나치게 높고, 우리나라 현실에서는 50% 미만의 지분을 보유하였어도 실질적으로 경제적 영속체, 즉 하나의 경제적 실체(entity)인 경우가 많다. ③ 국제회계기준위원회(International Accounting Standard Board)가 새롭게 제정하고, 2011년 우리나라에서 채택된 한국채택국제회계기준(K－IFRS 1110)은 별도의 지분율 규정 없이 **실질지배력**(De facto control)이 있는 회사에 대해서는 연결재무제표를 작성하도록 하고 있다. 실질지배력은 피투자자에 대한 힘, 피투자자에 대한 관여로 인한 변동이익에 대한 노출 또는 권리, 투자자의 이익금액에 영향을 미치기 위하여 피투자자에 대하여 자신의 힘을 사용하는 능력 등을 고려하여 평가적으로 결정되는 것이다. ④ 반면 실질지배력은 불명확성이 높다는 점을 고려할 때, 실질지배력은 사실상 하나의 사업자 인정을 위한 충분조건으로 보고, 필요조건으로서 1997년 외환위기 후 기업재무상태의 투명성 확보를 위해 1998.1.1. 제정된 연결재무제표준칙 제3조, 제4조와 당시 외부감사법 시행령 제1조의3 제1항이 정한 지배종속관계를 요구할 수 있다. 동 조항에 의하면 100분의 50을 초과하는 지분을 소유한 경우, 100분의 30을 초과하고 최다출자자인 경우, 지배회사와 종속회사가 합하거나 종속회사와 종속회사가 합하여 다른 회사의 의결권 있는 주식의 100분의 30을 초과하여 소유하면서 최다출자자인 경우에 지배종속관계가 인정된다.

90 이런 경우는 ① 다른 투자자와의 약정으로 과반수의 의결권을 행사할 수 있는 능력이 있는 경우와 ② 이사회나 이에 준하는 의사결정기구의 의사결정에서 과반수의 의결권을 행사할 수 있는 능력이 있는 경우가 있다.

(2) 법인세법상 익금불산입기준와 지분율 법인세법은 모회사가 계열회사로부터 받은 배당소득에 대해 익금불산입제도(제18조의2 및 3)를 두고 있다.[91] 자회사로부터 받은 출자지분에 따른 배당소득에 대해 법인세를 공제해주는 취지는 세법상으로는 이중과세를 피하기 위한 것이지만, 이는 곧 그 세액공제의 한도 내에서 모회사와 자회사를 마치 하나의 사업자로 취급하는 것이다. 가령 **지주회사가 주권상장법인인 자회사에 대하여 40%**(비상장법인 자회사에 대하여는 80%)를 초과하는 출자를 한 경우에는 그 자회사로부터 받은 수입배당금액 '전액'에 상당하는 금액을 공제받는데(제18조의2 제1항 제1호), 이는 지주회사와 상장회사가 사실상 하나의 사업자와 같다는 의미이다. 그러나 지분율이 배당금액의 일부만 공제받을 수 있는 경우에는 그 한에서는 지주회사와 자회사의 상호 독자성을 인정하여야 하므로 경영판단에서 두 회사를 하나의 법인격처럼 다루는 것은 부적절하다.

결론적으로 회계기준과 법인세법상 익금불산입기준을 종합하여 볼 때 1) 지배회사가 종속 자회사의 의결권 있는 주식의 50%를 초과하여 소유하거나 2) 지배회사가 또는 지배회사와 종속회사가 합하거나 종속회사와 종속회사가 합하여, 다른 종속 자회사의 최대출자자로서 그 회사의 의결권 있는 주식의 (상장법인 자회사의 경우) 40%나 (비상장법인 자회사의 경우는) 80%를 초과하여 소유한 경우에 하나의 사업자로 취급하는 것이 적절하다.

VI. 횡령죄와 경영판단원칙의 확장적용

지금까지 경영판단원칙은 배임죄에 적용되어 왔고, 횡령죄에는 적

91 현행 법인세법은 1999.12.28. 법인세법 개정에서 수입배당금액의 익금불산입제도(제18조의2)를 도입한 이후 여러 차례의 개정을 거쳐 현재는 일반법인(제18조의3), 외국소재 자회사(제57조에 대해서도 조세협약의 체결유무를 묻지 않고)에도 이를 적용하고 있다. 이와 같은 세액공제를 받기 위한 요건은 지주회사인지, 일반 법인인지, 자회사의 상장 여부나 벤처기업 여부 등에 따라 차등적이다.

용되지 않았다. 배임죄와 횡령죄의 다음과 같은 구조적 차이 때문이다.

> ★ **경영판단원칙 적용에서 배임죄와 횡령죄의 차이** ① 첫째, 배임행위는 배임죄의 구성요건에 해당(Tatbestandsmäßigkeit)할 뿐, 곧바로 구성요건을 충족(Tatbestandserfüllung)하는 것은 아니다. **실행행위와 기수(법익침해) 사이의 구조적인 시공간적 간격** 속에 경영판단원칙이 작동한다. 이에 반해, '횡령'은 불법영득을 의미하고, 보관자가 소유권자의 지위를 향유하는 행위를 하면 곧바로 소유권침해의 기수(구성요건충족)에 이르기 때문에 그런 시공간적 간격이 없다. ② 둘째, 횡령죄의 "타인의 재물을 보관하는 자"나 "횡령"의 개념에 비해 배임죄의 "타인의 사무를 처리하는 자"나 "그 임무에 위배하는 행위"의 개념은 매우 불명확하다. 배임죄를 권한남용(Mißbruach der Befugnis)과 신임파괴(Treubruch)로 나누어 규정하는 독일형법상 배임죄도 "끝없는 폭"(uferlose Weite)을 갖고 있다는 비판을 받아왔다.[92] 가령 대법원은 경영에서 모럴헤저드라고 비판받는 경영행위가 결과적으로 실패하면 배임죄의 책임을 인정하곤 한다.[93] 이에 비해 물권인 소유권에 대한 침해여부에 의해 구성요건의 충족여부가 좌우되는 횡령죄의 정형성은 배임죄에 비해 훨씬 높다. 이러한 **행위의 정형성 차이**는 횡령죄에 대하여 경영판단원칙을 적용할 필요성을 현저히 줄인다.

1. 횡령죄의 신임관계와 경영판단

우리나라의 횡령죄는 독일형법과 달리 절도죄와 같은 장이 아니라 배임죄와 같은 장(제40장), 같은 조문(제355조)에 규정되어 있다. ① 즉, 횡령죄는 소유권을 침해하는 영득행위라는 점에서는 절도죄와 같은 불법유형을 지니지만, **신임관계의 파괴를 불법의 한 내용**으로 갖고 있고, 그 한에서 배임죄와 같은 불법유형을 갖는다. 그렇기에 일시적인 사용의사로 행한 절도(사용절도)는 자동차등의 불법사용죄(제331조의2)에 해당하지

---

92 배임죄구성요건의 불명확성에 대한 독일 학계의 비판은 Harro Otto, Die Struktur des strafrechtlichen Vermögensschutzes. Duncker & Humblot, 1970, 311쪽 아래; Karl Heinz Labsch, (§266 StGB) Grenzen und Möglichkeiten einer neuen Deutung, 1983, 189쪽 아래 참조.

93 이러한 현상을 두고 배임죄의 포괄구성요건화라고 비판하는 이상돈, "경영실패와 경영진의 형사책임", 법조 통권 560호, 2003, 5월호, 79쪽 아래 참조.

않는 한 절도죄가 되지 않는 데 반해 사용횡령은 횡령죄를 구성하는 것이다. 예를 들어 타인의 재물을 보관하는 자가 수치인인 경우 그는 임치물사용금지의무(민법 제694조)를 위반하면 신임관계를 파괴하고, 불법영득의사를 외부적으로 표현한 것이 되어 횡령죄가 성립할 수 있다. ② 물론 횡령죄가 보관자에게 지우는 의무는 미국법상 경영판단의 주체가 되는 이사들의 신인의무(fiduciary duty)와 다소의 차이가 있다. 가령 타인의 재물을 보관하는 자는 민법상 수치인으로서 자기재산과 동일한 정도의 주의로 보관할 의무(민법 제694조)를 지며, 수치인이 상인이라면 그 주의의무는 보수를 받지 않아도 선관주의(상법 제62조)로 강화되고, 그 상인이 공중접객업자(상법 제152조), 창고업자(상법 제160조) 등인 경우에는 선관주의의무의 이행에 대한 입증책임까지 짊어지게 된다. 하지만 이와 같은 보관자의 신임의무와 배임죄의 타인사무처리자(예: 회사의 경영진)의 신임의무 사이의 차이가 그리 크지 않고, 미국법상 신인의무가 신탁법의 법리가 확장적용된 결과라는 점을 고려한다면, 경영판단원칙을 오로지 배임죄에만 적용하고 횡령죄에는 처음부터 적용하지 않아야 할 합리적 이유는 없다.

2. 횡령죄에 대한 경영판단원칙의 예외

특히 절도죄와 같이 소유권을 침해하는 영득범죄[94]의 불법특성이 희미해지고, 신임관계의 파괴여부가 중요해진 횡령유형에서는 경영판단원칙을 적용할 수 있다.

(1) 비자금의 조성·사용과 횡령죄 예외적 사용·처분의 법리는 그런 가능성을 잘 보여준다. 즉 타인의 재물을 보관하는 자의 보관물 사용·처분이 그 타인과의 (명시적, 묵시적 계약)관계에 의해 예외적으로 허용되

94 독일형법전(StGB)은 절도(§§ 242~245)와 횡령(§ 246)은 같은 장(제19장)에 규정하고 있으며, 친족상도례(§ 247), 사소법익침해(§ 248a) 등은 절도와 횡령에 대해 공동의 규정으로 입법되어 있기도 하다.

어 있어서 소유권자와 보관자 사이의 신임관계가 파괴되지 않는 경우에는 횡령죄가 성립하지 않는다는 것이다. ① 판례는 부외자금(비자금)의 조성은 처음부터 명백하게 '개인적 착복의 목적'[95]으로 한 것이 아니라면 횡령죄를 인정하지 않는다.[96] 물론 부외자금의 조성 자체는 분식회계죄(주식회사 등의 외부감사에 관한 법률 제20조 제1항)에 해당할 수 있다. 하지만 부외자금의 조성 자체가 분식회계의 위법한 방법으로 이루어졌어도 임치계약을 공서양속(민법 제103조)에 위반한 무효의 법률행위로 보지 않는 것이다. 물론 부외자금을 보관하는 회사의 임직원은 회사와의 계약에 의하여 임치물인 현금을 보관하는 자이기 때문에, 보관 자체는 절도죄의 절취(타인점유배제와 점유취득)요건을 충족할 수 없고, 따라서 절도죄도 성립하지 않는다. ② 그러나 부외자금의 사용은 횡령죄에 해당할 수 있다. 관건은 그 사용이 보관자와 회사 사이의 신임관계를 파괴하느냐에 있다. 판례는 가령 부외자금을 회사의 통상경비(예: 영업활동비나 조직운영비)로 사용한 경우에는 불법영득의사를 인정하지 않는 반면, 뇌물(大判 2003도5519)이나 배임증재죄에 해당하는 리베이트목적으로 사용한 경우[97]에는 불법영득의사를 인정하여 횡령죄가 성립하게 된다.

95 大判 2005도2626: "이때 그 행위자에게 법인의 자금을 빼내어 착복할 목적이 있었는지 여부는 그 법인의 성격과 비자금의 조성 동기, 방법, 규모, 기간, 비자금의 보관방법 및 실제 사용용도 등 제반 사정을 종합적으로 고려하여 판단하여야 한다".

96 大判 2010도11015: "업무상횡령죄가 성립하기 위하여는 자기 또는 제3자의 이익을 꾀할 목적으로 업무상 임무에 위배하여 자신이 보관하는 타인의 재물을 자기의 소유인 것 같이 사실상 또는 법률상 처분하는 의사를 의미하는 불법영득의 의사가 있어야 한다. 법인의 운영자 또는 관리자가 법인의 자금을 이용하여 비자금을 조성하였다고 하더라도 그것이 당해 비자금의 소유자인 법인 이외의 제3자가 이를 발견하기 곤란하게 하기 위한 장부상의 분식에 불과하거나 법인의 운영에 필요한 자금을 조달하는 수단으로 인정되는 경우에는 불법영득의 의사를 인정하기 어렵다".

97 "회사가 기업활동을 하면서 형사상의 범죄를 수단으로 하여서는 안 되므로 뇌물공여를 금지하는 법률 규정은 회사가 기업활동을 할 때 준수하여야 하고, 따라서 회사의 이사 등이 업무상의 임무에 위배하여 보관 중인 회사의 자금으로 뇌물을 공여하였다면 이는 오로지 회사의 이익을 도모할 목적이라기보다는 뇌물공여 상대방의 이익을 도모할 목적이나 기타 다른 목적으로 행하여진 것이라고 보아야 하므로, 그 이사 등은 회사에 대하여 업무상횡령죄의 죄책을 면하지 못한다. 그리고 특별한 사정이 없는 한 이러한 법리는 회사의 이사 등이 회사의 자금

(2) 비자금사용횡령과 경영판단원칙의 적용 그런데 판례는 리베이트목적의 부외자금 사용을 개인적 용도의 사용으로 보면서(大判 2011도9238) M&A의 성공을 위해 대주주에게 현금을 지급하는 배임증재행위를 회사를 위한 사용이라고 본다(大判 2009도6634).

> ★ **M&A 목적의 비자금 사용** S(주) 대표 甲은 분식회계를 통해 100억 원의 부외자금을 조성하였다. 甲은 산업적 연관성이 높은 M(주)의 인수가 지지부진하자 이 자금에서 M(주)의 대주주 乙에게 30억 원을 지급하였다. 乙이 M(주)의 대표이사 혹은 M(주)가 속한 그룹회장인 경우 乙은 M(주)의 사실상 사무를 처리하는 자에 해당한다. ① M&A 성사에 대한 사례금으로 비자금을 사용하는 행위는 배임증재죄에 해당하더라도 개인적 용도로 사용한 것이 아니라는 점에서 불법영득의사를 인정하지 않는다(大判 2009도6634).

M&A도 인수회사를 재정난에 빠뜨릴 수 있는 반면, 도급을 따내기 위한 배임증재도 회사의 이익을 가져다 줄 수도 있다. 그렇게 보면 두 경우 모두 행위자의 의도에서 볼 때에는 회사의 성장이라는 목표를 추구한 것일 수 있다. 그러므로 이 두 판례의 충돌과 부정합은 사안의 유형(예: 도급계약, M&A 양해각서체결)에 따라 차별화하는 규칙을 세움으로써 해소될 수 있다. 그 규칙은 비자금의 사용이 합리적인 경영판단에 따른 것인지에 따라 불법영득의사의 유무를 결정하는 것이다. 즉, M&A의 성공을 위한 비자금 사용이든 사업의 활성화(매출증가)를 위한 비자금의(배임증죄)사용이든 그것이 회사의 이익이 될 것이라는 **합리적 경영결정이었던 경우에는 불법영득의사**(목적)**를 인정하지 않는 것**이다. 아울러 M&A 경비로 비자금을 사용한 행위는 판례가 비자금조성만으로 횡령죄를 인정하는 요건인 명백한 불법영득의사(목적)를 추론하는 간접증거로 사용해서도 안 된다. 대주주에 대한 증여가 배임증재죄에 해당하는 점은 선의의무(duty of good faith) 위반이 될 여지가 있지만, 이는 준법경영이 100%

으로 부정한 청탁을 하고 배임증재를 한 경우에도 마찬가지로 적용된다"(大判 2011도9238).

현실인 시대의 도래를 기다려야 할 일이다.

3. 상계충당과 경영판단원칙

횡령죄에 경영판단원칙을 적용하는 경우 상계충당은 불법영득의사를 탈락시키거나 경영판단의 적용을 배제시키는 충실의무의 위반을 인정하지 않게 할 수 있다.

(1) 상계충당과 불법영득의사 이사의 자기거래가 절차에 위반하였어도 이사가 회사에 대해 갖고 있는 금전지급채권과 회사가 이사에 대하여 갖고 있는 금전지급채권이 상계적상에 있고, 이사가 **일방행위로서 상계**를 하거나 회사와의 묵시적 계약에 따라 상계정산을 한 경우에는 그 내용적 공정성을 근거로 불법영득의사를 인정하지 않을 수 있다.

① 상계는 경영판단의 요건인 충실의무의 위반을 배제시키기에 앞서 그 자체로서 "상계의 자유가 인정되는 범위 내에 있는 한, 횡령죄에 있어서의 불법영득의사를 인정할 수 없"[98]게 한다.

> **★ 상계와 불법영득의사** 甲은 乙의 위임으로 乙이 丙에게 꿔준 1천만 원을 수령하였다. 甲은 1천만 원을 수령하기 직전 해외에 외유를 나간 乙이 丁에 빚진 1천 100만 원의 변제를 丁이 재촉하자, 乙을 대신하여 변제해주었다. 甲은 이후 丙에게서 받은 1천만 원에 대한 乙의 반환채권과 자신이 제3자 변제를 함으로써 乙에 대해 갖게 된 변제대금반환채권을 1천만 원의 범위에서 상계를 한다고 乙에게 알렸다. 乙이 1천만 원의 반환을 요구하였으나 甲은 이를 거절하였다. ① 상계가 민법상 일방행위인 상계(민법 제469조)에 해당하는 경우에 금전반환채권은 소멸하므로 횡령이나 반환거부에 해당할 수 없게 되고, 따라서 횡령고의(불법영득의사)도 인정될 수 없다.

② 이에 비해 상계적상이 없거나 상계금지특약이 있는 경우의 상계는 **'위법·무효인 상계충당'**이 된다. 상계충당은 민법상 일방행위인 상계(민법 제469조)와 달리 횡령이나 반환거부의 객관적 요건에 해당하고, 아

98 이주원, "횡령죄에 있어서의 상계충당과 불법영득의사의 존부", 안암법학 제30호, 2009, 93쪽.

울러 불법영득의사를 배제시키지 못한다.

★ **위법한 상계충당과 횡령** 암달러상 甲이 乙에게 1억 원 상당의 엔화를 매도하면서 그 대금지급조로 약속어음과 수표를 받았지만 이후 부도처리되어 甲은 乙에게 1억 1천만 원의 대금채권을 갖게 되었다. 甲은 乙을 대리한 丙으로부터 1억 원의 환전의뢰를 받았고, 무허가 환전상에 대한 단속이 심해져 乙, 丙과 계속 거래하기 어렵게 되자, 甲은 丙으로부터 환전을 의뢰받은 1억 원을 乙에 대한 채권에 상계충당하였고, 丙의 반환요구를 거절하였다. ① "환전하여 달라는 부탁과 함께 교부받은 돈을 그 목적과 용도에 사용하지 않고 마음대로 피고인의 위탁자에 대한 채권에 상계충당함은 **상계정산하기로 하였다는 특별한 약정이 없는 한** 당초 위탁한 취지에 반하는 것으로서 **횡령죄를 구성한다**"(大判 97도1520). ② 그밖의 판례가 말하는 "당초의 금원위탁의 취지에 위반되는"(大判 84도1199) 그리고 "피고인이 피해자에 대하여 일부 딴 채권이 있었다 하여도 그 충당에 관한 권한위임이 없는 이상"(大判 70도2387) 등은 상계적상이 없는 상태이거나 당사자간의 (묵시적인) 상계금지의 특약이 있는 경우(大判 2005도3681)를 가리킨다.

(2) 가치총계이론과 상계충당 독일의 **가치총계이론**(Wertsummentheorie)[99]은 민사법상 무효인 상계충당의 경우라도 신임관계는 파괴되지 않거나 단지 약하게 훼손될 수 있을 뿐이라는 민법과 형법의 구조적 차이를[100] 전제로 하여 횡령죄의 성립을 제한하는 법리이다. 상계충당이 민법상으로는 위법·무효일지라도 가치총계의 범위 내에서 타인의 재물은 횡령죄 규범의 보호영역(Schutzberiech der Norm) 밖에 있다고 보는 것이다. 따라서 위법·무효인 상계충당은 횡령죄 구성요건에 '해당'하지만 상계충당

99 장물죄의 대체장물에서 현금의 물리적 동일성 상실에도 불구하고 장물성을 인정하는 판례(大判 98도2269), "자기앞수표도 그 액면금을 즉시 지급받을 수 있는 등 현금에 대신하는 기능을 가지고 거래상 현금과 동일하게 취급되고 있는 점에서 금전의 경우와 동일하게 보아야 한다"는 판례(大判 98도2579) 등 이런 입장을 독일에서는 가치총계이론(Wertsummentheorie)이라고 부른다.

100 "금전에 관한 동적 안전을 보호하기 위하여 점유와 소유의 일치원칙에 입각하고 있는 민사법의 영역과는 달리, 위임자와 수임자 사이의 내부적 신임관계에 기초한 자유처분의 금지라는 정적 안전을 보호할 필요가 있는 횡령죄의 해석에 있어서는 이를 그대로 적용하는 것이 타당하지 않을 수 있다"고 보는 이주원, 앞의 논문, 88쪽 참조.

의 범위 내에서는 "횡령"이나 "반환거부"의 표지를 '충족'시키지 못하여, 횡령미수범(제359조)만 성립한다.[101] 이러한 가치총계이론을 고려할 때, 민법상 무효인 상계충당도 명시적인 상계정산금지특약이 없고, 이사가 상계충당이 이사 자신에게 뿐만 아니라 회사에게도 새로운 이익을 가져다준다는 합리적 판단을 내리고 그것에 대한 믿음(선의)을 갖고 있는 경우에는 내용적 공정성을 이유로 충실의무위반을 인정하지 않을 수 있고 경영판단원칙도 적용할 수 있다.

★ 부외자금의 상계충당 H(주)의 대표 甲은 분식회계를 통해 50억 원의 부외자금을 조성한 후 그 중 30억 원을 회사의 통상경비로 사용하였다. 甲은 H(주)의 핵심경영진 乙, 丙, 丁, 戊에게 성과보상과 특별인센티브로 각각 5억 원을 지급할 필요가 있다고 판단하고, 이들의 명의로 등기해 놓은 자기 소유의 차명주식 2만 주(주당 10만 원)를 지급하고, 부외자금 20억 원을 그에 대한 댓가로 자신이 개인적으로 사용하였다. 이후 주가가 상승하여 3년 뒤 25만 원에 이르렀다. ① 甲은 부외자금의 보관자로서 회사를 위해 사용하지 않는 한 위탁자(회사)에 반환하는 내용의 채무를 지는 반면 회사가 임원에 대해 지는 특별인센티브지급의 채무를 제3자로서 대물변제(민법 제466조)함으로써 그 특별인센티브 지급금의 반환채권을 갖는다. 하지만 주식에 의한 대물변제가 임원들의 의사에 실질적으로 반하여 한 것이라면 무효이므로 대표이사의 상계는 위법한 상계충당이다. 그러나 ② 甲의 부외자금 사용이 회사에게 실질적으로 손해를 끼친 경우가 아닌 한 이 상계충당은 선의의무에 포함되는 준법의무에 위반되지 않으며, 차명주식을 사실상 현금화하는 개인적 이익을 얻었지만, 동시에 회사를 위하여 부외자금을 사용하였고, 회사의 인센티브지급비용을 감소시키는 이익도 준 점에서도 선의의무에 위반되지 않는다. 그 임원들의 회사발전 기여가 계속될 것이라는 판단이 합리적인 것이었다면 선관주의에도 위반되지 않는다. 甲의 상계충당은 경영판단원칙에 의해 불법영득의사를 배제시킨다.[102]

---

101 횡령미수범만 성립하게 되면 특정경제범죄가중법상의 횡령죄(제3조)는 적용할 수 없게 되는 부수효과도 발생하게 된다.

102 부외자금을 조성한 위법한 경영행위부분은 분식회계죄로 처벌될 수 있다. 또한 부외자금의 사용이라는 점 때문에 상계충당이 반사회질서를 내용으로 하는 법률행위(민법 제103조)가 될 가능성이 있지만 명백한 불법영득의사 없는 부외자금의 조성과 회사를 위한 부외자금의 사용

Ⅶ. 기업집단 내의 횡령과 경영판단

		적용대상	
		개별기업	기업집단
적용범죄	배임	ⓐ	ⓑ
	횡령	ⓒ	ⓓ

경영판단원칙을 이처럼 기업집단차원(Ⅴ.)과 횡령죄(Ⅵ.)에 확장한다면 경영판단원칙의 적용영역은 도표처럼 네 가지가 된다. 개별기업차원의 배임행위에 대한 경영판단원칙의 적용은 기본영역(ⓐ)에서 그룹차원의 배임행위에 확장되고(ⓑ), 횡령에 확장되며(ⓒ), 그리고 그룹차원의 횡령행위에 확장될 수 있다(ⓓ). 이는 '경영판단에서 사실상 하나의 사업자의 법리'와 '예외적 사용·처분의 법리'를 동시에 적용한 결과이다. 아래에서는 이러한 이중 확장의 이론적 타당성과 현실적 관철방안을 설계해보기로 한다.

1. 부외자금의 경영판단적인 계열사 지원사용

대표적인 사례는 그룹차원의 합리적 경영판단으로 부외자금을 계열사에 지원하는 경우이다.

> ★ **비자금의 계열사지원사용** M그룹 지주회사 M(주)의 대표이며 대주주인 甲은 분식회계를 통해 비자금을 조성하고 보관하던 중 자신이 1인회사로 지배하고 있는 M2(주)에게 경비조로 5억 원을 지원하였다. ① 판례는 회사자금을 인출하여 **부외자금을 조성한 뒤 자기 또는 제3자인 다른 계열사들의 이익을 위하여 사용한 행위**는 "피해 회사의 자금을 **자기의 소유 자금인 것처럼 처분할 의사로 부외자금을 조성**한 것으로 보이므로 甲의 불법영득의사가 인정되고, 계열회사 전부가 甲의 1인회사라고 하더라도 달리 볼 수 없다"(大判 2010도12920).

(1) 사실상 하나의 사업자인 계열사의 부외자금지원 ① 판례의 입장은 계열사가 지주회사와 '사실상 하나의 사업자'가 '아닌' 경우일 때에만

을 횡령죄의 보호영역에서 제외시킨 판례의 입장에서 보면 甲에게 불법영득의사를 인정하는 것은 부정합적인(incoherent) 판결이 된다.

타당하다. 그런 경우에 부외자금의 계열사 지원은 지주회사의 대주주 개인을 위한 것이 되기 때문이다. 그리고 이때 성립하는 횡령은 제3자 영득(Drittzueignung)[103]이 아니라 (제3자에게 영득물을 향유시키는) 자기 영득(Selbstzueignung)이다. ② 이에 비해 부외자금을 지원받은 계열사가 부외자금이 조성된 지주회사와 사실상 하나의 사업자여서 그 계열사의 수익증가가 지분법평가이익 등을 통해 지주회사에게 이익이 되는 관계에 있고, 그 계열사에 대한 부외자금의 지원이 합리적 경영판단에 따른 경우(예: 계열사의 합리적인 M&A 경비로 지원)에는 경영판단원칙이 적용되어야 한다.

(2) 법률의 착오에 의한 경영판단원칙의 고려 '사실상 하나의 사업자'인지 여부와 상관없이 법인격이 다르므로 횡령이라고 보는 현재의 판례를 전제로 한다면, 이와 같은 경영판단원칙의 취지는 법률의 착오(제16조) 제도로 우회하여 실현할 수 있다. 즉, 그룹차원의 합리적 경영판단으로 부외자금을 사실상 하나의 사업자가 되는 계열사에 지원하는 결정을 한 대표이사(겸 대주주)에게는 그런 부외자금의 사용행위가 횡령에 해당하지 않는다는 법률의 착오(포섭착오)가 있었다고 보고, 그 착오에 정당한 이유를 인정하는 것이다.

2. 계열사자금의 횡령과 경영판단적 상계충당

하지만 경영판단원칙을 기업집단과 횡령죄에 적용하는 것은 다음 사례에서 보듯 한계가 있다.

---

103 "불법영득의 의사라 함은 타인의 재물을 보관하는 자가 자기 또는 제3자의 이익을 꾀할 목적으로 업무상의 임무에 위배하여 보관하는 타인의 재물을 자기의 소유인 경우와 같이 사실상 또는 법률상 처분하는 의사를 의미하고, 반드시 자기 스스로 영득하여야만 하는 것은 아니다"(大判 2000도4005)는 판례는 제355조 제1항의 법문언을 "타인의 재물을 보관하는 자가 그 재물을 횡령하거나 그 반환을 거부한 때 또는 **제3자로 하여금 그 재물을 횡령하도록 하거나 그 반환을 거부하도록 한 때**"로 수정한 —즉, 독일 형법 제246조 제1항의 "타인의 재물을 횡령하거나 제3자에게 영득하게 한 자"(Wer eine fremde bewegliche Sache sich oder einem Dritten rechts- widrig zueignet)와 비슷하게 만든—것이다. 이런 법률문언수정적 법형성은 유추금지원칙에 위배된다.

★ **경영판단적 상계충당** M그룹 지주회사인 M㈜의 대주주이면서 그룹회장인 甲은 M㈜의 대표이사 乙에게 그간의 성과를 보상하고, 향후 지속적 기여를 장려하기 위해 2년에 걸쳐 10억 원의 인센티브를 주기로 결정하고, 그 지급방법으로 M㈜가 40%의 지분을 갖고 있는 M1㈜의 100% 자회사인 M2㈜와 M3㈜가 乙에게 각각 5억 원씩 지급하도록 하였다. 甲은 계열사 M2㈜와 M3㈜에 대해 각각 5억 원의 현금지급채권을 갖고 있었다. 乙은 M2㈜와 M3㈜의 임직원이 아니었으며, 지주회사의 투자관리업무 이외에 두 회사를 위해 특별히 한 일은 없다. 甲은 M그룹의 계열사 M건설의 미분양빌라의 분양을 촉진시키기 위해 乙에게 먼저 자신이 10억 원을 개인적으로 빌려줘서 빌라분양을 신청하게 하였고, M2(주)와 M3(주)에 대한 10억 원의 현금지급채권을 두 계열사가 乙에게 지급할 10억 원(의 부당이득반환채권)과 상계하였다.

인센티브의 지급결정은 성과평가에 근거하면 회사를 위한 합리적인 경영판단이 될 수 있지만 회사의 현금을 보관하는 자는 그 현금을 예외적으로 사용·처분할 수 있는 경우이어야 한다.

(1) 회장이 계열사에 현금지급채권을 갖고 있는 경우 예컨대 회장이 그 계열회사에 대한 현금지급채권을 갖고 있는 경우에 회장은 그 현금지급채권을 그 계열회사의 회장에 대한 현금반환채권과 (상계충당의 특약을 근거로 또는 민법상 상계의 일방행위에 의하여)[104] 상계하는 데에 사용·처분할 수 있다. 하지만 이 경우에도 상계에 의한 계열회사의 현금사용이 그 계열회사의 대표가 아니라 지주회사 대표의 인센티브지급을 목적으로 하는 것은 그 계열회사 자체를 위한 사용이라고 볼 수 없다는 점에서 불법영득의사가 인정될 여지가 있다. 바로 여기서 그룹차원의 경영판단원칙이 기능할 수 있다. 즉, ① 인센티브를 받는 대표가 속한 지주회사가 그 계열회사와 '사실상 하나의 사업자'(상장회사의 경우 40% 지분율)라는 전제조건과 ② 회장이 그 계열사에 대해 갖고 있는 현금지급채

104 여기서 상계충당은 민법상 일방행위로서 상계(민법 제469조)의 요건인 상계적상이 없지만, 명시적 묵시적인 상계계약에 의한 상계를 가리킨다.

권을 계열사의 (부당이득)반환청구권과 상계한다는 전제조건이 충족된다면, 계열사의 급여지급은 횡령죄의 객관적 구성요건을 충족하지만, 경영판단원칙에 의해 회장은 불법영득의사가 없었다고 본다.

(2) 그룹회장이 지주사에 현금지급채권을 갖고 있는 경우 하지만 위 사례에서 그룹회장이 현금을 지급한 계열사에 대해서가 아니라 지주사에 대하여 현금채권을 갖고 있는 경우에는 상계충당이 원칙적으로 불가능해진다. 계열사에 현금채권을 갖고 있지 않다면, 계열사에서 지급한 현금과 상계충당을 할 수가 없기 때문이다. 다만 다음의 사정이 존재한다면 경영판단원칙 적용의 새로운 지평이 열린다.

> M㈜는 계열사 M_2㈜와 M_3㈜에서 브랜드로열티를 수취하지 않고 있지만 다른 계열사와의 로열티 사용료산정방식(예: 매출액의 0.4%)을 적용하면 그 금액이 40억 원이었다고 가정하자. 甲은 乙에게 지급할 상여금을 지주회사의 예산으로 확보하거나 브랜드로열티를 수취하지 않은 M_2㈜와 M_3㈜에서 마련할 수 있었는데, 해외계열사의 특수성을 고려하여 브랜드로열티를 수취하지 않는 대신 그 4분의 1인 금액(10억 원)을 지주사 대표의 급여비용으로 부담하게 하는 것이 합리적이라는 경영판단을 하였다. 이 결정으로 M건설의 미분양 빌라도 모두 분양되는 계기가 마련되었다.

이런 경우는 법적인 상계충당은 아니고, 그룹차원에서 **경제적인 의미로 상계충당**이 된다고는 말할 수 있다.[105] 바로 이 점을 근거로 경영판단원칙을 적용하여 주관적 요건인 불법영득의사를 탈락시킬 수 있다. 즉, 《그룹회장 ↔ 지주회사 ↔ 계열사 ↔ 지주회사대표 ↔ 그룹회장》이라는 네 당사자 사이의 (채권·채무의) 순환구조에서는 '경제적 의미'에서 상계충당이 가능하다. 이렇게 보는 것은 ① 경영판단원칙은 법체계 내부의 원칙이 아니라 경영과 법, 두 사회체계 사이의 원칙, 즉 **체계간 원칙**(intersystemic principle)이기 때문이다. 경영판단원칙을 경영체계와 소통하지 않는 닫힌

105 이를 '상계'의 개념으로 표현할 필연적인 이유는 없다. 수취계약이 체결되었을 경우에는 상계가 가능하다는 점에서 경제적인 의미의 상계(충당)라고 부르는 것이다.

법체계 내부의 원칙으로 이해하는 경우에는 이런 결론을 도출하기 어렵다. ② 또한 '경제적인' 의미의 상계충당에 대해 경영판단원칙을 적용하면, 지주회사와 여러 계열사 모두에게 이익이 되는 윈－윈(win－win)의 결과가 발생할 수 있기 때문이다. ③ 하지만 경제적 의미의 상계충당은 여전히 회장의 그룹경영 전횡(제왕적 회장상)에 대한 우려를 남겨놓는다. 그렇기에 회장이 자신의 현금을 급여비용으로 먼저 지급함으로써 **지주회사에 대해 현금지급채권을 갖게 된 한**에서만 불법영득의사를 탈락시킨다는 제약을 둘 필요가 있다.

(3) 법률의 착오에 의한 경영판단원칙의 고려 그러나 이와 같은 경영판단원칙의 확장을 수용하지 않는다면, 그룹회장의 계열사 현금 영득은 횡령죄의 구성요건에 해당하게 된다. 이 경우에도 회장의 인센티브 지급결정이 그룹차원의 합리적 경영판단이었다면, 회장은 계열사의 현금에 의한 인센티브지급이 횡령에 해당한다는 점을 인식하지 못한 포섭착오(Subsumtionsirrtum)나 횡령에는 해당하지만 —특히 업계에서 널리 행해지는 경영행위라는 이유로— 사회상규(제20조)에 해당하는 행위라서 위법하지 않다고 생각하는 허용포섭착오(Erlaubnissubsumtionsirrtum)를 하고 있다고 볼 수 있다. 이런 법률의 착오(제16조)에 대해 정당한 이유를 판단함에는 다음 사항을 종합 고려하여야 한다.

> 계열회사의 현금 사용이 허용되는 예외적 경우(예: 회장이 현금지급채권을 갖고 있는 경우)인지 여부, 계열사가 지주회사와 사실상 하나의 사업자인지 여부, 계열사의 매출규모 등을 고려할 때 지주회사가 브랜드사용로열티로 수취할 수 있는 금액이 사용한 금액을 상회하는지 여부, 지주회사와 계열사 그리고 또 다른 계열사에게도 경영상 이익을 가져다주는지 여부, 계열사를 통한 지주회사 대표의 급여지급이 횡령에 해당하는지에 대한 (로펌의) 검토의 결과를 믿었는지 등.

이 판단의 결과 정당한 이유가 충분하다면 면책을 하고, 정당한 이유가 상당하다면 법률상 (임의적) 감경사유로서 책임감경을 한다.

Ⅷ. 경영판단원칙과 입증책임의 분배

경영판단원칙은 미국에서 이사의 신인의무준수에 대한 추정으로 기능하는데, 우리나라에서는 엄격한 증명의 요청과 무죄추정원칙에 따른 입증책임의 분배라는 법치국가의 요청을 강화하는 기능을 할 수 있다.

1. 경영판단과 배임고의의 엄격증명

우리나라 법원은 과거 오랫동안 고의를 자유로운 증명(Freibeweis)의 대상으로(大判 69도99) 삼았지만, 현재는 엄격한 증명의 대상으로 본다. 법관 1인이 처리하는 월 평균 사건수가 과중하게 많은 점을 고려하면 법원은 실제로는 고의를 자유로운 증명으로 인정하는 경우가 많을 것이다. 하지만 경영판단원칙의 수용은 배임고의를 엄격한 증명의 대상으로 삼는 재판현실을 가져올 것이다. 이는 경영판단원칙의 수용에 의해 배임고의의 성립에 필요한 불법이득의사는 불법이득목적(의도적 불법이득의사)이어야 한다는 실체법적 결론(大判 2004도520)에 상응한다. 다음 판결의 취지도 이를 잘 보여준다.

> "기업의 경영에는 원천적으로 위험이 내재하여 있어서 경영자가 아무런 개인적인 이익을 취할 의도 없이 선의에 기하여 가능한 범위 내에서 수집된 정보를 바탕으로 기업의 이익에 합치된다는 믿음을 가지고 신중하게 결정을 내렸다 하더라도 그 예측이 빗나가 기업에 손해가 발생하는 경우가 있을 수 있으므로 경영상의 판단과 관련하여 기업의 **경영자에게 배임의 고의가 있었는지 여부를 판단함에 있어서는 기업 경영에 있어 경영상 판단의 특성이 고려되**어야 한다"(大判 2002도3131).

배임고의의 엄격증명 요청은 경영판단원칙이 소송법의 차원에 가져오는 실천적 결론인 것이다. 경영판단원칙을 횡령죄에 적용한다면 횡령고의(불법영득의사)도 엄격증명으로 판단하는 재판현실을 가져올 수 있다. 그 또한 경영상 횡령의 불법영득의사는 불법영득목적(의도적 불법영득의사)이어야 한다는 실체법적 요청에 상응하는 것이다.

2. 경영판단원칙과 횡령고의의 입증책임

경영판단원칙은 특히 횡령고의(불법영득의사)에 대한 입증책임을 분배하는 기능을 한다.

> ★ **경영판단원칙의 입증책임분배** H학교법인의 등기이사이자 그 산하의 H대학을 실질 경영하는 甲은 1992. 2. 이사회를 열어 학교 증축비 자금마련을 위해 H대학이 입학금·등록금으로 수납한 80억 원을 자신에게 송금하여 관리·운용할 수 있게 하였다. 甲은 H대학 직원 乙로 하여금 학교회계에 속하는 51억 원을 甲이 지정한 은행계좌에 송금하게 하였다. 그 계좌들은 가명계좌였고, 송금 받은 돈에 대해 수회에 걸쳐 수표 또는 현금으로 입출금하는 방식으로 돈의 사용처 추적을 불가능하게 하였다. 甲은 이후 학교운영비 또는 이사장 후원금 명목으로 총 26억 원을 H대학에 반환하였고, 나머지 25억은 사용처나 사용수익에 관한 기재를 하지 아니하였다. 학교에 반환한 26억 중 4억 원은 수표 추적을 통하여 확인되었고, 증축공사도 시행하였으며 공사비는 40억 원이 되었고 공사계약서나 공사비영수증도 구비해두었다. 甲이 51억 원의 일부를 사적으로 사용한 사실을 입증할 증거는 없었다. ① "불법영득의사를 실현하는… 횡령행위가 있다는 점은 검사가" "법관으로 하여금 합리적인 의심을 할 여지가 없을 정도의 확신을 생기게 하는 증명력을 가진 엄격한 증거에 의하여야" 하고, "이와 같은 증거가 없다면 설령 피고인에게 유죄의 의심이 간다 하더라도 피고인의 이익으로 판단할 수밖에 없다"(大判 94도998).

판례는 무죄추정원칙을 준수하고, 불법영득의사에 대한 입증책임을 검사에게 부담시키며, 피고인에게는 입증부담(Beweislast)만을 부담시킨다. 즉, 피고인은 보관자금의 합법적인 사용처에 대한 주장을 하고, 그 일부를 입증하는 활동을 하면 입증불능에 따른 법적 불이익을 받지 않는다. 이런 판례입장은 적대적 M&A에 직면한 회사의 이사들이 행한 신주의 제3자 발행 결정에서 이사의 입증책임을 경감시키는 미국의 '강화된 경영판단원칙'(Enhanced Business Judgement Rule)[106]에 상응한다. 이처

106 강화된 경영판단원칙은 경영판단으로 인정되기 위해서는 적대적 M&A시도가 회사에 대한 위

럼 경영판단원칙은 형사소송법상의 당연한 요청, 의심스러울 때에는 피고인에게 유리하게(in dubio pro reo)의 원칙에서 나오는 요청을 더 한층 강력하게 엄호해주는 기능[107]을 한다.[108]

3. 부외자금에 대한 불법영득의사

경영판단원칙은 부외자금 횡령의 불법영득의사 입증에서도 무죄추정원칙을 강화하는 방향으로 입증책임을 분배시킨다.

★ **부외자금의 불법영득의사와 경영판단** K(주)의 대표 甲회장은 2008.1.1.부터 2013.12.31.까지 대표이사 취임 전부터 해오던 분식회계를 통해 400억 원의 부외자금을 조성하여 회사금고에 보관하였다. 이 금고에는 甲의 개인재산(주식)도 함께 보관되어 있었다. 다만 부외자금과 개인재산은 동일금고 안이지만 공간적으로 구분하여 보관하고 그 사용을 구분한 회계장부를 유지했다. 검찰은 甲이 이 부외자금의 대부분을 개인적 목적을 위해 사용하였다는 공소사실로 기소하였다. 甲이 그 부외자금을 사적으로 사용

협이라는 합리적(reasonable) 인식이 있어야 하고(합리성의 요건), 대응조치도 그 위협에 비례적인(proportional) 것이어야 한다는 요건(비례성의 요건)을 충족하여야 한다는 것을 말한다(강화된 경영판단원칙은 미국 델라웨어 주의 대법원이 1980년 중반부터 발전시킨 원칙으로서 이에 관해 상세한 연구로 손창일, "미국 회사법상 적대적 M&A 상황에서의 강화된 경영판단의 원칙", 상사판례연구 제25집 제3권, 2012, 381~420쪽; 손영화, "적대적 M&A와 이사회기능", 기업법연구 제23권 제2호, 2009, 137~167쪽 참조) 이때 합리적 인식을 위한 합리적 조사의무 등의 이행여부에 대한 입증책임은 이사들이 부담한다.

107 여기서 '더 한층' 강력하게 엄호해준다고 보는 이유는 불법영득의사라는 주관적 요건의 충족여부에 대한 판단인데도 법관이 자유심증주의의 보호우산 아래 유죄의 심증이 형성되었다고 주장하지 않고, 자신의 심증에 대한 성찰을 거듭 진지하게 하는 것은 경영판단의 합리성을 고려한 결과이다. 경영판단원칙에 의하면 의심스러울 때에는 피고인에게 유리하게－원칙은 증명불능상태를 누구의 불이익으로 돌릴 것인지(입증책임분배)에 관한 원칙을 넘어 법관이 합리적 의심이 남아있는 데도 불법이득의사를 인정하고 유죄의 심증을 형성하는 것인지를 더욱 더 성찰할 의무를 부과하는 기능(이상돈, "형사소송에서 논증의무조절과 이성적 법정책－공판조서와 판결서작성의 편의주의적 간소화에 대한 비판", 법과 사회, 상반기, 1993, 162~183쪽)을 수행한다.

108 무죄추정원칙과의 연결가능성이 경영판단원칙의 도입을 뒷받침하는 원인이 아니라는 김준호, "형법상 경영판단의 원칙 도입론에 관한 비판적 검토", 법조 제636호, 2009, 151쪽 참조. 이는 무죄추정원칙이 입증책임분배원칙을 넘어 무죄에 대한 성찰이라는 법관의 직업윤리 측면을 간과한다.

한 점은 전혀 증명되지 않았다. 甲은 400억 중 150억 원은 K(주)의 임원들에게 인센티브 격려금으로 지급하였고, K(주)의 각 사업장을 방문할 때 격려금 등의 현금성 회사경비로 100억 원을 사용하였으며 K(주)가 M(주)의 인수·합병에서 M(주)의 대주주에게 인수·합병성사에 대한 대가로 지급하였음을 주장하였다. 일부 임원들은 인센티브 성격의 격려금을 받았다는 진술서를 제출하였고, 법정증언도 하였다. 부외자금의 조성과 사용은 격려금의 체감효과를 높이고, 회사의 비약적 성장을 가져오는 M&A의 성공을 위해 불가피하다는 경영판단에 의한 것으로 볼 수 있다.

(1) 부외자금사용의 횡령인 경우 공소사실이 부외자금의 사적사용을 횡령으로 정하고 있는 경우라면 ① 검사가 부외자금의 구체적인 사적 사용처를 입증하여야 할 입증책임이 있고, 사적 사용처를 입증하지 못하는 한 부외자금사용의 횡령죄는 성립하지 않는다. ② 하지만 비자금의 조성 자체가 갖는 불법영득의사에 대한 사실상 추정 기능을 고려한다면 피고인은 일정한 **입증부담**(부외자금사용 전반에 관한 합리적 설명과 일부에 대한 증명자료 제시)을 이행하여야 한다.

★ 부외자금 사용처 입증 ① "주식회사의 대표이사가 회사의 금원을 인출하여 사용하였는데 그 사용처에 관한 **증빙자료를 제시**하지 못하고 있고 그 인출사유와 금원의 사용처에 관하여 납득할 만한 **합리적인 설명**을 하지 **못하고 있다면**, 이러한 금원은 그가 불법영득의 의사로 회사의 금원을 인출하여 **개인적 용도로 사용한 것으로 추단**할 수 있다"(大判 2003도2807). ② 이때 설명은 부외자금의 전체는 아닐지라도 거의 '전반'에 관해 합리적인 것이어야 하고, 증명자료의 제시는 부외자금의 사용 중 '일부'에 대한 것이어도 충분하다. 부외자금 전부에 관한 증빙자료의 제시를 요구하면 입증책임은 사실상 피고인에게 전환되기 때문이다. ③ 그런 입증책임의 전환은 형사소송이 아니라 이사에 대한 손해배상소송에서, 그것도 적대적 M&A의 경우에 적용되는 '강화된 경영판단원칙'(Enhanced Business Judgement Rule)에 의해서만 타당하다. 이런 입증책임의 전환이 경영판단원칙을 사실상 폐기시키지 않고, 단지 이사에게 주는 이익과 균형을 잡아준다고 바라보더라도, 형사소송에서는 의회의 입법이 필요하며, 입법이 되더라도 위헌적인 입법이 된다.

③ 부외자금 사용의 횡령죄는 구체적인 사적 사용처들이 입증되기 때문에 불법영득의사에 대한 입증은 그 중요성이 상대적으로 감소한다. 물론 부외자금사용의 횡령죄도 이론적으로는 불법영득목적이 있는 경우에 국한되어야 하지만, 불법영득목적만을 증명하는 증거로는 **미필적 불법이득의사를 추론하게 하는 간접사실**들도 충분하다. 부외자금의 사적사용 자체가 불법영득목적을 추론케 하는 강력한 간접사실이 되기 때문이다.

유형 / 증명	조성횡령	사용횡령
객관적 요건사실의 증명범위	조성사실	조성사실 + 구체적인 사적 사용처
주관적 요건사실의 증명정도	의도적 불법이득 의사의 명백한 존재를 추론케 하는 간접사실	미필적 불법이득 의사를 추론케 하는 간접사실

위 사례에서 부외자금과 회장의 개인재산을 회사 내의 동일금고에 보관한 점은 아무리 공간적으로 구분하여 보관하고 그 둘을 구분 사용하는 회계메모를 유지하였더라도 사실상 물리적으로 섞여서 사적으로 사용될 가능성을 완전히 배제할 수는 없다. 이런 사실은 미필적인 불법영득의사를 추정할 수 있는 간접사실로서 상당하다.

(2) 부외자금조성의 횡령 입증 하지만 그런 정도의 간접사실만으로는 불법영득'목적'(Aneignungsabsicht)의 명백한 존재를 추론할 수 없다. 따라서 부외자금'조성'의 횡령죄가 성립하려면 조성 당시부터 사적사용의 의사, 즉 **의도적인 불법영득의사**(목적)**가 명백하게 존재함이 증명**되어야 한다는 판례(大判 2003도2807)에 의하면 이 경우 부외자금조성의 횡령죄는 성립할 수 없다. 또한 부외자금을 조성한 경영자는 부외자금의 사용처에 관한 합리적 설명과 증명자료의 제시와 같은 입증부담을 지지 않는다. 그런 입증부담은 부외자금'사용'이 횡령죄의 공소사실로 특정되었을 때에 비로소 발생한다. 부외자금조성의 횡령죄에서 피고인의 이러한 입증부담의 경감 역시 경영판단원칙이 작용한 결과이다.

03

경영책임의 제재수단

Ⅰ. 형벌대체적인 제재
Ⅱ. 동의의결제
Ⅲ. 전속고발제

03

경영책임의 제재수단

경영합리성과 법적 정의의 괴리와 충돌은 경영판단원칙이 적용되는 배임죄나 횡령죄 등에서 뿐만 아니라 모든 경영상 형사책임에서 등장한다. 그러한 충돌을 완화하고, 경영합리성과 소통하는 형법이 되기 위해 형법정책은 형벌대체제재들에 대한 개관과 성찰이 필요하다(아래 Ⅰ.). 공정거래위원회의 동의의결도 형벌을 아끼면서 제재효과는 높이는 형벌대체제재로서 주목할 만한 예이다(아래 Ⅱ.). 전문형법 영역에서는 해당 사회체계를 관할하는 행정관청에게 전속고발권을 두어 그 사회체계와 법체계 사이의 합리성 충돌을 조율할 필요가 있다(아래 Ⅲ.).

Ⅰ. 형벌대체적인 제재

위법한 경영행위의 다양한 유형에 대한 적절한 통제수단을 통찰하는 것은 경영형법정책의 중요한 과제이다. 위법한 경영행위에 대한 형벌 이외의 실효성 있는 수단이 있다면 경영행위의 비범죄화에 대한 전망을 변화시킬 수 있기 때문이다. 이를 위해 기존의 다양한 제재들의 특성을 분석하고, 그 위치를 파악하는 것이 필요하다.

1. 제재수단의 유형화

(1) 제재수단과 판덱텐시스템 현행법체계에서 사용하고 있는 대표적인 제재수단으로는 ⓐ 과태료, ⓑ 형벌, ⓒ 손해배상, ⓓ 과징금, ⓔ 징벌적 손해배상, ⓕ 무과실 손해배상과 ⓖ 원상회복 등이 있다. 이러한

제재들은 판덱텐시스템으로 각인된 법전법체계의 국가에서는 민법과 형법 그리고 공법(행정법)의 어느 한 분과에 배열되어야 한다고 생각되기 쉽다. 그런 사고에서 보면 가령 과징금은 좀 이질적이면서도 과태료와 함께 행정법에 속하고, 새로운 형벌로 논의되어 온 원상회복은 징역이나 벌금과 함께 형법에 속하게 되며, 미국에서 발전해온 징벌손해배상책임은 손해배상법을 관할하는 민법에 속할 수밖에 없게 된다. 하지만 각 제재수단이 다른 수단들과 달리 고유하게 갖고 있는 특성들을 비교해보면 이 제재수단들은 대륙법의 판덱텐시스템에서 체계화된 개별법 분과 가운데 어느 하나에 전속시키기 어렵다는 점이 드러난다.[1]

(2) 제재수단의 특성비교 제재수단들의 법이론적 배열을 하기 위해 먼저 각 제재수단의 특성을 파악해야 한다.

1) 과태료 먼저 과태료(도표의 ⓐ)는 행정목적을 직접 그르치게 하지 않지만 행정활동에 의미 있는 장애를 일으킬 위험성이 있는 행정법적 의무위반에 대해 가해지는 금전벌[2]이다. '행정장애의 위험'은 이론적으로는 행정활동이 보호하려는 법익의 침해나 위태화를 초래하는 것[3]이 아니라는 점에서 형벌, 특히 벌금과 구분된다. 하지만 행정법적 의무위반도 법익의 위태화와 무관하지 않은 경우가 적지 않고,[4] 그 한에서는 과태료와 형벌의 경계는 분명하지 않을 수 있다.

과태료는 그 부과대상인 의무위반행위의 내용이 행정 권력에 의해 정책적으로 쉽게 변하고, 또한 상황에 따라 탄력적으로 집행여부가 결정되는 재량성이 매우 높다는 특징이 있다. 이 점은 문화적으로 전승된

1 이런 구분이 무너져가고 전문법 중심의 법체계가 성장한다는 이상돈, "전문법 – 이성의 지역화된 실천", 고려법학 제39호, 2002, 113~151쪽.

2 大決 1969.7.29, 69마400; 이건종·박기석, 행정형법상의 제재수단에 관한 연구, 한국형사정책연구원, 1995, 106쪽 참조.

3 이 점을 기준으로 형사범과 경찰범을 구별한 K. Binding, Norman und ihre Über– tretung, Bd.2, 1890, 398, 406쪽 참조.

4 이를 지적한 M. E. Mayer, Rechtsnormen und Kulturnormen, 1903, 118~126쪽.

규범으로서 시민사회 내에서 사회적 통합의 기반이 되는 (형법)규범을 위반한 행위에 대해 부과되는 형벌과 뚜렷이 구분되는 점이다. 그렇기에 과태료는 '윤리적 성격'을 가지지 못한다.[5] 과태료에 대한 불복이 행정소송이 아니라 경제성과 행정전문성을 존중하기 쉬운 비송사건절차법(동법 제247조)에 의하는 것도 같은 이유이다.

2) 형벌 형벌(도표 ⓑ)은 기본권목록을 구성하는 법익을 침해하거나 위태화하는 행위로서 사회통합의 기반이 되는 규범을 위반한 행위에 대해, 그리고 원칙적으로 피해자의 의사나 합의 등과는 무관하게[6] 부과되는 공적 제재이다. 제재의 강도와 도덕적 비난이 가장 강한 제재라는 점에서 비례성원칙(Verhältnismäßigkeit)에 가장 엄격하게 구속되며, 따라서 거래의 공정성이나 효율성 이념과 절연한 채, 행위자 개인의 능력과 의사를 기초로 위반행위를 하지 않을 가능성이 있었던 경우, 즉 일반인이 말하는 '죄(罪)' 의식을 수반하는 책임(Schuld)이 있는 경우에만 부과된다. 이를 책임원칙(Schuldprinzip)이라 부른다. 형벌이 부과되는 절차에서는 기본권보장이 가장 철저해야 하고, 형사소송은 (절차적) 합리성이 가장 극대화된 소송절차이어야 한다.

3) 손해배상 민법상 손해배상(도표 ⓒ)은 손해를 형평성 있게 전보하는 제재이다. 사회윤리적 비난이 얼마간 수반되기는 하지만 형벌보다는 훨씬 낮고, 과징금의 경우보다도 오히려 낮다. 하지만 과실책임원칙에 따라 부과되는 제재라는 점에서는, 가령 공정거래법 등 여러 법규에서 정하고 있는 무과실 손해배상책임과 비교할 때, 민사상 손해배상은

5 '벌금이 과태료보다 고액이어야 한다.'는 주장(이건종·박기석, 앞의 책, 108~109쪽)은 '법익보호의 관점'에서만 타당하다. 벌금은 과태료보다 적은 액수일지라도 '도덕적 비난'을 받게 되는 것이어서 – 실정법적으로는 전과자의 리스트에 오르게 되는 등 – 제재의 강도가 과태료보다 낮다고 볼 수가 없다. 따라서 모든 법규에서 과태료가 벌금보다 반드시 적어야 한다는 필연성은 근거가 없다.

6 이를 피해자의 중립화(Neutralisierung)라고 부르는 Winfried Hassemer, Einführung in die Grundlagen des Strafrechts, C.H. Beck, 1990, 70쪽.

위반행위를 예방하는 목적에 지배되기보다는 자유의 형평분배라는 도덕률에 지배되는 제재라고 할 수 있고, 그 한에서는 형벌과 같은 (근대성) 기획을 갖고 있다.

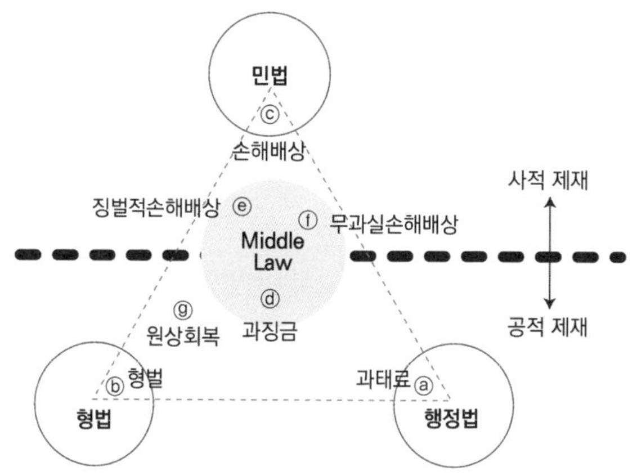

4) 과징금 주로 경제적 이익을 얻는 행정법적 의무위반에 대한 제재인 과징금(도표의 ⓓ)은 행정법적 의무위반이라는 점에서는 과태료와 같지만, 법익침해의 위험발생과 실질적으로 관련이 있고, 아울러 사회윤리적 비난이 뒤따르는 행위에 대한 제재라는 점에서 형벌[7]에 상당히 근접해 있다. 바로 그렇기에 과징금 부과액은 매출액의 일정률(%)뿐만 아니라 '위반행위의 내용 및 정도, 위반행위의 기간 및 횟수'와 같은 질적인 측면을 고려하여 산정한다. 게다가 과징금은 형벌과 마찬가지로 과거에 발생한 불법을 진압하는 제재의 특성도 갖고 있다. 그러므로 과징금은 형벌보완적 제재라기보다는 '형벌대체적 제재'라고 볼 수 있다. 그러나 과징금을 부과하는 우리나라의 법률들은 대부분 과징금을 형벌(또는 시정명령)과 병과할 수 있는 제재로 정하고 있다. 이처럼 과거의 불법을 진압하는 제재로서 과징금에 대한 불복은 비송사건절차가 아니라

7 형벌은 사회윤리적 비난을 반드시 전제하지는 않는다. 현대사회의 다원화가 진행될수록 사회윤리와 형법규범은 광범위하게 서로 포개지지 않기 때문이다.

소송절차로 다루어진다.

다른 한편 과징금은 위반으로 인한 경제적 이익을 부당이득으로 보고 이를 환수하는 측면,[8] 바꿔 말해 (소비자 개인이나 사회 전체에 대한) 피해배상적 성격을 갖고 있다. 그 점에서 민법의 영역에 얼마간 접근한다.[9] 그렇지만 과징금은 피해자에게 귀속되는 것이 아니라 행위자가 위반한 행정법규가 지향하는 행정목적을 달성하는 재원으로 확보 · 사용된다는 점에서 여전히 행정법적 성격이 강하다. 이 점에서 과징금에 대한 불복은 소송절차 가운데 민사소송이 아니라 행정소송으로 다루어진다.

5) 징벌적 손해배상 징벌적 손해배상(punitive damages)[10]은 불법행위로 인한 손해배상 가운데 법위반자의 행위가 폭력이나 위압, 기망, 의도적 무시 등을 지닌 경우로서 그 점을 이유로 원고가 입은 실제 손해를 초월하는 — 대체로 3배의(treble damages)[11] — 손해배상금을 지급하는 것을 말한다. 이런 제재는 그 요건이 형사 불법에 근접한 실질을 내용으로 하고 있다는 점에서 형법에 상당히 근접해 있다. 또한 징벌적 손해배상은 발생한 손해만큼만 전보하는 (형식적) 정의의 원리에서 벗어나 있다는 점에서[12] 민법의 영역에서 떨어져 있게 되고, 피해자들의 소제기를 유인하고 법위반행위를 억제하는 효과를 발휘할 수 있다는 점, 그리고

8 과징금은 부당이득환수라는 견해(大判 99두1571)와 행정제재벌이라는 견해(서울고등법원 1996. 2. 13. 선고 94구36751 판결; 박해식, 독점규제 및 공정거래에 관한 법률상의 과징금에 관한 연구, 고려대학교 석사학위논문, 2000 참조)는 과징금을 판덱텐 법체계의 어느 한 분과로 전속시키는 것이지만, 과징금은 중간법 영역에 속한다.

9 물론 과징금을 납부한 사업자가 손해배상을 하면 그 배상액 상당의 과징금을 환급하는 제도를 취하지 않는다면, 민사법적 성격은 더 약화된다.

10 이점인, 징벌적 손해배상에 관한 연구 – 미국 제도를 중심으로, 동아대학교 박사학위논문, 1998; 이상돈, 부실감사법 – 이론과 판례, 법문사, 2007, 225쪽 아래 참조.

11 1914년 미국의 클레이튼(Clayton)법 제4조('반트러스트 법에 위반한 행위에 의하여 자신의 영업 또는 재산에 손해를 입은 자는 그 손해액의 3배 treble damages를 청구할 수 있다.')는 대표적인 시작이다; 다만 3배 배상과 달리 징벌적 손해배상은 판례법에 의해 발전된 제도라는 차이가 있다.

12 이런 점을 이유로 3배 배상의 도입에 비판적인 함영주, 집단소송에 관한 연구, 고려대학교 박사학위논문, 1997, 56쪽.

개인의 손해가 적지만 위반자의 이익총액이 클 경우에 집행결핍에 빠지기 쉬운 행정법적 제재의 기능을 대신하거나 보완한다는 점에서 행정법의 영역에로 한 걸음 다가선 제재가 된다(도표의 ⓔ).

6) 무과실 손해배상　　위법한 경영행위에 대해서는 때때로 사실상 무과실의 결과인 손해에 대한 배상책임을 부과하기도 한다. 가령 중대재해처벌법 제15조는 경영책임자의 중대재해손해에 대한 5배까지의 배상책임을 규정한다. 법문언은 과실책임원칙을 정한 듯 하지만, 경영책임자의 안전보건확보의무 위반과 중대재해의 발생 사이의 인과관계는 결국에는 '정책적으로 인정'될 수밖에 없다는 점에서 이 손해배상책임은 사실상 과실책임이나 위험책임을 넘어서 무과실 결과책임에 근접한다. 이런 무과실책임은 명시적인 징벌적 손해배상제도보다는 덜 징벌적이며, 행정법적 제재보다는 사법적 제재의 성격이 더 강하다(도표의 ⓕ).

7) 원상회복　　원상회복(Wiedergutmachung)은 비교적 경미한 범죄의 영역에서 피해자에게 윤리적 비난의 함의를 지닌 배상을 하게 하는 제재이다.[13] ① 민법 제764조는 명예훼손의 경우 손해배상에 갈음하거나 손해배상과 함께 명예회복에 적당한 처분을 명할 수 있게 한다. 민법에 규정되어 있지만, 민사책임보다는 여전히 한 단계 고양된 도덕적 비난의 상징을 남겨둔다는 점에서 여전히 형법의 영역에 더 가까이 위치하는 제재라고 할 수 있다(도표의 ⓖ). 실제로 사회봉사명령 등의 보안처분으로도 비슷한 내용의 제재를 부과할 수 있기도 하다. ② 원상회복의 발

13 ★ 배상명령, 형사소송상 화해, 범죄피해자국가보상　　원상회복에 근접한 기존의 제도로 공소제기된 범죄(주로 민생범죄)로 인한 피해자의 손해를 법원의 직권 또는 피해자의 신청에 의해 회복시켜주는 절차인 배상명령제도(소송촉진 등에 관한 특례법 제25조), 형사공판사건의 피고인(가해자)과 피해자가 민사상 다툼에 관하여 합의를 하고 형사소송절차에서 화해신청을 하여 화해조서가 작성되면 화해기록을 보관하고 있는 법원의 법원사무관 등이 민사집행법에 따라 화해조서의 강제집행을 위한 집행문을 부여함으로써 민사분쟁을 종국적으로 해결시키는 민사상 다툼에 관한 형사소송절차에서의 화해에 관한 예규(대법원 재판예규 제1080호, 재형 2006−2), 가해자가 불명 또는 무자력인 경우 형사사건의 수사 또는 재판과 관련하여 피해자로 된 자에게 유족구조금이나 장해구조금으로 장해의 정도에 따라 국가가 보상해주는 범죄피해자구조법(1987) 등을 들 수 있다.

전된 형태는 회복적 사법과 손해배상이 융합된 형사조정제도이다.[14] 범죄피해자보호법(제41조~제46조)은 주로 민사사건과 형사사건의 경계부위에 위치하는 '민사적 형사분쟁'[15]에서 검사가 고소사건에 대해 형사조정위원들에게 조정을 의뢰하여, 조정이 성립되면 검사는 조정결과를 고려하여 처분(예: 고소각하처분, 기소유예 등)을 한다. 또한 조정이 성립하면 당일 법원에 민사조정을 안내하여 민사조정조서를 작성하게 함으로써 조정결과는 민사재판의 승소판결과 동일한 강제집행력을 지닐 수도 있다. 형사조정에서는 법규범이 아니라 사회규범이나 윤리규범이 작동하기 쉽다. '탈국가화된' 그리고 제3자에 의한 화해를 통한 손해배상이라는 회복적 사법의 특징을 띠며, 바로 이 특징에서 볼 때, 형사조정은 민사적 형사분쟁의 사건에 국한하여 법공동체를 조직화하는 근본원리인 보충성원칙(Subsidiaritätsprinzip), 즉 국가보다 작은 단위의 공동체가 자율적으로 규율할 수 없는 것만을 국가가 규율해야 한다는 원칙을 확대실현할 수 있다.

2. 제재수단의 법이론적 배열

위법한 경영행위에 부과할 적합한 제재 유형의 결정은 이러한 제재의 특성이 갖는 법이론적 의미를 이해할 때 더욱 합리적일 수 있다.

(1) 경제체계, 행정체계와 생활세계 여기서 법이론이란 하버마스의 사회이론적 법이론을 응용하여 어떤 제재가 어떤 행위영역에 적합한지를 판단할 수 있게 하는 이론을 말한다. 하버마스에 의하면 현대사회는

---

14 이에 관해 자세히는 이상돈, "형사사법의 세 가지 지층과 피해자의 지위", 피해자학연구 제17권 제1호, 2009, 한국피해자학회, 33~55쪽.

15 범죄피해자보호법 시행령 제46조(형사조정 대상 사건) 법 제41조 제2항에 따라 형사조정에 회부할 수 있는 형사사건은 다음 각 호와 같다. 1. 차용금, 공사대금, 투자금 등 개인 간 금전거래로 인하여 발생한 분쟁으로서 사기, 횡령, 배임 등으로 고소된 재산범죄 사건 2. 개인 간의 명예훼손·모욕, 경계 침범, 지식재산권 침해, 임금체불 등 사적 분쟁에 대한 고소사건 3. 제1호 및 제2호에서 규정한 사항 외에 형사조정에 회부하는 것이 분쟁 해결에 적합하다고 판단되는 고소사건 4. 고소사건 외에 일반 형사사건 중 제1호부터 제3호까지에 준하는 사건

행정체계(정치체계)와 사회체계(예: 경제체계) 그리고 생활세계로 구성된다.[16] ① 생활세계(Lebenswelt)는 보통사람들이 살아가는 삶의 세계를 말한다. 이 세계는 문화적으로 전승된 규범 위에서 사람들의 상호이해가 펼쳐지는 장이다. 생활세계의 규범을 위반하는 일탈행위에 대한 제재는 **도덕적** 비난의 성격을 띤다. 생활세계의 규범은 사람들이 하나의 공동체에서 함께 살아가기 위한 조건, 즉 도덕(Moral)의 성격을 띠기 때문이다. 이에 비해 ② 경제체계는 시장 위에서 생존에 필요한 재화를 생산하고 분배하는 제도와 그 기능들의 총합을 말한다. 시장의 공정성(fairness)을 제외한다면 경제영역은 도덕적으로 진공상태이다.[17] 경제영역의 정언명령은 자본의 효율적인 확대재생산이기 때문이다. 이 영역에서 일탈행위에 대한 제재는 **기능적** 성격을 띤다. ③ 행정체계 또는 정치체계는 관료나 정치인들이 경제체계의 기능화에 필요한 규제와 지원, 유도와 조정 등의 서비스를 제공하고, 합리적 정책결정을 통하여 생활세계로부터 (정치적) 지지를 얻어내는 기능들의 총합을 말한다. 정치체계에서 시민의 일탈행위는 불복종이 되며, 이는 관료와 정치인이 권력을 재생산하는 데에 장애요소로 작용한다. 따라서 그에 대한 제재는 **권력적** 성격을 띤다. 그리고 체계와 생활세계는 어떤 특정한 행위영역을 가리키는 것이 아니라 모든 행위영역에서 각기 서로 다른 비중으로 작용하는 사회구성 메커니즘(Vergesellschaftungsmechanismen)의 요소로 이해되어야 한다.[18]

(2) 제재수단의 배열 앞서 특성을 비교한 제재수단이 통제하는 일탈행위가 주로 발생하는 행위영역도 생활세계, 경제체계, 행정체계의 요소가 차지하는 비중에 따라 유형화할 수 있다. 그 유형화는 곧 제재수단

16 이상돈·홍성수, 법사회학, M. Weber, J. Habermas, N. Luhmann의 사회학이론과 법패러다임, 박영사, 2000, 제3장; J. Habermas, Legitimationsprobleme im Spätkapitalismus, 1975 참조.

17 Habermas, Der philosophische Diskurs der Moderne, 1985, 407쪽.

18 이런 재해석으로 이상돈, 형법학, 법문사, 1999, 331쪽 아래; 법철학, 법문사, 2003, 209~217쪽 참조.

의 사회이론적 자리매김의 기초가 되며, 이 자리매김은 다시금 법정책의 기초가 될 수 있다. 앞서 분석한 제재수단들의 특성을 기초로 판단해 보자.

ⓐ 도덕적 비난이 흠결된 **과태료**는 행정체계적 요소가 강한 제재, 그리고 경쟁시장의 형성에 기여하는 시정조치나 금지명령, 임시정지 등은 경제체계적 요소가 강한 통제가 된다.

ⓑ **형벌**은 가장 생활세계의 요소가 강한 제재이다.

ⓒ **손해배상**은 정의의 원리에 기초한다는 점에서 생활세계의 요소가 상당히 있지만 재화분배의 기제로 작용한다는 점에서 경제체계의 요소도 얼마간 있다.

ⓓ **과징금**은 얼마간 사회 윤리적 비난을 수반한다는 점에서 생활세계의 요소가 다소 있고, 경쟁시장의 형성에 기여한다는 점에서 경제체계적 요소도 얼마간 있으며, 시정조치 등의 행정처분을 관철하는 수단이면서 행정목적을 달성하는데 사용된다는 점에서 행정체계의 요소를 강하게 갖는다.

ⓔ **징벌적 손해배상**은 과징금에 비해 행정체계의 요소는 약화되고, 생활세계의 요소와 경제체계의 요소는 강화된다.

ⓕ **무과실 배상책임**은 과징금과 비교할 때 징벌적 손해배상보다는 생활세계의 요소가 다소 덜 강화되지만 경제체계의 요소는 비슷하게 강화된다.

ⓖ **원상회복**은 손해배상보다 더욱 생활세계의 요소가 강하며 경제체계적 요소는 다소 약하다.

아래 도표는 이러한 자리매김을 표현한다. 점 Po는 행정체계, 점 L은 생활세계, 점 S는 경제체계를 나타낸다. 각 제재수단이 얼마나 생활세계적 성격과 체계적 성격을 갖는지는 점 Po－L－S를 잇는 삼각형의 어느 지점에 위치하느냐에 의해 표현될 수 있다. 또한 이 도표는 삼각형을 세 가지 차원으로 각각 나누어서 제재유형별 예방적 효과의 차등을 표현한다. 즉 위($P_3-L_3-S_3$)로 갈수록 예방적 효과가 크고 아래($P_1-L_1-S_1$)로 갈수록 약해진다.

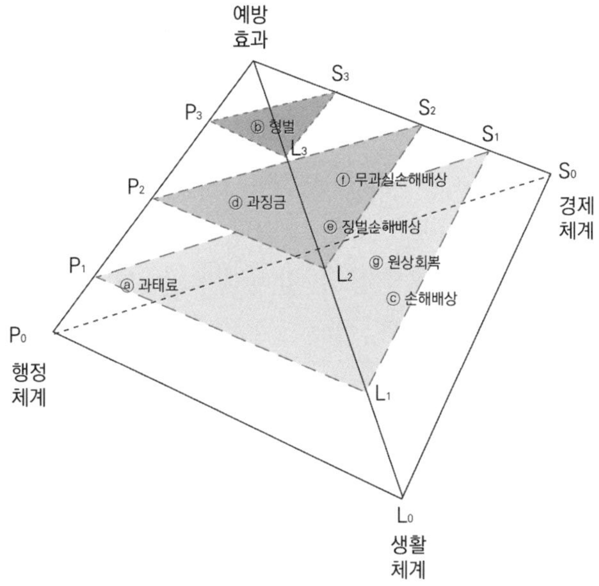

가령 ⓑ 형벌은 가장 예방적 효과가 강하고($P_3-L_3-S_3$에 자리함), ⓐ 과태료와 ⓒ 손해배상은 가장 예방적 효과가 약하며($P_1-L_1-S_1$에 자리함) 그리고 ⓓ 과징금, ⓔ 징벌적 손해배상, ⓕ 무과실 손해배상, ⓖ 원상회복은 형벌보다는 약하고 과태료나 손해배상보다는 강한 예방적 효과가 예상된다($P_2-L_2-S_2$에 자리함). 또한 도표의 각 삼각형 차원의 면적이 차등화된 것은 예방적 효과가 클수록 제재 받은 자의 부담이 크기 때문에 헌법상 비례성원칙의 관점에서 볼 때 적용영역이 좁게 설정되어야 하고, 반대로 예방적 효과가 약할수록 제재 받는 자의 부담이 적기 때문에 적용영역이 넓게 설정될 수 있음을 보여준다.

3. 위법경영 기업에 대한 제재

오늘날 위법한 기업경영에 대한 제재는 점점 더 가혹해져가는 현실을 보여준다. 하지만 책임의 귀속가능성이 명확하지 않은 데도 제재를 강화하는 법은 정치적 상징에 그칠 수 있다는 점을 간과해서는 안 된다. 또한 외국의 입법을 참조하고 도입할 때에는 우리나라 제재법의 고유성과 외국법과의 차이들을 충분히 고려하여야 한다.

(1) 기업의 형사처벌 선진각국의 법제를 보면 기업에 대해서 형벌의 목록을 강화하는 흐름을 볼 수 있다. 영국의 기업살인법은 대표적인 예이다.

> ★ **영국의 기업살인법** 2007년 도입된 영국의 기업과실치사 및 기업살인법(Corporate Manslaughter and Corporate Homicide Act)은 사업장 내 사망이 관리부실의 차원을 넘어 조직 자체에 의해 —즉, 고위경영진이 그 기업의 활동을 계획하고 구성함으로써— 발생한 경우, (경영책임자는 처벌하지 않고[19]) 해당 기업(및 정부부처, 경찰, 노동조합, 사용자협의회 포함)을 범죄의 주체로 인정하고, 기업살인행위를 (우리나라 과징금과 비슷하게 매출액의 최대 10%까지) 벌금으로 처벌한다.[20] 그런데 영국의 이 법제에서 벌금의 실질은 우리나라의 과징금에 더 가까워보인다. 과징금은 기업의 활동방식에 대한 변화를 이끌어낼 만큼 강력한 힘을 발휘하기도 한다.

2022. 1. 시행된 중대재해처벌법 제7조(중대산업재해의 양벌규정), 제11조(중대시민재해의 양벌규정)는 기업에게 법문언상으로는 귀책사유를 필요로 하지만 실제로는 결과책임으로 운영되기 쉽고, 중대재해성 사고에 대한 중한(예: 사망자 1명 이상 발생하면 50억 원 이하의) 벌금형을 정하고 있다. 그러나 이 정도 규모의 벌금도 기업활동의 이익에 비하면 미미하다.

---

19 이에 관해 자세히는 박혜림, "산업재해에 대한 기업의 형사책임: 영국의 기업과실치사법 도입을 중심으로", 홍익법학 제15권 제4호, 2014, 419쪽.

20 Christopher Sargeant(노종화·강태승 역), "2보 전진과 1보 후퇴 — 기업과실치사 및 기업살인법에 관하여 울리는 경종", 공익과 인권 제14권, 2016, 141~176쪽.

그렇기에 기업으로서는 이를 크게 두려워하지 않으며 그 벌금형의 예방효과도 매우 미미한 편이다. 현실경영에서 기업이 가장 두려워하는 제재는 과징금이나 징벌손해배상, 집단소송 등이다. 그렇기 때문에 벌금형을 넘어서 자연인에 대한 자유형에 상응하는 의미로 생산활동금지(Produktverbot) 등과 같은 제재가 기업에 대한 형벌로 주장된다. 가령 독일의 위험물질방지법(ChemG) 제17조[21]는 위험(화학)물질의 생산·거래를 금지하는 연방정부의 행정명령을 규정한다. 그러나 생산금지는 영업정지나 면허취소와 같이 전형적인 행정법적 제재의 성격을 띤다. 게다가 그런 제재형태가 형벌이 된다면, 그 형벌은 기업에 직·간접으로 생계를 두고 있는 종업원과 그 가족 등에게 경제적으로 사실상의 연대책임을 묻는 결과를 초래한다. 이는 형법상 개별행위책임의 원칙에 위배된다. 기업의 범죄주체성 인정은 "지옥에 떨어뜨려야 할 영혼도, 걷어찰 수 있는 육체도 없"다는 점이 문제이다.[22] 형벌의 본질은 범죄자에게 도덕적 태도의 변화를 요구하는 것인데, 기업은 그 경영자의 도덕적 태도가 변화하는 것일 뿐, 기업 자체는 비용/수익의 경제성에 따라 시장에서 살아남고 죽기도 하는 유기체이다.

(2) 과징금 과징금의 적용영역은 날로 확장되고 있지만, 가장 대표적인 적용영역은 공정거래법 위반의 경영이다. 과징금이 매출액의 10%에 이를 경우, 그 기업의 활동은 사실상 무의미해진다. 영업이익률이 10%를 넘는 기업은 초우량기업일 정도로 그리 많지 않기 때문이다. 수익성 극대화라는 정언명령을 따르는 기업의 입장에서 보면 **경영을 변화시키는 것은 도덕적 통찰이 아니라 비용/수익 계산**이다. 법위반도 이익의 극대화를 위한 것이기에 영업이익을 고갈시키는 정도의 과징금만으로도

---

21 자세히는 Arndt Rölike, Das Produktverbot: Eine Okonomische Analyse Von §17 Chemg Und §16 Pflschg, Springer, 1997 참조.

22 이런 문제에도 불구하고, 영국의 이 법을 긍정적으로 보는 김재윤, "영국의 기업과실치사법에 대한 고찰과 시사점", 형사정책연구 제100권, 2014, 181~218쪽.

기업의 경영은 변화의 동력을 확보할 수 있다. 따라서 과징금이 해당기업이 위법한 경영으로 올린 영업이익보다 크다면, 그 과징금은 과잉의 제재로 볼 수 있다. 그런 점에서 **영업이익률을 넘는 과징금의 매출대비비율**은 지양되어야 한다.

(3) 징벌손해배상 미국에서 유래한 징벌적 손해배상제도도 우리나라에서 점점 더 그 적용영역이 넓어지고 있다. 대기업의 손해배상은 마치 징벌적 손해배상이 원칙인 것처럼 인식되어가는 경향마저 있다. 손해배상은 손해를 완전하게 전보塡補하는 데에서 그치는 것이 정의롭다. 손해배상을 손해의 3배 또는 5배로 하게 하는 것은 손해야기행위가 도덕적으로 비난가능하다는 점을 근거로 한다. 그러나 우리나라의 징벌적 손해배상제도를 보면 두 가지 문제점이 있다.

1) 윤리적 덕의 결핍에 대한 배상 첫째, 징벌의 근거인 도덕적 비난이 자유의 공평한 향유를 해치는 사회유해적인 행동을 넘어서 기업이 사회연대의 차원에서 소비자를 (후견적으로) 배려하지 않은 점에 대한 것일 때가 적지 않다. 그러나 **윤리적 덕의 결핍**을 이유로 손해배상이 손해의 전부를 넘어서게 하는 것은 옳지 않다.

2) 형벌과 징벌손해배상의 병과규정 둘째, 손해배상의 '징벌' 성격은 손해야기행위의 도덕적 비난가능성에 근거한 것이고, 그렇다면 징벌적 손해배상은 민사법적 제재를 넘어서 형법적 제재의 실질을 갖고 있다. 이처럼 형식은 민사법적 제재이지만, 내용(실질)은 형법적 제재라는 점에서 중간법(middle law)이라는 새로운 명칭을 부여받는다. 그러므로 징벌적 손해배상을 부과하면서 **형벌을 병과**하는 것은 손해야기행위에 대한 **도덕적 비난을 이중**으로 하는 셈이 된다. 상당히 많은 현행법률들이 채택하고 있는 병과규정들은 입법론적인 검토가 필요하다. 또한 병과제도를 유지하는 경우에도 작량감경 사유를 인정하는 등의 방식으로 병과하는 형벌의 범위를 제한할 필요가 있다.

(4) 무과실 손해배상 징벌적 손해배상이 배상의 범위를 확대하여 책임을 가중했다면, 무과실 배상책임은 배상의 원인을 따지지 않고 책임을 가중한다. 이러한 책임가중은 기업의 사회적 책임이나 소비자에 대한 기업의 후견역할에 근거한다. 중대재해처벌법 제15조는 중대재해에 대한 사업자, 법인, 또는 기관의 징벌적 손해배상책임(손해액의 5배이내)을 규정하는데, 이 손해배상책임은 징벌배상의 외형을 띠고는 있으나 실제로는 무과실 배상책임으로 운영될 가능성이 매우 높다. 가령 사업자·경영책임자 안전보건확보의무위반과 중대산업재해의 발생결과 또는 중대시민재해(예: 가습기살균제사고)의 원인이 된 원료, 제조물, 시설의 결함 사이의 인과관계는 실제로는 법적 인과관계가 아니라 산업안전보건법상 안전보건조치의 이행을 담보하는 기업의 안전·보건체계를 확립하고 기능시키지 못한 책임, 일종의 윤리경영책임이기 때문이다. 그러나 고의·(중)과실을 범하였거나 사고가 발생한 위험원을 지배(위험책임)하지도 않았는데도 기업에게 배상책임을 지우는 것은 기업의 활동을 심각하게 위축시키거나 재정을 악화시켜 기업의 지속가능한 경영을 위태롭게 할 수도 있다. 기업에게 책임을 귀속시킬 수 있을 정도로 원인이 밝혀지지 않는 사고로 인한 피해자에 대한 보상은 공동체 전체가 분담하는 방식, 즉 사고보험제도에 의하는 것이 더 합리적이다.

Ⅱ. 동의의결제

공정거래법상 불공정거래행위에 대한 동의의결(또는 동의명령)은 중간법적 제재는 아니지만 실질적으로 형벌을 대체하는 제재이다.

1. 동의의결의 의미와 성격

동의의결제도(공정거래법 제89조)는 공정거래법상 불공정거래행위(예: 시장지배지위의 남용, 개별불공정거래행위)를 하여 공정거래위원회의 조사를 받는 사업자, 즉 피심인은 일정한 거래분야에서의 경쟁제한 상태를 자발적으로 해소하기 위해 당해 행위의 중지, 기업분할[23] 등 경쟁제한상태의 자발적 해소 방안, 거래상대방, 소비자 등에 대한 피해구제방안(예: 소송 없는 직접 손해배상), 거래질서의 개선 방안(예: 소비자보호를 위한 가격할인 등)을 공정거래위원회에 제시하고, 공정거래위원회가 이와 같은 시정방안이 경쟁질서 회복과 소비자 보호를 위해 타당하다고 인정하면 그 제안을 받아들이는 의결(동의의결)로 사건을 종결짓는 제도이다. 이로써 해당 불공정거래행위에 대한 형벌권은 최종적으로 소멸한다. 다만 예외적으로 법 "위반의 정도가 객관적으로 명백하고 중대하여 경쟁질서를 현저히 해친다고 인정하는 경우"(제129조 제2항)에는 동의의결로 사건을 종결할 수 없다(제89조 제1항 단서 2호). 또한 현행법은 부당공동행위(제40조)도 동의의결의 대상에서 제외하고 있는데(제89조 제1항 단서 1호), 이는 부적절하다. 카르텔이야말로 동의의결제도가 가장 기능적일 수 있는 영역이기 때문이다.

(1) 연성법적 성격 이 제도는 마이크로소프트 사건을 계기로[24] 한미 FTA에서 합의된[25] 후 입법되고 미국의 동의명령(consent order)[26]의

23 1980년대 통신 업체 AT&T가 미국 법무부와의 동의판결(consent decree)로 1984. 1 1. 8개의 독립회사로 분할되었던 사건은 대표적인 예이다. United States v. AT&T, 552 F. Supp. 131, 149 (D.D.C.1982). aff'd sub nom. Marryland v. United States, 460 U.S. 1001. 103 (1983) 참조.

24 윤세리, "세계화시대의 공정거래법의 전개방향", 저스티스 통권 제98호, 2007, 8쪽.

25 2007년 4월에 타결된 한미 FTA협정은 "각국은 경쟁법 집행당국에 행정적 또는 민사적 집행조치를 상호 합의하에 의해 해결할 수 있는 권한을 부여하여야 한다. 국가는 그러한 합의가 사법적 승인을 거쳐야 함을 규정할 수 있다"는 조항을 담고 있다.

26 미국의 연방행정절차법(Administrative Procedure Act) 제554조에서 유래하는 동의명령은 이 규정과 반독점절차 및 제재법(Antitrust Procedures and Penalties Act)에 근거하여 법무부 독점금지국(Antitrust Division)이 피조사인과 합의안을 만들고 연방법원이 승인을 하는 동의판결(consent decree)과 이 규정과 연방규정집(Code of Federal Regulations)에 근거하여 연방거래위원회(FTC)가 피조사인이 동의명령(consent order)을 신청하면 그에 대해 결정하는 방법이 있다. 이 둘은 내용은 큰 차이가 없지만 우리나라 동의의결제는 연방거래위원회에 의한 동의명령에 가깝다. 미국 연방거래위원회(FTC)의 동의명령은 E. Thomas Sullivan/Herbert Hovenkamp, ANTITRUST LAW, POLICY AND PROCEDURE: CASES, MATERIALS, PROBLEMS, LexisNexis, 2003, 147~152쪽 참조.

영향을 많이 받았다. 소비자보호조치의 동의명령은 피심인과 공정거래위원회 사이의 **제3자(소비자)를 위한 공법상 계약**의 성격을 가지며, 단체소송을 하게 할 뿐 손해배상을 청구할 수 없는 소비자기본법[27]의 한계를 보완해준다.[28] 전통적인 반독점규제방법인 시정명령이나 형벌이 국가의 소극적인 질서형성행위이며 강제권력에 의해 그 행위를 집행하는 경성법(hard law)인 반면, 동의의결은 규제당국과 기업, 공정거래위원회와 피심인인 사이의 **합의에 바탕을 둔 자율적 해결방법**이라는 점에서 연성법(soft law)의 특성을 지닌다. 그렇기에 동의의결은 경쟁제한행위의 금지만이 아니라 적극적인 시장회복조치를 포함하는 등 제재내용에서 유연성이 있으며 문제를 경성법적 제재에 비해 신속하게 해결해줄 수 있다.

> **★ 화해결정과 의무부담부 확약처분** EU 이사회규칙(No.1/2003) 제9조는 동의명령제도인 화해결정(Commitment Decision)을 도입하였고, 이 제도의 영향 아래 프랑스나 독일 등 각국이 동의명령제도를 국내법에 도입하였다. 가령 독일은 2005년 경쟁제한방지법(GWB)을 개정하여 제32조b(Verpflichtungszusagen)에서 의무부담부 확약처분의 제도를 도입하였는데, 이는 경쟁당국이 갖는 의혹을 제거하기에 적합한 의무부담을 이행하겠다고 제안하면 경쟁당국이 처분을 통해 그 약속을 구속력 있는 것으로 확정하며(제1항), 의무부담의 이행에 기한을 정할 수 있고, 확약처분 이후에 사실관계가 변경되거나, 기업이 의무부담을 이행하지 않거나, 처분이 기업의 불완전하거나 정확하지 않거나 혼동을 주는 정보제시에 기초한 경우에는 그 처분을 취소할 수 있다(제2항).

27 소비자기본법상의 단체소송이 공익소송으로서 갖는 특성과 한계에 대해서 이상돈, 공익소송론, 세창출판사, 2006, 103~115쪽.

28 미국에서도 초기에는 동의판결(consent decree)을 단지 절차적 편의를 도모하기 위한 기제로만 바라보았다. 그리하여 독점금지국(Antitrust Division)은 소송으로 나아가더라도 처음부터 동의판결로 나아간 경우보다 공익을 위해 더 많은 것을 얻지 못할 경우에만 동의판결을 받아들일 의향을 표명해 왔다. 그러나 1938년 법무장관(Attorney General)의 보고서는 정부가 동의판결을 단순한 절차적 편의 이상으로 간주함을 명확히 했고, 그 이후 독점금지국은 판결에 동의하는 당사자들로 하여금 공익에 부합하면서도 법이 요구하는 것을 넘어서는 구조적인 제안(constructive proposal)을 하도록 요구했다. Maxwell S. Isenbergh/Seymour J. Rubin, "Antitrust Enforcement Through Consent Decrees", Harvard Law Review, Vol. 53, No. 3. 1940, 387~388쪽 참조.

(2) 체계통합과 합리적 조정 이 제도에 대하여 경제계는 공정거래법 위반으로 인한 갈등을 해소하는 또 다른 방편을 갖게 되었다는 점에서 환영하는 반면, 시민단체와 법조계는 이로 인해 경제범죄가 은폐되고, 정의가 거래될 수 있다는 점에서 비판적이다. 법적 정의를 내세운 '사법의 논리'는 공정거래법 위반 사건에 대해 엄중한 제재를 가할 것을 요구하는 반면, 경제적 합리성을 내세우는 '경제의 논리'는 법위반 여부를 조사하는 과정에서 발생하는 기업의 주가하락, 그에 따른 투자자들의 손실 등 경제적 부작용의 방지를 요구한다. 이는 경제적 합리성과 법적 정의 사이의 괴리에 해당한다. 동의의결은 이러한 괴리를 메움으로써[29] 경제체계와 법체계 사이에 체계통합(Systemintegration)을 이루어나가는 기제이다.

이 체계통합기제는 전속고발권보다 한 단계 앞선, 즉 중대·명백성에 대한 1차적인 '잠정적 판단'이나 공정거래위원회 '조사단계'에서 작동한다. 이에 비해 전속고발권은 중대·명백한 법위반 혐의가 있다는 잠정적 판단을 내리고 공정거래위원회 조사가 끝난 뒤 전체회의에서 최종적인 중대·명백성 판단을 내리는 단계에서 작동하는데, 바로 그 단계까지의 조사비용과 피심인의 부담을 줄일 수 있다는 점에서 동의의결이 전속고발권보다 더 효율적이며 포괄적이고 적극적인 체계통합을 도모한다. 또한 동의의결의 과정은 공정거래위원회가 전문성을 갖고 경쟁질서를 형성해가는 과정이지 그 자체로서 형벌권을 훼손하는 정의왜곡의 과정이 아니다.

2. 동의의결제의 기능조건

동의의결이 기능하는 영역을 이해하면, 동의의결제도가 형벌권을 위축시키는 것이 아님을 알 수 있다. 피심인이 신청하고 공정거래위원

29 공정거래위원회의 전속고발권을 체계통합(Systemintegration)의 기제로 바라보는 입장으로는 이상돈, "공정거래질서와 형법정책", 법제연구 통권 제25호, 2003, 171~172쪽.

회가 의결하는 형태이지만,[30] 동의의결의 실질은 합의이다. 이 합의는 ① (소송에서) 승패가 불확실하고, ② 법위반이 중대하지만 명백하지 않거나 명백하지만 중대하지 않은 경우로서 ③ 중대성·명백성 판단에 관한 피심인과 공정거래위원회의 거래비용이 제재절차와 제재이행의 비용보다 더 커지는 것을 막고, ④ 경쟁법적 제재의 시장에 대한 역기능을 회피하기 위하여 이루어진다.

(1) 승패의 불확실성 공정거래위원회의 조사, 심의, 의결절차를 거쳐 행해진 시정명령, 과징금 납부명령, 형사고발 등은 모두 소송으로 귀결될 수 있는데, 그 소송의 승패에 대해 피심인과 공정거래위원회 모두가 불확실한 전망을 갖고 있을 경우에 동의의결제가 사용되기 쉽다. 왜냐하면 피심인이 승리할 것을 자신한다면 경쟁질서회복 및 소비자보호조치의 부담을 지는 동의의결을 굳이 하려고 안 할 것이고, 반대로 공정거래위원회가 승리할 것을 자신한다면 피심인의 행위에 대해 곧바로 위법결정을 내리지 않고 굳이 동의의결로 사건을 종결지을 필요가 없기 때문이다. 합의의 묘미는 양 당사자가 소송의 결과를 알 수 없다는 점에 있으며, 동의의결은 이와 같은 타협의 묘미가 존재하는 경우에만 이루어지는 것이다.

(2) 대상행위의 유형 형벌권이 위축된다는 우려에서 보면 고발의 대상이 되는 법위반의 영역, 즉 법위반이 중대하고 명백한 경우(도표 ①)에는 동의의결이 아니라 시정명령, 과징금, 고발과 형사처벌 등의 전통적인 **경성법**(hard law)의 공정거래(형)법이 적용된다. 정반대로 법위반이 사소하고 명백하지 않은 경우(도표 ②)에는 적극적인 소비자보호조치 등의 부담이 따르는 동의의결이 활용되지 않을 것이다. 동의의결은 법위반이 중대하지만 명백하지 않은 경우(도표

	중대성	경미성
명백성	①	④
불명확성	③	②

30 동의의결제가 도입된 2011년부터 지금까지 동의의결이 승인된 사건은 약 20여 건 정도이다.

③), 법위반은 중대하지 않지만 명백한 경우(도표 ④)의 경우에 주로 활용될 것이다.

(3) 거래비용의 감소 중대·명백성 판단에서 공정거래위원회와 피심인이 부담하게 될 거래비용(transaction costs)이 동의의결절차를 따를 경우보다 상당히 더 클 때 동의의결은 활용될 수 있다. 여기서 거래비용은 누가 승리할지를 밝혀내는데 따르는 비용을 말한다. ① 법위반의 명백성·중대성 판단은 고도로 전문적이고, 불확실하며, 정책적이어서 수많은 불복소송을 야기하기에[31] 공정거래위원회가 그 판단을 위해 조사하고, 협의하는 데에 필요한 일체의 인적·물적 비용(거래비용)은 상당히 큰 경우가 많다. 동의의결은 공정거래위원회의 규제권력을 약화시키지 않으면서도 공정거래위원회의 그런 거래비용이나 제재절차가 부담지우는 업무량을 현저히 줄일 수 있는 경우에 기능하는 것이다. ② 피심인의 입장에서는 경쟁법적 제재내용(예: 과징금)뿐만 아니라 그 기업이 법위반과 그 제재절차에 대한 언론보도가 초래하는 기업이미지 실추, 회사기밀의 유출, 기업활동에 대한 지장의 초래,[32] 주가하락 등의 부담을 포함하는 거래비용이 동의의결에 따른 소비자보호조치 등의 부담보다 큰 경우에 동의의결을 활용하게 된다.

---

31 불복소송의 증가는 이처럼 중대·명백성 판단의 전문성, 불확실성, 정책성만이 아니라, 공정거래법 위반에 대한 수단의 증가와 규제강도의 강화에도 기인한다. 공정거래법 위반을 이유로 한 처분에 대한 불복률이 증가하는 이유를 공정거래법의 규제수단 다양화, 규제 강도의 강화, 공정거래위원회의 높은 규제수위 및 그에 대한 사업자들의 수용불가능을 지적하는 박해식, "공정거래법 위반사건의 행정처분에 대한 최근의 판례동향과 그 시사점", 공정경쟁 제90호, 2003, 2~3쪽.

32 동의판결이 소송보다 기업활동에 주는 혼란이 더 적다는 Paul R. Haerle, "Regulation of Business: Sherman Act: Administration and Enforcement: A Re-Analysis fo Consent Decree", *Michigan Law Review*, Vol. 55, No. 1, 1956, 93~94쪽에 의하면 피고인의 관점에서 동의판결을 이용하는 이유로는 ① 더 적은 비용, ② 덜 알려짐, ③ 클레이튼법(Clayton Act) section5(a)에 따라 연방정부에 의해 제기된 소송에서 피심인인 기업에게 불리하게 내려진 평결은, 당해 기업을 상대로 한 이후의 사적 당사자 소송('3배배상소송')에서 일응 추정의 증거(prima facie evidence)로 작용하지만 동의판결로 사건이 종결되면 그런 추정의 증거 사용이 허용되지 않는다는 점을 들 수 있다.

(4) 경쟁법적 제재의 시장 역기능의 회피 공정거래법 위반 여부가 문제되어 어떤 기업이 공정거래위원회의 심사를 받으면 그 기업활동과 유사한 활동을 계획하고 있던 기업의 활동을 포함하여 시장 전체에서 기업들의 활동이 위축되고, 투자자들의 투자심리도 위축될 수 있다. 이는 경성법 형태의 경쟁법이 갖는 시장에 대한 역기능이다. 이와 같은 시장의 부담은 당사자인 피심인과 공정거래위원회에게 종국적으로는 모두 소송으로 귀결되게 되는 조사, 심의, 의결의 긴 절차를 거치는 대신 동의의결로 사건을 조기에 종결하라는 압력으로 작동하게 된다.

★ 동의명령의 형벌권침해 여부 동의의결은 소년법영역에 활성화되어 있는 다이버전(Diversion)과 유사한 기능이 있다. 즉 피심인을 공정거래위원회의 조사·심의·의결, 수사, 그리고 법원의 재판이라는 장황한 절차로부터 조기에 해방시키되, 피심인으로 하여금 자신의 행위로 인한 결과(예: 경쟁제한상태, 소비자피해)를 제거하고 같은 행위의 재발을 방지 한다. ① 이와 같은 다이버전의 확대를 형벌권의 훼손으로 보는 입장에서는 동의의결제의 도입조건으로 전속고발권 폐지나, 동의의결 전 법무부장관이나 검찰총장과의 협의를 주장하기도 한다. 물론 동의의결은 우리나라 형사재판에서 제도화되지 않았고, 법문화적으로 다소 낯선 미국의 유죄협상제도(Plea Bargaining)와 비슷한 기능을 하기도 한다.[33] ② 그러나 형벌권의 훼손은 법위반이 중대·명백하여 형사소송으로 갈 경우 형사제재가 부과될 것이 확실한 경우임에도 불구하고 피심인과 공정거래위원회 사이의 합의로 사건을 종결시켜 버리는 경우에야 비로소 명확하게 말할 수 있다. 위의 네 가지 조건 하에 기능하는 동의의결은 형벌권을 훼손하지 않는다.

3. 동의의결에 대한 검찰과의 협의

공정거래법 위반행위가 형사불법을 갖고 있음이 명백한 경우에 피심인과 공정거래위원회가 은밀히 거래하여 동의명령으로 사건을 종결해

33 유죄협상제 도입을 검토하는 이유를 법원의 공판중심주의 강화와 검찰 입지에 대한 압박에서 바라보는 류전철, “형사소송에서 유죄협상제도(Plea Bargaining)의 도입 가능성”, 비교형사법연구 제7권 제1호, 2005, 203~204쪽.

버리는 남용도 예상된다. 따라서 법무부나 검찰이 피심인과 공정거래위원회 사이의 동의의결절차에 개입하여 이런 남용을 통제할 필요가 있다. 공정거래법은 공정거래위원회가 동의의결을 하기 전 관계 행정기관의 장에게 통보하여 그 의견을 듣고, 공정거래범죄(제124조 내지 제127조)가 성립하는 행위에 대하여 **검찰총장과 협의**하여야 한다(제90조 제3항). 여기서 사전협의의 의미를 승인권→심의권→참가권의 의미로 생각해볼 수 있다. ① 검찰총장과의 협의를 검찰총장에게 동의의결에 대한 승인권을 부여하는 것으로 본다면 가장 강한 형태의 개입권을 인정하는 것이 된다. 이는 행정적 조사(administrative investigation)를 완전히 수사화해버린다. 그러나 행정적 조사에는 수사의 측면 외에 미래의 질서나 상태를 설계하는 행정행위의 측면이 강하므로, 이러한 개입권은 적절하지 않다. ② 검찰총장과의 협의가 가장 약한 형태는 공정거래위원회 파견검사에게 검찰총장의 지시를 받아 공정거래위원회의 내부심의 절차에 참가하는 권한을 부여하는 것이다. 그러나 이런 참여권만으로는 동의의결에 대한 적절한 통제를 기대하기 어렵다. ③ 승인권과 참여권 사이의 개입은 **심의권**을 검찰총장에게 부여하는 것이다. 가령 동의의결심의위원회[34]를 설치하여 검찰에게 심의권을 부여하되, 그 구성은 검찰만이 아니라 다양한 외부전문가를 참여시키는 것이 바람직하다. 검찰총장과의 협의는 검찰의 입장에서는 심의로 이해하고, 심의위원회를 구성하여 동의의결에 대한 입장을 대화적 방식으로 형성하여, 공정거래위원회에 그 심의결과를 알려주는 것으로 해석·운영할 수 있다.

34 동의의결에 있어서는 경쟁당국과 피조사자 또는 피심인 간의 유착 가능성이 높아 동의의결안을 '공고'하고 위원회 '의결'을 거치는 것만으로는 절차적 투명성을 확보하기 어려울 뿐 아니라, 피조사자나 피심인이 제출한 시정방안에 대해 공정거래위원회의 동의만 있으면 별도의 조사·심의절차가 종결되고 공정거래위원회에 전속고발권이 있다는 이유로 과징금과 형사책임까지 면책되는 결과가 초래됨에도 이에 대한 통제장치가 부족하다. 공정거래위원회 내에 공정거래위원회, 법무부, 대검찰청, 외부전문가로 구성된 동의의결심의위원회를 설치·운영하는 것이 바람직하다.

★ **동의의결의 지침 필요성** 공정거래위원회는 피심인이 제출한 시정방안이 적정성을 갖추었는지를 판단함에 있어 위반행위에서 예상되는 시정조치 및 제재와의 균형, 공정하고 자유로운 경쟁 및 거래질서를 회복시키거나 소비자, 다른 사업자 등을 보호하기에 적절한지(제89조 제3항 1, 2호)를 고려하여야 한다. 그러나 이 기준만으로는 공정거래위원회의 자의가 개입될 여지를 충분히 통제할 수 없고, 피심인은 자신이 제안한 시정방안이 공정거래위원회에 의해 받아들여질지를 예측하기도 어렵다. 동의의결이 남용되지 않도록 하기 위해 이러한 일반원칙보다는 구체적이고 공정거래위원회의 심결례보다는 일반적인 원칙을 정립할 필요가 있다. 이 지침은 독점규제 및 공정거래에 관한 법률 등의 위반행위의 고발기준과 유사한 형태를 띨 수 있다. 예컨대 행위유형별로 위반행위의 내용, 위반사업자의 매출액·시장점유율, 위반행위의 지역적 범위, 위반기간 등에 따라 일정한 점수를 산정하고, 그 점수가 일정기준 이상이면 고발하게 하고, 그 이하에서만 동의의결을 하도록 하는 것이다. 현재 공정거래위원회는 동의의결 제도 운영 및 절차 등에 관한 규칙만을 제정하여 운영하고 있을 뿐 동의의결의 기준에 관한 규칙은 운영하지 않는다.

Ⅲ. 전속고발제

경영합리성과 법적 정의의 괴리와 충돌을 해소하고, 경제체계와 법체계 사이에 체계통합을 도모하는 또 다른 제도로 전속고발이라고 불리는 제도가 있다. 그런데 전속고발은 다음과 같은 세 가지[35] 행정조사와 수사·행정수사(administrative investigation)의 관계유형에 따라 그 의미와 기능이 차이가 있다.

— **통합모델** 행정관청의 공무원이 사법경찰관 신분을 갖고 그의 행정조사가 곧 수사가 되는 경우
— **분업모델** 행정조사와 수사는 분리되지만 행정관청의 공무원이 지방검찰청검사장의 지명으로 사법경찰직무를 수행하는 경우
— **분리모델** 행정관청은 사법경찰관리의 신분을 가지지 않고, 행정조사만 수행하고, 수사는 수사기관이 수행하는 경우

35 이상돈, 의료용 향정신성의약품 관리법제의 개선방안에 관한 연구, 2006, 132쪽.

1. 통합모델과 고발의무

(1) 행정조사와 수사의 통합 법률상 행정수사 또는 행정지도·감독과 수사가 통합되어 있는 법제가 있다. 예컨대 근로기준법은 근로조건의 확보를 위한 책무를 수행하는 근로감독관에게 지도·감독과 조사권한을 부여하면서(근로기준법 제101조 내지 제105조), 그 법 위반의 죄에 대하여 사법경찰관의 직무권한을 부여하고 일반사법경찰의 수사를 허용하지 않는다(제105조). 근로감독관은 법률(근로기준법 제105조 및 사법경찰직무법 제6조의2[36])에 의해 당연히 특별사법경찰관이 된다. 행정조사와 수사가 하나가 되고, 근로감독관이 특별사법경찰관이 된다는 점에서 이를 '신분적·기능적' 통합모델이라고 부를 수 있다.

(2) 영장주의 적용제외의 행정수사 이 모델에서는 근로감독관의 행정조사가 곧 수사인데도, 사업장의 현장조사나 장부와 서류의 제출요구 및 사용자와 근로자에 대한 심문 등에 영장주의가 적용되지 않는다. 이는 법치주의를 상당한 정도로 침윤시킨다. 이는 근로관계를 다루는 영역은 근로자보호라는 절대명령 아래 근로감독관이 전문성을 갖고 근로

---

36 사법경찰직무법 제6조의2(근로감독관 등) ① 근로기준법에 따른 근로감독관은 그의 관할 구역에서 발생하는 다음 각 호의 법률에 규정된 범죄에 관하여 사법경찰관의 직무를 수행한다. 1. 근로기준법 2. 최저임금법 3. 남녀고용평등법 4. 임금채권보장법 5. 산업안전보건법 6. 진폐의 예방과 진폐근로자의 보호 등에 관한 법률 7. 노동조합 및 노동관계조정법 8. 교원의 노동조합 설립 및 운영 등에 관한 법률 9. 근로자참여 및 협력증진에 관한 법률 10. 근로복지기본법 11. 건설근로자의 고용개선 등에 관한 법률 12. 파견근로자 보호 등에 관한 법률 13. 근로자퇴직급여 보장법 14. 공무원의 노동조합 설립 및 운영 등에 관한 법률 15. 기간제 및 단시간근로자 보호 등에 관한 법률 16. 고용상 연령차별금지 및 고령자고용촉진에 관한 법률 17. 가사근로자의 고용개선 등에 관한 법률 18. 중대재해 처벌 등에 관한 법률(제6조 및 제7조만 해당한다) 19. 산업재해보상보험법(제127조 제3항 제3호만 해당한다) ② 지방고용노동청, 지방고용노동청 지청 및 그 출장소에 근무하며 근로감독, 노사협력, 산업안전, 근로여성 보호 등의 업무에 종사하는 8급·9급의 국가공무원 중 그 소속 관서의 장의 추천에 의하여 그 근무지를 관할하는 지방검찰청검사장이 지명한 자는 제1항의 범죄에 관하여 사법경찰리의 직무를 수행한다. ③ 선원법에 따른 선원근로감독관은 그의 관할 구역에서 발생하는 선박소유자와 선원의 선원법 또는 근로기준법에서 규정한 범죄에 관하여 사법경찰관의 직무를 수행한다.

관계의 기초문제들을 신속하고 실효성 있게 해결하게 하기 위한 것으로 보인다. 다시 말해 영장주의의 적용제외는 미시적으로는 법치주의를 축소하지만 거시적으로는 근로자의 인권을 보호한다는 점에서 법치주의의 실질을 확장하는 측면을 갖고 있다.

(3) 고발의무 행정조사와 수사가 통합된 모델에서 가령 근로감독관이 근로기준법 위반의 범죄를 밝혀내면 원칙적으로 고발할 의무를 지며, 고발여부를 재량으로 결정하는 권리, 전속고발권을 갖지는 않는다. 전속고발권은 예외적인 경우, 가령 노동위원회는 확정된 부당해고 구제명령 또는 구제명령을 내용으로 하는 재심판정 불이행의 죄에 관해서 전속고발권(근로기본법 제112조 제1항)을 가지고, 검사는 고발요청권을 갖는다(제2항). 이처럼 전속고발권을 원칙적으로 인정하지 않는 것은 근로관계의 질서가 자율성(노사자치)이 없기 때문이 아니라 법위반에 대한 처벌의 재량을 배제함으로써 근로자를 실효성 있게 보호한다는 상징을 유지하기 위한 것이다.

2. 분업모델과 전속고발

(1) 조사와 수사의 분업과 기능적 통합(행정수사) 행정적 지도·감독 및 조사가 수사와 분리되어 있지만 경찰 및 검찰과 협조적인 분업체제를 구축함으로써 기능적으로 통합될 가능성이 주어져 있는 법제가 있다. 행정조사나 행정수사를 하는 관서의 장이 제청하고 근무지 관할 지방검찰청검사장의 지명에 의해 일정한 소속공무원 등(예: 세관공무원이나 금융위원회의 국가공무원 및 금융감독원직원[37])이 사법경찰관리의 직무를 행

37 사법경찰직무법 제5조(검사장의 지명에 의한 사법경찰관리) 다음 각 호에 규정된 자로서 그 소속 관서의 장의 제청에 의하여 그 근무지를 관할하는 지방검찰청검사장이 지명한 자 중 7급 이상의 국가공무원 또는 지방공무원 및 소방위 이상의 소방공무원은 사법경찰관의 직무를, 8급·9급의 국가공무원 또는 지방공무원 및 소방장 이하의 소방공무원은 사법경찰리의 직무를 수행한다. 17. 관세법에 따라 관세범(關稅犯)의 조사 업무에 종사하는 세관공무원 49. 금융위원회에 근무하며 자본시장 불공정거래 조사·단속 등에 관한 사무에 종사하는 4급부터 9급까지의 국가공무원

하는 것이다(사법경찰직무법 제5조). 이와 같은 특별사법경찰(예: 자본시장특별사법경찰관리)의 제도는 신분적으로는 분리하되 실질적인 수사는 특별사법경찰이 하고, 검·경은 보충적인 수사를 하며 각자의 역할이 통합되어 (전문적인) 수사의 효과를 발휘하게 만든다는 의미에서 분업모델이라고 부를 수 있다.

(2) 영장주의의 적용과 수사기관의 보충적 역할 분업모델의 취지에 의하면 ① 행정관청이 수사가 아닌 행정조사를 하는 경우에는 영장주의는 적용되지 않지만, 영장이 필요하지 않은 성격의 조사에 국한되고, 강제처분 성격의 조사는 영장 없이는 할 수 없어야 한다.[38] 행정관청의 공무원이 특별사법경찰로서 수사를 하는 경우에는 당연히 영장주의의 적용을 받는다.[39] ② 이 경우 형사소송법상의 검사와 사법경찰관의 상호협력관계(형사소송법 제195조)와는 달리 행정'수사'는 검사의 지휘를 받는다(형사소송법 제245조의10).[40] 그러나 검사의 지휘는 적극적·전면적인 것이어서는 안 되고, 특별사법경찰의 행정수사가 공소제기와 유지에 적합하게 이루어지게 하는데 필요한 범위에서만 하는 소극적·제한적인 것이어야 한다. ③ 특별사법경찰이 수사를 하는 중에 사법경찰이나 검찰은 원칙적으로 수사를 하지 않아야 하고, 특별사법경찰의 수사가 미진한

제7조의3(금융감독원 직원) ① 금융감독원 또는 그 지원이나 출장소에 근무하는 직원으로서 금융위원회 위원장의 추천에 의하여 그 근무지를 관할하는 지방검찰청 검사장이 지명한 사람 중 다음 각 호의 직원은 관할 구역에서 발생하는 「자본시장과 금융투자업에 관한 법률」에 규정된 범죄에 관하여 사법경찰관의 직무를 수행하고, 그 밖의 직원은 그 범죄에 관하여 사법경찰리의 직무를 수행한다. 1. 4급 이상의 직원 2. 금융위원회 위원장이 사법경찰관의 직무를 수행하는 것이 적절하다고 인정하여 사법경찰관으로 추천한 5급 직원

38 자본시장법 제427조는 가령 내부자의 단기매매차익 반환(제172조) 위반을 조사하기 위하여 사업장을 수색하는 경우에는 수사는 아니지만 영장을 발부받도록 하고 있다.

39 현재 금융위원회의 조사 업무와 특별사법경찰의 수사업무는 분리되어 있다. 자본시장조사 업무규정 제2조의2도 자본시장특별사법경찰관리의 수사업무와 조사부서의 업무 간 부당한 정보교류를 차단하기 위해 업무 및 조직의 분리, 사무공간 및 전산설비 분리 등의 조치를 하여야 한다고 규정한다.

40 2021.1.1. 제정·시행된 법무부령인 특별사법경찰관리에 대한 검사의 수사지휘 및 특별사법경찰관리의 수사준칙에 관한 규칙 참조.

부분에 대해 보충적인 수사만을 하여야 한다. 이는 이 분업모델이 적용되는 영역이 전문법이 성장해 있고, 해당 사회체계의 자율성과 고유한 합리성이 발달한 영역임을 고려한 것이다. 물론 현실에서 검찰은 가령 자본시장법위반사건에 대해서는 보충적인 수사가 아니라 전면적인 수사를 직접 하기도 한다. 또한 사법경찰도 특별사법경찰의 행정수사와 별개로 독자적으로 수사를 하는 경우가 있다. 이를 이중수사라고 부를 수 있다.

> ★ **이중수사** ① 이론적으로 보면 가령 분리모델의 공정거래위원회의 조사가 진행되는 동안에도 수사기관은 독자적으로 수사를 전개할 수 있고, 반대로 통합모델의 근로감독관의 조사와 별도로 사법경찰의 수사는 허용되지 않으며, 분업모델의 관세공무원의 수사에 대해 사법경찰은 보충적인 수사만을 할 수 있다고 보아야 한다. ② 통합모델에서 사법경찰의 별도 수사, 분리모델에서 사법경찰의 적극적인 수사는 이중수사가 된다. 이 이중수사는 매우 선별적이다. 예컨대 분업모델에서 식품위생법에 근거한 음식점단속은 사법경찰이 전혀 하지 않는 반면, 마약류단속은 식약청과는 별개로 사법경찰이 종종 특히 약국, 동네 정신건강의학과 등을 상대로 수사활동을 펼친다. 세무공무원의 세무조사나 범칙조사 사건에 대해서도 사법경찰은 종종 독자적인 전면적인 수사를 펼치기도 한다. 이런 **선별적 이중수사**는 경찰수사의 전문성 발전수준, 경찰수사의 부패, 시민의 법의식이나 여론 등 많은 변수들이 작용한 결과이다. ③ 그러나 예컨대 국세청의 세무조사를 받으면 기업활동은 위축되고, 그 결과 추징되는 (가산)세금보다도 더 큰 손실을 입을 수도 있다. 범칙조사로 기업의 사무실을 압수·수색하면 기업활동은 사실상 멈추기 쉬운데 여기에 더하여 경찰이 독자적으로 조세포탈로 수사를 하면 기업은 사회적 이미지 추락 등으로 더 큰 손실을 입을 수 있고, 세무조사나 범칙조사와 수사를 동시에 받으면 이중으로 방어를 해야 하는 부담을 져서 국가기관의 제재(가산세, 통고처분, 형벌)에 대해 방어권을 효과적으로 행사하기 힘들어 진다. 이런 점에서 이중수사는 이중위험금지원칙에 의해 금지되어야 한다.

(3) 의무 아닌 전속고발권 분리모델에서 행정관청은 행정수사를 한 결과 범죄혐의가 밝혀져도 고발하지 않으면 검사가 공소를 제기할

수 없게 하는 전속고발권을 가지는 경우가 많다.

> **관세법 제284조(공소의 요건)** ① 관세범에 관한 사건에 대하여는 관세청장이나 세관장의 고발이 없으면 검사는 공소를 제기할 수 없다.
> **조세범처벌법 제21조(고발)** 이 법에 따른 범칙행위에 대해서는 국세청장, 지방국세청장 또는 세무서장의 고발이 없으면 검사는 공소를 제기할 수 없다.

이러한 문언에서 고발은 권리이며 의무가 아니다. 검사는 고발을 요청할 수는 있으나 분리모델의 경우와 달리 그것에 응할 법적 의무는 없다. 그렇기에 검사의 고발요청은 고발여부에 관한 협의의 성격을 띤다. 다만 물론 징역형 실형이 예상되는 법 위반에 대해서는 예외적으로 즉시고발의무를 인정하기도 한다(예: 관세법 제312조, 조세범처벌절차법 제17조 제1항 1호). 이와 같은 의무 없는 전속고발권을 인정하는 이유는 행정수사가 고도로 전문이고 복잡하다는 점, 법위반사건과 합법적인 일탈행위 사이의 경계가 모호한 점, 적용법률의 문언에는 불명확한 개념과 가치충전필요개념(예: "부당하게")들이 사용된 점, 행정관청이 관할하는 사회체계(예: 조세체계)에 대해 합리적인 정책의 여지를 두어야만 사회체계의 기능이 원활하게 작동할 수 있다는 점 등 매우 다양하다.

	조사 · 수사 영장주의적용	사법경찰관의 수사허용 여부	검사의 소추허용 여부
통합모델	영장주의적용 없는 **조사=수사**	× 불허 (검사의 수사)	고발의무
분업모델	영장에 의한 **행정수사**	△ 보충수사허용 (고발가능성 전제)	전속고발(권)
분리모델	영장필요없는 범위의 **행정조사**	○ 허용	전속고발 (권리와 의무)

3. 분리모델과 대화적 고발

(1) 행정조사와 수사의 분리 행정적 지도 · 감독 및 조사가 수사와 법률상 완전히 분리되어 있는 법제가 있다. 독점규제 및 공정거래에 관

한 법률은 공정거래위원회의 소속공무원에게 행정적 감독·조사권한을 부여하지만(법 제80조, 제81조) 사법경찰의 직무를 부여하지는 않는다.[41] 영장주의가 적용되지 않는 행정조사이기 때문에 조사는 강제처분의 성격을 띠지 않는 활동의 범위에서만 이루어진다. 그러나 조사에 필요한 자료나 물건의 제출명령 및 일시보관(법 제81조)과 같이 강제처분요소가 있는 예외는 있다. 수사는 비록 공정거래위원회의 조사결과를 활용(심지어 의존)하더라도 공식적으로는 일반 수사기관에 의해 이루어질 수밖에 없다. 이와 같은 제도를 '신분적·기능적' 분리모델이라고 부를 수 있다.

(2) 대화적인 고발 이러한 분리모델에서도 행정관청의 고발은 공소제기의 요건이 될 수 있다. 그 한에서는 전속고발권이라고 부를 수 있다. 공정거래위원회도 전속고발권을 갖고 있다.[42] 또한 공정거래위원회의 고발 대상에서 제외된 공범에게는 고발의 효력이 미치지 않는다. 이는 고소불가분원칙(형사소송법 제233조)을 고발에 적용하면 가벌성을 확장하는 금지된 유추가 되기 때문(大判 2008도4762[43])이기도 하지만, 공정

41 사법경찰직무법은 증권선물위원회의 조사공무원에게 사법경찰직무권한을 부여하는 규정을 두지 않는다.

42 공정거래법 제129조(고발) ① 제124조 및 제125조의 죄는 공정거래위원회의 고발이 있어야 공소를 제기할 수 있다. ② 공정거래위원회는 제124조 및 제125조의 죄 중 그 위반의 정도가 객관적으로 명백하고 중대하여 경쟁질서를 현저히 해친다고 인정하는 경우에는 검찰총장에게 고발하여야 한다. ③ 검찰총장은 제2항에 따른 고발요건에 해당하는 사실이 있음을 공정거래위원회에 통보하여 고발을 요청할 수 있다. ④ 공정거래위원회가 제2항에 따른 고발요건에 해당하지 아니한다고 결정하더라도 감사원장, 중소벤처기업부장관, 조달청장은 사회적 파급효과, 국가재정에 끼친 영향, 중소기업에 미친 피해 정도 등 다른 사정을 이유로 공정거래위원회에 고발을 요청할 수 있다. ⑤ 공정거래위원회는 제3항 또는 제4항에 따른 고발요청이 있을 때에는 검찰총장에게 고발하여야 한다. ⑥ 공정거래위원회는 공소가 제기된 후에는 고발을 취소할 수 없다.

43 공정거래법(제71조 제1항)은 "공정거래위원회가 같은 법 위반행위자 중 일부에 대하여만 고발을 한 경우에 그 고발의 효력이 나머지 위반행위자에게도 미치는지"는 "명문의 근거 규정이 없을 뿐만 아니라 소추요건이라는 성질상의 공통점 외에 그 고소·고발의 주체와 제도적 취지 등이 상이함에도" "형사소송법 제233조가 공정거래위원회의 고발에도 유추적용된다고 해석한다면 이는 공정거래위원회의 고발이 없는 행위자에 대해서까지 형사처벌의 범위를 확장하"여 "결국 피고인에게 불리하게 형벌법규의 문언을 유추해석한 경우에 해당하므로 죄형법정주의에 반하여 허용될 수 없다."

거래위원회가 규율하는 경제질서의 자율성을 존중하기 위한 것이기도 하다. 하지만 공정거래위원회의 고발권은 대화적 구조를 지닌다. 중대·명백한 법위반은 고발의무가 있고, 검찰총장·감사원장·중소벤처기업부장관·조달청장은 고발요청권이 있으며, 이들의 고발요청에 대해 공정거래위원회는 고발의무를 지닌다. 이 점에서 '전속'고발권이라기보다는 대화적인 방식으로 진행되는 '협의'고발제도라고 부를 수 있다. 이 협의고발제도는 전속고발권이 인정되는 경우와 비교하면 해당 사회체계의 행정적 관리에 자율성을 덜 인정하는 셈이다. 그러나 이는 전문성이 없기 때문이 아니라 공정거래에 대한 시민사회의 강력한 기대 때문으로 볼 수 있다.

04

공정거래법의 범죄화유형

Ⅰ. 불공정거래행위와 공정거래형법

Ⅱ. 공정거래형법의 과제

04

공정거래형법의 범죄화유형

Ⅰ. 불공정거래행위와 공정거래형법

기업경영은 실물시장의 공정성(fairness)을 위태롭게 하는 거래를 해서는 안 된다. 독점규제 및 공정거래에 관한 법률(이하 공정거래법)은 시장의 공정성을 해하는 기업활동을 규제하고 형사처벌한다.

1. 시장의 공정성 – 경제성과 도덕성의 수렴

(1) 시장의 공정성의 의미 시장의 조정기능은 자유주의 경제질서를 구축하는 핵심이지만, 재화의 불평등분배라는 부작용도 가져온다. 시장의 공정성(fairness)은 그와 같은 불평등분배에도 불구하고 사회적 통합을 이뤄내는 힘을 지닌 최소한의 도덕성이다. 또한 공정성은 경제적 약자나 사회적 소수자인 사람들(예: 소비자, 노동자)의 비판적인 감시를 가능케 함으로써 경제민주화에도 일부 기여한다. 하지만 이 도덕적 기획은 노동자의 완전한 경영참여와 같은 지점[1]까지 가지는 않고, 대체로 소비자주권의 이념을 실현한다.

다른 한편 시장의 공정성은 중장기적으로 생산의 측면에서 '경제적 효율성'을 증대시키고, 그렇게 증대된 효율성에 따라 각 개인에게 분배될 재화의 절대량을 증대시킨다.[2] 또한 공정거래법을 관장하는 공정거

1 이를 테면 생산라인의 확대, 해외투자 등과 같은 개별적인 경영판단과 전략에 대해 노동자(노동조합)가 경영자와 공동으로 결정하는 제도를 들 수 있다. 국내에서도 H자동차의 단체협약에 포함된 내용의 일부가 이러한 경향을 갖는 것으로 볼 수 있다.

2 시장의 공정성은 롤즈(J. Rawls, A Theory of Justice, 1971)가 말하는 최소극대화(maxmin)

래위원회의 불공정거래행위 통제도 **시장영역을 도덕화**하면서 다른 한편으로는 가령 후생경제학적인 최적의 배분적 효율성, 바꿔 말해 파레토최적(Pareto optimal)에 수렴될 수 있는 **효율성을 동시에 추구**하는 것이다. 그렇기에 시장의 공정성은 재화의 지나친 편중분배를 미약하게나마 개선시킬 수도 있다.

(2) 공정거래법의 목적 먼저 공정거래법 제1조가 정한 목적("공정하고 자유로운 경쟁을 촉진함으로써, 창의적인 기업 활동을 조장하고, 소비자를 보호함과 아울러 국민경제의 균형 있는 발전을 도모함을 목적으로 한다")은 경쟁적 시장구조의 구축과 소비자후생의 극대화이다. 이 목적강령은 '자유로운 공정경쟁'(경쟁적 시장구조의 확립)과 '국민경제의 균형 발전'(예: 경제력집중의 억제)으로 나뉘고, 두 목적이 달성되면 그 결과로서 국민경제가 균형·발전한다. 이러한 목적의 달성과 결과의 실현이 바로 공정성(fairness), 공정한 시장질서이다. 또한 경쟁적 시장구조의 확립을 통해 기업의 생산효율성(productive efficiency)과 이것의 대립항인 (중·단기적으로) 소비자편익이 균형 있게 실현되며, (장기적으로) 모든 소비자의 총효용, 즉 소비자후생이 극대화되고, 이로써 다시 기업의 생산효율성도 촉진된다.

> ★ **소비자후생의 경제성과 소비자주권의 정치성** 경쟁적 시장구조의 확립과 유지와 무관하게 소비자후생을 강조하면 소비자후생의 '경제적 목적'은 소비자주권이라는 가치론적 근거 또는 심지어 **정치적 이념**으로 변화한다. 소비자주권은 자칫 과도한 규제의 명분으로 작용하곤 한다. 소비자주권의 보호법익화를 전면 금지할 수 없지만 경쟁체계를 구성하는 사회적 의사소통의 기반, 즉 폭넓은 공론에 근거하게 할 필요가 있다.

2. 불공정거래행위의 불법구조

(1) 불공정거래의 유형 공정거래법이 시장의 공정성을 실현하기 위해 규제·처벌하는 행위는 존재론적(ontological) 관점이 아니라 공정거

원칙을 실현하는 측면을 갖고 있는 것이다.

래체계의 형성·유지라는 목적의 달성에 필요한가라는 기능론적 관점에서 정해져 있다.

1) 시장지배적 지위남용 시장지배력을 이용하여 상품의 부당한 가격결정, 부당한 출고조절, 부당한 사업활동방해, 경쟁사업자의 부당한 시장진입방해, 경쟁사업자의 부당배제나 소비자 이익을 현저히 저해하는 행위(제5조)는 3년 이하의 징역 또는 2억 원 이하의 벌금(제124조 제1항, 1호)에 처한다.

2) 경쟁제한적 기업결합 경쟁을 제한하는 다른 회사의 주식의 취득·소유, 다른 회사의 임원겸임, 다른 회사와의 합병, 다른 회사의 영업 양수, 새로운 회사의 설립 그리고 강요 기타 불공정한 방법으로 기업결합을 하는 행위(제9조)는 3년 이하의 징역 또는 2억 원 이하의 벌금(제124조 제1항, 2호)에 처한다.

3) 경제력집중의 억제 동일인이 지배하는 기업집단(대규모기업집단)의 경우에 지주회사의 계열회사에 대한 채무보증의 금지(제24조), (계열회사간의) 상호출자의 제한(제21조, 제124조 제1항 7호), 순환출자의 금지(제22조, 제124조 제1항 7호), 금융·보험·공익법인의 의결권 제한(제25조, 제124조 제1항 3호)을 위반하는 행위는 3년 이하의 징역 또는 2억 원 이하의 벌금에 처한다.

4) 카르텔 다른 사업자와 공동으로 상품·용역의 가격, 거래조건, 거래량, 거래상대방 및 거래지역 등을 부당하게 제한하거나 영업의 공동수행 및 관리를 위한 회사의 설립 등의 행위[3](제40조)는 3년 이하의 징역 또는 2억 원 이하의 벌금(제124조 제1항 9호)에 처한다.

5) 개별 불공정거래행위 거래의 거절이나 차별취급, 경쟁자 배제, 고객유인·거래강제 등(상대방의 합리적 선택 방해), 자신의 거래상 지위를

3 카르텔이라고 불리는 공동행위의 개념정의는 大判 92도616 참조.

이용한 거래, 상대방의 사업 활동을 구속 또는 다른 사업자의 사업 활동 방해, 특수 관계인이나 회사에 대한 현저히 유리한 조건의 제공 등이 부당한 경우의 행위(제45조, 제125조 4호) 등의 행위는 2년 이하의 징역 또는 1억 5천만 원 이하의 벌금(제125조)에 처한다.

★ **행정법적 제재와 형벌** ① 불공정거래행위에 대한 공정거래위원회의 시정조치나 금지명령에 응하지 아니하는 행위(제125조 1호)는 2년 이하의 징역 또는 1억5천만 원이하의 벌금에 처한다. 이는 이미 발생한 불공정행위의 사후적 교정을 위한 것이다. ② 각종 거짓의 보고(·신고)나 보고(·신고)의무의 위반(미신고), 거짓감정 등의 행위는 1억 원 이하의 벌금에 처한다(제126조). 이러한 행정형벌은 공정거래위원회의 예방적 활동을 위태롭게 하는 행위를 금지하는 예방적 형법으로서 형법을 행정법의 영역으로 앞당기고, 형벌을 과태료의 영역으로 앞당긴다. 이를 형법의 관할영역의 '**전단계화**'(Vorverlegung)[4]라고 부른다. ③ 대규모내부거래의 이사회 의결의무 및 공시의무위반, 기업결합의 미신고, 계열회사편입·제외에 관련한 자료제출의 거부나 허위자료제출, 위반행위조사를 위한 공정거래위원회의 출석요구에 불응하거나 필요 자료의 제출거부, 허위보고 및 허위자료제출(제130조 제1항), 공정거래위원회 심판정에서의 질서유지명령에 대한 불복종(제130조 제2항) 등의 행위는 법인은 1억 원, 그 단체의 임원·종업원 등은 1천만 원 이하의 과태료에 처해진다. ④ 이 제재규범들은 직·간접적으로 소비자의 권리와 맞대응되어 있지 않은 의무를 설정하는 의무구성요건(Pflichtstatbestand)이다.

(2) 불법의 차이 이해 경쟁적 시장구조의 구축과 소비자후생의 극대화라는 공정거래법의 목적(**목적론적 관점**)에서 보면, 불공정거래행위들의 불법은 《시장지배지위남용과 카르텔→기업결합제한과 경제력집중억제→개별불공정거래행위》의 순으로 가벼워진다. 시장지배지위남용과 카르텔은 경쟁시장의 본래적 기능을 '직접' 위태화하고, 기업결합과 경제력집중은 '간접' 위태화하며, 개별불공정거래행위는 시장구조를 왜곡하는 것이 아니라 거래의 공정성을 해치는 행위이기 때문이다.

4 자세히는 이상돈, 형법학, 형법이론과 형법정책, 1999, 28~35쪽 참조.

이런 목적론적·기능적 관점과 달리 행위의 존재론적 불법구조(ontologische Struktur des Unrechts)에서, 즉 불공정거래행위들이 형법의 정당한 보호법익(특히 인격적 법익[5])을 어느 정도 침해 또는 위태화하는지의 관점(**존재론적 관점**)에서 보면 이 순서는 달라진다. 가령 소비자후생은 거시적이며 불명확한 개념이므로 '소비자의 편익'이라는 법익에 대한 공격의 정도라는 기준으로 분류해보면, 불공정거래행위 유형들의 불법구조는 《개별적 불공정거래행위→시장지배지위남용, 부당공동행위→기업결합→경제력집중》의 순으로 형사불법에 더 접근해있다고 볼 수 있다. 왜냐하면 개별적 불공정거래행위가 법익의 침해행위(Verletzung)이고, 시장지배지위남용행위나 카르텔(부당공동행위)은 법익에 대한 구체적 위험(konkrete Gefahr)을 초래하는 행위이며, 경쟁제한적 기업결합은 추상적 위험(abstrakte Gefahr)을 수반하는 행위이고, 경제력집중행위는 관념적인 위험, 즉 사유적 위험성(Risiko)을 띠는 행위일 뿐이기 때문이다.

Ⅱ. 공정거래형법의 과제

(1) 전문형법의 형성과제 공정거래형법은 기능주의적 관점과 존재론적 관점을 변증적으로 종합하여야 한다. 그런데 기능주의적 관점에서는 강한 형법적 통제가 요구되는 행위유형이 존재론적 관점에서 약한 통제가 요구되는 행위유형이 되기도 한다는 점이 문제이다. 가령 미국의 셔먼법(Sherman act)은 시장지배지위남용과 카르텔을 강력하게 형법적으로 통제하는 반면, 독일의 경쟁제한방지법(GWB)은 모든 법위반행위를 비범죄화하고 범칙금(Bußgeld)의 대상으로 삼는다. 다만 입찰담합의 카르텔은 독일형법전(StGB §298)에서도 중범죄(5년 이하의 자유형)로 처벌되고 있다. 어느 한 관점에만 서서는 안 되고, 두 관점을 모두 고려

5 인격적 법익론의 대표로 Winfried Hassemer, "Grundlinien einer personalen Rechtsgutslehre", FS-Arthur Kaufmann zum 65. Geburtstag, 1989, 85쪽 아래(배종대/이상돈 편역, 형법정책, 법문사, 1999, 339쪽 아래) 참조.

하고, 각 불공정거래의 유형마다 개별사안의 고유한 유형적 특성들을 분석하여 형벌을 부과해도 형법원칙들(죄형법정주의, 비례성, 책임원칙)에 위배되지 않는 사례군을 발굴해내어 각 불공정거래범죄(공정거래형법)의 규범영역(Normbereich)을 확립하는 것이 필요하다. 이 작업은 공정거래형법이라는 전문형법을 형성하는 변증적 방법이 된다.

(2) 집행결손과 상징형법의 극복 공정거래위원회의 사건처리 구성비로만 보면 정반대로 개별불공정거래행위 규제가 절대다수를 이룬다. 이런 편향성은 개별거래행위에서 불공정성이 좀 더 명확하고 승소가능성이 높으며, 형사고발권도 더 분명하게 판단·행사할 수 있으며, 형사고발권의 행사와 함께 할 때 시정명령이나 각종 의무이행확보수단(예: 부당이득세, 과징금, 가산세, 공급거부, 관허사업의 제한 등)도 더 실효적일 수 있기 때문으로 보인다.[6] 또한 그 외의 공정거래위원회의 형사고발건수는 규제건수에 비해 매우 낮다. 특히 시장지배지위남용죄의 고발은 극소수이다. 그런 한에서 공정거래형법은 **집행흠결**(Vollzugsdefizit)[7]에 빠져있고, 형법이론적 용어로 '상징형법'(symbolisches Strafrecht)[8]의 전형을 보여주게 된다. 물론 공정거래형법의 집행흠결은 공정거래위원회가 다른 통제수단의 효과가 충분하지 않은 경우에만 보충적으로 형사고발을 하고, 경제영역에다 사법의 칼날을 지나치게 휘둘러 경제를 그르치지 않으려는 **절제**[9]에서 비롯된다. 이 절제는 **경영합리성과 법적 정의의 간극**(합리성충돌)을 고려한 것일 수 있다. 그 한에서는 성찰적인 고발실무라고 볼 수 있다. 물론 개별적인 불공정거래행위의 불법은 소비자기본

---

6 이 점은 공정거래위원회가 계좌추적권 같은 강제수사권을 확보하려는 강한 경향을 보이는 데서도 잘 드러난다.

7 환경, 경제 형법 등의 영역에서 집행의 흠결을 구조적으로 분석·비판한 Peter-Alexis Albrecht, "Das Strafrecht auf dem Weg vom liberalen Rechtsstaat zum sozialen Interventionsstaat", KritV, 1988, 182~209쪽 참조.

8 이에 관해선 Hassemer, Symbolisches Strafrecht und Rechtsgüterschutz, NStZ 1989, 553쪽 아래(배종대·이상돈 편역, 형법정책, 1999, 318쪽 아래 참조).

9 이런 관점에서 전속고발권의 합헌성을 근거지운 憲裁決 94헌마191 참조.

법이나 표시·광고의 공정화에 관한 법률이나 심지어 민법상의 불법행위나 형법전의 재산범죄(예: 사기죄)와도 중첩되고, 사법기관의 수사가 직접 미칠 수 있는 영역이기에 공정거래위원회가 형사고발을 하지 않는 것일 수 있다. 공정거래위원회는 재산범죄에 해당하는 개별적인 불공정거래행위에 대해서는 행정법적 제재만을 가하고, 형벌권의 행사는 검찰의 판단에 내맡기는 일종의 '권한존중의 태도'를 가지는 셈이다.[10] 이러한 집행흠결의 문제는 입법론적으로는 가령 시장지배지위남용죄나 카르텔 등의 중대한 불공정거래범죄의 비범죄화까지 검토할 수 있게 한다. 그러나 시장지배지위남용죄나 카르텔과 같은 중대한 불공정거래행위는 형벌조항을 엄격하게 적용을 하더라도 여전히 범죄로 남아야 하는 경우가 있고, 이를 탐구하는 것은 공정거래형법의 핵심과제가 된다.

10 이런 절제와 권한의 상호존중은 법사회학적으로는 경제체계와 사법체계 사이의 통합(System-integration)의 의미를 지닌다. 전속고발권의 주체인 공정거래위원회와 검찰권의 주체인 검찰 사이의 상호존중은 체계통합의 매개점이 된다. 제71조는 이를 제도화하고 있다. 여기서 제71조 제3항은 검찰이 고발이전에도 수사를 할 수 있다는 것(박미숙, 공정거래법상 전속고발제도, 형사정책연구소식, 2002, 11/12, 7쪽)이 아니라 고발가능성은 예측하기 어려우므로 원칙적으로 수사를 자제하고, 설령하더라도 임의수사만을 허용하여야 한다.

05

시장지배지위남용죄

Ⅰ. 시장지배지위남용죄의 현황
Ⅱ. 시장지배지위남용의 불법유형
Ⅲ. 시장지배지위남용죄의 성립요건

05

시장지배지위남용죄

Ⅰ. 시장지배지위남용죄의 현황

공정거래법은 시장지배자가 그 지위를 남용하는 행위(Abuse of market dominance)를 금지한다(제5조 제1항).

1. 구성요건의 형성

시장지배지위 남용행위로는 가격남용(제5조 제1항 1호), 부당한 출고조절(2호), 부당한 사업활동방해(3호), 신규진입방해(4호), 기타 소비자이익의 현저한 저해(5호) 등이 있다. 법시행령 제9조는 법 제5조 제2항의 위임에 의해 남용행위의 유형과 기준을 정하며, 법시행령 제9조 제6항의 위임에 의해 공정거래위원회가 고시한 '시장지배적지위 남용행위 심사기준'은 남용행위의 유형과 기준을 더 구체적으로 정하고 있다. 형벌조항인 제124조 제1항 제1호는 시장지배지위남용행위에 대하여 "3년 이하의 징역 또는 2억 원 이하의 벌금"에 처하고 있다. 이로써 시장지배지위남용은 중범죄[1]의 하나가 된다.

★ **시장지배지위남용죄의 형성** 가령 법률 제5조 제1항 제3호는 "다른 사업자의 사업활동을 부당하게 방해하는 행위"를 금지하고, 시행령 제9조 제3항은 이 행위의 4가지 유형을 규정하는 데 예컨대 제3호는 "정당한 이유 없이 다른 사업자의 상품 또는 용역의 생산·공급·판매에 필수적인 요소의 사용 또는 접근을 거절·중단하거나 제한하는 행위"를 규정한다. 또한 공정

1 미국 셔먼법 제2조(독점화죄)도 시장지배지위남용행위를 중죄(felony)로 정한다.

거래위원회가 고시한 시장지배적지위남용행위 심사기준(2015.10.23.) Ⅳ.3. 이다. (1)은 시행령 제9조 제3항 제3호의 한 경우로 '부당하게 특정 사업자에 대하여 거래를 거절하는 경우'를 규정한다. 이로써 법률 제5조 제1항 제3호의 부당한 사업활동방해행위는 '시장지배적사업자가 부당하게 특정 사업자에 대한 거래를 거절함으로써 그 사업자의 사업활동을 어렵게 하는 행위'로 구체화된다. 제124조 제1항 제1호는 이런 행위를 한 자를 3년 이하의 징역 또는 2억 원 이하의 벌금에 처한다.

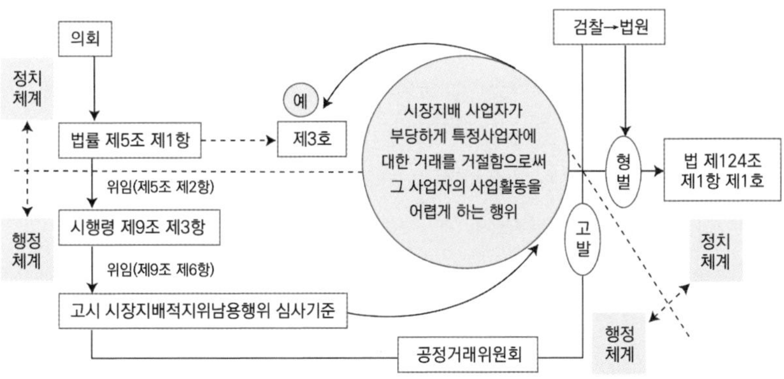

2. 불법의 비교

시장지배지위남용죄의 법정형은 형법상 강요죄(형법 제324조)의 "5년 이하의 징역"보다는 가볍지만 부당이득죄(제349조)의 "3년 이하의 징역 또는 1천만 원 이하의 벌금"보다는 무겁다. 시장지배지위남용죄는 힘의 불균형 상태를 이용하여 경제적 이득을 취하는 범죄라는 점에서 부당이득죄와 도덕적 구조가 유사하다. 또한 공정한 경쟁행위를 하려는 자로 하여금 공정경쟁을 하지 못하도록 만든다는 점에서 강요죄와 유사하지만 폭행 또는 협박을 요건으로 하지 않으며, 개인적 법익을 침해하는 범죄가 아니라 공정경쟁질서라는 보편적 법익을 위태롭게 하는 추상적 위험범이라는 큰 차이가 있다.

3. 시장지배지위남용에 대한 형법정책

(1) 집행결손과 시뮬라시옹의 부재 시장지배지위남용사건은 전체 공정거래법위반 사건에서 약 2% 내외의 비중을 차지하고, 제재조치는 주로 시정명령과 과징금이 사용되며, 형사고발조치는 매우 드물어서 사실상 **비범죄화**되어[2] 상징형법[3]이 되었다고 말할 수 있다. 그럼에도 불구하고 시장지배지위남용죄는 ―자본시장의 공정성을 실현하는 데는 주가조작죄나 내부자거래죄의 기능과 비슷하게― 실물시장이 경쟁적 시장구조라는 (가상과 실재의 경계가 사라진) 실재적 이미지, 즉 '하이퍼리얼'(Hyperreal)을 만들어낼 가능성이 있다. 이처럼 법적 코드에 의한 하이퍼리얼의 창출을 시뮬라시옹이라고 부른다.[4] 그러나 시장지배지위남용죄는 주가조작죄와 달리 수사절차에 넘겨지는 사례가 매우 드물고, 일반시민들도 그 존재를 잘 알지 못하며, 게다가 그 죄가 없다고 하여 시장참여자가 자본시장처럼 급격히 줄어들어 시장이 붕괴되는 것도 아니다. 그렇기에 시장지배지위남용죄는 시뮬라시옹의 효과가 없다고 보인다.

(2) 적정형법 여기서 시정명령이나 과징금의 제재에 의해서 이미 시장지배지위남용에 대한 통제가 충분하고, 시장지배지위남용죄는 불필요하다고 보는 관점과 현실의 시장은 시장지배력을 갖지 못한 자의 자유로운 경쟁을 보장해주지 못하기 때문에 시장지배지위남용죄가 불가피하다고 보는 관점이 대립한다. ① 이런 근본관점의 차이는 유럽과 미국

---

2 Joseph C. Gallo, Kenneth G. Dau-Schmidt/Joseph L. Craycraft and Charles J. Parker, "Criminal Penalties under The Sherman Act: A Study of Law and Economics", Research in Law and Economics, Volume 16, 1994, 25~71쪽의 경험적 분석에 따르면 1955~1993년 사이에 미국 셔먼법(Sherman Act)상 독점지위남용(Monopolization)을 형사사건으로 기소한 경우는 1961년부터 1974년까지 1~2건이다가 1975년 이후로는 거의 형사사건으로 다루지 않고 있다.

3 M. Voß, Symbolische Gesetzgebung Ebelsbach 1989; W. Hassemer, "Symbolisches Strafrecht und Rechtsgüterschutz", NStZ, Heft 12, 1989, 553쪽.

4 자세히는 장 보드리야르(Jean Baudrillard)/하태환 역, 시뮬라시옹: 포스트모던 사회문화론, 민음사, 1992, 12~13쪽.

의 법제 사이의 차이이기도 하다.[5] 유럽연합의 경쟁법(EC 제82조)은 시장지배지위남용의 금지만을 규정하고, 형벌부과 여부는 개별 회원국에게 내맡겨두는데, 가령 독일 경쟁제한방지법(Gesetz gegen Wettbewertsbesch-rängkungen)[6] 제81조는 시장지배지위남용을 (고의 또는 과실[7]의) 질서위반범으로 정하고 범칙금(Bußgeld)만을 부과하고 있다.[8] 이에 반해 미국의 Antitrust criminal penalty enhancement and reform act (2004) SEC. 215 (b)는 셔먼법 제2조(독점화죄) 위반 범죄를 벌금형 뿐만 아니라 (3년 이하에서 10년 이하의) 징역형에 처하고 있다. ② 시장지배지위남용죄가 기업경영의 적정규제가 되려면 시장지배지위남용죄는 폐지되어서도 안 되고, 실효적인 집행수단의 중심이 되어도 안 된다. 시장지배지위남용이 형사불법의 성격을 띠는 드문 사안에 대해서 형벌로 제재하는 것이 바람직하다.

Ⅱ. 시장지배지위남용의 불법유형

1. 보호법익

시장지배지위남용죄의 보호법익은 공정거래질서("공정하고 자유로운 경쟁을 촉진함으로써 창의적인 기업활동을 조장하고 소비자를 보호함과 아울러 국민경제의 균형있는 발전(제1조 후단)")이다. "공정하고 자유로운 경쟁"은

5 이 차이의 근본원인으로 미국과는 다른 독일의 사회적 시장경제체제와 질서자유주의(Ordo-libaralism)를 지목하는 Heike Schweitzer, "The History, Interpretation and Underlying Principles of Section 2 Sherman Act and Article 82 EC", 12th Annual Competition Law and Policy Workshop (Robert Schuman Centre, 8−9 June 2007)의 Proceedings, 41쪽.

6 이 법의 시사점을 다룬 유진희, "독일 경쟁법의 동향과 그 시사점 − 독일 경쟁제한금지법 제6차 개정을 중심으로 −", 경영법률 제10집, 1999, 451~473쪽 참조.

7 이 점에 비판적인 Hans Achenbach, "Das neue Recht der Kartellordnungs− widrigkeiten", wistra, 1991, 241~242쪽 참조.

8 가령 중대한 위반행위들은 최고 백만 유로의 범칙금으로 제재되고, 경쟁당국에 대한 신고의무 위반행위 등은 최대 10만 유로의 범칙금으로 제재된다. Heinz−Bernd Wabnitz/Thomas Janovsky, Handbuch Wirtschafts− u. Steuerstrafrechts, 3. Auflage, C.H.Beck, 2007, III.3. Rn. 61~62쪽 참조.

ⓐ 경쟁적 시장구조의 달성, ⓑ "기업활동의 조장"은 경영의 효율성, ⓒ "소비자를 보호함"은 파레토최적상태에서 달성되는 자원배분의 효율성(allocative efficiency)이 소비자에게 가져다주는 이익의 총합, 즉 소비자후생을 말한다.[9] 기업의 수익극대화는 소비자의 희생을 요구하기 쉽고, 소비자편익의 극대화는 기업의 희생을 요구하기 쉽기 때문에 경영효율성과 소비자후생은 충돌한다.

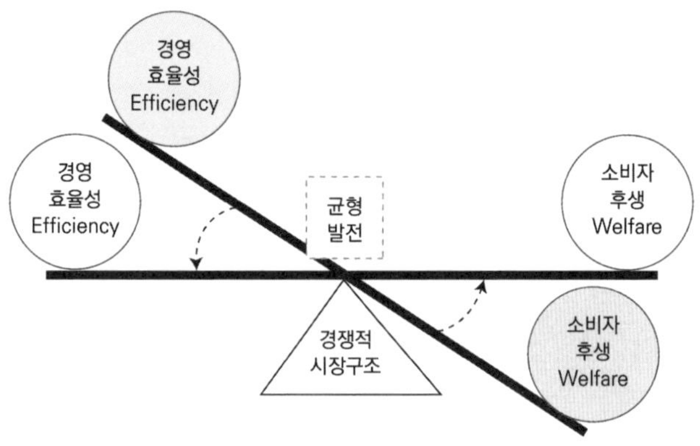

그런데 시장을 지배하는 기업의 이익을 견제하면서 힘없는 기업의 이익을 촉진하고, 복지국가보다는 덜하지만 독과점 시장보다는 더 많이 소비자후생을 촉진시키는 ⓐ 경쟁적 시장구조는 경영효율성과 소비자후생 사이의 충돌과 불균형을 조정·교정하고, 그 둘의 상호수렴을 향해 나아간다. 즉, 경쟁적 시장구조에서 경영효율성은 사회적 총효용을 극대화하여 소비자에게 귀속될 재화의 크기를 증대시키고, 소비자후생도 사회적 총비용을 최소화하여 기업의 경영효율성을 증대시킨다. 이것이 ⓑ "국민경제의 균형 있는 발전"을 도모하는 것이며, 진정한 의미에서 시장의 공정성(fairness)이다.[10] 공정거래법의 "공정"은 바로 이런 의

9 김두진, "시장지배적 지위의 남용", 비교사법 제14권 1호, 2007, 222쪽.

10 미국의 법경제학자들이 후생(Welfare)과 대립항으로 설정되는 공정성 개념(Louis Kaplow·

미이다.[11]

2. 경쟁적 시장구조의 의미

그러나 경쟁적 시장구조의 의미는 매우 불명확하다.[12] 경제학은 이 불확실성을 해소시키지 못한다.

(1) 사안특수성 가령 X시장의 지배자가 그 상품에 Y시장에 속하는 상품을 결합하여 판매하면, 일종의 '지렛대효과'(leverage effect)에 의해 Y시장에서 자유 경쟁을 제약한다고 생각하기 쉽다.

> ★ WMP 끼워팔기사건 MS사는 윈도우 98에 윈도우미디어플레이어(WMP)를, 2000년 윈도우미와 2001년 윈도우 XP에 MSN메신저를 결합하여 판매하였다. MS사는 PC운영체제시장(X시장)의 지배자이다. 공정거래위원회는 다른 시장(Y시장)에 속하는 미디어플레이어나 메신저를 끼워파는 것은 시장지배적지위남용행위(제124조, 제5조 제1항)에 해당한다고 보고, 시정명령과 과징금을 부과했다.[13] 그러나 당시 이 끼워팔기에도 불구하고 Y시장에서는 Gom사가 시장을 지배하였다.

X시장지배자에 의한 Y시장상품의 끼워팔기가 Y시장의 자유로운 경쟁을 제약하는지 여부는 행위시점에서 미래를 향해 '사전적으로'(ex ante)

Steven Shavell, "Fairness versus Welfare: Notes on the Pareto Principle, Preferences, and Distributive Justice", Harvard Law and Economic Discussion Paper, No. 411, 2003, 1~23쪽)은 자유주의적 시장경제를 지탱하는 대칭성, 일관성, 책임원칙과 같은 황금률에 관계된 것이다. 따라서 내가 말하는 공정성은 후생과 대립항적인 공정성이 서로 변증된 상태를 가리킨다.

11 우리나라 법의 규제는 자유시장과 효율성을 중시하는 시카고학파의 영향이 있기 이전, 즉 19세기 후반부터 1960년대까지 미국의 반독점정책의 이념적 좌표와 비슷하다고 보는 견해로 조성혜, "미국의 독점금지와 기업결합의 제한 – 셔먼법 제2조와 클레이튼법 제7조를 중심으로", 비교사법 제9권 제2호, 2002, 445~446쪽.

12 경쟁(Wettbewerb) 개념이 통일적이지 않고 개별규범의 목적과 의미연관에 따라 변화한다는 독일학계의 견해로 Christian Müller-Gugenberger, Wirtschaftstrafrecht, 3. Auflage, Aschendorff Rechtsverlag, 2000, §57-5 참조.

13 프로그램분리, 윈도우-MSN 메신저 상호연동금지, 경쟁제품탑재의 명령 및 과징금 330억 원을 부과한 공정거래위원회 2006.2.24, 2002경촉0453(의결 제2006-042호).

판단하기 어렵고 재판시점 (또는 그보다도 더 늦은 시점에) '사후적으로'(ex post) 판단되기 쉽다. 또한 사후적 판단에 의하더라도 어떤 행위가 있을 때 경쟁적 시장구조를 깨뜨리게 되는 것인지에 관해 법적으로 사용가능한 규칙(법칙성)을 세우기 어렵다. 그래서 경쟁적 시장구조의 법적 의미는 구체적 사안에서 비로소 정해진다(fallimprägnant)(사안중심의 공정성).[14]

(2) 도덕적 요소와 상품결합의 컨버전스 경제학적 기준의 불확실성과 사안특수성은 시장구조의 외적인 요소, 특히 도덕적 요소를 고려하게 만든다.

> 예컨대 공정거래위원회가 MS사의 결합판매가 Y시장의 공정경쟁을 해친다고 본 것은 MS가 X시장의 지배자이고, 지배자의 끼워팔기는 비지배자의 끼워팔기와 달리 비도덕적이라는 판단이 작용한 것일 수 있다.

그러나 비도덕성을 상쇄시키는 요소들, 예컨대 **상품·서비스의 융합**(convergence) 등도 고려하여야 한다. X시장지배자의 끼워팔기가 그 기업의 경영효율성 뿐만 아니라 소비자의 편익도 함께 높인다면, 그 비도덕성은 상쇄되며, 그 한에서 시장지배지위남용죄의 보호법익은 위태화되지 않는다. 두 가지 주의할 점이 있다. 첫째, 결합판매가 '기능적으로 통합된 상품'(**단일상품**)을 형성하는 경우(예: IP-TV)는 새로운 시장형성행위가 되고 개념적으로 결합판매에 해당하지 않는다. 둘째, X시장지배자의 결합상품에 의한 Y시장진출이 아무런 산업연관성 없이 이루어지는 문어발식 사업확장(재벌)은 컨버전스에도 해당하지 않고, 시장지배자의 결합상품의 비도덕성을 상쇄시키는 효과도 인정되지 않는다.

(3) 경쟁으로서 시장의 상호진입가능성 또한 자유로운 경쟁이란 기존의 시장활동을 통한 사업능력을 활용하여 다른 시장에 진출할 자유를

---

14 이를 "사안중심의 공정성"(situation-specific-fairness)이라고 부르는 Steven Semeraro, "The Efficiency and Fairness of Enforced sharing: An Examination of the Essence of Antitrust", Kansas Law Review, Vol. 52, 2003, 47쪽.

포함한다. X시장의 지배자가 그 지배력을 이용하여 Y시장에 결합상품으로 (또는 Y시장의 기업 인수합병을 통해) 진입할 가능성에 맞서 정반대로 Y시장의 지배자가 그 지배력을 이용하여 (또는 X시장의 기업 인수합병을 통해) X시장에 진입할 가능성이 있다면 경쟁적 시장구조는 유지되는 것이다. 즉 공정경쟁은 "하나의 시장 안에 갇힌 경쟁이 아니라 오히려 시장을 넘나드는, 새로운 시장을 창출해가는 경쟁"[15]이 된다.

케이블방송시장(X시장)의 지배자가 방송서비스와 인터넷망서비스를 결합판매하여 인터넷망서비스 시장(Y시장)에 진입할 수 있고, 반대로 인터넷망서비스시장의 지배자가 방송서비스를 결합하여 판매함으로써 방송시장에 진입할 가능성이 있다면 X시장과 Y시장의 경쟁적 구조는 깨지는 것이 아니다.

3. 소비자주권

① 공정거래법은 개인을 수동적인 소비주체에서 '소비생활에서 자기결정의 일반적 가능성'을 지닌 능동적인 소비주체로 높이는 임무를 갖고 있다. 이 임무의 실현은 소비자주권을 실천하는 것이다. 소비자주권[16]은 소비자기본법상의 "소비자의 권익"(소비자기본법 제1조)이나 소비자후생과 달리 마치 인권 개념과 비슷한 구조로 보호필요성을 강조하고 호소하는 수사학적 개념[17]이다. 가령 소비자권익을 실정법적 권리로 만드는 공론형성과 공론경쟁의 동적 과정에서 소비자권익이 불현듯 정서적인 공감(empathy)[18]의 연대를 창출하면 그 권익은 소비자주권의 개념

15 이상돈 · 지유미 · 박혜림, 기업윤리와 법, 법문사, 2008, 96쪽.

16 이봉의 · 전종익, "독점규제법 제3조의2 제1항 제5호 후단 '소비자이익 저해행위' 금지의 위헌성 판단 – 명확성원칙을 중심으로", 서울대 법학 제49권 제3호, 268쪽.

17 자세히는 이상돈, 인권법, 세창출판사, 2005, 121쪽 아래.

18 공감의 개념에 대해서 이상돈, 법미학, 법문사, 2008, 129쪽; Spencer J Pack, Capitalism as a Moral System: Adam Smith's Critique of the Free Market Economy, Edward Elgar, 1991, 76쪽 참조. 이 문헌들에서 좀 더 명확해져야 하는 점은 공론이란 이성적 논거에 의한 상호이해와 합의의 형성과정인 반면, 공감은 이성적으로 생각하기를 멈추고(stop thinking rationally) 감성적으로 함께 느끼는(feeling together, Mitgefühl) 작용이기 때문에 공감은

으로 표제화된다. 하지만 이런 개념은 사용규칙을 정할 수 없어서 공정거래법의 보호법익이 되기에 적합하지 않다. ② 시장지배적인 대기업의 사업활동은 소비자후생을 높이는 경우에도 힘의 비대칭(asymmetry)으로 소비자를 상품과 서비스의 수동적인 소비주체로 만들기 때문에 소비자주권은 대기업과 소비자 사이의 경쟁적 관계를 실현하는 권리로 재해석할 수 있다. 이는 경쟁적 시장구조의 도덕적 요소로 바라볼 수 있다. 이런 정치경제학적 이해에 따르면 소비자주권을 구성하는 권리들의 침해는 경쟁적 시장구조를 깨는 것이 된다. 하지만 소비자주권 개념의 고도의 불명확성을 고려할 때 매우 '중대한 소비자권익을 명백하게 침해하는' 경우에만 경쟁적 시장구조를 위태화한다고 보아야 한다.[19] 시정명령이나 과징금 부과가 아니라 시장지배지위남용죄로 형사처벌하기 위해서는 더욱 더 중대하고 명백한 소비자권익침해에 국한하여야 한다.

★ 끼워팔기의 소비자주권 침해와 형사불법 예를 들면 MS사의 윈도우미디어플레이어(WMP) 끼워팔기 사건에서 소비자의 권익을 실현하는 조치는 대략 아래 표와 같은 ①~③ 단계로 나눌 수 있다.

경쟁법	형법	보호 단계	보 호 내 용
합법	합법	③	윈도우가 WMP이외에 타사제품을 반드시 함께 제공하여(must carry) 소비자가 선택하게 함
		②-2	윈도우가 WMP 이외의 타사 미디어플레이어를 사용할 수 있는 호환성 및 타사제품 다운로드 아이콘 메뉴설정
불법		②-1	WMP를 빼고 윈도우를 구입하는 마이너스 옵션 보장
	불법	①	윈도우와 WMP의 패키지 구입여부만을 선택할 수 있음

① 단계는 소비자보호 수준이 가장 낮고 ③ 단계는 가장 높다. 한국의 공

공론에 의해 형성되는 것이 아니라 공론의 과정 속에서 또는 그것과 (우연히) 병행하여 형성되는 것임에 주의를 요한다.

19 미국에서도 셔먼법 위반행위들은 형사불법에 해당하는지가 명확하고 확실한 경우가 아니라면 형사처벌의 대상이 될 수 없다고 보기도 한다. 이런 견해로 Kramer Victor H, "Criminal prosecution for violation of sherman act in search of a policy", Georgetown Law Journal, Vol.48, issue 3, 1960, 535쪽 참조.

정거래위원회는 ②−1,2 단계의 소비자보호조치를 취했다.[20] 같은 사건에서 EU는 끼워팔기의 지렛대효과를 중시하여[21] WMP가 (컴퓨터제조단계에서) 제거된 윈도우의 판매의무를 인정하는 (시장)간섭적 조치를 취한 반면, 미국(의 동의명령)은 소비자에게 WMP가 보이지 않게 설치하고 호환성만 확보하게 하는 조치만을 취했다.[22] 이런 비교법적 고찰을 함께 고려해보면, 가령 경쟁법상으로는 ②−1,2 단계에 이르는 보호조치를 해야만 비로소 합법이 된다고 보고, 형법적으로는 ②−1 또는 ②−2 단계 이상의 소비자보호조치를 취하지 않는 끼워팔기만이 소비자주권을 침해한다고 보는 것이다. 그러므로 이런 경우에 시장지배지위남용죄의 다른 요건들을 충족한다면 MS사의 WMP끼워팔기는 미디어플레이어시장의 경쟁을 제한하지 않은 경우에도 시장지배지위남용죄에 해당하게 된다.

4. 불법의 불명확성과 순환논증의 오류와 극복

시장지배지위남용죄의 모든 구성요건들에서 사용되고 있는 "부당하게"(제5조 제1항, 1호~5호 전단)는 일반조항적 개념, "소비자의 이익을 현저히 해칠 우려가 있는 행위"(5호 후단)도 고도로 가치충전이 필요한 개념이어서 시장지배지위남용죄의 법텍스트는 상당히 불명확하다. 그렇다고 명확성원칙에 위배되는 것은 아니다.[23] 이 죄의 불명확성은 텍스트보다 불법의 실질의 순환구조에서 비롯된다. 《시장획정(T_1) → 시장지배지위

20 공정거래위원회 2002경촉0453(의결 제2006−042호); 2006심이11639(재결 제2006−027호).

21 미국은 끼워팔기의 지렛대효과를 간과하여 더욱 시장친화적인 해결방안을 취했다고 보는 Rudolph J.R. Peritz, "Re−thinking U.S. v. Microsoft in Light of the E.C. Case", NYLS Legal Studies Research Paper No.4., 2004, 3~5쪽 참조.

22 이런 비교는 Randal C. Picker, "Unbundling Scope−of−Permission Goods: When Should We Invest in Reducing Entry Barriers?" The University of Chicago Law Review, Vol. 72, No. 1, 2005, 189~208쪽.

23 독일 연방법원(BGHZ 96, 337[*NJW* 1986, 1877쪽])도 "부당한"(unbillig), "실질적으로 정당한 이유 없이"(ohne sachlich gerechtfertigten Grund)와 같은 일반조항적 개념들은 과태료 부과의 요건으로 사용되긴 하지만 형법적 명확성원칙을 충족한다고 본다. 우리나라에서도 예를 들어 CJ케이블넷이 공정거래법 제3조의2 제1항 제5호의 "소비자이익저해행위"가 명확성원칙에 위배된다고 위헌법률심판제청신청을 하였지만, 서울고등법원은 신청을 기각한 바 있다. 서울고등법원 2008. 8. 20. 선고 2007누23547 판결 참조.

의 판단(T_2) → 남용행위의 판단(T_3)》[24]의 순차적 판단으로 모두 충족되면 시장지배지위남용죄의 법적 효과(OR)가 귀속된다. 이를 기호화하면 다음과 같다.[25]

> 시장지배지위남용죄: $\wedge x\ ([T_{1x} \wedge T_{2x} \wedge T_{3x}] \rightarrow ORx)$
> 논리적 체계적 판단순서: $T_{1x} \rightarrow T_{2x} \rightarrow T_{3x}$
> 현실적 판단순서: $T_{3x} \rightarrow T_{2x} \rightarrow T_{1x}$

이 순서는 논리적·체계적 순서이다. 각 요건($T_1 \sim T_3$)의 판단은 매우 불확실하고, 그 불확실성의 틈새로 해당 기업이나 사업분야에 대한 정치경제적 가치판단이나 규제정책적 목표설정과 같은 '실천적 규제기획'이 작용할 수 있다. 그럴 경우 시장지배지위(T_2)나 기업활동의 남용성(T_3) 판단을 먼저 하고 시장획정(T_1)은 그에 맞춰서 하기 쉽다. 이를 시장획정의 정치화[26]라고 할 수 있다.

> ★ **시장획정의 정치화** 1950년대 중반 듀퐁은 미국의 셀로판(cellophane) 판매량의 75%를 점유했다. 당시 셀로판은 같은 용도로 사용하는 유동성포장재(flexible packaging materials) 전체매출의 18%를 점하였다. 따라서 셀로판과 다른 유동성포장재를 하나의 시장으로 보면 듀퐁의 시장점유율은 약 13.5%가 된다. 듀퐁사는 셀로판의 가격을 한계비용을 훨씬 초과하는 높은 수준으로 유지하였다. 만일 셀로판시장과 유동성포장재시장을 별개의 시장으로 보면 듀퐁사는 미국 셔먼법 제2조 독점화위반죄에 해당하게 된다. 연방대법원은 소비자들은 셀로판이 비싸면 다른 유동성포장재를 구입한다는 **대체구입가능성**(interchangeability)을 이유로 그 둘을 하나의 시장으로 획정했다.[27] 하지만 용도가 동일해도 제품자체의 명확한 특성(예: 파열

---

24 이런 논리적 체계적 순서를 명확하게 서술순서로 삼고 있는 유진희, "시장지배적 지위의 남용금지", 경영법률연구총서 제15권, 2004, 123~153쪽.

25 x는 불특정한 개인(인적 변수)을 가리키며, ∧는 모든 불특정한 개인에 대하여 타당하다는 뜻이다. 즉 $\wedge x([T_1x \wedge T_2x \wedge T_3x] \rightarrow ORx)$란 누구든지 $(T_1 \wedge T_2 \wedge T_3)$의 요건을 충족하는 행위를 하면 OR의 법적 효과를 받게 된다는 뜻이다.

26 박혜림, 부당한 공동행위(카르텔)에 대한 형법적 규제, 고려대학교 석사학위논문, 2009, 51쪽.

27 U.S. v. E.I. duPont De Nemours and Co., 351 U.S. 377 (1956) 참조.

강도, 가스침투성, 투명성, 방습성 등) 차이를 고려하면 그 둘은 별개의 시장이 된다. 즉, 시장획정에서 소비자의 대체구입가능성과 **제품의 물리적 특성차이** 중 어느 것을 중요시할 것인지가 관건이 된다. 미국 정부가 제소한 논리를 재구성해보면, 듀퐁사는 셀로판의 가격을 매우 높게 유지하는 행위(T3x)를 하고 그 가격유지행위를 통해 높은 마진율(수익률)을 얻은 점을 고려하여 시장지배지위를 인정하고(T2x), 이런 지위를 인정하도록 셀로판과 유동성포장재를 제품의 물리적 특성차이를 중시하여 다른 시장에 분류시킨다(T1x). 이 경우 시장지배지위남용의 판단순서는 T3x → T2x → T1x가 된다.

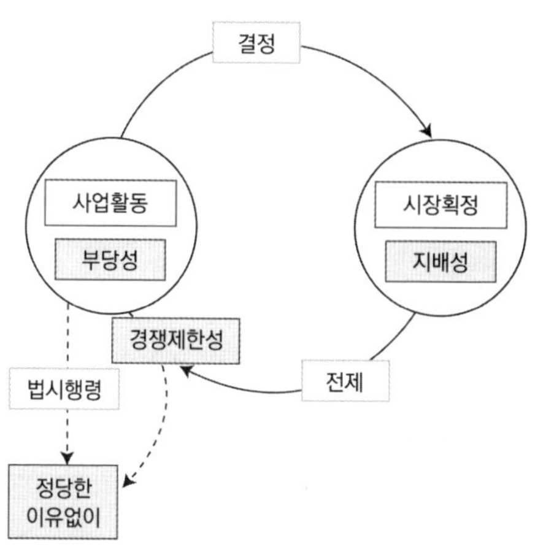

그러나 이런 시장획정의 정치화도 부당한 기업활동이 경쟁적 시장구조를 깨뜨리는 효과(경쟁제한효과)가 있는 행위에 대해서만 인정될 수 있다. 그런데 기업활동의 경쟁제한효과는 그 기업이 시장지배자임을 전제로 할 때에만 인정된다. 여기서 경쟁제한성은 시장지배지위를 전제하고, 시장지배지위는 경쟁제한성을 전제하는 순환논증(선결문제요구 petitio principi)이 발생한다. "부당하게"는 이런 순환논증을 은폐시킨다. 법시행령은 부당하게를 구체화[28]하려고 하지만 언제나 "정당한 이유 없이"라는 문언을 사용함으로써 사실상 궁극의 지점에서는 부당하게의 단지 '수사학적 변용'을 할 뿐이다.

이 순환논증을 해결하는 방법은 ① 시장지배 지위남용행위는 경쟁

28 가령 법률 제5조 제1항 제2호("상품판매 또는 용역제공을 부당하게 조절하는 행위")는 시행령 제9조 제2항 제1호("정당한 이유 없이 최근의 추세에 비추어 상품 또는 용역의 공급량을 현저히 감소시키는 경우")로 구체화한다.

적 시장구조를 직접 깨뜨리는 행위가 아니라 깨뜨리기에 적합한 특성을 가진 행위, 즉 **적성범**(Eignungsdelikt)으로 보는 것이다. 판례가 경쟁제한 행위를 "경쟁제한의 효과가 생길 만한 우려가 있는 행위로 평가될 수 있는 행위"(大判 2002두8626)로 개념화한 것도 사실상 같은 취지이다. 그러나 이런 적성만으로 시장지배지위남용죄를 인정하면 공정거래형법은 사실상 소비자보호법이 되고 만다. ② 그래서 경쟁적 시장구조을 훼손할 적성이 있는 행위는 사업자들에게 **행위규범**으로 내면화할 수 있는 가능성이 있을 것을 요구해야 한다. 즉, 시장지배지위남용행위는 시장 위의 '**부도덕한 행위**'로 인정될 수 있어야 한다. ③ 그러므로 시장지배지위남용죄의 불법은 소비자주권 침해행위라고 말해지는 행위들이 경쟁적 시장구조를 깨기 쉬운 적성을 가진 부도덕한 행위라는 점에 대한 사람들의 폭넓은 공감에 있을 때 사업자에게 귀속될 수 있는 것이다.

Ⅲ. 시장지배지위남용죄의 성립요건

시장지배지위남용죄의 구성요건을 ① 체계적이고 세분화된 요소들(1. 시장지배성, 2. 부당성, 3. 유형성, 4. 의도성)로 구체화하고, ② 각 성립요소들을 과학적 설명모델로 근거한 논거로 해석하며, ③ 시장형법외적 불법보다 가중된 불법요소를 발굴하는 것이다.

1. 시장지배성

시장지배지위남용죄는 신분범이다. 제124조 제1항 1호는 "제5조(시장지배적지위의 남용금지)를 위반하여 남용행위를 한 자"는 시장지배적 사업자의 업무를 수행할 권한을 가진 자이므로 이중의 신분관계, 즉 행위자는 사업자의 업무를 수행할 권한을 가진 자(예: 대표이사)이면서 시장지배적 사업자이어야 한다. 아래서는 시장지배적 사업자라는 신분요소만 다룬다.

(1) 시장의 획정 시장지배적 사업자란 시장지배력(market power)

을 지닌 자이다. 시장지배력은 특정한 시장, 즉 "일정한 거래분야"에서의 지배력을 의미한다. 시장지배력은 해당 시장의 구체적인 외연을 넓게 획정하면 그만큼 약화되고, 반대로 좁게 획정하면 그만큼 강화된다. ① 시장의 외연은 어떤 상품의 구입조건이 변화함에 따라 다른 상품이나, 다른 지역 또는 다른 생산판매단계(예: 제조 → 도매 → 소매)의 상품으로 **대체구입이 이루어지는 모든 상품들을 포괄**하여 획정된다. 이를 관련시장(제2조 제4호)(관련상품시장, 관련지역시장, 관련단계시장)이라고 한다. 이때 대체가능성은 주로 수요대체성을 말하지만, 이 대체성의 판단에는 특히 소비자의 경제적 가치설정(가격, 기능, 디자인 등 다양한 측면)의 집단적 선호경향도 고려할 수 있다.[29]

★ **프로그램방송시장의 획정** 서울 강서구의 종합유선방송사업자(SO)이며 플랫폼사업자인 Tg방송(주)은 Tk방송(주)을 합병하여 상호를 Tk방송(주)로 바꾸고 W홈쇼핑(주)에게 채널변경행위를 하여, W홈쇼핑(주)은 매출에 손실을 입었다. ① 공정거래위원회는 Tk방송(주)은 (SO와 가입자 간) 프로그램송출시장의 지배력을 남용하여 인접시장인 (SO와 홈쇼핑사업자 간) 프로그램송출서비스시장에서 W홈쇼핑에게 "부당하게 거래상대방에게 불이익이 되는 거래 또는 행위를 강제하는 행위"(시장지배지위 남용행위 심사기준 Ⅳ.3.라.(3))를 하여 다른 사업자의 사업활동을 부당하게 방해하는 행위(법시행령 제9조 제3항 4호)를 하였음을 인정하였다. ② 그러나 프로그램송출서비스시장과 프로그램송출시장은 별개의 시장이고, 프로그램송출시장의 **관련시장은 전국**이므로 Tk방송(주)은 시장지배적 사업자가 아니며, 프로그램송출시장 지배력이 프로그램송출서비스시장으로 전이되지도 않는다(大判 2007두25183).

② 그러나 행정법적 제재가 아니라 형벌을 부과하기 위한 요건으로서 관련시장을 획정할 때에는 이외에도 공급자의 판매전략과 전문가집단의 상품시장이해 그리고 **대체구매시 발생하는** (법적, 경제적, 문화적, 시간

29 사항적 관련시장을 고객의 입장에서 대체가능성이 있는가, 그리고 공간적 관련시장을 수요자의 입장에서 대체가능성이 있는가를 기준으로 판단하는 유진희, "시장지배적 지위의 남용금지", 경영법률연구총서 제15권, 2004, 126쪽, 141쪽.

적) **거래비용**[30]의 증감 등을 함께 고려하여, 관련시장의 획정 방안들 가운데 가장 넓은 관련시장을 선택해야 한다.

(2) 지배력 공정거래법은 시장에 대한 지배력(market power)이란 "상품이나 용역의 가격·수량·품질 기타의 거래조건을 결정·유지 또는 변경할 수 있는 시장지위"(제2조 제7호)라고 정의한다.

1) 지배력의 추정 현행법은 단독 점유율이 50% 이상(독점 monopol), 3개 이하의 사업자들의 시장점유율 합계가 75% 이상(과점 oligopol)일 때[31] 그 사업자들을 시장지배적 사업자로 추정한다(제4조).[32] 법원은 실질적인 시장지배력을 판단하여 점유율에 의한 추정을 깨고 시장지배지위를 인정하지 않을 수 있고, 그 반대도 가능하다. 시장점유율은 시장지배력의 필요조건도 충분조건도 아니다.[33]

---

30 과거 소주시장은 지역별로 시장이 분할되어 있었다. 특히 헌법재판소가 위헌결정을 내린 주세법상 '자도소주 구입명령제도'와 같은 대체구매의 법적 제한이 있는 경우에는 지역관련시장은 대체구매가 법적으로 불가능한 지역을 관련시장에서 배제한다.

31 독일은 단독점유율이 30% 이상, 3개 이하의 사업자 점유율 합계는 50% 이상, 5개 이하의 사업자 점유율 합계는 66% 이상일 때 시장지배지위를 인정한다(GWB § 19(3) 참조). 미국의 법원은 전통적으로는 시장점유율이 90% 이상이면 확실하게 시장지배력을 인정하고, 33% 이하이면 확실히 인정하지 않으며, 60~64% 정도에서 인정여부의 경계선을 설정한다. 이에 관해 United States v. Aluminum Co. of Am., 148 F.2d 416, 424 (2d Cir. 1945) (Hand, J.) 참조. 우리나라 법은 독일보다는 완화된, 미국 판례보다는 엄격한 기준을 채택한 셈이다.

32 ① 경제적으로 단일체로 기능하는 기업집단은 시장점유율 계산에서 하나의 기업으로 취급한다. 모회사이든 자회사 모두가 또는 선택적으로 시장지배적 사업자로 취급될 수 있다(법시행령 제4조 제3항). ② 공정거래위원회는 BC카드와 12개 회원은행들이 수수료율 등을 높게 유지한 공동의 행위에 대하여 시장지배지위남용을 인정함으로써(공거래위원회 의결 제2001-40호, 2001.3.28) 사실상 **'경제적 행위 동일체'**를 인정한 바 있다. ③ 판례는 각 사업자들이 각자의 책임과 계산 하에 독립적으로 사업하고 있고 손익분배를 함께 하고 있지 않다면 하나의 사업자로 볼 수 없다고 본다(大判 2003두6283). 소비자에게는 BC카드와 그 회원은행들이 하나의 사업자로 보이지만, 각 회원은행들은 상품과 서비스의 내용을 차별화하고 수익률도 차이가 나므로 하나의 사업자로 보기는 어렵다. 다만 부당공동행위로 바라보고 통제할 여지는 있다.

33 시장점유율은 경쟁제한효과를 발생시킬 만큼의 가격을 상승시킬 수 있는 많은 능력이 있음을 나타내는 지시자가 되는 것은 아니라고 보는 Einer Elhauge, "Defining better mono-polization standards", Standford Law Journal Review, Vol. 56, 2003, 259쪽.

2) 실질경쟁의 배제력 지배력의 핵심은 실질적 경쟁[34]을 배제시킬 수 있는 힘의 유무다. 이때 경쟁이란 가격, 품질, 조건, 서비스 등 다양한 차원에서 가능한데, 어느 하나, 예컨대 가격경쟁을 배제시킬 수 있는 힘(power of price)만으로도 시장지배력을 인정할 수 있다. 경제학적 공식으로 유명한 러너지수(Lerner index)[35]도 가격을 중심으로 시장지배력을 측정한다. 러너지수는 기업이 이윤을 최대화하는 방향으로 설정한 가격(P)에서 이윤을 최대화하는 생산수준에서의 한계비용(MC)을 빼고 이를 다시 이윤을 최대화하는 가격(P)으로 나눈 값(L)이다. 러너지수(L)가 커지면 시장지배력이 커지며, 지수가 작아지면 시장지배력은 약화된다. 이는 수요의 가격탄력성(Ed=Elasticity of demand)과 반비례적인 마이너스 관계(L=−1/Ed)에 놓인다.

$$L = \frac{(P - MC)}{P}$$

3) 범죄신분구성적 지배력 시장지배지위남용의 형사처벌은 더 나아가 경쟁의 다양한 차원들[36]에서 실질적 경쟁을 배제하는 힘(전면적 경쟁배제)을 가져야 한다. 경쟁사업자의 규모[37]가 상대적으로 매우 작고, 진입장벽[38]도 존재하며, 아울러 시장지배력을 추정하는 점유율 이상인 사

34 실질적 경쟁은 완전경쟁은 아니지만 독일 경쟁제한방지법(GWB)의 **기능력있는 경쟁**(funk−tionsfähiger Wettbewerb)과 같다. 이를 "유효경쟁"이라고 말하는 신동권, "독일 경쟁제한방지법(GWB)상의 시장지배 개념", 경쟁저널 통권 제110호, 2004, 14쪽.

35 Abba Lerner, "The Concept of Monopoly and the Measurement of Monopoly Power", The Review of Economic Studies Vol. 1 No. 3, 1934, 157−175쪽.

36 러너지수로 측정되는 시장지배력에서 가격(P)은 상품의 가격만이 아니라 '장기적으로는' 수량이나 품질도 포함한 개념일 수 있다. 이윤을 최대화하는 수량(출고조절)은 결국 이윤을 최대화하는 가격을 전제할 수밖에 없고, 품질도 그 좋고 나쁨의 변화에 따라 이윤을 최대화하는 가격의 설정을 변화시킬 것이기 때문이다. 그러나 '단기적으로는' 가격은 수량과 품질과 구분되어 이윤극대화의 방향으로 설정될 수 있다.

37 이를 판단함에는 "(1) 경쟁사업자의 시장점유율 (2) 경쟁사업자의 생산능력 (3) 경쟁사업자의 원재료 구매비중 또는 공급비중 (4) 경쟁사업자의 자금력"을 고려한다(시장지배적지위 남용행위 심사기준 Ⅲ.3.나 참조).

38 이에는 (1) 법적·제도적인 진입장벽의 유무 (2) 필요 최소한의 자금규모 (3) 특허권 기타 지식재산권을 포함한 생산기술조건 (4) 입지조건 (5) 원재료조달조건 (6) 유통계열화의 정도 및 판매망 구축비용 (7) 제품차별화의 정도 (8) 수입의 비중 및 변화추이 (9) 관세율 및 각

업자로서[39] 가격·수량·품질 기타의 거래조건에서 실질경쟁의 배제력[40]을 갖는 경우만을 시장지배지위남용죄의 신분자로 인정하는 것이다.

2. 부당성

시장지배지위남용죄는 시장지배적 사업자가 그 지위를 이용하는 행위가 부당한 것이어야 한다. 경쟁제한'행위'를 구성하는 개념표지인 부당성은 개별불공정거래행위죄(제45조)와 차별화[41]되기 위해서는 경쟁제한'효과'와 관련지어야 하지만 순환논증에 빠지지 않으려면 경쟁제한효과에 의해 판단되어서도 안 된다.

(1) 경쟁제한효과의 결정과 논증 구분 이런 부당성 판단의 이율배반을 해결하는 방법은 경쟁제한효과와 무관하게 부당성을 판단하는 실질적인 힘의 작용인 결정(Entscheidung)과 경쟁제한효과와 관련된 논거에 의한 설명인 '논증'(Argumentation)을 구분하는 것이다. 가격덤핑(약탈적 가격 predatory pricing)의 예로 설명해보자. 가격덤핑이란 그 상품거래에서 적자를 감수하면서까지 경쟁사업자의 상품가격보다 현저하게 낮은 가격으로 판매하는 출혈경쟁행위이다. 이를 부당하다고 판단하는 궁극의 힘은 시민들의 법의식, 가령 출혈경쟁이라는 경쟁행위[42]는 비신사적이

종 비관세장벽 등이 고려된다(시장지배적지위 남용행위 심사기준 Ⅲ.2.나 참조).

39 시장점유율(market share)만으로는 시장지배력을 파악할 수 없지만, 시장점유율은 수요의 가격탄력성, 공급의 가격탄력성에 대해 상관관계가 있는 효과를 미친다고 본 William M. Landes; Richard A. Posner, "Market Power in Antitrust Case", Harvard Law Review, Vol. 94, No.5, 1981, 937~996쪽, 특히 946쪽 아래 참조.

40 이런 실질경쟁의 배제력을 판단함에는 시장봉쇄력(원재료의 구매비율이나 공급비율이 시장지배자 추정 시장점유율 이상일 때), 자금력, 신기술개발능력, 산업재산권 보유량, 거래선변경의 가능성 등을 고려해야 한다.

41 大判 2002두8626은 같은 견해를 취하고 있으나 박시환 대법관의 반대의견으로는 두 조항의 목적을 동일한 것으로 바라본다.

42 출혈가격경쟁은 독일에서도 부당성 개념을 명확하게 적용할 수 있는 사례군으로 정립되었다. Christian Müller-Gugenberger, Wirtschaftstrafrecht, 3. Auflage, Aschendorff Rechtsverlag, 2000, §57-42 참조.

라는 공통된 도덕적 직관[43]에 있다. 그런 직관에 의해 부당성을 인정한 다음, 그 근거를 설명할 때에는 충돌 당사자들의 이익을 비교형량하여,[44] 지배자의 이익이 우월하지 않다는 논증('가치논증')을 하거나 시장지배자의 경영효율성을 높이는 것과 무관하다는 논증('효율성논증')을 할 수 있다.

(2) 비신사성의 내용 시장에서 경쟁의 부당성을 구성하는 도덕적 직관의 내용으로 (비)신사성을 들 수 있다. 비신사성은 게임에서 비신사적 행위에 비유될 수 있다. 신사성은 자유시장의 조정기능에 대한 신뢰 속에서 새로운 질서를 형성한 서구근대사회 부르주아들의 도덕적 품성이기에 시장의 조정기능을 훼손하는 것은 비신사적인 것이다. 우리나라의 상도(商道) 개념도 비슷해보인다. 시장지배지위의 남용은 대표적인 비신사적인 행위들이다. 공정거래위원회의 시장지배적지위 남용행위 심사지침이 정립한 남용행위의 세부 유형 및 기준행위들은 이런 비신사적 행위[45]들을 목록화한 것으로 볼 수 있다. 몇 가지 유형을 살펴보자.

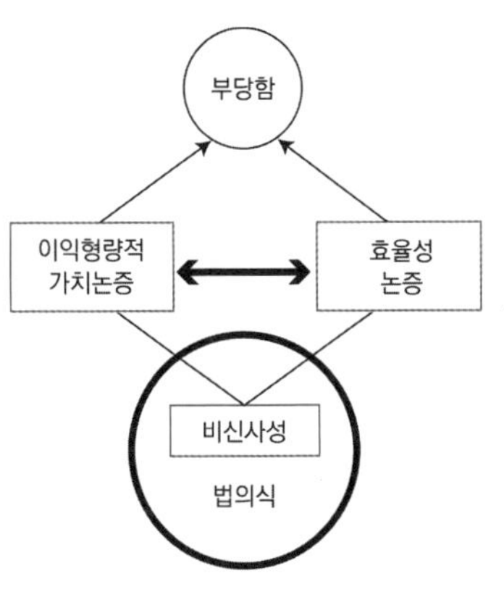

★ **비신사적 행위** ① 상품의 가격을 높게 결정하는 행위는, 예컨대 구매자를 현혹할 만큼 판촉활동을 하기 위해 일반관리비나 영업외비용을 과도

43 미국의 반독점법도 미국 헌법상 '견제와 균형'에 따른 사적 경제적 권력에 대한 법적 견제에 대한 미국시민들의 신뢰(자세히는 A. D. Neale and D.C. Goyder, The Antitrust Laws of the United States. Cambridge University Press, 1980 참조)에 기초한다(윤보옥, 셔먼법에 관한 연구, 서울대학교 박사학위논문, 1985, 147~150쪽). 비슷하게 한국시민들도 법이 비신사적이라고 말할 수 있는 부도덕한 사업행위를 시장지배적 사업자들이 하지 못하게 한다는 점을 신뢰하고 있다고 볼 수 있다.

44 유진희, "시장지배적 지위의 남용금지", 경영법률연구총서 제15권, 2004, 134쪽.

45 이처럼 신사성(과 숙녀성)은 법의 규범적 기획을 실현하는 인간행위의 특성으로 파악하는 이상돈·민윤영, 법정신분석학입문, 법문사, 2010, 236쪽 참조.

하게 사용하는 비신사적 사업행위이기 때문에, 부당한 행위가 되는 것(제5조 제1항 1호 해당)이며, ② 원재료가 되는 상품의 공급량을 감소시키는 행위는, 예컨대 자신은 그 원재료를 이용하여 관련제품을 생산하면서 다른 사업자에게는 원재료 공급을 감소시키는 비신사성 때문에, 부당한 행위가 되는 것(2호 해당)이며, ③ 어떤 직원을 채용함으로써 다른 사업자의 사업활동을 방해하는 행위, 예컨대 다른 사업자의 사업활동에 없어서는 안 될 기술요원을 고액연봉의 유혹으로 스카우트해가는 것도 비신사성 때문에 부당한 행위가 되는 것(3호)이며, ④ 원자재 구입을 현저히 증가시켜 신규사업자가 필요한 원자재 구입을 어렵게 만드는 행위가 부당한 행위가 되는 것(4호)도 비신사성 때문이다. ⑤ 통상거래가격에 비하여 낮은 대가로 공급하거나 높은 대가로 구입하여 경쟁사업자를 배제시킬 우려가 있는 행위가 부당한 행위가 되는 것(5호 전단)도 역시 그 행위의 비신사성 때문이다.

(3) 비신사성의 결정과 효율성·가치논증의 순환 여기서 비신사성은 논증언어가 아니라 '결정'의 차원에서 작동하는 공통된 도덕적 직관을 형성하는 법의식의 내용이다. 이 결정은 합리적 논거에 의해 그 타당성이 설명되어야 한다. 가치논증이나 효율성논증이 그런 설명이 된다.

★ **효율성논증과 가치논증** 가령 "다른 사업자의 사업활동을 부당하게 방해하는 행위"(제5조 제1항 3호), 이를테면 "정당한 이유 없이 다른 사업자의 상품 또는 용역의 생산·공급·판매에 필수적인 요소의 사용 또는 접근을 거절·중단하거나 제한하는 행위"(법시행령 제9조 제3항 제3호)를 예로 들자. ① 이때 비신사성(부당성, 정당한 이유 없음)은 예컨대 "필수요소를 제공하는 사업자의 투자에 대한 정당한 보상이 현저히 저해되는 경우"나 "기존 사용자에 대한 제공량을 현저히 감소시키지 않고서는 필수요소의 제공이 불가능한 경우"(시장지배적지위 남용행위 심사지침 Ⅳ.3.다.(4) 참조) 등이 아니었는지, 그러니까 일종의 **효율성논증**의 형태로 판단된다. ② 이런 효율성논증은 사업자의 입장에서 합리적 경영판단을 할 때 무엇이 "정당한 보상이 현저히 저해"되는 경우인지에 대한 가치논증에 좌우될 수 있다. 또한 이 가치판단은 사업자가 원하는 보상수준의 (비)신사성에 대한 공감에 기초하게 된다. 정당한 이유의 판단은 이처럼 **비신사성이 일종의 선이해로 작동하는 해석학적 순환**에서 빠져나올 수 없다.

(4) 현저한 비신사성 시장지배지위의 남용을 인식케 하는 비신사성은 현저한 것이어야 한다. 가령 시장은 상품의 수급에 따라 가격을 형성하는 것이고, 사업자가 인식가능한 시장의 수급변화를 고려하고 자신의 수익을 극대화하는 방향으로 출고량을 조절하는 것은 정상적인 경영행위이다. 출고조절이 상품의 수급상황, 원자재 조달이나 생산능력의 상황을 고려해볼 때 통상적인 수준을 지속적으로 벗어나는 경우에 이르러야 경쟁법적 제재의 검토대상이 될 수 있다. 하지만 이런 인위적 조절도 장기화되면 시장의 조정기능이 다시금 작동하게 된다. 시장은 인위적인 출고조절을 어렵게 만드는 반응(예: 다른 대체상품의 수급변화, 소비자운동에 의한 경영악화 등)을 보이게 되기 때문이다. 그러므로 보통의 인위적인 출고조절행위를 넘어서 현저하게 인위적인 출고조절행위만이 시장지배지위남용죄의 불법이 될 자격이 있다고 볼 수 있다. 가령 매점매석에 대한 도덕적 반감과 유사한 법감정을 불러일으키고, '정말 해도 너무한다', '정말 치사하다'와 같은 언어로 서술될 수 있을 정도로 현저히 인위적인 것이어야 한다.

(5) 부당성의 소극적 요소: 적정수익률 형사불법의 요소가 되는 부당성은 경쟁제한행위가 경쟁을 제한할 적성을 가졌다는 '행위반가치'(Handlungsunwert) 외에도 '결과반가치'(Erfolgsunwert)를 구성요소로 삼아야 한다. 결과반가치적 요소란 부당한 사업활동을 통해 '폭리', 즉 "현저하게 부당한 이익"(형법 제349조 제1항)까지는 아니더라도 '폭리를 향해가는 수익률'을 말한다. 예컨대 사업자의 높은 가격설정이 형사불법의 질을 가지려면 비신사적인 가격설정으로 기업이 얻은 이익이 —즉, 기업의 매출총액에서 총비용과 R&D 비용, 기타 재정건전성유지를 위해 비축할 필요가 있는 자본규모를 빼고 남은 이익의 매출총액 대비 비율이— **적정수익률**[46] 또는 적정

46 이는 한국표준산업분류에 의할 때 시장지배적 사업자가 속한 업종과 동종업종 및 유사업종의 평균수익률을 기준으로 정할 수 있을 것이다. 적정수익률을 현저히 초과하게 만드는 가격결정으로 특히 판매비와 일반관리비의 지출을 정당한 이유 없이 과다하게 지출하는 경우(법시행령 제5조 제1항, 2호)를 들 수 있다.

수익률의 대용지수인 각 **산업별 평균수익률을 현저히 넘어선 것**이어야 한다.[47] 적정수익률의 유지는 그 기업과 해당 산업의 건전성을 유지하는데 필요하고, 장기적으로 보면 이는 소비자의 후생으로 이어지기 때문이다. 물론 적정수익률은 시장의 산업적 특성이나 국제경영환경 등에 따라 가변적일 수 있다. 하지만 적어도 시장지배지위를 이용한 행위가 **중 · 단기적으로 적자를 면하기 위한 조치**였다면, 그것만으로도 이미 그 행위는 남용이 아니라 산업건전성 유지를 위해 불가피한 행위가 된다.

★ **대두유 출고조절사건** S(주)가 100% 출자한 회사로서 원료를 수입해서 대두유를 제조판매하는 대두유시장의 시장지배적 사업자인 H(주)의 대표 甲은 1997.12. 환율급등으로 대두유원료의 수입비용이 급등하고, 가격인상에 대한 불안심리로 대두유 수요가 증가하는 상황에서 1997.12.8.~12.16.까지 대두유제품출고량을 그 직전기간인 12.1.~12.6.까지의 일일평균판매량(229톤)의 38.3%, 직후기간인 12.17.~12.31.까지의 일일평균판매량(545.9톤)의 16%에 불과한 87톤으로 낮추었고, 재고량을 2배 넘게 증가(894톤에서 2202톤)시켰고, 12.18. 대두유 1.8L당 가격을 16.9% 인상하였고, 1998.1.12. 다시 13.7% 인상하였다. 그 결과 대두유 판매의 경상이익률이 1997.11월 −0.09%에서 12월 3.1%, 1998.1월 8.9%로 올랐다. ① 공정거래위원회는 H(주)의 "부당한 출고조절행위는 그 위반의 정도가 객관적으로 명백하고 중대하여 경쟁질서를 현저히 저해한 것"으로 판단하였다.[48] H(주)는 S(주)의 판매부서 역할을 수행하고 있으므로 H(주)의 출고조절행위는 S(주)의 행위가 된다고 보고, S(주)에 3억여 원의 과징금을 부과하였고, S(주)와 甲을 고발하였다. ② 출고조절행위는 시장지배지위남용죄(특히 부당성)의 성립을 근거 짓는 (적극적) 요건을 충족하였지만, (소극적) 요건인 적자를 탈출하기 위한 전략으로 행한 출고조절행위는 "불가피한 경영상의 이유"[49]가 인정되므로 형사불법을 근거지을 정도로 부당한 사업활동이

---

47 유럽공동체법원(EuGH)도 Chiquita사건(Beutler/Bieber/Pipkorn/Streil, Die Euro- päische Union- Rechtsordnung und Politik, 5. Auflage, Baden-Baden, 2001, 343~345쪽)에서 실제 생산비용 이외에 그 기업의 다른 사업, 다른 투자에 대한 재정조달에 필요한 정도의 수익률을 달성케 하는 판매가격도 '적절한 가격'이라고 본다(Sammlung der Rechtspre-chung des EuGH 1978, 207, 305쪽).

48 공정거래위원회 1998.11.4, 9808독관1302(전원회의 의결 제98-252호) 참조.

49 공정거래위원회 1998.11.4, 9803독관0299의 심결이유 참조.

라고 보기는 어렵다.

3. 유형성

시장지배지위남용죄의 실행행위를 공론을 통하여 합의가능한 범위에서 (현행 법률상 5가지, 법시행령상 13가지로) 유형화하여 미리 정해 놓는 것은 경쟁제한효과에 대한 판단이 불확실하여 자칫 과잉으로 규제하게 될 위험을 어느 정도 예방해준다.

(1) 시장지배지위남용행위 유형 법률은 시장지배지위남용죄의 불법유형(Unrechtstypus)의 대강만을 서술하고 있지만 입법자의 형법적 규율기획은 입력이 되어 있기에 죄형법정주의에 위배되지는 않는다. 그러나 5가지 불법유형은 실행행위의 구체적 유형을 설정하지 못하고 안내기능만 수행한다는 점에서[50] 백지형법에 가깝다. '실행행위'의 유형은 법시행령에서 13가지로 설정되고 있다. 시장지배지위 남용행위는 다른 사업자의 경쟁가능성을 침해하는 방해행위(도표의 ●)와 실질경쟁의 경우에서 요구할 수 없는 가격이나 거래조건을 요구하는 착취행위(도표의 ★)로 나뉜다.

법 제5조 제1항	법시행령 제9조
★ 상품의 가격이나 용역의 대가를 부당하게 결정·유지 또는 변경하는 행위(제1호)	★ 정당한 이유 없이 상품의 가격이나 용역의 대가를 수급의 변동이나 공급에 필요한 비용(동종 또는 유사업종의 통상적인 수준의 것에 한한다)의 변동에 비하여 현저하게 상승시키거나 근소하게 하락시키는 경우(제1항 1호)
● 상품의 판매 또는 용역의 제공을 부당하게 조절하는 행위(제2호)	● 정당한 이유 없이 최근의 추세에 비추어 상품 또는 용역의 공급량을 현저히 감소시키는 경우(제2항 1호)
	● 정당한 이유 없이 유통단계에서 공급부족이 있음에도 불구하고 상품 또는 용역의 공급량을 감소시키는 경우(제2항 2호)

50 Klaus Tiedemann의 입장은 Ulrich Immenga/Ernst-Joachim Mestmäcker (Hg), GWB-Kommentar zum Kartellrecht, 2.Auflage, 1992, vor §38, 방주 18쪽.

<table>
<tr><td rowspan="4">● 다른 사업자의 사업활동을 부당하게 방해하는 행위(제3호)</td><td>● 정당한 이유 없이 다른 사업자의 생산활동에 필요한 원재료 구매를 방해하는 행위(제3항 1호)</td></tr>
<tr><td>● 정상적인 관행에 비추어 과도한 경제상의 이익을 제공하거나 제공할 것을 약속하면서 다른 사업자의 사업활동에 필수적인 인력을 채용하는 행위(제3항 2호)</td></tr>
<tr><td>● 정당한 이유 없이 다른 사업자의 상품 또는 용역의 생산·공급·판매에 필수적인 요소의 사용 또는 접근을 거절·중단하거나 제한하는 행위(제3항 3호)</td></tr>
<tr><td>● 제1호 내지 제3호외의 부당한 방법으로 다른 사업자의 사업활동을 어렵게 하는 행위로서 공정거래위원회가 고시하는 행위(제3항 4호)</td></tr>
<tr><td rowspan="4">● 새로운 경쟁사업자의 참가를 부당하게 방해하는 행위(제4호)</td><td>● 정당한 이유 없이 거래하는 유통사업자와 배타적 거래계약을 체결하는 행위(제4항 1호)</td></tr>
<tr><td>● 정당한 이유 없이 기존사업자의 계속적인 사업활동에 필요한 권리 등을 매입하는 행위(제4항 2호)</td></tr>
<tr><td>● 정당한 이유 없이 새로운 경쟁사업자의 상품 또는 용역의 생산·공급·판매에 필수적인 요소의 사용 또는 접근을 거절하거나 제한하는 행위(제4항 3호)</td></tr>
<tr><td>● 제1호 내지 제3호 외의 부당한 방법으로 새로운 경쟁사업자의 신규진입을 어렵게 하는 행위로서 공정거래위원회가 고시하는 행위(제4항 4호)</td></tr>
<tr><td rowspan="2">● 부당하게 경쟁사업자를 배제하기 위하여 거래하거나(제5호 전단)</td><td>● 부당하게 상품 또는 용역을 통상거래가격에 비하여 낮은 대가로 공급하거나 높은 대가로 구입하여 경쟁사업자를 배제시킬 우려가 있는 경우(제5항 1호)</td></tr>
<tr><td>● 부당하게 거래상대방이 경쟁사업자와 거래하지 아니할 것을 조건으로 그 거래상대방과 거래하는 경우(제5항 2호)</td></tr>
<tr><td>★ 소비자의 이익을 현저히 해칠 우려가 있는 행위(제5호 후단)</td><td></td></tr>
</table>

이런 유형화로써 시장지배지위남용에 대한 규제의 명확성(Bestimmtheit)과 죄형법정주의가 촉진되고, 형법(시장지배지위남용죄)의 보충성(최후수단

성)도 실현되지만, 경쟁법적으로는 규제의 흠결을 초래할 수도 있다. 가령 **수요 면에서의 시장지배지위남용행위**가 위 유형에서 빠져 있는데, 이는 과소규제에 해당한다.[51]

(2) 법다원주의와 공정거래형법의 죄형법정주의 시장지배지위남용의 실행행위에 대한 위임입법은 법률해석의 차원을 넘어 실질적인 입법의 성격을 띤다. 즉, 시장지배지위남용죄의 불법을 구성하는 주체를 의회로부터 실질적으로 행정부로 이행시킨다. 이는 법규범의 민주성을 약화시키고, 전문성을 강화한다. 이러한 법생산권한의 분권화는 위임입법에 의해서 뿐만 아니라 행정에이전시 공정거래위원회의 심사지침에 의해서도 지속된다. 심사지침은 시행령이 정립한 실행행위유형의 해석기준을 마련하는 것이지만, 때로는 (다음 도표의 예시처럼) 더 구체적인 실행행위의 유형을 설정하기도 한다.

법시행령	심 사 지 침 (공정거래위원회)
다른 사업자의 사업활동을 어렵게 하는 행위(제5조 제3항 4호)	• 부당하게 특정사업자에 대하여 거래를 거절하거나 거래하는 상품 또는 용역의 수량이나 내용을 현저히 제한하는 행위 (Ⅳ.3.라)
	• 거래상대방에게 정상적인 거래관행에 비추어 타당성이 없는 조건을 제시하거나 가격 또는 거래조건을 부당하게 차별하는 행위 (Ⅳ.3.라)
	• 부당하게 거래상대방에게 불이익이 되는 거래 또는 행위를 강제하는 행위 (Ⅳ.3.라)
	• 거래상대방에게 사업자금을 대여한 후 정당한 이유없이 대여자금을 일시에 회수하는 행위 (Ⅳ.3.라)
	• 다른 사업자의 계속적인 사업활동에 필요한 소정의 절차(관계기관 또는 단체의 허가, 추천 등)의 이행을 부당한 방법으로 어렵게 하는 행위 (Ⅳ.3.라)
	• 지식재산권과 관련된 특허침해소송, 특허무효심판 기타 사법적·행정적 절차를 부당하게 이용하여 다른 사업자의 사업활동을 어렵게 하는 행위 (Ⅳ.3.라)

51 같은 인식으로 권오승, "시장지배적 지위의 남용금지", 인권과 정의 제234호, 52쪽.

새로운 경쟁사업자의 신규진입을 어렵게 하는 행위(제5조 제4항 4호)	• 정당한 이유없이 신규진입 사업자와 거래하거나 거래하고자 하는 사업자에 대하여 상품의 판매 또는 구매를 거절하거나 감축하는 행위 (Ⅳ.4.라)
	• 경쟁사업자의 신규진입에 필요한 소정의 절차(관계기관 또는 단체의 허가, 추천 등)의 이행을 부당한 방법으로 어렵게 하는 행위 (Ⅳ.4.라)
	• 당해 상품의 생산에 필수적인 원재료(부품, 부자재 포함)의 수급을 부당하게 조절함으로써 경쟁사업자의 신규진입을 어렵게 하는 행위 (Ⅳ.4.라)
	• 지식재산권과 관련된 특허침해소송, 특허무효심판 기타 사법적·행정적 절차를 부당하게 이용하여 경쟁사업자의 신규진입을 어렵게 하는 행위 (Ⅳ.4.라)

이런 법형성은 법은 다원적인 주체들 사이의 소통적 '과정'(law as process) 속에서 형성된다는 법다원주의에 가깝다.[52] 공정거래위원회도 의회 및 정부와 함께 공정거래(형)법을 형성하는 주체가 되고, 시장지배지위남용죄는 심사기준이 정한 실행행위의 유형들에 한정되어 적용된다. 사법기관도 이를 존중해야 한다. 이는 전문형법의 생산권한이 다원화되는 현대사회에 요구되는 죄형법정주의의 새로운 모습이다. '법률 없이는 범죄도 없고 형벌도 없다'는 '공정거래위원회의 고시(예: 특정된 시장지배지위남용행위) 없이는 범죄(시장지배지위남용죄)도 없고 형벌도 없다'로 확장되는 것이다. 물론 형벌이 아닌 행정법적 제재에서는 전통적인 법이해, 법의 단계적 효력관계를 중시하여 심사기준에 유형화되지 않은 행위도 시장지배지위남용을 인정할 수 있다.

4. 의도성

시장지배지위남용죄의 불법은 사업자가 경쟁제한효과의 적성이 있는 경쟁제한행위를 하고 있다는 점을 인식하고 의욕했다는 점, 즉 최강

52 이상돈, 법의 깊이, 법문사, 2018, 265쪽; Gunther. Teubner, "Globale Bukowina zur Emergenz eines transnationalen Rechtspluralsmus", Rechtshistorisches Journal, 1996, 255쪽 참조.

도의 고의인 **경쟁제한의도**(intent, Absicht)를 필요로 한다.

(1) 시장지배지위남용의 악의 미국에서 시장지배지위남용죄의 고의를 표현하는 개념으로 사용되는 악의(wrongful intent)도 이런 의도성을 전제한다. 다만 악의 개념에는 도덕적·정서적 요소로서 '나쁜'(wrongful)이란 의미소意味素가 부가되어 있다. 이 개념은 시장지배지위남용죄의 고의를 더욱 좁게 설정한다. '나쁜', '악한'이란 가치충전을 필요로 하는 개념이므로 '어떤' 상태가 '나쁜' 내면의식인지는 구체적 사안의 특성을 고려하여 결정될 수밖에 없다. 어떤 사례군에서는 이 개념의 사용규칙을 세울 수도 있다. 예를 들어 현재의 경쟁상태 유지(status quo)를 목적으로 하는 의사는 단순한 '의도'이고, 현재상태보다 경쟁을 더 제한하려는 의사는 '나쁜 의도'로 본다. 이로써 경쟁법적 제재로 충분한 행위와 형사처벌이 필요한 행위 사이의 경계를 명확하게 그을 수 있다.

★ 독점화의도의 거래거절 Aspen사는 자신보다 적은 스키 슬로프를 가진 경쟁사업자 Highlands사와 4개의 산을 공동 이용하는 티켓을 발행·판매하고 그 수익을 분배하는 관계를 계속해오다 이 거래를 중단·거절하였다. Aspen사는 이 거절로 단기간 이익을 희생하고 미래 독점적 이익을 얻으려고 하였다. 연방대법원[53]은 나쁜 의도가 있다는 점을 중시하여 셔먼법 제2조 위반을 인정하였다. Aspen사건은 흔히 이런 나쁜 의도가 없었다고 대법원이 인정한 사건인 Verizon v. Trinko사건[54]과 구별된다. Trinko사건은 뉴욕지역 전화시장을 지배하던 Verizon사가 자신의 회선을 빌려 지역전화서비스를 하는 AT&T사의 고객들에게 —이에는 Trink로펌도 속하는데— 자기 회사의 고객의 전화를 회선에 넣어 연결하고 남은 부분이 있을 때에만 전화를 연결해준 불완전한 거래거절사건이다. 연방대법원은 Trinko사건에서 셔먼법 제2조 위반도 인정하지 않았지만, 나쁜 의도는 인정되지 않아도 경쟁법적 제재는 필요하다고 볼[55] 여지도 있다.[56]

53 472 U.S. 585 (1985).

54 540 U.S. 398 (2004).

55 Aspen사는 거래거절 직전년도 Highlands사의 슬로프 이용자가 13.2%였고, 점차 감소하는 추세임을 고려하여 12.5%를 제안하였지만 Highlands사가 거절하여 계약을 지속하지 못하게

★ **열연코일 거래거절사건** P는 일관제철회사로서 시장지배적 사업자이다. 자동차시장의 독점사업자의 계열사 H는 냉연강판공장을 완료하여 냉연강판시장에 새롭게 진입하였다. H는 공장완공 전후로 시험가동이나 제품생산을 위하여 P에게 수차례 냉연용 열연코일의 공급을 요청하였으나 P는 자동차냉연강판의 판매에서 H의 원료공급업체가 될 것을 우려하여 거절하였다. 그러나 P는 기존의 냉연강판 제조업체에게는 냉연용 열연코일을 공급하였다. H는 일본에서 열연코일을 수입하여 냉연강판을 생산·판매하였다. P의 거절 이후에도 생산량이 감소되거나 가격이 상승되지는 않았고, H의 진입으로 냉연강판시장은 커졌다. ① 대법원은 P의 거래거절로 가격상승 등의 효과가 발생하지 않았다는 점에서 경쟁제한효과는 인정하지 않았으며, 경쟁제한의 효과가 생길 만한 우려가 있는 경우에는 그에 대한 의도나 목적이 입증되어야 하는데 P는 단지 기존의 내연강판시장의 틀을 유지하겠다는 것이어서 시장지배지위남용을 한 것이 아니라고 보았다(大判 2002두8626〈전원합의체〉). ② P의 거절은 자동차용 냉연강판시장의 경쟁관계에 들어가게 됨을 막기 위한 것이므로 **경쟁제한의도**(독점유지의도)는 인정되고, P와 H가 자동차용 냉연강판에서 경쟁을 펼쳤으면 가격하락(과 아울러 자동차의 가격하락)이 발생했을 가능성도 있기 때문에 경쟁제한효과를 발생시키는 적성이 있는 행위이다. 따라서 P의 행위는 경쟁법적 제재의 대상이 된다.[57] 다만 P는 기존의 **경쟁상태를 더욱 악화시키려는 악의**가 없었기에 시장지배지위남용죄는 성립하지 않는다.

(2) 의도의 입증문제 시장지배지위남용을 의도했는지를 입증하는 것은 실무적으로 매우 어렵다. 판례는 경쟁제한효과가 입증되지 않고 경쟁제한효과에 대한 우려만 인정되는 경우와 경쟁제한효과가 입증된 경우를 구별하여, 후자의 경우에는 그에 대한 **의도나 목적은 사실상 추정**(추정 ⓐ)한다. 헌법 제119조 제1항의 사회적 시장경제질서의 요청에 따

된 점에 비추어 경쟁사업자를 축출할 의도가 없었다고 보는 반면, Trinko사건이 경쟁법적 제재가 필요한 사건으로 해석하는 Eleanor M Fox, "Is there Life in ASPEN after Trinko? The silent revolution of section 2 of the Sherman Act", Antitrust Law Journal, No. 73, 2005/2006, 165쪽 아래 참조.

56 이기준, "공정거래법상 단독의 거래거절의 위법성 판단기준: 미국 셔먼법 제2조의 해석론의 도입가능성을 중심으로", 상사판례연구 제14집, 2003, 107~160쪽 참조.

57 이를 인정한 원심판결인 서울고등법원 2002. 8. 27. 선고 2001누5370 판결 참조.

라 사실상 추정을 더욱 확장하여 경쟁제한행위만 있으면 **경쟁제한효과까지 추정**(추정 ⓑ)하자는 견해[58]도 있다.

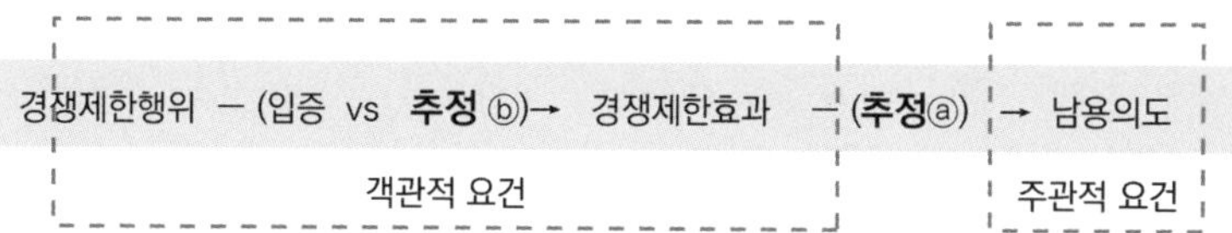

그러나 헌법 제119조 제1항은 고의의 사실상 추정에 관해 아무런 지시도 하지 않는다. 형사소송법의 증거법원칙에 따라 경쟁제한효과가 확인되었어도 남용의도를 사실상 추정해서는 안 된다. 그런 사실상의 추정은 고의를 시장지배지위남용죄의 성립요건에서 사실상 제거해버리기 때문이다. 미국 연방대법원도 이런 추정은 셔먼법상의 반독점범죄(criminal antitrust offense)를 엄정책임(strict liability)의 법리로 재구성하는 결과를 가져온다는 점에서 허용하지 않는다.[59] 만일 경쟁제한행위나 경쟁제한효과를 입증하는 증거에 의해 남용의도도 함께 입증할 수 있다고 본다면, 남용의도의 개념에 의해 시장지배지위남용죄의 (주관적)요건을 매우 강화하려 했던 기획이 역시 수포로 돌아간다. 그러므로 경쟁제한행위나 경쟁제한효과를 입증하는 증거와는 별개의 증거에 의해 입증될 수 있어야 한다.

5. 시장지배지위남용에 대한 제재

시장지배지위남용죄는 3년 이하의 징역 또는 2억 원 이하의 벌금(법 제124조 제1항 제1호)에 처한다. 시장지배지위남용죄의 형사불법을 모두 충족하는 경우에도 형벌의 목적을 효과적으로 달성하면서도 형벌을 최후의 수단으로 사용하는 형법정책이 요구된다. 시장지배지위남용은 가능한 행정법적 제재(예: 과태료, 시정명령)나 중간법(middle law)적 제재

58 大判 2002두8626의 소수견해(안대희, 이홍훈) 참조.

59 U.S. v. Gymsum Co. 438, 438 U.S. 422 이하 특히 438 (1978) 참조.

(예: 과징금)로 규제해야 하지만, 결코 전면 폐지되어서도 안 된다.

★ **시장지배지위남용죄의 지나친 비범죄화** 공정거래위원회는 경고 0.5, 시정권고 1.0, 시정명령 2, 과징금 2.5, 고발 3.0의 벌점을 매기고, 그 벌점에 비례하여 제재의 수준을 결정한다. 고발조치를 받을 시장지배지위남용행위의 불법이 과징금을 부과받을 행위의 불법에 비해 3÷2.5=1.2(배), 시정명령을 받을 행위의 불법에 비해 3÷2=1.5(배), 시정권고를 받을 행위의 불법에 비해 3÷1=3(배), 경고를 받을 행위의 불법에 비해 6(배)임을 보여준다. 통계적으로 보면 대체로 과징금 부과 사건수가 형사고발한 사건수에 비해 10배 이상 많다. 이는 고발할 사건의 불법지수가 과징금 사건에 비해 1.2배에 중한 것임에 비하면 형사고발 사건수가 상당히 적은 편이다. 이는 시장지배지위남용죄를 지나치게 비범죄화하는 정책을 해왔음을 말해준다.

(1) 불법의 차등화와 제재의 차별화 제재는 남용행위의 행위반가치(특히 주관적 요건인 의도)와 부당성 요건의 충족여부와 강도를 기준으로(아래 도표처럼) 단계화된 불법에 비례한 것이어야 한다.

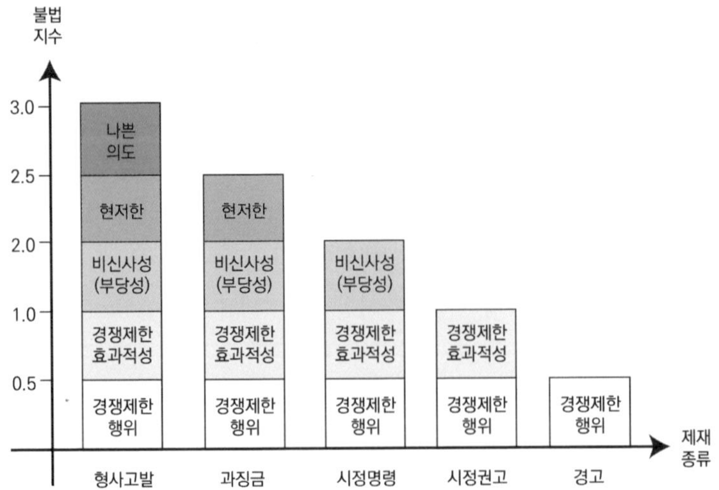

1) 형사불법 시장지배지위남용죄의 형사불법은 최대한 넓은 범위로 획정된 시장에서 일정 수준 이상의 시장점유율과 실질적 경쟁의 배제력을 모두 가지고 있는 사업자가 법시행령이나 고시에서 정한 유형에 해당하면서도, **현저히 비신사적인** 사업활동을 **나쁜 의도**를 갖고 행한 경우에만 인정되어야 한다.

★ **주식매수권유에 의한 사업활동방해** 체육복권의 독점사업자로 선정된 P(주)의 회장 甲은 국회의원 丁의 거듭된 부탁으로 그의 지역구를 연고지로 둔 H구단을 인수하게 된 T(주)의 유상증자에 참여하기로 결심하고, P(주)의 자회사 PK의 대표 乙과 협력회사 S(주)의 대표 丙에게 T의 주식을 매입할 것을 거듭 권유하였다. 乙과 丙은 T의 사업을 다각도로 검토한 후, 투기적 주식거래가 회사의 영업목적에 속하지 않음에도 각 이사회를 거쳐 10만주씩 주당 3.5만 원에 매입하였다. 이후 〈丁 게이트〉가 발생하자 T의 주식은 폭락하였으며, 그에 따라 PK(주)와 S(주)도 큰 손실을 입었다. T는 비상장·비등록기업으로서 객관적인 가격은 정해지지 않았지만,[60] 매입시점 전후로 1.5~3.0만 원 사이에 거래된 바 있었다. ① 법원은 매입시점 적정가격이 3.5만 원 이하였다는 증거가 없어서 손해발생을 인정하지 않았고, 乙과 丙에게 경영판단원칙을 적용하여 배임고의도 인정하지 않았으며, 甲에게 공정거래법상 PK와 S(주)의 사업을 방해한 것도 아니라고 보았다.[61] ② 비상장·비등록기업의 주식거래는 부정거래의 위험이 높아 법적으로 규제할 필요가 있다. 丁의 거듭된 요청에 미루어 경영판단이라기보다는 정책적 매입이고, 경영판단원칙을 적용할 수 없다. 하지만 투자성공의 개연성을 인식했다면 배임고의는 인정되지 않는다. ③ 甲의 주식매입권유는 시장지배지위를 이용하여 乙과 丙이 영업목적 외의 거래를 하도록 한 현저히 비신사적인(부당한) 사업활동방해이며, 정경유착을 유지하려는 나쁜 의도가 이 방해의 고의에 포함되어 있으므로 형사불법의 시장지배지위남용행위이다. ④ 乙과 丙의 출자가 "회사의 각 자본금, 연간매출액, 이 사건 주식의 취득가액, 그리고 주식매입대금의 조성내역 및 단일한 거래횟수 등에 비추

60 판례(大判 2001도3191)는 증권거래소에 상장되지 않거나 증권협회에 등록되지 않은 법인이 발행한 주식의 경우에도 그에 관한 객관적 교환가치가 적정하게 반영된 정상적인 거래의 실례가 있는 경우에는 그 거래가격을 시가로 보아 주식의 가액을 평가하여야 할 것이라고 본다.

61 서울고등법원 2004. 8. 18. 선고 2003노3054 판결의 사안을 단순화하고 변형한 것임.

어" 볼 때, 회사의 물적 기초를 위태롭게 할 정도가 아니라면 회사재산위태화의 죄(상법 제625조 제4호: "회사의 영업범위 외에서 투기행위를 하기 위하여 회사재산을 처분한 때")에 해당하지 않는다.

2) 중간법적 제재　과징금은 형벌과 달리 '나쁜 의도'가 없고, **단순 의도**만으로 충분하고, 시정조치와는 달리 부당성의 요건인 **비신사성은 현저한** 시장지배지위남용행위에 대해 부과될 수 있다. 과징금은 형벌보다는 약하지만 사회윤리적 비난기능을 수행하기 때문이다. 과징금에 대한 불복은 비송사건절차가 아니라 소송절차로 다루어진다. 또한 과징금은 형벌 대체제재이지 병과 제재는 아니어야 하는데, 실무는 형벌과 과징금을 병과한다. 이는 헌법 제13조 제1항을 이중위험금지원칙으로 해석[62]할 경우에는 위헌적인 것이다. 물론 과징금은 위반한 행정법규가 지향하는 행정목적을 달성하는 재원으로만 사용되므로 행정법적 제재의 성격도 띤다. 그렇기에 과징금은 중간법(middle law)에 속하는 제재가 된다.

3) 행정법적 제재　시장지배지위남용행위가 과징금 부과대상 행위보다 부당성요건인 비신사성이 현저하지 않고, 보통인 경우에는 시정명령이 부과될 수 있다. 이보다 더 약한 제재인 시정권고는 비신사성도 없고, 다만 경쟁제한효과의 적성이 있는 행위를 한 경우에 그리고 경고는 경쟁제한효과의 적성이 없으나 전형적인 경쟁제한행위를 한 경우에 취해질 수 있다. 시정명령은 형벌이나 과징금과 병과될 수 있다. 하지만 권고나 경고는 과징금이나 형벌과 병과할 정도의 불법인 행위가 아니므로 병과할 가능성은 전혀 없다.

(2) 합리적인 형사처벌을 위한 절차법적 기제　시장지배지위남용행위의 규제실무에서 보면 입증의 어려움 때문에 형사불법과 비형사불법 사이의 경계는 명확하지 않다. 공정거래위원회와 피심인 사이의 상호작용의 전개양상에 따라 피심인의 행위는 형사불법에 해당한다고 구성될

62 이런 입장으로 이상돈, 조세형법론, 법문사, 2009, 77쪽 아래 참조.

수도 있고, 그렇지 않을 수도 있다. 게다가 경쟁시장(체제)을 구축하는데 필요한 제재와 형사사법정의를 굴절 없이 관철하는 데 필요한 제재 사이에는 간극이 늘 존재한다.

1) 체계통합의 절차적 기제 이와 같은 입증의 불확실성과 체계 사이의 간극을 메우고 체계통합을 달성하는 절차적 기제가 필요하다. ① 첫째, 시장지배지위남용죄는 공정거래위원회의 고발이 있어야만 검사가 공소를 제기할 수 있다(제129조 제1항). 이를 **전속고발제**라고 한다. 고발결정에서 공정거래위원회는 형사정의의 실현이란 목적이 아니라 경쟁적 시장구조의 실효적 구축이라는 목적을 좇는다. ② 둘째, 공정거래법 위반사건의 피심인이 혐의 사실을 인정하고 "경쟁제한상태 등의 자발적 해소, 소비자 피해구제, 거래질서의 개선 등을 위하여 제3항에 따른 동의의결을 하여 줄 것을 공정거래위원회에 신청"(제89조 제1항)하고, 공정거래위원회가 (때로는 수정한) 시정방안을 의결하고, 이행하면, 법위반으로 인정하지 않고 문제를 해결하는 것이다.[63] 미국의 동의명령(consent order)제에서 당사자주의적 요소를 약화한 입법이다.[64]

2) 중대명백성의 예외 그러나 시장지배지위남용의 "정도가 객관적으로 명백하고 중대하여 경쟁질서를 현저히 저해한다고 인정하는 경우"에 공정거래위원회는 검찰총장에게 고발하여야 하고(제129조 제2항), 검찰총장은 공정거래위원회에 고발을 요청할 수도 있다(제3항). 이런 경우에는 동의의결이 적용되지 않는다(제89조 제1항 2호). ① 여기서 중대성은 부당성 요건인 '현저한' 비신사성 이외에 **경쟁제한효과가 현저한 경우**를 의미한다. **명백성**은 합리적 의심을 남기지 않는 **확실성**을 말한다. 따라서 수사개시의 요건인 범죄혐의의 단순 '가능성'이나 공소제기의 요건인 범

---

63 시장지배적 지위 남용행위로서 동의의결이 승인된 사건으로는 (주)다음커뮤니케이션의 시장지배적 지위 남용행위 등에 대한 동의의결(2014.5.8.)과 네이버(주) 및 네이버비즈니스플랫폼(주)의 시장지배적 지위남용 등에 대한 동의의결(2014.12.4.)이 대표적이다.

64 E. Thomas Sullivan · Herbert Hovenkamp, Antitrust Law, Policy and Procedure: Cases, Materials, Problems, LexisNexis, 2003, 147~152쪽 참조.

죄혐의의 '개연성', 구속영장청구의 요건인 범죄혐의의 '고도개연성'만으로는 공정거래위원회는 피심사건을 고발할 의무가 없고, 검찰총장도 고발을 요청할 권리가 없다. ② 중대명백성 판단은 고도로 전문적이며 많은 사회적 비용(예: 공정거래위원회의 조사비용, 피심인 기업의 이미지 실추, 방어활동에 따른 기업활동의 지장, 주가하락)을 유발하기에 중대명백성의 예외는 중대명백성 판단의 비용이 매우 적게 드는 사안에만 인정되어야 한다. ③ 결국 공정거래위원회는 시장지배지위남용이 **중대하지 않거나 법위반의 혐의가 명백하지 않은 사건**에서만 **전문적인 경쟁정책적 규제정책**을 펼칠 수 있다.

06

카르텔죄

Ⅰ. 카르텔의 보호법익과 불법구조

Ⅱ. 카르텔죄의 주체

Ⅲ. 카르텔의 합의

Ⅳ. 공동부당행위: 카르텔의 실행행위

Ⅴ. 경쟁제한성: 카르텔의 결과

Ⅵ. 카르텔의 제제

06

카르텔죄

Ⅰ. 카르텔의 보호법익과 불법구조

1. 카르텔의 강한 통제

시장에 참여하는 사업자들이 합의하여 공동으로 부당하게 경쟁을 제한하는 행위를 카르텔(부당한 공동행위)이라 한다. 공정거래법 제40조 제1항은 이를 금지하고, 제4항은 사업자간에 카르텔계약을 무효화하며, 제109조 제1항은 귀책사유(고의·과실)에 관해 입증책임을 전환한 손해배상책임을 인정하고, 제124조 제1항 9호는 카르텔을 3년 이하의 징역 또는 2억 원 이하의 벌금으로 처벌한다. 또한 카르텔 불법의 핵심인 합의의 입증곤란을 해결하기 위해 제40조 제5항은 상당한 개연성이 있는 경우 합의한 것으로 추정(법률상 추정)하고 있고, 합의에 의한 부당공동행위가 경쟁제한효과를 발생시키는지에 관해서도 공정거래위원회의 고시 「공동행위심사기준」(2015.10.23.)은 경성카르텔(예: 가격설정)에서 사실상 추정을 하고 있다. 제51조 제1항 1호, 제2항은 사업자단체가 결의하여 구성사업자들에게 카르텔을 하도록 지시·통보하는 행위도 카르텔처럼 취급된다. 이로써 합의는 지시로 대체되고 부당공동행위는 일방적 결의·통보로 대체된다. 또한 카르텔의 적발을 쉽게 하기 위해 자진신고자 감면제도(제44조)와 신고포상금제(제64조의2)를 운영하고 있다.

★ **카르텔 범죄화의 비교법적 고찰** ① 미국 셔먼법(Sherman act) 제1조[1]는 카르텔을 중죄(felony)로 규정하고, 2004년 제정된 Antitrust Criminal Penalty Enhancement and Reform Act (2004) SEC. 215 (a)에 의해 10년 이하의 징역이나 (법인의 경우는) 1억 달러 이하, (개인의 경우는) 100만 달러 이하의 벌금형에 처한다. ② 독일 경쟁제한방지법(GWB)은 카르텔을 금지하되(제1조) 형사범죄가 아닌 질서위반범(ordnungswidrigkeit)으로 취급한다(제81조 제2항 1호). 이 법은 카르텔행위에 대해 개인의 경우는 100만 유로 이하, 기업의 경우는 영업이익의 10% 이하의 범칙금(제81조 제4항)을 부과한다. 독일사회는 경쟁제한에 대한 비난감정이 경제영역과 공론영역에서 덜 발달했다고 보인다.[2] 다만 독일형법 제26장(경쟁질서에 대한 범죄)은 "가중된 불법내용"[3]을 지닌 카르텔인 경쟁제한입찰담합죄(Wettbewerbsbeschränkende Absprachen bei Ausschreibungen)를 정하고 있다. 이 경쟁제한 입찰담합죄는 우리나라 형법 제315조의 경매입찰방해죄와 같은 산업시대의 범죄유형이 아니라, 경쟁제한범죄로 이해되고,[4] 기망의 요소나 재산상 손해발생을 요구하지 않는[5] 추상적 위험범이며, 5년 이하의 자유형이나 벌금형에 처한다. ④ 유럽연합은 카르텔에 대해 범칙금을 부과하고 형벌을 부과하지는 않지만, 매우 강한 규제[6]를 하고 있다.

1 Sherman Antitrust Act §1. Trusts, etc., in restraint of trade illegal; penalty: Every contract, combination in the form of trust or otherwise, or conspiracy, in restraint of trade or commerce among the several States, or with foreign nations, is declared to be illegal. Every person who shall make any contract or engage in any combination or conspiracy hereby declared to be illegal shall be deemed guilty of a felony, and, on conviction thereof, shall be punished by fine not exceeding $100,000,000 if a corporation, or, if any other person, $1,000,000, or by imprisonment not exceeding 10 years, or by both said punishments, in the discretion of the court.

2 Christian Müller-Gugenberger, Wirtschaftstrafrecht, 3. Auflage, Aschendorff Rechtsverlag, 2000, §57-63 참조.

3 Gerhard Dannecker, Strafgesetzbuch Band 2, 2. Auflage, NomosKommertar, 2005, §298-3.

4 Jens Gruhl, Wirtschaftstrafrecht, 3. Auflage, Aschendorff Rechtsverlag, 2000, §58-1 참조.

5 이 점에 대한 비판으로 Klaus Lüderssen, "Strafrechtliche Interventionen im System des Wettbewerbs-kritische Betrachtungen de lege ferenda", in: Hans Dahs (Hrsg.), Kriminelle Kartell? Zur Entstehungsgeschichte des neuen §298, Nomos, 1998, 65쪽.

6 자세히는 정완, "EC의 카르텔금지법리", 법조 제40권 제7호, 1991, 7~106쪽.

OECD는 국제적인 카르텔, 특히 경성카르텔에 대한 각국의 협력 강화를 도모하고 있다.[7] 또한 카르텔에 대해 국내법을 적용(역외적용)하는 사례도 늘어나고 있다.[8]

2. 카르텔죄의 보호법익

카르텔죄의 보호법익은 공정거래질서이다. 공정거래질서란 "공정하고 자유로운 경쟁을 촉진함으로써 창의적인 기업활동을 조장하고 소비자를 보호함과 아울러 국민경제의 균형있는 발전"(제1조)을 이루기에 적합한 시장질서를 말한다.

★ **편향된 카르텔 통제의 실무** 공정거래위원회는 카르텔에 대한 법적 규제를 다른 불공정거래행위에 비해 강하게 하고 있다. ① 이는 카르텔규제의 주된 목적을 소비자보호나 소비자후생의 증대로 잘못 바라본 데서 비롯된 것이다.[9] **소비자후생의 지나친 강조**는 '시장의 조정기능의 약화'를 '시장의 실패'(market failure)로 침소봉대하게 만든다. 그러나 시장실패가 소비자에게 선택의 가능성을 제공하는 시장의 능력 상실(외부적 시장실패) 외에 소비자의 선택능력 상실(내부적 시장실패)까지 포함한다고 보면,[10] 반독점법이나 소비자보호법은 똑같이 소비자후생의 목적을 실현하는 수단이 되어

---

7 OECD의 국제경성카르텔에 대한 규제정책의 강화흐름에 대하여 자세히는 김원기, "경성카르텔(Hard Core Cartels) 규제의 최근동향: OECD의 보고서(2000년)를 중심으로", 통상법률 제39호, 2001, 201~224쪽 참조.

8 영업소가 한국 밖에 있는 미국의 UCAR International Inc., 독일의 SGL Carbon Aktien-gesellschaft, 일본의 소화전공주식회사 등 총 6개 회사가 한국영토 밖에서 합의로써 카르텔을 형성하여, 한국 수출시의 가격과 수출량 등을 정하였다. 이 사건에 대해서 자세히는 김원기, "국제카르텔과 독점규제법", 기업법연구 제19권 제1호, 2005, 9~41쪽. 이런 역외적용은 이런 역외의 카르텔이 실행된 곳은 한국이고, 그런 카르텔의 경쟁제한효과가 발생한 곳도 한국이라는 점에서 공정거래법의 섭외적 적용의 근거를 찾고 있다. 장준혁, "흑연전극봉 카르텔사건에서의 저촉법적 논점의 검토", 국제사법연구 제8호, 2003, 458~460쪽.

9 이 점은 가령 "14년간 담합을 지속해 온 카르텔을 적발시정함으로써 소비자 피해를 방지하였다"는 식의 입장(2008년 공정거래백서, 211쪽)에서도 확인된다.

10 Neil. W. Averitt/Robert H. Hilde, "Consumer Sovereignty: A Unified Theory of Antitrust and Consumer Protection Law", Antitrust Law Journal, Vol. 65, 1996-1997, 713~756쪽 참조.

버린다. ② 하지만 완전경쟁상태가 아니어도 시장은 일정한 조정기능을 발휘할 수 있고, 그 가운데 기업의 생산효율성도 증대되어 장기적으로 소비자후생으로 이어질 수 있다. 그렇기에 카르텔규제는 시장의 실패를 치유하는 수단이 아니라 시장기능을 유지·활성화시키기 위한 것으로 보아야 한다.

(1) 경쟁적 시장구조 공정하고 자유로운 경쟁이란 경쟁적 시장구조의 달성, '기업활동의 조장'은 경영의 효율성(business efficiency)과 생산효율성(productive efficiency), 그리고 '소비자보호'는 소비자 편익을 뜻한다. 경영효율성와 소비자편익은 중·단기적으로는 서로 긴장과 대립의 관계에 놓인다. 그러나 장기적으로는 경영효율성이 소비자편익을 증대시킬 수 있다. 그러기 위해서는 **경영효율성과 소비자편익의 대립으로 벌어지는 불균형을 교정하고, 장기적 안목에서 그 둘을 조화롭게 실현**시키는 **경쟁적 시장구조**가 필요하다. 즉, 경쟁적 시장구조의 틀을 유지하면, 경영효율성은 사회적 총효용을 극대화하여 궁극적으로 소비자에게 귀속될 재화의 총량을 증대시키고, 소비자후생은 사회적 총비용을 최소화하여 궁극적으로 기업의 경영효율성을 증대시킨다. 경쟁적 시장구조를 통한 경영효율성과 소비자편익의 동시적 실현상태가 바로 공정거래법이 기획하는[11] **공정성**(fairness)의 의미이다.[12] 이때의 소비자편익은 파레토최적상태에서 달성되는 자원배분의 효율성(allocative efficiency)[13]이나 소비자후생과 같

11 우리나라 법의 규제이념은 자유시장과 효율성을 중시하는 시카고학파의 영향이 있기 이전, 즉 19세기 후반부터 1960년대까지 미국의 반독점정책의 이념적 좌표와 비슷하다고 보는 조성혜, "미국의 독점금지와 기업결합의 제한 – 셔먼법 제2조와 클레이튼법 제7조를 중심으로", 비교사법 제9권 제2호, 2002, 445~446쪽.

12 미국 법경제학자들이 후생(Welfare)과 대립항으로 설정하는 공정성 개념(Louis Kaplow and Steven Shavell, "Fairness versus Welfare: Notes on the Pareto Principle, Preferences, and Distributive Justice", Harvard Law and Economic Discussion Paper, No. 411, 2003, 1~23쪽 참조)은 자유주의 시장경제를 지탱하는 대칭성, 일관성, 책임원칙과 같은 황금률 등에 관계된 것이다. 따라서 내가 말하는 공정성은 후생과 대립항적인 공정성이 서로 변증된 상태를 가리킨다.

13 **생산적 효율성**이란 하나의 산업 내 효율성(efficiency within a single Industry)이며, 이는 개별회사의 상품과 서비스의 생산단가를 최소화하는 것을 포함하는 반면, **배분적 효율성**이란 산업 전체에 걸쳐 산출물들의 효율성(efficiency of output across industries)으로서 하나의

은 의미가 된다.[14]

(2) 소비자주권의 예외 그러나 생산효율성과의 조화 여부와 상관없이 소비자후생을 카르텔죄의 독자적이고 절대적인 보호법익으로 삼는 해석은 경계해야 한다.[15] 소비자주권은 대기업과 소비자 사이에서 **힘의 비대칭성**(asymmetry)**을 교정**함으로써 경쟁적 시장구조를 구축하는 필수요소가 되는 예외적인 경우에만 카르텔죄의 보호법익이 되어야 한다. 의사휴·폐업사건에 대한 공정거래법의 적용이 그 예이다.

> **★ 의협의 파업결의와 카르텔죄** 대한의사협회(회장 甲)가 의약분업 시행을 앞두고 그에 반대하는 의사대회를 개최하면서 의사들에게 대회 당일 휴업·휴진할 것과 참석자에 대한 참석 서명 및 불참자에 대한 불참사유서 징구를 결의하고 이를 통보하여 휴업·휴진하도록 하였다. ① 대법원은 대한의사협회에 법 제51조 제1항 3호(구성사업자의 사업내용 또는 활동을 부당하게 제한하는 행위)의 위반을 인정하였다(大判 2001두5347[전원합의체]). ② 이는 공정거래법을 의약품의 오남용 방지라는 보건정책적 목표(의약분업)를 달성하거나 의료소비자의 의료서비스선택권을 보호하기 위한 엄호수단으로 삼는 것이다. 즉 공정거래법의 적용은 의료소비자의 주권을 지키기 위한 것이 된다.[16]

그런데 소비자주권이란 소비자의 어떤 편익을 실정법상 권리로 제도화하고 엄정하게 실현하여야 함을 강조하는 **수사학적 개념**[17]이며, 그

산업에 어떤 사회적 자원이 투자되어야 하는가라는 물음을 포함한다. Christopher R. Leslie, "Achieving efficiency through collusion: A market failure defense to horizontal price fixing", California Law Review, Vol. 81, 1993, 253쪽 참조.

14 김두진, "시장지배적 지위의 남용", 비교사법 제14권 제1호, 2007, 222쪽.

15 OECD의 "한국에서의 규제개혁"(Regulatory Reform in Korea)에 대한 비판에 대하여 김원기, "경성카르텔(Hard Core Cartels) 규제의 최근동향: OECD의 보고서(2000년)를 중심으로", 통상법률 제39호, 2001, 220~221쪽.

16 휴폐업 결의와 통지 등은 강제성이 없으므로 적용법조는 법 제51조 제1항 제3호보다는 제51조 제1항 제1호(사업자단체가 제40조 제1항 각호의 행위에 의하여 부당하게 경쟁을 제한하는 행위)가 더 적절하다. 또한 약사회의 면허반납과 집단폐문이라는 단체행동에 대해서는 법 제26조 제1항 1호를 적용한 바 있는 大判 94누13794 참조.

17 자세히는 이상돈, 인권법, 세창출판사, 2005, 121쪽 아래 참조.

사용규칙이 없다. 하지만 가령 의사들의 파업으로 위태화되는 의료소비자의 건강(편익)을 소비자주권으로 개념화하는 것이 시민들 사이에 정서적 **공감**(empathy)[18]을 폭넓게 형성할 수 있고, 아울러 **법체계의 정합성과 법원칙을 훼손하지 않는 경우**에 소비자주권의 훼손은 경쟁적 시장구조를 깨는 행위로 간주할 만하다. 물론 소비자주권을 침해하는 카르텔이 범죄가 되는 것은 그 침해가 현저한 경우에 국한하여야 한다.

★ 법원칙을 외면한 공감의 법해석 ① 의료보험이 적용되는 의약품의 조제와 판매는 공정거래법이 보호하려는 경쟁시장을 형성하지 않고 **사회보험체계를 구성하는 행위들이기 때문에 공정거래법이 적용될 수 없다.** ② 의료보험이 적용되지 않는 의약품의 조제와 판매는 자유경쟁시장에 속하지만 의사들의 집단휴·폐업투쟁은 이 시장을 위태롭게 하는 것이 아니라 오히려 지향하는 것이다.[19] 예컨대 경쟁성은 한의사와 약사 사이, 의사와 약사 사이의 조제판매에 의해 오히려 증대된다. ③ 미국연방법원이 Eastern Railroad Presidents Conference v. Noerr Motor Freight, Inc.사건[20]에서 확립한 **노어-페닝톤 원칙**(Noerr－Pennington doctrine)은 사업자단체가 자신들에게 불리한 법률의 제정이나 시행에 영향을 미치고자 행하는 단체행동에 대한 셔먼법의 적용을 배제한다.

★ 카르텔과 형법상 입찰경매방해죄 카르텔의 정식 명칭은 부당한 공동행위이지만 흔히 담합(談合)으로 표현된다. 담합은 공정거래법 제정 이전인 1953년에 제정된 형법 제315조(경매입찰방해죄)를 실행하는 전형적인

18 공감의 개념에 대해서 이상돈, 법미학, 법문사, 2008, 129쪽; Spencer J Pack, Capitalism as a Moral System: Adam Smith's Critique of the Free Market Economy, Edward Elgar, 1991, 76쪽 참조. 이 문헌들에서 좀 더 명확해져야 하는 점은 공론이란 이성적 논거에 의한 상호이해와 합의의 형성과정인 반면, 공감은 이성적으로 생각하기를 멈추고(stop thinking rationally) 감성적으로 함께 느끼는(feeling together, Mitgefühl) 작용이기 때문에 공감은 공론에 의해 형성되는 것이 아니라 공론의 과정 속에서 또는 그것과 (우연히) 병행하여 형성되는 것이다.

19 "의사들의 행위에서 경쟁제한성을 파악할 수는 없고, 오히려 정부정책에 대해 의사들의 이익집단으로서 단체행동을 한 것이 … 기에 공정거래법의 적용이 면제"된다는 심재한, "사업자단체의 사업활동 제한행위", 상사판례연구 제18집 제2호, 2005, 72쪽.

20 365 U.S. 127(1961): "no violation of the Sherman Act can be predicated upon mere attempts to influence the passage or enforcement of laws".

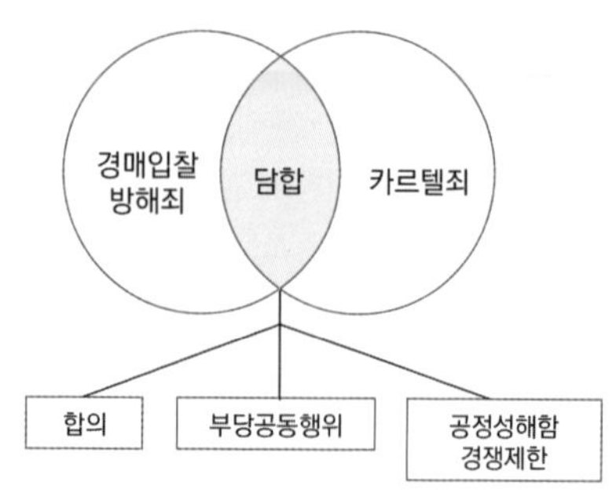

행위의 예이다.[21] 이때 경매입찰방해죄는 담합에 국한되지 않고, 거꾸로 카르텔죄도 경매, 입찰 방해에 국한되지 않는다. 담합행위에 의한 경매입찰방해가 공동의 규율영역이다. 이 영역에서 카르텔죄와 경매입찰방해죄는 '합의에 의해 부당한 행위를 공동으로 하여 공정성을 해하는' 동질적 구조의 불법유형을 갖고 있다. 그렇기에 2007년 경매, 입찰에서의 담합이 공정거래법상 카르텔의 일종으로 수용되기도 하였다(법 제40조 제1항 8호 신설). 하지만 카르텔죄의 법정형이 3년 이하의 징역 또는 2억 원 이하인데 비해 경매입찰방해죄의 법정형은 2년 이하의 징역 또는 700만 원 이하의 벌금으로 차이가 있다. 이런 차이는 형법상 경매입찰방해죄가 개인적 법익을 보호하는 죄임에 비해 카르텔죄는 경쟁질서라는 보편적 법익을 보호하는 죄라는 차이에서 비롯된다.

3. 카르텔의 고유한 불법유형

카르텔죄가 보호하려는 경쟁적 시장구조는 불명확하며, 통일되지 않은 개념이다.[22] 세 가지 불법의 특성이 있다. ① 카르텔에서 경쟁시장은 행위의 '객체'(Objekt)가 되는 반면, 시장지배지위남용에서는 행위의 '주체'(Subjekt)를 구성하는 요소이다. 시장지배지위남용죄의 행위주체는 실질적 경쟁을 배제시키는 힘을 지닌 자(신분자)이어야 하므로 행위주체의 확정은 경쟁시장의 명확한 확정을 전제하는 데에 비해, 카르텔불법의 중점은 경쟁시장구조를 공격하는 점에 그 중심이 있으므로, 그 공격

---

21 담합 개념이 사용된 대법원 판례는 1960년대부터 발견되며(大判 4292형상96), 공정거래법이 시행된 이후에도 꾸준히 사용되고 있다(大判 2002도3924).

22 독일에서도 경쟁(Wettbewerb) 개념은 통일적 개념이 아니고, 개별 규범의 목적과 의미연관에 따라 다양하게 변화한다. 이에 관해 Christian Müller-Gugenberger, Wirtschaftstrafrecht, 3. Auflage, Aschendorff Rechtsverlag, 2000, §57-5 참조.

행위로 왜곡되는 **경쟁시장구조의 내용이 확정적일 필요는 없다**. 가령 경쟁제한성이라는 카르텔죄의 결과반가치적 요소는 경쟁시장구조의 왜곡 자체를 확성하지 않은 채 경쟁세한효과의 신호(예: 가격인상), 경쟁제한의 적성,[23] 경쟁제한의 사실상 추정 등으로 대체할 수 있다. 경쟁제한효과의 실제적 의미인 소비자후생의 감소도 객관적 처벌조건, 즉 카르텔죄의 구성요건부속물로서 고려될 수 있다. ② 또한 시장지배지위남용은 시장지배지위의 사업자가 그가 참여하는 시장에 내재화된 경쟁시장구조의 잠재적인 왜곡가능성을 현실화하는 내부로부터의 남용행위인 반면, 카르텔죄는 경쟁시장에 참여하는 다양한 사업자들이 함께 경쟁적 시장구조를 **외부에서 침해**하는 행위이다. ③ 시장지배지위자의 내부적 남용행위가 시장의 약자에 대한 배려의 윤리를 외면하는 행위인데 비해, 카르텔 행위자의 외부적 공격행위는 **시장에 대한 사기**(fraud on market)의 성격을 띤다. 이 사기적 성격이 카르텔과 카르텔 이상으로 경쟁시장구조를 위협할 수 있는 합병과 구별되게 만든다. 합병은 자본시장법에 따른 공식적 절차를 통해 이루어지고, 공정거래법상 기업결합 심사를 통해 경쟁에 대한 폐해가 통제되는 반면, 카르텔은 그와 같은 공식적인 절차와 통제를 국가와 시민들을 속임으로써 벗어나는 것이다.

4. 카르텔의 불법구성요건 구조

법 제40조 제1항은 카르텔죄의 요건으로 ① 사업자, ② 합의("계약·협정·결의 기타 어떠한 방법으로도…할 것을 합의"), ③ 공동부당행위("공동으로 부당하게 … 다음 각호의 어느 하나에 해당하는 행위") ④ 경쟁제한성("경쟁을 제한")을 규정한다. 이 네 가지는 구성요건요소이다.

★ 미국과 독일에서 카르텔불법 성립요건의 축약 미국에서 경성카르텔에 적용하는 당연위법원칙(per se illegal) — 더 정확히는 당연불법원칙[24]

23 경쟁제한적성을 판단하기 위해서 시장점유율을 고려해야 하지만, 그것을 토대로 시장지배력을 판단하는 작업이 카르텔불법의 성립판단에 꼭 필요한 것은 아니다.

24 미국의 당연위법원칙은 공동행위의 위법성에 대한 것이 아니라 카르텔의 구성요건에 대한 것

은 예컨대 가격고정에 대한 합의만으로 카르텔의 성립을 인정한다. 이는 카르텔의 요건 ①②③④에서 ④를 사실상 삭제한 셈이다. 이런 경향은 독일에서도 마찬가지이다. 독일 경쟁제한방지법(GWB) 제1조는 판례가 줄곧 취했던 입장처럼[25] 카르텔을 맺는 합의만으로 카르텔불법을 인정한다. 그렇기 때문에 카르텔불법은—마치 추상적 위험범처럼 기수범의 성립이 훨씬 —"앞당겨져 있다"(vorverlagert)[26]고 말할 수 있다. 그러나 독일의 경우는 형벌이 아니라 범칙금을 부과하기 위한 요건으로서 그런 것임에 주의를 요한다.

(1) 카르텔행위의 구성요건적 요소들 우리나라 법처럼 형벌이나 — 형벌대체제재이지만 병과가 가능한 — 과징금과 같은 제재를 부과하기 위한 카르텔의 성립은 요건 ①②③④를 모두 충족할 때에만 인정하여야 한다. 첫째, 요건 ③의 **공동부당행위**는 카르텔의 실행행위로서 "1) 다른 사업자와 공동으로 2) 부당하게 (경쟁을 제한하는) 3) 다음 각 호의 어느 하나에 해당하는 행위"를 하는 것이다. 즉, 공동부당행위는 1) 공동성, 2) 부당성, 3) 유형성의 요건으로 구성된다. 둘째, **경쟁제한성**은 경쟁 개념의 다의성과 경쟁제한결과의 계측 불확실성 때문에 경쟁제한(에)의 적(합)성의 의미로 이해된다. 경쟁제한적성이 있는 공동행위는 중·단기적으로 상당한 가격인상 등과 같은 소비자편익의 감소를 가져올 수 있다. 이 경우 결과반가치가 더 많이 실현된 것이다.

(2) 객관적 처벌조건과 위법성의 분리·독립 그러나 가격인상 등을 통해 카르텔을 한 사업자는 경쟁력을 높임으로써 시장에서의 경쟁이 강화되어 장기적으로는 오히려 소비자의 후생을 증대시킬 수도 있다. 이 경우에 카르텔의 처벌가치는 없다. 여기서 **장기적인 소비자후생의 실제감소**

이다. 따라서 당연위법원칙으로 번역하기보다는 당연불법원칙으로 번역하는 것이 더 적절하다. (불법)구성요건(Unrechtstatbestand)이 금지의 실질을, 위법성이 실질의 금지성을 나타낸다고 할 때 미국의 당연위법원칙은 금지의 실질을 판단하는 원칙이다.

25 BGHZ 86, 324; BGHSt 32, 382; NStZ (1985), 77쪽 등 참조.

26 Christian Müller-Gegenberger, Wirtschaftstrafrecht, 3. Auflage, Aschendorff Rechtsverlag, 2000, §57-31 참조.

는 객관적 처벌조건으로 이해할 수 있다. 위법성은 법 제58조의 법령에 의한 정당행위 뿐만 아니라 형법 제20조의 정당행위(예: 환경보호를 위한 카르텔)에도 해당하는 사유가 없는 경우에 인정된다.

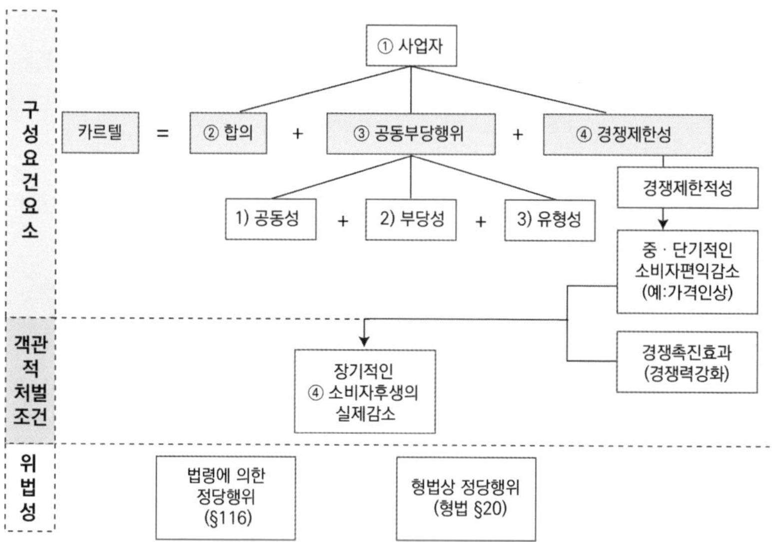

(3) 고의 카르텔죄도 형사범이므로 고의가 필요하다. 카르텔고의는 위의 요건①②③④이 충족되는 상황을 인식하고 의욕하는 것이다.[27] 고의는 미필적 고의로도 성립할 수 있다. 이를테면 정보를 교환하고 반복적으로 상대방 사업자에게 서로 동조하는 행위를 할 경우에는 묵시적 계약의 형태를 띤 합의가 성립함을 인식하고 그것을 용인하면 미필적 카르텔죄고의가 인정된다. 이때 고의는 합의의 목표에 대한 인식도 포함하고 있어야 한다. 예컨대 공동의 출고조절을 통해 가격을 높인다는 목표를 인식하여야 한다. 또한 고의는 "부당하게"와 같은 가치충전필요 개념의 의미에 대한 이해도 포함하여야 한다. 이때 부당성의 의미는 보

27 미국도 카르텔죄에 mens rea를 요구한다. 카르텔을 명확하게 의도하거나 실제로 일어날 개연성을 인식하고 있함을 명확히 한 U.S. v. Gymsum Co., 438, 422(1978).

통사람들의 가치판단으로 이해되는 것이면 충분하다.

Ⅱ. 카르텔죄의 주체

카르텔죄의 주체인 제40조 제1항의 "사업자"는 적어도 다른 사람과 힘을 합한다면 — 단지 행위의 도덕적 차원에서가 아니라 '체계'(system)의 차원에서 — 경쟁적 시장구조를 왜곡시킬 가능성이 있는 자이어야 한다.

1. 시장영향력

이 가능성은 시장지배지위남용죄의 주체에게 요구되는 시장지배력은 아니지만, 시장에서 유효경쟁을 변화시킬 수 있는 잠재적 역량을 필요로 한다. 가령 카르텔죄의 주체는 카르텔 참여 사업자들의 시장점유율 합계가 시장지배력(예: 50~75%)에는 못미치지만 그것에 향해가는 **의미 있는 수준**(예: 10%)[28]의 **시장영향력**을 갖고 있어야 한다.[29] 물론 시장점유율은 시장의 획정에 따라 그 충족여부가 좌우된다.

(1) 안전구역 ① 공정거래위원회의 「공동행위심사기준」 Ⅱ.2.나.(3)에 의하면 **연성 공동행위**(공동생산, 공동연구·개발, 공동마케팅, 공동구매 등)는 참여사업자들의 시장점유율 합계가 20%를 초과하는 경우에만 경쟁제한 효과를 분석·판단하도록 하고 있다. ② 이는 합작투자(joint venture)나 경쟁자들의 협력행위(competitor collaborations)가 있어도 반경쟁적 효과가 발생하지 않는다고 간주되는 경우, 예컨대 협력사업자들의 시장점유율 합계치가 20% 이하인 경우를 **안전구역**(safe harbor)으로 설정한 미국 연방거래위원회(FTC)의 기준(Agency Guidelines)을 따른 것으로 보인다.[30] 이는 경쟁제한성에 대한 판단기준이 아니라 카르텔죄의 주체

---

28 참고로 독일의 판례를 보면 5%의 시장점유율 정도를 기준으로 삼은 경우도 있다(BGHSt 14, 55 참조).

29 이를 독일 연방법원은 **감지할 수 있는 시장력**(spürbare Marktbeeinflußung)이라고 부른다. BGH v. 19.10.1993, KZR 3/92; BGHZ 68, 6 참조.

30 자세히는 William Blumenthal, "Clear Agency Guidelines: Lessons from 1982", Antitrust

가 되기 위한 시장영향력을 판단하는 기준이다.

(2) 소규모사업자의 조합에 대한 법의 적용예외 법 제118조(일정한 조합의 행위)는 소규모 사업자들이나 소비자가 상호부조를 목적으로 임의로 설립한 조합으로서, 조합원들의 임의 가입·탈퇴가 보장되고, 의결권이 평등하며, 조합원에 대한 이익배분의 한도가 정관에 정해진 조합(또는 조합의 연합회)의 행위에 대해 법의 '적용제외'를 인정한다. 이는 그런 조합(연합회)의 시장영향력이 없거나 미미하기 때문이다.

2. 비신분성

신분이란 '특정한 사람에게만 존재하고, 불법의 구성요소가 되는 사회적 지위나 상태'를 말하는데, 시장영향력의 요구에도 불구하고 카르텔죄는 신분범이 아니다. 이유는 세 가지이다. 첫째, 시장에 참여하는 자이면 모두 사업자이므로, 카르텔죄는 행위주체를 특정 사람들에게 국한시키지 못한다. 둘째, 시장영향력이 공정거래위원회의 고시에 의해 법정되더라도 몇 명의 사업자가 카르텔을 형성하느냐에 따라 행위주체성 여부가 좌우되므로, 특정 사람들을 주체로 한정하는 신분범의 기능이 불확실하다. 셋째, 시장영향력 요건을 충족해도 카르텔을 맺는 참여사업자들의 —신분요소가 아닌— 주관적 의도(예: 공동연구개발)에 따라 여전히 카르텔불법을 구성하지 않을 수 있다.

3. 사실상 하나의 사업자

두 개 이상의 사업자가 서로 지배종속관계에 있을 경우에도 카르텔을 인정할 수 있는지도 문제이다.

(1) 카르텔죄의 제도경제학적 이해 공정거래위원회는 외형상 카르텔을 형성한 두 사업자가 모회사와 자회사의 관계와 같이 한 "사업자가

Law Journal, Vol. 68, 2000, 5~27쪽 참조.

다른 사업자를 **실질적으로 지배함**으로써 이들이 상호 독립적으로 운영된다고 볼 수 없는 경우에는 사실상 하나의 사업자로 본다"(공동행위심사기준 Ⅱ.1.(나)). 사실상 지배종속관계에 놓인 기업들 사이의 공동행위는 가령 지주회사를 정점으로 하는 기업집단제도에서는 경쟁을 제한하기보다는 **거래비용을 최소화하는 행위**로 이해될 수 있기 때문이다. 이는 카르텔은 "협조행위"(concerted action)에 적용될 뿐 "완전한 일방적 행동"(wholly unilateral conduct)에는 적용되지 않는다는 미국 판례[31]에 영향을 받은 것이며, 경제를 (법)제도와의 상호작용 속에서 이해하는 (신)제도학파적 입장에 의해 뒷받침된다.[32] 독일도 계약상 콘체른(Vertragskonzern)과 사실상 콘체른(faktischer Konzern)을 구분하여 자회사가 경제적으로 독립적으로 활동하는지 여부에 따라 카르텔금지규정의 적용여부를 결정한다.[33]

(2) 고전경제학적 이해와 경매입찰방해죄 그러나 전통적인 주류경제학, 이를테면 경제와 그 밖의 사회체계(정치, 법, 사회 등)를 분리하고 오로지 시장을 공급과 수요의 균형을 지향하는 조정체계로만 바라보는 (신)고전주의 경제학은 사실상 하나의 사업자 개념을 인정하기 어렵다. 물론 고전경제학의 입장은 산업시대의 패러다임 위에 서 있는 형법상 경매입찰방해죄의 적용에는 여전히 유효하다. 예컨대 시장점유율이 미미하여 카르텔죄의 주체가 되기 어려운, 그리고 지배종속관계에 있는 두 회사가 입찰경매담합을 하면 공정거래법상 카르텔죄는 성립할 수는 없지만, 형법상 경매입찰방해죄(제315조)는 성립할 수 있다.

---

31 모회사가 자회사를 100% 소유한 경우 협력행위(the coordinated activity of a parent and its wholly owned subsidiary)는 셔먼법 제1조의 목적에서 볼 때 공모가 되지 않는다는 Copperweld Corp. v. Independece Tube Corp., 467 U.S. 752 (1984). 이로써 공모 사업자들이 단일 기업조직을 형성할 때에만 카르텔의 성립을 배제하고 별개 조직이지만 완전히 소유한 자회사인 경우에는 카르텔의 성립을 긍정하는 **기업내부공모의 원칙**(intra－enterprise conspiracy doctrine)을 폐기하였다.

32 이런 모자기업들은 하나의 "유사한 동태적 기업"이 된다고 보는 김석용, "신제도학파적 기업이론과 기업간 네트워크 이론의 고찰", 경영학연구 제25호, 1996, 126쪽.

33 유진희, "독점규제법상의 카르텔금지 － 독일 경쟁제한방지법을 중심으로", 경영법률총서 제4권, 2004, 17～18쪽 참조.

Ⅲ. 카르텔의 합의

1. 합의 입증에 편중된 실무

합의는 카르텔(죄) 성립의 핵심적 요소이다. 카르텔 합의만으로 처벌하는 국가(예: 미국의 경성카르텔, 독일의 경쟁제한방지법)도 있지만 우리나라에서 카르텔 합의는 **카르텔 불법의 단지 필요조건**이다. 합의만으로는 경쟁법적 제재(예: 경고, 시정조치)를 받을 불법이 인정될 수 있지만, 형사불법이 될 수는 없다. 실행에 나아가지 않은 공모의 형사처벌은 살인죄와 같은 중대범죄(예: 살인음모죄)[34]를 제외하고는 허용되지 않기 때문이다. 카르텔죄는 3년 이하의 징역 또는 2억 원 이하의 벌금(제124조 제1항 제9호)이므로 **카르텔 음모**는 독자적인 범죄로 다룰 불법이 아니다. 그러므로 카르텔의 성립 판단에서 합의의 존부와 입증에만 집중하는 실무[35]는 카르텔에 대한 형사책임의 적정실현을 어렵게 만든다. 물론 이처럼 합의의 요건에 편중된 실무는 경쟁제한성 판단에 필요한 경제학적 지식이 부족하고 공정거래위원회에 법률가가 상대적으로 너무 많고[36] 카르텔의 불법을 정밀하게 규명하는 이론이 확립되지 않은 데에서 비롯된다.

2. 합의 개념의 의미론

합의의 의미가 무엇이고, 어떤 현상으로 외부화되며, 어떤 사례군에 적용되는지는 논란이 심하다. 네 가지 유형을 나누어 검토한다.

---

34 가령 내란음모죄(제90조), 외환음모죄(제101조), 살인음모죄(제255조), 강도음모죄(제343조)를 제외하고 범죄를 모의하고 합의에 이른 행위는 형사처벌되지 않는다.

35 경쟁법적 제재에서도 합의만으로 사실상 경쟁제한을 인정하고 따라서 단합이 성립 판단에서 합의의 입증에만 집중하는 경향은 “합의의 도그마”라는 표제 아래 비판되기도 한다. 이런 비판으로 이호영, “카르텔 규제의 이론과 실제: 독점금지법상 ‘합의의 도그마’에 대한 저항 – 과점기업의 묵시적 사업 조정의 규제를 중심으로”, 경쟁법연구 제12권, 2005, 29쪽.

36 이런 지적으로 홍대식, “카르텔 규제의 집행: 행정적 집행수단과 법원의 역할을 중심으로”, 경쟁법연구 제12권, 2005, 121쪽.

— **공동결의** 합의는 형법상 합동범의 '공동결의'(또는 공모)와 같은 개념이다. 이 공동결의는 **계약**이나 협정의 현상으로 외부화된다. 공동의 목표를 세우고 그것을 달성하기 위해 공동의 실행행위를 하는 것이다. 이런 합의 개념은 명시적 계약적 합의이다.

— **협조의사** 공동결의보다 다소 넓은 의미로서[37] 협조의사는 각자 서로 다른 목표를 가질 수는 있지만 필요하다면 언제든지 행위를 공동으로 하려는 의사이다. 협조의사는 사업자 사이의 **양해**로 현상화 되고, **서로 의식적으로 동조하는 행위가 반복**되는 현상으로 외부화된다. 그렇기에 **묵시적 계약적 합의**라고 부를 수 있다.

— **정보교환적 소통 (동조행위)** 사업자가 정보를 교환하고(sharing information) 의사소통(communication)을 하는 것은 의사의 합치 그 자체는 아니지만 의사를 합치하는 과정의 일부를 구성한다. 이를 넓은 의미의 합의라 부를 수 있다. 이런 정보교환적 소통은 흔히 '의식적 상호적 동조행위',[38] 즉 사업자들이 서로 의존적으로 **다른 사업자의 사업행위에 동조하는 행위**로 외부화된다. 독일 경쟁제한법 제25조 제1항은 이를 "동조행위"(abgestimmtes Verhalten)라고 부른다. 동조행위는 명시적, 묵시적 계약과는 달리 상대방에 대한 **구속력이 전제되지 않는다**. 물론 동조행위가 장기간 반복되면 그런 소통은 협조의사 또는 묵시적 계약적 합의로 이행될 것이다.

— **정보화** 소통이나 정보교환 없이 각 사업자들은 서로에 대해 개별적으로 정보를 수집할 수 있다. 이런 정보화를 (최광의의) 합의로 보면 합의는 '**일방적 의식적 동조행위**', 즉 한 사업자가 일방적으로 다른 사업자의 사업행위에 동조시키는 사업행위나 **인식 있는 (우연적인) 병행행위**, 즉 다른 사업자의 사업행위를 인식하였고 다른 사업자의 사업행위와 (일부러 동조시킨 것은 아니지만) 단지 외형상 일치되는 행위를 하는 현상에 의해 외부화 된다.

---

37 사업자들 간의 '공조체제' 현상은 카르텔의 내용이 아직 특정되지 않은 일반적인 협조의사이다. 공조체제의 구축의사에서는 공동결의나 협조의사가 생성될 수 있다.

38 의식적 동조행위와 담합의 구별에 대해 자세히는 Michael K. Vaska, "Conscious parallelism and price fixing: defining the boundary", The university of chicago law review, Vol. 52, No. 2, 1985, 508~535쪽 참조.

유형	합의가 외부화된 현상	외형상 일치행위	정보 공유	의사의 합치	명시적 합치
ⓐ 공동결의	계약(협정)적 공동행위	○	○	○	○
ⓑ 협조의사	반복되는 의식적 상호적 동조행위	○	○	○	×
ⓒ 정보교환적 소통	비구속적 상호적 의식적 동조행위	○	○	×	×
ⓓ 정보화	일방적 의식적 동조행위 인식적 병행행위	○	×	×	×

어떤 합의 개념을 사용하느냐는 법(해석)정책의 문제이다. 법정책적 결정에 앞서 각 개념들의 구조적 특징과 차이를 이해해야 한다.

공동결의나 협조의사에는 **의사의 합치** agreement 또는 그에 따른 **구속성**이 있고, 정보교환적 소통이나 정보수집에는 없다. 카르텔 합의 개념은 좁게는 의사의 합치가 인정되는 ⓐ 공동결의나 ⓑ 협조의사에서 인정될 수 있다. 또한 ⓒ 정보교환적 소통은 의사의 합치 그 자체는 아니지만, (묵시적) 합의 형성의 실질적 기반이 되는, 그래서 **합의를 추정할 만한 근거**[39]는 될 수 있다. 이 정보교환적 소통은 독일 경쟁제한방지법 제25조 제1항 또는 유럽연합 경쟁법 제85조 제1항[40]의 **동조행위**(abgestimmtes Verhalten)에 가깝다. 그러나 이 행위만으로는 카르텔죄의 주관적 요건인 합의 요건을 충족할 수 없다.

★ **정보교환적 소통에서 상호적 동조행위** 화장지를 생산판매하는 U(주)는 1997.7.16. 화장지의 공장도가격을 9,306원으로 인상하였다. 그러자 이전에 가격모방을 한 적이 있는 M(주)와 D(주) 및 S(주)는 1997.8.1. 화장지의 가격을 9,306원으로 동시 인상하였다. U가 1997.12.24. 화장지 가격을

39 예컨대 "지도적 기업이 다른 회사로부터의 의사타진에 대해 구체적 숫자를 알려주고, 그 다른 회사가 이에 동조한 경우, 어느 한 사업자의 가격 등에 관련한 발언에 대해 참석자가 이를 듣고도 특별히 반대 견해를 표명하지 않고 동일한 결과를 초래케 하는 행위를 한 경우" (황보윤, "부당한 공동행위에 있어 '합의'의 의미", 경영법무 제50호, 1998, 67쪽.

40 Immenga/Mestmäcker, EG-Wettbewerbsrecht, 1. Auflage, 2001, Rn 1~377.

10,494원으로 다시 인상하려 하자, M, D, S 는 이 정보를 입수하고 그보다 하루 앞선 12. 23. 일제히 10,494원으로 인상하였다. 이 두 차례의 인상에서 M, D, S사의 가격인상 결정을 위한 내부품의 일자와 실제 가격인상 일자는 같았다. 화장지 제조업체는 가격변동 정보를 유통업체에 미리 통지해 주었기 때문에 제조업체들은 가격 결정에 관한 정보를 간접적으로 쉽게 교환할 수 있었다. ① M, D, S사의 가격인상은 묵시적 합의에 의한 것이 아니라, (간접적인) 정보교환적 소통에 의한 것이다. ② 이 경우 가격동조화의 외형상 일치행위와 정보교환적 소통, 그리고 이전에도 반복된 가격동조화 행위의 역사를 근거로 합의를 추정할 수는 있으나(大判 2000두1386) ③ 이때 추정은 시정명령을 위한 요건의 하나로서 합의를 추정할 뿐, 형벌이나 과징금의 부과를 위한 요건의 하나로서 합의를 추정할 수는 없다.

이에 비해 정보화 행위들, 즉 경쟁관계에 있는 상대회사의 가격책정은 인식했지만 다양한 가격결정요인들을 고려하여 책정한 결과 그 가격이 '결과적으로' 경쟁회사의 가격과 일치하게 된 경우(**인식 있는 병행행위** conscious parallelism[41])와 가격결정요인들을 종합적으로 판단해볼 때 경쟁회사의 가격과 다른 가격을 책정하는 것이 합리적임에도 불구하고, 경쟁회사의 가격을 의식하여 다른 가격결정요인들을 무시하고 경쟁회사와 동일한 가격을 책정하는 경우(**일방적 의식적 동조행위**)는 형법뿐만 아니라 경쟁법적 제재를 부과하기 위한 카르텔의 합의도 될 수 없다. 이 둘은 독일의 단순병행행위(bloßes Parallelverhalten)나 인식 있는 병행행위(bewußtes Parallelver– halten)에 가깝다. 독일에서는 단순병행행위만으로는 카르텔금지의 위반을 인정하지 않는다.

3. 합의의 (행위)반가치 차등

시장의 경쟁적 구조라는 가치에 대한 행위자의 내적 불인정은 차이

41 미국판례에서 의식적 병행행위는 '인식 있는 병행행위'와 '(일방적) 의식적 동조행위'의 구별을 못한 채 상호적(independent) 의식적 동조행위를 가리킨다. Alan M. Anderson, "Conscious Parallelism in the Use of delivered pricing systems: A modified per se standard of Review under the Federal Trade Commission Act", Cornell Law Review, Vol. 66, No. 1980, 1194쪽 참조.

가 있다. ① **행위반가치가 가장 큰 합의는 공동결의**(공모)이다. 미국은 셔먼법 적용에서 경성카르텔에 대한 이런 합의(agreement)만으로 —당연위법원칙을 적용하여— 카르텔범죄를 인정한다. 이는 형법상 합동범合同犯의 불법이 보통의 정범이나 공동정범보다 행위반가치가 더 큰 것[42]과 유사하다. 공동결의로 카르텔을 형성하는 사업자들은 경쟁시장의 가치를 정면 부정하고 '침해'하는 의식을 보여준다. ② **협조의사**는 법을 정면으로 부정하는 인격적 결함을 보인 경우는 아니지만, 의사의 합치(agreement)에 의해 경쟁시장구조를 왜곡한다는 점에서 공동결의보다 다소 낮지만, 형벌과 과징금 같은 비난의 성격을 띤 **진압적 제재**(repressive Sanktion)**가 필요할 정도의 행위반가치성**을 보여준다. ③ 정보교환적 의사소통에 따른 의식적 상호적 동조행위는 경쟁시장의 가치를 단지 추상적으로만 위태화시키는 행위반가치를 보여준다. 그렇기에 진압적 제재는 불필요하지만, 행정법적 제재를 통해 장래에는 '강제적으로' 제거될 필요가 있다. ④ 정보화의 카르텔, 즉 **인식 있는 병행행위와 일방적 의식적 동조행위**는 법률상 추정(제40조 제5항)에 의해 합의로 인정되지만, 경쟁가치를 훼손하는 의식은 없기에 행위반가치는 매우 낮다. 다만 이런 류의 카르텔이 장래에 증가될 위험에 대응하기 위해 시정권고나 경고 등의 경쟁법적 제재로써 통제하는 것은 적절하다.

유형	경쟁가치 훼손의식	적정제재	비난 가능성	과거불법 제거필요	인격적 교정필요	계측 점수[43]
공동결의	침해	형벌	○	○	○	3
협조의사	구체적 위태화	과징금	○	○	×	2.5
정보교환적 소통	추상적 위태화	시정명령	○	×	×	2
정보화	없음	시정권고	×	×	×	1

42 이상돈, "합동범과 공동범의 해석정책", 저스티스 통권 제73호, 2003, 95~116쪽.

43 계측점수는 공정거래위원회가 제재종류를 결정하는 기준점수의 단계를 고려하여 정한 것임.

4. 합의의 추정

(1) 합의 입증책임의 전환 법 제40조 제5항은 둘 이상의 사업자가 "해당 거래분야, 상품·용역의 특성, 해당 행위의 경제적 이유 및 파급효과, 사업자 간 접촉의 횟수·양태 등 제반 사정에 비추어 그 행위를 그 사업자들이 공동으로 한 것으로 볼 수 있는 상당한 개연성이 있을 때"(1호)나 "제1항 각 호의 행위(제9호의 행위 중 정보를 주고받음으로써 일정한 거래분야에서 경쟁을 실질적으로 제한하는 행위를 제외한다)에 필요한 정보를 주고받은 때"(2호)에는 그 사업자들 사이에 카르텔행위를 합의한 것으로 추정한다. 이 규정을 공정거래위원회가 규제절차에 착수하여야 한다는 의미의 행정법상 추정규정으로 보는 견해[44]도 있지만, 법문은 공정거래위원회에게서 사업자로 합의에 대한 **입증책임**을 **전환**시키는 규정이며,[45] "사실상의 추정"[46]이 아니라 **법률상의 추정**규정이다. 또한 경쟁제한성은 합의의 추정과는 무관하게 독자적으로 입증되어야만 한다.[47] 경쟁제한성이 있다고 해서 합의가 추정되는 것은 아니다.

(2) 합의의 법률상 추정의 요건 합의는 의사의 합치라는 내면적 의식상태를 표현하는 개념(성향개념 Dispositionsbegriff)이므로 그 입증은 계약서나 협정서와 같은 증거가 없는 한, 정황증거가 입증하는 다양한 간접사실들의 합리적 추론에 의할 수밖에 없다. ① 제40조 제5항은 이런 입증의 어려움을 덜어내기 위해[48] 실제로는 외형상 일치행위가 있고,

---

44 권오승, 경제법, 법문사, 1998, 258쪽.

45 같은 견해로 정호열, "담합을 어긴 투찰과 카르텔행위의 성립", 저스티스 제33권 제1호, 2000, 178쪽.

46 이남기, 경제법, 박영사, 1998, 160쪽.

47 추정을 2단계, 즉 외형상 일치행위가 존재하면 '공동행위의 존재'가 추정되고 그 부당성은 원고가 실질적 경쟁제한성을 입증할 때 인정된다는 견해(손수일, "공동행위(카르텔)의 규제와 추정조항의 문제점", 재판자료 경제법의 제문제 제87집, 2000, 405쪽 참조)도 부당성을 경쟁제한성으로 환원한 오류를 제외하면 같은 입장이다.

48 1986년의 추정조항은 "2 이상의 사업자가 일정한 거래분야에서 경쟁을 실질적으로 제한하는

'협조의사'나 '정보교환적 소통'(의사연결의 상호성[大判 2013도5456]) 심지어 '정보화'의 현상만 입증되어도 계약적 합의가 추정할 수 있게 만든다. 이로써 카르텔 인정은 **지렛대효과**를 누리게 된다.

★ **합의의 추정** ① 가령 A(주)가 밀가루 가격을 10% 인상하자, B(주)도 밀가루 가격을 10% 인상하는 경우처럼 외형상 일치행위가 있고, 제반사정을 고려할 때 공동행위의 상당한 개연성이 있으면 합의를 추정한다. ② 제품의 동질성, 수요의 가격비탄력성, 진입장벽이 있는 LPG시장은 2001.1.1.부터 LPG가격 자유화가 시행되었어도 수입 2사가 종래방식대로 매월 말경 판매가격 결정 후 국내 4사에 모사전송하면 국내 4사는 통보받은 금액을 추종하여 다음 달 자신들의 판매가격을 결정하였다. "과점시장에서 시장점유율이 높은 업체가 독자적인 판단에 따라 가격을 먼저 결정한 뒤에, 그 밖의 경쟁사업자들이 그 가격을 추종하고 있고, 그와 같은 가격결정 관행이 상당한 기간 누적되어 사업자들이 이러한 사정을 모두 인식하고 있는 경우에, 가격 결정과 관련된 의사 연락이 증명되거나, 추가적인 여러 사정들에 비추어 그 의사 연락을 추인할 수 있다면 부당하게 경쟁을 제한하는 행위에 대한 합의가 있다고 인정할 수 있다"(大判 2013도5456).

② 그러나 추정을 위해 고려해야 할 '**제반사정**'은 "공동으로 한 것", 즉 **계약적 합의(공모)**가 존재한다고 볼 수 있는 "상당한 개연성", 즉 **고도 개연성**을 근거 지을 수 있어야 한다. 그러므로 정보교환행위는 중요한 사정이지만 유일한 사정이 되어서는 안 된다. 정보교환은 가격카르텔 형성의 기초뿐만 아니라 가격인하의 단서나 가격편차의 감소[49] 또는 벤

제1항 각호의 1에 해당하는 행위를 하고 있는 경우 동 사업자간 그러한 행위를 할 것을 약정한 명시적인 합의가 없는 경우에도 부당한 공동행위를 하고 있는 것으로 추정한다"고 규정하였다. 이에 대해 경쟁제한성은 "합의를 전제로 하지 않은 상태에서" 입증해야 한다는 비판이 가해졌고(大判 99두6514), 합의에 의한 행위의 공동 뿐만 아니라 그 공동행위의 부당성까지 추정할 수 있다는 문제가 있다.

49 예를 들어 미국시장의 74.2%를 점유하는 나무판 제조업자들과 운반업자들의 협회가 생산평균비용, 어떤 지점까지의 선적률에 대한 상세정보 등을 교환시킨 사건에서 미국연방법원도 정보교환이 공식적이어서 소비자도 알고, 가격편차를 줄이라는 친경쟁적 목적에서 이루어졌다는 이유로 합의를 인정하지 않았다. 자세히는 Maple Flooring Manufacturers ASSN. v. United States, 268 U.S. 563 (1925) 참조.

치마킹의 수단이 되어 경쟁 촉진의 기반이기도 하기 때문이다.[50] ③ 그렇기 때문에 외형상 일치행위를 한 회사들이 각자 그런 행위로 나아간 결정에 독립적인 경영상 이유가 있는지에 대한 심사(**경영상 정당한 이유의 심사** business justification test)가 생략되어서는 안 된다.[51] 가령 제조비용, 경영리스크, 운송비용 등을 고려할 때 공모를 하지 않고도 외형상 일치행위를 하는 것이 합리적이었는지를 검토해야 한다.[52] 물론 경영상 이유에 의한 정당화는 합의의 추정을 방해하는 사유이다. 카르텔의 합의가 분명히 존재한 경우에 카르텔이 사업경영상 합리적으로 필요했다는 점은 카르텔의 동기가 될 뿐이다.[53]

(3) 합의추정의 허용와 배제 공동결의, 협조의사, 정보교환적 소통, 정보화 사이의 행위반가치 차이를 합의추정규정(제40조 제5항)의 적용에 반영하면 **책임주의가 더욱 섬세하게 구현**된다. 먼저 카르텔의 불법이 행위반가치와 결과반가치의 총합으로 구성된다고 보고, 동일한 경쟁제한효과를 가져오는 외형상 일치행위가 있는 경우에 행위반가치는 《정보화→정보교환적 소통→협조의사→공동결의》의 순으로 증대하고 결과

50 John Han, "Antitrust and Sharing Information about Product Quality", The University of Chicago Law Review, Vol. 73, No.3, 2006, 1008~1012쪽 참조.

51 이런 입장으로 Michael K. Vaska, "Conscious Parallelism and Price Fixing: Defingung the Boundary", The University of Chicage Law Review, Vol.52, No.2, 1985, 508~509쪽 참조.

52 소아마비 백신을 제조하는 5개 제약회사들(Lilly, Pitman-Moore, Parke Davis, Merke Sharp&Dohme, Wyeth)이 판매한 가격이 거의 일치하고, 한 회사가 가격을 인하하자 다른 회사들도 똑같이 인하한 사건(United States v. Eli Lilly & Co., Crim. No. 178-58, D.N.J., Nov. 30, 1959)을 예로 설명하는 Almarin Phillips and George R. Hall, "The Salk Vaccine case: Parallelism, Conspiracy and other hypotheses", Virginia Law Review, Vol. 46, 1960, 722쪽 참조. 저자들은 이 사례에서 합의, 이해, 계획, 협력행위가 있었음에 별 의문이 없으며, 중요한 점은 그렇게 합의가 합리적으로 추론되더라도 그 합의적 행동이 갖는 의미, 즉 경쟁제한의 합리성에 대한 검토가 부족함을 비판한다(728쪽). 그러나 이는 가격카르텔과 같은 경성카르텔에서는 합의만으로 카르텔불법을 인정하는 미국 판례의 맥락에서 강조되는 부분이고, 합의의 합리적 추론과 경쟁제한은 각기 다른 요건으로 검토되어야 한다.

53 동기라는 개념을 쓰지 않았지만 같은 취지의 大判 2000두6206; 2009두11485 참조.

반가치는 감소한다.

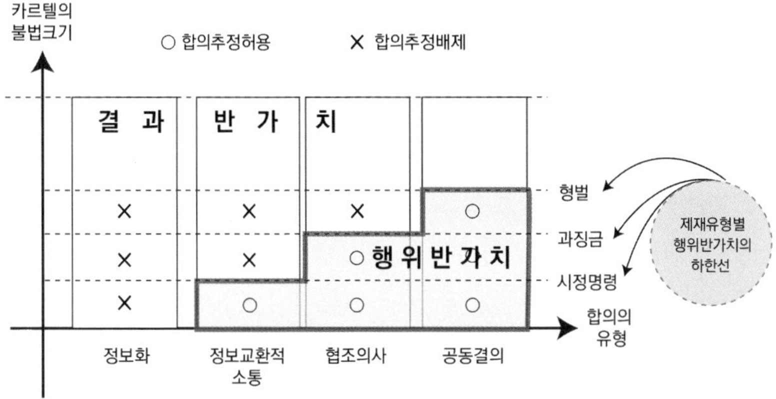

① 정보수집에 의한 인식 있는 병렬행위나 일방적인 의식적 동조행위는 경쟁가치에 대한 비난받을 만한 불인정의사가 없기에 **비난가능성이 있는 제재들**(시정명령, 과징금, 형벌)**을 부과하기 위한 합의추정규정의 적용은 배제**하여야 한다. 그렇지 않다면 합의추정은 '없는 사실'을 있는 '사실'처럼 만들고, 이는 합의의 '추정'이 아니라 합의의 '의제'(擬制)가 되기 때문이다. 이를 **합의추정복멸사유**라고 부른다.[54]

> "합의의 추정을 복멸시킬 수 있는 사정을 판단함에 있어서는, 당해 상품 거래분야 시장의 특성과 현황, 상품의 속성과 태양, 유통구조, 가격결정 구조, 시장가격에 영향을 미치는 제반 내외부적 영향, 각 개별업체가 동종 거래분야 시장에서 차지하고 있는 지위, 가격의 변화가 개별사업자의 영업이익과 시장점유율 등에 미치는 영향, 사업자의 개별적 사업여건에 비추어 본

54 합의추정복멸사유를 인정한 ① 상대방 사업자와 공통적으로 관련된 외부적 요인이 각자의 가격결정 판단에 같은 정도의 영향을 미침으로써 부득이 동일 또는 유사한 시기에 동일 또는 유사한 행위를 할 수밖에 없었던 경우(大判 2001두946), ② 과점시장 하에서 시장점유율이 높은 선발업체가 종전의 관행 등 시장의 현황에 비추어 가격을 결정하면 후발업체들이 이에 동조하여 가격을 결정할 것으로 예견하고 가격결정을 하였다는 등의 특별한 사정이 없는 한 선발업체가 독자적인 판단에 따라 가격을 결정한 뒤 후발업체가 일방적으로 이를 모방하여 가격을 결정하는 경우(大判 2000두1386)를 들 수 있다.

경영판단의 정당성, 사업자 상호간의 회합 등 직접적 의사교환의 실태, 협의가 없었더라도 우연의 일치가 이루어질 수도 있는 개연성의 정도, 가격모방의 경험과 법위반 전력, 당시의 경제정책적 배경 등을 종합적으로 고려하여 거래 통념에 따라 합리적으로 판단하여야 한다."(大判 2002두4648)

② 정보교환적 의사소통에 의한 카르텔에서는 경쟁시장구조의 훼손을 막기 위해 시정명령을 내리기 위한 합의추정은 허용되지만, 과거의 **불법을 제거하는 제재(과징금이나 형벌)의 부과**를 위한 합의추정규정의 적용은 비례성원칙의 관점에서 배제되어야 한다.

★ 정보교환적 소통과 합의 카드시장점유율을 1,2,3 위인 카드회사 A(주), B(주), C(주)는 1999. 1. 20.부터 22.까지 중고자동차 할부금리를 동시에 인하했다. A는 1999. 1. 20. 할부금리를 종전 26%~28%에서 25%로 , B는 같은 날 28%에서 25%로 인하했고, 이틀 뒤 C도 27%~28%에서 25%로 인하했다. ① A, B, C가 동일하게 인하한 중고자동차 할부금융시장은 금융변동정보(할부금리 및 할부조건에 관한 정보)가 개방되어 있다. 따라서 외형상 일치행위와 정보교환의 사실이 인정된다. 공모의 고도개연성을 인정할 수 있는지도 의문이지만, 판례처럼 합의추정복멸사유를 인정하지 않더라도 과징금이나 형벌을 부과하기 위한 합의는 추정할 수 없고, 시정명령과 같은 행정법적 제재를 위한 합의만 추정할 수 있다고 보아야 한다.

③ 협조의사에 의한 카르텔에서 시정명령이나 과징금을 부과하기 위한 합의추정규정의 적용은 허용되지만, **형벌**을 부과하기 위한 적용은 배제되어야 한다. 이는 형사책임에서도 법률상 추정이 예외적으로 인정되는 점을 고려하면 판례의 입장과 같이 무죄추정원칙에 반하기[55] 때문이라기보다 형법상 책임원칙의 엄정한 관철을 위한 것이다.

★ 협조의사와 합의추정의 적용제외 용인동백지구에서 아파트를 분양하는 A(주), B(주), C(주)의 분양실무자 甲, 乙, 丙은 분양이 어려움에 처하자 분양하한가 담합이 필요해 보이는 상황이면서 적기인 2003.3.6.에 용인동백지구 협의체 회의를 열어 각사의 예정분양가 및 분양방식에 관한 의견을

55 윤성운, "부당한 공동행위의 추정조항", 자유경쟁과 공정거래, 법문사, 2002, 242쪽.

교환하였다. 합의추정에 유리한 사정으로 ㉠ 이 협의체 주간사 A의 회의록에 분양가 Guide Line과 합의사항, "분양가 협의부분은 노출되지 않도록 주의요망"이 기재된 점, ㉡ 乙의 업무수첩에 "동백지구 32평형 – 최초에는 평당 600만 원이었으나 현재는 650만 원. 하한선만 제한하자(650 33평), 분양예정일 4월말, 하한선이면 여론에 밀려 문제가 된다."라는 기재가 있다. 합의추정에 불리한 사정으로 ㉢ 이 협의체는 사업계획승인이 반려되어 용인시에 대한 압박용이면서 자신의 희망적 계획을 구상하기 위한 것이었던 점, ㉣ 甲, 乙, 丙은 분양가를 결정할 수 없는 직책(과장, 부장)의 실무자였던 점, ㉤ 당시 언론이 분양가 사전조율을 빈번히 보도하여 사업자들은 "분양가 담합회의"의 오해를 받지 않게 할 필요가 있었던 점, ㉥ 분양가 합의를 위반할 경우에 대한 제재방법도 논의하지 않은 점이 있다. ① 판례는 "위와 같은 부당한 공동행위의 '합의'는…그 입증의 정도는 법관으로 하여금 합리적 의심을 할 여지가 없을 정도로 엄격한 증명을 요한다"고 하면서 ㉠㉡㉢㉣㉤㉥을 종합할 때 카르텔죄의 증명이 부족하다고 보았다(大判 2006도6625). ② A, B, C사는 실무자들인 甲, 乙, 丙을 통해 분양가에 관해 최소한 정보교환적 소통을 한 점이 명확하고, ㉠㉡의 사실이 진실한 것이므로 이 소통은 협조의사에 해당한다. 하지만 ㉢㉣㉤㉥가 사실이라고 할 때, 이 협조의사로부터 형벌을 부과하기 위한 계약적 합의의 추정은 무죄추정원칙과 책임원칙에 위배된다.

Ⅳ. 공동부당행위: 카르텔의 실행행위

카르텔의 실행행위는 "(1) 다른 사업자와 공동으로 (2) 부당하게 (경쟁을 제한하는) (3) 다음 각 호의 어느 하나에 해당하는 행위"를 하는 것이다. 경쟁제한은 실행행위가 아니라 실행행위의 결과일 뿐이다.

1. 공동성

카르텔은 다수의 사업자가 주관적으로는 합의에 의해 객관적으로는 공동으로 한 것이어야 한다.

(1) 분업적 실현과 공동귀속 행위의 공동성은 공동정범의 객관적 요건인 '공동실행'과 유사하다.[56] 시장지배사업자의 남용행위가 단독으

56 판례에서도 공동정범의 논리가 사용되기도 한다. 예컨대 "여기서 '공동'이라 함은 복수의 사

로 경쟁시장구조를 왜곡시키는데 반해, 카르텔은 여러 사업자들이 행위들을 함께 함으로써 비로소 경쟁시장구조를 왜곡시킬 수 있다. 행위는 공동(분업)으로 하였지만 경쟁시장구조의 왜곡이라는 결과는 모두에게 (공동으로) 귀속된다.

(2) 카르텔이탈 카르텔 형성에 합의한 후 카르텔에서 탈퇴하는 두 가지 경우가 있다. ① 첫째, 합의만 하고 공동부당행위를 실행하지 않은 상태에서 이탈한 경우(**실행 전 이탈**)는 형사불법적인 카르텔은 아직 실현되지 않았기 때문에 **형사책임은 배제**된다. 즉, 다른 사업자들도 공동부당행위에 착수하기 전인 경우는 전혀 카르텔죄가 성립하지 않으며, 다른 사업자들이 공동부당행위에 착수한 후인 경우 이탈한 사업자는 카르텔범죄의 예비·음모가 성립하지만 카르텔예비음모죄는 없다. 따라서 공정거래위원회는 일탈한 사업자를 형사고발할 수 없고, 경쟁법적 제재(예: 시정명령, 권고, 경고)를 가할 수 있을 뿐이다. ② 둘째, 합의를 하고 공동부당행위를 같이 하다가 한 사업자가 더 이상 하지 않는 경우(**실행 후 이탈**)는 책임원칙에 따라 **이탈하기 전까지 행한 공동부당행위에 대해서 (형사)책임**을 진다. 자진신고하면 시정조치나 과징금의 감경·면제(제44조)를 받을 수 있고, 형사고발을 당하지 않을 수 있다.

★ 카르텔의 실행 후 이탈 K통신과 H텔레콤은 2003.6.말의 시내전화 번호이동성시행을 앞두고 두 회사 사이의 요금격차를 축소할 목적으로, 2003.6.23. K는 기존 요금을 유지하고 H는 KM요금은 유지하고, 다른 요금은 일부 인상조정해 주면 K는 H에게 매년 시내전화 시장점유율(가입자 순

업자들 사이에 각자의 사업활동을 제한한다는 것에 대한 의사의 연락이 있고 이에 기하여 행동의 일치가 이루어지는 것을 말하는바, 공동행위가 성립하기 위하여는 각 당사자의 행위가 외형상 일치하는 것만으로는 부족하고, 그 배후에 인위적으로 형성된 의사의 연락이 있고 그것에 의하여 당사자들 사이에 경쟁제한에 대한 공동의식이 형성되는 것을 통하여 행위의 일치를 초래하는 관계가 이루어져야 한다. 그리고 '의사의 연락'이라 함은 넓은 의미의 합의를 말하는 것으로서 의견의 일치가 있다는 것에 대한 인식, 즉 합의가 성립하고 있다는 것을 다른 당사자도 알고 있다는 사실을 이쪽에서도 알고 있는 관계가 성립하는 것을 말"한다(수원지방법원 2006. 8. 30. 선고 2005노4635 판결).

증)을 1.2%씩 2007년까지 이관해 주기로 합의하였다. 그러나 H는 합의에 어긋나는 독자적인 경영활동으로서 2003.10.31.경 가입비 면제 특판행사, 2004.1.1.경 다량회선요금 할인제도를 시행하였다. 반면 H는 합의의 내용대로 시내전화 매출액의 약 55%를 차지하는 LM 통화료는 인하하지 않고 유지하였다. ① 판례에 의하면 이탈은 "합의에 참가한 사업자들 중 일부가 … 다른 사업자에 대하여 명시적 또는 묵시적으로 합의에서 탈퇴한다는 내용의 의사표시를 하고 독자적인 판단에 따라 합의가 없었더라면 존재하였을 수준으로 가격을 책정하는 등 **합의의 목적에 반하는 행위**를 하여야"(大判 2007두19416)만 인정된다. H가 유지한 합의사항을 파기한 합의사항들보다 중시하여 카르텔은 종료되지 않은 것이 된다. ② 그러나 합의유지의 경영행위인 LM통화료의 유지가 독자적인 경영에 의해 정당화(business justification)가 가능한 경우라면, H는 늦게 잡아도 다량회선요금 할인제를 실시한 2004.4.1.에 카르텔에서 이탈한 것으로 보아야 한다.

★ 카르텔이탈과 포괄일죄 설탕제조판매사업자 A(주), B(주), C(주)는 1991. 1.경부터 2005. 9.경까지 여러 차례에 걸쳐 회합을 갖고 상품의 생산·출고 등을 구체적으로 제한하기 위한 합의를 계속해 왔다. 다만 특별소비세가 폐지된 1999년 말경부터 새로운 합의가 이루어진 2001. 11.경까지 A와 B는 기존 합의의 준수 여부를 확인하기 어려운 사정을 이용하여 일시적으로 합의 물량을 지키지 않았다. ① 판례(大判 2008도5757)에 의하면 "부당한 공동행위가 종료한 날[57]은 그 합의에 기한 실행행위가 종료한 날"[58]이므로 일시적으로 합의 물량을 지키지 않았더라도 전반적으로 1991. 1.경부터 2005. 9.경까지 같은 부당한 공동행위가 단절 없이 계속된 것이므로 2001. 11.경 새로운 합의 전의 부당한 공동행위가 그 후의 행위와 단절되어 별도

57 카르텔죄의 공소시효는 "합의 및 그에 기한 실행행위가 있었던 경우, 합의가 있었던 날이 아니라 합의에 기한 실행행위가 종료한 날로부터 진행한다"(大判 2010도16001; 2010도17418).

58 "일부 사업자가 부당한 공동행위를 종료하기 위해서는 다른 사업자에 대하여 합의에서 탈퇴하였음을 알리는 명시적 내지 묵시적인 의사표시를 하고 독자적인 판단에 따라 그러한 합의가 없었더라면 존재하였을 생산량 또는 판매량 수준으로 되돌리는 등 합의에 반하는 행위를 하여야 한다. 사업자 전부에 대하여 부당한 공동행위가 종료되었다고 하기 위해서는 합의에 참가한 사업자들이 명시적으로 합의를 파기하고 각 사업자가 각자의 독자적인 판단에 따라 그러한 합의가 없었더라면 존재하였을 생산량 또는 판매량 수준으로 되돌리는 등 합의에 반하는 행위를 하거나 또는 합의에 참가한 사업자들 사이에 반복적인 생산 또는 판매 경쟁 등을 통하여 그러한 합의가 사실상 파기되었다고 인정할 수 있을 만한 행위가 일정 기간 계속되는 등의 사정이 있어야 한다"(大判 2004두11275).

의 죄를 구성할 수 없고, 따라서 2001.11.이전의 부당 공동행위는 그 후의 행위와 포괄일죄를 이루므로 그 후의 행위에 대한 공소시효가 완성되지 않았다면 그 이전의 공동행위 역시 공소시효도 완성되지 않는다.

2. 부당성

카르텔은 '부당하게 경쟁을 제한하는 행위'를 공동으로 하는 것인데 부당함의 의미는 매우 불명확하다.

(1) 행위반가치와 결과반가치의 연결요소 흔히 경쟁법학자들은 (1999.2.5. 개정으로 새롭게 등장한 문언) 부당성을 경쟁제한성으로 환원시켜 버리는 경향이 있다.[59] 즉 경쟁제한효과가 있으면 부당성을 자동으로 인정하는 것이다. 판례도 경쟁제한적인 공동행위로 부당성을 사실상 추정한다. 그러나 부당성의 요건은 경쟁제한과는 별개의 요건이다. 또한 공동행위의 합의만으로 —즉 시장지배적 지위를 인위적으로 형성한 것만으로— 자동으로 부당성을 인정해서도 안 된다.

★ **판례: 부당성의 사실상 추정** "사업자들이 공동으로 가격을 결정하거나 변경하는 행위는 그 범위 내에서 가격경쟁을 감소시킴으로써 그들의 의사에 따라 어느 정도 자유로이 가격의 결정에 영향을 미치거나 미칠 우려가 있는 상태를 초래하게 되므로, 그와 같은 사업자들의 공동행위는 특별한 사정이 없는 한 부당하다고 볼 수밖에 없다"(大判 2008두21058; 2009두11485).

즉, 부당성은 경쟁제한효과로 환원되지도 않고, 공동행위의 합의(공모)로 환원되지도 않아야 한다. 부당성은 행위반가치요소인 합의와 결과반가치요소인 경쟁제한성을 연결시켜주는 독자적인 요소이다.

---

59 대개 경쟁법학자들의 이런 이해는 역사적인 이유를 갖고 있기도 하다. '일정한 거래분야에서 **경쟁을 실질적으로 제한**하는'의 문언이 1999.2.5. 개정법에 의해 '**부당하게 경쟁을 제한하는**'으로 바뀌었다. 이런 개정을 두고 "이러한 변화는 부당성이 개념상 경쟁의 제한을 내포하고 있다는 점과 공동행위 자체로 위법성이 명백한 경성카르텔적인 경우가 존재할 수 있음을 고려한 것으로 보인다"(홍명수, "카르텔 규제의 문제점과 개선방안에 관한 고찰", 경쟁법연구 제11권, 2005, 254쪽).

(2) 비신사성 '부당하게'라는 가치충전필요개념(wertausfüllungs-begriff)은 비신사적이라는 도덕적 직관에 의해 채워진다. 비신사성에 대한 도덕적 직관은 시장기능을 위태화시킬 적성(Eigung) 그 자체가 아니라, 그럴 것이라는 시민들의 위험의식을 구심점으로 형성되는 판단이다. 시장기능을 위태화시키는 적성은 경쟁제한성이라는 다른 성립요건에 속한다. ① 여기서 **비신사적 행위는 시민들의 의식 속에서 경쟁시장구조를 위협한다고 인지되고 받아들여지는 행위**라고 정의할 수 있다. 이런 공동행위의 비신사성은 바로 합의에 반도덕적 의미요소를 내재화시킨다. 물론 비신사성이라는 의미해석은 매우 낯설고 수사학적이라는 비판이 가해질 수 있다. 여기서 신사성은 근대법의 문화적 특성이었음을 되돌아 보아야 한다. 서구의 자유자본주의체제에서 재산과 교양을 갖춘 시민들은, 즉 신사들은 자유시장을 통해 그 물적 기반을 구축했기 때문에, 자유시장의 기능을 보호하는 것은 **부르조아의 도덕**이 된다. 그렇기에 신사성은 시장참여자들의 도덕성의 실질을 이루는 것이다. 물론 어떤 시장참여행위가 비신사적인 것인지는 직관적으로 판단되기에 "부당하게"의 의미구체화는 일정한 한계를 가질 수밖에 없다. ② 가령 공동으로 "가격을 결정·유지 또는 변경하는 행위"(제40조 제1항 1호)가 부당한 행위가 되는 것은 그 가격이 경쟁시장의 조정기능에 의해 형성된 가격임에 대한 구매자들의 신뢰를 저버리는 비신사성 때문이다. 비신사적 공동행위는 시장에 대한 사기(fraud)[60] 성격의 행위에 국한되지 않는다. 가령 비신사성은 공동으로 "거래상대방을 제한하는 행위"(4호)와 같은 시장참여자들 사이의 차별적 행위에도 인정된다. ③ 카르텔은 **시장기능을 외부로부터 위협**하는

60 영국에서도 가격고정 카르텔에 대한 합의만으로는 형사처벌되지 않고 거래행위 자체에 사기(fraud), 허위설명(misrepresentation), 부정직(dishonesty)이 있어야만 한다. Norris v Government of the United States of America 14 March 2008 (House of Lords http://www.publications.parliament.uk/pa/ld200708/ldjudgmt/jd080312/norris-1.htm) 참조. 공모의 공동행위 자체가 소비자에 대한 부정직이므로 카르텔 사업자들이 반드시 상품거래시 사기나 허위설명 등을 해야만 하는 것은 아니다.

비신사적 행위이며, 시장지배지위남용과 같이 시장의 강자가 약자에게 해서는 안 되는 '약자배려의 도덕성'과는 구별된다. 이때 시장기능은 전 세계가 아직 법적으로 단일시장을 형성하지 못하므로 한 국가의 시장기능만을 의미한다. 따라서 외국의 시장이 우리나라의 시장을 삼켜버릴 **외부의 위험에 공동으로 대처하는 행위**는 그 공동행위의 통상적인 비신사성을 상쇄시킬 수 있다.

> 가령 어떤 상품시장에서 다수의 사업자들이 카르텔로 형성하는 가격은 중국시장에서 오는 낮은 품질의 동일상품이 관세를 부과 받고도 가능한 가격보다는 대개 높다. 이 카르텔가격은 중국산에 비해 소비자로부터의 선호와 선택을 잃어버리지 않는 선에서만 결정된다. 즉, 국내사업자들은 카르텔로 획득하는 시장지배력을 자의적으로 행사하기 어려운 외적 제약을 받으면서, 중국산 상품과의 품질차별화를 통해 소비자의 선호와 선택을 받을 수 있는 높은 품질을 유지해야만 한다. 따라서 국내사업자들이 카르텔을 형성하지 않고 경쟁하여 형성하게 될 시장가격으로는 그런 고품질의 상품을 생산할 수 없는 경우에 그 카르텔은 시장에 대한 사기의 요소를 갖고는 있지만, 자국시장이 외부로부터 위협받게 되는 것을 막아준다. 이런 카르텔 형성을 두고 국내경쟁법에서 불법, 즉 부당한 행위라고 볼 수는 없다.

(3) 비신사성과 카르텔의 적용예외 법 제40조 제2항은 불황극복을 위한 산업구조조정(1호), 연구·기술개발(2호), 거래조건의 합리화(3호), 중소기업의 경쟁력향상(4호)을 목적으로 하는 경우(실체적 요건)로서 공정거래위원회의 인가를 받으면(절차적 요건) 카르텔금지규정을 적용하지 않는다.[61] ① 이는 카르텔의 불법, 특히 공동행위의 '부당성'이 예외적으로 인정되지 않는 경우이며 그 구체적인 내용은 법시행령 제45조에 위임하고 있다(제40조 제3항). 이 사유들은 시장기능을 위협하는 비신사적 행위의 수준에 이르지 못한 행위들이거나 해외로부터의 시장기능 위협

61 이 인가제도는 활용되지 않기에 카르텔이 일정 기준을 충족하면 자동적으로 금지규정의 적용을 면제해주는 유럽연합의 '일괄면제규칙'을 도입하자는 심재한, "카르텔의 금지와 금지규정 적용의 면제제도", 경영법률 제16집 제2호, 2006, 621~646쪽 참조.

을 막는 행위들의 전형을 '예시'한다.

> 가령 ① 연구기술의 개발(법 제40조 제2항 2호)에 해당하는 '연구 · 기술개발에 소요되는 투자금액이 과다하여 한 사업자가 조달하기 어려운 경우'(법 시행령 제45조 제1항 2호 나.)에 카르텔형성의 비신사성은 시장기능을 위협하는 수준에 미치지 못하는 경우이고, ② 산업구조의 조정(법 제40조 제2항 1호)에 해당하는 공급과잉으로 국제경쟁력이 현저히 약화되어 있는 상황에서 카르텔을 형성하는 것(법시행령 제45조 제1항 1호 나.)은 해외로부터의 시장기능 위협을 막는 행위이다.

② 이런 적용예외가 존재함으로써 부당성의 판단은 이중의 부정 판단(예외사유의 부존재)에 의해 이루어진다. 하지만 예외사유들은 형법학적으로는 위법성이 아니라 **소극적 구성요건 요소**일 뿐이다. 다만 공정거래위원회로부터 인가절차를 밟지 않고 예외사유에 해당하는 공동행위를 한 경우는 경쟁법적으로는 불법이며 경쟁법적 제재(예: 과태료)를 받을 수도 있고, 형법적으로는 (형법 제20조에 의하여) 위법성 조각이 검토될 수 있다. ③ 이 적용예외사유에 해당하지 않더라도 부당성은 여전히 공정거래위원회나 법원에 의해 긍정되거나 부정될 수 있는 독자적인 의미영역을 갖고 있다. 그렇게 부당성이 인정될 수 없는 행위는 설령 경쟁법적으로는 불법이 인정되더라도 형법적으로는 위법성뿐만 아니라 불법(구성요건해당성) 자체가 인정될 수 없다. 이는 부당성의 예외사유를 정립하는 공정거래위원회의 법형성권한을 존중하기 위함이면서 경쟁법과 형법 사이의 부정합성(incoherence)을 가능한 초래하지 않기 위함이다.

3. 유형성

카르텔은 법 제40조 제1항이 설정하는 다음과 같은 특정한 **행위유형**에 대해서만 성립한다. 가격합의는 전체카르텔 사건의 70~80%를 차지한다.

— 가격을 결정 · 유지 또는 변경하는 행위(1호)
— 상품 또는 용역의 거래조건이나, 그 대금 또는 대가의 지급조건을 정하

는 행위(2호)

— 상품의 생산·출고·수송 또는 거래의 제한이나 용역의 거래를 제한하는 행위(3호)

— 거래지역 또는 거래상대방을 제한하는 행위(4호)

— 생산 또는 용역의 거래를 위한 설비의 신설 또는 증설이나 장비의 도입을 방해하거나 제한하는 행위(5호)

— 상품 또는 용역의 생산·거래 시에 그 상품 또는 용역의 종류·규격을 제한하는 행위(6호)

— 영업의 주요부문을 공동으로 수행·관리하거나 수행·관리하기 위한 회사등을 설립하는 행위(7호)

— 입찰 또는 경매에 있어 낙찰자, 경락자(競落者), 투찰(投札)가격, 낙찰가격 또는 경락가격, 그 밖에 대통령령으로 정하는 사항을 결정하는 행위(8호)

— 제1호부터 제8호까지 외의 행위로서 다른 사업자(그 행위를 한 사업자를 포함한다)의 사업활동 또는 사업내용을 방해하거나 제한함으로써 일정한 거래분야에서 경쟁을 실질적으로 제한하는 행위(9호)

(1) 열거규정 이러한 공동행위의 유형은 예시규정이 아니라 **열거규정**이다. 즉 이상의 유형 이외에는 어떤 새로운 유형의 행위가 경쟁제한을 가져오더라도 현행법상으로는 카르텔에 해당하지 않는다. 이 유형들은 상품 '가격의 결정·유지 또는 변경'(제40조 제1항 1호)과 같은 시장지배지위남용행위와 부분 중첩된다. 하지만 같은 유형의 행위를 규정하더라도 불법의 중점은 다르다.

★ 경쟁규칙조작 카르텔 ① Lande와 Marvel은 전통적인 카르텔행위를 가격고정과 같이 독점자의 남용과 유사한 효과를 낳는 카르텔(Classic Collusion)과 다른 사업자를 방해하는 카르텔(Collusion to Disadvantage Rivals)로 이분하고, 새로운 제3의 타입으로 경쟁규칙조작 카르텔(Manipulating the rules under which competition takes place)을 제안한다.[62] 가령 사업자들의 합의에 의해 상품(특히 가격)에 관한 광고를 제한하거나 소비자에게 가격비

62 Robert H. Lande/ Howard P. Marvel, "The three types of collusion: Fixing Price, Rivals and Rules", Wisconsin Law Review, 2000, 941~999쪽 참조.

교를 할 수 있는 정보를 제공하지 않음으로써 각 사업자는 — 때로는 상품과 가격을 차별화하고 각기 다른 소비자군으로부터 높은 충성도를 유지하면서 — 각자 더 높은 가격으로 판매하는 것이다. ② 예컨대 인디아나 치과협회는 치과보험회사에 보험을 청구할 때 환자의 X ray 사본을 붙여달라는 요구를 거절하기로 결정하고 소속치과의사들에게 이를 통지하였다. 연방대법원은 이런 행위는 경쟁을 제한한다고 보아 셔먼법 제1조 위반을 인정하였다.[63] ③ 이런 행위는 카르텔의 전통적 유형에 속하지 않지만, 카르텔불법의 구조(합의+공동부당행위+경쟁제한성)를 띠며, 소비자후생의 실제 감소로도 이어진다. 따라서 법 제40조 제1항의 각 호에 새로운 유형으로 추가할 만하다. 이럴 경우 카르텔불법을 시정하는 명령은 정보공개명령과 같은 것이다. 그러나 원가공개는 기업 자유를 침해한다는 자유의 논증과 불꽃 튀는 싸움을 벌여야만 한다.

(2) 공동행위심사기준 공정거래위원회가 고시한 예규인 공동행위심사기준 Ⅳ(부당한 공동행위의 세부유형)는 이 행위유형의 의미를 구체화하는 해석기준을 정하고 있다. 공동행위심사기준은 대통령령으로 정하는 위임입법은 아니지만 법다원주의(legal pluralism)[64]의 관점에서 보면 **구체적인 법규범**이 된다.

예컨대 카르텔범죄의 실행행위인 "입찰 또는 경매에 있어 낙찰자, 경락자, 투찰가격, 낙찰가격 또는 경락가격, 그 밖에 대통령령으로 정하는 사항을 결정하는 행위"(법 제40조 제1항 제8호)는 보충규범인 법시행령 제44조 제1항에 의해 "입찰 또는 경매에 있어 낙찰자, 경락자, 투찰가격, 낙찰가격" 또는 "낙찰 또는 경락의 비율, 설계 또는 시공의 방법, 그 밖에 입찰 또는 경매의 경쟁요소가 되는 사항"을 결정하는 행위가 된다. 그리고 법률상의 실행행위인 "낙찰자, 경락자 … 을 결정하는 행위"는 "낙찰예정자 또는 경락예정자를 사전에 결정하고 그 사업자가 낙찰 또는 경락받을 수 있도록 투찰여부나 투찰가격 등을 결정하는 행위, 낙찰가격 또는 경락가격을 높이

---

63 Federal Trade Commission v. Indiana Federation of Dentists, 476 U.S. 447 (1986) 참조.

64 법을 다원적인 주체들 사이의 소통적인 '과정' 속에서 형성되는 것으로 보는 Gunther Teubner, "Globale Bukowina zur Emergenz eines transnationalen Rechtspluralsmus", Rechtshistorisches Journal, 1996, 255쪽 참조.

거나 낮추기 위하여 사전에 투찰여부나 투찰가격 등을 결정하는 행위"(「공동행위심사기준」 Ⅲ.8.가.)로 구체화된다.

공동행위심사기준은 카르텔행위의 중요유형을 모두 망라하지 못하기 때문에 이 기준이 설정하는 행위유형의 구체화기준들은 '열거적인 것'이 아니라 **예시적인 것**이다.[65] 따라서 심사기준에 제시되지 않은 세부유형도 법이 정한 카르텔 실행행위의 9가지 유형에 해당할 수 있다. 이 한에서 '공정거래위원회의 고시 없이는 범죄도 없고 형벌도 없다'의 확장된 죄형법정원칙은 카르텔죄에서는 유효하지 않다.

V. 경쟁제한성: 카르텔의 결과

합의에 의한 부당한 공동행위는 경쟁을 제한하는 결과를 초래할 때 카르텔범죄의 불법은 완성된다. 경쟁제한이란 "일정한 거래분야의 경쟁이 감소하여 특정 사업자 또는 사업자단체의 의사에 따라 어느 정도 자유로이 가격·수량·품질 기타 거래조건 등의 결정에 영향을 미치거나 미칠 우려가 있는 상태"(법 제2조 제5호)이다.

1. 경쟁제한효과의 불확실성

경쟁제한성 판단은 매우 불확실하다. ① 물론 다양한 경제학적 분석(예: 산업조직론)과 경험적 지식들을 동원하면 다소 줄어들 수 있지만,[66] 이런 지식의 활용은 사법부의 가용자원 범위를 넘어서기 쉽다. 그렇기 때문에 법원은 **직관적·종합적 판단**을 하게 되고 "일관성이 특히 강조되는 경쟁정책의 집행에는 정파적, 지역적 이해를 떠나 상식에 입각한 합

65 「공동행위심사기준」 Ⅲ.의 서두에는 "아래에 예시된 사항은 부당한 공동행위 중에서 흔히 나타나는 법 위반 유형을 제시한 것이므로 예시되지 않은 사항도 법에 위반될 수 있다."고 규정한다.

66 미국에서도 법원에는 경제학적 분석을 할 전문가가 없으며, 그렇기에 FTC와 같은 집행당국이 이런 분석을 수행해야 한다고 보는 Oliver E Williamson, "Economies as an Antitrust Defense: The Welfare Boundary", American Economic Review, Vol. 58, No. 1, 1968, 34쪽.

리적 판단"[67]을 강조하게 된다. 이를 위해 **경쟁제한성 판단은 반독점규제 전문기관인 공정거래위원회**의 거대한 물적 인적 자원을 활용하여 이루어져야 한다. 여기서 **전속고발제**의 필요성과 정당성이 인정된다. ② 또한 경쟁제한성을 판단하는 어떤 이론들도 어떤 카르텔이 소비자후생의 증감에 어떤 결과를 초래하는지를 계측할 수 있는 지식을 제공하지 못한다.[68] 그렇기에 **경쟁제한효과의 개념을 중·단기적인 소비자편익의 감소로 대체**해버리기 쉽지만, 이는 타당하지 않다. 중·단기적으로 가격이 상승하여 소비자편익이 감소하면 장기적으로는 생산효율성이 증대되어 오히려 소비자후생이 증대될 수 있기 때문이다. 중·단기적인 소비자편익의 증감은 경쟁제한가능성에 대한 신호일 뿐이다. 이 신호만으로 경쟁제한성과 소비자후생의 감소를 인정하려면 실천적으로는 소비자편익감소(예: 가격의 상승)가 **매우 이례적이거나 현저한 경우**여야 한다.

> 예컨대 A, B, C 3사가 통신회사로서 평균수익률은 15%인 상태에서 가격인상합의를 통해 수익률을 17%까지 올렸다고 가정하자. 통신사업은 사업인프라의 구축에 거대한 자본이 필요한 장치산업이다. 이런 경우에 2%의 가격상승은 경영위기의 극복과 같이 반드시 필요한 경우가 아니므로 소비자편익의 감소가 이례적인 경우이다.

2. 경쟁제한의 적성

공정거래위원회로부터 전속고발을 통해 사건을 넘겨받은 **사법체계**의 진실발견은 경쟁제한효과의 확증을 목표로 하지 않는다. 법은 "영향을 미치거나 미칠 우려가 있는지"(제2조 제8호의2)라고 하여 경쟁제한효

67 홍대식, "카르텔 규제의 집행 – 행정적 집행수단과 법원의 역할을 중심으로", 경쟁법연구 제12권, 2005, 118~119쪽. 이러한 입장은 미국에서 반독점법집행이 역사적으로 성공적이었던 이유를 경제전문가가 아닌 사법부가 경쟁정책의 궁극적인 결정권자였다는 점에서 찾는 Areeda, Phillip의 분석("Antitrust Law as Industrial Policy: Should Judges and Juries Make It?," Antitrust Innovation, and Competitiveness, Oxford University Press, 1992, 32~35쪽)에 기초하고 있다.

68 Robert H Bork, The Antitrust Paradox: A Policy at War with Itself (신광식 역, 반트러스트의 모순, 교보문고, 1991), 134~135쪽 참조.

과가 발생할 위험만으로 카르텔의 성립을 인정하기 때문이다. ① 이때 위험은 사유적인 추상적 위험도 아니고, 현실적인 구체적 위험도 아니고, 협의행위가 반복될 경우에 경쟁제한효과가 발생할 통계적 개연성, 즉 **경쟁제한의 적성**(Eignung)을 말한다. 즉, 카르텔범죄는 적성범(Eignungs-delikt)이 된다. 경쟁제한효과의 신호(예: 가격인상)까지 발생한 경우는 경쟁제한적성+(플러스)인 경우이다.

★ **경쟁제한성의 계량화 구조** 공정거래위원회가 제재형태를 결정하는 벌점기준의 단계적 점수(3점→2.5점→2점→1점)를 사용하면 카르텔의 결과가치를 도표처럼 차등화 할 수 있다. 즉, 소비자편익의 감소와 같은 경쟁제한의 신호가 있으면 불법계측점수를 3점으로 부여할 수 있고, 그런 경쟁제한신호는 없고 경쟁제한의 적성이 경제학적으로 근거지울 수 있는 경우에는 2.5점을 부여할 수 있다. 경쟁제한적성이 확증되지 않지만 추정이 허용되는 경우에는 2점, 그렇지 않는 경우에는 기본점수 1점을 부여할 수 있다.

	규제 필요성	소비자 후생감소 개연성	소비자 편익 감소	계측 점수
경쟁제한 효과신호	○	○	○	3
경쟁제한 적성	○	○	×	2.5
경쟁제한 추정허용	○	×	×	2
경쟁제한 추정배제	×	×	×	1

② 산업조직론 등 경제학적 분석은 경쟁제한효과를 확증시킬 수는 없지만 그 적성은 확증시킬 수 있다. 물론 어떤 경제학적 분석방법과 결과를 사용하여 경쟁제한적성을 판단할 것인지는 공정거래위원회와 법원의 재량사항이다. 그러나 그런 결정은 피심인(공정거래위원회를 피고로 삼는 소송의 원고)이 제출하는 경제학적 분석(감정서)을 충분히 검토한 가운데 이루어져야 한다.

3. 경쟁제한적성이 없는 예외들

합의에 의한 부당한 공동행위가 경쟁을 제한하는 통계적 개연성, 경쟁제한적성을 갖기 어려운 경우들로 1) 독점적 경쟁, 2) 수요독점시장, 3) 낮은 시장점유율의 예외가 있다.

(1) 독점적 경쟁의 이론 ① 하버드학파를 대표하는 Turner에 의하면 "만약 독점과 독점가격이 그 자체로서 불법(unlawful per se)[69]이 아니라면 과점과 과점가격(oligopoly pricing)도 … 그 자체로서 불법이라고 볼 수 없다. 합법적인 독점자의 지위가 인정된다면, 우연적인 사건이나 존경할만한 노력으로 자신들의 지위를 획득한 합법적인 과점자들에게서 자연적으로 지속되는 그들의 지위를 박탈하는 것은 옳지 않다."[70] 그렇기 때문에 "합리적인 과점자가 행동하는 방식은 경쟁적인 산업구조의 합리적 판매자의 방식과 똑같을 수 있다."[71] 이런 관점을 **독점적 경쟁의 이론**(monopolistic competition theory)이라고 부른다. 이 이론에 의하면 경쟁자들의 가능한 반응을 고려하는 과점자의 가격책정은 외형상 일치하더라도 합의가 없거나 설령 합의가 있더라도 불법적 합의라고 볼 수 없다면[72] 셔먼법에 위반하지 않게 된다.[73] ② 그러나 카르텔에 의한 독점지위 형성행위는 인위적인 시장사기적인 요소가 있기에 원칙적으로 금지되어야 한다. 다만 카르텔죄의 결과반가치, 즉 경쟁제한적성 요건을

69 경쟁법학자들은 unlawful per se를 당연위법으로 번역한다. per se는 그 자체로서의 의미이지만 unlawful은 카르텔은 범죄이기도 하다는 점에서 불법(구성요건)과 위법성을 구분하여 말할 필요가 있고, unlawful은 불법(구성요건)에 관계된 개념이다.

70 Donald F. Turner, "The definition of agreement under the sherman act: conscious parallelism and refusals to deal", Harvard Law Review, Vol. 75, No.4, 1962, 667~668쪽.

71 Donald F. Turner, 앞의 논문, 665~667쪽.

72 미국에서는 경성카르텔의 경우에 합의만으로 카르텔죄가 성립하므로, 과점자들의 의식적 병행행위는 합의 인정여부의 문제로 그 쟁점이 쏠린다. 그러나 합의의 존부에 대한 판단문제와 합의에 의한 공동행위가 초래하는 결과의 문제는 구별되어야 한다.

73 Donald F. Turner, 앞의 논문, 672쪽.

충족하지 않을 수 있다. 미국의 독점적 경쟁 이론의 취지는 '**합리적인 과점과 과점가격의 설정은 경쟁제한적성이 없다**'는 명제로 요약될 수 있다. 이때 합리성의 조건은 세 가지이다.

— ⓐ 품질경쟁보다 **가격탄력성이 큰** 상품시장
— ⓑ 과점자들이 품질경쟁은 하기 어렵고 주로 **가격경쟁을 펼치는** 상품시장
— ⓒ 비과점자 상품과의 **품질차이에 비례적인 과점가격**

조건 ⓐⓑ 아래 놓인 과점자들이 가격경쟁을 펼치면 그 과점자들의 상품이 비과점자의 상품과 품질차별성을 유지하기 어려워지며, 장기적으로는 저급한 상품을 만연시키고, 심지어 약탈적 가격경쟁을 하여 다른 사업자를 축출시킬 수도 있다. 이는 소비자후생에 역행하며, 반경쟁적인 것이므로[74] 과점자들의 카르텔이 오히려 산업건전성을 유지시키는 경쟁적인 사업행위가 되는 것이다.

★ **독점적 경쟁의 이론과 장치산업** 조건 ⓐⓑ를 충족하는 시장은 주로 장치산업의 상품시장(예: 통신시장, 설탕, 제분시장 등)이다. 장치산업이 아니라면 국내의 비과점자가 가격차이를 훨씬 벌리는 저가판매가 용이하고, 이는 과점자들이 설정하고 싶은 카르텔가격을 폭리로 받아들이게끔 만들며, 결국 과점자들은 가격대비 품질차이를 유지할 수 없을 수 없고, 과점자들 사이에도 가격경쟁을 할 수밖에 없게 만들기 때문이다. 예컨대 밀가루 시장에서 중국산 밀가루는 비과점사업자의 상품이지만 관세율로 저지됨으로써 국내 밀가루 과점사업자들은 독점경쟁(monopolistic competition)이 가능한 상태에 있다.

그러나 소비자후생에 기여하는 카르텔이 조건 ⓒ(비례적인 가격차이)를 지키지 않는다면, 소비자총효용은 오히려 감소하고, 그 카르텔은 반경쟁적인 것이 된다. 물론 이런 반경쟁적 카르텔은 품질대비 지나친 가

74 경쟁의 시장구조가 지향하는 소비자효용의 증대란 가격은 하락하되 품질은 유지하거나 높아지는 것, 또는 가격은 높아지되 품질이 그 이상 높아지는 것을 말하는 것이지, 가격은 하락하지만 품질이 그 이상으로 하락하는 것을 말하지 않는다.

격차별 때문에 소비자들이 비과점자의 상품을 선호하게 되어 과점적 이익을 더 이상 유지하기 어려운 지점까지만 성립한다. 그렇기에 과점자들이 카르텔을 통해 독점상태를 유지하려면 과점자들 이외의 사업자들과 경쟁을 해야 한다. 여기서 역설적이게도 "독점을 얻으려는 경쟁이 바로 경쟁의 중요한 한 형태"[75]가 되는 것이다. 이때 비례적인 가격차이의 판단은 '적정성' 판단이며, 그 실용적 기준은 카르텔로 설정한 가격으로 판매한 사업의 영업이익률을 생각할 수 있다.

★ 과점자 카르텔의 적정성 과점자 카르텔로 설정한 가격으로 판매한 사업의 장기적인 평균 영업이익률이 사업재검토를 시작할 만한 수준(대략 2~3%)보다 얼마간 높은 선, 개인적인 판단으로는 5~8%대에 머물러 있다면 과점자 카르텔은 경쟁제한적성을 갖고 있지 않다고 판단된다. ① 담합이 장기간에 걸쳐 이루어졌다고 제재를 받은 설탕사업자이나 밀가루사업자들 가운데 D제당의 예를 보면, 제당부문은 1996년~2009년까지 영업이익률은 평균 3.61%, 밀가루부문은 1997년~2009년까지 8.72%로 파악된다.[76] 설탕시장은 매우 낮은 수익률로서 시정명령을 내리고자 한다 해도 "한계비용이 얻을 수 있는 가격과 일치할 지점까지 산출량을 늘리거나 가격을 낮춰라"[77]는 명령이 되기 쉽다. 이런 명령은 어떤 독점이익도 제거하라는 명령과도 같이 부당한 것이다.[78] ② 밀가루시장은 비교적 높은 수익률이긴 하지만—예컨대 통신사업자가 올리는 15%를 넘는 바와 같은—폭리수준

75 Richard A. Posner, "Antitrust in the new economy", (http://www.techlawjournal.com/atr/20000914posner.asp 참조: 이 말은 포스너가 디지털산업과 같은 신경제영역에 대해 설명한 것이지만 과점자들의 독점을 향한 카르텔도 제한적이지만 비슷한 측면을 갖고 있다.

76 이 통계는 1996년부터 시작한 금감원 전자공시시스템에 의해 공시된 자료를 기초로 산정된 것임(다만 D제당의 2006년부터는 기타 사업부문(식품 등)이 합산된 것임).

77 Donald F. Turner, 앞의 논문, 669쪽.

78 비슷하게 레미콘시장의 7개 과점사업자들이 1996년 유사한 시기에 유사한 비율로 가격인상을 한 사건에서 과점자들의 점유율 합계는 93.82%이어서 법원은 카르텔을 인정하였다(서울고등법원 2000. 12. 5. 선고 99누5247 판결). 그러나 이들 레미콘과점사업자들의 평균수익률은 3% 대였다. 레미콘의 품질차별이 거의 없고, 가격정보가 시장에 공개되어 있는 등의 시장 특성에서 가격경쟁은 레미콘의 품질저하와 건축물의 안전도 감소로 이어질 수 있다. 과점이 오히려 소비자후생을 유지·증진시킨다고 보아야 한다. 이런 분석내용으로 박혜림, 부당한 공동행위(카르텔)에 대한 형법적 규제, 고려대학교 석사학위논문, 2009, 53~54쪽; 최민수, "레미콘 품질의 문제점과 개선방안", 건설산업동향 제11호, 2001, 1~23쪽 참조.

에 이른 것이 아니며 국제곡물가격의 급변과 무기화 경향을 고려할 때 국내시장이 감수할 만한 것일 수 있다. ③ 그러므로 통신시장의 과점사업자들이 카르텔을 형성하는 것은 경쟁제한적성이 있는 반면, 설탕이나 밀가루 시장의 과점사업자들이 카르텔을 형성하는 것은 경쟁제한적성이 없다고 볼 수 있다. 또한 통신사업의 경우는 조건 ⓑ(품질경쟁이 아닌 가격경쟁시장)도 충족되지 않는다는 점에서 독점적 경쟁의 이론이 적용될 수 없다.

(2) 수요독점시장의 예외 질이 비교적 균등한 상품의 시장에서 특정 수요자가 사실상 상품의 대부분을 구매하는 경우에, 공급자들의 카르텔은 경쟁제한적성이 없다. 그런 경우 공급자들이 가격경쟁을 하면 원가보다 낮은 가격이 형성될 가능성이 높고, 이는 상품의 품질저하와 공급자의 도산을 초래하며, 결국 소비자후생을 약화시키기 때문이다.[79]

★ **수요독점시장의 카르텔** 한국전력이 수요독점자였던 컷아웃스위치의 공급자들은 원가 이하의 입찰을 우려하여 입찰 전 참가자, 낙찰예정자, 낙찰단가, 입찰수량과 낙찰물량을 배분하는 합의를 하였다. 공정거래위원회는 경쟁제한성을 인정하였지만[80] 컷아웃스위치시장은 수요독점시장으로서 공급자의 카르텔은 경쟁제한적성을 갖기 어렵다.

(3) 낮은 시장 점유율의 카르텔 카르텔은 여러 사업자가 힘을 합해 시장지배력을 획득할 때에만 그 공동행위가 경쟁시장질서를 왜곡할 수 있다. ① 그러므로 카르텔을 맺은 사업자들의 시장점유율 합계는 시장지배지위에 근접하는 경우이어야 한다. 물론 법정형(3년 이하의 징역 또는 2억 원 이하의 벌금)이 같은 시장지배지위남용죄와는 다른 불법의 실질들(예: 공모, 경쟁제한성)을 갖고 있어서 시장지배력은 시장지배지위보다 어느 정도 약해도 무방하다. 즉, 시장지배지위남용금지죄(제5조)에서 요구

79 수요독점시장에서 이루어진 공급자카르텔은 배분적 효율성을 증진시킨다고 보는 정종채, "구매자 카르텔, 공동구매 그리고 수요독점시장에 있어서의 공급자 카르텔에 대한 경쟁법적 취급", 경쟁저널 통권 126호, 2006, 12~22쪽에 의하면 연성카르텔로 보아, 경쟁제한효과와 경쟁촉진효과를 비교형량하여 위법성을 판단해야 한다. 그러나 경쟁제한효과를 발생시킬 적성이 없는 행위로 봄이 타당하다.

80 공정거래위원회 2005.8.11. 의결(제2004-252호) 참조.

되는 1인 사업자의 시장점유율 50%이상, 3 이하의 사업자의 시장점유율 합계인 75%이상보다 카르텔을 맺은 사업자들의 시장점유율 합계는 낮아도 된다. 하지만 「공동행위심사기준」[81]이 설정한 기준인 20% 이상은 너무 낮다. 경쟁제한적성을 인정할 수 있는 카르텔 참여 사업자들의 **시장점유율합계는 50% 이상**은 되어야 한다. ② 이때 시장지배력은 오로지 시장점유율에 국한되고, **시장지배력을 구성하는 그 밖의 요소들**, 해외경쟁 도입수준(예: 수입침투도나 관세율의 변화추이 등) 및 신규진입의 가능성 등[82]은 경쟁제한(적성)의 판단에서 제외된다. 그런 요소를 고려한 경쟁제한성 판단은 거시적이고 불확실한 판단이어서 카르텔의 (구성)요건영역에 배열하기에 적합하지 않고, 위법성이나 제재(예: 선고·집행유예, 형면제)의 차원에서 고려되어야 한다.

4. 경쟁제한성의 추정과 그 한계

경쟁제한(적)성은 사실로서 존재하지만, 입증하는 것은 매우 불확실하고 어렵다. 그래서 공정거래위원회는 공동행위심사기준 Ⅱ.2.나.에서 합의에 의한 추정제도를 마련하고 있다.

(1) 경쟁제한성의 사실상 추정 즉, **경성카르텔**(예: 가격·산출량의 결정·제한이나 시장·고객의 할당 등)의 경우에는 "특별한 사정이 없는 한 구체적인 시장상황에 대한 심사 없이 부당한 공동행위로 판단할 수 있다." 즉, **합의만으로 실질적 경쟁제한을 사실상 추정**하는 것이다.

★ 당연위법원칙과 경쟁제한추정의 차이 ① 경쟁제한성추정은 다음과 같은 미국의 당연위법원칙에 영향을 받았다: "가격고정합의의 목적과 결과는 효율적인 것일지라도 경쟁의 한 형식을 제거하는 것이다. 가격을 고정시키는 힘은 그것이 합리적으로 행사되었던 아니건 시장을 통제하고 자의적이고 불합리한 가격을 고정시키는 힘을 포함한다. 오늘 고정된 가격이 합리

81 「공동행위심사기준」 V.2.(2). 참조.

82 「공동행위심사기준」 V.2.(4).(라). 참조.

적인 것일지라도 경제와 영업의 상황이 변화하면 내일에는 불합리한 가격이 될지 모른다 … 이와 같은 힘을 만드는 합의는, 그 가격이 합리적으로 고정되었는지 아닌지를 자세히 조사할 필요 없이, 그 자체로서 불합리하고 불법(unlawful)으로 간주되어도 무방하다."[83] 그러나 미국에서도 경성카르텔에 당연위법원칙을 적용하지 않는 판례[84]가 나오면서 당연위법원칙과 합리원칙의 경계가 흐릿해졌다.

	반증허용	입증부담
추정	○	○
간주	○	×
의제	×	×

② 〈추정 – 간주 – 의제〉를 구별하는 우리나라 법제에서 미국의 당연위법원칙에서 당연(illegal per se)은 공동행위심사기준이 정한 추정을 넘어 **의제**를 의미한다.[85] 추정과 간주看做(예: 형법 제263조)는 반증에 의해 사실인정을 뒤집을 가능성이 있다는 점에서 그런 가능성이 없는 의제(예: 민법 제826조의2[성년의제])와 구별된다. 의제는 법적 사실(예: 미성년 → 성년)을 창설하는 반면, 간주는 추정과 마찬가지로 사실의 입증에 관한 규칙이다. 추정은 당사자가 일정한 주관적 입증부담을 이행할 것을 전제할 수 있다는 점에서 간주와 다르다. 예컨대 형법상 고의는 객관적 구성요건의 충족을 입증하면 사실상 추정할 수 있지만, 고의에 관한 간접사실을 주장하거나 얼마간의 간접증거를 수집·제출할 부담을 이행할 때에만 고의를 인정한다.

(2) 경쟁제한추정의 배제 그러나 경쟁제한효과의 추정이 합리성을 잃고 방만하게 행해지면 경쟁시장을 오히려 파괴할 위험이 있다. 게다가 합의가 입증되지 않고 법률상 추정으로 인정되는데도 경쟁제한까지 사실상 추정한다면, 이 위험은 배로 커진다. 토이브너(Teubner)가 말하는 '법에 의한 사회적 통합의 와해'(Desintegration durch das Recht)[86]에 해당

83 United States v. Trenton Potteries CO. et al, 273 U.S. 392, 398 (1927) 참조.

84 대표적으로 Broadcast Music, INC., et al. v. Columbia Broadcasting System , INC., et al. 441 U.S. 1 (1979) 참조. 이 판례에서는 미국 내 작곡 저작권 등을 관리해온 BMI와 ASCAP는 방송국들에게 포괄라이센스(blanket license)를 구입하게 함으로써, 방송국 입장에서는 작곡가별로 다른 가격으로 라이센스를 얻을 수 있는 경쟁시장을 잃어버렸다. 그런데도 이 판례는 당연위법원칙을 적용하지 않았다.

85 우리나라 법이 당연위법원칙을 채택한 것이 아니라는 견해로 정호열, "담합을 어긴 투찰과 카르텔행위의 성립", 저스티스 제33권 제1호, 2000, 174쪽.

86 Gunther Teubner (이상돈 편역), 법제화이론, 한국법제연구원, 2004 참조.

하는 현상을 우려해야 한다.

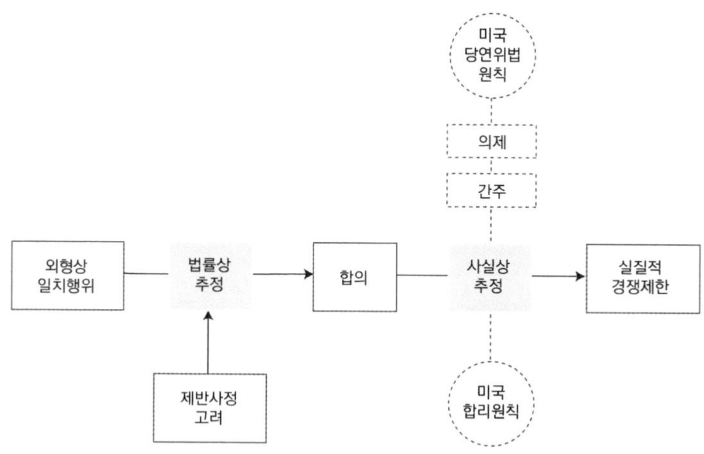

이런 위험을 막기 위해서는 법률상의 추정으로 인정한 합의에 의해 다시 경쟁제한성을 사실상 추정하는 **이중의 추정**은 허용되어서는 안 된다. 그러므로 합의가 법률상 추정으로 인정된 경우라면 경쟁제한적성이 합리적 의심을 남기지 않는 확실성 수준으로 입증되어야 한다.

Ⅵ. 카르텔의 제제

이상의 카르텔 불법구성요건을 충족하게 되면 일반적으로 위법성이 인정되고, 법문이 설정한 카르텔불법이 성립한다. 그러나 카르텔불법을 제재하려면 다음 다섯 가지 제재법적 차원의 고려가 있어야 한다.

— 첫째, 카르텔 불법이 궁극적으로 소비자후생을 증대하지 않고 저해하여야 하며, 이는 카르텔(죄)의 **객관적 처벌조건**이 된다.
— 둘째, 카르텔이 정당한 행위이면 **위법성조각사유**가 인정된다.
— 셋째, 제재는 카르텔불법의 강도에 **비례**하여 정한다.
— 넷째, 자진신고와 같은 **인적 처벌조각사유**를 고려한다.
— 다섯째, 이상의 요건을 충족한 카르텔도 시장의 경제적 합리성과 법적 정의 사이의 간극을 메우고 통합하는 성찰적인 법적기제로서 **전속고발제**

도와 동의명령제를 운영한다.

1. 객관적 처벌조건: 소비자후생의 실질증감

시장의 특성상 카르텔을 하지 않고는 해당 산업의 건전성이 유지되기 어렵다면[87] 카르텔은 단기적으로는 경쟁제한을 가져오는 투입요소(input)이면서 장기적으로는 소비자후생(소비자편익)을 증대시키는 경쟁촉진의 산출요소(output)가 된다. 가령 가격인상은 단기적으로 소비자편익을 감소시키지만 장기적으로 기업의 재정건전성을 도모하고 생산효율성을 높임으로써 장기적으로 소비자편익을 증대시킨다. 이 양면효과는 시간차를 두고 발생한다.

(1) 판례의 이익형량과 객관적 처벌조건 판례도 중·단기적인 소비자편익의 감소(=구성요건상의 "경쟁을 제한")와 장기적인 소비자후생 증대를 비교형량하여, 후자가 더 크다고 판단하면 구성요건표지인 경쟁제한 자체가 충족되지 않은 것으로 본다.

> ★ **카르텔의 불법판단에서 이익형량** 사단법인 J도관광협회(대표 甲)는 그 협회 구성사업자(J도지역의 농원, 유람선업, 승마장업, 기념품업, 관광지업, 사진업 등을 하는 자)가 관광객을 유치·안내해 주는 여행사·안내원·운전사에게 지급하는 송객수수료율의 최고가격을 하향 설정하고 구성사업자들에게 통보하였다. 협회는 이를 강제할 수단이 없었고, 과다 송객수수료로 따른 관광의 부실화, 바가지요금, 물품강매 등을 방지하기 위함이었다. ① "사업자단체의 가격을 결정·유지 또는 변경하는 행위에 의하여 일정한 거래분야의 경쟁을 실질적으로 제한하는 행위(이하 가격제한행위)에 해당하더라도, 이로 인하여 경쟁이 제한되는 정도에 비하여 같은 법 제40조 제2항 각 호에 정해진 목적 등에 이바지하는 효과가 상당히 커서 소비자를 보호함과 아울러 국민경제의 균형 있는 발전을 도모한다는 법의 궁극적인 목적에 실질적으로 반하지 아니하는 예외적인 경우에 해당한다면, 부당한 가격제한행위라고 할 수 없다"(大判 2003두11841; 2003두9251). ② 협회의

87 대표적으로 건설시장의 담합을 드는 신영호, "공정거래법상 입찰담합규제 활성화 방안에 관한 고찰", 상사법연구 제27권 제1호, 2008, 88~90쪽.

가격제한행위는 경쟁제한적성이 있는 행위로서 카르텔의 구성요건을 충족하지만 소비자편익증대의 효과로 객관적 처벌조건이 충족하지 않았다고 볼 수 있다.

그러나 이 경우에도 불법구성요건의 표지로서 '경쟁제한'은 이미 충족되었지만 장기적인 소비자후생의 증대를 이유로 '경제학적 의미'에서 경쟁제한표지는 아직 충족되지 않은 것이고, 이를 형법적 개념으로 옮기면 **객관적 처벌조건이 불충족된 것**이라고 할 수 있다.

★ 소비자후생을 증대시키는 경쟁제한행위 A(주), B(주), C(주)는 전체 두부시장의 60%를 점유하고 있고 영업수익률은 5% 정도였는데. 원재료(예: 수입콩) 가격이 30% 인상되자 협정을 맺어 가격을 20% 올렸고, 세 회사의 평균수익률은 6.1%로 다소 상승되었다. 협정을 통해 두부가격을 인상하지 않았다면, A, B, C의 수익률은 하락하여 재무상태가 악화되고 결국 중국기업들에게 시장을 잠식당할 수 있었다. ① 이런 카르텔형성은 국내두부시장의 건전성을 유지하게 하여 거시적으로는 소비자에게도 이익이 될 수 있다. ② 장치산업이 아니고 벤처기업도 용이하게 시장에 진입할 수 있으므로 더욱 더 경쟁제한의 폐해는 없다. 물론 가격이 현저히 인상된 경우는 경쟁제한효과신호는 인정된다.

(2) 부수적 경쟁제한의 원칙 ① 미국에서는 경쟁제한행위(예: 가격고정, 시장분할 등)가 카르텔의 주된 목적인 경우를 노골적인 경쟁제한(naked restraints)으로 그리고 경쟁성 강화를 위한 거래처럼 다른 주된 **정당한 목적**(예: 제3자와의 경쟁촉진)[88]**에 부수적 결과**로서 발생하는 경우를 부수적 경쟁제한(ancillary restraints)이라고 개념화한다. 후자의 경쟁제한은 정당한 목적을 위한 불가피한 수단으로 위법하지 않다고 본다. 이 경우도 형법체계내에서는 객관적 처벌조건으로 볼 수 있다. ② 미국의 부수

88 이는 부수적 제한의 원칙이 '보통법'상의 (고전적) 부수적 제한의 원칙(합법적 계약의 정당한 열매를 충분히 향유하는 것에 대한 제3자의 방해를 막는데 불가피한 제한은 합법적이다)에서 유래했음을 보여준다. George J. Werden, "Ancillary restraints Doctrine", American Bar Association Section of the antitrust 54th Antitrust Law Spring Meeting, March 29~31, 2006, 2~6쪽 참조.

적 경쟁제한원칙은 주로 판매나 자산통합을 촉진시키는 **합작투자** 성격의 카르텔에 적용된다. 그런 요소가 없는 사례(예: 정부의 재정보조를 받기 위한 대학들의 경쟁처럼 합작투자 성격은 없지만 대학간의 무분별 경쟁으로 야기될 시장 실패를 막기 위한 카르텔)에는 적용되기 어렵다.[89] 그러나 경쟁성강화를 통한 소비자후생의 증대를 소비자주권으로 대체한다면 부수적 경쟁제한의 원칙은 모든 카르텔유형에 적용될 수 있다. 소비자후생을 높이는 카르텔의 부수적 경쟁제한행위는 **소비자주권의 목적을 위한 불가피한 수단**이 되기 때문이다.[90]

★ NCAA와 부수적 경쟁제한의 원칙 1981년 미국대학체육협회(National Collegiate Athletic Association)는 1982–1985년 시즌 가입대학들이 그들의 미식축구경기를 1년간 전국 TV에 내보내는 횟수와 전체 경기의 방송 총량을 규제하는 제한규정을 마련하였다. 이는 대학미식축구 경기방송의 생산량을 감소시켜 NCAA가 일괄 교섭하는 방송료를 높이기 위함이었다. NCAA는 ABC방송사와 계약했다. 그러나 강력한 영향력이 있는 주요대학들로 이루어진 대학미식축구협회(College Football Association)는 NCAA보다 더 많은 방송을 허용하는 계약을 NBC방송사와 했다. 이에 NCAA는 CFA 소속 대학축구팀에 대해 그 계약을 따르면 제재를 가한다고 압박을 가했다. ① 연방대법원은 축구방송은 NCAA와 방송사의 합작투자 성격을 고려할 때 당연위법(illegal per se)이 아닌 합리원칙(Rule of Reason)을 적용하면서도[91] 원

원칙	대표 사례	원고의 입증	피고의 항변과 입증
당연위법	Topco	입증불요	항변 불허용 입증불필요
약식기준 원칙	NCAA	prima facie	항변허용 입증책임
합리원칙	BMI	입증책임	항변불필요 입증책임없음

89 Alan J. Meese, 앞의 논문, 489~492쪽 참조.

90 이런 생각의 단서를 안과의사들협회가 반구각막절제술의 안정성에 대한 유보 공표가 반독점법 위반이 아님을 부수적 경쟁제한원칙의 적용으로도 설명하는 Clark C. Havighurst, "Applying Antitrust Law to Collaboration in the Production of Information: The Case of Medical Technology Assessment", Law and Contemporary Problems, Vol. 51, No. 2, 1988, 341~379쪽, 특히 377쪽 참조.

91 National Collegiate Athletic Ass'n v. University of Oklahoma, 468 U.S. 85 (1984) 참조.

고에게 입증책임을 부과하지 않고 피고인에게 정당화의 항변책임을 부과함으로써 당연위법과 합리원칙의 중간적인 **약식기준**(Quick Look)을 세웠다. ② 이로써 카르텔의 위법에 대한 미국 연방대법원의 입장은 세 가지로 유형화된다. 1) Topco 사건[92]처럼 가격고정 같이 **당연위법**이 적용되는 경성카르텔은 그 자체로 불법이므로 원고는 카르텔의 합의만을 입증하면 경쟁제한효과를 입증할 필요가 없다. 피고는 항변의 기회도 갖지 못한다. 2) **합리원칙**은 적용되는 연성카르텔에서 원고는 카르텔행위가 경쟁제한효과도 있음을 입증해야 한다. 3) NACC사건처럼 카르텔의 유형은 경성카르텔이지만 원고는 경쟁제한효과의 존재만을 입증하면 일응(prima facie) 위법성이 추정되고, 피고는 이 추정을 깨기 위해 카르텔의 경쟁촉진적 효과를 항변하고 입증해야 한다. 이를 **약식기준(Quick Look)원칙**(약식형 합리원칙)이라고 부른다.[93] 1990년대 이후 이런 약식기준원칙은 주로 합작투자(Joint Venture)에 의한 경쟁촉진효과를 내용으로 항변이 유용한 사건에서 증가하였다.

(3) 소비자후생 증감요소의 체계적 위치 소비자후생의 증대라는 산출(output)은 구성요건요소보다는 제재법에 위치시키는 것이 적절하다. 제재법은 제재의 조건(예: 객관적 처벌조건, 인적 처벌조각사유)이나 제재 형태(예: 형벌, 과징금, 시정명령)의 선택결정 및 선택된 제재를 부과하는 절차(예: 고발, 기소유예, 선고 및 집행유예)에 관한 법규범을 말한다. ① 경쟁제한적인 카르텔행위가 장기적으로 실제로 소비자후생을 감소시키는 사실이 행위 시점 이후에 발생하는 것은 형법학적 용어로 객관적 처벌조건이 된다. 이 조건은 불법을 직접 구성하는 요소는 아니지만 **구성요건의 부속물**(Tatbestandsannex)이 된다. 예컨대 사전수뢰죄(형법 제129조 제2항)

---

92 25개의 슈퍼마켓 지역 체인의 협력기구 Topco는 대형 식료품 체인의 브랜드 상품과 경쟁하기 위해 그 구성원들에게 Topco 브랜드 상품을 배타적으로 사용할 라이센스를 수여하고, 그 지역의 비회원사들에 대해서는 협회가입을 금지하는 집단배척(boycott)을 한 사건으로서 지방법원은 상표의 프로모션을 촉진시키고 더 큰 체인과의 경쟁을 강화한다고 보았지만, 연방대법원은 수평적 시장분할이므로 당연위법원칙을 적용하였다. United States v. Topco Assos., 405 U.S. 596 (1972) 참조.

93 서헌제, "미국 독점금지법에 있어서 합리성의 판단에 대한 약식기준의 적용사례", 공정경쟁 통권 제93호, 2003, 51~55쪽; "미국 독점금지법상 합리성의 판단의 새로운 기준", 이십일세기 한국상사법학의 과제와 전망, 2002, 653~671쪽 참조.

에서 공무원이 될 자가 미리 뇌물을 받은 경우에 그가 나중에 실제로 "공무원이 된 사실"이 객관적 처벌조건이 되듯, 경쟁제한적인 카르텔행위를 한 경우에 나중에 실제로 경쟁제한행위의 궁극적 효과인 소비자후생의 실질감소는 객관적 처벌조건이 되는 것이다.

★ **소비자후생의 객관적 처벌조건화의 경제학적 의미** 경쟁제한적 행위가 시장의 거래비용을 줄이고 소비자후생을 증대시키는 경우에 그 행위는 기업의 입장에서도 효율성을 증대시킨 행위로 볼 수 있다. 이는 생산효율성이 오직 회사 내에서만 실현된다고 보았던, 그래서 자산을 완전히 통합하는 합병은 기술적 효율성 증대가 회사 내에서 이루어져 경쟁제한이 아닌 반면, 카르텔과 같은 계약적 통합은 기술적 효율성 증대가 아니라 경쟁의 제한이라고 보는 **고전경제학**의 가격이론에서 벗어난 개념이다. 여기서 소비자후생의 실제감소를 객관적 처벌조건으로라도 불법의 요소로 바라보는 것은 고전경제학의 패러다임에서 벗어난 것이라 할 수 있지만, 협의의 불법구성요건 요소로 보지 않는 점에서는 고전경제학의 패러다임에 머물러 있는 것이라고 볼 수 있다.

② 공정거래위원회의 「공동행위심사기준」 Ⅳ.는 이런 객관적 처벌조건을 제도화하는데, 공동행위의 위법성 심사를 《공동행위의 성격분석(제1단계) → 경쟁제한효과 분석(제2단계) → 효율성증대 효과 분석(제3단계) → 경쟁제한 효과와 효율성증대 효과의 비교형량(제4단계)》의 단계로 하도록 규정한다. 제1, 2단계는 카르텔행위의 경쟁제한성을 판단하는 단계이고, 3, 4단계는 객관적 처벌조건으로서 소비자후생의 실질감소여부를 판단하는 단계이다. ③ 처벌조건으로서 소비자후생의 증감에 대한 고려는 **각 법분과마다 차등화**될 수 있다. 예컨대 소비자후생 증대효과가 경쟁제한효과보다 다소 작다고 평가되는 경우에 경쟁법적 불법은 인정하면서도 형사불법은 탈락시킬 수 있다. 또한 경쟁제한효과가 소비자후생증대보다 상당히 큰 경우 경쟁법적 불법과 형사불법 모두 인정할 수 있으나 '현저히' 크지 않다면 공정거래위원회는 전속고발을 하지 않을 수 있다. 이로써 객관적 처벌조건은 객관적 '제재'조건으로 확장되는 것

이다. ④ 카르텔죄의 구성요건인 경쟁제한(적성)(예: 최소시장점유율의 충족)만으로도 카르텔불법은 인정할 수 있다. 하지만 심사기준이 경쟁제한효과 분석에서 정한 '수입침투도'(내수시장에서 수입상품의 점유율)나 '관세율' 등을 고려한 **실질적인 시장지배력**'의 판단은 객관적 처벌조건이나 그 밖의 제재법적 고려의 요소가 된다.

> ★ **실질적 시장지배력** 시장점유율을 합하면 100%인 I, D, H, G철강회사들은 누적된 적자폭의 증가를 일부 보전하려 2000.2.1.~2.7. 건설업체와 유통업체에게 철근의 규격별 가격을 동일하게 인상하였다. 생산공정이 동일하고 품질의 차별화가 어려운 철근시장은 주로 가격경쟁이 이루어진다. 이 회사들의 철근생산능력은 1200만t/년이지만 판매량은 864만t/년으로서 초과공급상태였으며 모두 회사정리절차나 화의절차가 진행 중이어서 채무를 일부 매년 상환해야 했다. ① 판례(大判 2002두4648)에 의하면 카르텔의 실행개시일은 가격을 결정·유지·변경 행위와 경쟁을 실질적으로 제한하는 행위라는 두 가지 간접사실이 모두 갖추어졌을 때를 의미하고, 경쟁을 실질적으로 제한하는 행위에 해당하는지 여부는 그 전제가 되는 사업자의 시장점유율, 당해 사업자가 생산·판매하는 시장의 특성과 현황 등을 종합적으로 고려하여 판단한다. 이들 회사는 실질적인 시장지배력이 있다고 볼 수 없다.

2. 정당한 카르텔과 위법성조각

경쟁제한행위의 소비자후생 감소여부라는 객관적 처벌조건은 구성요건의 문제이고, 이 요건이 충족된 이후, 위법성, 즉 위법성조각사유의 부존재에 대한 판단은 별개이다.

(1) 공정거래법상 정당행위 ① 공정거래법의 규정은 "사업자 또는 사업자단체가 다른 **법률 또는 그 법률에 의한 명령에 따라 행하는 정당한 행위**에 대하여는 이를 적용하지 아니한다"(제116조). 이 정당행위는 명문의 근거규정을 갖고 있어야 하고[94] 법령의 범위를 현저히 일탈하거나 남용

94 1999.2.5. 시행된 「독점규제 및 공정거래에 관한 법률의 적용이 제외되는 부당한 공동행위 등의 정비에 관한 법률」(일명: 카르텔일괄정리법)은 그 전까지 카르텔이지만 공정거래법의

하지 않는 필요최소한도의 행위이어야 한다.

★ **공정거래법상 정당행위** H(주)는 2004. 11. 지하철 7호선 701공구의 입찰이 입찰자의 수가 부족하여 유찰되는 것을 방지할 목적으로 M(주)와 공모하여 M(주)가 들러리로 미리 공모한 가격으로 입찰에 참가하게 하여 낙찰을 받았다. ① H(주)의 부당공동행위는 공정거래법상 정당행위, 즉 "당해 사업의 특수성으로 경쟁제한이 합리적이라고 인정되는 사업 또는 인가제 등에 의하여 사업자의 독점적 지위가 보장되는 반면 공공성의 관점에서 고도의 공적규제가 필요한 사업 등에 관하여 자유경쟁의 예외를 구체적으로 인정하고 있는 법률 또는 그 법률에 의한 명령의 범위 내에서 행하는 필요·최소한의 행위"에 해당하지 않는다(大判 2008도6341). 공동수급체의 입찰 참가를 정한 국가계약법(제25조[공동계약])은 자유경쟁의 예외를 정한 법률이 아니기 때문이다.

공정거래법의 규정은 저작권법, 특허법, 실용신안법, 디자인보호법 또는 상표법에 의한 권리의 정당한 행사라고 인정되는 행위에 대하여도 적용하지 않는다(제117조). 이는 제116조의 예시로 볼 수 있다. 수출입카르텔에 관하여 산업통상자원부장관이 공정거래위원회와 미리 협의하여 내리는 조정명령의 이행에 대해서도 공정거래법을 적용하지 않는다(대외무역법 제50조). 이는 "수출입카르텔에 대한 적용예외"[95]를 창설하는 규정이다.

★ **행정지도와 카르텔의 위법성조각** 정보통신부 장관의 행정지도로 K와 H는 시내전화 번호이동 시행을 앞두고 그 둘 간의 요금격차를 줄이려고 2003.6.23. K는 기존 요금을 유지하고 H는 요금을 인상하며, 대신 K가 H에게 매년 시내전화 가입자순증기준 시장점유율을 1.2%씩 2007년까지 이관해 주기로 합의하였다. ① K와 H의 가격담합은 카르텔의 불법을 충족시

적용을 배제시킨 55개 제도 가운데 "18개 법률에 근거를 둔 20개 카르텔을 폐지 또는 개선하는 내용을 담"았다. 이황, "카르텔 일괄정리법의 입법취지와 향후 정책방향 (보험산업을 중심으로)", 손해보험 제367호, 1999, 50~59쪽 참조.

95 이런 견해로 이문지, "수출입 카르텔과 독점금지법 – 대외무역법상의 수출입 질서유지를 위한 협정과 관련하여 –", 경영법률연구 제2집, 1988, 198~199쪽.

킨다. 경쟁제한행위이며 장기적으로 소비자후생도 감소시킨다. ② 행정지도는 행정처분도 아니고 법령에 근거한 명령에 따른 행위도 아니라서 위법성도 인정된다는 견해[96]도 있지만, **합법적인 행정지도는 사실상 구속력**이 있는 "법률에 근거한 명령"으로 볼 수 있어서 위법성이 조각된다. 이때 위법성조각의 근거는 법 제1조(목적)에서 찾기도 하지만[97] 제116조이다.

(2) 형법상 정당행위 공정거래법상 정당행위(법 제116조)는 형법상 정당행위(제20조)의 특칙이다. ① 따라서 형법 제20조는 법 제116조에 해당하지 않더라도 카르텔행위가 "사회상규에 위배되지 아니하는" 경우에는 적용된다. 가령 소비자후생의 증감은 불분명하지만 경쟁제한과 가치형량하여 **더 높은 법익**(예: 환경보호)**을 실현하는 카르텔은 사회상규에 위배되지 않으므로** 위법성이 조각된다.[98] ② 반면 법 제116조를 반대해석 해보면, 카르텔행위가 형법의 사회상규조항에 의해 그 위법성이 조각되더라도 그 카르텔행위의 민사법적 또는 경쟁법적 위법성은 여전히 존속할 수 있다. 예컨대 외국정부의 사업인허가 조건으로 부득이하게 국내기업이 국내에서 소비자후생을 감소시키는 카르텔행위를 하는 경우 **형법적으로는 위법하지는 않지만, 경쟁법적으로는 위법**하다. 공정거래위원회는 형사고발을 할 수는 없지만, 시정명령이나 과징금부과는 할 수 있다. 이로써 제116조와 형법 제20조는 서로 보충하면서 제약하는 특수한 관계에 놓이게 된다.

---

96 서울고등법원 1992. 1. 29. 선고 91구2030 판결(사업자단체가 주무관청의 행정지도에 따라 시정명령의 대상이 되는 행위를 하게 된 것이라 하더라도 그것만으로 위법성이 조각된다거나 또는 그 시정을 명함이 금반언의 원칙에 반한다고 할 수는 없다); 김두진, "행정지도와 부당한 공동행위의 성부", 경쟁저널 통권 제133호, 2007, 89~100쪽.

97 이문지, "행정지도와 공정거래법의 적용제외 및 부당한 공동행위의 성립요건", 경영법률 제16집 제1호, 2005, 668쪽 아래 참조.

98 독일의 경쟁제한방지법(GWB)의 해석론이긴 하지만 이런 류의 이익형량은 위법성의 영역이 아니라 구성요건의 단계에서 이루어져야 한다고 보는 유진희, "독점규제법상의 카르텔금지 – 독일 경쟁제한방지법을 중심으로", 경영법률총서 제4권, 2004, 27쪽. 그러나 카르텔죄는 형법 제20조(정당행위)에 의해 위법성이 조각된다고 보아야 한다.

3. 카르텔 불법과 제재의 비례성

구조사고(Strukturdenken)를 활용하면 지금까지 설명한 합의와 경쟁제한성이라는 카르텔의 불법요소와 비례적인 제재를 설계할 수 있다.

(1) 불법지수의 구조화 합의라는 요건에서 행위자들이 실제로 가졌던 의사내용의 등급에 따라 부여되는 행위반가치 점수를 x로, 경쟁제한성의 등급에 따라 부여되는 결과반가치 점수를 y로 나타내고, 공정거래위원회가 제재형태를 결정하는 점수등급(형벌 3점, 과징금 2.5점, 시정명령 2점, 시정권고, 경고는 1점)을 사용하면 어떤 공동부당행위의 불법지수 Z=x+y로 표현된다. 이에 의하면 카르텔의 불법유형은 16가지이며, 불법의 정도(Z)는 여섯 단계(6→5.5→4.5→4→3.5→3→2)가 된다.

	행위반가치 점수 x	3	2.5	2	1
결과반가치 점수 y	공동행위의 불법지수 Z=x+y	공모	협조 의사	정보 교환적 소통	정보화 동조 행위
3	경쟁제한 효과신호	6	5.5	5	4
2.5	경쟁제한 적성	5.5	5	4.5	3.5
2	경쟁제한 추정허용	5	4.5	4	3
1	경쟁제한 추정불허	4	3.5	3	2

(2) 법정책적 결정 이때 형벌은 Z=6점, 과징금은 Z≧ 5점, 시정명령은 Z≧ 4점, 시정권고는 Z≧ 3.5점, 경고는 Z≦ 3점의 카르텔에 부과한다면 **불법과 제재의 비례성을 정밀하게 실현**할 수 있다. 불법의 등급과 제재 강도 사이의 비례성은 규제기관이나 법원이 지켜야 할 의무사항이며, 반성의 거점이다. 이런 비례성은 특히 정보교환적 의사소통을 근거로 합의를 추정하고, 경성카르텔이라는 이유로 그 합의로부터 실질적 경쟁제한을 추정하는 카르텔 규제현실의 불합리성을 드러내준다.

★ **제재등급에 비례적인 불법지수결정의 법정책성** ① 제재의 등급을 나누고 불법지수를 결정하는 것은 **법정책적**이다. 가령 독일 형법의 카르텔범죄인 입찰담합죄(StGB § 298)를 정보교환적 의사소통(예: 법적 구속의사 없는

동조)에 적용하는 것이 유추라는 견해[99]보다 아니라는 견해[100]가 더 우세하다. 우리나라에서도 Z≧5인 카르텔에서 성립한다는 법정책적 결정도 가능하지만 그것은 제40조 제1항의 "합의"의 내포에서 '계약적 상호구속력'이라는 의미요소를 제거할 정도로 합의 개념을 확장할 때에만 가능하다. 그러나 합의 개념을 유연화하는 해석(목적론적 해석)은 그에 반대하는 해석(문법해석)보다 '더 타당한 논거'를 갖고 있는지가 의문이다. ② 일방적 의식적 동조행위나 인식 있는 병행행위에 대해 합의개념을 적용할 수 없음은 분명한데도 형벌로 제재하거나 반대로 카르텔을 맺는 계약에 대해 합의 개념을 적용해야 함에도 이를 형벌로 제재하지 않는 것 모두 유추금지에 명확하게 위반한다.

4. 리니언시와 인적 처벌조건

(1) 리니언시제도 제44조(법시행령 제35조)는 카르텔을 자진 중단하고 공정거래위원회의 조사가 끝날 때까지 성실하게 협조하면서, 조사시작 전 자진신고를 하고 입증에 필요한 증거를 최초로 단독 제공하면 시정조치나 과징금을 면제하고, 두 번째로 제공하면 과징금의 100분의 50과 시정조치를 감경할 수 있게 한다. 이를 리니언시(Leniency)라고 부른다. 또한 카르텔로 시정조치 또는 과징금의 대상이 된 자가 다른 카르텔에 대하여 이와 같은 요건을 충족하여 자진신고하면 기존의 카르텔에도 감면의 혜택을 준다. 이를 Amnesty Plus 라고 한다. 또한 공정거래위원회 실무는 자진신고 또는 협조가 제2순위 안에 들지 못해도 조사에 협조하면, 과징금을 20%까지 재량감경한다(부당한 공동행위 자진신고자 등에 대한 시정조치 등 감면제도 운영고시 제21조 제2항).

(2) 리니언시의 기능 리니언시 하에서 기업들은 죄수의 딜레마

---

99 Martin Klusmann, "Ordnungswirdrigkeiten und Strafrechts", in: Gerhard Wiedemann, Handbuch des Kartellrechts, C.H.Beck, 1999, §56－16 참조.

100 Hans Achenbach, "Pönalisierung von Ausschreibungsabsprachen und Verselbs－tändigung der Unternehmensgeldbuße durch das Korruptions－ bekämpfungsgesetz", Wirtschaft und Wettbewerb, 1997, 958~964쪽, 특히 959쪽; Gerhard Dannecker, Strafgesetzbuch Band 2, 2. Auflage, NomosKommertar, 2005, §298－45.

(prisoner's dilemma)[101]에 빠져 있는 것이 아니며, 자진신고로 새삼 도덕의식을 회복하는 것도 아니다.[102] 기업들은 카르텔의 이익, 합의파괴에 대한 다른 카르텔 기업들로부터의 불이익,[103] 카르텔 적발과 제재 및 승소의 확률로부터 추산되는 재정적 부담 등을 비교형량하여 최대의 이윤이 되는 방향으로 행동할 뿐이다. 기업은 리니언시를 고려하면서 카르텔을 감행하기도 한다(**카르텔의 교두보 기능**). 이를 방지하기 위해 징벌적 손해배상이나 중형이 필요[104]한 것은 아니다. 비난과 도덕적 반성을 요구하는 이런 제재는 리니언시가 기업에게는 단지 카르텔에 의한 종국적인 수익률을 설정하는 요소일 뿐 반성을 통한 도덕적 행동을 가져오지는 않는다는 점을 간과하기 때문이다. 리니언시는 그런 계산이 작동하는 한에서 (카르텔의 교두보기능보다 큰) **카르텔 억제(적발 · 예방) 기능**을 수행하는 것이다.

(3) 자진신고와 불법의 감소 ① 카르텔은 대개 연속범의 형태로

101 가령 甲과 乙이 절도죄를 짓고 체포되어 서로 격리되었고, 자백 이외에는 유죄 입증증거가 없으며 대신 음주운전이라는 경미한 죄의 증거만 있는 경우 ① 甲, 乙이 모두 배신하고 자백을 하면, 각각 징역 5년을 ② 한 명만 자백하면 그는 형을 면제받고, 다른 자는 10년을, ③ 둘 다 자백을 하지 않으면 경미한 죄의 형인 2년에 처해지는 상황에서 甲과 乙은 서로 상대방의 배신으로 피해를 입을 것을 염려하는 모순적 상황에 빠지게 되며, 이를 죄수의 딜레마라고 말한다. 자세히는 Roger Leroy Miller, Economics today (9th), Harper & Row, 569쪽 참조.

102 자진신고사건(예: 플래쉬메모리 담합사건)에서 무혐의결정은 만일의 경우에 대비하여 순위를 확보하여 리니언시 혜택을 받으려는 기업의 전략적 행동을 보여준다.

103 가령 다른 사업자들이 생산량증가나 상품차별화로 위반회사의 이익을 제로에 가깝게 만들거나 카르텔을 합작투자 형태로 함으로써 합의 위반이 곧 합작투자의 실패와 재정손실을 가져오게 하는 식으로 카르텔은 자기집행적(self-enforcing) 구조가 있다. 카르텔은 이 구조를 해체함으로써만 비로소 억제될 수 있다. an Ayres, "How Cartels Punish: A structural theory of self-enforcing collusion", Columbia Law Review, Vol. 87, 1987, 295~323쪽 참조. 리니언시는 그런 카르텔의 자기집행적 구조를 해체하지는 못하며, 단지 일정한 한도로 약화시킨다.

104 이 점에서 EU의 카르텔규제는 미국에 비해 그 억제력이 약하다고 보고, 강한 제재에 의해 리니언시를 엄호해야 한다는 Andreas Stephan, "The Bankruptcy Wildcard in Cartel Cases", ESRC Centre for Competition Policy & The Norwicj Law school CCP Working Paper 06-5, March 2006, 4~32쪽 참조.

일어나고,[105] 자진신고는 연속적인 공동행위에 대한 포괄적 합의 이후 그 연속적인 공동행위가 끝나기 전에 이루어진다. 물론 카르텔이 종료된 이후에도 자진신고가 가능하다. 자진신고는 카르텔범죄의 행위시점에 결과반가치가 감소하는 것이 아니라서 자수(형법 제52조)와 비슷한 면이 있다. 그러나 카르텔이 초래하는 경쟁시장구조의 왜곡은 행위시점을 넘어 장기간에 걸쳐 발생하기 때문에, 자진신고는 중지범(형법 제26조)에 더 가깝다. ② 하지만 범행의 중지는 행위반가치의 감소(예: 반성, 합법성으로의 회귀)에 중점이 있지만, 자진신고는 **카르텔형성과 리니언시의 계산적인 활용에 의해 이윤추구**를 적정한 수준까지(예컨대 수익률 5~7%의 적정이윤) 추구하는 것(기업가정신)[106]으로서 윤리적 반성이나 합법성으로의 회귀에 중점이 없다. 즉, 자진신고는 카르텔불법의 **결과반가치를 감소**시키는 인적처벌조각사유일 뿐이다.

★ 결과반가치의 감소와 제재의 완화 앞의 표에서 각 행위유형들의 불법이 자진신고를 통해 z.6 → z.5.5 → z.5 → z.4.5 → z.4 → z.3.5 → z.3 → z.2의 순으로 가령 한 단계씩 낮아진다고 가정하자. 그러면 ① 법은 리니언시를 과징금과 시정조치에 대한 감면만을 규정하고 있는데, 감면의 근거인 불법(결과반가치)의 감소는 카르텔죄의 경우에도 발생하기 때문에 명문규정이 없어도 **형벌을 면제**하여야 한다. 자진신고는 인적 처벌조각사유가 되고[107] 형면제판결(형사소송법 제322조)을 받게 된다. ② 자진신고에 따른 형사불법의 감소는 과징금이 적정한 불법을 완전히 제거시키지는 못하므로 카르텔을 하던 사업자가 최초로 자진신고를 하면 "과징금 및 시정조치를 면제한다"(법시행령 제35조 제1항 1호)는 것은 옳지 않다. "한다"의 문언에

---

105 연속범으로 파악할 경우에 제재에서는 일정기간 이루어진 공동행위들을 묶어 하나의 카르텔로 보고, 제재를 가하게 되는 반면, 시효는 분할가능한 개별 공동행위별로 판단할 수 있는 장점이 있다.

106 카르텔이 적발되어 과징금을 내고 남을 것으로 예상되는 실제수익률(R)[=총 수익률−과징금의 비율]이라고 하자. 나의 개인적인 생각으로는 ① 10%≦R인 경우의 카르텔형성과 자진신고는 반윤리적, ② 5%≦R<10%인 경우의 카르텔형성과 자진신고는 비윤리적, ③ 2%≦R<5%인 경우의 카르텔형성과 자진신고는 심지어 '윤리적'이라고까지 말할 수 있다고 본다.

107 독일의 입찰담합죄(StGB 제298조 제3항)도 자의(freiwillig)로 담합의 수락이나 실행을 방해한 자에게 형면제를 인정하는 점도 이런 해석과 같은 방향이다.

도 불구하고 법 제44조의 "~할 수 있다"와 같이 해석하여야 한다. 물론 자진신고에 대한 법적 보상이 사업자로 하여금 합리적 계산으로 행동하는데 필요한 범위에서는 의무규정으로 운영해야 한다. ③ 카르텔이 원래 과징금을 부과해야 마땅한 불법인 경우에는 자진신고로 불법이 감소되면 사안에 따라 — 그 지수가 z.5.5에서 z.5로 또는 z.5에서 z.4.5로 — 감경되거나 면제되어야 한다. 이는 최초의 자진신고에 대한 감경의 폭은 제2순위의 자진신고자에 대한 감경의 폭(50%)보다 커야 하겠지만 법시행령 제35조 제1항 1호처럼 반드시 면제되기만 하는 것은 아니다. ④ 자진신고에 따른 행정법적 카르텔불법의 감소는 논리적으로는 그 제재조치인 시정조치(예: 합의파기, 약정서파기 명령)를 감경 또는 면제하게 할 수 있지만, 경쟁시장구조의 왜곡을 제거하고 장래의 경쟁상태를 회복하기 위한 시정조치(예: 독자적 가격재결정, 담합상품 가격변동추이보고 명령)는 감경되거나 면제될 수 없다.

(4) 감면불인정처분 취소와 공소제기의 효력 공정거래위원회가 자진신고자 등 지위 확인을 하지 아니하고 감면불인정 통지를 하고 시정명령, 과징금 부과와 함께 고발을 하였고, 이를 기초로 공소제기가 이루어진 경우 공정거래위원회의 처분이 위법하여 행정소송에서 취소되더라도 고발을 기초로 이루어진 공소제기 등 형사절차의 효력에 영향을 미치지 않는다(大判 2015도3926).

5. 카르텔 불법과 경제체계의 통합기제

형사불법에 해당하는 카르텔 유형과 비형사불법에 해당하는 카르텔 유형의 경계는 유동적이다. 구조적 요소만으로 불법유형의 전체를 파악할 수는 없기 때문이다. 그렇기에 개별사안의 고유한 특성들, 특히 그 사안의 질감(texture)에 대한 정의감정(법감정)을 고려하여 형사처벌여부를 정할 필요가 있다. 또한 경쟁시장질서 형성에 필요한 제재와 형사사법체계의 정의요청 사이에는 간극과 충돌이 존재한다. 여기서 카르텔의 형사불법적 불확실성을 제거하고, 사안에 대한 정의감정을 고려하며, 경제체계와 법체계의 간극을 메우는 체계통합(Systemintegration)을 위한 기제로서 전속고발제와 동의명령(consent order)이 요구된다.

(1) 전속고발제 ① 카르텔범죄는 공정거래위원회의 고발이 있어야만 검사가 공소를 제기할 수 있다(제129조 제1항). 이를 전속고발제라고 한다. 공정거래위원회의 고발권은 형사정의(합법성)의 실현보다는 경쟁시장질서의 구축이라는 목적을 좇는다(합목적성). ② 다만 "그 위반의 정도가 객관적으로 **명백하고 중대하여 경쟁질서를 현저히 저해**한다고 인정하는 경우"(동조 제2항)에 공정거래위원회의 고발은 의무이며[108] 검찰총장은 공정거래위원회에 통보하여 고발을 요청할 수 있다(동조 제3항). 카르텔불법이 **중대하고 명백하여** 형사불법의 실질을 갖춘 경우(예: 계약 등의 명시적 합의에 의한 카르텔을 하고, 가격을 현저하게 인상한 경우[앞 도표의 Z.6])가 이런 예외적인 경우에 해당한다. 따라서 카르텔 불법이 중대하지 않거나 법률상 추정으로 카르텔 합의를 인정하였거나 사실상 추정으로 경쟁제한을 인정한 경우는 이에 해당할 수 없다. ③ 그러나 카르텔이 명백하고 중대한 경우에도 중·단기적 경쟁제한효과와 그에 따른 장기적인 효율성증대 효과(예: "규모의 경제, 범위의 경제, 위험 배분, 지식·경험의 공동활용에 의한 혁신 속도 증가, 중복 비용의 감소 등"[109]) 또는 수입침투도(내수에서 수입품의 비중), 관세율의 수준 및 인하가능성 등을 비교형량하여 제재의 강약을 조절하는 **경쟁정책**을 할 수 있다. ④ 공정거래위원회는 중대한 카르텔을 명백하게 한 사업자가 자진신고하여 리니언시의 혜택을 받게 되는 경우를 "경쟁질서를 현저히 저해한다고 인정하는 경우"에서 제외시킬 수 있다. 그러나 검찰은 형사법적 판단에서 여전히 공소제기를 할 수 있고, 법원은 (형법 제26조[중지범]를 유추적용하여) 형면제판결을 할 수 있다. 이렇게 공정거래위원회, 검찰, 법원은 카르텔의 통제에서 고유한 권력분립을 이룬다.

★ **리니언시의 형사법적 효과** A(주)·B(주)·C(주)는 설탕 가격에 대해

108 이 조항을 입법하게 한 憲裁決 94헌마136 〈전원재판부〉 참조.

109 「공동행위심사기준」 V.3.가. 참조.

담합을 하였지만 공정거래위원회에 의해 적발되지 않은 상황에서 A는 담합 당사자가 자진신고 하면 시정조치 및 과징금을 감면받을 수 있다는 점을 알고, B, C와의 담합사실을 공정거래위원회에 신고하였다. 공정거래위원회는 B와 C에 대해서는 각 1억 원의 과징금을 부과하고 검찰에 고발하였으나, A사에 대해서는 과징금을 면제해 주었고 검찰고발도 하지 않았다. 검찰은 고소불가분원칙(형사소송법 제233조)을 이유로 A에 대해서도 공범자로 기소하였다. ① 서울지방법원은 고발은 형사소송법상 고소와 소송조건이라는 점만 일치할 뿐 입법취지, 주체 등 여러 가지 점에서 다르고, 법위반의 중대, 명백성 및 경쟁질서 저해의 정도는 시장지배율, 참여정도 등에 따라 달라지므로 같은 부당한 공동행위에 참가한 여러 **사업자별로 고발의무 여부가 달라**질 수 있고, 공정거래위원회가 고발을 하지 않을 권한에는 공범 중 일부에 대하여만 고발을 면제하는 권한도 포함되므로 고발에 '고소불가분'에 관한 형사소송법규정을 유추적용할 수 없다고 보았다.[110] ② 검찰은 형법적 정의의 관점에서 A에 대해 고소불가분원칙을 적용하고 기소를 할 수 있고, 법원은 중지미수규정을 유추적용하여 형면제판결을 할 수 있다.

(2) 동의의결제 ① 현행 공정거래법 제89조 제1항 단서 1호는 카르텔에 대해 동의의결제를 적용하지 않는다. 이에 대하여 카르텔이야말로 동의명령의 취지가 가장 잘 발휘되는 영역이므로 이 적용제외는 잘못된 것이라고 보는 입장[111]과 (형벌권이 행사되어 마땅한) 경성카르텔에 대한 동의명령으로 공정경쟁질서를 달성하기 어려우므로 적용제외를 긍정하는 입장[112]이 있다. ② 공정거래법상 범죄화되어 있는 다섯 가지 불

110 서울중앙지방법원 2008. 6. 13. 선고 2008노842 판결 참조.

111 홍준형/김정희, "공정거래법상 동의명령제 도입방안에 대한 연구", 기업법연구 제21권 제4호, 2008, 377쪽.

112 박성엽, "한미 FTA 이후 공정거래법의 과제 심포지엄에서 지정토론 요지", 저스티스 통권 제98호, 2006, 46~47쪽에 따르면 카르텔의 경우에는 기업이 동의명령으로 카르텔 행위의 중지를 약속하더라도 과거 위반행위로 취득한 부당이득을 계속 보유할 수 있다면 또다시 카르텔 행위를 할 유인이 남을 수 있으므로, 카르텔의 경우에는 과징금으로 제재하여 부당이득을 누리지 못하게 할 필요가 있다고 한다. 그러나 공정거래법개정안에 따르면 피심인이 동의명령 사안을 이행하지 않는 경우 이행강제금을 부과하고(제51조의4 제2항), 동의명령을 취소할 수 있게 하므로(제51조의2 제5항 제2호) 피심인이 동의명령을 불이행할 가능성은 높지 않다.

공정 거래행위들은 소비자의 이익을 해하는 정도의 순으로 나열하면 개별적 불공정거래행위→시장지배지위남용행위와 카르텔→ 경쟁제한적 기업결합→경제력집중이 된다.[113] 소비자이익을 해하는 정도가 클수록 구조적으로는 형사불법(Strafunrecht)에 더 근접하므로, 카르텔보다는 개별적 불공정거래행위가 형사불법에 더 근접해 있다고 볼 수 있고, 그 한에서 카르텔에는 동의의결제를 적용하지 않으면서 개별적 불공정거래행위에 적용하는 것은 비논리적이다. 개별적 불공정거래행위는 소비자관련성이 매우 크고, 가장 빈번히 발생하는 점에서 동의의결제를 적용하고, 카르텔은 개별적 불공정거래행위보다 형사불법의 구조적 요소가 약하다는 점에서 당연히 동의의결제를 적용하여야 한다.

113 이상돈, "공정거래질서와 형법정책", 법제연구 통권 제25호, 2003, 178쪽. 개별적 불공정거래행위는 소비자의 이익을 '직접', '인과적'으로 침해하고, 시장지배적 사업자의 지위남용행위와 부당공동행위는 소비자의 이익을 '집단'으로 '직접', '인과적'으로 침해할 위험을 초래하며, 경쟁제한적 기업결합행위는 소비자의 이익을 '일반적'으로, 간접적이지만 인과적으로 침해할 가능성을 발생시키고, 경제력집중은 소비자 이익에 단지 간접적으로만, 그것도 인과적이라고 단정 지을 수 없는 영향만을 미친다.

07

계열사 부당지원죄: 영구전환사채와 TRS

Ⅰ. 차액정산계약의 경영효율과 법적 금지

Ⅱ. 불법구조의 차이

Ⅲ. 차액정산계약과 배임죄의 경계

Ⅳ. 차액정산계약과 특수관계인거래위반죄의 경계

Ⅴ. 차액정산계약과 특수관계인부당지원죄의 경계

07

계열사 부당지원죄: 영구전환사채와 TRS

Ⅰ. 차액정산계약의 경영효율과 법적 금지

국내 재벌그룹의 계열회사들은 2012년 경부터 재무구조가 악화되면 신종자본증권(하이브리드채권)이면서[1] 사채액이 자본으로 분류되어 재무구조개선의 효과가 있는 영구전환사채(perpetual convertible bond)를 자주 발행해왔다. 또한 이 전환사채발행의 조건을 유리하게 하기 위해 지주회사(모기업)는 영구전환사채인수자(채권자)와 차액정산(총수익스왑)계약을 체결하였다. 하지만 공정거래위원회가 이를 부당지원으로 봄으로써 차액정산(Total Return Swap)계약은 최근 거의 활용되지 않고 있다.

> ★ **계열회사지원의 합법적 · 불법적 방법들** ① 단일 기업이 재무구조가 악화되면 도산할 수밖에 없는 경우에도 대규모기업집단의 계열회사들은 지주회사나 모기업의 지원으로 회생할 수 있는 다양한 방법들(현물출자, M&A)이 있다. 가령 매출 2천억 원인 건설회사 M(주)가 부채비율이 500%, 3년간 누적영업적자가 500억쯤이라면 도산하기 쉽다. 그러나 M(주)가 대규모기업집단에 속해 있고, 지분 100%를 지주회사나 모회사가 보유한 경우, 지주회사가 소유한 다른 기업의 주식(시가 500억 원)을 M에 현물출자하면 M의 부채비율이 현저히(예: 200% 이하)로 줄어들어 유리한 조건의 회사채 발행, 대출연장 등이 가능해져 회생의 기회를 얻을 수 있고, 지주회사나 모기

1 1998년 바젤은행감독위원회(BCBS Basel Commitee on Banking Supervision)의 결정에 의하면 은행들은 자기자본율을 지키되 자본조달방편으로 조건부자본증권인 영구채를 발행할 수 있게 되었다. 이후 일반사업회사들도 영구채를 발행하게 되었고, 우리나라는 2012년 이후 증가하고 있다. 자세히는 최영주, "영구채 성격논쟁과 법적 과제", 경영법률 제25권 제3호, 2015, 3~4쪽 참조.

업은 현물출자한 주식 대신 계열회사로부터 신주를 받아 보유하게 되므로 자본의 증감이 없으며, 그 계열회사가 향후 경영이 정상화되어, 주가가 상승하면, 그에 따라 자본도 증가하는 이익을 얻는다. 또한 지주회사나 모기업은 그 계열회사를 인수합병함으로써 부채비율을 현저히 개선할 수도 있다.[2] 이는 국내시장에 국한해서 보면 동일한 시장에서 경쟁하는 단일 기업인 건설사와 재벌계열회사인 건설사 사이에 경쟁의 공정성이 구조적으로 일그러져 있음을 보여준다. 이로써 경제력집중도 지속된다. 하지만 이런 방법은 공정거래법도 규제하지 않는 합법적인 계열회사지원행위가 된다. ② 반면 가령 지주회사가 자회사의 또는 자회사가 손자회사의 발행주식총수의 50%(상장법인 등은 30%) 미만으로 소유하는 행위(법 제18조 제2항, 2호, 제3항 1호)는 불법적인 계열회사 확장이며, 자회사에게 "가지급금 · 대여금 · 인력 · 부동산 · 유가증권 · 상품 · 용역 · 무체재산권 등을 제공하거나 상당히 유리한 조건으로 거래하는 행위"(제45조 제1항 제9호, 가.목)는 불법적인 계열회사지원행위이다.

계열회사의 영구전환사채와 지주회사나 모기업의 차액정산계약은 계열회사지원의 합법과 불법(부당) 사이에 위치한다. 차액정산계약의 불법적 측면을 분석 · 제거하고 합법화의 조건을 설계한다면, 차액정산계

2 ★ 현물출자 · 영업양도 · 인수합병의 비교 사업을 인수할 때 경영자는 인수합병 외에 영업양도 및 현물출자를 선택할 수 있다. 영업양도와 현물출자는 재산의 이전이 개별적이고 회사의 일부 사업부문만 넘길 수 있다. 하지만 영업양도는 인적 · 물적 시설이 포함된 재산의 이전이고, 현물출자는 재산만 이전하고 근로자는 개별적으로 퇴사하고 재취업하는 방식을 취한다. ① 합병은 주총, 주식매수청구권행사 등으로 시간이 오래 걸리지만, 인적, 물적 시설을 모두 이전하는 영업양도나 현물출자가 시간이 오래 걸리지 않는다. 영업양도나 합병은 별도의 인수자금(조달)이 필요한 반면, 현물출자는 현물에 상응하는 신주를 발행하여 출자자에게 제3자 배정을 하면 되므로 별도의 자금이 필요하지 않다. 그렇기에 인수의 거래비용은 합병<영업양도<현물출자의 순으로 적게 들고 경영효율성이 더 크다. ② 반면 근로자보호는 이와 역순(현물출자<영업양도<합병의 순)이다. 왜냐하면 현물출자는 고용승계 없이 개별 퇴사 · 재취직을 하고, 단체협약이나 퇴직금의 승계도 안 하며, 영업양도는 해석상 고용의 포괄적 승계를 추정하고 개별적인 승계만 거부할 수 있고 단체협약과 퇴직금은 승계하지 않는 데에 비해, 합병은 고용을 포괄승계하고, 단체협약과 퇴직금도 당연 승계하기 때문이다. ③ 그렇기에 경영자의 입장에서는 현물출자 방식이 가장 효율적이다. 그러나 경영현실에서 보면 현물출자나 영업양도를 불문하고 합병과 비슷한 수준의 근로자 보호를 한다. 이는 대규모기업집단 내에서 이루어지는 경우는 한 식구 의식이 있고, 현물출자를 통해 출자 하는 기업이나 출자 받는 기업이나 둘 다 모두 선순환의 이익을 얻을 수도 있기 때문이다.

약은 효율적인 경영기법으로 계속 활용되어 기업도산을 예방하는데 크게 기여할 수도 있다. 형법은 그런 경영의 가능성을 보호해야 한다.

1. 영구전환사채와 차액정산계약의 경영효율성

(1) 영구전환사채와 차액정산계약의 의미 영구전환사채는 ① 법률상 전환사채의 만기를 '영구히' 라고 할 정도로 장기로(예: 약 30년)하되 ② 발행회사는 조기(대체로 5년)에 상환할 수 있으며, ③ 투자자의 주식전환은 그 이후(예: 5년 이후)에나 가능하게 하고, 아울러 ④ 발행회사의 지주회사(모회사)가 투자자(영구전환사채 인수자)와 차액정산계약을 체결하는 방식으로 발행할 수 있다. 차액정산계약(TRS)은 지주회사가 계열회사가 발행하는 전환사채를 기초자산으로 하는 장외파생상품거래(자본시장법 제5조 제3항)로서 투자자의 처분가액(기초자산의 공정가액)이 전환사채(CB)의 원금과 이자를 초과하면 투자자가 지주회사에게 그 차액(초과수익)을 지급하고, 미달하면 지주회사가 투자자에게 그 차액(부족액)을 지급하는 계약을 말한다.

★ 영구전환사채와 TRS계약 사례 S그룹의 비상장 계열회사 Sm㈜(대표 乙)는 매출(연 1조 원)이 꾸준히 성장하고, 해외시장 진출도 본격화함에도 적자와 흑자가 오락가락 하면서 자본잠식이 심각해지고, 주식평가액이 액면가(5천 원)보다 낮은 2천 원이 되자 재무구조를 개선하여 신용등급(발행 당시 CP등급)을 방어하고, 차입금 만기구조를 안정화하기 위해 이사회결의를 거쳐 만기 30년의 전환사채 500억 원을 D투자신탁㈜에게 발행하기로 하였다. 다만 Sm㈜는 D㈜와의 계약에서 발행 후 5년이 된 때 금리를 연 3.8 %로 조기상환하는 권리를 갖기로 하였다. D㈜는 Sm㈜의 성장가능성을 긍정적으로 전망하고 투자손실을 막기 위해 Sm㈜의 지분 99%를 갖고 있는 S그룹 지주회사 S㈜와, Sm㈜가 발행 후 5년이 된 때 D㈜가 제3자에게 매각하여 매각대금(=기초자산의 공정가액)이 원금과 이자에 미달하면 S㈜가 그 금액을 보전해주고, 초과하면 S㈜가 그 초과분을 갖기로 하는 차액정산계약을 요구하고 체결하였다. 이 계약에는 그런 정산과 별도로 S㈜는 발행 후 5년(정산일)이 되기 1개월 전 D㈜에 통지하여 Sm(주)가 상환

하지 못한 원금과 미지급이자를 지급하고 영구전환사채를 인수해 올 수 있는 권리(calloption)와 그에 상응하는 D(주)의 권리(putoption)가 포함되었다.[3] S㈜ 대표 甲은 이 계약을 받아들이지 않으면 D㈜가 Sm㈜와 금리 3.8%로 영구전환사채를 인수하지 않는다는 점, S㈜가 계열회사 Sm㈜의 재무구조 개선을 위해 직접 출자할 경우에는 당장 거액의 출자부담(500억 원)을 지는 점, Sm㈜의 경영이 지난 5년 동안 꾸준히 개선되어 온 점, 이번 영구전환사채발행으로 Sm㈜의 경영여건이 개선되어 향후 매출액과 수익률이 꾸준히 성장하고 전환사채 발행 후 5년이 되면 전액 조기상환할 가능성이 매우 높은 점, Sm㈜는 S㈜와 연결재무제표의 대상이고, 브랜드로열티 수취계약에 따라 매출액의 0.4%를 브랜드로열티로 S㈜에 지급하는 계열회사임을 고려하여, 이사회를 거쳐 D㈜가 제의한 차액정산계약을 체결하였다.

(2) 계열회사의 이익 보통의 전환사채는 일반사채와 전환권의 가치가 분리되지 않기 때문에 전환사채의 가격을 모두 부채로 회계 처리하는[4] 반면, 영구전환사채는 국제회계기준(IFRS)상[5] 자본으로 취급되므로 재무구조를 개선시킨다(예: 부채비율 감소, 주당순자산 상승)[6] 대개 영구전환사채는 (통상 5년 내의) 조기상환권을 갖고 있어, 경영여건이 개선되면 신주를 발행하지 않고서도 자본을 조달한 결과를 얻는다. 지주회사(모회사)가 투자자와 차액정산계약을 체결함으로써 이자율이 — 회사채보다는 전환가의 가치만큼 또는 보통의 전환사채보다는 지주회사의 신용공여에 의해 채무가 보증되는 만큼 — 더 낮게 설정된다. 주식전환시기가 조기상환시

3 조기상환권, 전환사채 매수선택권(콜옵션), 차액정산권(손익인수)은 순차적이다. 즉, 계열회사가 조기상환하면, 지주회사는 차액정산을 하거나 전환사채를 인수하지 않게 되며, 계열회사가 조기상환을 하지 못하고, 지주회사가 전환사채를 인수하는 경우에는 차액정산은 하지 않게 된다. 따라서 차액정산계약의 주된 급부는 계열회사가 조기상환을 하지 못하고, 지주회사가 전환사채 매수선택권을 행사하지 않은 경우에 비로소 이해되는 셈이다.

4 상세히는 김종대, "전환사채 회계처리방법의 정보유용성평가", 산업과 경영 제8권 제1호, 1995, 155쪽 아래 참조.

5 이는 2013년 5월 국제회계기준해석위원회(IFRS Interpretations Committee)가 영구채권을 자본으로 분류하기로 한 점에 근거를 두고 있다.

6 영구전환사채만이 아니라 과거에도 보통주상당증권(Common Stock Equivalents: CSE)은 주당순이익의 계산에 포함되기도 하였다.

점 이후로 정해짐으로써 신주발행에 따른 주당순자산가치(BPS)와 주가의 하락을 막고, 주주가치의 희석도 방지할 수 있다.

(3) 지주회사의 이익 재무구조가 나쁜 계열회사에 대해 직접 자본출자(유상증자)를 할 부담, 즉 지주회사가 출자를 위해 대출을 받아 부채가 증가되고, 부채비율도 높아지는 부담[7]이나 유상증자를 액면미달로 발행하려는 계열회사가 주주총회의 특별결의와 법원의 인가를 받는 데 오랜 시간을 소비하여 재정위기가 더 심화됨으로써 지주회사가 안게 되는 부담을 영구전환사채의 조기상환시기까지 면할 수 있다. 지주회사는 적자폭이 상당하고, 누적적자가 큰 계열회사를 곧바로 정리하지 않고 유지함으로써 브랜드사용료(brand loyalty)도 계속 수취할 수 있고, 계열회사의 경영여건이 개선되어 계열회사가 경영성과를 올리게 되면 연결재무제표상의 지분법평가이익도 얻을 수 있으며, 배당금을 받을 가능성이 있다. 또한 신주발행에 따른 계열회사에 대한 지주회사의 지분 감소와 주주가치 희석을 막을 수 있다. 차액정산계약을 통해 투자자의 영구전환사채에 대한 원리금 상당의 수익과 영구전환사채의 가격등락에 따른 위험 또는 수익을 교환함으로써, 계열회사의 전환사채를 보유하는 것과 동일한 경제적 효과(간접투자효과)를 가질 수 있다.

★ 투자로서 차액정산계약의 조건 특히 ① 계열회사가 발행하는 전환사채가 지주회사의 차액정산계약이 없이도 자신의 종합적인 신용도에 상응하는 금리, 즉 공정거래법상 개별정상금리[8]에 비해 상대적으로 낮은 이자율이나 단기사채가 아닌 장기사채 등의 좋은 조건으로 투자자에 의해 인수될 수 있는 경우 ② 지주회사의 이사가 선의를 갖고 성실한 주의로 판단할 때

7 부채가 증가하지만, 지주회사는 그 출자로 계열회사로부터 받는 신주를 받게 되어, 자산은 그만큼 늘어나게 된다. 하지만 신주는 지주회사의 '자본'에 계정되지는 않기 때문에, 지주회사의 부채비율은 그만큼 높아지는 것이다.

8 정상금리는 공정거래위원회의 부당한 지원행위 심사지침 Ⅱ. 2 나.에서 정한 순차적인 정상금리 산정방법(①항에서 ⑤항) 중 우선적으로 산출 가능한 금리를 말한다. 그러니까 이 사안에서는 지주회사와 투자자 사이의 차액정산계약의 체결 없이 계열회사가 발행할 경우에 적용될 금리를 가리킨다고 볼 수 있다.

차액정산계약을 통해 종국적으로 지주회사가 손해를 입기보다는 이익을 얻을 것이 고도개연적이라고 예측되는 경우라면 차액정산계약은 오로지 투자행위의 성격만을 갖는다. 그러나 이 두 가지 조건이 '완벽하게' 충족되는 경우였다면 계열회사는 애당초 영구전환사채를 발행할 필요가 없거나 지주회사의 차액정산계약에 의한 사실상 보증도 필요하지 않을 것이다.

2. 차액정산계약의 형사불법 가능성

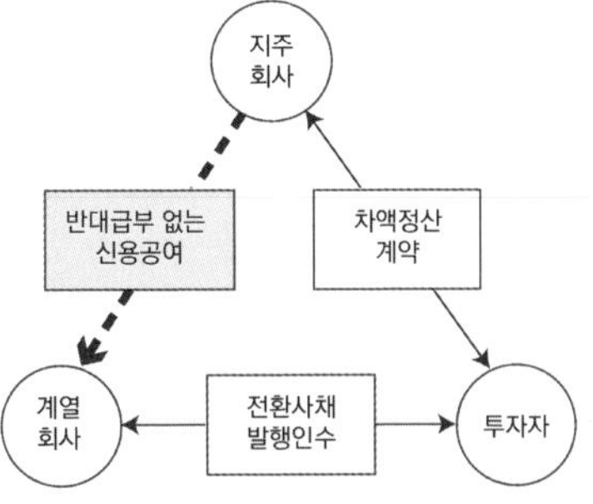

이처럼 많은 이점에도 불구하고 이를 계열회사부당지원이라고 보는 이유는 '자본의 물타기'라는 문제 때문이다. 계열회사는 영구전환사채의 발행으로 숫자상 부채비율을 낮출 뿐 실제로는 더 많은 부채를 진다. 회계처리의 **형식상 자본**이지만, 그 **실질은 부채**인 것이다. 그런 계열회사 자본의 물타기를 떠받쳐주는 것이[9] 민법상 '채무보증'[10]이 아니면서도 차액정산계약이 하는 보증기능 또는 상법상 신용공여 기능이다. 여기서 그런 신용공여에 대한 **반대급부**를 지주회사가 계열회사로부터 받지 않는다는 점이 불법의 근원이 된다. 이러한 신용공여는 다음 세 가지 구성요건의 불법유형에 해당할 가능성이 있다.

9 지주회사의 차액정산계약체결은 상법 제542조의9 제3항 또는 공정거래법 제26조 제1항이 정하는 이사회의 결의 내지 승인을 받아야 하고, 공정거래법 제26조가 정하는 공시를 해야 한다. 이러한 이사회의 결의(승인)를 받을 의무의 위반은 상법 제635조(과태료) 제3항 제4호 또는 공정거래법 제130조(과태료) 제1항 4호에 의해 과태료의 제재를 받으며, 공시의무의 위반도 공정거래법의 동 조항에 의해 과태료에 처한다.

10 차액정산계약은 민법상 보증채무의 특성처럼 주채무에 대한 '부종성'附從性과 '보충성'이 있는 보증채무를 설정하는 것은 아니다. 계열회사가 전환사채를 조기에 상환하지 못해도, 지주회사는 상환의무가 아니라 단지 정산의무만을 지닐 뿐이고, 정산의무의 이행에 앞서 전환사채를 인수하여, 사실상 유상증자를 하는 결과를 발생시킬 수 있기 때문이다. 또한 차액정산계약을 체결하고 이행하는 것은 계열회사에 대한 출자와 관리라는 지주회사 자신의 고유한 업무를 수행하는 것이지, 타인(계열회사)의 업무(채무이행)를 수행하는 것이 아니다.

— **특수관계인부당지원죄** 차액정산계약에 의한 지주회사의 반대급부 없는 신용공여는 대규모기업집단에 속해 있는 계열회사만 누릴 수 있는 기회라는 점에서 다른 개별 기업과의 관계에서 볼 때 시장의 공정성을 해한다. 즉, 공정거래법상 불공정거래행위죄의 하나인 특수관계인부당지원죄(공정거래법 제124조 제1항 제10호, 제45조 제1항 제9호 가.목)가 성립할 여지가 있다.[11]

— **특수관계인거래위반죄** 차액정산계약의 체결을 통해 지주회사가 반대급부 없이 계열회사에게 신용공여를 하는 행위는 지주회사의 재산을 위태화하고, 주주와 채권자들의 집단적 사익을 해할 위험을 발생시킨다. 즉, 상법상 금지되는 범죄행위인 특수관계인거래위반죄(상법 제624조의2, 제542조의9 제1항 제1호)가 성립할 여지가 있다.[12]

— **업무상 배임죄** 차액정산계약의 체결을 통해 계열회사에게 반대급부 없는 신용공여를 제공하는 지주회사의 이사들은 그 지주회사의 사무를 처리하는 자로서 회사의 재산을 보호하고 증가시킬 임무를 위배하여 제3자(계열회사)에게 이익을 주고, 지주회사에 손해를 끼칠 수 있다. 이 점에서 업무상 배임죄(형법 제356조)가 성립할 여지가 있다. 또한 이득액의 규모가 5억 원 이상이면 특정경제범죄 가중처벌 등에 관한 법률 제3조 제1항에 의해 매우 무겁게 가중 처벌된다.

차액정산계약을 전면금지 한다면 영구전환사채의 지렛대기능은 사

---

11 독점규제 및 공정거래에 관한 법률 제45조(불공정거래행위의 금지) ① 사업자는 다음 각 호의 어느 하나에 해당하는 행위로서 공정한 거래를 해칠 우려가 있는 행위(이하 "불공정거래행위"라 한다)를 하거나, 계열회사 또는 다른 사업자로 하여금 이를 하도록 하여서는 아니된다. (1.~8.호생략) 9. 부당하게 다음 각 목의 어느 하나에 해당하는 행위를 통하여 특수관계인 또는 다른 회사를 지원하는 행위 가. 특수관계인 또는 다른 회사에 가지급금·대여금·인력·부동산·유가증권·상품·용역·무체재산권 등을 제공하거나 상당히 유리한 조건으로 거래하는 행위
제124조(벌칙) ① 다음 각 호의 어느 하나에 해당하는 자는 3년 이하의 징역 또는 2억 원 이하의 벌금에 처한다. 10. 제45조 제1항 제9호, 제47조 제1항 또는 제4항을 위반한 자

12 상법 제542조의9(주요주주 등 이해관계자와의 거래) ① 상장회사는 다음 각 호의 어느 하나에 해당하는 자를 상대방으로 하거나 그를 위하여 신용공여(금전 등 경제적 가치가 있는 재산의 대여, 채무이행의 보증, 자금 지원적 성격의 증권 매입, 그 밖에 거래상의 신용위험이 따르는 직접적·간접적 거래로서 대통령령으로 정하는 거래를 말한다. 이하 이 조에서 같다)를 하여서는 아니 된다. 1. 주요주주 및 그의 특수관계인 (2.3호 생략)
제624조의2(주요주주 등 이해관계자와의 거래 위반의 죄) 제542조의9 제1항을 위반하여 신용공여를 한 자는 5년 이하의 징역 또는 2억 원 이하의 벌금에 처한다.

실상 사라지며, 전면허용 한다면 지주회사의 주주와 채권자를 해할 수 있다. 여기서 차액정산계약의 세 가지 범죄구성요건 해당요건을 정밀하게 정립하는 것은 전면허용과 전면금지 사이에, 법적 정의와 경영효율성 사이에 형평을 도모하는 법을 기획하는 일이 된다.

Ⅱ. 불법구조의 차이

차액정산계약의 체결이 특수관계인거래위반죄, 특수관계인부당지원죄, 업무상 배임죄에 해당하는지를 밝히려면 먼저 각 구성요건들의 불법유형의 구조적 차이를 이해해야 한다.

1. 보호법익의 차이

(1) 개인적 법익과 보편적 법익 ① '경쟁적 시장구조의 구축'[13]이라는 보편적 법익[14]을 보호하는 특수관계인부당지원죄는 소비자후생에 중점을 두는 다른 개별 불공정거래행위죄(예: 고객유인행위 등)의 법정형(제125조 제4호: 2년 이하의 징역 또는 1억5천만 원 이하의 벌금)보다 더 중한 법정형(3년 이하의 징역 또는 2억 원 이하의 벌금)을 지닌 공정거래범죄(예: 시장지배지위남용죄, 경제력집중죄, 카르텔죄)와 같은 조항(제124조 제1항)의 적용을 받는다. 이는 특수관계인부당지원이 경제력집중 억제제도인 계열회사에 대한 채무보증금지(제19조, 제24조, 제66조 제1항 제5호, 제8호)와 유사한 불법유형을 갖고 있음을 말해준다. ② 업무상 배임죄와 특수관계인거래위반죄가 특수관계인부당지원죄보다 법정형이 높은 점은 이들은 개인이나 회사의 재산을 보호법익으로 삼는 반면, 특수관계인부당지원

13 이상돈, 공정거래형법, 법문사, 2010, 14쪽 참조.

14 1996년 도입 당시 국회 행정위원회(공정거래법개정심사보고서, 1996, 6쪽)는 제23조 제1항 제7호(현행 제45조 제1항 제8호)가 경제력집중 억제를 위한 것이지만 모든 사업자들에게 균등하게 적용하기 위해 불공정거래행위조항에 배열했음을 밝히고 있다. 또한 2013년 이 조항으로 하기 어려운 재벌총수 일가의 사익편취행위 규제를 위해 제23조의2(부당이익제공금지)가 신설되었다. 김윤정, "특수관계인에 대한 부당이익제공행위 규제의 법적 쟁점과 개선과제", 경쟁법연구 제29권, 2014, 80~107쪽.

죄는 시장의 공정성이라는 보편적 법익을 보호한다는 점에 기초한다. 개인적 법익과는 달리 형법은 보편적 법익의 보호에 부적합하기 쉽고, 보호의 이익보다 부작용이 더 큰 결과, 즉 역기능(반생산성)을 일으키기 쉬우며,[15] 법체계와 시장체계의 충돌과 갈등을 유발할 수 있고, 따라서 보편적 법익에 대한 형법정책은 형벌억제적인 방향으로 나아가야 하기 때문이다. 물론 이런 결론은 형법의 보호법익을 인격적 법익을 중심으로 바라보고, 보편적 법익을 보호하는 형법은 "이데올로기에 감염되기 쉽다"[16]고 보는 인격적 법익론의 관점에서 나오는 '이론적' 결론이다.

(2) 개인적 사익과 집단적 사익 상법상 특수관계인거래위반죄와 업무상 배임죄는 모두 타인의 재산이라는 개인적 법익을 보호하지만, 둘 사이에도 차이가 있다. ① 특수관계인거래위반죄는 (상장회사의) 재산보호라는 점에서는 배임죄와 같지만, 회사재산의 유지뿐만 아니라 회사재산의 증식(수익증대)이라는 경영목적을 추구한다는 점, 달리 말해 합리적 경영의 틀을 짜는 기능도 수행한다는 점에서 차이가 있다. ② 또한 배임죄가 보호하는 재산권의 주체는 모든 법인격(개인 또는 비상장회사)이지만, 특수관계인거래위반죄가 보호하는 재산권의 주체는 오직 '상장회사'에 국한된다는 차이도 있다. 배임죄의 보호객체인 '타인' 개념에는 회사와 그 회사의 지분을 갖고 있는 구성원들도 해당하므로, 보호객체 측면에서는 차이가 없지만,

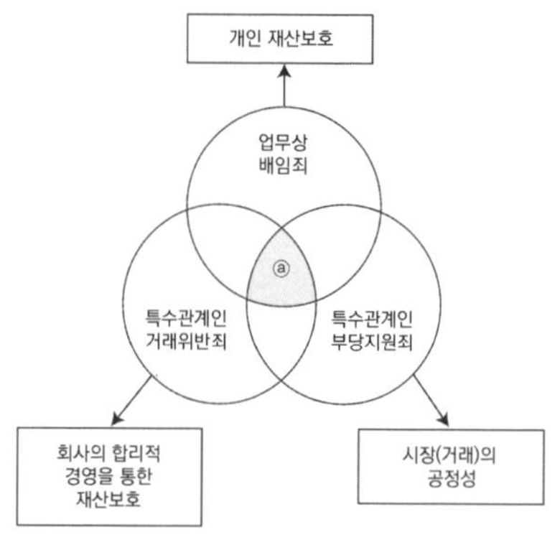

15 이에 관해 자세히는 이상돈, 형법의 근대성과 대화이론, 홍문사, 1994, 47쪽 아래.

16 W. Hassemer, "Grundlinien einer personalen Rechtsgutslehre", FS – Arthur Kaufmann zum 65. Geburtstag, 1989, 85쪽 아래; 빈프리트 하쎄머 지음(배종대·이상돈 역), 형법정책, 세창출판사, 1998, 339쪽 아래 참조.

회사가 상장회사인 경우에 그 회사의 재산이 매일매일 변경되는 수많은 주주들, 즉 '구체적이면서도 추상적인 집단'의 공동자산이라는 특징이 있다. 즉, 특수관계인거래위반죄가 보호하는 재산은 집단적 사익(sectional interests)으로서 배임죄가 보호하는 재산인 개별적 사익(private interests)과 구별된다.

2. 가치합리성과 목적합리성

특수관계인부당지원죄와 특수관계인거래위반죄 그리고 업무상 배임죄의 불법유형이 지향하는 합리성에도 구조적인 차이가 있다. ① 사적 이익으로서 재산은 이성법의 이념적 배후, 달리 말해 근대적 인권을 이루는 '가치'(value)의 한 요소이다.[17] 타인의 재산권을 보호하기 위해 타인사무처리자의 임무위배행위를 광범위하게 통제하는 배임죄는 유연하게 해석[18]됨으로써 그와 같은 '가치'를 더욱 강하게 실현한다. 이런 점에서 배임죄는 경영행위의 **가치합리성**(Wertrationalität)을 요구한다고 말할 수 있다.

② 상법상 특수관계인거래위반죄도 회사 재산을 보호한다는 점에서는 배임죄와 같은 가치합리성을 지향하지만 다른 한편 경영목적의 달성이라는 목적합리성(Zweckrationalität)도 지향한다. 그렇기에 특수관계인거래위반죄(상법 제542조의9 제1항, 제642조의2)는 "회사의 경영상 목적을 달성하기 위하여 필요한 경우(적극적 요건)"(상법시행령 제35조 제3항)이어야 하면서 "경영건전성을 해칠 우려가 없는"(상법 제542조의9 제2항) 경우(소극적 요건)에는 성립하지 않는다. 특히 경영건전성을 해칠 우려가 없을 경우라는 소극적 요건은 —특수관계인인 계열회사에 대한 신용공여가 반대급부 없이 이루어짐으로써 배임죄가 성립할 여지가 있는 경우일지라도— 계열

17 재산이 근대적 인권을 구성한다는 Locke의 이론에 관해서는 이상돈, 인권법, 세창출판사, 2005, 24쪽 아래 참조.

18 배임죄를 포괄구성요건(Auffangstatbestand)으로 변형시키는 판례의 경향에 관해서 이상돈, "경영실패와 경영진의 형사책임", 법조 통권 제560호, 2003, 61~99쪽.

회사의 성장으로 인한 지분법평가이익이나 배당금이익, 브랜드(로열티) 사용료 수익 등과 같은 유형의 이익과 그 계열회사를 유지함으로써 시장에서 그 지주회사가 갖는 명성이나 시장지배력과 같은 무형의 이익으로도 충족될 수 있다. 이처럼 특수관계인거래위반죄는 **가치합리성과 목적합리성**을 동시에 추구한다고 볼 수 있다.

③ 공정거래법상 특수관계인부당지원죄는 불공정거래행위죄이지만, 다른 개별 불공정거래행위죄처럼 2년 이하의 징역 또는 1억5천만 원 이하의 벌금(제125조 제4호)이 아니라, 경제력집중행위들과 같이 3년 이하의 징역 또는 2억 원 이하의 벌금(제124조 제1항 제10호)의 법정형이 적용되는 형벌법규이다. 즉 통상 개별 불공정거래행위죄는 거래행위의 공정성(fairness)이라는 도덕적 가치를 실현하는 불법구성요건이고, 특수관계인부당지원행위가 불공정거래행위에 속함에도 불구하고, 특수관계인부당지원죄(제124조 제1항 제10호)는 경제력집중을 막기 위한 불법구성요건이라 할 수 있다. 경제력집중죄(제124조 제1항 제4호 내지 제8호)[19]는 재벌중심의 경제체제가 갖는 폐단을 막는 '목적'을 달성하기 위한 정책적 수단이라고 볼 수 있다. 재벌중심의 경제성장이냐 중소기업 중심의 경제성장이냐 또는 재벌중심의 경제체제를 어느 정도 억제할 것인가 하는 문제는 '가치'의 문제라기보다는 '정책'(policy)의 문제이다. 따라서 특수관계인부당지원죄가 지주회사의 계열회사에 대한 신용공여를 '부당지원'으로 통제하는 경우에 그 불법유형은 경제력집중의 방지라는 정책목적의 효율적 달성에 놓이게 된다. 이런 점에서 특수관계인부당지원죄는 사실상 거의 목적합리성만을 좇는 구성요건이라고 할 수 있다. 따라서 "부당하게"라는 표지는 비록 가치충전필요개념이긴 하지만, 그 가치충전은 실제로는 정책적 판단으로 이루어질 수밖에 없다.

19 경제력집중의 방지는 매우 중요하지만, 그 죄가 집행되는 경우는 거의 없다. 경제력집중죄가 형사불법이 없기 때문이다. 이상돈, 공정거래형법, 법문사, 2010, 49쪽.

3. 법익침해의 판단시점과 구조

특수관계인부당지원죄와 특수관계인거래위반죄, 배임죄의 보호법익과 합리성구조의 차이는 법익침해의 판단시점의 차이로 연장된다. ① 가치합리성을 좇는 배임죄에 의한 (회사)재산의 보호는 매우 광범위하며 강력하다. 이는 배임죄의 구성요건적 결과인 손해 발생 여부가 전환사채 발행시점이 아니라 손해의 위험이 발생하게 된 미래의 재판시점에서 과거를 바라보면서 회고적으로, 즉 **사후적으로**(ex post) **판단**되기 때문이다. 가령 지주회사가 차액정산계약을 할 때 계열회사의 (상속세 및 증여세법에 따라 평가된)[20] 주가가 액면가보다 높았지만, 투자자로부터 전환사채를 콜옵션으로 인수하여 전환권을 행사할 때 액면가보다 낮아진 점이 재판시점에 확인되면 그 콜옵션 계약은 체결당시에는 손해가 구조화된 행위가 아니었음에도 손해(의 위험)를 발생시킨 행위였던 것으로 된다. 이런 사후적 판단은 미래의 '어느 시점'(인수 시점, 재판시점)에 가서야 비로소 그 과거시점(행위시점)에 손해를 발생시켰던 것이 되는 **전미래시제**(le futur antérieur)[21]의 판단이다. 이사의 행위가 회사에 손해를 초래하는지에 대한 인식여부(배임고의)도 이런 전미래시제 속에서 판단된다. ② 이에 비해 상법상 특수관계인거래위반죄에서는 구성요건적 결과, 특히 "경영건전성을 해칠 우려"는 거래시점에서 미래를 향해, 즉 **사전적으로**(ex ante) **판단**한다. 영구전환사채발행으로 계열회사의 재무구조와 영업실적이 개선되어 향후(조기상환시점에서) 주가가 액면가를 넘을 것이라는 예측이 합리적인 경우라면 지주회사의 차액정산계약체결은 "경영건전성을 해칠 우려"라는 표지를 충족하지 않는다.

20 주가 평가방법으로는 상속세 및 증여세법에 따른 평가와 회사인수시의 주당가격에 의한 평가가 대표적이다. 후자는 전자보다 대체로 높다. 배임죄에서 손해여부를 판단할 때 회사의 주가는 상속세 및 증여세법에 따른 평가액을 가리킨다.

21 법의 전미래시제성에 대해서는 이상돈, 법미학, 법문사, 2008, 123쪽 참조.

★ 배임죄와 특수관계인거래위반죄의 경영판단원칙 적용차이 ① 차액정산계약 체결 당시 주가가 액면가보다 높았던 경우, 선의(good faith)와 상당한 주의(due care)로 그 계약이 지주회사의 경영건전성을 해하지 않는다는 예측을 하였다고 사후적으로 평가되면 경영판단원칙이 적용되고 차액정산계약체결에 배임고의가 인정하지 않는다. 판례는 지주회사의 신용공여에 대한 반대급부를 받지 않는 한 이 경우에도 배임죄를 인정한다. ② 이에 비해 특수관계인거래위반죄는 선의와 상당한 주의로 차액정산계약 체결 당시 경영건전성을 해칠 우려가 없다는 예측을 하였다면 반대급부 제공여부와 상관없이 경영판단원칙이 적용된다. 특수관계인거래위반죄의 "경영건전성을 해할 우려가 없"음이란 소극적 구성요건으로서 회사재산의 일시적인 감소가 있더라도 더 큰 이익을 얻기 위한 합리적 경영행위에 의해 충족되기 때문이다.

③ 특수관계인부당지원죄의 구성요건적 결과는 "부당하게" "상당히 유리한 조건"(제45조 제1항 제8호 가.목)의 거래를 통한 (기술되지 않은 구성요건으로서) 경제력집중의 초래로 볼 수 있다. 이 표지는 사후적 판단과 사전적 판단이 모두 가능하다. 첫째, 가령 차액정산계약을 체결할 때 영구전환사채 발행회사의 주가가 액면가에 약간 못 미치는(예: 액면가 5천 원, 실제주가 4천 원) 약간 유리한 조건의 거래였어도 이후 계열회사의 시장점유율이 증가하고, 소속 기업집단의 경제력집중이 심화되었다면 그 표지는 충족한 것이라는 **사후적 판단**이 가능하다. 둘째, 차액정산계약을 체결할 때 지주회사가 나중에 콜옵션으로 인수할 전환사채의 전환가가 액면가이고 당시 주가는 그에 많이 못 미치는(예: 액면가 5천 원, 실제주가 2천 원) 현저히 유리한 조건의 거래는 그 자체로 계열회사에게 다른 개별기업이 누릴 수 없는 불공정한 경쟁조건을 주고, 소속 기업집단의 경제력집중을 더 심화시킨다는 **사전적 판단**에 의하여 이미 — 설령 전환권 행사시점에 계열회사의 주가가 액면가를 훨씬 상회하더라도 — 특수관계인부당지원죄가 성립할 수 있다. 셋째, 경제력집중에 대한 규제가 정책적 사항이고, 경제력집중의 해소는 개인에게 귀속되는 형벌로 불가능하고 구조정책을 필요로 한다는 점에서 특수관계인부당지원죄는 사전적 판단과 사

후적 판단 모두에 의해 경제력집중을 발생한다고 볼 수 있는 경우(예: 현저히 유리한 조건의 거래를 하였음에도 계열회사가 전환사채의 채무를 상환하지 못하고 그 손실을 지주회사가 떠안은 경우)에만 성립한다.

	공정거래법	상법	형법
구성요건	특수관계인부당지원죄 (제45조 제1항 제9호 가.목)	특수관계인거래위반죄 (상법 제542조의9 제1항 제1호)	업무상 배임행위
형벌조항	3년 이하의 징역 또는 2억 원 이하의 벌금 (제124조 제1항 제10호)	5년 이하의 징역 또는 2억 원 이하의 벌금 (제624조의2)	10년 이하의 징역 또는 3천만 원 이하의 벌금(제356조)22
보호법익	시장(거래)의 공정성 (경제력집중의 방지)	합리적 경영을 통한 상장회사의 재산 보호	타인의 재산
법익유형	보편적 법익(시장체계)	합리적 경영의 목적달성 집단적 사익(회사 재산)	개인적 사익 (타인의 재산)
합리성	목적합리성	목적합리성+가치합리성	가치합리성
판단	사전적 판단∧사후적 판단	사전적 판단	사후적 판단

Ⅲ. 차액정산계약과 배임죄의 경계

차액정산계약은 어떤 내용으로 체결되느냐에 따라 업무상 배임죄의 영역으로 들어가기도 하고, 그렇지 않을 수도 있다. 배임죄의 정밀한 해석은 차액정산계약의 합법성을 경계지우는 울타리가 될 수 있다.

1. 배임죄의 적용

차액정산계약을 체결하는 지주회사의 경영자는 타인(회사)의 재산을 관리하고 증식시키는 적극적 재산관리의무를 지므로 "타인의 사무를 처리하는 자"에 해당하고, 제3자인 계열회사에 대해 반대급부를 받지 않고 차액정산계약을 통해 신용공여를 한다면 일응 그 반대급부에 해당

22 이득액 50억 원 이상일 때 무기 또는 5년 이상의 징역, 5억 원 50억 원 미만일 때 3년 이상의 유기징역(특정경제범죄법 제3조 제1항 제1호, 제2호).

하는 만큼 지주회사는 손해를 입고, 계열회사는 재산상 이익을 얻으므로 모든 차액정산계약은 배임죄가 성립한다고 생각하기 쉽다.

(1) 임무위배와 손해여부 그러나 첫째, 계열회사의 재무구조를 개선시키고, 그 경영을 관리하는 것은 지주회사의 임무라는 점에서 차액정산계약의 체결은 "임무에 위배하는 행위"가 아니라 **정상적인 임무수행행위**일 수 있다. 둘째, 만일 영구전환사채의 발행을 계기로 계열회사의 경영이 호전되면, 지주회사는 원금과 이자를 넘는 수익, 즉 처분가격이 전환가격보다 높은 만큼의 수익을 취득하거나 영구전환사채에 대한 콜옵션을 행사하여 높은 가치의 주식을 액면가로 취득할 수도 있다. 즉 차액정산계약의 체결은 손해발생으로 이어지는 확실성(인과관계)이 없고, 오히려 **이익취득의 가능성**까지 남겨두고 있기에 손해(위험) 발생의 요건을 충족하지 않을 수도 있다.

(2) 권한남용과 신의파괴의 구분 차액정산계약의 체결은 경영학적으로는 지주회사의 계열회사(의 신용과 재무구조에 대한) 관리에 해당하는데, 상법상 허용되는 신용공여(상법 제542조의9 제2항)인 경우라면 차액정산계약의 체결은 '권한남용'(Mißbrauch)의 임무위배행위에 해당할 수 없다. 상법위반이 없더라도 회사에 손해를 끼치는 행위라면, 신의파괴(Treubruch)의 임무위배행위, 즉 "신의칙상 당연히 하지 않아야 할 것으로 기대되는 행위를 함으로써 사무처리를 위임한 본인과의 신임관계를 저버리는 일체의 행위"(大判 2005도4640)에 해당할 수 있다. 차액정산계약의 신임관계파괴 여부는 차액정산계약이 핵심쟁점인 지주회사에 손해를 끼치는지에 대한 판단과 거의 포개진다.

2. 구조화된 손해발생의 위험

(1) 독립된 법인격과 지주회사 재산의 보호 먼저 차액정산계약을 할 때 계열회사의 경영전망에 대한 예측의 합리성만으로 손해발생의 요건이 탈락하는 것은 아니다. 상법이나 공정거래법의 적용에서와는 달리

배임죄의 판단에서는 지주회사와 계열회사는 별개의 법인격이고, 재산도 각자 별개인데 계열회사의 수익이 곧 지주회사의 수익이 되는 것도 아니기 때문이다. 따라서 계열회사의 영구전환사채발행을 성공시키기 위한 지주회사의 거래(신용공여)가 지주회사의 경영목적에 부합하더라도 그 거래가 지주회사에게 (미상환원금과 이자와 같은) 손해위험을 발생시킨다면, 배임죄는 여전히 성립할 수 있다. 다만 그런 손해위험은 차액정산계약 안에 이미 '구조화'된 것이어야 한다. 손해의 발생이 우연적이라면 경영판단원칙에 의해 그 손해발생에 대한 배임고의가 배제되기 때문이다. 수리재무학(mathematical finance)이 분석하는 영구전환사채에 수반되는 신용리스크(credit risk)[23]들 가운데, 구조화된 손해를 구별해내는 것이 바로 법학의 과제이다.

(2) 구조화된 손해와 우연적 손해 '구조화된 손해발생위험'이란 차액정산계약 체결 당시 주가(적정주가)가 이미 액면가보다 낮은 경우 또는 당시에는 액면가보다 높지만, 그 이전에 액면가보다 낮은 때가 있었던 경우에 인정될 수 있다. 이를 사례를 통해 검토해보기로 한다.

> 위 사례에서 Sm(주)가 영구전환사채를 발행한 후 5년이 된 때 상환하지 못한 부분을 S(주)가 전환가 5000원으로 인수했지만, Sm(주)의 주가가 여전히 4000원이라면 S(주)는 전환될 주식마다 1000원의 손해와 미상환 이자총액도 함께 손해를 보게 된다.

① 지주회사가 차액정산계약을 체결할 때 투자회사가 인수한 전환사채의 전환가(예: 액면가 5천 원)보다 계열회사의 실제주가[24](예: 2천 원)가 낮다면 지주회사는 그 계약체결로 이미 손해(의 위험)를 떠안게 되는

---

23 수리재무학 문헌으로, Mihai Sirbu/Igor Pokovsky/Steven E Shreve, "Perpetual convertible bonds", Society for Industrial and Applied Mathematics, Vol.43, No 1, 2004, 58~85쪽; Christoph Kühn/Kees van Schaik, "Perpetual convertible bonds with credit risk", Stochastics, Vol. 80, Issue 6, 2008, 585~610쪽 참조.

24 여기서 실제주가(주당가치)는 상속증여세법상의 계산방법에 따른 주가만이 아니라 외부의 전문성 있는 평가기관(예: 증권회사)이 평가한 적정주가도 포함한다.

것이다. 손해의 발생은 계약의 '이행시점'에 판단되는 것이 아니라 계약의 **체결시점에 구조화**된 것이다. 그럼에도 불구하고 계열회사에게 신용공여를 하는 경우에는 선의나 선관주의의 의무를 위반한 것이 되므로 경영판단원칙도 적용되지 않는다. 따라서 배임고의도 인정할 수 있게 된다. ② 차액정산계약 체결시점에는 주가가 전환가보다 높았지만, 지주회사가 계열회사가 상환하지 못한 영구전환사채를 투자자로부터 인수(차액정산계약이행)할 때 계열회사의 주가가 전환가보다 낮은 경우 지주회사는 '사후적으로'(ex post) 손해를 입는다. 그러나 이처럼 **차액정산계약에 구조화된 사후적 손해**에 대한 예측은 언제나 빗나갈 수 있다. 그렇기에 지주회사의 이사가 선의로 상당한 주의를 다하여 이익이 발생할 것으로 예측하였다면 **경영판단원칙을 적용**하여 이사의 배임고의도 부정할 수 있다. ③ 차액정산계약을 체결 또는 이행을 할 때에 주가가 전환사채의 전환가(또는 액면가)보다 높은 경우라면 손해가 구조화되어 있는 것은 아니다. 예컨대 지주회사가 액면가보다 높은 주가의 주식을 액면가로 전환할 수 있는 전환사채를 인수할 때의 수익이 계열회사가 상환하지 못한 전환사채의 이자총액에 비해 적다면 손해가 발생하지만, 이때의 손해는 차액정산계약에 구조화된 손해가 아니라 단지 **우연적인 손해**이다. 차액정산계약은 총수익스왑계약이고, 지주회사는 차액정산계약을 통해 수익과 손실의 기회를 갖는 투자(investment)를 한 것이고, 손해는 실패한 투자의 결과이다. 투자의 성공과 실패는 경영에서 늘 있는 일이며, 배임죄의 불법영역에 들어오지 않는다.

3. 신용공여에 대한 반대급부의 요청

차액정산계약에 구조화된 손실로 인한 배임죄의 성립을 차단하기 위해서는 지주회사가 계열회사가 발행하는 영구전환사채의 인수자(투자자)와 체결하는 차액정산계약(신용공여)으로 입게 될 손실에 대한 반대급부를 계열회사로부터 받을 가능성이 확보되어야 한다.

(1) 기업집단 내에서 신용공여의 반대급부들 지주회사와 계열회사가 하나의 기업집단(경제적 공동체)을 이루는 특수성에서 나오는 수익들이 반대급부가 될 수 있는지를 검토해보자.[25] ① 첫째, **주식 배당금**은 지주회사가 계열회사로부터 받는 수익원 가운데 상당한 비중을 차지한다. 그러나 배당금은 계열회사가 아닌 경우에도 받으며, 주주의 핵심권리라는 점에서 신용공여에 대한 반대급부로 보기 어렵다. ② 둘째, 지주회사가 차액정산계약의 신용공여로 계열회사의 재무구조와 영업이익이 개선되었지만 R&D 투자 등으로 영구전환사채를 상환하지 않는 경우 지주회사는 연결재무제표상의 평가상 이익, 즉 **지분법평가이익**을 얻는다.[26] 이 지분법평가이익은 경제적인 관점에서는 지주회사의 신용공여에 대응하는 반대급부임이 분명하다. 하지만 정산채무는 현금으로 부담하는 반면, 지분법평가이익은 재무제표상의 이익이고 현금으로 받는 이익이 아니라는 점에서 신용공여에 대한 반대급부로서 질적으로 충분하지 못하다. 또한 지분법평가이익이 지주회사의 정산채무보다 적다면 반대급부는 그 차액만큼 양적으로도 부족하다. 게다가 지주회사가 차액정산계약을 체결하기 이전 회계년도에 해당 계열회사로부터 얻은 지분법평가이익은 신용공여에 대한 반대급부로 보기 어렵다. 배임죄는 개별거래행위에서 반대급부여부를 판단해야하기 때문이다.[27] ③ 셋째, **브랜드사용료**는 지주회사가 계열회사로부터 받는 가장 중요한 수입원이지만 계열회사가 아닌 (비계열회사이면서 특수관계인도 아닌) 다른 기업에게서도 수취하기도 하므로 신용공여에 대한 온전한 반대급부라고 할 수 없다. 브랜드사용료

25 그 밖에 사실상의 채무보증에 대한 수수료(보증수수료)를 받는 방법도 반대급부를 확보하는 방법이긴 하지만, 이는 차액정산계약의 체결이 공정거래법이 금지하는 채무보증이 되게끔 만든다는 점에서 허용되지 않는다.

26 물론 계열회사가 영업실적이 나빠서 영구전환사채를 조기상환을 하지 못하는 경우라면 지주회사는 지분법평가이익이 아니라 지분법평가손실을 입는다.

27 마찬가지로 영구전환사채를 발행하기 이전 회계년도에 지분법평가손실이 발생한 경우에도 그것은 발행 후 그 계열회사의 경영전망을 하는데 참고자료일 뿐 차액정산계약을 체결할 수 없게 만들지도 않는다.

수취계약은 지주회사와 계열회사가 경제적 공동체가 되는 필수조건이지만 충분조건은 아니다. 우리나라에서 브랜드사용료가 계열회사 총매출액의 가령 0.4~0.5%로 상당한 수준이고, 브랜드의 가치는 지주회사가 홀로 형성한 것이 아니라 계열회사의 영업을 통해서 함께 형성한 것임[28]을 고려하면 브랜드사용료는 브랜드의 사용가치만이 아니라 지주회사가 계열회사에 대해 제공하는 투자와 관리(및 신용공여)에 대한 반대급부의 성격을 갖는다. 이를 편의상 **브랜드사용료의 잉여분**라고 부르기로 한다.[29]

(2) 반대급부의 부족분에 대한 보전 이처럼 지주회사가 계열회사에게 한 신용공여가 배임죄의 손해에 해당하지 않는 이유는 지분법평가이익을 얻을 수 있는 가능성과 지나치게 높은 브랜드사용료(브랜드사용료의 잉여분)가 그 신용공여에 대한 반대급부의 성격을 가지는 데에 있다. 하지만 영구전환사채의 발행시점부터 상환시점까지 지주회사가 얻는 지분법평가이익과 브랜드사용료 잉여분의 합계는 지주회사가 부담하는 차액

---

28 ★ 브랜드로열티의 법적 성격 브랜드란 단일한 권리가 아니라 상표권(상표이용권)만이 아니라 상호권(모체상호이용권)과 브랜드가 표시하는 '기업집단성'과 '경제적 단일성'을 누리는 지위(회원권)의 총합을 가리킨다. 로열티는 각 계열회사의 매출액×기본요율(그룹평균 DCF를 고려함)×조정계수(계열회사간 차이반영)로 산출한다. 지주회사체계가 출범하기 이전에는 주된 사업회사(모기업)의 상호권, 상표권이었고, 그 가치의 형성에는 모든 계열회사의 영업활동이 기여해온 것임에도 불구하고, 그 권리를 지주회사가 독점하고, 그 대신 그룹전체를 위한 광고와 홍보활동을 하며, 계열사에 경영컨설팅 등의 서비스를 제공하는 활동을 하고 각 계열사의 매출성장에 기여함으로써 로열티 수취의 정당한 근거를 마련해간다.

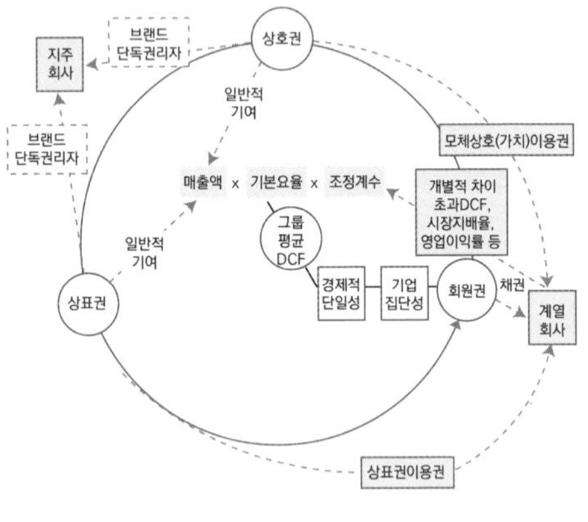

29 물론 계열회사가 아닌 다른 회사가 내는 브랜드사용료도 계열회사와 같은 계산(예: 총매출액의 0.4~0.5%)으로 산출할 수도 있다. 그러나 그 경우에 높은 브랜드사용료는 비록 지주회사의 투자와 관리에 대한 보상이 아니라 다른 기업집단의 명성과 가치를 사용한다는 점을 반영한 결과일 뿐이다.

정산으로 인한 손실의 총액보다 적을 수도 있다.

1) 사실상 하나의 사업자 하지만 지주회사가 계열회사에 대해 40% 이상의 지분을 가짐으로써 경제적 공동체 관계를 넘어 공정거래법상 '**사실상 하나의 사업자**'인 경우[30]에는 그 부족분도 배임죄의 손해에 해당하지 않는다. 왜냐하면 그 경우 차액정산계약으로 인한 손해는 타인(지주회사)의 신임을 저버리는 행위가 아니라 타인(회사)을 위해 경영리스크를 관리하는 통상적인 경영행위로부터 빚어진 것이기 때문이다. 물론 이런 해석은 배임죄의 재산 개념을 법률적 개념이 아니라 경제적-법률적 개념을 채택할 때 가능한 것이기도 하다.

2) 반대급부계약 지주회사의 차액정산채무로 남는 사실상 하나의 사업자가 아닌 계열회사의 미상환 원금과 이자는 그것에 대한 반대급부(의 부족분)를 계열회사가 지주회사에게 제공하는 별도의 계약(반대급부계약)이 있어야 배임죄의 손해요건이 충족되지 않을 수 있게 된다.

① 첫째, 지주회사가 투자자와 차액정산계약[31]을 체결할 때 동시에 계열회사와도 **투자손실보전계약**, 즉 계열회사의 미상환 원금과 이자[32]를 지주회사가 정산해주면 그 정산총액을 계열회사에 대한 채권으로 전환하는 계약을 체결한다.[33] 이 계약은 전환사채를 발행하는 계열회사(의 대

---

30 사실상 하나의 사업자 개념을 배임죄나 횡령죄에 적용하는 경영판단에서 고려하자는 제안으로 이상돈, 경영판단원칙과 형법, 박영사, 2015, 106~111쪽 참조.

31 차액정산계약은 상법 제524조의9 제2항 제3호가 예외적으로 허용하는 지주회사와 계열회사 사이의 "금전대여" 계약의 성격이 있으므로 그 한에서 차액정산계약은 공정거래법상 금지되는 채무보증에 해당하지 않는다.

32 이때 원금정산액은 지주회사가 투자자로부터 회수한 전환사채의 전환가와 실제 주가(공정가액) 사이의 차액 총액이 되며, 이자정산액은 영구전환사채 발행 시 정한 이율에 따라 정산시점까지 누적된 미상환 이자총액이 된다.

33 이 손실보전약정이 전환사채를 발행한 계열회사 이사의 배임을 초래하지는 않는다. 판례는 회사가 직원들에게 유상증자에 참여시키면서 퇴직 시 출자 손실금을 전액 보전하기로 하는 약정이 주주평등원칙에 위배되어 무효라고 본(大判 2006다38161) 바 있지만 지주회사에 대해 계열회사가 해주는 투자손실보전은 단순한 투하자본의 회수보장이 아니라 차액정산계약으로 인해 계열회사가 투자자에게 저렴한 금리로 자금을 조달받는 점(신용보강)에 대한 반대급부 또는 신용공여를 한 특정주주에 대한 손실보전행위라는 점에서 주주평등원칙이 적용받지

표)가 이사회의 결의를 거쳐 지주회사에게 투자손실보전약정을 해주고, 그 **약정서**를 전제로 지주회사의 이사회에서 차액정산계약체결을 승인하는 결의로도 갈음할 수 있다. 오히려 이를 통해 차액정산계약의 기본성격이 지주회사의 계열회사에 대한 채무보증이 아니라 투자임을 좀 더 명확히 할 수 있고, 지주회사의 공시의무도 차액정산계약체결이라는 투자사실에 대해서 미치게 된다.

② 둘째, 전환사채를 공정가액(시가)으로 인수함으로써 지주회사가 입는 손실만큼 전환권 행사로 받는 신주와는 별도의 신주를 계열회사가 발행해 주되 그 주금납입은 그 손실보전채권을 '출자전환'하는 것으로 갈음하거나, 액면미달 발행을 내용으로 하는 **유상증자의 예약**[34]을 체결한다. 이때 계열회사는 주주총회의 특별결의 및 법원의 인가를 받아야 하는데, 법원이 필요한 조사를 하여(상법 제417조) 이를 인가하지 않거나 최저발행가액을 액면가 이상으로 변경하는 경우에는 손실이 보전되지 않으므로, 그 경우에는 그 손실분만큼 신주를 추가로 발행하는 예약을 하여야 한다

③ 셋째, 지주회사가 영구전환사채의 발행 시부터 상환 시까지 계열회사로부터 받은 지분법평가이익과 브랜드사용료의 잉여분은 그 반대급부(계약)에서 공제하여야 한다. 그런 공제가 없다면, 지주회사의 신용공여는 지주회사와 계열회사의 관계, 즉 경제적 공동체의 관계가 없는 사이에서 일어나는 신용공여와 같아지기 때문이다. 다만 지분법평가이익은 현금으로 수령하는 것이 아니고, 브랜드사용료의 잉여분은 정확하게 수치화하기 어렵기 때문에 반대급부계약은 지주회사가 계열회사의 미상환 원금과 이자를 정산해준 금액에 대해 그 기간 동안의 지분법평가이익과 브랜드사용료의 총액을 '적정한 수준'(예를 들어 지분법평가이익

않는다.

34 지주회사가 회수한 전환사채의 전환가를 실제 주가로 정하는 계약의 체결도 방안이 될 수 있지만, 주식의 액면가에 미달하는 주금을 납입한 결과가 된다는 점에서 상법상 허용되지 않는다고 보아야 한다.

과 사용료총액의 10%)으로 고려하여 감액한다는 조건을 달아야 한다. 이때 적정한 감액수준을 정하는 것은 매우 복잡한 경영학적 분석과 진단이 요구되는 사항이다.[35] 또한 지주회사는 계열회사를 존속시킬 경영상 필요가 있고, 전환사채발행액만큼 유상증자를 하고, 그것을 위해 대출을 일으키는 경우의 이자부담액도 반대급부계약에서 공제하여야 한다. 그 이자부담은 지주회사가 계열회사에 대한 출자자로서 누리는 이익에 대응하는 부담이기 때문이다.[36]

Ⅳ. 차액정산계약과 특수관계인거래위반죄의 경계

특수관계인거래위반죄는 특수관계인을 상대방으로 하거나 그를 위한 신용공여 등의 거래를 금지하는 범죄구성요건이지만, "상장회사의 경영건전성을 해칠 우려가 없는 금전대여 등으로서 대통령령으로 정하는 신용공여"(상법 제542조의9 제2항 제3호),[37] 즉 "회사의 경영상 목적을 달성하기 위하여 필요한 경우"(상법시행령 제35조 제3항)에는 그 구성요건 해당성이 탈락한다(소극적 구성요건).

(1) 경영목적달성의 필요성 차액정산계약의 체결이 경영상 목적을 달성하기 위하여 필요한 것인지는 지주회사의 정관에서 규정된 목적을 중심으로 판단될 수 있다. 첫째, 회사마다 세부 내용은 다를 수 있지만, 지주회사는 계열회사에 대한 투자(예: 출자)와 관리(예: 재무구조의 건전성 유지), 계열회사에 대한 부동산 임대, 브랜드사용료의 수취, 기타 경영자

35 예를 들면 브랜드사용료의 잉여분을 평가할 때 지주회사가 연결재무제표 대상이 아닌 해외계열회사에게 제공하는 신용공여(예: 차입금에 대한 보증)에 대해 수취하는 이자율(예: 연 0.4%) 등을 진정한 브랜드가치로 추정한다면 브랜드사용료율과 이자율의 차이가 경제적 공동체로서 받는 반대급부로 볼 수 있다.

36 가령 전환사채발행액을 지주회사가 대출을 일으켜 유상증자를 할 경우 조기상환기일까지 이자총액이 50억 원이고, 나중에 계열회사가 미상환한 이자총액이 80억 원이라면 30억 원만 지주회사가 보전을 받는 계산이 된다.

37 상법 제542조의9(주요주주등 이해관계자와의 거래) ② 제1항에도 불구하고 다음 각 호의 어느 하나에 해당하는 경우에는 신용공여를 할 수 있다. 3. 그밖에 상장회사의 경영건전성을 해칠 우려가 없는 금전대여 등으로서 대통령령으로 정하는 신용공여.

문 등의 경영목적을 갖고 있다. 둘째, 재무구조가 취약해졌다는 점, 특히 자본잠식이 일어났다는 점만으로 계열회사의 시장 퇴출이나 매각 등을 우선적인 조치로 삼는 것은 지주회사의 경영목적에 반한다. 그것은 그룹의 전체 매출규모를 감소시켜, 지주회사에게 부메랑효과, 즉 연결재무제표상 매출총액의 감소나 그룹의 시장지배력 약화와 같은 부담으로 되돌아오기 때문이다. 그러므로 계열회사가 법정관리절차에 들어가지 않았고, 비록 적자 경영을 하고는 있지만, 예컨대 '현금창출능력'이 재정지원규모에 비해 현저히 부족하지 않다면, 계열회사를 유지하는 것은 지주회사의 목적에 부합한다.[38] 또한 계열회사에게 직접 현물출자를 할지 아니면 영구전환사채에 대한 차액정산계약을 통해 출자시기를 늦추고 사실상 신용공여를 할지는 고도의 경영판단에 속한다.

(2) 경영건전성을 해칠 우려 경영건전성을 해칠 우려라는 표지를 충족하는지는 실체적 측면과 절차적 측면에서 판단한다. ① 경영건전성을 해친다는 것은 배임죄의 경우와 달리 법률적 재산의 의미에서 신용공여에 대한 반대급부가 없거나 차액정산계약의 체결 당시 또는 이행 당시에 주가(주당가치)가 액면가에 미달하여 원금의 손해가 발생하는 것이 아니라 **일반투자자들의 이익을 해할 위험**(大判 2011도15854[39])을 의미한다. 이 판단에는 금융감독원의 재무구조 평가기준상 권장수준인 부채비율 200%이내, 안전성비율 100%이내, 유동성비율 30% 이상 여부를 참

38 서울고등법원 2011. 6. 22. 선고 2011노832 판결; 대법원에서 상고 기각되어 확정된 이 판결에 의하면 경영목적달성의 필요성은 회사들 간의 연관성, 계열회사의 부정적 요인이 당사에 미치는 영향, 실질손해발생가능성과 경제적 이익 등을 종합적으로 검토하여 판단하여야 한다.

39 "구 증권거래법(2007. 8. 3. 법률 제8635호 '자본시장과 금융투자업에 관한 법률' 부칙 제2조로 폐지) 제191조의19 제1항 제1호 (가)목이 주권상장법인 또는 코스닥상장법인의 이사 등에 대한 금전 등의 대여를 금지한 취지는, 영리법인인 상장법인의 업무는 그 회사의 자율에 맡기는 것이 원칙이겠지만, 상장법인은 비상장법인과는 달리 다수의 일반 투자자들이 유가증권시장이나 코스닥시장을 통하여 증권거래에 참가하고 있어 그와 같은 내부거래를 자율에만 맡길 경우 상장법인의 건전한 재정상태를 위태롭게 하고 **일반투자자들의 이익을 해할 위험**이 있으므로 일정한 금전 등의 대여행위를 금지함으로써 상장법인의 건전한 경영을 도모하고 이를 통하여 일반 투자자들을 보호하려는 데 있다"(大判 2011도15854).

고할 수 있지만, 궁극적으로는 당해 계열회사로부터 받는 브랜드사용료나 배당금 수취액, 연결재무제표상의 지분법평가이익, 계열회사 유지에 의한 지주회사의 시장지배력 유지 등 **다양한 이익들을 종합적으로** 예측·고려·판단한다. '경영건전성을 해'침 개념은 배임죄의 손해 개념과 달리 두 회사를 '경제적인 공동체'로 전제한다.

② '경영건전성을 해칠 우려'라는 요건은 일종의 위험판단(risk diag-nostics)이며 차액정산계약을 체결할 시점에서 미래를 향해 내리는 판단, 즉 사전적(ex ante) 판단이다. 이 사전적 판단은 예컨대 영구전환사채 발행으로 계열회사가 발행 후 5년이 된 때 주가가 액면가를 넘어설 정도로 경영이 개선될 지 또는 그렇지는 못하더라도 브랜드사용료 수취액 등을 종합할 때 지주회사로서는 그 계열회사를 정리하기보다는 신용공여를 통해 유지하는 것이 더 나은 **그룹경영의 합리적 방안인지를 결정**하는 것이다. 따라서 그룹차원의 경영판단원칙[40]이 적용된다. 즉, 계열회사의 경영에 대한 합리적 분석·전망, 브랜드사용료 수취액의 적정성 평가 및 향후 인상가능성, 지분법평가손익에 대한 분석·전망, 계열회사 유지를 통한 그룹 전체의 볼륨에 의한 시장지배력의 유지·강화 등을 선의로 성실한 주의를 다하여 판단한 결정에는 경영판단원칙에 의해 특수관계인거래위반죄고의가 인정될 수 없다. 이런 결정이 계열회사의 도산과 지주회사의 경영건전성 악화(예: 연결재무제표상 적자의 초래)의 결과로 이어져도, 그 결과는 지주회사의 합리적 경영행위에 내재된 위험이 실현된 것일 뿐이다.

Ⅴ. 차액정산계약과 특수관계인부당지원죄의 경계

차액정산계약을 통한 지주회사의 계열회사 신용공여는 특수관계인부당지원죄(공정거래법 제124조 제1항 제10호, 제45조 제1항 제9호 가.목)가 성립할 가능성이 있다. 이 죄가 성립하려면 지주회사가 '부당하게' 계열회

40 이상돈, 경영판단원칙과 형법, 박영사, 2015, 102쪽 아래 참조.

사에 대하여 상당히 유리한 조건의 거래행위를 하여야 한다.

(1) 상당히 유리한 조건 예컨대 ① 지주회사와 계열회사가 투자손실보전계약 등을 체결하지 않는다면, 그 자체로서 상당히 유리한 조건의 거래를 한 셈이 된다. ② 지주회사가 투자자에게 손실을 보전한 경우에 그 손실을 다시 계열회사에게 구상하는 계약을 체결하면서, 그 계약의 조건으로 지주회사가 오직 그 계열회사에 대해서만 브랜드사용료를 (다른 계열회사보다 정당한 근거 없이) 상당히 낮게 설정하는 계약을 체결한 경우도 상당히 유리한 조건의 거래에 해당한다. ③ 투자손실보전계약을 체결하였어도 지주회사의 차액정산계약 체결이 계열회사의 전환사채계약(본 계약)에서 그 이자율을 상당히 낮추는 경우에도 상당히 유리한 조건의 거래에 해당할 수 있다. 가령 차액정산계약이 체결되지 않고 계열회사가 독자적으로 대출받을 수 있는 금리(공정거래법상 정상금리)[41]가 5%인데 차액정산계약을 전제한 전환사채이자율이 3.5%라면, 1.5%정도 유리한 조건의 거래가 가능해진 셈이다. 이런 거래조건은 30% 유리하므로 공정거래위원회 심사기준이 정한 7%를 초과하여[42] 상당히 유리한 조건

41 공정거래위원회 예규 제190호 〈부당한 지원행위 심사지침〉 Ⅲ.1.나.("개별정상금리는 원칙적으로 아래의 방법으로 산출한 금리 중 순차적으로 우선 산출 가능한 금리를 말한다. ① 지원객체가 지원받은 방법과 동일한 수단을 통해 동일한 시점에 독립적인 방법으로 차입한 금리 ② 지원객체가 지원을 받은 방법과 동일한 수단을 통해 유사한 시점에 독립적인 방법으로 차입한 금리. 여기서 유사한 시점이란 사안별로 지원규모, 지원시점의 금리변동의 속도 등을 종합적으로 고려하여 결정하되, 해당일 직전·직후 또는 전후의 3개월 이내의 기간을 말한다. 다만, 유사한 시점에 독립적인 방법으로 차입한 금리는 없으나 그 이전에 변동금리 조건으로 차입한 자금이 있는 경우에는 지원받은 시점에 지원객체에게 적용되고 있는 그 변동금리를 유사한 시점에 차입한 금리로 본다. ③ 신용평가기관에 의한 신용등급 등에 비추어 신용상태가 지원객체와 유사하다고 인정할 수 있는 회사가 해당방법과 동일한 수단을 이용하여 동일한 시점에 독립적인 방법으로 차입한 금리 ④ 지원객체가 지원받은 방법과 유사한 수단을 통해 동일 또는 유사한 시점에 독립적인 방법으로 차입한 금리. 여기서 유사한 수단이란 사안별로 차입기간, 금액, 장단기 금리수준 등을 종합적으로 고려하여 유사하다고 인정할 수 있는 수단을 말한다. ⑤ 지원객체가 동일 또는 유사한 시점에 다른 수단으로 차입한 경우에는 그 금리).

42 공정거래위원회 예규 제190호 〈부당한 지원행위 심사지침〉 Ⅲ.1.바.("다만, 지원주체와 지원객체간의 자금거래에 의한 실제적용금리와 개별정상금리 또는 일반정상금리와의 차이가 개별정상금리 또는 일반정상금리의 7% 미만으로서 개별 지원행위 또는 일련의 지원행위로 인한

에는 해당한다.

(2) 부당성 요건 그러나 이는 특수관계인부당지원죄가 성립하기 위한 필요조건이고 충분조건으로 경제력집중에 대한 영향을 기준으로 판단하는 '부당성'요건을 충족해야 한다. "부당하게" 요건은 경제력집중에 대한 영향을 예측·평가한 후 적정수준의 경제력집중을 결정하는 가치판단에 의해 판단된다. 형법이론적으로 보면, "부당하게"라는 가치충전필요개념은 차액정산계약에 따른 그룹이나 계열회사의 시장지배력 상승과 경제력집중의 강화가 형벌 이외의 수단들(예: 시정조치, 과징금)[43]로는 규제가 충분하게 통제되기 어렵다고 판단되는 경우에만 인정되어야 한다. 즉 경제력집중을 매우 강하게 초래하는 경우에만 부당성 요건이 충족된다고 보아야 한다. 따라서 이 죄는 현실적으로 적용되는 경우가 매우 드물 것이다. 물론 이는 본래의 공정거래법상 경제력집중죄가 사실상 집행결핍상태에 있는 점과 상응하는 것이도 하다. 하지만 예를 들어 계열회사가 영구전환사채의 발행과 차액정산계약의 체결로 인해 **새롭게 독·과점을 형성**하는 수준에 이를 정도의 시장지배력을 갖게 된 경우에는 특수관계인부당지원죄를 인정할 수 있을 것이다. 특히 개별기업이라면 도산할 정도로 자본이 완전히 잠식될 정도로 경영악화를 겪고 있는데도 대규모기업집단 소속 기업이라서 누리는 차액정산계약의 사실상 보증기능 덕에 계열회사가 그런 반전의 극적인 성장을 하는 것은 형법도 간과할 수 없는 불공정한 경쟁이다.

지원금액이 1억 원 미만인 경우에는 지원행위가 성립하지 아니하는 것으로 판단할 수 있다").

43 규제의 수단으로 시정조치와 과징금이 있다. 즉, 제23조 제1항 7호 가목 위반에 대해서 시정조치("해당 불공정거래행위 또는 특수관계인에 대한 부당한 이익제공행위의 중지 및 재발방지를 위한 조치, 해당 보복조치의 중지, 계약조항의 삭제, 시정명령을 받은 사실의 공표 기타 시정을 위한 필요한 조치를 명할 수 있다")(제24조)와 과징금("매출액에 100분의 2를 곱한 금액을 초과하지 아니하는 범위 안에서, 매출액이 없는 경우 등에는 5억 원을 초과하지 아니하는 범위 안에서")(제24조의2)을 부과할 수 있다.

08

내부자거래죄

Ⅰ. 의의
Ⅱ. 내부자거래 형법의 회의와 정당성
Ⅲ. 내부자거래의 요건과 축소해석
Ⅳ. 내부자거래의 이득액 산정

08

내부자거래죄

Ⅰ. 의의

자본시장법상 내부자거래(Insider Trading, Insiderhandel)란 상장기업의 주주나 임·직원 등이 아직 일반인에게 공개되지는 않았지만, 만약 공개된다면 일반 투자자의 투자판단에 중대한 영향을 미칠 수 있는 정보를 증권거래에 이용하거나 다른 사람에게 전달하는 행위를 말한다. 예를 들면 다음과 같은 행위를 들 수 있다.

— A(주)의 이사 甲은 그 회사의 사업결산실적 추정결과를 묻는 B증권회사의 친구 乙에게 그 내용을 확인해주었다(大判 95도467)
— A(주)의 최대주주인 B금융(주)의 대표 甲은 A(주)의 회계장부에 나타나지 않은 누적적자와 자금난에도 A(주)가 상장 직후 주가가 높아지자 B금융 소유의 주식을 매도하였다(大判 93도695)
— 무세제 세탁기를 개발한 A(주)의 제품시연회 개최사실을 알고 있는 B신문사 경제부 차장 甲은 신문지상에 보도가 되기 전에 동생 乙에게 그 사실을 알려주어 A(주)의 주식을 매입하게 하였다.

자본시장법은 내부자거래를 주가조작과 함께 가장 중대한 범죄(자본시장법 제174조, 제176조)로 규정하고 무겁게 처벌한다. 하지만 내부자거래금지가 형법에 의해 보호해야 할 법익을 갖고 있는지부터 의문이다. 따라서 내부자거래행위의 현실적 특성을 인식하고, 형법적 규제의 정당성여부와 그 한계를 먼저 살펴본(아래 Ⅱ.) 다음 내부자거래죄의 요건과 합리적인 해석방향을 모색한다(아래 Ⅲ.). 아울러 기타 이득액 산정방법 및 죄수 등의 특수한 문제도 논의한다(아래 Ⅳ.).

Ⅱ. 내부자거래 형법의 회의와 정당성

1. 내부자거래의 특성과 형법의 상징성

자본시장에서 증권가격형성에 영향을 미치는 요소들은 다음과 같이 매우 많고 다양하다.

— 정부의 경제정책, 경기 동향, 환율 등의 경제적 요소
— 국내정치상황, 노동조합의 파업 등의 비경제적 요소
— 산유국의 생산량의 감소결정, 미국의 금리인상 등의 국제적 요소
— 증권시장에서 통용되는 비공식적인 투자규칙[1]
— 증권시장에 떠도는 엄청난 양의 증시루머
— 증권시장 참여자의 투자심리와 경제상황에 대한 주관적인 평가

그러나 어떤 요소들이 증권시세에 어느 정도 영향을 미치는지를 분석하는 것은 불가능하다.[2]

(1) 내다볼 수 없음과 행위규범의 흠결 기업의 경영자와 같은 내부자는 복잡한 자본시장의 가격메커니즘 속에서 자신의 행위가 어떤 부정적인 결과(예: 다른 투자자의 재산손해)를 발생시키는지를 예측하고, 자신의 행위를 규범에 맞게 조종하기(예: 내부자거래 안하기)가 매우 어렵다. 내부자거래행위의 부정적인 결과와 그 인과적 과정을 내다볼 수 없다는 것은 내부자거래 여부를 고심하는 경영자에게 **내면화하고 자발적으로 준수하는 행위규범**(Handlungsnorm)이 존재하지 않는다는 것을 뜻한다. 이 외에도 내부자거래가 그 내부자에게 이익을 가져다줄지 아니면 오히려 손해를 가져다줄지도 매우 불확실하다.

---

1 예를 들어 "추격매수는 자제하라", "주가가 50% 상승하면 매도하라" 등의 투자격언.

2 내부자거래와 관련된 미국의 경험과학적 연구를 살펴보면, 내부자거래행위가 주가변동에 실제로 영향을 주는지 그리고 영향을 준다면 과연 얼마만큼의 영향을 주는지에 관해 개별 연구 사이에 서로 상충된 결과가 확인된다. 자세하게는 강종만, 내부자거래규제에 관한 연구, 한국증권업협회, 1993, 55쪽 아래 참조.

예를 들어 상장회사의 대표가 부도를 맞을 정도로 자금사정이 악화된 상황에서 자신이 보유한 그 회사의 주식을 매도한 경우도 가령 은행의 긴급대출, 채권은행간의 부도유예협약, 채권단의 기업개선작업(work- out) 결정 등을 통해 자금조달의 어려움이 해결되면 주가가 오히려 상승할 수도 있는데, 이에 대한 예측가능성이 없다.

(2) 심리적 인과성과 추상적 위험 그러나 자본시장법은 내부자거래를 형법의 관할영역 아래 둔다. 내부자거래는 일반 투자자의 재산손해나 자본시장의 기능 위축과 같은 결과를 발생시킬 수 있는 다음과 같은 인과적 연결고리의 위험스러움을 띠고 있다고 보기 때문이다.

내부자거래행위 → 자본시장의 불공정성 → 불공정한 주식시세 형성 → 일반투자자의 주식거래와 재산손해 → 자본시장에 대한 투자자의 신뢰상실 → 투자자의 자본시장 이탈 → 자본시장의 붕괴 → 기업의 자본조달 어려움 → 기업의 연쇄 부도와 대량실업 → 경제위기

물론 내부자거래를 많은 사람들이 할수록 자본시장의 기능이 위태로워질 가능성은 높아지겠지만, 자본시장의 복잡성으로 인해 내부자거래와 자본시장의 기능위태화 사이의 경험과학적 인과성은 확인·입증할 수 없다.[3] 이런 인과성은 일종의 **심리적 인과성**[4]이다. 이러한 인과성에는 환경범죄의 경우와 같은 누적적 인과성[5]도 인정하기 어렵다. 심리적 인과성은 자본투자실패에 대한 집단적 두려움의 반작용으로서 불공정한 개인행위(내부자거래행위)에다 시장의 모든 구조적 결함을 돌리는 **책임전가의 집단적 심리적 현상**이 낳은 허구적인 구성물이다. 이런 책임전가는 자본시장에 참여하는 자들의 이중적 심리, 내부자거래를 비난하면서도

3 내부자거래행위를 형사처벌해야 한다는 이론진영에서도 이점을 인정한다(한국형사정책연구원, 증권범죄에 관한 연구, 1996, 70쪽).

4 이상돈, 형법의 근대성과 대화이론, 홍문사, 1994, 43쪽.

5 이 "사회적 위험성"이 있는 행위의 특징에 대해서는 우선 이상돈, 형법의 근대성과 대화이론, 홍문사, 1994, 42쪽 아래; Herzog, Nullum Crimen Sine Periculo Sociali oder Strafrecht als Fortsetzung der Sozialpolitik mit anderen Mitteln, in: Modernes Strafrecht und ultima-ratio-Prinzip, 1990, 107쪽 참조.

스스로도 미공개정보를 이용한 거래로 이익을 얻고자 하는 이중적 심리에 의해 추진된다.

(3) 내부자거래의 순기능 더 중요한 점은 내부자거래가 자본시장과 회사에 유익한 기능을 하기도 한다는 것이다. 내부자거래의 기초가 된 미공개정보는 (찌라시 등의 형태로) 종종 시장에 흘러들어가 높은 정보가치의 매력으로 투자자들을 유인(자본시장 구축)하고, 회사의 자본 조달을 용이하게 하며, 다른 경쟁사들의 정보수집비용을 절감시키기도 한다. 게다가 내부자거래를 통해 기업 내부자인 경영자들이 이익을 보고, 그에 따라 대리인비용(agency costs)의 문제를 해결하기도 한다.[6] 더 나아가 경영자들의 내부자거래는 주식거래의 단기차익 실현을 금지한다면, 주가상승을 위해 경영책임을 더 성실하게 이행하게 함으로써 회사와 주주, 채권자에게 이익으로 돌아가기도 한다.

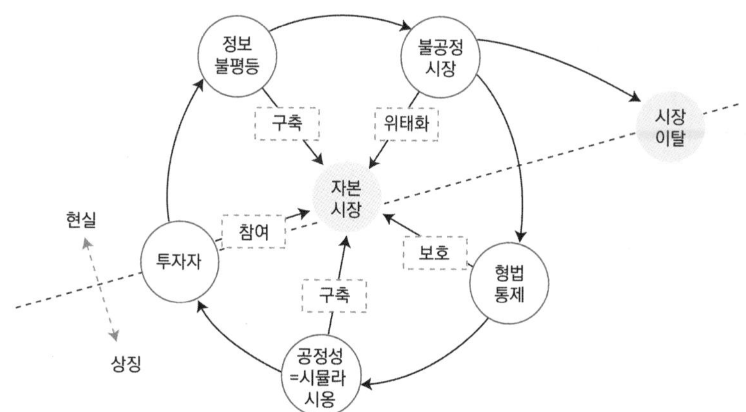

(4) 시뮬라크르로서 공정성 이런 순기능에도 불구하고 내부자거래를 처벌하는 형법은 내부자거래의 긍정적인 효과를 통찰하지 못하고, 자신이 정보우위에 있지도 않다고 믿는 사람들에게 자본시장의 공정성

6 Dennis W. Carlton/Daniel R. Fischel, "The regulation of Insider Trading", Standford Law Review, Vol. 35, No. 5, 1983, 868쪽.

상징을 창출해준다. 이 공정성의 '상징' 속에서 투자자들은 심리적 안정감을 갖고, 시장에서 이탈하지 않게 된다. 이것은 실제적 효과이다. 그렇기에 형법을 통한 자본시장의 공정성이라는 **시뮬라크르**(Simulacra)는 하나의 현실이 된다고 할 수 있다. 다시 말해 자본시장의 공정성은 현실이 아니지만, 형법이 창출하는 공정성의 상징은 현실인 것이다.

2. 정당화 이론

하지만 이런 상징이 형법을 정당화하는 것일까?

(1) 정보소유이론과 투자합리성의 보호 위 심리적 인과고리 가운데 〈내부자거래행위→투자자의 재산손해〉의 연결고리를 클로즈업시키고 그 인과관계를 실제적인 것으로 바라보는 견해가 있다.[7] 물론 이 견해는 투자자의 재산손해를 내부자거래의 객관적 구성요건요소로 구성하지는 않으며, 단지 내부자거래가 **투자자의 재산손해를 야기할 수 있는 적성**適性만으로 내부자거래의 당벌성이 근거 지워질 수 있다고 본다.[8] 이 견해는 내부자와 일반 투자자 사이의 '정보불균형', 정보원情報源에 대한 접근가능성의 차이를 증권거래에 이용한다는 점, 자본시장에서 **게임의 법칙**(시장참여자가 정당하게 수집·선별·획득한 정보만을 이용한다)이 지켜지지 않는다는 점을 형법적 비난의 근거로 삼는다.[9]

1) 인과관계의 부존재 그러나 내부자거래행위가 없는 경우에도 일반투자자는 독자적 판단에 따라 거의 동일한 거래를 했을 가능성이 매우 높다. 그렇기에 내부자거래행위가 없었더라면 일반 투자자의 재산손해가 발생하지 않았을 것이라는 **조건적 인과관계**는 존재하지 않는다. 개

7 장영민·조영관, "증권범죄의 현황과 대처방안", 형사정책연구, 1995, 42쪽; 한국형사정책연구원, 증권범죄에 관한 연구, 1996, 22쪽; 이승애, "내부자거래의 효율적 예방대책", 증권조사월보, 1991, 7쪽; 박삼철, "유가증권 불공정거래규제에 관한 비교법적 연구", 증권조사월보, 1994, 9쪽 아래.

8 Otto, Konzeption und Grundsätze des Wirtschaftsstrafrechts, ZStW 96, 1984, 363쪽.

9 Müller·Wabnitz·Janovsky, Wirtschaftskriminalität, 4. Auflage., 1997, 16/9.

별 내부자거래행위와 특정 투자자의 재산손해 사이의 인과관계는 어떤 통계학적·경영학적 지식을 동원하더라도 확실한 입증은 거의 불가능하다. 따라서 내부자거래의 윤리적·법적 비난가능성은 내부자거래와 같은 시기에 거래한 다른 일반투자자들이 손해를 입었고, 내부자는 자신의 우월한 정보력을 바탕으로 이익을 취득했다는 점에만 있다.[10]

2) 손해개념의 변형 　그렇기에 내부자거래를 형사처벌 하자는 견해는 재산손해의 개념을 내부자거래행위와의 인과관계가 설정될 수 있도록 변형시킨다. ① 가령 미국연방법원의 **정보소유이론**(Information Possession Theory)[11]에 의하면, 내부자는 불평등한 정보를 소유하고 있으며, 그렇게 정보가 불평등한 상태('무기불평등'[12])에서 이루어지는 증권거래는 "본질적으로 불공정"(inherently unfair)하며, 공정한 거래질서를 형성하는 **머니게임**(Money Game) **규칙의 위반**에 해당한다. 연방대법원은 이런 규칙위반행위 자체가 투자자에게 재산손해를 발생시킨 것으로 해석한다. ② 또한 정보를 불평등하게 소유한 내부자는 그 우월한 정보력으로 자본시장 참여자들이 모두 부담하는 일반적인 거래위험(Geschäftsrisiko)을 부담하지 않거나 적게 부담하게 되며, 이는 상대적으로 일반투자자의 증권거래의 합리성을 떨어뜨리는 결과를 낳는다.[13] 이러한 **투자행위의 합리성 저하**를 재산손해로 해석하면, 내부자거래는 투자자의 재산손해 발생의 인과적 영향력을 지닌 원인이 된다.

3) 손해의 관념화와 은폐기능 　그러나 이 이론들은 내부자거래와 투자자의 재산손해 사이의 입증불가능한[14] 인과성(〈내부자거래행위 → 자본시

---

10 여기서 한 가지 지적해 둘 점은 내부자와 거래하는 투자자가 언제나 손해를 입는다고 보기는 어렵다는 점이다. 내부자와 거래한 투자자도 예를 들어 시세차익을 노리고 단기매매를 한 경우에는 이익을 취득할 가능성도 배제할 수 없다.

11 SEC v. Texas Gulf Sulphur Co., 401 F. 2d 833 (2d Cir. 1968), cert. denied, 394 U.S. 976 (1969) 참조.

12 한국형사정책연구원, 증권범죄에 관한 연구, 1996, 40쪽.

13 민사책임에서 비슷한 이론으로는 양창수, 민법연구 제5집, 1999, 244쪽 아래 참조.

14 내부자거래의 민사책임(구 증권거래법 제188조의3)과 관련하여 서울지법 남부지원 1994. 5.

장의 불공정성→불공정한 주식시세의 형성→불공정한 주식거래→일반투자자의 손해〉[15])을 〈내부자거래행위→자본시장의 불공정성(정보불평등)→일반 투자자의 손해(증권투자의 비합리성)〉의 세 단계(정보소유이론은 앞의 단계)로 축약한다. 이로써 **재산손해 개념은 관념화**되어 기능한다. 이 관념적 손해 개념은 내부자거래와 손해를 일차선형적 관계로 파악하게 하고, 그로써 자본시장의 가격결정메커니즘의 복잡성을 은폐시킨다. 또한 손해 개념의 관념화는 경제(행정)법적 불법과 형법적 불법의 차이를 없애고, 경제(행정)법상의 불공정행위를 곧바로 형법의 범죄행위로 만든다. 즉, 자본시장의 공정한 거래질서를 위한 **경제법상 의무를** 법익보호원칙이나 책임원칙의 충족여부와 관계없이 **형법상의 의무로 전환**시킨다. 하지만 이로써 일반인의 투자실패를 초래하는 자본시장의 불공정성이 경제법상의 제도들(예: 상장여부심사, 회계감사, 대형펀드규제 등)의 부족과 결함에서 비롯된다는 점이 간과된다.

(2) 자본시장기능의 신뢰 보호 내부자거래죄를 정당화하는 다른 근거는 '자본시장의 기능과 이에 대한 일반 투자자의 신뢰'이다.

1) 신뢰사상의 형법적 보호 내부자거래가 반복적으로 발생하면, 일반투자자들의 자본시장에 대한 신뢰가 동요되고, 투자자의 시장이탈이 가속화되어 종국에는 자본시장이 붕괴될 수 있다는 것이다. 이런 **신뢰사상**(Vertrauensgedanke)에 따르면 자본시장의 신뢰가 내부자거래죄의 보호법익이 되고,[16] 내부자의 이 신뢰위반은 내부자거래죄의 핵심적인 불법이 된다.[17] 대법원도 내부자거래는 "거래당사자의 평등을 해치게 되어

6. 92가합11689 판결은 이러한 인과관계의 입증이 매우 어렵다는 점을 인정하면서, 증권거래법 제188조의3을 인과관계의 입증책임을 완화하기 위한 규정으로 해석한다.

15 이런 인과성구조는 양창수, 민법연구 제5집, 1999, 222쪽의 공정경쟁위반행위의 특징을 내부자거래에 응용한 것이다.

16 이런 이론을 핵심형법에 의한 초개인적 법익의 보호와 같은 맥락에서 자연스런 귀결로 받아들이는 한국형사정책연구원, 경제범죄의 유형과 대처방안, 1993, 19쪽 아래; 박삼철, "유가증권 불공정규제에 관한 비교법적 고찰", 증권조사월보, 1994, 10쪽.

17 한국형사정책연구원, 증권범죄에 관한 연구, 1996, 41쪽.

유가증권거래의 공정성과 유가자본시장의 건전성에 대한 일반 투자자들의 신뢰를 손상시킴으로써 유가자본시장이 국민자금을 효율적으로 배분하는 기능을 저해하는 결과를 초래"(大判 93도695)한다고 본다. 자본시장 기능의 신뢰는 일종의 집단적 이익(kollektive Güter)[18]이므로 내부자거래죄는 형법을 통한 사회체계의 조종이라는 사회국가적 (형)법모델을 지향한다.

2) 신뢰사상의 이론 하지만 ① 이런 형법이 보호하는 것은 내부자거래 자체에 대한 것이 아니라 내부정보를 불공정하게 이용하지 않는다는 **신뢰**일 뿐이다. 여기서 내부정보이용의 불공정성은 중요한 미공개정보(material nonpublic informatio)를 이용하여 이익을 취득하는 것, 즉 공시 아니면 단념(disclose or abstrain) 원칙에 위반함으로써 시장에 대한 사기[19]를 범하는 점과 주주에 대한 수탁의무(Fiduciary Duty to Shareholder)[20] 위반과 같다.

★ **주주수탁의무이론과 신뢰의 범위제한** 주주수탁의무이론에 의하면 공시 아니면 단념 원칙은 사람과 거래상대방 사이에 믿음과 신뢰의 관계(relation of trust and confidence)가 존재할 때에만 공시의무를 인정한다. 가령 '어떤 인쇄소의 직원 甲이 어떤 기업의 재무관련 서류를 인쇄하는 과정에서 그 기업이 아직 공개하지 않은 공개매수(tender offer)에 관한 서류(공개매수 회사와 대상회사의 상호는 공란임)를 보았고, 다른 서류를 참고하여 두 회사의 상호를 알아낸 뒤에 공개매수대상회사의 주식을 매수한' 사안에서 인쇄소 직원 甲과 공개매수대상회사의 주주 사이에 신뢰관계가 존재하지 않으므로 이는 내부자거래에 해당되지 않는다.

그러나 일반투자자들도 대개는 스스로도 자신에게 유리한 불공정한 거래로 이익을 보려는 기대를 갖고 시장에 참여하며, 그렇기에 내부자

---

18 Peters, Rationalität, Recht und Gesellschaft, 1991, 81쪽 아래.

19 '시장에 대한 사기이론'에 대해서는 김건식·송옥렬, 미국의 증권규제, 2001, 331, 332쪽; 석명철, 미국증권관계법, 2001, 1059쪽 이하 참조.

20 Chiarella v. U.S. 445 U.S. 222, 1980.

등 다른 투자자들이 자신보다 우월한 정보력을 바탕으로 경제적 이익을 얻지 않을 것이라는 **신뢰를 갖고 있지 않으며**, 투자자들은 자기책임으로 주가영향정보를 수집·분석하여 거래여부, 규모, 시점을 결정하고, 그 결정에 따른 부정적인 결과(예: 경제적 손실), 즉 일반적인 거래위험(Geschäftsrisiko)을 감수하는 것이 현실이다. ② 또한 내부자와 거래상대방(거래대상회사 주주) 사이에 일정한 신뢰관계에 따른 의무(예: 미공개정보소지의 고지)가 신의칙상 존재한다고 보기 어렵다. **증권회사의 시장대리인을 통해** 이루어지는 증권거래의 현실에서 내부자가 다른 사람에게 미공개정보를 알려준다는 것은 불가능하고, 일반투자자도 내부자가 신뢰관계를 위반하여 미공개정보를 이용하지 않는다는 점을 신뢰한다고 보기 어렵다. 신뢰위반의 문제는 주로 회사내부자가 그 회사와의 근로계약상 의무를 위반한 점에서 파악되어야 하는데, 그런 계약의무위반은 사법상 계약법(예: 손해배상, 해고)에 따라 해결하면 충분하다.

3) **규범적·추상적 신뢰와 시뮬라크르** 이처럼 자본시장에 투자자 개인들 사이에 신뢰가 실제로 존재하지 않는다면[21] 내부자거래죄의 근거로서 신뢰는 **규범적·추상적 신뢰**일 뿐이다. 그러나 규범적·추상적 신뢰 개념은 자본시장의 기능 그 자체로부터 분리·독립될 수 없다. 신뢰할 수 있음이 곧 기능함의 조건이며 기능할 수 있음이 곧 신뢰함의 조건이다. 이런 기능신뢰의 형법적 보호가 없다면 경제거래에서 기대 및 이익에 대한 전망이 어렵고, 위험에 대한 예측도 불가능해진다. 형법에 의한 기능보호 사상은 루만(Luhmann)의 용어로는 일종의 규범적 기대(normative Erwartungen)[22]의 형법적 보호와 비슷하다. 자본시장에서 주가결정요소

21 여기서 한편으로는 경제체계의 기능에 대한 신뢰가 '경제질서 및 경제제도와 관련한 추상적인 신뢰'라고 이해하면서도(한국형사정책연구원, 경제범죄의 유형과 대처방안, 1993, 19쪽 아래), 다른 한편으로는 내부자거래의 불법을 구성하는 요소가 '내부자의 투자자에 대한 신뢰위반'이라고 보는 것(한국형사정책연구원, 증권범죄에 관한 연구, 1996, 41쪽)은 서로 모순되는 이론구성이다.

22 Luhmann, Rechtssoziologie, 2.Aufl., 1983, 40쪽 아래.

의 다양성과 복잡성에도 불구하고 행위자는 그의 행위가 야기할지도 모르는 부정적인 결과를 회피하도록 자신의 행위를 조종할 수 있다는 기대(=자본시장의 기능신뢰)를 갖고 있다. 형법은 내부자거래를 한 행위자를 제재함으로써 바로 그런 기대를 안정화시킨다. 사법절차는 일반투자자가 자본시장의 기능에 대해 갖는 신뢰를 상징적으로 회복시키는 과정이 되고, 형법은 주가결정요소들과 그 상호작용의 복잡성을 감축시키는 기능을 한다. 그렇기에 내부자거래죄는 자본시장의 정보평등이라는 도덕적 행위규범을 관철하는 것이 아니라 정보평등이라는 상징, 즉 '시뮬라크르'(Simulacra)를 창출하고 유지할 뿐이다.

3. 내부자거래죄의 역기능

자본시장의 복잡한 가격결정메커니즘 때문에 자본시장참여자들은 내부자를 포함하여 행위 이전에(ex ante) 자신의 행위가 다른 투자자의 정당한 이익(또는 그것의 획득가능성)을 침해한다는 점을 예측하고 그런 행위를 피하면서도 자신에게 투자이익을 가져다주는 행동방식을 안내해 주는 규범(행위규범)을 갖고 있지 않다. 그런데도 단지 기능적 일탈만을 이유로 형사처벌하는 것은 생활세계에서 사회적 통합을 달성하려는 형법의 임무에 부합하지 않는다. 형법은 수범자들의 상호이해가 가능한 규범을 관리하는 제도로서 남아 있어야 하기 때문이다.[23] 형법이 하버마스(Habermas)가 말하는 것처럼 "제도로서의 법"(Recht als die Institution)[24]으로 남아 있어야한다.

1) 진실의무 그럼에도 불구하고 내부자거래를 형사처벌하는 것은 자본시장참여자에게 일종의 **'진실을 말할 의무'**를 부과하는 것이 된다.[25]

---

23 형법의 관할영역을 대화이론적으로 근거 짓는 견해로 이상돈, "책임의 개인적 귀속과 형법의 관할영역", 형사정책연구, 1998, 91쪽 아래, 118쪽 아래 참조.

24 Habermas, Theorie des kommunikativen Handelns, Bd.2, 1981, 536쪽.

25 독일 형법 제264a조(자본투자사기)와 관련하여 이 점을 지적하는 Zaczyk, "Der Begriff Gesellschaftgefährlichkeit im deutschen Strafrecht", Modernes Strafrecht und ultima-

즉, 내부자거래죄는 자본시장 참여자에게 주식시세의 형성에 영향을 미칠 수 있는 일체의 정보를 공개할 의무를 부과한다. 이런 의무귀속은 미공개정보를 유용한 증권거래는 정보원源에 대한 사기행위이며, 유가증권의 거래와 관련된 증권사기행위라고 보는 미국 연방대법원의 **정보유용이론**(misappropriation theory)[26]에 견줄 수 있다. 정보유용이론도 미공개정보를 취득한 사람이 그 정보를 증권거래에 이용한다는 점을 미공개정보에 접근을 허락한 정보원에게 **말할 의무**를 부과한다.

> ★ 정보유용이론 1987.7.에 A(주)는 B(주)의 보통주에 대한 공개매수계획을 수립하고 C로펌을 대리인으로 선임하였는데, C로펌의 파트너 甲은 공개매수 대리행위에는 참여하지 않았지만 B(주)의 보통주와 콜옵션을 매수하였다. 이후 A(주)가 공개매수계획을 발표하자 B(주)의 보통주 주가는 급등하였고, 甲은 주식 및 콜 옵션을 매각하여 340만 달러의 이익을 얻었다. 여기서 甲이 C와의 계약을 이행하는 과정에서 미공개정보에 접근하여 취득한 정보를 이용한 증권거래는 비밀준수의무를 위반한 정보원에 대한 사기이고, 내부자거래에 해당한다.

2) 반시장성과 비현실성 그러나 내부자는 물론이고 어떤 투자자도 자신이 자본시장에서 다른 투자자보다 우월한 정보를 이용하고 있다는 점을 거래상대방에게 말해야 한다면 투자의 성공을 기대하기 어렵다고 보고 시장을 이탈하기 쉽다. 모든 자본시장참여자들은 오히려 그런 정보유용의 가능성을 갈망하고 있다. 따라서 내부자거래금지에서 전제된 에토스는 시장에서는 비현실적인 것이다. 현실의 자본시장참여자들은 은밀하게 공정하지 않은 거래를 지향하기 때문이다. 물론 자본시장을 유지·구축하기 위해서는 최소한의 도덕성으로서 공정성(fairness)이 필

---

ratio−Prinzip, 126쪽 아래.

26 정보유용이론은 1980년대 초 Chiarella v. U.S. 445 U.S. 222 (1980)에서 검찰에 의해 최초로 제기되었다. 미국 연방대법원은 U.S. v. Newman, 664 F.2d 12(2d Cir. 1981), cert. denied, 464 U.S. 863(1983)에서 최초로 정보유용이론을 받아들였고, U.S. v. O'Hagan, 117 S. Ct. 2199(1997)에서 이 이론을 확고하게 채택하였다.

요하다. 그러므로 내부자거래의 규제는 비도덕적 시장의 현실과 도덕적 참여자상像의 이념 사이에 위치한다. 그런 점에서 자본시장의 기능신뢰의 보호는 시장을 조직화하는 법, 예를 들어 투자자보호를 위한 각종 공시제도나 단기매매차익반환제도와 같은 경제법적 수단에 의해 더 잘 실현될 수 있다는 사고와 정책 실험이 필요하다.

3) 잘못된 이익형량　내부자거래죄는 형법이 보호하려는 자본시장의 기능신뢰라는 보편적 이익을 내부자의 증권거래자유[27]와 같은 구체적인 시민적 자유의 이익보다 우선한다. 그러나 자본시장의 기능신뢰는 반사실적, 허구적 신뢰이익인 반면, 내부자의 증권거래자유는 현실적인 이익일 뿐만 아니라 더 나아가 정당한 이익일 수도 있다. 왜냐하면 내부자에게는 투자(내부자거래)의 성공과 업무수행의 성공이 운명을 같이 할 수 있기 때문이다.

> 가령 A(주)가 B(주)를 합병하는 과정에서 A(주)의 합병담당 이사 甲은 그 합병교섭이 타결되고 그 정보를 공시절차에 따라 공시하고 난 후 일정시간이 경과하기 전까지는(법시행령 제201조) 이 합병정보를 이용하여 증권거래를 해서는 안 된다. 하지만 이사 甲의 투자는 그로 하여금 맡은 업무수행을 성공시키도록 노력하게 만드는 요인이 되기도 한다.[28]

그렇기에 변화가 많은 현실 속에서 합병협상의 기간이나 합병협상의 성공여부가 불확실함에도 불구하고 내부자(이사 甲)에게 무조건 관련한 내부자거래를 금지하고 형사처벌 하는 것은 내부자의 거래자유를 과도하게 제한한다(과잉금지원칙 위반). 물론 투자의 성공과 업무수행의 성공은 서로 분리되거나 상반될 수도 있다. 증권투자의 성패는 단시간에

27 내부자가 증권거래를 하는 이유는 다양할 수 있다. 예를 들어 내부자는 내부자거래로 인한 시세차익의 취득이나 손실의 회피 등의 목적이외에도 소유주식의 지분관리, 투자위험분산을 위한 개인 투자 포트폴리오의 조정, 자금의 유동성확보 등을 위해 주식거래를 할 수도 있다.

28 내부자의 투자 성패와 업무수행 성패가 운명을 같이 한다면 내부자는 진지한 정보를 바탕으로 하여 증권거래를 하게 되고, 이러한 진지한 정보를 인지한 (불공정거래를 지향하는) 투자자에게는 진지한 정보를 제공함으로써 거래비용을 감소시켜준다.

좌우될 수 있지만 인수합병의 업무는 상당한 시간이 경과해야 그 성공 여부가 판가름 날 수 있기 때문이다. 이런 경우에 내부자(이사 甲)의 거래행위는 불공정한 것이 된다.

4) **형법정책** 하지만 그런 불공정성은 내부자거래를 예방하거나 (사후)통제하는 다음의 제도들과 도표와 같은 내용의 제재를 통해 상당 부분 해소될 수 있다.

- **공매도제한** 소유하지 아니한 상장증권의 매도나 차입한 상장증권으로 결제하고자 하는 매도를 금지함으로써 자본시장의 안정과 공정한 가격 형성을 도모한다.
- **단기매매차익반환** 내부자가 미공개정보를 이용하여 단기매매차익을 얻으려는 동기를 차단하여 예방하고 사후통제도 한다.
- **주식소유변동보고 및 주식대량보유보고** 상장기업의 임·직원 또는 주요주주의 주식거래를 일일이 확인하여 내부자거래를 감시한다.
- **공시의무** 상장기업의 경영·재산에 관한 정보를 일반투자자가 알 수 있도록 공시하게 하여 정보의 독점적 이용을 방지한다.

	민법적 제재	행정법적 제재	형법적 제재
내부자거래 (제174조)	○ (제175조)	○ (제426조)	○ (제443조)
공매도제한 (제180조 제1항)	×	○ (제426조 제449조)	○ (제445조)
주식소유변동보고 (제173조 제1항)	×	○ (제426조)	○ (제446조)
주식대량보유보고 (제147조 제1항)	×	○ (제150조 제151조 제1항)	○ (제444조 제445조)
공시의무 (제161조 제1항)	×	○ (제429조 제3항)	○ (제444조 제446조)
단기매매차익반환 (제172조)	×	○ (제426조)	○ (제445조)

① 이처럼 내부자거래를 예방·통제하는 **의무구성요건**들은 자본시장의 기능에 대한 잠재적 위험(내부자거래의 위험)을 관리하는 행정법적 의무이다. 이 의무를 위반하는 행위는 행정권력작용에 대한 단순 불복종

행위(echt ungehorsames Verhalten)에 해당한다. 그렇기에 공매도, 주식소유변동보고의무, 주식대량보유보고의무 그리고 공시의무의 위반은 비범죄화되어야 한다. 또한 이 제도들에 의해 내부자거래가 예방될수록 내부자거래죄도 비범죄화될 수 있다. ② 금융감독원은 혐의가 있는 내부자를 조사(법 제426조 제1항)하여 혐의가 확인되면 대체로 검찰에 고발하거나 통보(법시행령 제138조 제3호)하는 조치를 취하는데, 이는 금융위원회(또는 증권선물위원회)가 내부자거래 혐의자에게 취할 수 있는 행정법적 조치들을 잘 활용하지 않음을 말해준다. 그러나 금융위원회가 형사고발보다 가령 주주총회에 대해 임원의 해임권고 또는 주식발행의 제한 등의 행정법상의 조치(법 제422조, 법시행령 제374조 등)를 적극 활용한다면 내부자거래죄를 동원할 필요성은 그만큼 줄어든다. ③ 물론 이에 더하여 내부자거래의 발생요인을 제거하는 자율규제와 구조정책, 이를테면 주식발행을 대행하는 증권회사에서 내부정보가 유통되는 것을 차단할 수 있는 업무분담장치(일명 Chinese Wall)의 구축,[29] 내부자거래와 관련된 증권거래(예: 차명거래)의 거부,[30] 불공정거래행위에 대한 교육프로그램 운영 등의 내부 장치들을 마련해야 한다.

④ 또한 **거시적인 경제구조정책**으로 증권거래의 투명성과 정보유통의 효율성을 높이는 다음과 같은 정책이 시행될 필요가 있다.[31]

29 정보차단장치는 증권회사에서 투자결정을 하는 부서와 투자고객에 대해 중개·자문하는 부서를 인적·공간적으로 분리시킴으로써 내부정보 유통을 차단하는 것이다. 2019.4. 개정 자본시장법 제45조는 미공개중요정보 및 고객자산 운용정보를 기준으로 정보교류차단 원칙을 정하고, 정보의 특성에 부합하는 정보교류차단이 이루어질 수 있도록 금융투자업자의 내부통제기준 마련의무를 규정하고 있다.

30 증권회사의 거래창구에서는 아직도 차명거래자(내부자거래 대부분이 차명계좌를 이용하여 행해짐)도 별다른 확인절차 없이 증권거래를 할 수 있다고 한다.

31 형사사건화 된 내부자거래가 대부분 상장기업의 대주주가 해온 점을 근거로 대주주 1인의 높은 지분율을 제도적으로 보장해온 소유와 경영의 미분리가 비판(박삼철, "유가증권 불공정거래규제에 관한 비교법적 고찰", 증권조사월보, 1994, 38쪽)받지만, 소유와 경영의 분리는 장·단점이 있고, 임원·경영진에 의한 내부자거래도 빈번하므로, 소유와 경영의 분리와는 내부자거래의 발생과 직접 관계가 없다.

— **주식소유변동신고제도 및 금융실명제 보완** 자본시장법 제173조는 상장기업의 임원 및 주요주주가 다른 사람의 명의이지만 자기의 계산으로 거래한 주식의 변동사항에 대해서도 보고하도록 한다. 그러나 내부자거래는 여전히 차명계좌로 이루어지기 때문에 임원 및 주요주주의 가족 등의 주식소유상황의 직접 신고 제도가 필요하다.

— **공시제도 보완** 투자정보유통의 효율성을 높이기 위해 정보공시매체의 개발과 활용을 적극적으로 추진하여야 한다. 자본시장법 제436조, 자본시장법 시행령 제385조, 구 유가증권의 발행 및 공시 등에 관한 규정 제10장에 의거한 전자공시제도가 그 예이다.[32]

— **실질적 상장심사** 거래소에 주식을 상장할 수 없을 정도로 부실한 기업도 형식적인 주식상장심사를 통해 상장이 이루어지는 것[33]을 막기 위해 실질적인 상장심사의 제도마련이 필요하다.

— **국제적 회계기준** 분식회계와 부실정보의 유통을 원천적으로 예방할 수 있도록 현행 「주식회사 등의 외부감사에 관한 법률」 제5조 제1항 1호는 국제회계기준위원회의 국제회계기준을 채택하여 정한 회계처리기준을 규정하고 있다.

Ⅲ. 내부자거래의 요건과 축소해석

이렇게 내부자거래를 예방하는 제도가 발전하고 활성화되어도 충분히 통제되지 않고 남는 내부자거래는 형법적 통제의 대상이 될 수 있다. 그런 형법은 '의심스러울 때에는 시민자유의 이익으로'(in dubio pro libertate) — 원칙을 지킨 법률실험(Gesetzesexperiment)[34]의 결과물이다. 그

32 전자공시시스템(일명 DART System [Data Analysis, Retrieval and Transfer System]: http://dart.fss.or.kr)은 상장법인 등이 인터넷을 통하여 공시서류를 제출하면, 투자자 등 이용자는 제출 즉시 인터넷을 통해 그 공시서류를 조회할 수 있도록 하는 종합적인 기업공시시스템이다. 이는 누구든지 시간과 장소에 구애받지 않고 금융감독원에 제출된 모든 공시자료를 열람하는 것이 가능하고 인터넷을 통해 자료를 제출하고 동일서류를 제출하는 창구가 일원화 되어 상장법인 등 공시의무자의 부담이 경감되며 신고서의 접수뿐 아니라 접수여부의 확인 등 일체의 과정이 전산화 되어 행정의 투명성과 효율성을 제고할 수 있고 신속한 정보에 대한 투자자의 접근이 용이해져 자본시장의 건전한 발전을 도모할 수 있다는 장점을 갖는다.

33 고수익·고위험을 제도적으로 보장하고 있는 코스닥시장의 경우에는 주식상장기준이 거래소보다 훨씬 더 완화되어 있다.

런 형법은 현행 내부자거래죄를 축소해석함으로써 만날 수 있다. 이 축소해석은 내부자거래와 관련을 맺고 있는 경제(행정)법과 경제형법의 관할영역의 한계를 명확히 한다. 내부자거래죄의 요건을 내부자(규제대상자), 특정증권등(규제대상증권), 내부정보(규제대상정보), 내부정보의 이용(금지행위)으로 나누어서 이 축소해석을 제안한다.

1. 규제대상자

내부자거래죄의 주체는 내부자, 준내부자, 정보수령인이다.

(1) 내부자 당해 법인(그 계열회사 포함) 및 그 **법인의 임직원 · 대리인**으로서 그 직무와 관련하여 미공개중요정보를 알게 된 자(제174조 제1항 제1호)와 당해 법인(그 계열회사를 포함)의 주요주주로서 그 권리를 행사하는 과정에서 미공개중요정보를 알게 된 자(제2호)는 내부자로서 내부자거래를 하지 않을 의무의 주체이다.[35]

1) 주요주주 주요주주란 누구의 명의로 하든지 자기의 계산으로 법인의 의결권 있는 발행주식 총수의 100분의 10이상의 주식을 소유한 자와 임원의 임면 등의 방법으로 법인의 중요한 경영사항에 대하여 사실상의 영향력을 행사하는 주주로서 시행령이 정하는 자, 즉 사실상의 지배주주를 말한다(법 제9조 제1항 및 금융사지배구조법 제2조 제6호). 하지만 **사실상의 지배주주**를 내부자로 본 것은 선단식 경영으로 계열기업을 지배하는 재벌총수의 내부자거래를 규제하기 위한 것이다.[36] 상법상 주주로서 장부열람권(상법 제466조)이나 검사인선임청구권(상법 제467조)도 가지지 못하는 발행주식 총수의 3% 미만의 주주는 배제하는 것이 바람직하다.

---

34 Marxen, Strafgesetzgebung als Experiment? Gesetzesexperimente in strafrechtlicher Sicht, GA, 1985, 547쪽 아래.

35 증권거래법상의 내부자는 계열회사의 임직원, 주요주주, 당해 법인과 계약체결을 교섭중인 자(법인의 임직원 · 대리인 포함)를 내부자거래의 규제대상으로 삼지 않았다.

36 이승애, "내부자거래의 효율적 예방대책", 증권조사월보, 1991, 32쪽.

2) 주요주주의 대리인 주요주주의 대리인(법인은 그 임직원 및 대리인 포함)·사용인, 그 밖의 종업원도 내부자거래 규제의 대상자가 된다(제5호). **임원**은 이사 및 감사에 더하여, 단기매매차익 규제의 경우와 마찬가지로 업무집행지시자(상법 제401조의2)를 포함하고, 상근 여부, 사내·사외이사 여부를 불문한다고 본다.

하지만 임원도 회사와 내밀한 관계를 맺고 정보를 창출하거나 지배할 수 있는지를 기준으로 내부자를 판단하여야 한다.[37] **스톡옵션을 받을 정도의 임원**들은 정보창출자인 경영자로 볼 수 있으나, 그 외의 임원들은 실질적으로 정보수령자와 유사한 지위를 갖는다. 임원들도 회사의 중요정보에 접근할 기회가 동일한 것이 아니기 때문이다. **사외이사**는 법률상 정보창출자이지만 지배주주와 적대관계인 경우는 경영자의 행위를 비판·견제하기 때문에 경영진과 함께 정보를 창출하거나 지배하기 힘들므로 내부자로 보기 어려운 반면, 지배주주와 우호관계를 맺고 있는 경우는 경영진의 조력자 역할을 수행하면서 미공개중요정보를 접할 기회를 가질 수 있는 범위 내에서는 내부자가 된다.

3) 직원 직원은 고용계약의 유무를 막론하고 법인의 지휘·명령하에 있는 한 임시직·아르바이트 사원·파견근로자 등을 포함하고, 대리인에는 그 법인의 업무에 관한 대리권을 수여받은 변호사 등이 포함된다.[38] “정직처분을 받았더라도 그 자체만으로 내부정보에 대한 부당한 이용의 가능성이 전혀 없는 경우에 해당하지 않는다”(大判 2006다73218). 그러나 회사와의 **신뢰관계**가 없는 자, 예컨대 청소부와 같이 우연히 내부정보를 접하게 된 자는 내부자로 볼 수 없다.[39]

(2) 준내부자 준내부자는 “그 법인에 대하여 법령에 따른 허가·인가·지도·감독, 그 밖의 권한을 가지는 자로서 그 권한을 행사하는 과

37 이상돈·지유미·박혜림, 기업윤리와 법, 법문사, 2008, 39쪽.

38 김병연·권재열·양기진, 자본시장법, 박영사, 2019, 421쪽.

39 미국의 주주에 대한 수탁의무이론도 내부자의 해석에서는 이런 결론에 도달한다.

정에서 미공개중요정보를 알게 된 자”(제3호)와 “그 법인과 계약을 체결하고 있거나 체결을 교섭하고 있는 자로서 그 계약을 체결·교섭 또는 이행하는 과정에서[40] 미공개중요정보를 알게 된 자”(제4호)이다. 준내부자의 대리인·사용인·종업원 등도 이에 포함된다. 가령 M&A의 최종 계약체결 이전인 기업실사(Due Diligence) 과정에서 해당 기업의 미공개내부정보를 지득한 자 역시 준내부자가 된다.

(3) 정보수령자 내부자 또는 준내부자로부터 내부정보를 전달받은 자는 정보수령자로서 내부자거래의 규제대상이 된다. ① 여기서 정보제공자는 자신이 직무와 관련하여 알게 된 내부정보를 타인에게 전달한다는 점을 **인식**하고, 정보수령자는 미공개중요정보라는 사실을 인식하고 그 내부정보를 전달받았어야 한다.[41]

> **★ 정보제공사실의 미필적 인식** 인수합병을 추진하는 甲은 乙이 A(주)의 E(주) 인수소문에 관해 자신에게 묻자, 甲은 긴 대화를 피하고 회사 일을 거론하지 않으려 乙에게 그냥 ‘실사를 나왔다’고만 답했다. 乙은 당시 E(주)의 주식을 거래하고 있었고, 甲은 이 점을 알지 못했다. 甲의 이런 답변만으로는 甲이 乙에게 E(주) 인수에 관한 정보를 제공한다는 미필적 인식조차 없었던 것으로 보인다(大判 2015도8342).

② 그러나 정보수령자도 정보의 신뢰성, 정보가 미치는 주가 영향력, 시장의 반응 등에 대한 판단이 불확실하여 정보비수령자(일반 투자자)와 마찬가지로 위험을 감수하고 거래한다. 그렇기에 내부자로부터 단순히 정보를 전달받은 것을 넘어서 그 정보를 이용한 거래행위를 **적극적으로 교사**를 받고 정보를 신뢰한 채 거래를 한 자에 국한하여야 한다. 또

40 구 증권거래법 제188조의2 제1항 제4호은 “당해 법인과 계약을 체결하고 있는 자”만을 준내부자로 규정하였으나 판례는 “법인과 계약을 체결함으로써 그 법인의 미공개 중요정보에 용이하게 접근하여 이를 이용할 수 있는 지위에 있다고 인정되는 자는 비록 위 계약이 그 효력을 발생하기 위한 절차적 요건을 갖추지 아니하였다고 하더라도 ‘당해 법인과 계약을 체결하고 있는 자’에 해당한다고 보았다(大判 2007도9769).

41 한국증권법학회, 자본시장법(주석서), 박영사, 2015, 1036쪽.

한 정보전달이 여러 단계로 진행된 경우에 **2차 이후의 정보수령자**는 그 정보의 신뢰성 등이 더욱 더 불확실해지므로 내부자거래규제의 대상자에서 제외되어야 한다.[42]

2. 규제대상 증권

내부자거래를 규제하는 대상증권은 ① 주권상장법인이 발행한 증권,[43] ② 해당 주권상장법인이 발행한 증권과 관련된 증권예탁증권, ③ 그 법인 외의 자가 발행한 것으로서 ① 또는 ②의 증권과 교환을 청구할 수 있는 교환사채권, ④ 이상(①~③)의 증권을 기초자산으로 하는 금융투자상품을 말한다(자본시장법 제172조 제1항 각 호).

3. 내부정보

자본시장법상 내부정보(미공개중요정보)란 상장법인의 경영이나 재산상태, 영업실적 등 투자자의 투자판단에 중대한 영향을 미칠 수 있는 정보로서 법정된 방법에 따라 불특정 다수인이 알 수 있도록 공개되기 전의 것을 말한다(제174조 제1항). 내부정보에 일부 외부적 요인 내지 시장정보가 결합되어 있더라도 내부정보에 해당한다(大判 2015도5251).

(1) 정보의 중요성 내부정보는 수시공시사항에 국한(구 증권거래법 제188조의2 제2항)하지 않고[44] **"투자자의 투자판단에 중대한 영향을 미칠 수**

42 미국의 증권거래위원회(SEC, Securities and Exchange Commission)는 정보가 수차례에 걸쳐 단계적으로 전달된 경우에 모든 간접 정보수령자에게 내부자거래의 책임을 인정하는(이승애, "내부자거래의 효율적 예방대책", 증권조사월보, 1991, 11쪽) 반면 독일 유가증권거래법 제14조 제2항은 2차 내부자는 본인이 직접 미공개정보를 이용하여 거래를 하는 행위만을 금지(Verwertungverbot)하므로 기자처럼 업무상 회사내부의 정보를 지득할 가능성이 있는 자는 2차 내부자에 포함되지 않는다.

43 (구) 증권거래법 제188조의2는 이에 국한하고 있었다.

44 (구) 증권거래법 "제186조 제1항 제1호 내지 제13호 소정의 사실들만을 미공개정보 이용행위금지의 대상이 되는 중요한 정보에 해당하는 것으로 제한하고자 하는 취지에서가 아니라, 중요한 정보인지의 여부를 판단하는 기준인 '투자자의 투자판단에 중대한 영향을 미칠 수 있는 정보'를 예시하기 위한 목적에서"다(大判 2000도2827). '일반인에게 공개되지 아니한 중요

있는 정보"를 말한다.

> "합리적인 투자자가 유가증권을 매수 또는 계속 보유할 것인가 아니면 처분할 것인가를 결정하는 데 중요한 가치가 있는 정보, 바꾸어 말하면 일반 투자자들이 일반적으로 안다고 가정할 경우에 유가증권의 가격에 중대한 영향을 미칠 수 있는 사실을 말한다"(大判 2016도10313).

자본시장에서 투자판단에 영향을 미치는 정보는 투자정보(도표의 A영역), 투자자보호정보(B영역) 그리고 내부정보(C영역)로 세분화할 수 있다. ① **투자정보**(A)는 상장법인에 관한 풍문 및 보도에 의한 정보, 즉 일반적인 시장정보(allgemeine Marktdaten)[45]를 의미한다. 이런 투자정보는 사업보고서 등의 공시와 같은 적시공시가 필요하지는 않지만, 수시공시제도(제163조)에 의한 행정적 관리의 대상이 된다. 이 관리를 위해 행정법적 제재(제163조/제164조 제2항)를 사용할 가치는 없으며, 위반행위는 **민사법적 제재**로 대응하는 것이 적절하다.[46]

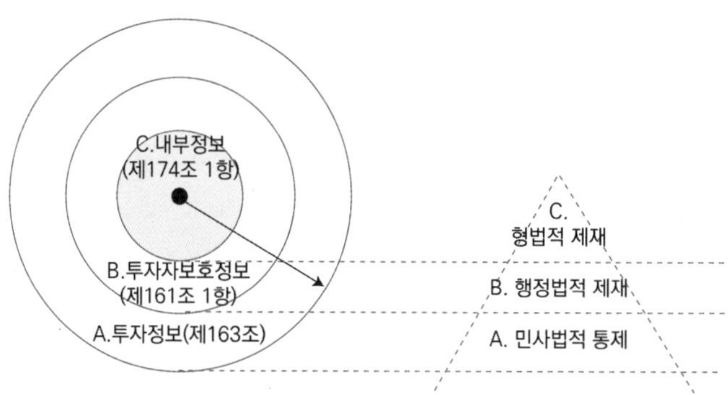

한 정보'는 법 제186조 제1항 각 호의 1에 해당하는 사실에 제한되지 않는다는 취지의 판시를 통해 이를 포괄적으로 해석함으로써, 중요정보의 범위를 확장시키는 구체적 규범형성을 감행하였다(大判 2000도2827).

45 일반적 시장정보는 회사 내부에서 창출된 정보가 아니므로 내부정보가 될 수 없다.

46 거래소의 정보제공요구에 불응하는 행위에 대해 금융위원회가 취하는 조치 가운데 주총에 대한 **임원의 해임 권고조치**는 유가증권발행제한조치나 의결권행사제한조치와 같은 전형적인 행정법적 제재와 사법적인 제재의 중간에 위치한다고 볼 수 있다.

② **투자자보호정보**(B)는 투자자의 투자판단에 영향을 미칠 수 있는 정보 중에서 특히 중요한 것으로서 거래소에 신고해야 할 의무가 있는 정보(공시의무정보)를 의미한다. 이런 공시의무정보는 경제(행정)법적으로 투자자의 보호와 직접 관련을 맺고 있어서 행정법적 제재의 대상이 될 만하다. ③ 여기서 형법적 통제의 대상이 되는 **내부정보**(제174조)는 제161조 제1항의 **공시의무**가 있는 정보로서 **증권시세에 현저한 영향을 미칠 것이 명확하고 확실한 정보**, 즉 '특히 중요하고'(fact of special significance)[47] 정확한[48] 정보이면서 일반인에게 공개되지 아니한 정보이어야 한다. 이런 해석은 (구) 증권거래법[49]뿐만 아니라 현행 자본시장법에서도 가능한 해석이다.

> ★ **결산실적추정치 부외누적적자와 자금난** '결산실적을 추정한 결과'(내부정보임을 긍정한 大判 95도467)는 추정정보로서 정보의 중요성 요건을 충족하지 못할 뿐만 아니라 공시의무정보에도 포함되지 않는다는 점에서 내부정보에 해당하지 않는다. '회계장부에 나타나지 않은 누적적자와 자금난'(내부정보임을 긍정한 大判 93도695)과 같이 '주식거래의사결정에 중요한 정보'도 아직 내부정보에 해당하지 않는다.

(2) 내부정보의 미공개성 내부정보는 "대통령령으로 정하는 방법에 따라 불특정 다수인이 알 수 있도록 공개되기 전"의 정보를 의미한다(제174조 제1항). 자본시장법시행령 제201조(정보의 공개 등)는 다음과

47 이 기준이 따르고 있는 미국법률협회(America Law Institute)가 제안한 연방증권법(Federal Securities Code) §1603(1978)에서 '특히 중요한 사실'이란 ① 일반인에게 공시된다면 유가증권의 가격에 현저한 영향을 미칠 가능성이 있거나, ② 그 구체적인 정도나 그 당시에 일반인이 지득한 정보와의 차이 또는 그 성질 및 신뢰성에 비추어 보아 일반인이 투자결정을 할 때에 특별히 중요하다고 인정하는 사실이다.

48 EC의 내부자거래규제지침법 제1조 제1호는 "유가증권의 발행자 또는 당해 유가증권에 관한 것으로서 만일 그것이 공개되었더라면 당해 유가증권의 시세에 상당한 영향을 줄 수 있는 공개되지 아니한 정확한 정보"라고 규정한다. Grunewald, Neue Regeln zum Insiderhandel, ZBB 1990, 128쪽 아래, 132쪽.

49 구 증권거래법 제188의2는 "제186조 제1항의 공시의무가 있는 정보 중 투자자 판단에 중요한 영향을 미치는 것으로 한정"(제2항)하는 것으로 규정하고 있었다.

같이 주지기간을 구체적으로 정하여 이 기간을 경과하지 않은 정보는 미공개정보로 본다.

— 법령에 따라 금융위원회 또는 거래소에 신고되거나 보고된 서류에 기재되어 있는 정보: 그 내용이 기재되어 있는 서류가 금융위원회 또는 거래소가 정하는 바에 따라 비치된 날부터 1일
— 금융위원회 또는 거래소가 설치·운영하는 전자전달매체를 통하여 그 내용이 공개된 정보: 공개된 때부터 3시간
— 「신문 등의 진흥에 관한 법률」에 따른 일반일간신문 또는 경제분야의 특수일간신문 중 전국을 보급지역으로 하는 둘 이상의 신문에 그 내용이 게재된 정보: 게재된 날의 다음 날 0시부터 6시간. 다만, 해당 법률에 따른 전자간행물의 형태로 게재된 경우에는 게재된 때부터 6시간
— 「방송법」에 따른 방송 중 전국에서 시청할 수 있는 지상파방송을 통하여 그 내용이 방송된 정보: 방송된 때부터 6시간
— 「뉴스통신진흥에 관한 법률」에 따른 연합뉴스사를 통하여 그 내용이 제공된 정보: 제공된 때부터 6시간

이처럼 미공개정보가 공개되어 일반 투자자에게 충분히 주지되도록 요구되는 정보매체마다 정해진 주지기간과 공개방법에 따른 것이 아니면 공개된 정보가 되지 않는다. 예컨대 신문에 미공개정보가 보도되었더라도 그 주지기간인 다음 날 6시까지는 당해 기업이 공시하지 않는 한 미공개정보가 되어 내부자거래책임을 부담할 수 있게 된다(大判 2009도4662). "다만 거래의 당사자가 거래의 목적인 유가증권 관련 내부정보에 대하여 전해 들어 이를 잘 알고 있는 상태에서 거래에 이르게 되었음이 인정되는 경우에는 공개되지 아니한 중요한 정보를 이용한 것으로 볼 수 없다"(大判 2003도4320; 2003도1456).

(3) 정보취득의 직무관련성 내부정보는 회사내부자 또는 준내부자가 그 직무와 관련하여 취득한 것이어야 한다. 자본시장법은 내부자의 유형별로 정보취득 경위를 구분하여 직무관련성을 정하고 있다. 즉, 제174조 제1항은 ① 법인의 임직원·대리인은 그 직무와 관련하여, ② 주

요주주는 그 권리를 행사하는 과정에서, ③ 법인에 대하여 법령에 따른 허가·인가·지도·감독, 그 밖의 권한을 가지는 자는 그 권한을 행사하는 과정에서, ④ 그 법인과 계약을 체결하고 있거나 체결을 교섭하고 있는 자는 그 계약을 체결·교섭 또는 이행하는 과정에서, ⑤ 내부자·준내부자의 대리인·사용인, 그 밖의 종업원은 그 직무와 관련하여, 각 내부정보를 알게 된 자라고 규정한다. 판례는 다음과 같은 경우에도 직무관련성을 넓게 인정한다.

— 총무과 대리가 총무과 사무실에서 자신의 직무와 관련이 없는 다른 직원이 기안하였다가 파기한 이사회 결의안을 보고 주식을 거래한 경우[50]
— 구내식당에서 담당임원으로부터 중요정보를 전해들은 경우[51]
— 외부연구소 직원이 자체전산망으로 정보를 취득한 경우[52]

(4) 정보생성시점 자본시장법은 내부정보의 생성시기에 관한 규정을 두지 않고 있으나 판례에 의하면 "일반적으로 법인 내부에서 생성되는 중요정보라는 것이 갑자기 한꺼번에 완성되지 아니하고 여러 단계를 거치는 과정에서 구체화되는 것이므로, 그러한 정보가 객관적으로 명확하고 확실하게 완성된 경우에만 중요정보가 생성되었다고 할 것은 아니고, 합리적인 투자자의 입장에서 그 정보의 중대성 및 사실이 발생할 개연성을 비교 평가하여 **유가증권의 거래에 관한 의사결정에서 중요한 가치를 지닌다고 생각할 정도로 구체화되었다면 중요정보**가 생성된 것"이다(大判 2008도9623; 2014도11775). 다음의 예가 이에 해당한다.

— 거래소 상장폐지가 사실상 확정된 때(大判 95도467)
— 발행한 어음·수표의 부도처리가 확실시되는 때(大判 2000도2827)
— 대표이사와 대주주간 무상증자에 관한 합의를 한 때[53]

50 서울지방법원 2002. 1. 23. 선고 2001고단10894 판결.
51 서울중앙지방법원 2007. 12. 26. 선고 2007노3274 판결.
52 서울중앙지방법원 2008. 11. 27. 선고 2008고합236 판결.
53 서울중앙지방법원 2008. 12. 10. 선고 2008노3093 판결.

4. 내부정보의 이용행위

내부자거래로 처벌되기 위해서는 내부자가 내부정보를 특정증권 등의 매매, 그 밖의 거래에 이용하거나 타인에게 이용하게 하는 행위가 있어야 한다.

(1) 거래에 직접이용 ① 자본시장법은 내부정보를 특정증권 등의 매매 기타 거래에 '이용하는 행위'를 금지한다. 즉, 내부자거래규제에서 금지되는 정보이용행위는 미공개정보를 보유하고 있는 상태에서의 모든 거래행위가 아니라 실제로 **이용하여 거래**하는 행위만을 가리킨다.[54] 즉, "그 정보가 유가증권의 거래 여부, 거래 시점, 거래량, 가격 등 거래조건의 결정에 하나의 요인으로 작용하여 만일 그러한 정보를 알지 못했더라면 내렸을 결정과 다른 결정을 내리게 함으로써 영향을 미침을 의미한다"[55]. 물론 미공개중요정보를 인식한 상태에서 거래를 한 경우는 "거래가 전적으로 미공개중요정보 때문에 이루어지지는 않았더라도 **미공개중요정보가 거래를 하게 된 요인의 하나임**이 인정된다면 특별한 사정이 없는 한 미공개중요정보를 이용하여 거래를 한 것으로 볼 수 있다. 그러나 미공개중요정보를 알기 전에 이미 거래가 예정되어 있었다거나 미공개중요정보를 알게 된 자에게 거래를 할 수밖에 없는 불가피한 사정이 있었다는 등 미공개중요정보와 관계없이 다른 동기에 의하여 거래를 하였다고 인정되는 때에는 미공개중요정보를 이용한 것이라고 할 수 없다" (大判 2016도10313).

(2) 제3자의 거래에 이용 내부자 본인의 직접 이용행위 외에 타인에게 '이용하게 하는 행위'도 금지된다. 즉, 회사의 내부에서 중요정보가 생성된 경우 내부자 자신이 직접 그러한 내부정보를 이용하여 거래하는 것은 물론 타인에게 해당 정보를 제공하여 거래하도록 하게 하는 행위

---

54 서울중앙지방법원 2007. 7. 20. 선고 2007고합159 판결.

55 서울중앙지방법원 2007. 2. 9. 선고 2006고합332 판결.

도 금지된다.[56] 여기서 정보제공자인 내부자는 자신이 제공하는 정보를 정보수령자인 타인이 특정증권 등의 매매 기타 거래에 이용하게 하려는 고의(또는 미필적 고의)를 가지고 있어야 한다.[57]

Ⅳ. 내부자거래의 이득액 산정

자본시장법 제443조 제1항은 징역형의 선택형으로 내부자거래행위로 "얻은 이익이나 회피한 손실액"의 3배 이상 5배 이하의 벌금을 정하고 있고, 제2항은 이익 또는 손실액이 5억 원 이상 50억 원 미만이면 3년 이상의 유기징역, 50억 원 이상이면 무기 또는 5년 이상의 징역에 처하고 있다. 이처럼 벌금액수의 범위와 가중처벌의 적용기준이 되는 "이익 또는 회피한 손실액"의 산정은 책임주의와 비례성원칙(과형균형원칙)에 맞게 이루어져야 한다. 여기서 이득액의 산정기준이 문제된다.

1. 이득액의 산정방법

(1) 이득액 산정의 대상 이득액 산정의 대상이 되는 거래는 '해당 미공개중요정보를 알게 된 후 또는 다른 사람에게서 전해 듣고 공개되기 전까지의 특정증권 등의 매매 및 그 밖의 거래' 및 이와 관련된 거래이다. ① 호재성 정보(예: 주가부양 위한 자사주취득[大判 2003도7112])를 모르는 자로부터 주식을 매수한 후 정보가 공개되어 주가가 상승하여 보유 또는 매도하여 매매차익을 취득하는 경우와 ② 악재성 정보(예: 재무구조악화로 인한 유상증자[大判 2008도6219])를 모르는 자에게 주식을 매도하여 정보 공개 후 주가 하락에 따른 손실을 회피하는 경우로 구분된다. 가령 주가 상승요인 정보는 해당 주식을 기초자산으로 하는 풋 주식워런트증권(ELW)[58]의 가격하락요인이 되는 정보이므로 ELW를 매도하는

56 김정수, 자본시장법원론, 서울파이낸스앤로그룹, 2014, 1184쪽.

57 임재연, 자본시장법과 불공정거래, 박영사, 2019, 344쪽.

58 주식워런트증권(Equity Linked Warrant)은 특정 대상물을 사전에 정한 미래 시기에 미리 정한 가격으로 매도할 수 있는 권리 또는 매수할 수 있는 권리를 보유하는 증권이다. 풋 워런

행위는 손실을 회피하는 행위로 보아 이득액을 산정한다.

(2) 산정방식 이득액(부당이득[59])은 위반행위로 얻은 (실현·미실현) 이익(profit gained)이나 위반행위로 회피한 손실(loss avoided)로 산정한다. 이 산정은 미공개중요정보가 주가에 미친 영향,[60] 즉 미공개중요정보의 사전이용 후 정보공개에 따른 주가의 변동을 고려한다.[61]

1) 단순차액 산정의 기본적인 방식은 **내부자거래로 인한 총수입에서 그 거래의 총비용을 공제한 차액**, 다시 말해 "유가증권거래의 총 매도금액에서 총 매수금액 및 그 거래비용을 공제한 나머지 순 매매이익"(大判 2004도491)을 산출하는 판례의 방식이다. 검찰과 금융당국의 방식인 〈(매도단가－매수단가)×매매일치수량(매수수량과 매도수량 중 더 적은 수량)〉도 단순차액방식과 다르지 않다.

2) 가중평균차액 ① 호재성 정보이용의 경우는 실현이익과 미실현이익[62]을 포함한 총이득액을 산정하는데,[63] 이 경우 이득액은 **[(가중평균 매도단가-가중평균 매수단가)×매매일치수량-제비용]**의 산식으로 계산하고,

트(Put Warrant)는 "기초자산을 권리행사가격으로 발행자에게 인도하거나 그 차액(권리행사가격－만기결제가격)을 수령할 수 있는 권리가 부여된 워런트로 기초자산의 가격하락에 따라 이익이 발생"한다(김병영, "주식워런트증권(ELW) 이해", 상장, 2006, 126쪽). 서울중앙지방법원 2011. 11. 28. 선고 2011고합600 판결은 "미래의 특정시점(만기)에 미래 정해진 가격(행사가격)으로 기초자산(특정주식이나 KOSPI200 주가지수)을 사거나(call 옵션) 팔 수(put 옵션) 있는 권리를 가진 금융투자상품(유가증권)"으로 ELW의 개념을 판시한 바 있다.

59 부당이득은 大判 2014도6910에 따른 용어이며, 민법상 부당이득(민법 제741조)과 달리 불공정거래행위, 즉 위법한 행위로 얻은 이익이므로, 불법이득이라는 개념이 더 적절하다. 아래서는 부당이득, 불법이득, 이득액 등을 같은 의미로 사용하기로 한다.

60 김정수, 내부자거래와 시장질서 교란행위, 서울파이낸스앤로그룹, 2016, 531~532쪽.

61 노혁준, "자본시장법상 불공정거래로 인한 부당이득의 법적 문제", 증권법연구 제19권 제1호, 245쪽.

62 미실현이익은 호재성 정보의 공개로 당해 정보가 가격에 반영된 이후에도 보유하고 있는 주식을 매도하지 않고 계속하여 보유하는 것을 말한다. 임재연, 자본시장법, 박영사, 2020, 1114쪽.

63 내부자거래행위와 관련하여 대법원은 "이익의 산정에 있어서는 피고인의 이익실현행위를 기준으로 하여 그에 따른 구체적 거래로 인한 이익, 아직 보유 중인 미공개정보 이용 대상 주식의 가액, 미공개정보 이용행위와 관련하여 발생한 채권 등이 모두 포함되어야 한다"라는 입장이다(大判 2004도491).

악재성 정보 이용행위[64]의 경우는 해당 정보 공개 이전에 보유 주식을 처분하여 취득한 **매각대금에서** 만약 처분한 주식을 계속 보유하고 있었다고 가정하는 경우에 해당 **정보의 공개가 주가하락에 영향을 미친 이후 보유 주식의 평가금액을 공제**하는 산식으로 계산한다.[65] ② 이렇게 가중평균 가격을 기준으로 삼아야 하는 이유는 위험존속기간 중 주가에 영향을 주는 **제3의 요인을 제거하거나 최소화**해야만 내부자거래에 귀속가능한 이득이나 회피한 손실액을 산정할 수 있기 때문이다. 그런 방법의 하나가 바로 호재성 정보를 이용하여 주식을 매수한 시점으로부터 해당 종목의 거래량 가중평균 가격의 추이를 검토하여 당해 정보의 공개 후 거래량 가중평균 가격이 최초로 하락하는 날까지를 내부자거래가 창출한 위험의 존속시기로 평가하는 것이다.

> ★ **사건연구방법** 제3의 요인을 최소화하는 방법으로 미국 SEC가 증권범죄에 따른 이익금액 환수를 결정할 때 사용하는 방법인 **사건연구방법(Event Study)**이 있다. 사건연구방법은 Fama 교수 등이 뉴욕증권거래소에서 주식분할 공시의 정보효과를 분석하여 효율적 시장가설을 증명하기 위하여 만든 계량경제학적 분석 모델이다.[66] 우리나라도[67] 이득액의 인과관계에 대해 검사가 입증책임을 다하지 못하여 무죄판결이 나는 사례들이 누적됨에 따라 활용하기 시작했다. 그러나 아직은 그 객관성에 회의하는 입장이 지

64 악재성 정보의 공개 이후 해당 정보가 주가에 반영되고 난 이후 매도한 경우는 증권 불공정거래행위로 보기 어렵고, 악재성 정보 공개 이전에 보유 주식을 처분하여 취득한 이익에 상응하는 회피손실은 실현이익에 해당하는 것이므로, 미실현이익은 호재성 정보의 경우에만 문제된다.

65 임재연, 자본시장법과 불공정거래, 박영사, 2019, 616쪽.

66 사건연구방식을 이용하여 정상주가를 산정하는 수학적인 방법에 대하여 자세히는 Ronald J. Gilson/Bernard S. Black, The Law and Finance of Corporate Acquisitions, Foundation Press, 1995, 185쪽 이하.

67 우민철·김명애, "사건연구(event study) 방법론을 이용한 정상주가 산정", 증권법연구, 제15권 제3호, 2014, 355쪽; 사건연구방식에 대해 효율적 시장가설에 기반하여 "사건발생이 주식가치의 변동에 유의한 영향을 주는지를 검증한다"는 권순만·한창희, "정보유출이 기업가치에 미치는 효과분석", 한국전자거래학회지, 제21권 제2호, 2016, 84쪽.

배적이다.[68] 판례도 마찬가지이다.[69] 사건연구방법은 그 사례 자체가 아직 많지 않고, 통계적 유효성을 판단하는 기준도 명확하지 않으며[70], 그런 까닭에 분석자의 주관이 개입될 가능성이 높다. 감정인에 따라 동일사항에 대한 사건연구방법의 결과가 크게 차이가 나기도 한다.[71] 또한 통계적인 인과관계는 형법상의 인과관계로 인정되기도 어렵다. 따라서 현재로서는 증명력이 낮은 인과관계의 간접증거가 될 수 있다.

3) 차액계산의 기준시점 또한 차액을 계산하려면 그 기준시점이 있어야 한다. ① 첫째, 호재성 정보가 공개되어 주가가 상승하는 경우에 정보공개 이후 최초로 형성된 최고가일 종가를 기준으로 삼으면[72] 정보공개 직후 주가가 급등하다 시간이 지나면서 다시 하락하는 추세를 보이는 점을 고려하지 못한다. 그래서 판례(大判 2004도491)는 피고인이 보유하고 있는 주가를 그와 **동종 주식의 최종 처분행위시의 주가**를 기준으로 산정한다. ② 둘째, 악재성 정보가 공개된 경우에 그 공개 후 최초로 형성된 최저종가(정보 공개 직후 거래가 정지된 경우는 거래 재개 이후의 종가[73])를 기준으로 삼는 방식[74]도 정보공개의 초기 충격효과를 과도하게 반영

68 성희활, 자본시장법 강의, 캐피털북스, 2018, 347쪽.

69 서울중앙지방법원 2007. 2. 9. 선고 2006고합332 판결; "사건연구 방법은 독립변수(설명변수)의 선정(무엇을 독립변수로 할 것이냐, 독립변수를 1개로 정할 것이냐 아니면 여러 개로 정할 것이냐)과 검증기간의 범위 선정에 연구자의 자의가 개입될 여지가 많고, 특정 회사의 주가 및 전체 시장의 주가수익률은 연쇄적인 상호작용을 거치면서 함께 변동하는 것인데 이와 같은 독립변수가 일방향으로 대상회사 주가의 수익률에 영향을 미친다고 가정해 버리며, 또한 현실세계에서는 수많은 요인이 특정 회사의 주가형성에 영향을 미치는데 단지 몇 개의 독립변수를 설정하는 것만으로 특정 사건이 당해 회사에 미친 영향을 분석해내기 어렵고 그렇다고 많은 독립변수를 설정하면 통계학적 해결이 용이하지 않아 결국 분석결과의 현실 적합성이 연구자의 열의와 노력에 좌우되어 버리고 만다".

70 사건연구방식의 한계에 관해 A. Craig Mackinlay, "Event Studies in Economics and Finance", Journal of Economic Literature, Vol. 35, 1997, 34~35쪽.

71 한국증권법학회, 자본시장법(주석서 I), 박영사, 2015, 1206쪽.

72 서울중앙지방법원 2011. 4. 7. 선고 2010고합775 판결.

73 김영록, "자본시장법상 미공개중요정보이용행위와 법적규제에 관한 고찰", 국제법무 제9집 제2호, 2007, 48쪽.

74 서울중앙지방법원 2007. 5. 30. 선고 2007노346 판결; 2007. 2. 9. 선고 2006고합332 판결: "미공개정보를 이용하여 당해 정보 공개 이전에 보유 주식을 처분함으로써 얻은 현실적인 매

한다.[75] 그렇기에 (특히 이득액 산정에서 죄형균형원칙이나 책임주의를 준수하려면) "어느 정보가 공개되어 그 영향으로 인하여 주가가 상승 또는 하락함으로써 이익을 얻거나 손실을 회피하였는지 여부는 **해당 정보가 충분히 시장에 공개된 이후 주가가 안정화된 시점**을 기준으로 판단"한다(大判 2008도6219). 정보의 효율성[76]과 관련된 효율적 자본시장 가설(Efficient Capital Market Hypothesis)[77]에 의하면 내부자거래죄가 실현하려는 '투자정보 향유의 평등성'은 당해 정보의 완전한 공개[78]가 이루어져 정보가 특정증권 등의 가격 또는 가치에 완전히 반영된 때에 실현되기 때문이다.[79]

2. 정보전달 내부자거래의 이득액 산정

(1) 공범관계의 불인정과 이득액 불산입 ① 내부자가 미공개정보를

각대금 총액에서 그와 같이 처분된 물량을 계속 보유하고 있었다고 할 때, 당해 정보의 공개가 주가에 영향을 미친 후의 보유주식의 평가금액 총액, 즉 악재성 정보의 공개에 따른 주가하락분(정보공개 후 형성된 해당 주식의 최저 종가)에 위반행위자의 정보 공개 이전의 주식처분물량을 곱하여 산정한 금액이다".

75 임재연, 자본시장법, 박영사, 2020, 1110쪽.

76 현재의 증권가격(present security prices)은 증권거래에 참가하는 모든 투자자에게 비용이 들지 않게 알려져 있으며, 미래의 증권가격에 대한 정보(information about future security prices)는 이러한 현재의 가격에 완전히 반영된다고 말하는 Mark Rubinstein, "Securities Market Efficiency in an Arrow－Debreu Economy", The American Economic Review, Vol. 65, 1975, 812쪽.

77 시가가 이용 가능한 정보를 완전히 반영할 때 시장은 효율적이라는 Eugene F. Fama, "Efficient Capital Markets: A Review of Theory and Empirical Work", The Journal of Finance, Vol. 25, 1970, 383쪽; 효율적 자본시장 가설(Efficient Capital Market Hypothesis)의 이론적 전개과정에 관하여 상세히는 John F. Barry, "The Economics of Outside Information and Rule 10b－5", University of Pennsylvania Law Review, Vol. 129, 1981, 1330쪽 이하.

78 내부자거래를 한 증권의 가격은 당해 정보가 공개된 때의 가격에 근접하게 된다는 Dennis W. Carlton/Daniel R. Fischel, "The regulation of Insider Trading", Standford Law Review, Vol. 35, No. 5, 1983, 868쪽.

79 시장은 주가가 이용 가능한 정보에 신속하고 정확하게 반응하여 모든 이용 가능한 정보에 비추어 예상되는 위험과 수익 측면에서 증권의 실제 경제적 가치에 대한 가능한 최선의 추정치를 반영하는 경우 효율적이라고 설명하는 Lynn A. Stout, "The Mechanisms of Market Inefficiency: An Introduction to the New Finance", Law&Economics Research Paper, No. 03－23, 2003, 8쪽.

타인에게 전달하고, 그 타인이 특정증권 등의 매매, 그 밖의 거래에 이용한 경우에 이를 이용하여 이익을 얻은 경우에 그 내부자(정보전달자)는 타인(정보수령자)의 교사범이 아니라[80] 독자적인 내부자거래죄를 실행한 것이고, 판례에 의하면 정보수령자(1차 정보수령자 the first tipee, 2차 정보수령자)는 **편면적 대향범**과 유사한 관계에 있고, 형법총칙의 공범규정이 적용되지 않는다(大判 2013도6969). 제2차 정보수령자가 제1차 정보수령자로부터 1차 정보수령 후에 미공개 내부정보를 전달받아 이용한 경우도 마찬가지이다. 즉 제2차 정보수령자의 행위가 "형법 총칙상의 공모, 교사, 방조에 해당된다고 하더라도 제2차 정보수령자를 제1차 정보수령자의 공범으로서 처벌할 수는 없다"(大判 2017도9087). ② 이에 따라 1차 정보수령자의 부당이득을 내부자의 부당이득으로 보거나, 2차 정보수령자의 부당이득을 1차 정보수령자의 부당이득으로 산입할 수 없다.[81] ③ 만일 공범관계의 성립과 상관없이 타인의 이용행위로 발생한 이득을 모두 위반행위자에게 귀속시켜 이득액을 산정하려 한다면, 특정경제범죄법 제3조 제1항의 문언처럼 제443조 제2항을 "제1항 각호의 위반행위로 얻은 이익 또는 회피한 손실액"에서 "제1항 각호의 위반행위로 얻거나 **제3자로 하여금 취득하게 한** 이익 또는 회피한 손실액"으로 개정하여야 한다.[82]

(2) 공범관계의 성립과 이득액 산정 그러나 제174조 제1항은 정보전달자가 미공개중요정보를 다른 사람에게 이용하게 하는 행위를 하면 범죄가 성립하는 적성범의 구조이며, 1차 정보수령자의 '타인에게 정보를 이용하게 하'는 행위에 수반되는 행위는 2차 정보수령자가 당해 정보를 전달받는 행위일 뿐이고, 2차 정보수령자가 그 정보를 이용하는 행위까지 포함하는 것은 아니다.[83] ① 즉, 1차 정보수령자와 2차 정보수령자

80 임재연, 자본시장법과 불공정거래, 박영사, 2019, 265쪽.

81 서울고등법원 2014. 7. 24. 선고 2014노1034 판결(확정판결은 大判 2014도10191).

82 김건식 · 정순섭, 자본시장법, 두성사, 2013, 499쪽.

83 김영기, "자본시장 불공정거래 범죄의 형사법적 쟁점", 증권 불공정거래의 쟁점, 제2권, 2019, 327~328쪽.

가 언제나 대향범 관계에 있는 것은 아니다. 1차 정보수령자와 2차 정보수령자 사이의 **공범관계 성립은 공모 여부 및 적극성의 정도, 이익의 귀속 등을 고려하여 판단**하여야 한다.

★ **1차·2차 정보수령자의 공범성** 제1차 정보수령자를 적극 독촉하여 정보를 전달받은 제2차 정보수령자는 1차 정보수령자의 교사범이 되고(大判 2000도90),[84] 1차 정보수령자(예: 회사 대표인 남편의 통화 중 미공개중요정보를 들은 부인)로부터 미공개정보와 주식매수자금까지 제공받고, 매매차익의 60%를 되돌려준 2차 정보수령자는 1차 정보수령자의 내부자거래죄에 공동가담한 것으로 볼 수 있다(大判 2008도6953).

② 이처럼 2차 정보수령자와 1차 정보수령자의 공범관계가 인정되면, 이용한 자(2차 정보수령자)의 부당이득을 이용하게 한 자(1차 정보수령자)의 부당이득으로 산입한다.

3. 내부자거래의 죄수와 이득액산정

판례에 의하면 내부자거래의 여러 행위가 포괄일죄로 인정되면 그 이득액이 합산되고, 실체적 경합범으로 판단되면 각각의 이득액을 기준으로 가중적 양형규정(제443조 제1항, 제2항)의 적용여부를 정한다.[85] 따라서 포괄일죄보다 경합범으로 판단되는 것이 피고인에게 더 유리하다.

(1) 미공개정보의 수 첫째, 일죄와 수죄의 판단에는 미공개정보의 수가 중요하다. 내부자거래의 처벌은 자본시장의 공정성, 투자정보 이용의 평등성 실현[86]이나 내부자와 일반투자자 사이의 정보 비대칭 방지[87]

84 김상철, "제1차 정보수령자로부터 전달받은 미공개 내부정보를 이용하여 증권거래를 한 제2차 정보수령자를 제1차 정보수령자에 대한 증권거래법위반죄의 공범으로 처벌할 수 있는지 여부", 대법원판례해설 제41호, 2002, 707쪽 이하.

85 죄수판단이 양형보다 우선되어야 한다는 김성돈, "죄수결정의 기준", 법학논고, 제14집, 1998, 191쪽.

86 자본시장의 불공정성은 다른 거래자가 정보 우위를 이용한 특권적인 내부자와 경쟁을 할 수 없는 불평등에서 비롯된다는 Victor Brudney, "Insiders, Outsiders, and Informational Advantages under the Federal Securities Laws", Harvard Law Review, Vol. 93, 1979, 346쪽.

87 Bryan C. Smith, "Possession Versus Use: Reconciling the Letter and the Spirit of

를 위한 것이고, 미공개중요정보의 가치가 가중적 양형요소인 이익 취득에 결정적인 영향을 미치기 때문이다. 따라서 가령 위반행위자가 하나의 미공개중요정보를 이용하여 수 개의 특정증권을 거래하거나 공범관계의 타인으로 하여금 이용하게 한 경우는 그 전체가 이득액으로 산입될 수 있다.

(2) 시퀀스고의 둘째, 미공개정보의 수가 여러 개여서 수 죄로 판단되는 경우에도 그 거래들이 "단일하고 계속된 범의", 즉 연속고의에서 비롯된다면 포괄일죄가 될 수 있다. 연속고의의 판단에서는 정보의 내용, 정보의 생성 및 입수 경위, 정보별 입수시기와 거래시기의 차이 등이 주된 고려요소가 된다.[88] 그런데 내부자거래죄에서 연속고의는 행위자의 범행계획상 여러 개의 미공개중요정보 이용이 이익의 극대화를 향해 나아가는 하나의 시퀀스(sequence)를 이루고, 행위자가 그 점을 인식·의욕한 경우에 국한하여야 한다. 이런 **시퀀스고의**가 있을 때 비로소 여러 내부자거래행위들이 자본시장의 공정성에 미치는 부정적 효과가 누적적으로 확대되어 가중처벌의 근거가 확보되기 때문이다. 이 점에서 내부자거래죄의 연속범고의와 개인의 재산을 침해하는 형법상 재산범죄(예: 절도, 강도 등)의 연속범고의는 차이가 있다.

Insider Trading Regulation Under Rule 10b−5", California Western Law Review, Vol. 35, 1999, 381쪽.

88 한국증권법학회, 자본시장법(주석서 I), 박영사, 2015, 1188쪽.

09

주가조작죄

Ⅰ. 주가조작죄의 현황과 해석정책의 방향

Ⅱ. 불공정한 시장 참여

Ⅲ. 투자유인효과와 투자유발효과

Ⅳ. 시장의 가격결정기능 왜곡

Ⅴ. 주가조작죄의 목적조항

Ⅵ. 주가조작죄의 이득액 산정

09

주가조작죄

Ⅰ. 주가조작죄의 현황과 해석정책의 방향

기업은 증권시장을 통해 자본을 직접 조달하고, 생산성의 향상과 무관하게 기업의 가치를 높인다. 투자자들도 작은 재산으로 이념적으로 기업의 주인이 되고, 재산을 빠르게 증식할 기회를 갖는다. 하지만 증권시장에서 한 사람의 투자 성공은 다른 사람의 투자 실패를 전제하고, 기업들의 생산력이 향상되고 실물경제의 성장이 전제되지 않은 증권거래는 장기적으로는 제로섬(zero-sum)게임이기 쉽다. 하지만 그런 증권시장도 붕괴되어서는 안 된다. 증권시장의 붕괴는 다시 실물경제의 위기로 이어지기 때문이다.

1. 주가조작죄의 현황과 정당성

(1) 주가조작죄의 유형 이를 위해서 **증권시장의 공정성**과 **투자가치성에 대한 신뢰**를 유지해야 하고, 자본시장법[1] 제443조는 그런 신뢰를 깨뜨리는 다음과 같은 상장증권 또는 장내파생상품(부정거래죄는 장외파생상품 포함)과 주가연계증권(Equity-Linked Securities: ELS) 등의 비상장증권이나 장외파생상품의 거래에 관련한 일곱 가지 일탈행위(예: 고가매수, 물량소진 매수주문,[2] 상한가매수주문,[3] 시가 및 종가관여 매수주문[4])를 주가조작죄로 범

1 자본시장법은 증권거래법, 선물거래법, 한국증권선물거래소법, 신탁업법, 간접투자자산운용업법, 종합금융회사법을 통합하여 2009년 제정한 법률이다.

2 물량소진 매수주문은 매도1호가에 나온 매도물량을 소화하기 위하여 반복적으로 매수주문을 하여 일반투자자들에게 지속적으로 매수세가 유입되는 것처럼 잘못된 판단을 하게 하여 매매

죄화하고 무겁게 처벌한다.[5]

ⓐ **통정 · 가장매매 시세조종죄**(제443조 제1항 제4호) 거래가 성황을 이루고 있는 듯이 잘못 알게 하거나 기타 타인으로 하여금 그릇된 판단을 하게 할 목적으로, 사전에 거래상대방과 통정한 후 매도 · 매수하거나(제176조 제1항 제1,2호) 권리이전을 목적으로 하지 아니하는 가장된 매매(제3호) 또는 이런 행위들의 위탁 · 수탁을 하는 행위(제4호)

ⓑ **현실거래 시세조종죄**(제443조 제1항 제5호) 매매를 유인할 목적으로 매매거래가 성황을 이루고 있는 듯이 잘못 알게 하거나 그 시세를 변동시키는 매매거래 또는 그 위탁 · 수탁을 하는 행위(제176조 제2항 제1호)

ⓒ **시장조작유포 시세조종죄**(제443조 제1항 제5호) 매매를 유인할 목적으로 자기 또는 타인의 시장조작에 의해 시세가 변동한다는 말을 유포하는 행위(제176조 제2항 제2호)

ⓓ **허위 · 오해유발표시 시세조종죄**(제443조 제1항 제5호) 매매를 함에 있어 중요한 사실에 관하여 허위의 표시 또는 오해를 유발하게 하는 표시를 하는 행위(제176조 제2항 제3호)

거래를 유인한다. 서울고등법원 2009. 1. 6. 선고 2008노1506 판결 참조; 매도1호가의 수량을 모두 매수하지 못하는 경우라도 매도1호가의 변화를 가져오지는 못하지만, 매도1호가의 수량을 지속적으로 흡수함으로써 거래량이 늘어나고 주가가 매도1호가 아래로 떨어지지 않은 채 인위적으로 지지되는 것이어서 시세조종행위에 해당될 수 있다(조두영, 증권범죄의 이론과 실무, 박영사, 2018, 107쪽).

3 변제호 · 홍성기 · 김종훈 · 김성진 · 엄세용 · 김유석, 자본시장법, 지원출판사, 2015, 717쪽; 상한가 매수주문은 주가가 상한가를 시현하고 있을 때 상한가로 대량의 매수주문을 내어 상한가가 지속되도록 하는 것인데, 매도주문이 없는 상태에서 상한가 매수주문을 한 경우에도 매도물량이 나오게 되면 이를 지속적으로 흡수함으로써 거래량이 늘어나고, 이에 따라 주가가 상한가에서 인위적으로 지지되는 것이므로 일련의 행위 전체에 비추어 시세조종행위에 해당할 가능성이 존재한다.

4 시가 및 종가 관여 매수주문은 시가를 결정하기 위한 호가 접수시간과 종가를 결정하기 위한 호가 접수시간에 각 호가와 주문의 수량은 공개되지 않고 예상 체결가격 및 수량만 공개되는 상황에서, 공개된 예상 체결가격보다 높은 가격에 주문을 하여 그러한 예상 체결가격을 상승시켜 주가가 상승하는 것과 같은 허위의 외관을 창출하고 일반 투자자들로 하여금 매수를 유인하여 시가 혹은 종가가 높은 가격으로 결정되도록 하는 주문을 의미한다.

5 2013년 개정 전에는 제176조 제4항 각 호 외의 부분에서 "상장증권 또는 장내파생상품의 매매와 관련하여"라고 규정하여 ELS와 기초자산 간의 연계시세조종행위의 성립이 가능한지 여부에 관하여 논란이 있었는데, 2013.5. 개정 자본시장법은 연계시세조종행위가 금지되는 규제대상을 확대하였다.

ⓔ **탈법적 시세안정죄**(제443조 제1항 제6호) 대통령령으로 정한 경우(안정조작과 시장조성 및 그 위탁과 수탁)가 아닌데도 시세를 고정시키거나 안정시킬 목적으로 매매거래 또는 그 위탁·수탁을 하는 행위(제176조 제3항)

ⓕ **부당이익취득목적 시세변동·고정죄**(제443조 제1항 제7호) ① 파생상품 혹은 파생상품의 기초자산의 매매 등[6]에서 부당한 이익을 얻거나 제삼자에게 부당한 이익을 얻게 할 목적으로 각각 그 파생상품의 기초자산 혹은 파생상품의 시세를 변동 또는 고정시키는 행위(제176조 제4항 제1,2호), ② 증권 혹은 증권의 기초자산의 매매 등에서 부당한 이익을 얻거나 제삼자에게 부당한 이익을 얻게 할 목적으로 각각 증권 또는 그 증권의 기초자산 혹은 그 증권의 시세를 변동 또는 고정시키는 행위(제176조 제4항 제3,4호), ③ 파생상품의 매매 등에서 부당한 이익을 얻거나 제삼자에게 부당한 이익을 얻게 할 목적으로 그 파생상품과 기초자산이 동일하거나 유사한 파생상품의 시세를 변동 또는 고정시키는 행위(제176조 제4항 제5호)

ⓖ **부정거래행위죄**(제443조 제1항 제8, 9호) 금융투자상품(증권, 장내파생상품, 장외파생상품)의 거래에서 부정한 수단, 계획 또는 기교를 사용하거나(제178조 제1항 제1호) 중요사항에 관하여 거짓의 기재 또는 표시를 하거나 타인에게 오해를 유발시키지 아니하기 위하여 필요한 중요사항의 기재 또는 표시가 누락된 문서, 그 밖의 기재 또는 표시를 사용하여 금전, 그 밖의 재산상의 이익을 얻고자 하는 행위(제178조 제1항 제2호), 거래를 유인할 목적으로 거짓의 시세를 이용하는 행위(제178조 제1항 제3호), 거래를 할 목적이나 그 시세의 변동을 도모할 목적으로 풍문의 유포, 위계의 사용, 폭행 또는 협박을 하는 행위(제178조 제2항)

(2) 주가조작 강력처벌의 트릴레마 주가조작죄는 비록 줄어들었지만 여전히 집행결손[7]이 많음에도 불구하고[8] 주가조작범이 되면 "죽음의

---

6 2013년 5월 개정 자본시장법 제176조 제4항은 매매에 한정하지 아니하고 매매, 그 밖의 거래라는 '매매 등'의 개념을 사용하고 있다.

7 집행결손(Vollzugsdefizit)은 현대형법의 특징이라는 P.A.Albrecht/W.Hassemer /M.Voß, Rechtsgüterschutz durch Entkriminalisierung, 1992, 53, 63쪽 참조.

8 대법원에까지 올라온 사건만을 기준으로 보면 1997년 이전에는 1개의 판결(大判 93도2516)만이 발견되고, 그 이후에는 상당한 많은 판결들(大判 2003도4320; 2004도1164; 2004도8651; 2004도1465; 2002도6390; 2001도606; 2002도3131; 2003도7112; 2001도606; 2003

사각지대"로 불리는 강력범죄수준의 징역형, 징벌적 벌금형의 병과(제443조 제1항, 제447조 제1항), 자격정지형의 병과(제443조 제3항), 기업에 대한 양벌규정(제448조) 등으로 강력하게 처벌된다. 이는 증권가격형성에 의미 있는 모든 정보가 모든 시장참여자들에게 정확·완전·신속·적시 및 평등하게[9] 주어지는 정보효율성(Informationseffizienz)[10]이 단지 이념일 뿐인 현실에서[11] 정보약자를 보호하기 위함이다. 그러나 이런 사회국가적 법기획은 다음의 트릴레마(trillemma)에 빠질 수 있다.

> **★ 주가조작의 트릴레마** ① 주가조작죄가 투자실패책임을 정보생산자에 편중시키게 되면 정보약자인 투자자들은 합리적 투자판단을 게을리 하고 투기성 거래에 몰두하는 모럴헤저드(moral hazard)에 빠질 수 있고, 정보생산자는 법적 리스크를 벗어나기 위해 많은 정보유통비용을 지불하게 되며, 이는 자본시장의 정보유통을 고비용구조에 빠지게 한다(법에 의한 사회적 통합의 와해). ② 투자자의 모럴헤저드는 증권관련집단소송제에 의해 더욱 심해지고,[12] 스스로 책임져야할 투자실패까지도 법에 구제를 호소하여, 사법체계는 더 많은 주가조작소송의 부담을 해소하기 위해 소송경제에 편향되거나 더욱 강한 투자자보호정책의 판결을 내리게 된다(사회에 의한 법적 통합의 와해). ③ 이러한 법은 자본시장의 공정성과 합리성을 실현하는 정책에 무관심한 것이며, 투자자보호의 정책은 법적 책임귀속의 규범적

도686; 2002도1855; 2001도4947; 2002도1696; 2002도1256; 2001도3567; 99도2282; 2000도4444; 98도3051)이 발견된다.

9 정보평등을 증권체계의 합리성(효율성) 개념으로 이해하는 이형기, "증권거래법상의 민사책임에 관한 고찰", 인권과 정의 제277호, 1999, 53쪽.

10 정보효율성을 증권시장의 기초로 바라보는 이준섭, EU은행·증권법, 박영사, 1996, 163~165쪽; Gilson/Kraakman, "The Mechanism of Market Efficiency", Virginia Law Review, Vol. 70, 1984, 549쪽 아래 참조.

11 여기서의 이념은 증권정보가 가격결정에 적절하게 반영됨으로써 효율적인 자본배분이 이루어진다는 경영학의 이론적 가설인 효율적 시장의 가설(efficient market hypothesis)과 같지 않다. 그러나 주가조작행위 가운데에도 반드시 구조의 행위들(유형 ⓐⓒⓓ)을 금지하는 구성요건들은 정보지배력의 차이와 상관없이 (법적으로) 자유롭고 평등한 시장참여자들의 이념을 현실화하는 형벌법규들이기 때문이다. 효율적 시장가설은 현실거래에 의한 주가조작(유형 ⓑ)에서 타당할 여지가 있다.

12 이것의 문제점에 대해 이준섭, "증권관련 집단소송제 도입의 몇 가지 전제와 문제점", 상장협, 제44호, 2001, 19~34쪽; 이상돈, 공익소송론, 세창출판사, 2006, 92쪽.

원리를 일그러뜨리는 방식으로 법에 무관심한 것이다(법과 정책의 상호적 무관심)

(3) 주가조작죄의 정당성과 비례성 가령 자본시장의 소비자들은 실물시장의 소비자들과 달리 시장이 불공정하다는 생각이 커지면 아예 시장에 참여하지 않게 되고, 그런 경향이 일반화되면 자본시장은 빠르게 붕괴된다. 자본시장은 실물시장에 비해 매우 탄력적인 수요를 갖는다. 여기서 주가조작죄의 집행결손이나 불명확성 등 구조적인 문제점에도 주가조작죄가 갖는 공정성의 상징은 그 자체로 다시금 증권시장의 붕괴를 막는데 어느 정도 실제적인 기능을 발휘한다. 이때의 상징은 이미 존재하는 현실의 의미를 부여하는 기호가 아니라 정반대로 아직 '있지 않은' 현실을 만들거나 현실을 과장함으로써 어떤 기능을 수행하는 것이다. 이를 보드리야르는 시뮬라시옹(simulacre)[13]이라고 불렀다. **시뮬라시옹으로서 주가조작죄**는 트릴레마 등의 구조적인 문제에도 불구하고 정당성의 기반을 갖는다.

하지만 자본시장의 공정성 상징의 창출이라는 목적을 위해 투입되는 형벌이 비례성원칙에 위배되는지를 살펴야 한다. 첫째, 주가조작죄의 목적이 '현실(증권시장이탈의 방지)을 만들어내는 상징의 창출'이라면, 주가조작죄는 그 목적 달성에 적합한 수단이 된다(적합성 충족). 둘째, 주가조작죄의 목적을 달성하는 형사처벌보다 경미한 수단들, 공시제도나 한국거래소와 증권업협회의 자율규제기능 등은 민감하게 반응하는 시장참여자들의 속성상 충분한 수단이 되지 못할 것이기에 주가조작죄처럼 현실을 만들어내는 상징의 창출은 필요한 것으로 남아 있다(필요성 충족). 그러므로 주가조작죄의 비례성은 비교형량[14]되는 목적가치들의 균형성 문제가 관건이다. 시장의 공정성 창출 상징과 형벌이 침해하는 기본권

13 J. Baudrillard (하태환 역), 시뮬라시옹: 포스트모던 사회문화론(Simulacre et simulation), 민음사, 1992, 12~13쪽 참조.

14 이상돈, 헌법재판과 형법정책, 고려대출판부, 2005, 98~100쪽 참조.

가치의 균형성은 주가조작죄의 법규범이 어떤 방향과 내용으로 구체화 되느냐에 달려 있다.[15]

★ **비례성의 절차적 실현** ① 주가조작죄의 구체적 규범 형성권은 의회나 법원 외에 행정에이전시(adminstrative agencies)인 증권선물위원회도 분점하여야 한다. 주가조작에 관한 손해배상절차와 형사절차를 좌우하는 증권선물위원회의 조사와 조치(자본시장법 제426조)는 비례성원칙에 위배되지 않는 행위유형을 상당한 정도로 선별해낼 수 있다.② 특히 증권거래가 주가조작죄의 요건을 충족하더라도, 그 **거래의 기간과 거래량**의 변수를 고려하여야 한다. 증권거래가 일정 기간 안에, 일정한 질적 수준의 불공정성을 지닌 채, 일정한 횟수(발생량)로 이루어졌다고 할 때, 그 위반행위의 질적 수준과 발생 총량을 동일하게 유지한 채, 그 행위들을 그 기간보다 더 긴 기간에 걸쳐 분산시켜놓는다면 그 행위들의 시장유해성은 희석된다. 이는 같은 양과 같은 오염도의 폐수라도 긴 시간에 걸쳐 하천에 서서히 방출할수록 하천의 오염도가 낮아지는 것과 같다. 다른 한편 같은 기간, 같은 질적 수준의 시세조종행위라더라도 발생횟수가 많을수록 주가조작죄로 통제할 필요성이 높아진다. ③ 주가조작죄는 증권거래행위로 얻은 **이익이 일정한 규모** 이상이어야 한다. 일정 규모에 미치지 못하는 이익은 구성요건해당성조각사유인 사소법칙침해원칙에 의해 주가조작죄가 성립할 수 없게 하는 것이다. 이는 이득액의 규모가 클 경우 처벌을 ―5억 원 이상 50억 원 미만 또는 3년 이상 징역, 50억 원 이상 무기 또는 5년 이상의 징역으로― 가중하는 법 제443조 제2항의 반대짝이 된다. ④ 실제 손해는 주가조작행위와 **통계학적 인과성**, 즉 시세변동의 단순한 가능성(大判 2002도1256)이나 개연성[16]을 넘는 '고도개연성'이 있어야 한다. 증권선물위원회는 통계적 인과성을 해명하는 과학적 분석기법을 더욱 발전시켜 세밀화하고, 가벌성이 인정되는 불법이득액의 규모를 ―절대액 방식이 아니라 해당 기업의 주가총액에 비례하여 상대화하는 방식으로― **정형화**할 필요가 있다.

---

15 이는 주가조작죄에 대해 헌법재판을 하게 된다면 헌법재판소는 변형결정(한정합헌결정, 한정위헌결정)을 하게 됨을 의미하기도 한다.

16 김정만, 앞의 논문, 216쪽; 이종학, "시세조종의 입증", 정강법률포럼 창립세미나 자료집, 1999, 4쪽.

2. 주가조작의 불법유형

주가조작죄는 현실에서 상당한 집행결손을 보여주고 있고[17] 형법이론적으로도 정당성에 대한 회의가 남아 있지만,[18] 주가조작의 범죄성은 흔히 시장사기라는 개념에 의해 당연한 것으로 이해된다.

(1) 주가조작죄와 사기죄의 유비관계 이는 주가조작을 미국 연방증권법상의 시장사기(fraud on market), 독일형법전(StGB)상[19]의 자본투자사기(Kapitalanlagebetrug), 시세사기(Kursbetrug)와 같이 다음과 같은 유비적 배열을 통해 사기죄의 일종인 것처럼 참칭한다.

주가조작죄의 성립요소 ⇔ 사기죄의 성립요소	
허위정보의 창출	기망
투자판단의 그르침	착오 및 재산처분
인위적인 증권가격의 형성(투자실패)	손해발생과 재산상 이득

이런 유비적 이해는 시세조종을 더 광범위하게 처벌하게 만든다. 자본시장법에 미국의 포괄적 사기금지조항을 본뜬 부정거래행위죄(제

17 예컨대 구 증권거래법 제188조의4 제4항(허위사실 유포 및 위계사용·부실표시문서사용에 의한 시세조종)을 미국식의 '사기적 증권거래행위'를 처벌하는 규정으로 운용할 수 있다는 박준, "시세조종행위의 규제", 인권과 정의, 제230호, 1995, 79~89쪽; 미국의 1934년 증권거래법(Securities Exchange Act of 1934) Section 10(b) 및 SEC Rule 10b-5처럼 부당한 이득의 취득이나 재산상의 이익 취득을 (필자의 이해로는 이를 행위의 목적으로 규정하는 우리나라 증권거래법에서는 목적조항마저) 주가조작죄의 요건으로 삼지 않음으로써 일반적 불공정거래금지조항을 형성하자는 주장으로 임재연, 증권거래법, 2002, 456쪽 참조. 이런 관점은 현행 자본시장법 제178조에 법제화되었다고 볼 수 있다.

18 임철희, 시세조종행위의 형법적 문제에 관한 연구, 한국형사정책연구원, 2002 참조.

19 ★ 독일의 주가조작죄 법제 독일의 주가조작죄는 크게 3가지 법제, 즉 2차 경제형법개정을 통해 형법전(StGB) 제264조a에 신설된 자본투자사기죄와 이 규정의 제정을 계기로 재정비된 증권법(Börsengesetz) 제88조의 시세사기죄 및 유가증권거래법(Wertpapierhandelsgesetz) 제39조에서 질서위반범으로 다루는 제20조a의 유통가격과 시장가격조작죄(Kursund Marktpreis-manipulation)로 규율된다. 자본투자사기죄나 시세사기죄 모두 3년 이하의 자유형 또는 벌금형에 처한다.

178조, 제443조 제1항 8,9호)를 신설한 것은 그 예이다.[20]

★ **포괄적 사기금지** 미국의 1934년 증권거래법(Securities Exchange Act of 1934) Section 10(b)[21], 그 위임입법인 SEC Rule 10(b)−5[22], 그리고 Section 32(a)[23](누구든지 이 법 또는 이 법에 의해 그에 대한 위반이 불법으로 되거나 그에 대한 준수가 요구되는 규정 및 규칙의 조항을 고의로 위반한 자는 5백만 달러 이하 또는 20년 이하의 징역 또는 양자의 병과에 처한다), 1933년 증권법(Securities Act of 1933) Section 24(누구든지 이 법 또는 이 법의 규정에 따른 권한으로 SEC가 제정한 규정 및 규칙의 조항을 고의로 위반한 자에게 1만 달러 이하 또는 5년 이하의 징역 또는 양자의 병과에 처한다)는 포괄적(catch−all)[24]이며, 시장사기를 금지한다(general anti− fraud provision[25]).

---

20 이런 이해로 성희활, "사기적 부정거래에서 "위계"의 적용 문제", 증권법연구, 제8권 제1호, 2007, 81쪽.

21 SECURITIES EXCHANGE ACT OF 1934 SEC. 10. It shall be unlawful for any person, directly or indirectly, by the use of any means or instrumentality of interstate commerce or of the mails, or of any facility of any national securities exchange— …… (b) To use or employ, in connection with the purchase or sale of any security registered on a national securities exchange or any security not so registered, or any securities−based swap agreement, any manipulative or deceptive device or contrivance in contravention of such rules and regulations as the Commission may prescribe as necessary or appropriate in the public interest or for the protection of investors.

22 SEC Rule 10b−5 (Employment of Manipulative and Deceptive Devices): It shall be unlawful for any person, directly or indirectly, by the use of any means or instrumentality of interstate commerce, or of the mails or of any facility of any national securities exchange, To employ any device, scheme, or artifice to defraud, To make any untrue statement of a material fact or to omit to state a material fact necessary in order to make the statements made, in the light of the circumstances under which they were made, not misleading, or To engage in any act, practice, or course of business which operates or would operate as a fraud or deceit upon any person, in connection with the purchase or sale of any security.

23 Sec. 32(b), (c)도 주가조작죄를 통제하는 규정이지만 (a)에 비해 실무적 중요성이 현저히 적다.

24 이런 개념사용에 대해 Paul, Hastings, Janofsky & Walker, LLP, Securities Law Claims: A Practical Guide, Oceana Publications, Inc., 2004, 228쪽.

25 포괄조항(general provision) 개념은 William B. Herlands, "Criminal Law Aspects of the

그러나 첫째, 주가조작죄는 증권시장의 공정성과 그에 대한 신뢰라는 보편적 법익을 보호하는 경제범이고, 둘째, 사기죄는 개인적 법익에 대한 범죄(재산범)이며, 셋째, 시장사기와 같은 유비적 개념에 의해서는 형사불법이 인정될만한 주가조작행위(manipulating)와 합법적인 시세조종행위(주가안정화stabilization, 주가부양boosting), 심지어 보통의 주식거래행위를 구분하기 어렵고, 넷째, 주가조작죄의 거짓의 표시, 거짓매매나 통정매매 등은 사기죄의 핵심인 행위반가치표지 기망(Täuschung)과 비슷하지만, '오해유발'이나 시장조작을 유포하는 행위 등은 사기죄의 기망에 못 미치는 불법의 질을 갖고 있을 뿐이며,[26] 다섯째, 주가조작에서 시장사기의 대상은 사기죄처럼 '사실'(Tatsache)일 필요가 없고, 견해나 가치판단도 무방하다.[27]

(2) 주가조작죄의 고유한 불법유형 주가조작죄의 고유한 불법을 파악하려면 ① 고양된 주가형성력 ② 나쁜 심정에 주목하여야 한다.

1) 고양된 주가형성력 주가조작이 아니더라도 모든 주식거래는 주식의 가격을 변화시킨다. 주식거래의 가격형성력은 크기의 차이가 있을 뿐이며 그 차이를 〈형성→조종→조작〉의 세 단계로 나눌 수 있다. ① 여기서 **가격형성력**은 누구나 자유로이 참여할 기회를 공평히 누리고, 투자정보도 모든 시장참여자들에게 대칭적으로 분배되어 있는 경쟁적 자유(자본)시장에서 증권에 대한 수요와 공급의 한 요소로서 주식가격을 결정하는 힘을 가리킨다. '경쟁적 자유시장'의 이념에서 보면 모든 증권거래는 그것이 수요와 공급의 일부가 되는 한, 똑같은 가격형성력을 갖

Securities Exchange Act of 1934", Virginia Law Review, Vol. 21, No. 2, 1934, 141, 143쪽 참조.

26 '개입(interference)'의 개념이 불분명하고, '거래 유인(inducement of trading)'의 개념도 범위가 지나치게 넓다는 점에서 시세조종행위를 구성하는 개념들이 불명확하다는 Daniel R. Fischel/David J. Ross, "Should the Law Prohibit 'Manipulation' in Financial Markets?", Harvard Law Review, Vol. 105, 1991, 553쪽.

27 독일 증권법(Börsengesetz) 제88조의 해석으로 Eberhard Schwark, Börsengesetz Beck, 2004, §88-5 참조.

는다. ② 그러나 현실에서 증권거래의 가격형성력은 똑같지 않고, 다음의 거래들은 **인위적**이지만 자본시장의 가격결정메커니즘을 여전히 작동시킨다는 점에서 조작과 구별하여 주가를 **조종**(control, steuern)한다고 개념화할 수 있다.

— **기관투자자의 대량거래**는 단기간에도 큰 폭으로 주가의 등락을 가져온다. 그래서 대량의 주식은 시간외 매매로 거래함으로써 순차적인 거래의 가격형성력을 인위적으로 유보시키는 것이 더 공정하다.
— **주가부양**(boosting) 각종 연금공단의 정책적인 증권 대량매입이나 저평가된 주식가치를 실질화하는 자기주식의 취득과 소각은 주가부양을 가져온다.
— **탈법적 시세안정** 탈법적 시세안정(제443조 제1항 제6호)은 시장의 수요와 공급을 인위적으로 조절할 뿐 시장의 가격결정메커니즘 자체를 건드리지는 않기에 주가의 조작이 아니라 조종에 해당하지만 법정절차에 따라 이루어지지 않은 점에서 주가조작죄로 취급된다.

<table>
<tr><td>시장 가격결정 기능의 위태화</td><td>×</td><td>×</td><td colspan="2">●</td></tr>
<tr><td>(가격결정의) 인위성</td><td>×</td><td>●</td><td colspan="2">●</td></tr>
<tr><td>가격형성력</td><td>●</td><td>●</td><td colspan="2">●</td></tr>
<tr><td>구조요소 / 유형</td><td>형 성</td><td>조 종</td><td colspan="2">조 작</td></tr>
<tr><td rowspan="2">보기</td><td>– 일반투자자의 소액거래</td><td>– 대량의 자전거래
– 주가안정화
– 자기주식취득·소각
ⓔ 탈법적 시세안정</td><td>규범적 의미
ⓐ 통정·가장매매 시세조종죄
ⓒ 시장조작유포 시세조종죄
ⓓ 허위·오해유발 표시의 시세조종
ⓕ 부당이익취득 목적 시세변동·고정</td><td>사실적 의미
ⓑ 현실거래 시세조종죄</td></tr>
<tr><td colspan="4">ⓖ 부 정 거 래 행 위 죄</td></tr>
</table>

③ 인위적인 가격형성이 **시장의 가격결정메커니즘 자체를 위태화하**는 단계에 이른 경우는 주가의 형성이나 조종과 구별하여 **조작**(Kurs-manipulation)이라고 개념화할 필요가 있다. 자본시장법은 "시장 조작에 의하여"(제176조 제2항 제2호)라는 표현을 제외하고는 '조작'의 개념을 '조종'으로 표현함으로써 조종과 조작을 체계적으로 구분하지 못한다. 조작에 이른 행위는 네 가지 유형으로 나눌 수 있다.

— **행위반가치가 강한 행위** 도덕적으로 일탈한 증권거래(예: ⓐ 통정·가장매매, ⓒ 시장조작유포 ⓓ 허위·오해유발표시)는 양적으로 시장지배력을 갖지는 못하지만 다른 시장참여자들에게 자본시장의 가격결정기능에 장애가 발생할 수 있다는 두려움을 갖게 하기 때문에 시장기능을 위태화한다고 말할 수 있다. 이 일탈행위들은 반복·누적되면 자본시장기능이 현실적으로 붕괴될 개연성이 있다는 점에서 시장기능을 위태화하는 **적성**(Eignung)이 있다.

— **결과반가치가 강한 행위** 가격결정력을 독·과점하거나 '감지할만한' 시장영향력을 지닌 단기의 대량거래(예: ⓑ 현실거래, ⓕ 부당이익취득목적 시세변동·고정)는 현실적으로 자본시장의 가격결정기능을 위태화할 수 있는 적성을 갖고 있지만 행위 자체에는 반도덕적인 요소가 없다. 이런 행위가 주가조작의 불법을 가지려면 행위자에게 조작의 강한 의도와 같은 반도덕적 요소(행위반가치)가 있어야 한다.

— **행위 및 결과반가치가 미약한 행위** 탈법적 시세안정행위(유형 ⓔ)는 주가조작죄의 행위반가치와 결과반가치가 결핍되어 있다. 이 행위는 투자유인·유발 효과를 가졌음이 패턴분석으로 입증되더라도 법정절차에 의하지 않은 주가의 조종에 불과하다.

— **위험한 행위** 부정거래행위(예: 증권신고서·사업설명서 허위기재)는 투자자의 투자결정에 영향을 미치지만 시장의 가격결정기능에 대해 추상적인 위험(사유적 가능성)을 띤 행위, 위험스러운(risky) 행위이다. 이런 행위의 처벌은 주가조작죄의 전단계(Vorfeld)를 범죄화하고,[28] 자본시장참여에 관한 도덕적 행위규범을 구축한다. 또한 부정거래행위는 다른

28 주가조작죄의 전단계화(Vorfeldkriminalisierung)는 지유미, M&A에 대한 형법정책의 방향, 고려대학교 박사학위논문, 2009, 55쪽.

시장참가자의 재산을 침해하는 개인적 법익의 범죄이기도 하다. 다른 주가조작죄를 규율하는 자본시장법 제4편 제2장(제176조~제177조)이 아니라 제4편 제3장(제178조~제180조의3)이 부정거래행위를 규율한다. 부정거래행위죄는 포괄구성요건(Auffangstatbestand)이다. 다른 시세조종행위들은 시장의 가격결정기능을 왜곡하고, 그 왜곡으로 인해 발생한 손해(제177조 제1항)에 대한 배상책임을 가져오지만, 부정거래행위는 그 거래의 상대방이 입은 손해(제179조 제1항)에 대한 배상책임을 가져온다.

2) 조작목적조항과 나쁜 심정 ① 주식거래가 객관적으로 주가의 조작에 이르렀어도 주가조작인지 여부는 언제나 불명확하고, 행위 및 결과반가치의 결핍이 있기 때문에 이를 보충하는 주관적 요소로서 행위자에게 '나쁜 의도'(목적)가 있어야 한다.[29]

범죄유형	목적의 내용
ⓐ 통정 · 가장매매 시세조종죄	매매가 성황을 이루고 있는 듯이 잘못 알게 하거나 그 밖에 타인에게 그릇된 판단을 하게 할 목적으로
ⓑ 현실거래 시세조종죄	매매를 유인할 목적으로
ⓒ 시장조작유포 시세조종죄	
ⓓ 허위오해유발표시 시세조종죄	
ⓔ 탈법적 시세안정죄	시세를 고정시키거나 안정시킬 목적으로
ⓕ 부당이익취득목적의 시세변동 · 고정	부당한 이익을 얻거나 제삼자에게 부당한 이익을 얻게 할 목적으로
ⓖ 부정거래행위죄 (제178조)	매매, 그 밖의 거래를 유인할 목적으로(제1항 제3호)
	매매, 그 밖의 거래를 할 목적이나 그 시세의 변동을 도모할 목적으로(제2항)

그러나 위와 같은 목적조항들은 불법의 실질을 추가하는 요소를 갖고 있지 않고 있어서 주가조작죄 불법의 부족분을 메워주기 어렵다. 왜냐하면 가령 내란목적살인죄(형법 제88조)에서 내란목적은 실행행위(예:

29 서종남, 증권거래의 시세조종의 규제에 관한 연구—미국의 연방증권법을 중심으로, 건국대 박사학위논문, 1999, 235쪽; 바로 그렇기 때문에 주가조작의 범죄화에 대해 비판적인 시각으로 임철희, 시세조종행위의 형법적 문제에 관한 연구, 한국형사정책연구원, 2002, 41~42쪽.

살인)로써 달성하려는 행위에 외재하는 목표(예: 국토를 참절하거나 국헌을 문란할 목적으로)여서 살인의 불법에 새로운 불법을 추가시키는 반면, 부당이득취득목적의 주가조작죄(제443조 제1항 제7호)[30]를 제외한 주가조작죄의 목적은 **주가조작행위에 내재된 목표에 불과**하고, 이에 대한 인식도 고의의 내용(예: ~하게 하려고, ~할 의도로)이 될 뿐, 새로운 불법을 추가하지 않기 때문이다. ② 게다가 판례는 목적을 **미필적 고의**로 해석하여 수사와 재판에서 유죄입증의 부담을 덜어주기까지 한다.

> "통정매매 또는 가장매매 사실 외에 주관적 요건으로 '거래가 성황을 이루고 있는 듯이 잘못 알게 하거나 기타 타인으로 하여금 그릇된 판단을 하게 할 목적'…은 다른 목적과의 공존 여부나 어느 목적이 주된 것인지는 문제되지 아니하고, 그 목적에 대한 인식의 정도는 적극적 의욕이나 확정적 인식임을 요하지 아니하고 **미필적 인식**이 있으면 족하며, 투자자의 오해를 실제로 유발하였는지 여부나 타인에게 손해가 발생하였는지 여부 등은 문제가 되지 아니한다"(大判 2004도1164).

더 나아가 판례는 주가조작의 객관적 구성요건 충족이 — 가령 금융감독원의 거래패턴 분석으로 주가폭등 · 폭락의 원인을 설명할 합리적 이유가 없음을 밝히는 방법으로 — 입증되면 목적의 존재를 사실상 추정한다. 이를 **일응 증명** 케이스(prima facie case)[31]라고 부르며, 이를 통해 목적의 부존재에 해당 입증책임을 피고에게 전가한다. 하지만 주가조작죄의 내재적인 목적에 관련한 간접사실은 통상적으로 매우 적고, 많은 경우 거래패턴의 분석이 사실상 간접증거의 전부이기에 이런 추정은 합리성이 담보되

30 "파생상품의 매매 등에서 부당한 이익을 얻거나 제3자에게 얻게 할 목적"을 위하여 "그 파생상품의 기초자산의 시세를 변동 또는 고정시키는 행위"(제178조 제4항 제1호)를 하는 것이므로 시세조작행위의 목적은 그 행위에 외재적인 목표이다. 여기서 부당한 이익의 취득은 단지 "유가증권의 처분으로 인한 행위자의 개인적이고 유형적인 '경제적 이익'에 한정되지 않고" — 이 점에서 형법상 불법이득의사의 불법이득(Bereicherung)과 구별되는데 — "기업의 경영권 획득, 지배권 확보, 회사 내에서의 지위 상승 등 무형적 이익 및 적극적 이득뿐 아니라 손실을 회피하는 경우와 같은 소극적 이득, 아직 현실화되지 않는 장래의 이득도 모두 포함하는 포괄적인 개념으로 해석"(大判 2009도1374)된다.

31 미국의 이 법리에 관해 김정수, 현대증권법원론, 박영사, 2002, 719~720쪽 참조.

기 어렵다.

> ★ **주가조작죄의 목적추정** H증권 대표 甲은 H증권이 보유하는 계열회사 H전자의 300만주와 전환사채 2천억 원의 처분을 결정하고 1998.5.26.~1998.11.12. H증권에 개설된 H중공업과 H상선 명의의 계좌로 H전자의 주식을 매매하게 하였다. ⓐ 이 과정에서 종가결정을 위한 동시호가시간대에 53회에 걸쳐 고가매수주문(1백만주)을 냈고, ⓑ 1천회에 걸쳐 직전체결가 및 상대호가 대비 고가매수주문(3백만주)을 냈으며, ⓒ 567회에 걸쳐 장중 접속시 매매체결가능성이 없는 허위의 대량매수주문(2백만주)을 냈고, ⓓ 60회에 걸쳐 동시호가시 호가잔량만 공개되고 매매체결가능성은 없는 낮은 가격의 허위매수주문(30만주)을 냈다. 이를 통해 H증권은 58억 원의 시세차익을 취득하였다. ① 대법원은 ⓔ H전자 지분은 H그룹 계열회사 80%, 기관투자자 5%, 개인소액주주 10%로서 ⓕ 유통가능한 주식물량은 최대 8백만주(15%)였던 점, ⓖ H중공업과 상선이 H전자 주식매수에 동원한 자금 2200억 원은 H전자 주식의 유통가능물량의 1.84배임을 고려하여 甲에게 거래유인목적을 인정하고 현실거래의 주가조작죄를 인정하였다. ② 甲의 행위는 허위매수주문(위 ⓒⓓ)으로 **가장매매 주가조작죄**에 해당하고, 고가매수주문행위들(ⓐⓑ)은 H그룹 계열회사의 총지분율이 높고(ⓔ), 거래량이 적은 유통가능물량(ⓕ) 비해 상당히 많다(ⓖ)는 특성으로 인해 투자자들이 "매매가 성황을 이루고 있는 듯이 잘못 알게 하"(제176조 제2항 1호)는 매매에 해당하여 **현실거래 주가조작죄**의 객관적 구성요건을 충족한다. 그러나 H증권의 수익률이 1998년도 증시호황에서 평균수준이었으므로 甲에게 시장가격결정기능을 왜곡하는 거래유인목적을 단정할 수 없다.

③ 하지만 목적조항은 동기의 차원에서 윤리적으로 비난받을 만한 **나쁜 심정**(Gesinnung)으로 재해석될 수 있다. 먼저 주식을 매입하는 사람들은 자신의 매입이 다른 후속 매입을 유인하여 가격을 상승시키고, 차익을 실현하고자 하는 의사를 갖고 있다. 그렇기에 모든 주식매입은 현실거래 시세조종죄의 "매매를 유인할 목적"을 갖고 있다. 그렇기 때문에 "매매를 유인할 목적"이란 문언은 의미론적 차원이 아니라 심리적 차원에서 읽어야 한다. 즉 특정 거래자에게서 윤리적으로 나쁜 심정을 추단하지 않고는 현실거래 시세조종과 통상의 증권거래행위가 구분되지 않

는다. 가령 미국의 저명한 주식투자가 워렌 버핏(Warren E. Buffett)이 어떤 기업의 주식을 사면, 사람들은 추격 매수를 한다. 이런 일이 반복되면, 버핏이 주식을 사면서 투자성공을 기대하는 한, 그는 이미 "매매를 유인할 목적"을 갖고 있는 것이 된다. 그런데도 현실거래 시세조종죄가 성립하지 않는 것은 그의 주식거래에 윤리적으로 나쁜 심정을 귀속시킬 수 없기 때문이다. 결국 주가조작죄(유형 ⓐ~ⓖ)의 목적조항은 주식거래를 한 사람들의 '**윤리적으로 비난받을만한 나쁜 심정**'을 은밀하게 판단하는 조항으로 기능하게 된다. 언제 그런 나쁜 심정을 추단하는지는 베일에 가려져 있다. 이로써 주가조작죄는 심정형법(Gesinnungsstrafrecht)의 위험성을 갖고 있다.

3. 시장의 최소도덕으로서 공정성의 해석과제

주가조작의 불법이 형사불법이 되는 이유는 행위자의 반도덕적 인격보다는 그 행위가 자본시장의 경쟁구조를 왜곡하고 시장기능을 위태롭게 만드는 데에 있다. 여기서 시장기능의 위태화가 주가조작죄의 형사불법으로 구성되려면 목적조항에 숨어 있는 심정윤리가 아니라 보편적 도덕, 즉 본질적으로 도덕적일 수 없는 자본시장이 사회적 통합을 달성하기 위해서 갖추어야 하는 최소한의 도덕성[32]인 공정성(Fairness)과 관계하여야 한다. 예를 들어 현실거래 주가조작죄(유형 ⓑ)는 독과점시장에서 시장지배력을 남용하는 행위와 유비적인 성격의 불법을 가질 때 비로소 성립한다고 보는 것이다.[33]

★ **주가조작죄의 법익논쟁** ① 독일에서 주가조작죄의 보호법익은 증권시장의 기능보호라는 견해[34]와 투자자보호라는 견해[35]가 첨예하게 대립한다.

---

32 이 도덕성은 윤리경영의 핵심표지라는 이상돈, 윤리경영과 형법, 신영사, 2005 참조.

33 현실거래 주가조작죄의 비범죄화와 독과점지위 남용죄의 비범죄화는 평행선을 이룬다는 이상돈, "공정거래질서와 형법정책", 법제연구, 통권 제25호, 2003, 167~195쪽.

34 Alexandra, Schmitz, "Aktuelles zum Kursbetrug gemäß §88 BörsG", wistra, 2002, 211쪽.

우리나라에서는 양자를 대등하게 보는 견해도 있다.[36] 투자자보호설은 형법의 임무를 인격적 법익의 보호에 국한시키는 반면, 기능보호설은 형법의 임무를 현대사회의 다양한 보편적 법익의 보호에 확장시키는 형법정책적 근본관점에 서있다. ② 그러나 자본시장법상 주가조작죄를 투자자보호 법제로 보면 형법은 오히려 무분별하게 확대되고, 법치국가적 원칙을 깨뜨리기 쉽다. 자본시장기능을 고려할 때 주가조작죄는 자본시장의 공정한 가격결정기능을 보호하기 위한 것이지만, 그 성립요건을 형법상의 기본원칙들(책임원칙, 명확성원칙, 비례성원칙)을 최대한 충족하는 방향으로 엄격하게 해석해야 한다.

허위정보 사용이나 위계 등의 사술詐術을 사용한 주가조작죄들(유형 ⓐⓒⓓⓕ)도 시장에 대한 사기(Fraud)로서 사기죄의 불법과 같은 것이 아니라 오히려 다음과 같은 구조의 불법을 근거지울 수 있을 때에만 비로소 성립한다고 보아야 한다.

사기죄적 요소	주가조작죄의 요건
허위정보의 창출	불공정한 시장 참여 (II)
투자판단의 그르침	정보권침해를 통한 투자유인과 투자유발 (III)
인위적인 증권가격의 형성	증권시장의 가격결정메커니즘의 왜곡 (IV)

Ⅱ. 불공정한 시장 참여

어떤 유형의 주가조작죄도 불공정한 시장참여가 있어야 성립한다. 이는 주가조작죄가 속한 제2장 제4편의 표제가 "불공정거래의 규제"인 점에서도 확인된다.

35 Alexander Worms, Anlegerschutz durch Strafrecht, 1987, 259~266쪽; 우리나라에서도 김건식, 증권거래법, 두성사, 2004, 40쪽; 자본시장법도 투자자보호의 공백을 제거하는 기획을 좇는다고 보는 안수현, "불공정거래행위 규제법의 새로운 전개 – 자본시장 및 금융투자업에 관한 법률(안)의 불공정거래행위 규제를 중심으로 –", BFL, 제22호, 2007, 42~61쪽.

36 임철희, 시세조종행위의 형법적 문제에 관한 연구, 형사정책연구원, 2002, 122쪽.

1. 시장참여: 거래

주가형성에 기여하는 불공정한 행위라도 시장참여, 즉 자본시장법상 개념인 "거래"가 아니라면 주가조작죄가 성립하지 않는다.

(1) 거래의 의미 거래는 매매와 매매 외의 기타 거래(예: 매매의 위탁, 수탁) 및 '거래와 관련한 행위'(예: 거짓정보의 유포)를 포함한다. 예컨대 미래의 영업실적이나 경영확장에 대한 예측정보를 제공하는 행위도 거래에 해당한다. 거래는 직접하는 경우뿐만 아니라 주가조작에 해당하는 증권거래(또는 관련행위)를 교사·방조하는 경우도 포함한다. 또한 유포(제176조 제2항 제2호)는 불특정한 다수인에게만이 아니라[37] 전파가능성이 있는 특정한 개인에게 말한 경우까지 포함한다.

(2) 참여자 역할의 수행 거래가 주가를 조작하는 시장참여가 되려면 증권시장의 관찰자(Beobachter) 역할이 아니라 참여자(Teilnahmer)의 역할을 수행하는 것이어야 한다. ① 예컨대 증권 애널리스트의 잘못된 시황분석과 특정 종목에 대한 빗나간 예측은 비록 거래와 관련된 행위이긴 하지만, 그들은 시장참여자의 역할이 아니라 **관찰자 역할**을 할 뿐이어서 주가조작죄가 성립하지 않고, 투자자들도 그들에게 법적 책임을 귀속시키지 않는다. ② 하지만 애널리스트의 시황분석이 예컨대 전반적인 전망의 진술을 넘어서 **'숫자로 구체화된 예측'**을 내놓는다면[38] 그의 역할은 관찰자에서 참여적 관찰자(teilnehmender Beobachter)로 바뀌며 거래에 해당할 수 있다. ③ 시황분석으로 매수추천을 하여 투자자의 관심을

---

37 불특정한 다수인은 유포보다 좁은 개념인 '공연'(公然)히 적시'라는 개념의 의미로 이해될 수 있다.

38 이 구별은 SEC Rule 10b-5 증권사기(securities fraud)의 적용과 관련하여 미국 법원이 행한 것인데, 전반적으로 낙관적인 진술(generally optimistic statements)은 법적으로 중요하지 않지만, 숫자화된 구체적 예측(numerically specific predictions)은 증권거래법위반이 문제될 수 있다고 한다(자세히는 Amchen/Cordova/Cicero, Securities Fraud, 39 American Criminal Law Review 2002, 1044쪽 참조).

끈 뒤 자신은 곧이어 매도하는 **스캘핑**(scalping)에서는 시황분석이 숫자로 구체화된 예측이 아니어도 시장참여가 된다. 물론 대개의 스캘핑은 투자유발효과가 미미하다. 그런데도 스캘핑은 독일증권법(Börsengesetz) 제20조a와 그 시행령 제4조(§4 MaKonV)에 명문화되어 있고, 우리나라 자본시장법상 부정거래행위죄(제178조 제1항 제1호)에 "기교를 사용하는 행위"에 해당한다. 그러나 부정거래행위죄도 법정형이 주가조작죄(제176조)와 같다는 점에서 스캘핑은 이례적인 투자유발효과를 보인 경우에 한하여 부정거래죄로 보아야 한다.

2. 불공정성

시장참여(거래)가 주가조작이 되려면 그 참여가 불공정한(unfair) 것이어야 한다.

(1) 불공정성의 의미 ① 통정매매(matched orders)나 가장매매(wash sales), 시장조작의 유포(제176조 제2항 제2호)나 허위표시 또는 오해유발표시(제176조 제2항 제2호), 더 나아가 위계나 부실표시문서의 사용(제178조 제1항 제2호) 등과 같은 **허위정보의 창출**은 불공정성의 대표적인 예이다.[39] ② 그러나 현실거래 주가조작죄는 허위정보 창출이 아니라 **강력한 주가형성력** 때문에 불공정한 거래가 된다.

★ 현실거래 주가조작의 강력한 주가형성력 현실거래 주가조작죄(제176조 제2항 제1호)는 현실거래가 거래의 성황을 "잘못 알게"誤認 하거나 시세를 변동시키는 것일 때에 국한된다는 점은 허위정보의 창출이라는 측면[40]

39 이때 "유포"는 불특정한 다수인에게만이 아니라 전파가능성이 있는 특정한 개인에게 말한 경우까지 포함하는 반면, "표시"는 (전파가능성이 없는) 특정한 소수의 개인에게 한 경우를 포함하는 것으로 확장해서는 안 된다.

40 "인위적인 조작을 가하여 시세를 변동시킴에도 불구하고, 투자자에게 그 시세가 유가증권시장에서의 자연적인 수요·공급의 원칙에 의하여 형성된 것으로 오인시키"는 것(大判 2001도606; 2001도4947; 2002도1256; 99도2282)이란 판시는 목적조항을 해석한 것이지만 그 목적조항은 고의의 내용을 서술하고 있는 것에 불과하고, 이 판시부분은 "오인"과 관계되는 '거짓정보의 창출'을 설명하고 있는 것이다. 다만 이 판례는 구 증권거래법상 제188조의4 제2항 제1호

을 가리키는 것이 아니라 인위적이라고 표현할 정도의 강력한 주가형성력을 가리킨다. 이를 두고 거짓정보의 창출로 본다면 통상적인 증권거래가 모두 허위정보를 창출하는 거래로 된다. 왜냐하면 적은 규모의 통상적인 증권거래도 마치 나비효과(The Butterfly Effect)[41]처럼 우연히 급격한 주가변동의 계기가 되는 경우가 적지 않고, 언제 그런 계기가 되는지도 예측할 수 없는 것이 증권시장의 속성이기 때문이다.

③ 반면 허위정보의 창출이 있어도 주가조작죄가 성립하지 않는 경우도 있다. 예컨대 기관투자자들의 시간외 매매에 이용되는 '합법적인' **'자전거래'**(cross trading)는 증권회사가 중개하여 거래상대방인 투자자들 간에 같은 종목, 가격, 수량으로 이루어지는 매매로서 허위정보를 창출하지만 합법적인 거래가 된다. 그러므로 허위정보의 창출은 주가조작죄의 필요조건도 충분조건도 아닌 불공정한 시장참여행위의 한 양태일 뿐이다. 불공정성(unfairness, Unredlichkeit) 개념은 **가치충전필요개념**(wertausfüllungsbedürftiger Begriff)으로서 규범적·도덕적 내용으로도(아래 (2)) 사실적·경제적·정책적 내용으로도(아래 (3)), 절차주의의 방식(아래 (4))으로 채워질 수도 있다.

(2) 반도덕적 행위표지 자본시장법은 주가에 대한 영향을 불문하고 반反도덕적(unmoral) 요소가 내재해 있는 거래를 불공정한 거래로 구성한다. ① 예컨대 형법전의 반도덕적 행위표지인 허위표시, 민법전(제108조)[42]의 반도덕적 행위표지인 통정매매에 의한 증권거래는 불공정한 거래가 된다. ② 부정거래행위죄(유형 ⓖ)의 행위양태인 부정한 수단, 계획, 기교 사용, 중요사항 기재·표시 누락문서 사용, 풍문유포 위계사용, 폭행·협박 등도 반도덕적인 표지이지만 시장의 기능에 대항하는 성격

에 대해서 내린 것이다.

41 나비효과(The Butterfly Effect)란 미국의 기상학자 에드워드 로렌츠(Edward Lorentz)가 1961년 생각해낸 이론으로서 '중국 북경에 있는 나비의 날갯짓이 미국 뉴욕에서 허리케인을 일으킬 수도 있다'는 내용이다.

42 형법전이나 민법전은 근대시민사회의 기초적인 도덕을 제도화한 법률임을 염두에 둘 필요가 있다.

을 나타낼 뿐 투자자의 재산영역에 직접 침범해 들어가지는 않기 때문에 그 정도는 매우 약하다.

★ 허위표시와 위계사용의 구분 D캐피탈 대표 甲은 H(주)를 차명으로 55억 원에 인수하고 실제로 할 의사와 능력이 없이 정보통신·인터넷 사업을 정관에 추가하고 공시하였다. 당시 주식시장은 A&D(인수 후 개발)가 테마였고 정보통신관련사업체에 대한 관심이 높았다. 甲은 일간지에도 기사를 내어 H회사가 A&D를 본격화하고 향후 지속적인 투자가 진행될 것처럼 오해하게 만들었다. 언론보도 후 H(주) 주가가 이틀 연속 상한가를 기록하자 전량 매도 30억 원의 이익을 얻었다. ① "허위사실을 유포하거나 허위의 표시를 하였는지 여부는 공시내용 자체가 허위인지 여부에 의하여 판단하여야 할 것이지 甲이 실제로 정보통신관련 등 사업에 투자를 할 의사와 능력이 있었는지 여부에 의하여 판단할 것은 아니라고 할 것인바…위 사실을 공시하거나 기사화한 것이 허위사실을 유포하거나 허위의 표시를 한 것으로 볼 수는 없다"(大判 2003도686) ② 甲의 행위는 자본시장법 제178조 제2항(거래를 할 목적이나 그 시세의 변동을 도모할 목적으로 풍문의 유포, 위계의 사용, 폭행 또는 협박을 하는 행위)에 해당한다. 정보통신관련사업에 관한 의사와 능력이 없는데도 있는 것처럼 보이게 만들었다면 허위'표시'(또는 기망)는 아니지만 위계의 사용에는 해당하기 때문이다.

★ 허위·오해유발표시 유사투자자문업의 A(주)와 그 대표 甲은 2009.8.경 B(주)의 주식(지분율 26%)을 매수하였는데, 甲은 2009.10.23.부터 2010.4.16.까지 C연구소 인터넷회원들에게 B(주)의 주가가 폭등할 것이니 매수하고, 팔지 않는 물량 잠그기를 하라는 취지의 글과 실제 경영참여의사 없이 B(주) 대표와 가까운 사이임을 강조하면서, B(주)의 경영에 참여하여 주가에 악영향을 미치는 요소들을 관리하겠다는 글을 지속 게시하였다. B(주) 주식의 주가는 2009.10.23. 종가 1,505원에서 2010.1.5. 9,300원으로 급등하였다. ① 甲의 행위는 "유사투자자문업자로서 일반적인 투자자문으로 유망한 종목에 대한 투자를 추천하는 차원을 넘어서…B(주) 주식의 매매를 유인할 목적으로, B(주) 주식의 시세가 자기의 시장조작에 의하여 변동한다는 말을 유포하고, B(주) 주식의 매매에 있어 중요한 사실인 경영참여에 관하여 거짓의 표시 또는 오해를 유발시키는 표시를 한 것"이다(大判 2013도6962).

(3) 시장지배와 주가결정력 예컨대 현실거래의 주가조작죄(유형 ⓑ)에서 "시세를 변동시키는 매매 또는 그 위탁이나 수탁을 하는 행위"(제176조 제2항 제1호)는 반도덕적 표지를 갖고 있지 않지만 이런 거래가 시장에 대해 갖는 효과(market impact)가 지나치게 커서 증권시장을 경쟁시장에서 '독·과점시장'이나 그에 근접한 시장으로 변질시켜버릴 위험이 있다.[43]

1) 사실상 주가결정력 독·과점시장이 시장의 공정성을 해치듯, 그런 증권거래도 공정성을 해치며, 시장지배지위남용(공정거래법 제5조, 제124조 제1항 제1호)이 금지되듯 그런 증권거래도 규제되어야 한다. 현행 공정거래법은 독과점시장 자체의 형성을 규제하는 방식(원인규제주의)을 취하지 않고 그 남용만을 규제하는 방식(폐해규제주의)을 취하고 있지만, 가격의 등락, 심리적 요인의 중요성, 소액투자자에 대한 보호가 시장유지의 필수요인인 자본시장의 특성상 **독과점지위**(와 유사한 지배력)를 **형성**하는 것만으로 불공정하다. 누구도 사실상의 주가결정력을 갖지 않음은 자본시장의 보이지 않는 신사협정(unseen gentleman's agreement)이다.

2) 반도덕적 표지와 사실상 주가결정력의 결합 증권거래의 불공정성은 반도덕적 표지와 시장지배력의 결합으로 발생하기도 한다. ① 예컨대 사전 계획에 따라 허수주문으로 매수세를 유도한 뒤, 기존의 보유주식을 매도하고 매수주문도 취소하는 행위(**사전적** ex ante **허수매수주문**)에서 허수주문 뒤 취소는 반도덕적인 요소이고 그런 허수주문을 통해 매수세를 끌어올려 강력한 주가형성력을 가지고 차익을 실현하는 것은 시장지배력의 남용에 해당하기 때문이다. 판례는 이를 현실거래 주가조작죄(제176조 제2항 제1호)로 보지만 가장매매 주가조작죄(제176조 제1항 제3호)를

43 "시세를 변동"시킨다는 것은 모든 증권거래에 있는 주가형성력이나 조종의 수준을 넘어 조작(앞의 Ⅱ.2. 참조)으로 평가될 만큼의 강력한 주가형성력, 즉 주가결정력을 가지는 것을 뜻한다. 그 경우 증권거래는 가격을 형성하는 시장참여행위에서 벗어나 가격을 결정하는 시장지배행위가 되고, 증권거래의 시장에 대한 효과는 그냥 효과가 아니라 충격(impact)이라고 부를 만하게 된다.

적용하는 것이 더 적절하다.

★ **허수매수주문과 가장매매주가조작** 甲은 계획적으로 2000.8.1.부터 2001.2.1.까지 매수의사 없이 대량의 허수매수주문을 내어 매수잔량을 증가·변동시켜 매수세를 유인하고 주가를 상승시킨 후 보유하던 주식을 고가 매도하고 허수매수주문을 취소하는 행위를 7천회에 걸쳐 170개 종목에 관하여 하였다. 총 매도는 248억 원, 총 매수는 247억 원이며, 시세차익은 1.7억, 거래비용을 공제한 순매매차익은 8천만 원이었다. ① '甲의 매매거래는 매매거래를 유인할 목적에서 이루어진 것으로서 현실거래에 의한 시세조종행위에 해당하고, 甲의 개별거래행위는 포괄하여 1죄를 형성하며, 3배 벌금형을 부과할 때 그 기준은 1.7억 원이 아니라 8천만 원이 된다'(大判 2002도1256). ② 그러나 처음부터 허수매수주문을 계획했었다면 가장매매의 주가조작죄가 성립한다.

② 이에 비해 주문 후 전광석화와 같이 시장상황이 급박하게 변하거나 그에 민감한 데이트레이더들의 매도세가 급증하여 곧바로 취소하는 행위(**사후적** ex post **허수매수주문**)는 가장매매로 확장해석할 수 없다. 이런 행위유형을 주가조작으로 포섭하려면 현실거래 주가조작죄를 적용해야 하지만 유추에 해당한다.

(4) 절차위반의 불공정성 불공정성의 표지는 시장의 기능을 유지·향상시키기 위한 합리적 절차의 위반을 통해 채워지기도 한다. 예컨대 주가안정화를 위한 거래행위가 위임입법(제176조 제3항, 시행령 제203, 제205조)이 정한 주체, 장소, 기간, 가격제한, 결과보고서 제출, 공시 등에 관한 요건을 충족하지 않으면 불공정거래가 된다. 사업설명서에 기재한 예측정보는 법이 정한 일정한 절차적 조건들(예측정보와 예측판단근거의 명시, 합리적 근거에 의한 성실기재, 예측치와 결과치가 다를 가능성의 주의문구)을 충족하지 못하면 불공정거래로서 배상책임을 질 수 있다(제125조 제2항).

Ⅲ. 투자유인효과와 투자유발효과

불공정한 시장참여가 주가조작이 되려면 다른 투자자를 유인[44]하여 투자를 유발하는 효과가 있어야 한다.

1. 투자유인효과

투자의 유인(induce, mislead)은 사기죄의 착오(Irrtum)와 (기망행위와 착오 및 재산처분행위 사이의) 인과관계를 전제하지 않는다. '사람은 말을 시작하는 순간 언제나 착오를 한다'는 괴테(Goethe)의 말은 자본시장에 가장 잘 들어맞는다. 불공정한 증권거래만이 아니라 모든 종류의 증권거래에서 사람들은 늘 착오한다. 예컨대 500억의 주식형 수익펀드를 운영하는 투자신탁회사의 펀드매니저가 특정 주식을 한번에 1만주/약 5억원 이상으로 하루 십 수 차례 이상 반복 매도·매수하는 거래(데이트레이딩[45]의 초단타매매행위)를 한다면 평균적인 거래폭을 상회하고, 거래량과 매매회전률도 대폭 증가하여[46] 다른 거래자들은 거래가 성황을 이룬다고 볼 수 있다. ① 이런 착오 속에서 투자자가 유인되는 것이지만, 이때 착오와 유인은 사기죄의 귀속요건인 기망과 인과적인 착오 및 재산처분행위와는 다르다. 투자를 결정하는 정보는 매우 다양하고, 불공정 증권거래가 창출하는 정보는 수많은 정보 가운데 단지 하나에 불과하기 때문에 **착오와 투자를 인과적으로 초래한다고 말할 수 없다**. 불공정 시장참여가 인과적으로 야기하는 것은 **투자정보권**(의 완전성) **침해**이다. 투자정보권이 침해되면 투자가 잘못 이루어질 수 있고, 그 한에서는 적어도 관념적으로는 투자유인효과(거래유인효과)가 있었다고 말할 수 있다.

---

44 Santa Fe Industries, Inc. v. Green, 430 U.S. 462(1977); Thel, Regulation of Manipulation under Section 10(b), Columbia Business Law Review, 1988, 410쪽.

45 초단타매매가 거래량과 주가를 급변시킴으로써 공정한 거래질서가 문란해지므로 규제 필요성을 주장하는 임재연, 증권거래법, 2002, 449쪽 각주 131 참조.

46 데이트레이딩이 주가의 변동성, 유동성, 주가수익률에 별 영향이 없다고 보는 차원철, 당일매매(Day Trading)의 현황 및 시장영향분석, 2000, 1~13쪽; 한국증권업협회, 데이트레이딩과 주가변동성 관계연구결과, 2000, 1~11쪽.

② 여기서 투자유인효과와 투자자들이 실제로 손해를 입는 결과발생(**투자실패효과**)은 구분되어야 한다. 투자자들의 실제 손해는 민법적으로는 배상책임이 인정되는 손해의 범위문제를 가져오고, 형법적으로는 주가조작죄의 객관적 처벌조건으로 구성할 수도 있다. 투자자 손해가 모두 투자정보권을 침해하는 투자유인행위에 귀속될 수는 없다. 투자실패의 결과는 민법적으로는 **투자정보권침해**라는 **1차손해**로부터 파생되는 후속손해(부가손해 zusätzliches Risiko)로서 불공정한 증권거래와의 **위험성관련성**이 인정될 때에만 불공정한 증권거래에 귀속될 수 있다. 민법학자들은 이 위험성관련성을 쉽게 인정하는 경향이 있다. 투자실패의 손해는 불공정한 증권거래행위자의 입장에서 보면 **특별손해**(민법 제763조, 제393조 제2항: "특별한 사정으로 인한 손해는 채무자가 그 사정을 알았거나 알 수 있었을 때에 한하여 배상의 책임이 있다")에 해당하고, 특별손해를 귀속시키려면, 불공정한 증권거래행위는 투자를 유인한 정도를 넘어서 투자를 유발(cause)시켰다고 말할 수 있어야 한다.

2. 투자유발효과

① 투자정보를 잘못 획득하게 되면 투자자들은 그렇지 않은 경우에 비해 투자를 더 하거나 덜 하게 될 수 있다. 불공정한 거래행위가 있은 이후에 주식거래의 양과 횟수, 시세의 변동 폭과 속도 등을 **통계학적으로 분석하여 확인되는 거래의 이례적 변동**은 불공정 거래행위가 유발(**투자유발효과**)했다고 말할 수 있다. ② 투자유발을 한 불공정한 증권거래는 그 반도덕적 성격이 한층 더 높아진다. 현행 자본시장법의 주가조작죄는 운영현실에서 보면 투자유인과 투자유발의 경우를 모두 포괄하지만 후자를 기본형으로 삼는다. 이와 같은 투자유발효과가 있을 때 비로소 자본시장의 가격결정기능이 **감지할 만한**(spürbar) **수준으로** 선느려신나고 발할 수 있다. 주가조작의 **형사책임은 투자유발의 단계**에 이르렀을 때 인정되어야 한다. ③ 이에 비해 **민사책임의 손해개념은 투자유인효과**를 기본으로 삼

고 투자유발효과는 후속손해의 배상범위를 결정한다고 볼 수 있다. 미국연방증권법상의 시장에 대한 사기(fraud)[47]는 투자유발보다는 투자유인을 기본형으로 삼는다고 볼 수 있는데[48] 이는 민사책임의 기본형에 적합한 것이다. 미국법의 영향을 직접적으로 받은 부정거래행위죄나 탈법적 시세안정도 투자유발보다는 투자유인효과가 기본형이 되어 있다.

④ 주가조작죄의 고의는 투자유인 및 투자유발효과 모두에 대한 인식을 필요로 하고, 투자실패효과, 즉 투자자가 실제 손해를 입게 된다는 미래의 사실은 객관적 처벌조건으로 구성할 수 있다. 객관적 처벌조건도 고의의 대상이지만,[49] 미래의 사실은 확실하게 인식할 수 없고, 단지 그 개연성에 대한 인식으로 고의가 인정될 수 있다.

Ⅳ. 시장의 가격결정기능 왜곡

불공정하게 투자를 유인·유발하는 증권거래는 자본시장의 정상적인 가격결정을 왜곡하는 것이어야 주가조작의 형사불법이 완성된다. 가격결정기능의 왜곡(manipulation)은 주가형성이 인위적이고, 그 인위적인 가격결정이 '실제적인'[50] '불공정성'(unfairness, Unlauterkeit)을 띨 때[51] 비로소 인정된다. 인위적이며 실제적으로 불공정성을 띠지 못한 시세조종은 행정법적 제재(예: 주의·경고, 임원징계요구, 영업소폐쇄, 유가증권발행제한

47 1934년 증권거래법 Section 10(b) 및 SEC Rule 10b−5.

48 미국은 1995년 증권민사소송개혁법(Private Securities Litigation Reform Act of 1995)을 제정하였는데, 이 법에 의하면 거래인과관계(위의 투자유인효과)는 종전대로 피고가 입증책임을 부담하되, 손해인과관계에 대한 입증책임은 원고에게 지우게 되었다. 이런 한에서는 시장사기이론이 부분적으로 약화되었다고 할 수 있다.

49 이상돈, 형법강론, 박영사, 2020, 44쪽.

50 이런 입법조치를 한 독일 증권거래법(Wertpapierhandelsgesetz) § 20a는 시세 및 시장조작행위가 실제로 가격에 영향을 미치지 않은 경우에는 질서위반범(Ordnungswidrigkeit)만을 인정하고(§ 39), 실제로 가격에 영향을 미친(auf den Preis ... einwirkt) 경우에는 5년이하의 징역 또는 벌금형에 처한다(§ 38, Abs.2).

51 이를 시장가격에 불공정한 영향(unlautere Beeinflussung von Marktpreisen)이라고 표현하는 Schmitz, "Aktuelles zum Kursbetrug gemäß § 88 BörsG", wistra, 2002, 133쪽.

등)를 부과하는 것이 적절하다. 이런 축소해석은 현실거래 주가조작 뿐만 아니라 통정, 가장매매 주가조작의 경우[52]에도 마찬가지이다.

(1) 반도덕적 거래의 시장기능위태화 적성 ① 통정·가장매매, 시장조작유포, 허위·오해유발표시의 거래와 같은 반도덕적 행위는 반복되어 그 효과가 누적되면, 사유적인 침해가능성(추상적 위해 abstrakte Gefährdung)[53]을 넘어서 시장기능을 붕괴시킬 실제적인 개연성이 있다. 이런 시장가격 결정기능 침해의 적성은 투자유발효과에 의해 **사실상 추정**될 수 있다. ② 이에 비해 부정거래행위(제178조)의 반도덕적 행위양태인 부정한 수단, 계획 또는 기교[54]를 사용하는 행위, 풍문의 유포 등의 행위로는 시장기능위태화의 적성을 추정할 수 없고, 반드시 부정거래행위를 통해 정보권의 침해를 넘어 가령 기교(예: 스캘핑에서 애널리스트의 긍정적 전망)를 사용한 이후 거래량이나 거래패턴의 변화, 주가변동폭 등에 대한 분석으로 **투자유발효과**가 입증되었다면 시장기능위태화의 적성을 추정할 수 있다. 하지만 부정거래죄의 요건으로 이런 적성까지 요구할 것인지는 해석정책의 문제이다.

③ 또한 부정거래죄는 부당이득취득과 같은 거래행위에 외재적인 목적조항이 없고, 가벌성을 지나치게 확장시킴으로써 "모든 거래 행위는 허용 또는 금지 여부가 불확실한, 잠재적 불법행위가 되는 것 아닌가"[55]와 같은 과잉처벌 불안을 초래한다. 또한 주식공모사기에서는 허위기재의 사업설명서가 투자자가 공모주식을 매수하는 거래의 원인이 되었다는 점(**실제적인 거래인과관계**)을 입증하여야 한다.[56]

---

52 현재는 시세변동의 추상적인 가능성을 전제로 통정, 가장매매의 주문이 있을 때 이미 해당 주가조작죄의 기수가 성립한다고 주장된다(김정만, "시세조종행위의 규제", 증권거래에 관한 제 문제 [하], 재판자료 제91집, 2001, 204쪽).

53 이에 관해서는 이상돈, 형법학, 형법이론과 형법정책, 법문사, 1999, 27~30쪽.

54 '기교'라는 특이한 문언의 내용으로 과당매매(Chunning), 스캘핑(Scalping), 선행매매(Front running)를 제시하는 최승재, "자본시장법상 불공정거래에 대한 규제", 한국금융법학회 2009년 하계 학술발표회 (2009.9.29.) 발표문, 26쪽 아래 참조.

55 성희활, "사기적 부정거래에서 '위계'의 적용 문제", 증권법연구, 제8권 제1호, 2007, 81쪽.

56 이는 마치 사기죄의 요건 〈기망 → 착오 → 재산처분행위 → 재산상 손해 → 재산상 이득〉의

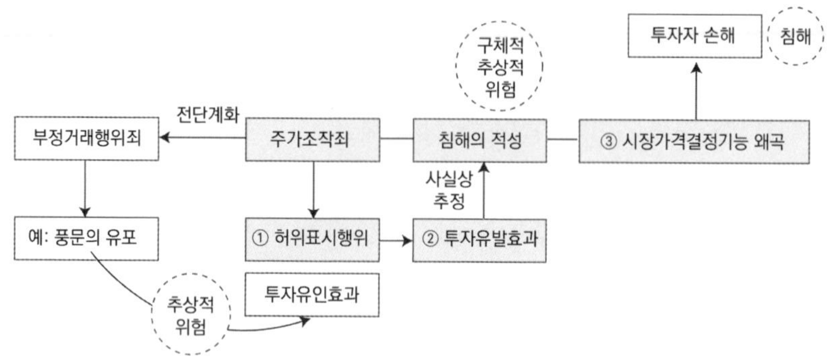

(2) 현실거래의 주식본질가치 왜곡 거래행위의 양태에 반도덕적 요소가 없는 현실거래가 주가조작이 되려면 **행위반가치의 부족을 메워주는 강한 결과반가치**가 있어야 한다. ① 판례는 현실거래에 의한 주가조작은 인위적인 시세 변동의 가능성으로 충분하다고 본다.

> ★ **시세를 변동시킬 가능성** "유가증권의 매매거래가 성황을 이루고 있는 듯이 잘못 알게 하거나 그 시세를 변동시키는 매매거래라 함은 본래 정상적인 수요·공급에 따라 자유경쟁시장에서 형성될 시세 및 거래량을 **시장요인에 의하지 아니한 다른 요인으로 인위적으로 변동시킬 가능성이 있는 거래**를 말하는 것일 뿐 그로 인하여 실제로 시세가 변동될 필요까지는 없고, 일련의 행위가 이어진 경우에는 전체적으로 그 행위로 인하여 시세를 변동시킬 가능성이 있으면 충분한데…당사자가 이를 자백하지 않더라도 그 유가증권의 성격과 발행된 유가증권의 총수, 가격 및 거래량의 동향, 전후의 거래상황, 거래의 경제적 합리성과 공정성, 가장 혹은 허위매매 여부, 시장관여율의 정도, 지속적인 종가관리 등 거래의 동기와 태양 등의 간접사실을 종합적으로 고려하여 이를 판단할 수 있다"(大判 2003도4320).

② 그러나 현실거래가 주가조작이 되려면 인위적인 시세변동[57]만으

인과적 과정에서 〈착오 → 재산처분행위〉의 인과적 과정의 단락을 부정거래행위죄의 요건으로 추가해 넣는 것이라고 볼 수 있다.

57 Tiedemann, Wirtschaftsstrafrecht und Wirtschaftskriminalität 2, 1976, 140쪽.

로 부족하고 주식의 **"본질가치"**(fundamental value)[58]로부터 벗어난 가격[59]을 형성시켰어야 한다. 이런 불공정한 가격형성은 대표적으로 가격결정력을 독점 또는 과점할 정도의 단기대량거래에서 나타날 수 있다. '정상가를 벗어난 가격'은 불공정성의 단계에 이르지 않고 인위적으로 형성된 주가를 포함하므로 역시 충분하지 않다. ③ 여기서 본질가치란 실무경제에서 기업의 건실도(예: 매출액, 수익규모, 부채율)나 발전전망에 대한 평가를 가리키는 기업의 '펀더멘틀'(fundamental)을 가리킨다. 펀더멘틀 가치를 나타내는 지표로는 **주가수익비율**(PER Price Earnings Ratio)이 대표적이다. PER은 주가(P)/EPS(주당순이익)이다. 가령 주가가 5만 원인데 1주당 순이익이 1만 원이면 PER=5만 원/1만 원=5가 된다. 또 다른 지표인 **주당순자산가치**(BPS)는 자산총액에서 부채총액을 뺀 순자산가액을 발행주식총수로 나눈 수치이다. 현실거래 주가조작은 이런 펀더멘틀가치의 지표들보다 현저히 높은 주가를 형성한 경우에 성립한다. 이 평가는 관점과 이론에 따라 다르며 통일적인 평가치가 존재하지도 않기 때문에 불공정한 가격형성에 대한 판단은 매우 불확실한 가능성 판단이다. 다만 불공정한 증권거래가 '모든 가능한 (서로 차이가 나는) 평가가치를 현저히 넘어서는 주가'를 형성시켰다면 펀더멘틀 가치로부터 벗어난 주가형성이라고 명확히 말할 수 있게 된다.

★ **자기주식 취득소각** 1주당 펀더멘틀 가치가 2만 원이고, 실제 주가는 1만 원인 기업이 1만 원 저평가된 주가를 끌어올리기 위해 자기주식 취득계획을 공시하여, 주가가 3000원 상승하고, 계속 주식을 대량 매입하여 소각함으로써 주가가 18000원까지 상승한 경우에, 자기주식 취득소각은 인위

58 Hennings/Marsh/Coffe/Seligman, Securities Regulation: case and materials, ed.8, 1998, 4쪽,

59 구 한국증권선물거래소법 제4조 제1항은 거래소를 "유가증권의 매매거래 및 선물거래에 있어서 공정한 가격의 형성"을 목적으로 설립된 기관으로 정의하고 있는데, 불공정성을 공정한 가격을 벗어난 가격으로 이해하면 선결문제요구의 오류(petitio pricipii)에 빠지게 된다. 인위적인 가격형성의 불공정성은 (불공정성이 해명되지 않고는 해명되지 않는) 공정성의 개념에 의존해 있기 때문이다.

적으로 주가를 끌어올린 행위가 된다. 그럼에도 주가의 저평가 사정을 시장에 알림으로써 주가에 영향을 주는 시그널효과와 유통주식수 감소 및 일반투자자의 배당기대에 따른 주가안정을 도모하고, 때로는 적대적 M&A에 대한 경영권 방어수단이 될 뿐 시장기능을 해치는 일탈행위가 아니다. 그렇기에 자기주식취득행위는 주가조작죄의 구성요건해당성을 조각시키는 사유로 자본시장법 제165조의2 및 시행령 제176의 2, 상법 제341조에 그 절차와 방법이 정해져 있다.

④ 펀더멘틀 가치는 기업의 실물경제적 가치가 아니라 자본시장 안에서의 순수한 교환가치를 가리키기도 한다. 즉, 불공정한 증권거래가 행하여져서 상승되었다고 추정되는 기간에 동종업종의 평균주가상승률 등과 대비하여 다른 기업과 다른 실질적인 가격상승요인이 없는데도 현저히 높게 상승한 경우라면 펀더멘틀가치로부터 벗어난 가치, 즉 불공정한 가격형성을 인정할 여지가 있다. 다만 이에 대한 판단은 통계적 기법에 의한 가능성 판단이며,[60] 매우 불확실한 판단이므로 모든 통계적 기법의 가능한 오차와 오류의 범위를 훨씬 넘어서는 급격한 주가등락이 있었을 때에만 불공정한 가격형성을 인정하여야 한다.

V. 주가조작죄의 목적조항

1. 목적 개념의 재해석

몇몇 구성요건을 제외하고 주가조작죄의 목적조항에서 목적 개념은

60 대법원도 "시세조종행위가 없었더라면 매수 당시 형성되었으리라고 인정되는 주가(정상주가)와 시세조종행위로 인하여 형성된 주가로서 그 투자자가 실제로 매수한 주가(조작주가)와의 차액상당을 손해로 볼 수 있고, 여기서 정상주가의 산정방법으로는 전문가의 감정을 통하여 그와 같은 시세조종행위가 발생하여 그 영향을 받은 기간 중의 주가동향과 그 사건이 없었더라면 진행되었을 주가동향을 비교한 다음 그 차이가 통계적으로 의미가 있는 경우 시세조종행위의 영향으로 주가가 변동되었다고 보고, 사건기간 이전이나 이후의 일정기간의 종합주가지수, 업종지수 및 동종업체의 주가 등 공개된 지표 중 가장 적절한 것을 바탕으로 도출한 회귀방정식을 이용하여 사건기간 동안의 정상수익률을 산출한 다음 이를 기초로 사건기간 중의 정상주가를 추정하는 금융경제학적 방식 등의 합리적인 방법에 의할 수 있다"고 판시하였다(大判 2003다69607).

주가조작행위에 외재하는 목적이 아니어서 불법이득의사와 사실상 겹치고, 그것을 입증하는 간접증거도 겹치지만, 일정량의 경제적 이득을 위법하게 취득하는 의지적 작용을 나타내는 불법이득의사와 달리 종합적 윤리적 가치판단(나쁜 심정)으로 운영된다.

(1) 경영의 비합리성으로서 목적 그러나 이런 판단은 지나치게 주관적이다. 여기서 목적 개념을 주가조작행위가 경영행위로서 갖는 비합리성으로 재구성해볼 수 있다. '비합리성'(irrational) 개념 역시 고도로 불명확한 개념이긴 하지만, 그래도 법적용 개념으로 사용가능한 가치충전 필요개념이다. 이런 목적 개념에 충전해 넣는 가치들은 다양한 요소들의 종합적인 이익형량적 고려를 통해 정할 수 있다. 그런 다양한 요소들을 최대한 분석적으로 밝혀내고, 그 이익형량의 방향성을 설정하는 것은 해석론의 과제가 된다. 불명확성에도 불구하고 이런 목적 개념은 외형상 주가조작죄의 모든 구성요건요소를 충족한 경우에도 주가조작이 경영행위로서 합리적인 경우에 주가조작죄의 성립을 배제하는 방식으로 작동함으로써, 즉 가벌성을 제한하는 요소로 기능한다. 여기서는 그런 해석론의 모습을 두 가지 사례[61]로 예시해본다.

(2) 합리적 경영으로서 외형상 주가조작 외형상 주가조작죄에 해당하여도 예컨대 경제위기상황에서 외자유치의 성격이 강한 행위는 "주식의 매매거래를 유인할 목적"의 성격을 배제시킬 수 있다.

> ★ **합리적 경영행위로서 변형주식스왑** 리만브러더스는 페이퍼컴퍼니 그레이하운드에 13.5억 달러를 투자해주고, 그레이하운드는 제3자 배정으로 아시아넷의 신주를 인수하고, 아시아넷은 그 신주인수대금으로 리타워텍이 제3자 배정으로 발행한 신주를 인수하고, 대금을 납입하며, 그 대금으로 리타워텍은 그레이하운드가 보유한 아시아넷의 신주를 인수하고, 그 신주인수대금으로 그레이하운드는 리만브러더스에 대해 원리금을 상환하였다. 전체절차는 3시간에 진행되었다. 이로써 리타워텍은 아시아넷을 인수하기 위

61 지유미, M&A에 대한 형법정책의 방향, 고려대학교 박사학위논문, 2009, 105~111쪽.

해 주식스왑의 방법[62]을 사용할 경우에 부담하는 법적 제약을[63] 피하고, 초단기대출을 받으면서도 외자를 유치하였다고 언론에 보도자료를 제공하였다. ① 이런 보도자료의 제공은 오해유발표시에 해당하고, 투자자들의 판단을 흩트려서 주식거래를 유인·유발하는 효과를 발생시켰고, 이를 인식·의욕했다. 따라서 목적요건을 제외하고는 허위·오해유발표시의 주가조작죄 구성요건을 모두 충족한다. ② 판례는 허위·오해유발표시 시세조종죄의 적용에서 "보도자료 등을 통하여 언론에 공표한 사실이 허위라고 단정하기 어렵고 설사 그 내용이 사실과 다르다고 할지라도 피고인이 그 주식의 매매거래를 유인할 목적으로 고의로 허위의 표시 또는 오해를 유발하게 하는 표시를 하였다고 볼 수 없"(大判 2002도2888)다고 보아 무죄를 선고했다.

이 사례에서 리타워텍 경영자는 리만브러더스가 실질적으로 인수자금을 대주었고, 3시간의 단기대출에도 리스크는 존재하며, 인수 후에도 필요할 경우 그런 (초단기)대출을 반복하게 되면, 리만브러더스는 거시적인 안목으로는 전략적 재무투자자와 유사한 역할을 한다. 따라서 오해유발표시 주가조작행위는 리타워텍이 효율적인 M&A 기법의 합리적 경영을 하기 위한 것이므로 주가조작죄의 목적요건을 충족하지 않는다. 물론 외자유치 성격에 대항적인 요소로 인수회사의 신주발행이 "경영상 목적을 달성하기 위하여 필요한 경우"(상법 제418조 제1항)가 아닌데도 제3자 배정방식을 취하여 기존 주주의 신주인수권을 침해하는 점에서는 합리적 경영이라고 보기 어렵다.[64] 여기서 외자유치의 긍정적 요소와 주

62 상법은 전주식을 상호교환하는 포괄적 주식교환만을 인정하고 있으며(상법 제360조의2), 부분 주식교환은 「벤처기업육성에 관한 특별조치법」(제15조, 제15조의4)에 적용을 받을 경우에만 인정된다. 벤처기업이 아닌 기업의 주식스왑은 금지된다.

63 벤처기업이 아닌 기업이 부분적 주식스왑을 하면 일종의 현물출자가 되므로, 이사회결의(상법 제416조 제4호)가 필요하고, 법원에 검사인의 선임청구를 하고 검사를 받거나, 공인된 감정인의 감정을 받아 검사인의 조사에 갈음하여야 하며(제422조 제1항), 법원은 검사보고서나 감정결과에 의하여 판단할 때 현물출자가 부당하다고 인정하면 이를 변경(제422조 제3항)받게 되는 제약이 생긴다.

64 인수회사가 기존주주들에게 신주인수권을 주고, 실권주를 대상회사나 그 주주들에게 배정하지 않으면 인수회사의 경영진에게 업무상 배임죄가 성립한다고 보는 지유미, M&A에 대한 형법정책의 방향, 고려대학교 박사학위논문, 2009, 113~115쪽.

주평등권 침해의 요소 가운데 어떤 것을 중시할 것인지가, 즉 그 둘 사이의 이익형량이 '나쁜 심정'으로서 목적조항의 충족여부를 결정짓는다. 이런 판단에 규칙은 아직 마련되어 있지 않으며, 구체적인 사안의 특성들을 면밀히 종합·분석하고 고려하는 법원만이 판단할 수 있다.

(3) 비합리적 경영으로서 주가조작 이에 반해 인수에 필요한 자금이 충분하지 않은 것을 메우기 위한 방편으로 허위표시를 하는 주가조작행위는 나쁜 심정으로서 "주식의 매매거래를 유인할 목적"의 성격을 갖는다. 부족한 인수자금으로 큰 회사를 매입하려는 욕망을 좇기 위해 허위표시를 하는 행위는 합리적 경영이라고 할 수 없기 때문이다.

★ **자금동원력을 과장한 M&A** 2000.4. M컨설팅 대표 甲은 A종금을 인수하기 위해 감사인 乙과 합의하여 M사의 자회사 E 창투회사 명의로 A종금의 자사주 620만주(지분율 20%)를 200억 원에 매수하였다. 이후 언론에 '스위스은행컨소시엄(SPBC)이 A종금의 대주주인 D방직(주)의 지분(지분율 28%)을 3000만 불에 매수할 것이며, M사와 SPBC는 경영관리협약을 체결하여 SPBC의 A종금에 대한 모든 경영을 M사에 위임한다'는 내용을 발표하였다. 하지만 당시 SPBC는 실재하지 않았고, 이 계약을 체결한 외국인 乙은 20일 뒤에 스위스 소재 무역회사인 X사의 상호를 SPBC로 변경하였다. 2000.5.27.에 甲은 A종금의 주총에서 상호를 H종금으로 변경하고 이사회 의장으로 취임하였으며 乙도 참석했다. A종금의 주가는 2000.4.17. 1,200원에서 4.21. 2,090원으로 급등했다. 2000.7. 금융감독원의 실사결과 H종금의 BIS비율이 −17.7%로 드러나자 SPBC는 H종금에 대한 투자를 포기하였다. ① (判例) "甲이…유형적인 경제적 이익을 꾀하였으며,…외국계 금융회사의 신용도를 이용하여 A종금의 신인도…제고라는 무형적 이득도 함께 도모하기 위한 것이라고 인정"(大判 2002도1696)되므로 甲는 허위표시에 의한 주가조작죄가 인정된다.[65]

(4) 불법이득외사 주가조작죄의 보호법익이 지분시장의 가격결정

65 피인수회사의 자산을 담보로 대출받아 그 회사를 인수하는 행위(LBO)도 인수자 자산으로 인수할 수 없는 회사를 인수하는 점은 이 사건과 유사성이 있으나 허위표시를 하지 않는다는 점에서 차이가 있다.

기능이라는 보편적 법익이어서 논리적으로는 불법이득의사가 없어도 되지만[66] 주가조작죄의 목적조항은 나쁜 심정이나 비합리적 경영만으로는[67] 부족하고 목표지향적 의욕과 **불법이득의사**(Bereicherungsabsicht)가 행위자에게 있어야 한다. 목적조항이 없는 주가조작죄에서도 불법이득의사는 일종의 기술되지 아니한 구성요건요소라고 볼 수 있다.

> ★ **불법이득의사의 판단** ① 가령 주가조작의 자금을 댄 사람과 행위자 사이의 관계가 투자신탁계약의 관계라면 행위자는 수수료만 받는 것이므로 불법이득의사가 없을 개연성이 높다. 반면 소비대차계약의 관계라면 행위자는 자신의 계산으로 투자행위를 한 것이므로 주가조작에 의한 불법이득의사가 인정된다. 소송에서 어떤 경우인지는 두 당사자의 진술에 의존하여 판단되기 쉬운데, 두 사람의 진술이 서로 정반대라면, 간접증거를 충분히 수집하여 판단해야 한다. ② 간접증거가 증명하는 간접사실로는 1) 행위자의 재산상황이나 주가상승에 따른 경제적 이익취득의 기대, 담보부족이나 적자결산 등과 같은 행위자에 관계된 경제적 상황, 2) 분식회계나 차·가명계좌의 이용, 적극적인 투자권유 등과 같은 행위수단과 방법, 3) 증권거래 횟수, 평균거래량, 전후의 거래상황, 전체거래에서 차지하는 비중, 일일 평균거래량과의 차이 등과 같은 증권거래행위의 패턴과 특성, 4) 주가상승 후 매도의 즉각성이나 전환사채전환 등과 같은 차이실현요소 등을 들 수 있다.

여기서 불법이득의사는 판례(大判 2002도1696)의 입장과는 달리 무형적 이익(예: 회사 내 지위상승, 지배권확보 등)으로는 부족하고,[68] 부당이득취득목적의 주가조작죄를 제외하고는 유형적 이익,[69] 그것도 **대규모의 경제적 이익을 취득하려는 의사**여야 한다. 부당이득과 불법이득은 구별되어야 하고, 부당이득의사만으로는 사법상 손해배상책임(제179조)은 성립해

66 이런 관점은 독일 증권법 제88조의 Kursbetrug의 실행행위의 해석으로 지배적인 것이기도 하다.

67 이것만으로 주가조작죄를 인정하는 김정만, "시세조종행위의 규제", 증권거래에 관한 제문제[하], 재판자료 제91집, 2001, 199쪽 아래.

68 무형적 이익을 포함한다는 견해로 大判 2002도1696.

69 유형적 이익에 국한하는 견해로 황동욱, 불법증권거래와 손해배상, 1997, 248쪽.

도[70] 주가조작죄는 성립할 수 없다. 물론 불법이득의사는 직접적인 불법이득 뿐만 아니라 ― 사기죄와 달리 이득과 손해의 동질성이 요구되지 않는 주가조작죄에서는 ― **간접적인 불법이득**도 포함한다.

가령 분식회계를 한 내용의 증권신고서와 사업설명서를 사용하는 주식공모를 지시한 대표이사는 주금납입이라는 직접적 이익을 얻는 회사와 달리 그런 부정거래로 회사가 성장하여 연봉이나 스톡그랜트 등 간접이익을 얻으려는 불법이득의사를 갖고 있는 것이다.

★ 도표: 주가조작죄의 요건 지금까지 설명한 내용에 따른 주가조작죄의 요건을 도표화하면 아래와 같다.

	행위반가치	← 연결요소 →	결과반가치	목적요소
	거래행위의 불공정성	투자유인효과 투자유발효과	시장기능왜곡	고의와 목적
ⓐ 통정가장매매 (제443조 제1항 제4호)	◐ 반도덕적 행위 통정·가장 매매 및 그 위탁 수탁	패턴분석 입증	적성의 사실상 추정	내재적 목적= 불법이득의사+ (나쁜 심정→ 불합리한 경영)
ⓑ 현실거래 (제443조 제1항 제5호)	시장지배력남용과 유사성	패턴분석 입증	★ 펀더멘틀 가치와 현저하게 차이나는 주가	내재적 목적 =불법이득의사 + (나쁜 심정→ 불합리한 경영)
ⓒ 시장조작유포 (제443조 제1항 제5호)	◐ 반도덕적 행위 시장조작으로 시세가 변동한다는 말을 유포	패턴분석 입증	적성의 사실상 추정	내재적 목적= 불법이득의사 +(나쁜 심정→ 불합리한 경영)
ⓓ 허위오해유발 표시(제443조 제1항 제5호)	◐ 반도덕적 행위 중요사실에 관한 허위 오해유발 표시행위	패턴분석 입증	적성의 사실상 추정	내재적 목적= 불법이득의사 + (나쁜 심정→ 불합리한 경영)
ⓔ 탈법적 시세 안정(제443조 제1항 제6호)	법정절차위반	원칙적으로 투자유인효과뿐이므로 예외적 투자유발효과 입증	⊙ 없음 • "조작"이 아닌 "조종" 수준	과태료, 과징금으로 전환

70 최승재, "자본시장법상 불공정거래에 대한 규제", 한국금융법학회 2009년 하계 학술발표회(2009.9.29.) 발표문, 21쪽; 또한 김건식·정순섭, 자본시장법, 두성사, 2009, 336쪽 참조.

ⓕ 부당이익취득 목적 시세변동·고정(제443조 제1항 제7호)	기초자산이나 파생상품의 시세 변동 고정	패턴분석 입증	★ 펀더멘틀가치와 현저한 차이의 주가	내재적 목적=불법이득의사 + 외부적 목적
ⓖ 부정거래행위죄(제443조 제1항 제8,9호)	◐ 약한 반도덕적 행위: 부정한 수단, 계획, 기교 사용, 중요사항 기재·표시 누락문서 사용, 풍문유포 위계사용, 폭행·협박	원칙적으로 투자유인효과만 있지만, 패턴분석으로 투자유발효과가 입증(제한해석)	적성의 사실상 추정 불가능	내재적 목적=불법이득의사 +(나쁜 심정→불합리한 경영)

VI. 주가조작죄의 이득액 산정

자본시장법 제443조 제2항은 주가조작으로 얻은 "이익 또는 회피한 손실액"이 50억 원 이상이면 무기 또는 5년 이상의 징역, 5억 이상 50억 원 미만이면 3년 이상의 유기징역으로 가중처벌한다. 이는 **가중적 양형규정**이다. 이득액의 산정방식은 금융당국이나 법원에 맡겨져 있는데, **비례성원칙**과 **책임원칙**에 따른 산정방식이어야 한다.

1. 이득액 산정의 대상범위

(1) 주가조작과의 관련성 있는 거래 이득액 산정은 그 산입이 주가조작과의 관련성이 합리적으로 인정되는 거래에 대해서만 이루어져야 한다.[71] ① 통정매매(제176조 제1항 제1호 및 제2호)와 가장매매(제176조 제1항 제3호)[72]는 거래 자체가 주가조작죄와의 관련성을 갖고 있지만 그 자

71 "자본시장법상 불공정거래행위…거래 관련 불법행위의 일종"이라고 말하는 김주영, "자본시장법상 불공정거래행위에 따른 손해배상청구의 청구인적격에 관한 검토－인과관계요건과의 관계성을 중심으로－", 증권법연구, 제15권 제1호, 2014, 231쪽.

72 통정매매와 가장매매와 같은 위장거래(fictitious transaction)를 규제하는 것은 "선량한 투자자로 하여금 거래상황에 대한 잘못된 판단에 기초하여 시장에 참여하게 함으로써 진정한 매도와 매수세에 의한 가격결정을 방해하고 당해 투자자에게 손해를 가져올" 수 있기 때문이다. 변제호·홍성기·김종훈·김성진·엄세용·김유석, 자본시장법, 지원출판사, 2015, 677쪽.

체만으로 얻은 이익 또는 회피한 손실이 발생하지 않을 수 있고,[73] 그 경우 가중규정은 적용하지 않는다. ② "증권시장에서 수요·공급의 원칙에 의하여 형성된 증권의 가격을 인위적으로 상승 또는 하락시키는 등의 조작을 가하는 매매거래"(大判 93도2516)의 경우 (본질적 펀더멘틀가치에서 벗어난) 시세 변동 '가능성'이 있는 거래가 대상이 되며[74] 그 대상여부는 전체적인 관점에서 시세의 이상등락 초래, 통상의 거래관념상 부자연스러움 등을 고려하여 판단한다.[75] 가령 시초가의 결정시 전일종가 대비 고가매수, 종가결정시 직전가 대비 고가매수, 직전가 내지 상대호가 대비 고가매수 등은 주가조작과 직접 관련된 거래에 해당한다. 이 유형의 주가조작에서는 변동거래 기간 동안 이루어지는 통상적인 거래들도 주가조작과의 관련성을 부정하기 어렵다. ③ 오해유발표시행위는 중요한 사실에 관한 것(제174조)이어야 하는데,[76] 이 중요성(materiality)은 합리적인 투자자의 관점[77]에서 '주가에 미치는 효과로 인해 투자판단에 영향을 미칠 수 있는 정보'[78]인지 여부로 판단한다(大判 2009도4662). 따라서 유가증권 발행 자체에 관한 것이 아니라, 그 발행인이 속하는 산업계나 증권시장 전체에 관한 정보는 이에 해당할 수 없다. 또한 거짓·오해유발표시와 직접 인과관계가 인정되는 증권 등의 매매거래만 주가조작과의 관련성이 인정된다. 포괄일죄가 되는 거래는 전체를 합산하여 이

73 Shaun D. Ledgerwood/Paul R. Carpenter, "A Framework for the Analysis of Market Manipulation", Review of Law & Economics, Vol. 8:1, 2012, 266쪽.

74 남궁주현, "현실매매에 의한 시세조종행위의 성립요건에 관한 고찰", 증권법연구 제12권 제2호, 2011, 269쪽.

75 박삼철, "우리나라의 시세조종행위 규제에 관한 고찰", 증권조사월보, 제216호, 1995, 25쪽.

76 인터넷 증권사이트, 트위터·페이스북 등을 이용한 허위표시 또는 오해유발표시가 빈번한 오늘날 상황에서는 이 중요성 요건이 더욱 중요한 의미를 가진다는 김정수, 자본시장법원론, 서울파이낸스앤로그룹, 2014, 1287쪽.

77 시장의 펀더멘틀을 이해하는 합리적 투자자(reasonable investor)의 기준에서 중요성을 파악하는 Amanda M. Rose, "The Reasonable Investor of Federal Securities Law", The Journal of Corporation Law, Vol. 43, 2017, 86쪽.

78 Alan R. Palmiter, Securities Regulation, Wolters Kluwer, 2011, 385쪽.

득액을 산정하므로 간접적인 거래일지라도 관련성이 인정된다. ④ 인위적 시세 고정(capping)·안정화(stabilization) 행위는 "일련의 매매"(제176조 제3항), 즉 시간적으로 연속되는 다수의 행위들이 동일한 목적 하에 유기적인 기능을 수행하는 시퀀스(sequence)로서만 주가조작죄와의 관련성이 인정되고, 단 한 번의 매매는 관련성이 인정될 수 없다. ⑤ 연계시세조종죄에서는 연계시세조종에 의해 단독으로는 시세조종행위에 해당하기 어려운 경우에도 연계거래 전체의 총합을 주가조작죄로 처벌할 수 있다.[79] 따라서 연계시세조종의 경우에는 연계된 증권, 파생상품의 시세를 변동 내지 고정시키는 행위뿐만 아니라 시세변동거래의 목적이 되는 부당한 이익을 취득하기 위한 동기가 되는 거래도 주가조작과의 관련성이 인정된다.

★ **옵션거래와 주가연계증권** ① 옵션의 매매에서 부당한 이익을 얻을 목적으로 그 기초자산(증권 또는 상품)의 시세를 변동시키는 거래에서 옵션거래는 위반행위와 관련성이 인정되는 거래가 된다. ② 다른 증권 내지 지수를 기초자산으로 삼아 조건이 충족되면 약정된 바에 따라 손익이 발생하는 상품인 주가연계증권(Equity-Linked Securities: ELS)[80]에서 부당한 이익을 얻기 위하여 조기상환일 또는 만기상환일에 약정수익률을 지급하지 않도록 기초자산의 가격을 기준가 이하로 하락시키는 거래에서 그 ELS의 부당이익은 주가조작죄와의 관련성이 인정된다.

(2) 위반과 이익의 인과관계 주가조작의 가중적 양형의 근거인 "그 위반행위로 얻은 이익"은 당연히 주가조작행위와 인과관계가 있어야 한다. 증권의 가격은 다양한 요인의 복합작용으로 형성되므로 이 인과관계를 "기계적으로 산출한다는 것은 불가능하다."[81] ① 판례는 이 인과관계를 "직접적인 인과관계로 국한하여야 할 것은 아니고, 형사법에

79 성희활, 자본시장법 강의, 캐피털북스, 2018, 358쪽.

80 임재연, 자본시장법과 불공정거래, 박영사, 2019, 416쪽.

81 이성윤·송명섭, "최근 실제 형사사건 사례에서 본 부당이득 산정의 문제점", 서울대 금융법센터 BFL, 제86호, 2017, 97쪽.

서 일반적으로 요구되는 **상당인과관계**로 보"[82]고 그 입증책임을 검사에게 부담지운다(大判 2009도1374). 또한 제3의 요인이 개입하여 주가가 변동된 경우에는 제3의 요인으로 인한 주가변동을 제외한 불공정거래행위로 인한 주가변동 부분을 검사가 특정하여야 하고(大判 2011도8109), 이를 특정하지 못한 경우에는 부당이득액이 불상인 것으로 인정한다(大判 2009도13890). 이는 책임원칙에 충실한 결론이다. ② 다만 상당인과관계설은 형법학계의 보편적인 이론인 객관적 귀속론(objektive Zurechnungslehre)에 의해 보완된다. 제3의 요인이 개입하여 증권의 가격에 영향을 미쳤는데도 위반행위에다 이익과의 인과관계를 인정하여 가중적 양형규정(제443조)을 적용할지 여부는 규범적인 귀속론의 문제이다. 가령 위반행위와 이득의 인과관계가 입증도 반증도 못하는 입증불능의 상태에서 위반행위가 제3의 요인의 개입에도 불구하고 이득을 초래할 가능성을 증대시킨 수준, 즉 위험증대가 높을수록 이득액에 산입하고, 낮을수록 불산입하는 것이다. 이 위험증대(량)에 대한 판단은 규범적인 가치판단이다. "위반행위의 동기, 태양, 기간, 제3의 요인 개입 여부, 증시 상황 및 기타 주가에 중요한 영향을 미칠 수 있는 여러 요인들을 전체적으로 고려하여 인과관계를 판단"한다는 판례(大判 2009도1374)도 이득산정에서 이러한 가치판단을 보여준다. 산입할 수 있는 위험증대량에 관해서는 학설이 대립하는데,[83] 주가조작죄에 대한 통제를 강하게 한다면 낮은 위험에서 상당한 위험의 수준(예: 5~50%)으로 충분하다고 볼 수 있지만, 책임원칙에 충실하고, 주가조작죄의 상징형법적 성격을 고려한다면 확실한 위험(예: 90%)의 수준을 요구해야 한다.

2. 이득액의 계산

주가조작죄와 관련성이 있는 위반행위(거래)와 인과관계가 인정되

82 서울고등법원 2009. 11. 26. 선고 2009노1838 판결.

83 자세히는 이상돈, 형법강론, 박영사, 2020, 125쪽 아래 참조.

면, 그 다음으로 이익의 금액을 구체적으로 산정한다.

(1) 계산할 이익의 범위 ① "위반행위로 얻은 이익"은 판례에 의하면 적극적 이익뿐만 아니라 회피한 손실, 즉 **소극적 이익**(大判 2009도1374)과 "시세조종행위 종료 시점 당시 보유 중인 시세조종 대상 주식 또는 신주인수권증권의 평가이익"인 **미실현이익**(大判 2018도8438)도 포함한다. 미실현이익을 포함하므로 주가조작의 종기 이후에까지 보유하던 주식을 매도하여 입는 손실은 공제되지 않는다. ② 이익은 금전적인 이익과 같은 유형적인 이득과 기업에서의 경영권 획득 등의 **무형적 이익**도 포함된다.[84] ③ 주가조작에 관여하기 이전에 이미 보유해온 주식을 주가가 상승한 이후 처분하여 발생 가능한 이익도 위반행위로 얻은 이익에 포함된다.[85] ④ 위반행위로 얻은 이익은 주가조작의 **공범 전체가 취득한 이익**을 의미하고, 범행에 전혀 가담하지 않은 제3자에게 귀속되는 이익은 이득액에 산입될 수 없다(大判 2011도11233).[86] 가령 증권회사직원이 포괄적 일임매매약정을 맺고 관리하는 고객의 계좌를 주가조작에 이용하고 시세조종행위로 인한 이익이 그 고객에게 귀속된 경우 그 이익은 이득액에서 제외된다.[87] 물론 고객을 위한 주가조작은 투자의 유지·확장, 장기적인 신뢰관계를 형성하는 경우가 많다는 문제점 등을 고려하여 — "제3자로 하여금 취득하게 한" 이득을 포함시키는 특정경제범죄처벌법 제3조 제1항과 같이 — 이를 포함시키자는 입법주장[88]이 있지만 이는 주가조작죄를 사기죄와 같은 재산범죄로 변질시킨다. ⑤ 허위매수주문행위 및

84 비전형적, 무형적 이익의 산정방식에 대한 연구로 노혁준, "자본시장법상 불공정거래로 인한 부당이득의 법적 문제", 증권법연구 제19권 제1호, 2018, 263쪽 이하.

85 서울중앙지방법원 2010. 10. 7. 선고 2009고합1489 판결.

86 김영기, "자본시장 불공정거래범죄의 부당이득 산정기준", 형사법의 신동향 제59호, 2018, 368쪽.

87 서울고등법원 2008. 11. 26. 선고 2008노1251 판결.

88 노혁준, "증권 불공정거래와 부당이득 산정", 증권 불공정거래의 쟁점 제2권, 2019, 439쪽; 정순섭, "자본시장법상 불공정거래와 보호법익: 시세조종과 부당이득을 중심으로", 상사판례연구 제25집 제1권, 2012, 154쪽.

고가매수주문행위, 통정매매행위 등을 복합적으로 반복하여 주가조작을 한 경우를 **포괄일죄**로 보면(大判 2002도1855), 이들을 수 죄의 경합범으로 보는 경우[89]보다 이득액이 커져서 피고인에게 불리해진다. 그러나 그렇게 복합적인 주가조작행위들이 연속범고의, 즉 다양한 형태의 주가조작 행위들이 행위자의 범행계획에서는 이익의 극대화라는 목표를 향한 하나의 '시퀀스'(sequence)를 이루는 경우라면 이득액 산정의 불리함은 오히려 정당한 것이다. 다만 그런 시퀀스가 엄격하게 인정되기 어려운 경우에는 경합범으로 보고, 이득액은 각 범죄마다 계산하여야 한다.

(2) 이익의 계산 ① 위반행위로 얻은 이익은 주가조작 관련한 거래로 인한 총수입에서 당해 거래에 수반되는 총비용을 공제한 차액(예: 현실거래의 주가조작 관련 유가증권거래의 총 매도금액 — 총매수금액 — 매수·매도수수료 — 증권거래세)을 의미한다(大判 2002도6390). 이를 **차액정산방식**이라 한다. ② 시세조종기간 중 여러 차례 분할하여 매수 및 매도를 하여 얻은 실현이익은 **거래량 가중평균방법**(Volume Weighted Average Price), 즉 (**[가중평균 매도단가 - 가중평균 매수단가]×매매일치수량**)에서 거래비용을 공제하는 방법으로 계산한다. ③ 시세조종기간 중에 주식을 처분하지 않은 상태로 보유하고 있는 평가이익, 즉 미실현이익은 주가조작 종료일에 형성된 종가에 매도한 것으로 보아 (**[주가조작종료일 종가 - 가중평균 매수단가]×잔여수량**)이 된다.[90]

(3) 시세조종기간 주가조작거래가 이루어진 기간은 이득액의 규모를 중대하게 변화시키므로 그 기간을 정하는 것은 비례원칙성원칙에 위배되지 않아야 한다.[91] 먼저 ① 시세조종기간의 시기始期는 **최초의 시세**

89 박상기, "포괄일죄와 연속범 및 공동정범성", 저스티스 제129호, 2012, 355쪽.

90 임재연, 자본시장법, 박영사, 2020, 1116쪽.

91 이 점에 대해 하급판례로 "해당 주식의 가치 및 거래량의 추세, 거래 전후의 제반 상황 및 거래의 경제적 합리성, 시장관여율의 정도, 지속적인 종가관리 등 거래의 유형과 동기" 등을 전체적으로 고려하여 신중하게 결정되어야 할 것이라고 판시한 바 있다(서울고등법원 2014. 6. 19. 선고 2012노4058·2014노841(병합) 판결).

조종성 주문을 한 시점[92]이고, 종기終期는 시세조종행위종료시점이나 주가정점시점이 아니라 **주식처분을 종료**한 시점이다.[93] ② 현실거래 주가조작에 관여한 기간 이후에도 그 효과가 나타나고, 차익도 실현되는 경우에는 거래량 가중평균가격의 변화[94]가 끝난 시점이 주가조작기간의 종기가 된다. ③ 시세조종기간의 중간에 휴지기간이 있는 경우 그 앞뒤의 시세조종이 포괄일죄로 판단되는 경우라면, 중간 휴지기간을 포함한 전체를 시세조종기간으로 설정하여 이득액을 산정한다.

92 서울중앙지방법원 2006. 1. 12. 선고 2005고합420 판결.

93 서울고등법원 2015. 1. 15. 선고 2013노3751 판결 및 이를 확정시킨 大判 2015도1462.

94 거래량가중평균가격 추정방법에 관하여 김수현, "우리나라 주식시장의 거래량 가중평균 가격 추정과 그 함의", 선물연구 제22권 제4호, 2014, 599~602쪽.

10

사기적 부정거래죄

Ⅰ. 의의
Ⅱ. 사기적 부정거래의 유형
Ⅲ. 사기적 부정거래의 이득액 산정

10

사기적 부정거래죄

I. 의의

1. 시장사기의 포괄적 범죄화

자본시장법[1]은 시장에 대한 "사기적 부정거래"(大判 2019도13900; 2016도3411)[2]를 광범위하게(포괄적으로)[3] 금지하고 위반행위를 강력하게 처벌

1 **자본시장법 제178조(부정거래행위 등의 금지)** ① 누구든지 금융투자상품의 매매(증권의 경우 모집·사모·매출을 포함한다. 이하 이 조 및 제179조에서 같다), 그 밖의 거래와 관련하여 다음 각 호의 어느 하나에 해당하는 행위를 하여서는 아니 된다. 1. 부정한 수단, 계획 또는 기교를 사용하는 행위 2. 중요사항에 관하여 거짓의 기재 또는 표시를 하거나 타인에게 오해를 유발시키지 아니하기 위하여 필요한 중요사항의 기재 또는 표시가 누락된 문서, 그 밖의 기재 또는 표시를 사용하여 금전, 그 밖의 재산상의 이익을 얻고자 하는 행위 3. 금융투자상품의 매매, 그 밖의 거래를 유인할 목적으로 거짓의 시세를 이용하는 행위 ② 누구든지 금융투자상품의 매매, 그 밖의 거래를 할 목적이나 그 시세의 변동을 도모할 목적으로 풍문의 유포, 위계(僞計)의 사용, 폭행 또는 협박을 하여서는 아니 된다.
제443조(벌칙) ① 다음 각 호의 어느 하나에 해당하는 자는 1년 이상의 유기징역 또는 그 위반행위로 얻은 이익 또는 회피한 손실액의 3배 이상 5배 이하에 상당하는 벌금에 처한다. 다만, 그 위반행위로 얻은 이익 또는 회피한 손실액이 없거나 산정하기 곤란한 경우 또는 그 위반행위로 얻은 이익 또는 회피한 손실액의 5배에 해당하는 금액이 5억 원 이하인 경우에는 벌금의 상한액을 5억 원으로 한다. 8. 금융투자상품의 매매(증권의 경우 모집·사모·매출을 포함한다), 그 밖의 거래와 관련하여 제178조 제1항 각 호의 어느 하나에 해당하는 행위를 한 자 9. 제178조 제2항을 위반하여 금융투자상품의 매매(증권의 경우 모집·사모·매출을 포함한다), 그 밖의 거래를 할 목적이나 그 시세의 변동을 도모할 목적으로 풍문의 유포, 위계의 사용, 폭행 또는 협박을 한 자 ② 제1항 각 호(제10호는 제외한다)의 위반행위로 얻은 이익 또는 회피한 손실액이 5억 원 이상인 경우에는 제1항의 징역을 다음 각 호의 구분에 따라 가중한다. <개정 2018. 3. 27., 2021. 1. 5.> 1. 이익 또는 회피한 손실액이 50억 원 이상인 경우에는 무기 또는 5년 이상의 징역 2. 이익 또는 회피한 손실액이 5억 원 이상 50억 원 미만인 경우에는 3년 이상의 유기징역 ③ 제1항 또는 제2항에 따라 징역에 처하는 경우에는 10년 이하의 자격정지를 병과(竝科)할 수 있다.

2 '부정거래행위'라고 표현하는 김병연·권재열·양기진, 자본시장법, 박영사, 2019, 483쪽; 임재연, 자본시장법, 박영사, 2020, 1010쪽.

3 구 증권거래법 제188조의4 제4항은 "누구든지 유가증권의 매매 기타 거래와 관련하여, 부당

한다. 부정거래는 금융투자상품의 매매(증권의 경우 모집·사모·매출을 포함) 및 그 밖의 거래와 관련하여 ① 부정한 수단, 계획 또는 기교를 사용하는 행위(제178조 제1항 제1호), ② 중요사항에 관하여 거짓의 기재 또는 표시를 하거나 타인에게 오해를 유발시키지 아니하기 위하여 필요한 중요사항의 기재 또는 표시가 누락된 문서, 그 밖의 기재 또는 표시를 사용하여 금전, 그 밖의 재산상의 이익을 얻고자 하는 행위(제178조 제1항 제2호), ③ 금융투자상품의 매매, 그 밖의 거래를 유인할 목적으로 거짓의 시세를 이용하는 행위(제178조 제1항 제3호), ④ 금융투자상품의 매매, 그 밖의 거래를 할 목적이나 그 시세의 변동을 도모할 목적으로 풍문의 유포, 위계의 사용 폭행 또는 협박을 하는 행위(제178조 제2항)를 말한다.

(1) 포괄적 금지조항 자본시장법 제178조는 행위의 주체를 구체적으로 특정하지 않고, 행위대상을 금융투자상품으로 광범위하게 설정하고 있으며, 유형적, 무형적 행위요소를 모두 포함하고 아울러 행위의 장소로서 장내와 장외를 구별하지 않고 있다.[4] 이런 규정을 **포괄구성요건**(Auffangstatbestand, general provision[5])이라고 부른다. 이는 미국의 포괄적 사기금지조항인 1934년 증권거래법(Securities Exchange Act of 1934) Section 10(b)[6]과 그 위임에 의해 공포된 SEC Rule 10(b)

한 이득을 얻기 위하여 고의로 허위의 시세 또는 허위의 사실 기타 풍설을 유포하거나 위계를 쓰는 행위(제1호)와, 중요한 사항에 관하여 허위의 표시를 하거나 필요한 사실의 표시가 누락된 문서를 이용하여 타인에게 오해를 유발하게 함으로써 금전 기타 재산상의 이익을 얻고자 하는 행위(제2호)를 하지 못한다"고 규정하였다. 그러나 구 증권거래법 제188조의4 제4항은 "부당한 이득을 얻기 위하여"(제1호), "금전 기타 재산상의 이익을 얻고자 하는"(제2호)이라고 규정하여 목적성을 제시하였고, 행위유형을 너무 구체적이고 한정적으로 열거함으로써 다양한 유형의 증권사기행위를 규제하는데 한계가 있다는 비판을 받았다. 자세히는 금융감독원, 금융감독개론, 2020, 597쪽.

4 변제호·홍성기·김종훈·김성진·엄세용·김유석, 자본시장법, 지원출판사, 2015, 727쪽.

5 포괄조항 개념은 William B. Herlands, "Criminal Law Aspects of the Securities Exchange Act of 1934", Virginia Law Review, Vol. 21 No. 2, 1934, 141쪽.

6 SECURITIES EXCHANGE ACT OF 1934 SEC. 10. It shall be unlawful for any person, directly or indirectly, by the use of any means or instrumentality of interstate

−5[7]를 모델로 삼아 만든 것이다. 일본 금융상품거래법 제157조[8]도 상당히 유사하다.[9] 이런 포괄조항은 자본시장의 환경 변화와 자본시장법상 금융투자상품의 확장에 따른 금융투자상품의 전문화, 복잡화 속에서 등장하는 새로운 형태의 증권불공정거래행위에 유연하게 대응할 수 있다.[10]

(2) 보호법익 이런 포괄조항의 보호법익은 "상장증권 등 거래의 공정성 및 유통의 원활성 확보라는 **사회적 법익**이고, 상장증권의 소유자 등 개개인의 재산적 법익은 그 직접적인 보호법익이 아니"다(大判 2013도6962).[11]

---

commerce or of the mails, or of any facility of any national securities exchange— …… (b) To use or employ, in connection with the purchase or sale of any security registered on a national securities exchange or any security not so registered, or any securities−based swap agreement, any manipulative or deceptive device or contrivance in contravention of such rules and regulations as the Commission may prescribe as necessary or appropriate in the public interest or for the protection of investors.

7 SEC Rule 10b−5 (Employment of Manipulative and Deceptive Devices): It shall be unlawful for any person, directly or indirectly, by the use of any means or instrumentality of interstate commerce, or of the mails or of any facility of any national securities exchange, To employ any device, scheme, or artifice to defraud, To make any untrue statement of a material fact or to omit to state a material fact necessary in order to make the statements made, in the light of the circumstances under which they were made, not misleading, or To engage in any act, practice, or course of business which operates or would operate as a fraud or deceit upon any person, in connection with the purchase or sale of any security.

8 金融商品取引法(不正行為の禁止) "제157조(부정행위의 금지) 누구든지 다음 각 호에 해당하는 행위를 하여서는 아니 된다. 1. 유가증권의 매매 기타 거래 또는 파생상품거래 등에 관하여 부정한 수단, 계획 또는 기교를 사용하는 것 2. 유가증권의 매매 기타 거래 또는 파생상품거래 등에 관하여 중요한 사항에 대하여 허위의 표시가 있거나 오해를 발생시키지 아니하기 위하여 필요한 중요한 사실의 표시가 누락된 문서 기타 표시를 사용하여 금전 기타 재산을 취득하는 것 3. 유가증권의 매매 기타 거래 또는 파생상품거래 등을 유인할 목적으로 허위의 시세를 이용하는 것(풍설의 유포, 위계, 폭행 또는 협박의 금지)".

9 각양각색의 증권거래상황에 대응한 모든 사기적인 행위를 사전에 상세하게 열거하고 그에 해당하는 것만을 위법하다고 판단하는 것은 적절하지 않으므로, 이러한 부당성을 회피하기 위해 포괄적인 금지조항의 도입이 필요하다고 보는 神崎克郎·志谷匡史·川口恭弘, 證券取引法, 青林書院, 2006, 856~857쪽.

10 최승재, "자본시장법 제178조 제1항 제1호에 대한 연구", 금융법연구 제6권 제2호, 2009, 20쪽.

11 大判 2000도4444: "증권거래에 관한 사기적 부정거래가 다수인에게 영향을 미치고 자본시장 전체를 불건전하게 할 수 있기 때문에 증권거래에 참가하는 개개의 투자자의 이익을 보호함

(3) 불명확성과 보충적용 사기적 부정거래죄는 구성요건 형식이 추상적으로 규정되어 있어 그 명확성이 매우 낮다.[12] 판례는 "제반 사정을 종합적 · 전체적으로 고려하여 판단"[13]함으로써 이를 극복하려고 하지만 한계가 있다. 이런 추상성 · 불명확성은 한 행위가 내부자거래행위 내지 시세조종행위에 해당하면서 동시에 부정거래행위에 해당하게 한다. 이 경우 자본시장법 제178조와 다른 불공정거래금지규정 사이에 적용의 우선순위가 없으므로 제178조를 바로 적용할 수 있다고 보는 견해[14]도 있다. 하지만 제178조는 일반적이고 포괄적인 금지조항으로서 내부자거래행위 또는 시세조종행위로 처벌하기 어려운 새로운 불공정거래 행태에 대비하기 위하여 도입된 것이고, 죄형법정주의(명확성) 위반의 소지가 많다는 점을 고려하면 내부자거래죄나 주가조작죄를 우선 적용하고, 이들이 적용불가능한 경우에 **보충적으로 적용**함이 타당하다.[15] 판례도 "제178조의 부정거래행위 금지규정은 일반조항으로서 특별규정인 제176조 시세조종행위 금지규정과 법조경합관계에 있어 시세조종행위에 대해서는 제176조가 우선 적용된다"(大判 2011도8109)고 본다. 다만 이 법조경합은 특별관계가 아니라 보충관계이다.

과 함께 투자자 일반의 자본시장에 대한 신뢰를 보호하여 자본시장이 국민경제의 발전에 기여할 수 있도록 함에 그 목적이 있다".

12 김순석, "자본시장과 금융투자업에 관한 법률상 불공정거래의 규제", 인권과 정의 제389호, 2009, 55쪽.

13 大判 2013도6962: "상장증권의 매매 등 거래를 할 목적인지 여부나 위계인지 여부 등은 행위자의 지위, 행위자가 특정 진술이나 표시를 하게 된 동기와 경위, 그 진술 등이 미래의 재무상태나 영업실적 등에 대한 예측 또는 전망에 관한 사항일 때에는 합리적인 근거에 기초하여 성실하게 행하여진 것인지, 그 진술 등의 내용이 거래 상대방이나 불특정 투자자들에게 오인 · 착각을 유발할 위험이 있는지, 행위자가 그 진술 등을 한 후 취한 행동과 주가의 동향, 행위 전후의 제반 사정 등을 종합적 · 전체적으로 고려하여 객관적인 기준에 따라 판단하여야 한다".

14 김학석, 금융투자상품의 부정거래행위에 관한 연구, 고려대학교 박사학위논문, 2010, 190쪽.

15 최승재, "자본시장법 제178조 제1항 제1호에 대한 연구", 금융법연구 제6권 제2호, 2009, 43쪽.

2. 사기죄와의 불법의 비교

사기적 부정거래, 예를 들어 중요사항에 관하여 "거짓의 기재 또는 표시를 하"여 투자자를 착오에 빠뜨리거나 "기재 또는 표시가 누락된 문서"를 사용함으로써 오해를 유발하는 거래는 투자자인 "타인을 기망"하는 사기죄의 실행행위가 될 수도 있다. 여기서 사기적 부정거래죄와 형법상의 사기죄의 불법유형을 비교하는 것이 필요하다.

(1) 불법의 유연화와 법익 및 객체의 차이 ① 사기적 부정거래죄는 기망적 수단을 사용한 것만으로 범죄가 성립하고, 사기죄의 성립요건인 재산처분행위나 손해의 발생과 이익의 취득은 필요하지 않다. 행위반가치 불법의 핵심인 기망도 사기죄처럼 '사실'(Tatsache)에 대한 것만이 아니라 **견해나 가치판단**도 무방하다.[16] 이처럼 부정거래행위죄는 사기죄보다 단순하고 유연화된 불법을 갖고 있다. ② 부정거래죄는 자본시장에 참여하는 **행위의 도덕성**을 기획한다는 점에서 시장의 가격결정기능을 보호하는[17] 다른 주가조작죄와 다르고, 사기죄의 보호기획에 근접한다. 그러나 부정거래죄는 피해자나 그 대리인을 기망해야 성립하는 사기죄와는 달리 거래시장을 속일 때 이미 성립할 수 있다. 즉, 부정거래죄는 **시장에 대한 사기**(fraud on market)인 반면, 사기죄는 사람에 대한 사기이다. ③ 부정거래죄의 보호법익은 보편적 법익(사회적 법익)인 반면, 사기죄는 개인적 법익(재산)이 된다. 다만 보편적 법익을 보호하면서도 부정거래죄는 **불법이득의사**를 필요로 한다.[18] 제178조 제1항 제2호는 "금전, 그 밖의 재산상의 이익을 얻고자 하는 행위"라고 규정하여 이를 분명히 하고 있기 때문이다. 이로써 부정거래죄는 명확성과 비례성이 다소 높아

16 이런 결론을 독일 증권법(Börsengesetz) 제88조의 유통사기죄(Kursbetrug) 해석에서도 보여주는 Eberhard Schwark, Börsengesetz, C.H. Beck, 2004, §88−5 참조.

17 부정거래죄를 "증권시장의 합리적 가격결정과 자유로운 수급질서"(금융감독원, 증권시장의 불공정거래 사례, 1999, 8쪽)의 위태화로 보는 것은 적절하지 않다.

18 이는 독일증권법 제88조의 Kursbetrug의 실행행위의 지배적인 해석이기도 하다.

진다.

(2) 상호보완적 관계 이러한 불법유형의 차이에도 불구하고 부정거래죄는 사기죄에 대해 우선적으로, 사기죄는 부정거래죄에 대해 보충적으로 사용되는 상호보완성이 있다. 가령 어느 행위자가 오해를 유발시키는 — 사실이 아닌 — '의견'을 기재한 사업설명서를 사용하였다면(A.영역) 사기죄는 성립할 수 없고 부정거래죄만 성립할 수 있지만, 허위의 '사실'을 기재한 사업설명서를 사용하였다면(B.영역) — 그 밖의 사기죄 요건을 충족함을 전제로 — 두 죄 모두 성립할 수 있으며, 사업설명서에 거짓으로 기재된 사항이 "중요사항"이 아니라면(C.영역) 오로지 사기죄의 적용만이 검토될 수 있다.

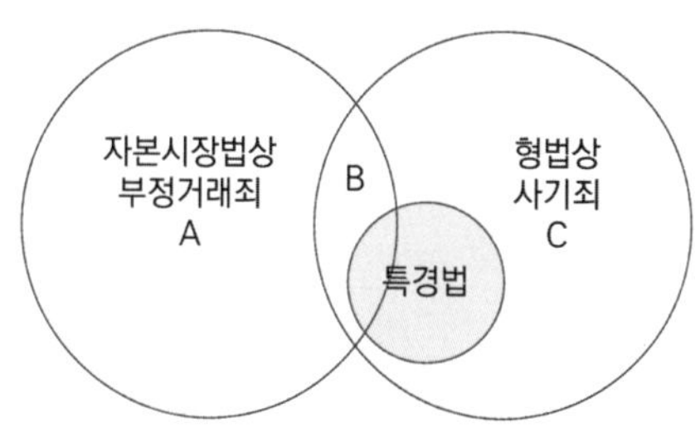

Ⅱ. 사기적 부정거래의 유형

사기적 부정거래죄는 네 가지 유형, 즉 금융투자상품의 매매, 그 밖의 거래와 관련하여 부정한 수단 등의 사용 금지(제178조 제1항 제1호), 허위·부실표시의 금지(제2호), 거짓의 시세 이용금지(제3호)와 금융투자상품의 매매 또는 시세의 변동을 도모할 목적으로 풍문의 유포 및 위계사용 등의 금지(제2항)로 구성되어 있다.

1. 부정한 수단 사용의 죄

제178조 제1항 제1호는 "부정한 수단, 계획 또는 기교를 사용하는 행위"를 금지한다. 이는 **포괄적인 금지조항**(catch-all provision)[19]이다.[20]

19 Marc I. Steinberg, Understanding Securities Law, LexisNexis, 2007, 223쪽.

20 서울고등법원 2016. 4. 22. 선고 2015노3069, 2016초기59 판결.

(1) 부정한 수단, 계획 또는 기교의 목적론적 해석 제1호의 "수단, 계획 또는 기교"는 SEC Rule 10(b)−5의 "device, scheme, or artifice"를 계수한 문언인데, 미국에서도 이 용어의 의미는 명확하게 구별되지 않고 있다.[21] ① 그렇기에 이 부정거래죄는 '부정한'이라는 **가치충전필요개념**(wertausfüllungsbedürftiger Begriff), 즉 법적용자의 가치판단이 광범위하게 개입하는 구성요건표지가 관건이 된다. 이 개념에 채워넣는 가치판단은 자본시장기능을 위태화할 적성에 지향되어야 한다. 판례도 "어떠한 행위를 부정하다고 할지는 그 행위가 법령 등에서 금지된 것인지, 다른 투자자들로 하여금 잘못된 판단을 하게 함으로써 공정한 경쟁을 해치고 선의의 투자자에게 손해를 전가하여 자본시장의 공정성, 신뢰성 및 효율성을 해칠 위험이 있는지를 고려해야 한다"(大判 2013도6962)고 본다.

★ **부정한 수단 · 계획 · 기교의 행위들** 가령 ① "투자자문업자 등이 추천하는 증권을 자신이 선행매수하여 보유하고 있고 추천 후에 이를 매도할 수도 있다는 그 증권에 관한 자신의 이해관계를 표시하지 않은 채 그 증권의 매수를 추천하는 행위"(大判 2014도6910), ② 경제전문지기자가 그 우월적인 지위를 이용하여 경제전문지 기사를 쓰고 그 기사의 영향력을 이용한 주식매매를 하거나 주가연계증권(Equity−Linked Securities: ELS) 상환조건 성취를 방해하는 행위(大判 2013마1052,1053), 모 회사의 LED칩 개발이 이미 반년전 완료되어 잘 알려진 내용임에도 마치 보도 시점에 새로운 기술을 개발하여 상당한 호재가 발생한 것처럼 오인될 수 있는 보도를 한 인터넷 경제신문기자의 행위[22]는 이에 해당한다. 반면, ③ 증권회사가 주식워런트증권(Equity Linked Warrant)의 특정 소수 초단타매매자(scalper)에게 차별적인 서비스를 제공하는 행위나 그 서비스를 이용하는 행위(大判 2013도9933)는 이에 해당하지 않는다.

② 일본에서는 부정성을 사기적 행위로 한정하는 해석론[23]이 있고,

---

21 임재연, 자본시장법과 불공정거래, 박영사, 2019, 440쪽.

22 서울중앙지방법원 2012. 6. 25. 선고 2012고단2326 판결.

23 金融商品取引法研究會, "不公正取引について−村上ファンド事件を中心に", 金融商品取引法研究會研究記錄, 第21號, 2008, 20~21쪽.

우리나라에서도 부정성은 기망행위를 요한다고 보는 하급심 판례[24]가 있다.[25] 이처럼 기망성을 요구하는 것은 부정성의 불명확성을 감소시켜 주는 장점이 있지만, 체계적으로는 부적절한 축소해석이다. 대법원도 "부정한 수단, 계획 또는 기교란 사회통념상 부정하다고 인정되는 일체의 수단, 계획 또는 기교를 말한다"(大判 2011도8109)고 봄으로써 기망성을 요구하지 않는다.

(2) 불명확성의 극복과제 하지만 "부정한"의 문언은 명확성원칙에 위배될 우려[26]가 있고, 해석으로 극복하기 어렵다.[27] ① 첫째, 제1호의 "부정한" 문언 자체가 명확성원칙에 위배되는[28] 위헌조항인지를 판단함에는 "법규범이 불확정개념을 사용하는 경우라도 법률해석을 통하여 법원의 자의적인 적용을 배제하는 합리적이고 객관적인 기준을 얻는 것이 가능한"지(憲裁決 2006헌가9), 다양한 해석방법을 "종합적으로 고려하는 해석방법"으로써 "그 의미내용을 합리적으로 파악할 수 있는 해석기준을 얻

24 서울중앙지방법원 2010. 10. 14. 선고 2010고합458 판결: "제178조 제1항 제1호에서 정한 '부정한 수단, 계획 또는 기교'라 함은 거래상대방 또는 불특정투자자를 기망하여 부지 또는 착오상태에 빠뜨릴 수 있는 모든 수단, 계획, 기교를 말하는 것으로 같은 법 제178조가 정하고 있는 나머지 행위들을 포괄하는 포괄적인 성격의 조항"이다.

25 미국의 1934년 증권거래법 Section 10(b)처럼 "조작적이거나 사기적인"(mani- pulative or deceptive)"라든가, 위임입법 SEC Rule 10(b)-5처럼 "사기적인 수단, 계획 또는 기교(device, scheme, or artifice to defraud)"라는 문언으로 개정하자는 김학석, 금융투자상품의 부정거래행위에 관한 연구, 고려대학교 박사학위논문, 2010, 207쪽.

26 명확성원칙 위배 우려는 입법당시 국회 재정경제위원회, "자본시장과 금융투자업에 관한 법률안 심사보고서", 2007, 86쪽 참조.

27 "제178조 제1항 제1호는 규정의 모호성이 현저하여 헌법재판소가 말하는 보완적 해석을 시도하더라도 그 불명확성이 극복되기 어렵다"는 이철송, "ELW거래에서의 전용선 제공행위의 가벌성-자본시장법 제178조 제1항 제1호의 적용을 중심으로", 증권법연구 제12권 제3호, 2012, 8쪽.

28 '부정한 수단'의 사용에 대해 형사적 제재를 가하고 있는 다른 법률을 살펴보면, 개인정보보호법 제70조 제2호와 도로교통법 제152조 제3호, 징발법 제26조 제1항 등은 "거짓이나 그 밖의 부정한 수단"이라고 규정하고 있다. 부정경쟁방지 및 영업비밀보호에 관한 법률 제18조 제1항 제2호는 "절취·기망·협박, 그 밖의 부정한 수단"이라고 정하여 부정한 수단의 행위 태양을 명시하고 있고, 조세범처벌법 제3조 제6항은 "사기나 그 밖의 부정한 행위"의 유형을 7가지로 구분하여 구체화하고 있다.

을 수 있는지"(大判 2013도12939), 즉 법관의 합리적으로 해석가능성 여부(大判 99도2309; 2000도1007)를 고려하여야 한다. 여기에 더하여 합리적으로 해석된 구체적인 부정거래죄규범이 기술적인 법정보화메커니즘을 통하여 사람들에게 인지되고 있어야 한다.[29] ② 둘째, 제1호의 불명확성이 새로운 유형의 부정거래행위에 대응하기 위해 불가피하여 위헌조항이 아니라고 보더라도, 그 불명확성으로 인해 제1호의 적용은 "형사처벌의 영역이 과도하게 확대되지 아니하도록 신중하게"[30], 즉 "죄형법정주의와 최대한 조화를 이룰 수 있도록"[31] 하여야 한다. 이를 위해 제1호는 제2호 및 제3호를 우선 적용하고, **보충적으로**[32](법조경합관계[33]로)만 적용되어야 한다.[34] 금융당국과 검찰 실무에서 제1호만을 적용한 사례는 매우 드물다.

2. 허위·부실표시의 죄

제178조 제1항 제2호("중요사항에 관하여 거짓의 기재 또는 표시를 하거나 타인에게 오해를 유발시키지 아니하기 위하여 필요한 중요사항의 기재 또는 표시가 누락된 문서, 그 밖의[35] 기재 또는 표시를 사용하여 금전, 그 밖의 재산상의 이익을 얻고자 하는 행위")는 "상장증권 또는 장내파생상품의 매매를 유인할 목적으로" 하는 허위표시·오해유발표시의 주가조작(제176조 제2항 제3호)의 규제공백을 보충하는 규정이다.

---

29 이상돈, 형법강론, 박영사, 2020, 22~25쪽 참조.

30 서울고등법원 2013. 1. 17. 선고 2011노3527 판결.

31 大判 2011도8109로 확정된 서울고등법원 2011. 6. 9. 선고 2010노3160 판결.

32 일본 금융상품거래법 제157조도 제1호의 적용범위가 상당히 넓다는 점에서 추상적 규정에 해당하고, 제2호 및 제3호가 적용이 용이한 구체적 규정에 해당한다고 보는 川村正幸, 金融商品取引法, 中央經濟社, 2009, 473쪽.

33 "자본시장법 제178조 제1항 제1호에서 말하는 부정한 수단, 계획, 기교를 사용하는 행위에 해당하는 한편, 같은 법 제178조 제2항에서 정한 위계의 사용에도 해당한다"는 大判 2014도6910는 분명하지는 않지만 상상적 경합으로 보는 듯하다.

34 성희활, 자본시장법 강의, 캐피털북스, 2018, 367쪽.

35 구 증권거래법 제188조의4 제4항 제2호는 "문서를 이용하여"라고 규정하고, 그 밖의 표시는 없었고, 판례는 문서 이용이 없는 경우는 사기적 부정거래를 부정하였다(大判 2009도6411).

(1) 중요사항 ① 판례에 의하면 "중요사항은 해당 법인의 재산·경영에 관하여 중대한 영향을 미치거나 특정 증권 등의 공정거래와 투자자 보호를 위하여 필요한 사항으로서 **투자자의 투자판단에 영향을 미칠 수 있는 사항**을 의미"한다(大判 2016도6297; 2009도1374). 중요사항과 미공개중요정보를 같은 의미로 본 셈이다. 예컨대 판례에 의하면 최대주주 또는 주요주주의 대량보유보고서 허위기재(大判 2003도686)나 차명주식이 누락된 임원·주요주주 소유 주식 보고서의 제출(大判 2009도1374)이 이에 해당한다. ② 미국 연방대법원은 중요한 사실이 되려면 "누락된 사실에 대한 공시가 합리적인 투자자에게 이용 가능한 **정보의 총체를 중요하게 변경**시키는 것으로 여겨질 실질적 개연성(substandtial likelihood)이 있어야 한다"[36]고 본다. ③ 그러나 정보의 중요성은 합리적 투자자의 관점에서 이용가능한 정보의 총량변경 뿐만 아니라 **증권시세에 영향을 미칠 가능성**(Kursbeeinflußung)에 따라 판단하여야 한다. 예컨대 증권신고서에 허위기재되었지만 바르게 교정되면 주주들에게 배당될 배당액이 상당히 줄어들거나, 주식의 펀더멘틀 가치지표인 주가수익비율(PER Price Earnings Ratio)이 상당히 떨어지게 된다고 보이는 회계정보가 이에 해당한다.

(2) 금전, 그 밖의 재산상의 이익 '금전, 그 밖의 재산상의 이익을 얻고자 하는 행위'는 재산상의 이익을 얻으려는 불법이득의사가 있어야 함을 의미한다. ① 형법상 사기죄가 제3자의 이익 취득도 포함하는 것과 달리 사기적 부정거래죄는 행위자 **자신이 불법이득을 취득**하려는 의사가 있어야 한다. ② 부정거래죄는 재산범과 같은 침해범이나 주가조작죄와 같은 적성범이 아니라 추상적 위험범이다. 이때 추상적 위험을 입법의 동기로 바라보면 "거짓의 기재 또는 표시를 한 **문서의 사용행위와 타**

36 To be material, "there must be a substantial likelihood that the disclosure of the omitted fact would have been viewed by the reasonable investor as having significantly altered the total mix of information made available.", Paul, Hastings, Janofsky & Walker, LLP, SECURITIES LAW CLAIMS: A Practical Guide, 2004, 79쪽 이하 참조.

인의 오해 사이의 인과관계도 필요하지 않게" 된다(大判 2016도6297). 그러나 추상적 위험도 가능성이 매우 낮을 뿐 실제적 위험이어야 하므로 허위 또는 부실표시가 있고, (객관적 처벌조건으로서) 오해유발과의 인과관계가 인정되는 경우에만 기수가 성립한다고 본다.

(3) 주식공모사기 기업들이 기업회계기준에 위반하는 회계처리(속칭 분식회계)를 하여 증권신고서나 사업설명서를 작성·제출·비치하여 일반인을 대상으로 하는 주식 모집인 주식공모[37]를 하는 것을 흔히 주식공모사기라고 부른다.

★ **주식공모사기** Y(주) 대표 甲은 기업공개를 추진하던 2008.12.경 회계부장 乙으로부터 당해년도 150억 원의 당기순손실을 보고 받고, '기업공개 요건에 맞게 당기순이익을 정하고 거기에 맞춰 결산하라'고 지시하였다. 乙은 원재료의 수량을 실제보다 증가시켜 재고액을 과대계상하고, 어음채무를 누락시켜 당해년도에 50억 원의 당기순이익이 실현된 것처럼 대차대조표 및 손익계산서를 작성하고, 이에 따른 증권신고서를 작성·제출하여 금융위원회의 수리를 받고 액면 금 5천 원권 기명식 보통주식 270만주를 주당 금 8,500원에 발행하여 신주를 모집하면서 청약사무 취급 장소에 동일 내용의 사업설명서를 비치하였다.[38] ① **부실문서행사죄**(상법 제627조)는 회사재산을 위태화하는 부실보고죄(제626조)와 달리 자본시장기능을 위태화하는 범죄로서 주식공모사기는 이 죄에 해당한다. 다만 분식회계업무를 담당한 직원은 이 죄의 주체가 되지 못한다. ② 주식공모사기는 분식한 재고액 과다계상 등이 중요한 사항이고, 사업설명서 비치로 허위재무제표의 작성·공시 요건도 충족하므로 **분식회계죄**(외부감사법 제20조 제1항)가 성립한다. **외부감사방해죄**(외부감사법 제20조 제4항)도 이 죄를 결과범으로 해석한다면, 분식회계를 외부감사인이 발견하지 못한 경우에 그리고 거동범으로 해석한다면 그와 상관없이 성립한다. ③ **사기죄**(형법 제347조)의 요건으

37 공모(公募)는 모집과 매출로 나뉘는데 ① 모집은 50명 이상의 자에게 신규로 발행되는 유가증권의 취득의 청약을 권유하는 것이고, ② 매출은 이미 발행된 유가증권의 소유자가 50명 이상의 자에게 그 유가증권의 매도의 청약을 하거나 매수의 청약을 권유하는 것을 말한다. 금융감독원, 유가증권 발행·기업공시 안내, 2004, 8쪽.

38 자세히는 이상돈, 증권형법, 법문사, 2011, 95~110쪽 참조.

로서 기망(허위투자정보 창출), 투자자의 착오(사업설명서의 재정상황 신뢰), 재산처분(주식청약 및 주금납입)은 충족된다. 다만 투자자가 주식공모에서 사업설명서 외에 감사보고서 신용평가등급, 투자전문가의 회사진단 등 다양한 정보를 사용하였다면 착오와 재산처분의 인과관계가 인정되지 않는다. 손해요건은 투자손해가 '피해자의 자기위태화'가 적용되지 않는 경우, 즉 분식회계된 재무재표가 거의 유일한 투자정보일 정도로 주식공모에서 투자정보가 '이례적으로 매우 열악'한 경우에 충족될 수 있다. 주금과 투자자의 손해는 동질적인 것이기도 하다.

1) 확장해석　주식공모사기는 제178조 제1항 제2호의 요건(금융투자상품의 매매 기타 거래, 중요사항, 허위 또는 오해유발의 기재 또는 표시의 사용, 불법이득의사) 가운데 **불법이득의사**의 요건만을 충족하지 못한다. 행위자는 대표이사와 회계담당자이지만, 제3자인 회사가 주금납입으로 재산상의 이익을 얻기 때문이다. ① 그러나 "금전 기타 재산상의 이익을 얻고자 하는" 의사(불법이득의사)를 사법학자들의 해석처럼[39] **부당이득의사**로 확장한다면, 그러니까 가령 "경영권 획득, 지배권 확보, 회사 내에서의 지위상승 등 무형적 이익 및 적극적 이득 뿐 아니라 손실을 회피하는 경우와 같은 소극적 이득, 아직 현실화되지 않는 장래의 이득도 모두 포함"(大判 2002도1696)한다고 본다면, 주식공모사기도 제2호의 사기적 부정거래죄가 성립할 수 있다. 그러나 이런 해석은 손해배상책임(제179조)을 묻는 경우와 달리 형사책임에서는 "금전 기타 재산상의 이익"을 유추적용한 셈이 된다. ② 또한 "재산상의 이익을 얻"는다는 문언을 직접적 이익취득 외에 **간접적 이익취득**까지 포함시킨다면, 예컨대 주식공모사기로 자본을 조달하여 회사의 적자를 극복하고 성장시킴으로써 더 많은 연봉이나 스톱그랜트의 이익을 얻는 것도 불법이득에 포함시킬 수 있으므로, 같은 결론이 나온다. 이 해석은 유추라기보다는 확장적용이다. 부정거래죄에서는 사기죄와 달리 재산상 손해와 취득한 이익이 동

39 최승재, "자본시장법상 불공정거래에 대한 규제", 한국금융법학회 2009년 하계 학술발표회(2009.9.29.) 발표문, 21쪽; 김건식·정순섭, 자본시장법, 두성사, 2009, 336쪽.

질적인 것일 필요가 없기 때문이다.

2) 축소해석 ① 다만 이 죄의 법정형이 허위·통정거래 주가조작죄(제443조 제1항 제4호)와 똑같이 무겁고, 주식공모사기가 자본시장의 가격결정을 직접 왜곡하는 행위는 아니라는 점, 가령 어떤 주식공모사기가 없었어도 형성되었을 회사의 주가가 주식공모사기 속에서 형성된 주가보다 낮게 형성될 개연성이 일반적으로 발생하지 않는다는 점[40]을 고려하면 이 죄는 법정형을 낮추거나 가령 "오해를 유발시키"는 문언을 **투자유인효과**를 포함하는 의미로 축소해석할 필요가 있다. 즉, 주식공모에서 허위 또는 오해유발의 기재를 한 사업설명서가 투자자가 공모주식을 매수하는 원인이 되었다는 점(**거래인과관계**)이 입증된 경우에만 이 죄를 적용하는 것이다. 이는 사기죄의 요건 가운데 〈착오→재산처분행위〉를 이 부정거래죄의 요건으로 추가해 넣은 것과 같다 ② 여기서 더 나아가 부정거래행위를 한 이후 거래량이나 거래패턴의 변화, 주가변동폭 등에 대한 분석으로 **투자유발효과**가 입증되어 시장기능위태화의 적성을 추정할 수 있는 경우에만 부정거래죄를 적용하자는 해석도 가능하다. 물론 이는 가장 강한 축소해석이다.

3. 거짓시세이용의 죄

제178조 제1항 제3호("금융투자상품의 매매, 그 밖의 거래를 유인할 목적으로 거짓의 시세를 이용하는 행위")의 부정거래죄는 ① 매매유인목적이 필요하지만 제176조 제2항의 주가조작죄와 달리 **성황을 이루고 있는 듯이** 오인하게 하는 추가적인 요건이 없고,[41] ② 제176조 제2항과는 달리 상장증권 또는 장내파생상품만이 아니라 **모든 금융투자상품**을 적용대상으로

---

40 이와는 정반대로 재무구조가 건실한 회사도 경제상황의 변화에 따라 자금의 유동성위기를 겪다가 마침내는 기업개선작업(work-out)이나 회사정리절차에 들어가고, 주가는 곤두박질 치기도 한다.

41 김정수, 자본시장법원론, 서울파이낸스앤로그룹, 2014, 1327쪽.

하는 점,[42] 그리고 ③ 인위적인 개입으로 시세를 왜곡하는 주가조작과는 달리 이미 만들어진 거짓의 시세를 이용하는 행위도 규제한다는 점에서 적용범위가 주가조작죄보다 넓고 유연화되어 있다.

4. 풍문유포 · 위계사용 등의 죄

(1) 거래목적 · 시세변동목적 제178조 제2항("누구든지 금융투자상품의 매매, 그 밖의 거래를 할 목적이나 그 시세의 변동을 도모할 목적으로 풍문의 유포, 위계의 사용, 폭행 또는 협박)의 부정거래죄는 거래목적 또는 시세변동목적이 있어야 하지만 구 증권거래법처럼 "부당한 이득을 얻기 위하여"라는 **부당이득의사(목적)**[43]는 필요하지 않다.

> "제178조 제2항에서…상장증권의 매매 등 거래를 할 목적인지 여부나 위계인지 여부 등은 행위자의 지위, 행위자가 특정 진술이나 표시를 하게 된 동기와 경위, 그 진술 등이 미래의 재무상태나 영업실적 등에 대한 예측 또는 전망에 관한 사항일 때에는 합리적인 근거에 기초하여 성실하게 행하여진 것인지, 그 진술 등의 내용이 거래 상대방이나 불특정 투자자들에게 오인 · 착각을 유발할 위험이 있는지, 행위자가 그 진술 등을 한 후 취한 행동과 주가의 동향, 행위 전후의 제반 사정 등을 종합적 · 전체적으로 고려하여 객관적인 기준에 따라 판단하여야 한다"(大判 2013도6962).

(2) 풍문의 유포 풍문은 "시장에 알려짐으로써 주식 등의 시세의 변동을 일으킬 수 있을 정도의 사실로서, 합리적 근거가 없는 것"[44]이다. ① 허위의 사실이 포함되기 쉽지만 가령 "사후적으로 우연히 진실에 부합하는 것으로 밝혀진다 하더라도, 유포 당시 합리적 근거를 전혀 갖

---

42 임재연, 자본시장법과 불공정거래, 박영사, 2019, 470~471쪽.

43 구 증권거래법 하에서도 판례(大判 2009도1374)는 "허위의 사실을 유포하는 행위 당시 포괄적인 의미의 부당한 이득을 얻으려는 목적이 있으면 족하며 그 행위 당시부터 장차 유가증권을 처분하여 이득을 얻겠다는 목적이 구체적이고 확정적으로 존재하여야 하는 것은 아니다"라고 봄으로써 그 적용범위를 넓혔었다.

44 서울고등법원 2013. 3. 22. 선고 2012노3764 판결.

추지 못하였고 유포자 자신도 이를 인식하고서 유포"[45]하는 것은 풍문의 유포에 해당한다. 의견이나 예측은 풍문이 아니지만, 허위의 사실과 결합한 단정적인 의견이나 예측은 풍문에 해당될 수 있다.[46] 이에 대한 판단은 "행위자의 지위, 해당 기업의 경영 상태와 그 주가의 동향, 인터뷰 및 보도 내용의 구체적인 표현과 전체적인 취지, 보도의 계기 및 그 계속·반복성 여부, 보도 내용과 관련된 기업의 여러 실제 사정 등을 전체적·종합적으로 고려하여 객관적인 기준에 의하여" 한다(大判 2009도1374).[47] 풍문을 유포하는 수단은 이메일, 보도자료, SNS 발송 등 제한이 없다. 풍문의 '유포'는 형법상 부작위범으로도 가능하다.

★ M&A 풍문유포와 부정거래죄 영국 B(주)가 출자·설립한 투자목적법인 A(주)의 대표 甲은 2003.11.경 A(주)의 계산으로 S물산 7백만주를 매수하고, 다음 날 자신의 계산으로 우선주 8천주를 매수하였다. 2004.3.8. 甲은 S물산 홍보상무 乙에게 S물산이 보유한 S전자의 주식매각과 우선주소각을 요구하고, 불응하면 S물산을 M&A할 것이라 말했다. 甲은 A(주)의 수탁인 D증권사 丙에게 乙과의 접촉사실과 요구사항을 신문기자에게 알려 보도하게 하였다. 2004.11.12. 甲은 보도자료를 통해 S물산의 M&A 가능성을 알렸으나 S물산은 자사주취득을 공시하였다. 甲은 11.29. J일보 기자 丁에게 위 M&A 가능성과 소버린이 S물산을 M&A한다면 소버린을 지지할 것이라 말했다. 丁은 'S물산 외국인에 M&A될 수도'라는 기사를 내보냈고, S물산의 주가는 전일대비 500원 상승했고, 거래량은 전일대비 150만주로 증가하였으며, 다음날 주가는 300원 하락하였고, 거래량은 다소 증가하였다. 甲은 12.2. 丙에게서 부정적인 전망을 듣고 A(주) 보유 S물산 보통주와 자신 보유 우선주를 시장에서 전부 매각하였다. ① 주가 하락에도 주식 전량을 매각한 점에서 甲은 M&A의사가 없었고, 丁과 대화는 매도 전 주가를 높이기 위해 J일보에 M&A설을 유포한 것이다. 이는 "일반투자자로 하여금 위 기업의 주식을 매수하도록 유인하기 위한 기망행위에 해당하지

45 서울중앙지방법원 2012. 9. 21. 선고 2012고합662 판결.

46 서울지방법원 1998. 12. 15. 선고 98노7566 판결.

47 이 판례는 구 증권거래법상 허위 사실의 유포나 부당이득의사를 판단하기 위한 기준으로 제시된 것이지만, 자본시장법상 풍문유포의 부정거래죄 판단에도 타당하다.

않"[48]으며, "그 증권 또는 장내파생상품의 매매를 함에 있어서 중요한 사실에 관하여 거짓의 표시 또는 오해를 유발시키는 표시를 하는 행위"(제176조 제2항 3호)에도 해당하지 않는다. M&A설의 유포는 "표시"행위가 아니기 때문이다. 그러나 甲의 행위는 제178조(부정거래행위 등의 금지) 제2항의 "금융투자상품의 매매, 그 밖의 거래를 할 목적이나 그 시세의 변동을 도모할 목적으로 풍문의 유포"에 해당한다. ② 물론 거래유발효과를 발생시켜야 풍문유포 부정거래죄가 성립한다는 축소해석을 한다면 甲의 인터뷰는 부정거래죄도 성립하지 않는다.

(3) 위계사용행위 판례에 의하면 위계는 "거래 상대방이나 불특정 투자자를 기망하여 일정한 행위를 유인할 목적의 수단, 계획, 기교 등을 말한다"(大判 2013도6962). 그러나 위계는 "상대방에게 오인, 착각, 부지를 일으키고 상대방의 그러한 심적 상태를 이용하는 것"[49]으로서 기망보다 넓은 개념이다. 그럼에도 부정거래죄의 적용을 엄격히 하기 위해 위계를 기망처럼 축소해석하는 것은 가능하다.

★ 감자검토공표의 위계성 A은행의 대주주인 B회사의 사외이사 甲은 기자간담회에서 A은행의 유동성 위기에 빠진 자회사 C의 합병과 관련하여 C가 감자할 여건이 안 되고 감자를 성실하게 검토·추진할 의사가 없음에도 'C의 순자산가치를 정확하게 평가해 봐야 감자 여부를 결정할 수 있을 것이나 현재로서는 감자 가능성이 크다'고 발언하였다. 이는 투자자들의 주식투매와 C의 주가하락, 그에 따른 합병반대 주주들의 주식매수청구권 가격하락을 통해 합병신주발행으로 인한 B회사의 A은행에 대한 지분율감소를 방지하기 위한 것이었다. ① 대법원은 甲의 행위는 증권거래법 제188조의4 제4항 제1호에서 정한 '위계를 쓰는 행위'에 해당한다"(大判 2008도6335)[50]고 보았지만, 원심은 허위의 사실 유포나 위계에 해당한다고 보지 않았다.[51] ② 甲의 행위는 (기망으로 해석해놓고 실제로는 위계로 운용한 대법

48 甲에게 무죄를 선고한 서울중앙지방법원 2006. 9. 29. 선고 2006고합115 판결 참조.

49 이상돈, 형법강론, 박영사, 2020, 533쪽.

50 이 판결에 대한 평석으로 권순일, "상장법인의 감자 검토 계획 발표와 사기적 부정거래", 자유와 책임 그리고 동행: 안대희 대법관 재임기념, 사법발전재단, 2011 참조.

51 서울고등법원 2008. 6. 24. 선고 2008노518 판결.

원의 판단과 달리) 기망이 아니라 위계에 가깝다. 따라서 자본시장법상 위계의 부정거래죄에는 해당한다. 하지만 위계를 (원심이 명시하지 않았지만 실제로 한) 기망으로 축소해석한다면, 위계의 부정거래죄는 성립하지 않는다.

(4) 폭행 또는 협박 제178조 제2항은 부정거래죄의 실행행위로 폭행·협박을 정하고 있다. 그러나 부정거래죄의 보호법익이 자본시장의 공정성 및 유통의 원활성이라는 사회적 법익인데, 개인적 법익(신체의 완전성, 의사결정자유)을 침해하는 폭행·협박을 그 실행행위로 삼는 것은 체계적으로 부정합적이다.[52] 현실적으로 보면 폭행·협박 부정거래죄는 보유주식을 고가에 매수해 달라고 폭력을 사용하는 조직폭력배나 고가에 매수 안 해주면 인수합병을 하겠다고 협박하는 기업탈취자(corporate raider)에게 적용될 수 있다.[53] 그렇기에 폭행 또는 협박 규정을 삭제하자는 입장도 있다.[54]

Ⅲ. 사기적 부정거래의 이득액 산정

자본시장법 제443조는 사기적 부정거래죄(제178조)의 법정형을 "위반행위로 얻은 이익 또는 회피한 손실액"과 연동시킨다. 그러나 사기적 부정거래의 다양한 행위양태는 포괄조항(general provision)의 성격이 강하고, 자본시장의 가격결정기능을 왜곡하는 영향력이 내부자거래나 주가조작보다 약하기 때문에 그 부정거래로 얻은 이익을 산정하기는 더욱 어렵다. 그럼에도 판례는 "부정거래행위로 인하여 취득한 이익은 부정거래행위로 인하여 상승한 주식의 평가액을 의미하는 것"[55]으로 봄으로써 부정거래로 인한 이득액도 부정거래와 인과관계를 인정할 수 있는

52 한국증권법학회, 자본시장법(주석서 I), 박영사, 2015, 1167쪽.

53 변제호·홍성기·김종훈·김성진·엄세용·김유석, 자본시장법, 지원출판사, 2015, 743쪽.

54 이런 견해로 비슷한 조항을 지닌 "일본에서도 한 번도 처벌한 사례가 없는 점" 등을 고려해 보면 '폭행 또는 협박' 규정은 삭제될 수 있다고 보는 김학석, 금융투자상품의 부정거래행위에 관한 연구, 고려대학교 박사학위논문, 2010, 210쪽.

55 서울중앙지방법원 2011. 9. 22. 선고 2011고합268 판결.

범위 내에서 산정되어야 한다는 점을 명확히 한 바 있다.

1. 내부자거래 · 주가조작죄의 방식 준용

현실적으로는 내부자거래죄 또는 주가조작죄의 방식을 '준용'할 수 밖에 없다. 가령, '중요사항' 기재 또는 표시 누락행위와 같이 **소극적인 부정거래**의 경우 일반 투자자의 투자판단에 영향을 미치는 것으로서 그러한 사항이 공개됨으로 인해 금융투자상품의 가격이 영향을 받을 수 있고, 행위자는 정보의 비공개로 인한 이익을 누리고자 하는 것이므로 내부자거래행위의 산정방식을 준용하여 구체적인 위험을 측정하는 것이다. 또한 자본시장법 제178조 제1항 제3호의 "금융투자상품의 매매, 그 밖의 거래를 유인할 목적으로 거짓의 시세를 이용하는 행위"와 같은 **적극적인 부정거래**의 경우에는 시세조종행위의 방식에 준하여 관여기간 거짓의 시세로 인해 초래된 위험을 측정하는 것이다. 이는 주가하락을 위한 부정거래행위에서도 마찬가지이다.[56]

주가조작죄의 산정방식을 준용하면 (**[부정거래 이후 매도 단가-매수단가]×매매일치수량**(매수수량과 매도수량 중 더 적은 수량))으로 실현이익을, (**[부정거래행위 종료일 종가-매수단가]×보유수량**)으로 미실현이익을 계산한다.[57] 다만, 실제로 부정거래행위 종료일의 종가를 정하기 어려운 경우에는 '부정거래행위 종료일 종가'를 '최종 처분행위시 주가'로 대체하여 미실현이익을 산정할 수도 있다.[58] 이때 매수단가는 부정거래로 주가를 견인하고 이익

56 "외환은행과 그 자회사인 외환카드를 합병함에 있어 외환은행의 대주주인 론스타 펀드가 사실과 달리 외환카드에 대한 감자검토발표를 함으로써 외환카드의 주가가 하락한 결과 외환은행은 외환카드의 합병 반대주주들에 대한 주식매수청구권 가격이 낮아진 만큼 합병비용을 절감하는 재산상 이익을 얻었고, 론스타 펀드는 외환카드의 주가하락으로 외환은행이 보다 유리한 합병비율을 적용받게 되었고 그에 따라 외환카드의 주주들에 대해 상대적으로 더 적은 수의 합병신주를 발행하게 됨으로써 외환은행의 최대주주로서 외환은행에 대한 지분율이 상대적으로 덜 희석되는 재산상 이익을 얻었다"(大判 2008도6335 및 파기환송심 서울고등법원 2011. 10. 6. 선고 2011노806 판결).

57 한국증권법학회, 자본시장법(주석서 I), 박영사, 2015, 1203쪽.

58 김영기, "자본시장 불공정거래범죄의 부당이득 산정기준", 형사법의 신동향 제59호, 2018,

을 취득하려는 계획 하에 그 부정거래를 착수하기 전에 주식을 매집한 경우에는 실제의 취득가격을 기준으로 하고, 부정거래행위와 관계없이 미리 보유하고 있는 주식의 가격 상승을 위한 경우에는 부정거래행위의 착수 전날의 종가를 기준으로 산정한다.[59]

2. 사기적 부정거래의 죄수

판례에 의하면 사기적 부정거래들이 실체적 경합범(수죄)인 경우에는 각 거래별 이득액을 기준으로(大判 89도1334) 그리고 포괄일죄인 경우에는 모든 거래의 이득액을 합산한 금액을 기준으로 가중처벌규정의 적용여부를 정한다. 경합범(數罪)인지 포괄일죄인지는 원칙적으로 관련된 **금융투자상품의 수**를 기준으로 위반행위의 수를 확정하되, 시세조종행위와 같이 범죄의사의 단일한 계속성 여부(시퀀스의사)를 고려하여 판단한다. 시퀀스의사는 부정거래행위의 유형 및 방식, 관여자, 부정거래행위 시기 등을 종합적으로 고려하여 판단한다.

363쪽.

59 한국증권법학회, 자본시장법(주석서 I), 박영사, 2015, 1203쪽.

11

분식회계와 부실감사죄

Ⅰ. 외부감사책임법제의 현황

Ⅱ. 부실감사책임의 귀속원리와 법이론

Ⅲ. 현행 부실감사책임법제의 해석정책

11

분식회계와 부실감사죄

I. 외부감사책임법제의 현황

1. 외부감사인의 법적 의무

공인회계사는 주식회사의 외부감사를 하여 감사의견[1]을 낼 때 준수해야 할 직업윤리적 의무[2](심정윤리적 의무 포함[3])가 있는데, 다음과 같은 법적 의무로 전환된 의무에 위반한 외부감사를 부실감사라고 한다.

— **공정감사의무** 피감사회사가 정기총회 6주 전에 (감사인에게) 제출한(외부감사법 제6조 제2항) 해당 사업연도의 재무제표와 그 부속명세서에 대한 감사업무를 일반적으로 공정·타당하다고 인정되는 회계감사기준(제5조 제1항)에 따라 실시하여 감사보고서를 작성하고(제16조 제1항), 일정 기간 내에 회사, 그리고 제3자에 의한 사후감독권(외부감리권)을 가진 증권선물위원회와 한국공인회계사회에 제출할(제23조) 의무

— **부정업무처리보고의무** 회계감사업무를 수행함에 있어 이사의 직무수행에 관하여 부정행위 또는 법령이나 정관에 반하는 중대한 사실을 발견한 때에 감사 또는 감사위원회에 통보하고, 주주총회에 보고할 의무(외

---

1 외부감사인이 감사한 결과를 제시하는 의견은 4가지이다. ① **적정의견**(unqualified opinion)은 재무제표가 기업회계기준에 따라 중요성의 관점에서 적정하게 표시되었다고 판단할 때, ② **한정의견**(qualified opinion)은 감사인과 경영자간의 의견불일치나 감사범위의 제한으로 인한 영향이 중요할 경우에, ③ **부적정의견**(adverse opinion)은 감사인과 경영자 간의 의견불일치로 인한 영향이 대단히 중요하고 전반적인 경우에, ④ **의견거절**(disclaimer of opinion)은 감사범위 제한의 영향이 매우 중요하고 전반적이어서 감사인이 충분하고 적합한 감사증거를 획득할 수 없었던 경우에 내린다.

2 한국공인회계사회의 공인회계사직업윤리규정을 참조.

3 예를 들면 공인회계사직업윤리규정 제2장(일반적 윤리) 참조.

부감사법 제10조 제1항)
— **부정회계처리보고의무** 피감사회사가 회계처리 등에 관하여 회계처리기준을 위반한 사실을 발견한 때에는 이를 감사 또는 감사위원회에 통보할 의무(외부감사법 제22조)
— **주총출석진술의무** 주주총회의 요구가 있을 때, 출석하여 의견을 진술하거나 주주의 질문에 답변할 의무(외부감사법 제24조)
— **비밀준수의무** 회계감사업무상 알게 된 비밀을 누설하지 않을 의무(외부감사법 제20조)

2. 부실감사의 의미와 외연

법체계는 부실감사개념의 외연을 가장 좁은 회계부정뿐만 아니라 더 넓은 회계오류를 가장 넓은 회계판단차이까지 확장한다.

① **회계부정**(accounting fraud)은 회계자료, 증빙서류, 감사수감자료 등을 고의로 조작·변조하여 사실과 다른 근거자료를 작성하고 이를 기초로 회계결산을 하는 감사로서 자본시장에 대한 사기를 넘어서 정보이용자 개인에 대한 사기가 될 수도 있다. ② **회계오류**(accounting mistake)는 기업회계기준을 잘못 적용하거나 금액의 계산이나 판단자료의 해석을 실수로 잘못한 감사이다. 회계오류는 중과실과 과실의 경우를 나누어 책임을 차등화할 수 있다. ③ **회계판단의 차이**(accounting judgment difference)는 고의적인 사기나 실수가 없이 전문적인 회계판단(professional judgment decision)이 서로 다른 것이다. 이는 일종의 원칙인 회계기준을 적용하는 과정이 전문적인 해석과 주관적인 판단일 수밖에 없는 특성에서 비롯된다. 이런 판단의 차이는 경영판단과 같이 전문가의 재량영역으로 볼 수 있다.

회계부정과 회계오류는 그에 비례적인 법적 책임이 귀속될 수 있지만, 회계판단차이는 마치 경영판단과 같이 전문가의 재량영역으로 둘 수 있다. 판례에 따라서는 회계판단이론을 수용하기도 한다.

★ 회계판단의 차이와 재량성 공인회계사 甲의 1994년 회계년도 S(주)에 대한 감사의견은 다음과 같았다: "회사의 공사수입금액은 공사진행기준에 따라 회계처리하였을 경우 10억 과대계상, 퇴직급여충당금은 2억 과소계상되어 있다…본 감사인의 의견으로는 이 사항을 제외하고는 기업경영성과

그리고 이익잉여금과 재무상태의 변동내용을 기업회계기준에 따라 적정하게 표시하고 있다." J생명은 이 감사보고서를 보고, 물적 담보 없이 S(주)에게 20억 원의 단체퇴직금보험가입을 조건으로 1995. 5. 30억 원을 대출해 주었지만 부외부채가 많았던 S(주)는 1995. 6. 부도가 났다. ① "재무제표가 일정한 부분을 제대로 반영하지 못하고 있다는 의견과 감사보고서에 의하더라도 대출당시 S(주)의 재무상황은 신용대출해줄 만한 상황이 아니었음에도 신용대출이 이루어졌다는 사실이 있고, 공인회계사가 적법한 절차에 따라 감사를 수행했다면, 공인회계사에게 그 책임을 물을 수 없다."[4] ② 자산과대평가와 부채과소표시 부분과 기업회계기준에 따라 재무상태의 변동을 적정하게 표시한 부분을 종합판단하여 적정의견을 낸 것을 두고 '적법한 절차에 따른 감사'라고 보는 것은 회계판단의 재량을 인정한 것이다.

3. 민 · 형사책임

외부감사인이 공정감사의무를 위반하면 공인회계사협회의 징계 외에도 민 · 형사상의 책임을 부담한다.

(1) 민사상 손해배상책임 외부감사인의 공정감사의무 위반은 세 가지 유형의 손해배상책임을 발생시킨다.

1) 불법행위책임, 부실감사책임, 부실공시책임 ① 민법 제750조(불법행위책임)나 제390조~제398조(계약책임)는 부실감사에 대한 손해배상책임의 근거규정이다. 만일 부실감사가 회사에 대하여 선량한 주의로써 직무를 수행해야 할 위임계약상 의무(민법 제681조)를 게을리 한 경우에 해당하면 회사는 계약책임의 손해배상책임을 물을 수 있다.[5] ② 자본투

4 서울고등법원 2002. 11. 22. 선고 99나18970 판결; 김용호, "서울고등법원 2002. 11. 22 선고 99나18970 판결과 그 의의", 공인회계사, 2002, 1쪽 아래 참조.

5 계약책임은 ① 감사인의 귀책사유(고의 · 과실)로 인한 직무 불이행, ② 위임계약위반의 위법성, ③ 회사의 손해 발생, ④ 감사인의 임무해태와 회사의 손해 사이에 인과관계 라는 네 가지 요건이 충족되지 않음을 채무자인 감사인이 입증할 때 비로소 면책된다. 독일은 법정감사의 감사인 보험가입이 의무화되어 있어, 책임보험법에 의한 배상으로 감사인의 책임위험은 분산된다. 상법(HGB) 제323조 제2항 제1문의 책임한도액을 최저부보액으로 하는 책임보험가입을 강제하고 있다. 또한 회계감사인규칙 제54조 제2항은 회계감사인의 직업책임보험에 관한 명령을 규정하고 있다(이영철, "공인회계사의 전문직업인손해배상책임보험에 관한 연

자자(주주 및 채권자)는 외부감사인에게 계약책임을 물을 수 없고, **민법상 불법행위책임**(제750조)만 물을 수 있다. 하지만 투자자(원고)가 책임요건의 충족을 입증하기가 매우 어렵다.[6] ② 외부감사법 제31조[7]가 규정하는[8]

구", 기업법연구 제9집, 2002, 121쪽). 감사인의 회사에 대한 과실책임의 상한은 기업분야의 통제 및 투명성에 관한 법률(Gesetz zur Kontrolle und Transparenz im Unternehmensbereich)에 따라 감사당 200만 마르크(상장 주식회사는 800만 마르크)로 제한된 바 있다. 이러한 규율은 회사에 대한 불법행위책임에도 유추적용되지만 투자자에 대한 불법행위책임에는 적용되지 않는다(이준섭, "감사인의 손해배상책임과 그 한계", 한국공인회계사회, 2002, 101쪽).

6 불법행위책임은 ⓐ 감사인의 귀책사유(고의·과실) ⓑ 자본투자를 한 사람(투자자)의 손해발생 ⓒ 이들 사이의 인과관계 ⓓ (부실감사의) 위법성이 요구된다. 또한 ⓔ 이러한 책임요건을 충족하는 사실을 원고인 자본투자자가 입증하여야 하며 ⓕ 손해배상청구권의 소멸시효는 손해 및 가해자(감사인)를 안 날로부터 3년, 불법행위를 한 날로부터 10년(민법 제766조 제1, 2항)이다. 이런 귀책요건의 엄격성은 대륙법계의 국가에서는 대체로 비슷하다. 다만 독일 민법 제823조 제1항은 구체적 권리를 열거하고 있는("고의 또는 과실로 타인의 생명, 신체, 건강, 자유, 소유권 또는 기타의 권리를 위법하게 침해한 자는 피해자에게 이로부터 발생한 손해를 배상하여야 한다.") 반면, 우리 민법 제750조는 오스트리아 민법 제1295조 제1항, 스위스 채무법 제41조 제1항 등과 비슷한 일반조항(Generalklausel)의 텍스트("고의 또는 과실로 인한 위법행위로 타인에게 손해를 가한 자는 그 손해를 배상할 책임이 있다")를 갖고 있다. 우리나라 민법처럼 일반조항적인 텍스트 아래서는 불법행위책임을 법문에 반해서 위험책임으로 해석운영할 소지가 더 많다. 하지만 이런 법텍스트의 차이가 불법행위책임의 요건을 설정하는데 인과적인 차이를 가져오는 것은 결코 아니다.

7 제31조(손해배상책임) ① 감사인이 그 임무를 게을리하여 회사에 손해를 발생하게 한 경우에는 그 감사인은 회사에 손해를 배상할 책임이 있다. ② 감사인이 중요한 사항에 관하여 감사보고서에 적지 아니하거나 거짓으로 적음으로써 이를 믿고 이용한 제3자에게 손해를 발생하게 한 경우에는 그 감사인은 제3자에게 손해를 배상할 책임이 있다. 다만, 연결재무제표에 대한 감사보고서에 중요한 사항을 적지 아니하거나 거짓으로 적은 책임이 종속회사 또는 관계회사의 감사인에게 있는 경우에는 해당 감사인은 이를 믿고 이용한 제3자에게 손해를 배상할 책임이 있다. ③ 제1항 또는 제2항에 해당하는 감사인이 감사반인 경우에는 해당 회사에 대한 감사에 참여한 공인회계사가 연대하여 손해를 배상할 책임을 진다. ④ 감사인이 회사 또는 제3자에게 손해를 배상할 책임이 있는 경우에 해당 회사의 이사 또는 감사(감사위원회가 설치된 경우에는 감사위원회의 위원을 말한다. 이하 이 항에서 같다)도 그 책임이 있으면 그 감사인과 해당 회사의 이사 및 감사는 연대하여 손해를 배상할 책임이 있다. 다만, 손해를 배상할 책임이 있는 자가 고의가 없는 경우에 그 자는 법원이 귀책사유에 따라 정하는 책임비율에 따라 손해를 배상할 책임이 있다. ⑤ 제1항 단서에도 불구하고 손해배상을 청구하는 자의 소득인정액(「국민기초생활 보장법」 제2조 제9호에 따른 소득인정액을 말한다)이 대통령령으로 정하는 금액 이하에 해당되는 경우에는 감사인과 해당 회사의 이사 및 감사는 연대하여 손해를 배상할 책임이 있다. ⑥ 제4항 단서에 따라 손해를 배상할 책임이 있는 자 중 배상능력이 없는 자가 있어 손해액의 일부를 배상하지 못하는 경우에는 같은 항 단서에 따라 정해진 각자 책임비율의 100분의 50 범위에서 대통령령으로 정하는 바에 따라 손해액

감사인의 **부실감사책임**[9]은 1) 감사인이 '중요한 사항'[10]에 관하여 감사보고서에 기재하지 아니하거나 허위의 기재를 함(귀책사유의 한정) 2) 제3자(자본투자자)[11]의 손해발생 3) 제3자가 감사보고서를 믿고 투자한 사실(신

을 추가로 배상할 책임을 진다. ⑦ 감사인 또는 감사에 참여한 공인회계사가 제1항부터 제3항까지의 규정에 따른 손해배상책임을 면하기 위하여는 그 임무를 게을리하지 아니하였음을 증명하여야 한다. 다만, 다음 각 호의 어느 하나에 해당하는 자가 감사인 또는 감사에 참여한 공인회계사에 대하여 손해배상 청구의 소를 제기하는 경우에는 그 자가 감사인 또는 감사에 참여한 공인회계사가 임무를 게을리하였음을 증명하여야 한다. 1. 제10조에 따라 감사인을 선임한 회사 2.「은행법」 제2조 제1항 제2호에 따른 은행 3.「농업협동조합법」에 따른 농협은행 또는 「수산업협동조합법」에 따른 수협은행 4.「보험업법」에 따른 보험회사 5.「자본시장과 금융투자업에 관한 법률」에 따른 종합금융회사 6.「상호저축은행법」에 따른 상호저축은행 ⑧ 감사인은 제1항부터 제4항까지의 규정에 따른 손해배상책임을 보장하기 위하여 총리령으로 정하는 바에 따라 제32조에 따른 손해배상공동기금의 적립 또는 보험가입 등 필요한 조치를 하여야 한다. ⑨ 제1항부터 제4항까지의 규정에 따른 손해배상책임은 그 청구권자가 해당 사실을 안 날부터 1년 이내 또는 감사보고서를 제출한 날부터 8년 이내에 청구권을 행사하지 아니하면 소멸한다. 다만, 제10조에 따른 선임을 할 때 계약으로 그 기간을 연장할 수 있다.

8 우리의 외부감사법과 비슷한 법제는 일본의 상법특례법이다. 다만 상법특례법은 감사가 강제된 대회사(大会社)에 대한 감사보고서에 중요한 허위 기재를 한 결과, 제3자에게 손해를 미친 경우에 감사인은 회사와 연대하여 손해배상의 책임을 지도록 하고 있다(상법특례법 제10조). 이런 부실감사책임에서 감사인이 부담하는 의무, 즉 '정당한 주의'의 의무 위반에 대한 판단은 매우 핵심적인 귀책근거이다. 일본 학계는 '정당한 주의'를 "선량한 관리자의 주의"(일본 민법 제644조)에 상응한 것으로 보고, 평균적인 감사가 직업전문가로서 당연히 감사수행상 해야 할 주의, 또는 직업감사인으로 기대되는 주의라고 해석한다(松本祥尚, 公認会計士の任務と責任, ジュリスト, 有斐閣, 2002, 43쪽 참조).

9 이와 유사한 미국 연방증권법(The Securities Act of 1933)에서는 감사받은 재무제표가 허위 또는 중요한 사실의 누락이 있을 때, 증권공개모집에 참여한 일반투자자들은 제소할 수 있고, 감사인은 무과실에 대한 입증책임을 지며, 제소자는 공개 모집증권의 취득으로 손실을 입었다는 점만 증명하면 된다(재무제표 이용과 투자의사결정 사이의 인과관계 입증 생략). 좀 더 완화된 귀책요건이다. 소멸시효는 재무제표의 오류와 누락을 안 때로부터 1년, 증권공개모집 후 3년이다(자세히는 김맹화, "감사인의 법적 책임 수준에 대한 연구", 평택대 사회과학연구, 제6집, 2002, 130쪽).

10 많은 상법학자들이 '중요한 사항'이란 상법 제447조의4 제2항에서 정한 감사보고서의 기재사항 중에서 회계감사와 관련된 사항인 회계장부의 기재에 관한 사항, 대차대조표 및 손익계산서의 표시에 관한 사항, 회계방침의 변경에 관한 사항, 영업보고서에 관한 사항, 이익잉여금처분계산서 또는 결손금처리계산서에 관한 사항, 그리고 재무제표부속명세서의 기재에 관한 사항 등을 말한다고 본다. 그러나 회사내부 기관인 감사와 외부감사인의 지위와 역할이 다르므로 상법상 감사인이 기재해야 할 사항과 외부감사인이 감사보고서에 기재해야 할 사항이 완전히 같아야 하는 것은 아니다(憲裁決 2002헌가20, 2002헌가21[병합]).

11 양승규, "감사인의 제3자에 대한 손해배상책임", 서울대학교 법학, 제38권 3·4호, 1997, 284쪽.

뢰의 인과관계)[12] 4) (부실감사의) 위법성을 요건으로 한다. ③ 외부감사의 일반적인 책임을 규율하는 외부감사법상의 부실감사책임 외에 자본시장법 제125조,[13] 제126조,[14] 제162조[15]는 공시서류에 대한 특수한 외부감

---

12 독일에는 주식회사 외부감사에 관한 법률 제17조와 같이 외부감사인의 제3자에 대한 책임을 직접적으로 규율하는 개별법이 존재하지 않는다. 따라서 계약적 책임이 적용되는 계약 당사자(피감사회사)에 대한 책임의 경우나 피감사회사와 기업결합관계에 있는 회사의 손해배상청구권의 적격에 관한 규정(독일 상법 제323조 제1항 제3문)을 제외하고는 외부감사계약과 무관한 제3자에 대한 책임은 당연히 불법행위법에 의존할 수밖에 없다(이에 대한 자세한 법제연구로 이준섭, "감사인의 손해배상책임과 그 한계", 한국공인회계사회, 2002, 47쪽 참조).

13 제125조(거짓의 기재 등으로 인한 배상책임) ① 증권신고서(정정신고서 및 첨부서류를 포함한다. 이하 이 조에서 같다)와 투자설명서(예비투자설명서 및 간이투자설명서를 포함한다. 이하 이 조에서 같다) 중 중요사항에 관하여 거짓의 기재 또는 표시가 있거나 중요사항이 기재 또는 표시되지 아니함으로써 증권의 취득자가 손해를 입은 경우에는 다음 각 호의 자는 그 손해에 관하여 배상의 책임을 진다. 다만, 배상의 책임을 질 자가 상당한 주의를 하였음에도 불구하고 이를 알 수 없었음을 증명하거나 그 증권의 취득자가 취득의 청약을 할 때에 그 사실을 안 경우에는 배상의 책임을 지지 아니한다. 1. 그 증권신고서의 신고인과 신고 당시의 발행인의 이사(이사가 없는 경우 이에 준하는 자를 말하며, 법인의 설립 전에 신고된 경우에는 그 발기인을 말한다) 2.「상법」 제401조의2 제1항 각 호의 어느 하나에 해당하는 자로서 그 증권신고서의 작성을 지시하거나 집행한 자 3. 그 증권신고서의 기재사항 또는 그 첨부서류가 진실 또는 정확하다고 증명하여 서명한 공인회계사·감정인 또는 신용평가를 전문으로 하는 자 등(그 소속단체를 포함한다) 대통령령으로 정하는 자 4. 그 증권신고서의 기재사항 또는 그 첨부서류에 자기의 평가·분석·확인 의견이 기재되는 것에 대하여 동의하고 그 기재내용을 확인한 자 5. 그 증권의 인수인 또는 주선인(인수인 또는 주선인이 2인 이상인 경우에는 대통령령으로 정하는 자를 말한다) 6. 그 투자설명서를 작성하거나 교부한 자 7. 매출의 방법에 의한 경우 매출신고 당시의 매출인 ② 예측정보가 다음 각 호에 따라 기재 또는 표시된 경우에는 제1항에 불구하고 제1항 각 호의 자는 그 손해에 관하여 배상의 책임을 지지 아니한다. 다만, 그 증권의 취득자가 취득의 청약 시에 예측정보 중 중요사항에 관하여 거짓의 기재 또는 표시가 있거나 중요사항이 기재 또는 표시되지 아니한 사실을 알지 못한 경우로서 제1항 각 호의 자에게 그 기재 또는 표시와 관련하여 고의 또는 중대한 과실이 있었음을 증명한 경우에는 배상의 책임을 진다. 1. 그 기재 또는 표시가 예측정보라는 사실이 밝혀져 있을 것 2. 예측 또는 전망과 관련된 가정이나 판단의 근거가 밝혀져 있을 것 3. 그 기재 또는 표시가 합리적 근거나 가정에 기초하여 성실하게 행하여졌을 것 4. 그 기재 또는 표시에 대하여 예측치와 실제 결과치가 다를 수 있다는 주의문구가 밝혀져 있을 것 ③ 제2항은 주권비상장법인이 최초로 주권을 모집 또는 매출하기 위하여 증권신고서를 제출하는 경우에는 적용하지 아니한다.

14 제126조(손해배상액) ① 제125조에 따라 배상할 금액은 청구권자가 해당 증권을 취득함에 있어서 실제로 지급한 금액에서 다음 각 호의 어느 하나에 해당하는 금액을 뺀 금액으로 추정한다. 1. 제125조에 따라 손해배상을 청구하는 소송의 변론이 종결될 때의 그 증권의 시장가격(시장가격이 없는 경우에는 추정처분가격을 말한다) 2. 제1호의 변론종결 전에 그 증권을 처분한 경우에는 그 처분가격 ② 제1항에 불구하고 제125조에 따라 배상책임을 질 자는

사책임, 즉 **부실공시책임**不實公示責任을 정하고 있다. 즉, 증권신고서, 사업설명서(이상 제125조), 사업보고서, 반기보고서(이상 제162조) 등에서 허위기재표시나 중요한 사항에 대한 누락이 있는 경우의 손해배상책임을 규정

청구권자가 입은 손해액의 전부 또는 일부가 중요사항에 관하여 거짓의 기재 또는 표시가 있거나 중요사항이 기재 또는 표시되지 아니함으로써 발생한 것이 아님을 증명한 경우에는 그 부분에 대하여 배상책임을 지지 아니한다.

15 제162조(거짓의 기재 등에 의한 배상책임) ① 제159조 제1항의 사업보고서·반기보고서·분기보고서·주요사항보고서(이하 "사업보고서등"이라 한다) 및 그 첨부서류(회계감사인의 감사보고서는 제외한다) 중 중요사항에 관하여 거짓의 기재 또는 표시가 있거나 중요사항이 기재 또는 표시되지 아니함으로써 사업보고서 제출대상법인이 발행한 증권(그 증권과 관련된 증권예탁증권, 그 밖에 대통령령으로 정하는 증권을 포함한다. 이하 이 조에서 같다)의 취득자 또는 처분자가 손해를 입은 경우에는 다음 각 호의 자는 그 손해에 관하여 배상의 책임을 진다. 다만, 배상의 책임을 질 자가 상당한 주의를 하였음에도 불구하고 이를 알 수 없었음을 증명하거나 그 증권의 취득자 또는 처분자가 그 취득 또는 처분을 할 때에 그 사실을 안 경우에는 배상의 책임을 지지 아니한다. 1. 그 사업보고서등의 제출인과 제출당시의 그 사업보고서 제출대상법인의 이사 2. 「상법」 제401조의2 제1항 각 호의 어느 하나에 해당하는 자로서 그 사업보고서등의 작성을 지시하거나 집행한 자 3. 그 사업보고서등의 기재사항 및 그 첨부서류가 진실 또는 정확하다고 증명하여 서명한 공인회계사·감정인 또는 신용평가를 전문으로 하는 자 등(그 소속단체를 포함한다) 대통령령으로 정하는 자 4. 그 사업보고서등의 기재사항 및 그 첨부서류에 자기의 평가·분석·확인 의견이 기재되는 것에 대하여 동의하고 그 기재내용을 확인한 자 ② 예측정보가 다음 각 호에 따라 기재 또는 표시된 경우에는 제1항에 불구하고 제1항 각 호의 자는 그 손해에 관하여 배상의 책임을 지지 아니한다. 다만, 해당 증권의 취득자 또는 처분자가 그 취득 또는 처분을 할 때에 예측정보 중 중요사항에 관하여 거짓의 기재 또는 표시가 있거나 중요사항이 기재 또는 표시되지 아니한 사실을 알지 못한 경우로서 제1항 각 호의 자에게 그 기재 또는 표시와 관련하여 고의 또는 중대한 과실이 있었음을 증명한 경우에는 배상의 책임을 진다. 1. 그 기재 또는 표시가 예측정보라는 사실이 밝혀져 있을 것 2. 예측 또는 전망과 관련된 가정 또는 판단의 근거가 밝혀져 있을 것 3. 그 기재 또는 표시가 합리적 근거 또는 가정에 기초하여 성실하게 행하여졌을 것 4. 그 기재 또는 표시에 대하여 예측치와 실제 결과치가 다를 수 있다는 주의문구가 밝혀져 있을 것 ③ 제1항 및 제2항에 따라 배상할 금액은 청구권자가 그 증권을 취득 또는 처분함에 있어서 실제로 지급한 금액 또는 받은 금액과 다음 각 호의 어느 하나에 해당하는 금액(처분의 경우에는 제1호에 한한다)과의 차액으로 추정한다. 1. 제1항 및 제2항에 따라 손해배상을 청구하는 소송의 변론이 종결될 때의 그 증권의 시장가격(시장가격이 없는 경우에는 추정처분가격을 말한다) 2. 제1호의 변론종결 전에 그 증권을 처분한 경우에는 그 처분가격 ④ 제3항에 불구하고 제1항 및 제2항에 따라 배상책임을 질 자는 청구권자가 입은 손해액의 전부 또는 일부가 중요사항에 관하여 거짓의 기재 또는 표시가 있거나 중요사항이 기재 또는 표시되지 아니함으로써 발생한 것이 아님을 증명한 경우에는 그 부분에 대하여 배상책임을 지지 아니한다. ⑤ 제1항 및 제2항에 따른 배상의 책임은 그 청구권자가 해당 사실을 안 날부터 1년 이내 또는 해당 제출일부터 3년 이내에 청구권을 행사하지 아니한 경우에는 소멸한다.

한다. 이와 같은 적용영역의 특수성과는 달리 부실공시책임의 요건은 외부감사법상 부실감사책임의 요건과 대부분 같지만 다음의 차이가 있다.

— **선의** 증권의 취득자가 취득의 청약을 할 때 공시서류에 허위의 기재 또는 표시가 있거나 중요한 사항의 기재 또는 표시가 누락된 사실을 알고 있었던 경우에 감사인은 배상책임을 지지 않는다(제125조 제1항 단서 후단, 제162조 제1항 단서 후단). 즉, 부실공시책임은 제3자(자본투자자)가 선의일 것을 요구한다.
— **입증책임전환** 외부감사법상 부실감사책임은 귀책사유(임무해태)에 대한 입증책임을, 자본시장법상 부실공시책임은 손해의 인과관계에 대한 입증책임을 공인회계사(피고)에게(제125조 제1항 단서 전단, 제162조 제1항 단서 전단) 전환시킨다.
— **손해의 범위** 자본시장법은 제126조 제1항 및 제162조 제3항은 배상할 손해의 범위에 관해 특별규정으로서 손해배상액의 산정에서 투자자의 전손해, 즉 <취득액－변론종결시의 시장가액 또는 (변론종결전 처분한 경우 그) 처분가액>을 배상범위[16]로 추정한다.

2) 세 가지 손해배상책임의 비교와 관계 ① 외부감사법의 부실감사책임은 중요사실의 진실기재의무 위반과 손해발생 사이의 엄격한 인과관계를 '신뢰이용'의 관계로 대체함으로써 인과관계를 완화하고, 감사인의 '귀책사유'[17]에 관한 입증책임을 피고(외부감사인)에게 전환하는 점(법 제31조 제7항)에서 일반 불법행위책임의 경우보다 그 요건이 완화되어 있다. 반면, 부실감사책임은 귀책사유의 범위를 감사인의 임무해태 일반[18]

16 이 조항은 미국의 1933년 연방증권법 제11조e항(배상받는 손해액은 당해 유가증권의 매입가격[공모가격초과불가]에서 소 제기시의 유가증권가격을 빼거나, 소 제기 이전에 증권시장에서 처분한 경우에는 그 처분가격 그리고 소 제기 이후 판결이 나기 전에 처분한 경우에는 그 처분가격을 차감한 것을 말한다)을 모델로 한 것이다.

17 그러므로 인과관계 및 손해액에 대하여는 여전히 원고인 제3자(자본투자자)측에서 입증하여야 한다. 안택식, "주식회사의 외부감사제도에 관한 연구", 성곡논총 제22집, 1991, 1112쪽.

18 예컨대 감사의 실시가 부적절하므로 회사의 업무에 지장이 생긴 경우, 감사보고서 제출이 늦어진 경우, 회사종업원의 경리부정을 발견하지 못한 경우, 위법한 회계처리를 적법하다고 감사보고서에 기재한 경우 등을 포괄한다.

이 아니라 '중요한 사항의 진실한 기재' 의무에 국한하고, 소멸시효도 당해 사실을 안 날로부터 1년 이내 또는 감사보고서를 제출한 날로부터 8년(제31조 제9항)으로, 각각 3년과 10년인 일반 불법행위책임에 비해 짧다. 즉, 부실감사책임은 적용범위는 불법행위책임보다 좁고, 적용요건은 완화되어 있다. 이처럼 책임요건은 완화하되 적용범위는 축소하는 방법은 '위험책임'(Gefährdungshaftung)의 특징이다.

> ★ **특수불법행위책임설과 법정책임설** 여기서 ① 부실감사책임을 일종의 **특수불법행위책임**으로 보고,[19] 부실감사책임이 우선 적용되고 불법행위책임은 배척된다[20](법조경합)는 견해와 ② 부실감사책임은 감사인이 작출한 부실기재나 허위기재의 외관에 대한 제3자의 신뢰를 보호하기 위해 특별히 인정한 **법정책임**[21]이어서 손해를 입은 선의의 일반 주식투자자들은 감사인에 대하여 부실감사책임과 불법행위책임을 다함께 물을 수 있다고 보는 견해(大判 97다26555)가 대립한다. ③ 법정책임설이 특수불법행위책임설보다는 부실감사책임을 위험책임으로 구성하기 쉽고 그 책임의 요건이나 소멸시효 등도 목적달성에의 적합성 관점에서 '유연하게' 변형한다. ④ 특수불법행위책임설은 민법상의 불법행위책임에 전통적으로 축적되어온 규범적 구조(normative Struktur),[22] 즉 과실책임원칙이나 분쟁상태를 외곽에서 안정화시키는 소멸시효제도에 구속된다.

② 자본시장법상의 부실공시책임(제125조 제126조)은 발행시장에 국한해서 보면 증권신고서나 사업보고서 등의 공시서류 작성에 국한되어 있어서 부실감사책임보다 그 적용범위가 좁은 반면, 적용요건은 제3자의 선의 요건 이외에는 부실감사책임과 같다. 판례(大判 96다41991)에 의하면 발행시장에서 부실공시책임이든 감사보고서에 대한 부실감사책임

---

19 양승규, "감사인의 제3자에 대한 손해배상책임", 서울대학교 법학 제38권 제3·4호, 1997, 283~284쪽.

20 이준섭, "재무정보공시에 대한 외부감사인의 손해배상책임", 상사법연구 제17권 제2호, 1998, 164~165쪽.

21 권재열, "회계감사인의 법적 책임", 비교사법 제5권 제1호, 1998, 359쪽.

22 이는 근대(사)법의 가치체계를 구성하는 법원칙들을 가리킨다. 법원칙의 역사적 형성과 계승은 민주적 법치국가에 침전된 '법문화'(legal culture)를 이룬다.

이든 (신뢰의) 인과관계는 추정된다.

	불법행위 책임(민법 제750조)	부실공시책임(자본시장법) ① 유통시장(제162조) ② 발행시장(제125,126조)	부실감사책임(외부감사법 제31조)
대상 정보	제한없음	① 사업보고서, 반기 및 분기보고서 ② 증권신고서와 사업설명서	감사보고서
정보유통 방법	제한없음	① 비치 ② 청약자요구시의 교부강제·비치	비치
귀책 사유	고의,과실	①② 허위의 기재 또는 표시가 있거나 중요한 사항이 기재 또는 표시되지 아니함 – **악의의 원고**(투자자)에 대한 책임배제)	– **중요한 사항**에 관하여 감사보고서에 기재하지 아니하거나 허위의 기재를 함 – 피고의 귀책사유에 대한 무과실입증으로 면책가능성
행위 영역 특성	시민의 생활영역	① 투자판단의 유일 연결고리 아니고, 피해는 회사와 무관한 제3자들 간 거래에서 발생 ② 공시정보 외에 빈약하고, 피해자가 청약자 등에 한정된 범위	– 다양한 정보가 유통되는 행위상황, 피해자도 특정되기 어려움
인과 관계	확실성 원고입증	①② **거래인과관계**는 사실상 추정[23] (입증책임전환 명문규정없음) ①② **손해인과관계**의 부존재는 공인회계사(피고)가 입증함으로써 손해의 일부 또는 전부가 면제됨	– 이론적으로 추정하지 않을 수 있으나 판례는 거래인과관계를 사실상 추정함
손해 배상 범위	통상손해(제393조 제1항) 특별손해(제393조 제2항)	①② 원칙적으로 **전손해**(취득액 – 변론종결시의 시장가액 또는 처분가액)로 추정	– 취득가액 – 허위·부실기재가 아니었다면 형성되었을 가액(大判 2002다38521) – 분식결산·부실감사로 인한 거래정지 전 정상주가 – 거래재개 하종가 벗어난 시점의 정상 주가나 그이상의 매도가액

(2) 부실감사 형사책임 감사의 공정성을 그르친 행위는 다음의 진

23 大判 2002다38521는 유통시장에서도 신뢰 입증을 피고(공인회계사)가 부담하도록 하여 신뢰와 그에 따른 거래(인과관계)를 사실상 추정하고 있다.

실의무위반죄와 부실감사죄로 처벌될 수 있다.[24]

— **진실의무위반죄** 공인회계사가 제15조 제3항(공인회계사는 직무를 행할 때 고의로 진실을 감추거나 허위보고를 하여서는 아니된다)을 위반한 때에는 3년 이하의 징역 또는 1천만 원 이하의 벌금에 처한다(공인회계사법 제53조 제2항 제1호).

— **부실감사죄** 감사인 또는 그에 소속된 공인회계사가 감사보고서에 기재하여야 할 사항을 기재하지 아니하거나 거짓으로 기재한 경우에는 10년 이하의 징역 또는 그 위반행위로 얻은 이익 또는 회피한 손실액의 2배 이상 5배 이하의 벌금에 처한다(외부감사법 제39조 제1항). 자산총액의 100분의 5에 해당하는 금액이 500억 원 이상인 경우에는 재무제표상 변경된 금액이 자산총액의 100분의 10 이상인 경우에는 무기 또는 5년 이상의 징역(제2항 제1호), 재무제표상 변경된 금액이 자산총액의 100분의 5 이상으로서 제1호에 해당하지 아니하는 경우에는 3년 이상의 유기징역에 처한다(제2항 제2호).

두 죄는 일반과 특별의 법조경합관계가 있지 않다(大判 93도498). 두 죄는 집단적으로 발생하고 그 결과가 누적되면 자본시장을 위태화할 관념적 개연성이 있을 뿐이어서 자본시장의 기능에 대해서는 적성범(Eignungsdelikt)이 될 수 있지만, 투자자의 재산을 보호법익으로 삼으면 추상적 위험범이 된다.

(3) 형사책임과 민사책임 사이의 법제비교 진실의무위반죄와 부실감사죄의 적용요건은 — 귀책사유의 요소만을 제외한다면 — 손해발생(ⓑ)이나 인과관계(ⓒ)는 책임요건에서 아예 제외되어 있는 점에서 부실감사책임이나 부실공시책임보다도 더 완화되어 있고, '적용범위'는 훨씬 좁다. 다만 국가가 감사인의 고의 또는 과실에 의한 직무해태를 입증해야

24 이 외에도 형사책임을 지는 행위로는 ① 외부감사와 관련된 부정청탁의 거래(외부감사법 제19조와 공인회계사법 제22조 제3항 및 제53조 제1항) ② 부정업무처리보고의무의 위반(외부감사법 제20조 제2항 제4호) ③ 비밀준수의무의 위반(외부감사법 제20조 제2항 제3호, 공인회계사법 제53조 제2항/제20조) ④ 주주총회에서의 진실한 진술의무의 위반(외부감사법 제20조 제2항 제5호) ⑤ 주주총회출석의무의 위반등(외부감사법 제20조 제4항 제5호)이 있다.

하고, 귀책요건으로 반드시 고의·과실을 전제로 한다는 점에서는 형사책임이 엄격한 요건을 갖고 있지만, 이는 형법상 책임원칙에서 비롯되는 현상일 뿐이다. 이 두 가지 점을 제외하고 형사책임과 민사책임을 비교해보면, ① 책임귀속의 '요건'(도표의 B)은 〈민법상 불법행위책임(B_3) → 외부감사법상의 부실감사책임(B_2)이나 자본시장법상의 부실공시책임(B_1) → 외부감사법 또는 공인회계사법상의 부실감사형사책임(B_0)〉의 순으로 완화되는 반면, ② 책임귀속의 '범위'(도표의 A 또는 원의 상대적 크기)는 〈외부감사법 또는 공인회계사법상의 부실감사형사책임(A_0) → 자본시장법상의 '발행'부실공시책임(A_1) → 외부감사법상의 부실감사책임(A_2) → 민법상 불법행위책임(A_3)〉의 순으로 확대된다.

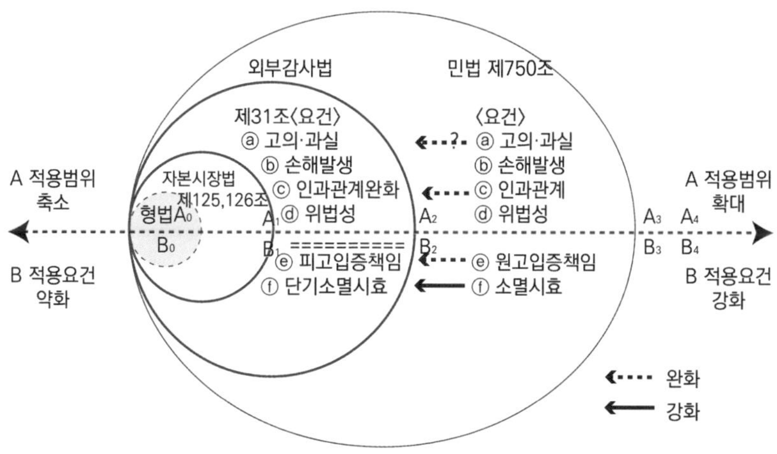

Ⅱ. 부실감사책임의 귀속원리와 법이론

외부감사인에게 부실감사에 대해 민·형사책임을 짊어지게 하는 것은 부실감사행위의 불법성 그 자체로부터 나오는 요청일까 아니면 정책적 목표 달성의 요청일까?

1. 개인적 귀속가능성의 부재

부실감사에 대한 법적 책임의 부과가 책임의 기본원리[25]인 '개인적 귀속가능성'(personale Zurechenbarkeit)에 기초한다는 것은 형법에서는 책임원칙(Schuldprinzip),[26] 민법에서 과책주의(Verschuldensprinzip)에 부합한다. 주관적 권리의 정교한 체계라고 할 수 있는 근대형법에서 개인의 책임은 그의 행위가 '사회유해적 행위'(Sozialschädlichkeit)로 인정되는 경우에만 그 개인에게 귀속가능한 것이 된다.[27] 민법상 불법행위나 계약위반도 이런 의미의 사회유해적 행위라는 점에서는 다르지 않다. 근대민법도 모든 개인들 사이에 자유(이익)를 공평분배하는 권리의 체계 구축이라는 기획을 좇기 때문이다.

(1) 상당인과관계의 허구 그런데 감사인과 자본투자자 사이에는 아무런 계약관계가 없기 때문에 무엇보다도 자본투자자의 재산손해를 부실감사행위자에게 귀속시키려면 부실감사행위와 손해발생 사이에 인과관계가 있어야 한다. 부실감사가 손해의 원인임이 확정되지 않으면 부실감사자에게 손해에 대해 책임을 지게 할 수 없다. 공인회계사에게 손해배상책임을 묻는 투자자들은 '당신의 부실감사행위 때문에 내가 손해를 입었소'라는 말의 인과성, 즉 일상적 인과성에 의거할 뿐이다.

1) 상당인과관계의 무력화 이렇게 말할 수 있는 합리적 근거로 판

25 기본원리라고 한 점은 불법행위법은 '(피해자) 이익의 보호와 (가해자) 행동의 자유 사이의 긴장관계'(Larenz/Canaris, Schuldrecht II/2, 13.Auflage, 1994, 350쪽)를 사회통합이 가능한 방식으로 해소하는 기제이기 때문이다. 이를 민법과 형법의 '규범적 구조'(normative Struktur)라고도 개념화할 수 있다. 이 규범적 구조에는 법익의 주체가 그가 입은 손해를 타인(가해자)에게 전가하기 위한 특별한 근거, 즉 귀책요건(고의·과실, 인과성 등)도 포함된다. 그런 엄격한 귀책요건이 없이 법익의 주체는 타인에게 그의 손해를 전가시킬 수 없고(Deutsch/Ahrens, Deliktsrecht, 4. Auflage, 2002, 방주 1 참조), 이는 개인의 자유를 최대한 보장하는 자유시민사회의 기획, 즉 근대법의 도덕적 기획이기도 하다.

26 이상돈, 형법상 책임범주의 탈형이상학화, 합리화, 고려대학교 석사학위논문, 1986 참조.

27 이상돈, 형법학, 형법이론과 형법정책, 법문사, 1999, [2]단락, 15쪽 참조.

례의 상당(Adäquanz)인과관계, 즉 결과(예: 투자실패로 인한 손해)가 '사회 일반의 통념'에서 볼 때, 의무위반행위(예: 부실감사행위)의 '통상적인 경로'[28](경험칙 Erfahrungsgesetz)로서 발생한 결과(손해, 법익침해)라는 점을 들 수 있다. 경험칙은 자연과학적 경험법칙뿐만 아니라 사회생활상의 경험법칙을 포함하며, 원칙적으로 법관의 자유로운 증명에 의해 인정하기 때문에 그와 같은 인과관계는 경험법칙의 적극적인 해명을 통해서가 아니라 그저 '특별한 사정이 없는 한', '상당하지 않은 사정이 없는 한 상당하다'라는 이중부정의 판단으로 인정되기 쉽다. 이로써 의무위반행위와 결과 사이에 인과성 판단은 사실상 생략되어 버린다.

2) 생활세계적 귀속규칙　판례의 상당인과관계설을 생활세계와 사회체계가 분화[29]된 사회현실의 맥락에서 재해석해보면, 이 이론은 보통사람들이 살아가는 삶의 세계(생활세계) 안에 문화적으로 전승된, 즉 언어규범(언어사용규칙) 속에 침전된 '개인적 귀속'의 규칙에 의해서 한 행위에 귀속되어야 할 결과(손해, 법익침해)의 범위를 제한하는 이론이다. 이를테면 '머리를 툭하고 쳤는데, 억하고 죽었습니다'라고 말한다면, 그것은 '툭하고 치는 행위 때문에 억하고 죽었다'는 명제가 일반인들의 언어사용규칙, 즉 언어규범에 심각하게 어긋난다는 점을 주장함으로써 그런 결과의 귀속을 배제시키려고 하는 것이다. 그러므로 부실감사행위에 상당인과관계이론을 적용한다면 회계감사보고서를 보고 투자를 하여 손해를 입은 투자자는 공인회계사에게 "나는 너의 부실감사행위 '때문에' 손해를 입었다"고 말할 수 있고, 반대편인 공인회계사는 투자자에 대해 "너는 나의 부실감사행위 때문에 손해를 입었다"고 인정할 수 있을 때 비로소 인과관계가 인정될 수 있다. 이러한 언어사용의 상호성은 언어적 소통의 전제이며, 민주적인 삶의 양식이며 동시에 법의 선구조(präjuristische

28 상당성 개념의 내포를 이렇게 이해하는 법원 실무의 역사는 과반세기가 훨씬 넘는 역사를 갖고 있다.

29 Habermas, Theorie des kommunikativen Handelns, Bd.I, 1981, 229쪽.

Struktur)이다. 바로 이런 '상호성'(Reziprozität)이 어떤 행위와 결과 사이의 인과관계가 가져야 할 '상당성'의 사회이론적 의미이다. 언어사용규칙은 정립되면 사회현실이 변화하고, 그에 맞춰 변화할 필요성에 직면하기에 언제나 언어사용방식을 둘러싼 갈등과 대립, '의미론적 투쟁'(semantischer Kampf)[30]이 펼쳐진다. 그렇기에 언어사용의 상호적 규칙성은 그런 의미론적 투쟁에 따른 변화가능성을 열어 놓되 잠정적으로 일정기간 그에 기초한 법적 책임의 귀속을 적어도 인내할 수 있는 것을 의미한다. 그런데 부실감사와 투자손해 사이에 '때문에'를 넣는 언어사용에 대해 자본투자자들(및 시민단체)과 공인회계사(및 협회, 경제·경영학자 등) 사이에 첨예한 집단적인 관점의 대립이 지속된다면 그런 인과관계의 인정은 상호성이 있는 언어규칙으로 확립될 수 없고, 따라서 합리적인 것이 될 수도 없다.

3) 상당성 개념의 사회과학화 상당성 개념은 부실감사책임의 인과관계에서 규범적 타당성을 얻지 못하더라도, 예컨대 상당성을 판단하는 주체로 '경험 있는 관찰자'(erfahrener Beobachter) 또는 '통찰력 있는(과학적) 평균인'을 상정하고, 그 판단의 방법으로 '객관적 사후적 예측'을 취하는 방식으로 나름의 과학성을 띨 수 있다. 여기서 과학적 평균인은 과학적인 사회조사방법으로 구성할 수도 있다. 예컨대 경험있는 전문가집단을 구성하여 그들의 개별적 판단을 집계한 뒤 통계적 수치로 상당성 판단을 하는 것이다. 그러나 사후적 예측의 방법과 수단이 어떤 경우에 객관적이라고 볼 것인지, 몇 십 퍼센트의 전문가가 인과성을 긍정해야 상당성을 인정할지 등, 해결하기 어려운 가치론적 문제가 남는다. 과학적 평균인은 발생한 결과가 행위의 통상적인 경로로 등장한 것인지를 판단함에 있어 오직 '관찰자의 관점'(Perspektive des Beobachters)에만 머물러 있다는 점은 더 큰 문제이다. 올바른 판결은 법관이 가해자나 피해

30 이 언어학적 개념에 대해서는 Keller, "Kollokutionäre Akte", Germanistische Linguistik 1/2, 1977, 1쪽 아래 참조.

자의 입장에 들어가 얻을 수 있는 관점에 대한 성찰, 즉 참여자의 관점과 관찰자의 관점 사이의 지속적인 교환을 통해야 하는데, 과학적 평균인은 그런 관점의 성찰에서 비껴나 있기 때문이다.

4) 법감정과 직관적 인과성 판단 그렇기에 상당인과개념은 법관의 독단적인 인과성 판단으로 채우는 빈 공식의 '수사학적 도구'와 같으며, 인과성 판단이 자칫 법감정(Rechtsgefühl) 판단이 되기 쉽다. 법감정은 미학적 정의로 재해석[31]되지 않는다면, '여론재판'의 원천이 될 위험도 크다. (심지어 발행공시가 아니라 유통공시에서 행한) 부실감사에 대한 손해배상소송에서 보여준 대법원의 다음 판례는 그런 위험을 현실적으로 잘 보여준다: "대상기업의 재무재표에 대한 외부감사인의 회계감사를 거쳐 작성된 감사보고서는 대상기업의 정확한 재무상태를 드러내는 가장 객관적인 자료로서 일반투자자에게 제공·공표되어 그 주가형성에 결정적인 영향을 미"친다(大判 96다41991).

이 판례는 감사보고서와 주식거래 및 투자실패(손해) 사이의 인과관계를 '직관적으로' 설정해버린다. 즉, 〈부실감사 → 재무상태의 반영 → 주가형성 → 자본투자(유인) → (부도)주가하락 → 투자자손해〉라는 긴 인과과정을 〈부실감사 → (감사결과신뢰) → 투자자손해〉로 축약해버린다. 이런 논증 축약은 가령 발생한 결과가 침해행위로부터 '너무 멀리 떨어져'(too remote) 있는 손해[32]는 인과관계가 인정되지 않는다는 법리를 밀쳐낸다. 게다가 판례의 인과성 판단에서 유일한 인과성의 연결고리로 남아있는

31 이런 작업으로 이상돈, 법미학, 법문사, 2008 참조.

32 이는 전기공급 중단으로 주조기구 속에서 용해되던 금속이 경화되고 이물질이 유입되어 입은 피해회사의 손해를 전기공급을 중단시킨 가해행위에 귀속시킬 수 없다는 영국법원의 Spartan Steel v. Martin 판결(S.C.M. Ltd. v. W.R.Whittall and Son Ltd. 1970, 3 All E.R.245, 252 b)에서 사용된 논증도구인데, 전신주를 쓰러뜨려 전기공급을 중단시킨 가해행위에 대해 그 중단으로 공장가동이 중지되어 입게 된 영업상의 손실은 "가해행위와 너무 먼 손해"라는 논증도구를 사용하되 이를 가해자의 손해발생에 대한 '인식(가능성)'을 부정하는 개념으로 사용한 大判 94다5472; 안법영, "영업경영의 과실침해와 책임귀속의 인과적 표지", 고려대 판례연구 제8집, 1996, 175~249쪽 참조.

신뢰는 책임의 귀속 거점이 되는 개인(심리)적 신뢰가 아니라, 사회학적 신뢰이다. 논증의 생략은 투자자 보호정책과 이를 지지하는 여론에 담긴 법감정이 발현한 결과일 수 있다.[33]

(2) 과학적 인과성의 흠결 근대적인 법문화를 형성하는 인과성 개념은 보편성이 인정되거나 전문가의 감정을 통해 입증할 수 있는 자연과학적 경험법칙, 행위와 결과 사이의 연관성을 합리적 의심을 남기지 않을 정도로 설득시킬 수 있는[34] 사회생활상의 경험법칙을 기반으로 구성되어야 한다. 형법학의 합법칙적 조건설,[35] 민법학의 '사실적(또는 자연적) 인과관계'는 그 대표적인 이론이다. 부실감사행위와 투자자손해 사이에 이런 **법칙적 연관**이 존재한다면 그 손해에 대해 공인회계사에게 (민·형사)책임을 묻는 것은 근대법이 지향하는 합리적인[36] 책임귀속이 될 수 있다. 그러나 다음과 같은 이유에서 부실감사행위와 자본투자자의 손해 사이에는 그런 법칙적 연관은 존재하지 않는다. ① 주가는 경제적 요소(예: 정부의 경제정책, 경기동향, 환율), 국내 정치상황, 국제적 요소(예: 산유국 유가인상, 전쟁, 팬데믹), 통속적인 투자규칙, 증시루머, 투자심리 등 수많은 요소들에 의해 다양한 영향을 받고, 그렇기에 투자자가 신뢰 속에서 이용한 감사보고서가 차지하는 주가와의 연관성은 투자손해를 외부감사인 개인의 책임으로 귀속시킬 수 정도로 개별화되지 않는다. ② 감사

33 이러한 비판으로는 이준섭, "재무정보공시에 대한 외부감사인의 손해배상책임", 상사법연구 제17권 제2호, 1998, 167쪽 아래 참조.

34 설득가능성은 비단 사회생활상의 경험법칙에서만 요구되는 것이 아니고, 자연과학적 경험법칙에도 내재되어 있는 요소이다. 과학적 법칙들은 탈주술화된, 합리화된 세계에서 가장 강한 설득력을 발휘하기 때문이다. 이와 같은 (자연과학적) 인과성 개념의 의사소통이론적 이해는 이상돈, "인과성 개념의 비판적 기능", 고려대 법학논집 제34집, 1998, 359~403쪽 참조.

35 독일 엥귀쉬(Engisch, Die Kausalität als Merkmal der strafrechtlichen Tatbestände, 1931, 21쪽)가 주창하고 한국에서 심헌섭("인과관계의 확정과 합법칙적 조건설", 고시연구, 1975.9, 54쪽)이 소개한 이래로 형법학계의 지배적인 인과성이론이다.

36 베버(Weber)가 바라본 서구의 근대사회에서 법의 발전(Weber, Wirtschaft und Gesellschaft, 5.Auflage, 1972, 468~482쪽)은 이런 증거법의 발전에서 그 형식적 합리성(이 개념은 김명숙, 막스 베버의 법사회학, 2003, 29~48쪽)을 보여준다.

보고서는 주가와 법칙적 연관이 있는 기업의 부도가능성에 대한 중요판단자료이지만, 부실감사와 회사의 부도발생 사이에는 법칙적 연관이 없다. 감사의견이 '적정의견'이란 기업경영의 미래상황에 대한 예측을 포함하고 있지 않기 때문이다. 부도예측은 외부감사인보다 신용평가회사가 비계수적 요소를 포함하여 더 정확한 자료[37]를 제공한다.[38] 그렇기에 외부감사를 한 공인회계사가 자신이 부실감사하고 적정의견을 낸 피감사회사의 주식을 투자목적으로 구입하기도 한다.[39] ③ 유가증권신고서나 사업설명서와 같은 '발행시장공시'(자본시장법 제125조, 제126조)는 감사행위에 관련을 맺는 제3자의 범위가 다소 '특정적'이면서 거의 유일한 투자정보라는 점[40]을 고려하면 투자자들이 공시정보를 신뢰하고 투자했다는 점('신뢰의 인과관계')을 추정[41]할 수 있는 반면, 일반상장회사의 사업보고서 및 반기보고서와 같은 '유통시장공시'(자본시장법 제162조 및 외부감사법 제31조)에서는 그 밖의 투자정보가 풍부하기 때문에 그런 추정을 할 수 없다.[42] 그렇지 않다면 공시 후에 거래한 투자자들은 모두 사

37 신용평가회사는 기업의 재무제표에 표시되지 않는 많은 자료(예: 업종의 위험 정도, 경영자의 재산 상태, 경영능력, 정부와의 관계, 기술개발 정도, 해당기업에 대한 일반적 세평, 종업원의 충성도)들을 주로 활용하여 신용평가와 부도가능성을 평가한다.

38 우구현, "부실감사 위험 안고 있는 기업감사제도", 기업경영 제405호, 1992, 88쪽.

39 大判 97다32215의 사례에서 보여준 공인회계사의 행동임. 이는 경영학적 판단에서 보면 회계학적 적정성이 없는 회사라고 해도 투자가치가 있을 수 있음을 보여준다.

40 미국의 1933년 증권법과 1934년 자본시장법(김건식, 미국증권법, 1995, 제3장~제5장 참조)은 발행증권 공시와 이미 발행된 증권에 대한 공시의 책임요건을 구분하여, 앞의 경우는 인과관계를 추정하지만(제11조a) 뒤의 경우에는 하지 않는다(제18조a).

41 원고는 BuM(Beton－und Monierbau) 주식회사가 행한 1978년도의 마지막 증자에서 신주를 취득하였으나 이 취득은 1978.11.7. 사업설명서가 공시되기 전에 이루어졌다. 그러므로 사업설명서의 내용은 원고의 매수결정에 대해 인과적이지 않았다. 따라서 피고의 사업설명서 책임(Prospekthaftung)도 탈락한다. 왜냐하면 이 책임은 사업설명서와 그 공시에 의해 투자 의욕을 잘못 갖게 되어 매수를 하게 된 투자자들의 보호를 위해 만들어진 것이기 때문이다. 취득이 시간적으로 사업설명서가 공시된 이후에 있었다면, 그 설명서의 기재내용과 증권의 취득 사이에 인과관계는 추정된다. 그러나 취득이 공시 이전에 이루어졌다면 그런 인과관계는 분명히 탈락한다고 본 독일판례로 BGH WM 1982, 862, 867쪽(Beton－ und Monierbau AG사건) 아래 참조.

42 독일 형법은 발행시장공시책임만을 제264a조[자본투자사기 Kapitalanlagebetrug]에 입법화하

실상 배상청구권이 인정되는 불합리가 발생한다. 이처럼 신뢰의 인과관계를 추정할 수 없는 데도 부실감사와 투자실패손해의 법칙적 연관성을 인정하기는 더욱 더 어렵다.

(3) 인과성을 귀속시키는 이론들 인과관계문제를 피해가고 책임을 귀속시키는 독일과 미국의 법리들은 인과관계를 직관적 · 정서적으로 판단하는 우리나라 대법원이 생략한 논증을 대신해줄 수 있다.

1) 독일이론 독일에서는 법익이나 손해 개념의 변형을 통해 인과성문제를 우회한다. ① 부실공시책임에 관한 독일 형법 제264조a의 보호법익을 투자자의 **재산처분의 자유**(Dispositionsfreiheit)라고 보고[43] 부실감사는 '재산의 가치'를 감소시키지 않지만 재산가치에 대한 그 소유자(투자자)의 처분의 자유를 축소[44]시킨다는 의미에서 손해와의 인과관계가 인정된다. 그러나 이 이론은 자본시장은 투자에 의한 재산의 증감을 개인이 지배 결정할 수 없는 불확실성의 구조, 위험을 감수해야 수익이 나는(High Risk, High Return) 구조가 역설적이게도 투자와 수익의 가능조건임을 간과한다. 노동과 노동이 전이된 가치인 기술이 창출한 가치의 범

고 있는 셈이라 할 수 있다. 따라서 여기서 발행시장공시책임과 유통시장공시책임의 구별은 형법정책적으로도 의미있을 수 있다. 또한 프랑크푸르트 법원의 판결은 유통시장의 인과관계가 인정되기 어려움을 보여준다: "보고서의 기재와 매수결정 사이의 잠정적으로 설정해볼 수 있는 인과관계는 사업보고서의 내용에 따른 적극적인 투자유치행위(An- lagebestimmung)가 증권을 매수할 때 존재할 것을 전제한다. 그러나 증시상황이 나빠짐에도 불구하고 이례적으로 매수할 것을 고려하는 것이 가능할 수도 있다. 그렇다면 사업보고서 자체가 일반적으로 적극적 투자유치를 가져온다는 추측은 힘을 잃는다. 개인의 어떤 생각이 매수결정에 이르게 되었는지는 중요하지 않다. 왜냐하면 원고가 사업보고서를 알았는지, 또한 사업보고서가 증시가 악화되고 있는데도 개별적인 매매에 이르게 하는 어떤 동기를 불러일으켰는지는 알려져 있지 않기 때문이다. 하지만 적극적인 투자유치행위가 보고서를 만든 사람의 배상책임에 대한 객관적인 귀속기준(objektives Zurechungskriterium)이 되어야 하며, 그런 행위가 없다는 점에 대한 매수인의 인식도 중요하지가 않다(OLG Frankfurt/Main, WM, 1996, 1219쪽).

43 Odersky, "Soll ein allgemeiner Tatbestand des Gründungsschindels geschaffen werden?", Tagungsberichte der Sachverständigenkommissien zur Bekämpfung der Wirtschaftskriminalität, 5.Arbeitstagung, 206쪽 참조.

44 Worms, Anlegerschutz durch Strafrecht, 1987, 309쪽.

위(예: 기업의 생산성과 판매이익 증가에 따른 주가 상승)를 넘어서는 거래영역에서 자본시장은 '제로섬 게임'(zero-sum game)에 들어간다. 이 게임에서 투자의 성공과 실패의 갈림은 자본시장의 불확실성지대에서 일어나고, 부실감사도 그런 불확실성을 구성하는 다양한 요소들 가운데 하나이다. 부실감사가 밝혀지고 주가가 하락한 이후에도 투자자들은 주가의 반등을 기대하고 손절매를 하지 않기도 한다. 이는 "기회주의적 행태"[45]가 아니라 정상적인 것이다. 그렇기에 부실감사가 침해한다고 보는 '허구적인' 처분의 자유[46]에 대한 침해가 법적 책임귀속의 거점이 되면, '고위험, 고수익'이라는 경영학적 원칙은 외면된다.

② 독일의 다른 논증전략은 손해개념의 변형이다. **근대법적 손해란** 특정인이 특정 시·공간에서 가졌던 객체인 재산(의 총액)과 타인의 침해행위가 개입한 후에도 여전히 갖고 있는 재산(의 총액) 사이의 차이이다(**차액설**).[47] 자본시장법 제126조 제1항, 제162조 제3항은 이런 차액설에 의해 배상받을 수 있는 최대범위를 선언한 것이다. 그러나 사회적 삶이 상업화되고, 사회체계의 기능에 의존하는 사회에서 법은 사회체계의 기능에 대한 기대를 실추시킨 자에게 손해전보의 책임을 부과함으로써 그 기대를 다시 반사실적으로(kontrafaktisch) 회복시킨다. 이때 **손해는 기대의 실추**(Erwartungsentäuschung) 그 자체가 된다.[48] 가령 자본시장체계의 기

45 김상중, "순수 재산상 손해의 배상에 대한 책임법적 규율", 제37회 안암법학회 발표문, 2003, 31쪽 참조.

46 이런 허구적 자유를 "사람들은 개인을 아무런 제약도 받지 않고 책임지우고, 형이상학적으로 정당화되는 형벌을 바라봄으로써 그를 더욱 억누를 수 있기 위해 개인의 관념적인 자유(intelligble Freiheit)를 찬양한다"(Adorno, Negative Dialektik 1982, 214쪽)란 말로 비판받을 수 있다.

47 차액설은 보통법으로 그 역사가 올라가지만 이를 법적 손해 개념으로 정식화한 Mommsen, Zur Lehre von dem Interesse, 1855 참조.

48 Meder, Schadensersatz als Enttäuschungsverarbeitung, 1989 참조; 가령 불임시술을 받았으나 시술과오로 아이가 태어난 경우(wrongful birth)에도 — 인간의 출생과 그 존재는 결코 손해에 해당할 수 없다는 입장(OLG Bamberg, NJW 1978, 1685쪽; 서울고등법원 1996. 10. 17. 선고 96나10449 판결)과는 달리 손해를 인정한다.

능에 대한 시장참여자들의 기대는 공정감사에 대한 기대로 환가될 수 있는데, 이 기대가 실추되었다면 그 자체가 손해가 되는 것이다. 이런 손해를 인정하는데는 공인회계사와 투자자 사이의 접촉이 필요치 않고, 부실감사와 자본투자실패 사이의 법칙적 연관성(인관성)도 필요하지 않다. 물론 어떤 기대, 어떤 실추가 얼마만큼의 손해가 되는지, 가령 회계감사기준에 합당한 감사인지 기업재정상태에 관한 진실정보제공의 기대인지는 가치판단의 문제로 열려 있다.

2) 미국이론 ① 부실감사의 전문가책임(malpractice)을 강화하는 미국 판례의 발전은 '경과실'(ordinary negligence)을 제외한 고의[49]나 중대한 과실[50]에 의한 경우 제3자에 대해서도 책임을 지게 하였고(Ultramares Corp. v Touche[1931][51]), 경과실의 경우에도[52] 감사인이 제3자가 감사결과를 이용하게 될 것이라는 점을 인식한 경우(Rusch Factors, Inc. v. Levin[1968], Ryan v. Kanne[1969]),[53] 제3자와 감사인이 접촉이나 교류[54]가 있는 경우(Credit Alliance Corp. v. Arthur Anderson & Co.[1985]), 감사결과가 다른 제3자에게 이용될 것임을 예상하지 못했지만 합리적인 판단에

49 영국도 1889년의 Derry v. Peek (1889, 14 App Cas 337) 판결에서부터 이 판결(Hedley Byrne and Co. Ltd. v. Heller and Partners Ltd. 1964, A.C.465)이 나기 전까지는 주로 '악의적인 침해'(tort of deceit)에만 책임을 인정하였다.

50 중과실이란 근거 없이 전문가의견을 표명하거나, 의심이 있음에도 불구하고 조사를 하지 않거나, 조금만 주의하면 확실히 알 수 있는 것을 간과하여 파악하지 못하는 경우를 의미한다. 이만우, 회계감사의 사회적 기능, 1995, 114~118쪽.

51 기타 미국에서 감사인을 상대로 제기된 소송의 사례에 대한 개요는 이정조, 공인회계사의 사회적 책임, 1990, 20~68쪽 참조.

52 자세히는 William C. Aturm, "Acoountant's Liability to Third Parties", Commercial Law Journal, Vol. 92, No. 2, 158－167쪽.

53 인식된 이용자란 현실적으로 예견된, 제한된 부류의 사람들(actually foreseen and limited classes of persons)을 가리킨다. 또한 미국법률협회(ALI)의 불법행위법 수정보고서에서도 감사인이 1) 정보의 대상이 되는 거래를 알고 있고, 2) 이용자가 이 정보를 이용할 것이라는 사실을 알고 있는 경우에도 과실에 대한 책임을 져야 한다고 정하고 있다. 이 때 정보의 이용자는 예상된(forseen) 집단에 해당한다.

54 예컨대 감사인이 그의 고객회사의 업무와 관련하여 은행에 출입한 경우 등.

의해서 예상할 수(foreseeable) 있는 경우(Rosenblum v. Adler[1983])에도 책임을 지게 하였다.[55] ② 그러나 미국 판례법의 발전은 첫째, 자본투자자가 감사보고서를 이용하게 될 점에 대한 인식이나, 예견가능한 사용자 이론이 포착하는 이용할 가능성에 대한 예견은 과실행위(부실감사)와 투자자 손해 사이의 인과관계인데 이를 과실 개념으로 흡수하였고, 둘째, 이렇게 변질된 과실 개념도 실제로는 투자자의 이용가능성에 대한 예견가능성을 손해발생의 잠재적 가능성, 즉 위험 개념으로 변질시킴으로써[56] 개인적 귀속가능성의 책임패러다임을 떠나 위험책임 패러다임으로 들어간 것이다.

3) 부실감사책임의 위험책임화 현대의 위험사회(Risikogesellschaft)에서는 위험의 창출이 책임귀속의 일반적인 거점이 되고,[57] 위험스러운 행동이 불법의 원형이 된다.[58] 이는 민사책임에서 뿐만 아니라 형사책임에서도 마찬가지이다. 위험책임에서는 결과발생과의 법칙적 연관(인과성)보다는 어떤 위험원을 다른 사람보다 상대적으로 더 많이 지배(관리)한다거나 지배할 수 있다는 점이 더 중요한 책임귀속의 거점이 된다.[59] 투자자 손해에 대해 부실감사를 한 공인회계사에게 책임을 묻는 이론과 실무도 이런 위험책임화의 전형이다. 부실감사책임도 다음과 같이 위험책임으로 재구성된다. 공인회계사의 감사보고서가 제공하는 기업재무정

---

55 예견될 수 있는 이용자이긴 하지만 특별한 거래 또는 다른 유사한 거래에서 회계감사인의 감사결과를 신뢰하지 않을 것으로 기대되었거나(expected) 의도되지(intended) 않은 전혀 사적 관계가 없는 제3자에 대한 책임을 배제하는 반대방향의 판례도 있다. 자세히는 Bily v. Arthur Young & Co., 1992 참조.

56 결과(손해)발생의 예견가능성은 형법학에서 발전된 규범적 인과성 개념인 객관적 귀속에서 과실행위로 창출된 위험이 결과발생에 실현되었다고 말할 수 있기 위한 척도로 삼아지기도 한다. 즉 예견가능함이란 결과발생의 위험을 행위자가 지배한다고 말할 수 있기 위한 전제인 셈이다.

57 자세한 연구로 Prittwitz, Strafrecht und Risiko, 1992, 335쪽 아래 참조.

58 Wolter, Objektive Zurechnung und personale Zurechnung von Verhalten, Gefahr und Verletzung in einem funktionalen Straftatsystem, 1981, 29쪽.

59 Esser, Grundlage und Entwicklung der Gefährdungshaftung, 1969, 92쪽.

보는 자본시장에서 투자실패의 다양한 위험원 가운데 중요한 하나이며, 이를 믿고 투자할 경우 예측불가능한 손실이 발생할 가능성, 즉 추상적 위험을 내재하고, 이 재무정보를 이용하여 투자하다 입은 손해는 바로 그 추상적 위험이 실현된 결과이며, 그 기업재정정보를 지배하는 자인 외부감사인이 그 결과에 대한 책임(부실감사책임)을 져야 한다는 것이다.

위험책임의 패러다임에서 인과성 개념의 대표적인 예로서 민법학[60]과 형법학[61]에서 발전해온 **객관적 귀속론**에 의하면 어떤 주의의무에 위반한 행위에 의해 창출된 (법적으로 허용되지 않는) 위험이, 실현되어 나타난 결과(손해발생이나 법익침해)는, 그 행위가 위반한 주의의무를 설정하는 법규범의 보호영역에서 발생한 한에서만 그 의무위반의 행위에 귀속시킬 수 있다. 이러한 인과성이 합법칙적 인과성(사실적 인과관계)을 전제로 추가적인 인과성(책임충족적 인과관계)이 아니라, **합법칙적 인과성을 대체하는 인과성** 개념으로 기능한다면 인과성의 책임제한적 기능은 매우 희미해진다. 좀 더 설명해보자. 분식회계를 알고도 방치한 부실감사는 의무위반행위로서 그 감사보고서를 사용하여 투자를 하면 손해가 발생할 가능성, 즉 위험을 창출하며, 이 위험은 어떤 투자자의 투자실패와 손해로 이어질 수 있다. 그러나 그 손해가 부실감사행위로 창출된 위험이 실현된 결과인지는 불확실하다. 기업의 부도를 초래하는 위험요소는 부실외부감사 이외에도 매우 많고, 어떤 위험요소가 투자실패의 결과로 이어졌는지는 밝힐 수 없기 때문이다. 의무위반행위가 결과실현의 가능성을 높였다는 점, 즉 위험을 증대시켰다는 점(Risikoerhöhung)만이 분명한데, 이 점을 이유로 책임을 인정한다면 부실감사행위는 어떤 투자실패와 손해에 대해서도 그 위험을 창출한 행위가 된다. 그러나 위험을 증대시켰다는 점만으로 위험이 결과에 실현되었다고 볼 것인지는 경험적 문제가

60 손해배상의 귀책여부와 귀책범위를 구별하는 김형배, "불법행위에 있어서의 책임귀속의 근거와 손해배상의 범위", 고려대 법학논집, 제18집, 1980, 91~150쪽 참조.

61 Roxin, "Pflichtwidrigkeit und Erfolg bei fahrlässigen Delikten", ZStW, 74, 1962, 411쪽.

아니라 법적 가치와 원칙, 법정책과 법문화의 문제이다. 물론 민사책임은 위험의 증대만으로도 '의무위반행위가 창출한 위험이 결과로 실현되었음'(위험성관련성)을 인정할 수 있다. 즉 투자실패로 인한 손해는 부실감사가 창출한 위험에 부가된 위험의 현실화라는 논리이다. 이 논리에 의하면 인과성 문제는 사실상 손해가 부실감사행위가 위반한 법규범의 보호영역(Schutzbereich) 내에 있는가 하는 문제로 전환된다. 그러나 이런 인과성 개념을 비례성원칙과 의심스러울 때에는 시민의 자유에 유리하게(in dubio pro libertate)[62] 원칙을 지켜야 하는 형사책임에까지 확장 · 적용한다면 형사책임의 법치국가적 적정성은 기대하기 어려울 것이다.

2. 부실감사책임의 집단적 귀속

(1) 자본시장의 기능보호 부실감사책임은 개인적 귀속가능성이 아니라 시장보호정책에 근거를 두고 있다. 부실감사는 '자본시장의 기능'(Funktionen des Kapitalmarkts)을 직접 침해하거나 위태화하지는 않지만, 대량으로 발생한다면 투자자들에게 중요한 투자정보에 관한 현혹(시장사기[63])을 가져오고 자본시장에 대한 시민들의 신뢰를 떨어뜨리고 종국에는 투자자의 시장이탈을 가져와 자본시장을 위태롭게 할 수 있다.[64] 그러나 시장은 (유가)증권거래시장만을 의미하는 지, 사채시장[65] 등도 포괄하는 지 분명하지 않고, 만일 시장에 사채시장이 포함된다면 부실감사의 제재는 투자행위의 합리성을 보호하는 것이 되기 어려운[66] 반면

---

62 이 원칙에 대한 해명은 이상돈, 형법학, 형법이론과 형법정책, 법문사, 1999, 59, 247, 390쪽; Maihofer, Rechtsstaat und menschliche Würde, 1968 참조.

63 미국 판례법상 '시장에 대한 사기 이론'(the fraud on the market theory)에 대해서는 김건식, 미국증권, 1995, 166쪽 참조. 미국 판례법상 사기(fraud) 개념의 외연은 고의뿐만 아니라 중과실도 포함한다는 점에서 과실범을 처벌하지 않는 형법의 사기(Betrug) 개념과는 다소 다르다.

64 이런 관점의 독일형법 제264조a의 입법이유, BT-Drucksache 10/318, 22쪽.

65 LK-Tiedemann, § 264a, 방주13; 그래서 티데만은 독일형법 § 264a가 보호하는 자본시장은 유가증권거래법(WpHG)이 전제하는 시장임을 일단 인정하지만 그 규율은 위험자본투자의 암시장에도 어렵지 않게 확대될 수 있고 또 그래야 한다고 본다.

66 여기서 암시장은 사채시장에서는 자본소득률(예: 이자)에 대한 법적 규율도 어려울 뿐만 아니

증권거래시장만을 의미한다고 해도, 부실감사행위와 사채시장의 투자·투기행위나 투자를 유치하는 행위 등 가운데 어떤 행위가 더 자본시장의 합리성을 일그러뜨리는지는 불분명하고, 그들 사이의 경계를 짓기도 쉽지 않다. 민·형법의 제재는 평등한 자유, 권리의 정교한 체계를 구축한다는 점에서 도덕적 성격을 띠는 법제도인데 비해, 부실감사를 하는 공인회계사는 자신의 행위가 자본시장에서 어떤 투자자의 재산을 위태화하는 것인지를 알 수 없다. 그 점에서 부실감사행위의 반反도덕적 성격이 희미해진다. 그렇기에 부실감사를 하지 않을 의무는 공인회계사의 직업윤리로서는 타당하다. 그러나 이는 신분법적 규율(예: 협회의 자율징계)의 대상이 되어야 한다.

(2) 기능적 책임 그러나 민·형법의 기초가 되어 있는 자유주의적 시민상, 즉 소유적 개인주의(possessiv individualism)[67]에서 합리적 개인주의로 변화된 현대사회에서는 이 직업윤리적 책임마저 자본시장의 기능을 위해 전가(zuschreiben)되는 법적 책임으로 구성할 필요성이 커진다. 분식회계나 부실감사를 강력히 처벌하라는 여론이 높기 때문이다. 〈실감사→자본투자의 합리성 상실→자본투자의 실패와 자본시장의 기능장애→집단적인 대량의 피해발생에 대한 집단적 두려움→(형사)책임추궁의 필요성〉으로 이어지는 집단적 심리현상 속에서 부실감사를 경제위기와 자본피해의 주범으로 바라보는 인식이 확산되기 때문이다.[68] 이제 책임은 개인의 능력과 그에게 부여된 자유의 잘못된 사용에 귀속되는 것이 아니라 **자본시장의 기능을 보호하기 위해 개인에게 전가**(轉嫁, Zuschreibung)

라 조세행정도 침투하지 못한다는 점을 두고 하는 말이다. 따라서 시장참여에 대한 기회비용도 거둬들일 수 없게 된다. 사채시장은 시장참여자들로부터 공정한 경쟁이 보장되는 시장구조를 형성하는데 필요한 사회기금을 각출하지 않는 불법적인 시장이다. 물론 이는 「대부업의 등록 및 금융이용자 보호에 관한 법률」(2002)에 의해 암시장의 일부가 제도권에 편입되었다고 해도 마찬가지이다.

67 자세히는 Peter, Rationalität, Recht und Gesellschaft, 1991, 56쪽.

68 이런 현상을 분석한 이상돈, 형법의 근대성과 대화이론, 홍문사, 1994, 40~42쪽.

되는 것이다.[69] 그러나 이런 기능적 책임 개념은 형법적 책임 개념이 되어서는 안 된다. 형사책임은 원래 자신의 일탈행위가 타인에게 어떤 고통을 주는 것인지를 통찰하고, 그 타인은 일탈행위자의 관점에서 서서[70] 그가 자신에게 가한 행위의 해악적 의미를 통찰할 때 비로소 성립하기 때문이다. 그런 책임을 전제하지 않는 형벌은 그 목적(예: 형법규범의 내면화)을 달성할 수 없다. 민법에서도 이런 기능적 책임이 무한정 허용되는 것도 아니다. 비록 민법이 형법에 비해 도덕적 성격이 약하고, 목적(정책적 목표)강령이 들어올 여지가 좀 더 많기는 하지만, 그런 목적강령을 정책적 필요에 따라 무한정 수용하면 자신의 전승된 규범적 구조를 스스로 폭파시킬 수 있기 때문이다.

3. 부실감사법의 대화이론적 설계

부실감사에 대한 과도한 손해배상책임이나 중한 형벌(10년 이하의 징역)에 관하여 법률가·시민단체 그룹과 공인회계사·경영학자·기업인 그룹 사이에는 심한 관점의 대립이 있다. 이 대립은 이론과 실제, 규범과 현실, 사회국가적 법정책과 자유주의적 법이념 사이의 긴장과 갈등이기도 하다. 정치가 대립하는 관점과 그룹들 사이의 절묘한 타협점을 찾는다면, 법은 그 둘 사이에 합의 가능한 규범을 만들어야 한다. 합의는 대립하는 진영 사이의 관점교환과 상호이해를 촉진함으로써 비로소 가능하다. 자본시장에 참여하는 다양한 주체들의 의사소통을 활성화할수록 위와 같이 대립하는 관점의 간극은 좁혀지고 궁극엔 서로 맞닿을 수 있으며, 바로 그 지점에서 이론적이면서 현실적인, 정책적이면서 기능적인, 체계통합적이면서 사회통합적인 법이 만들어진다.

---

69 Jakobs, Schuld und Prävention, 1976, 19~20쪽: "결코 확정될 수 있는 사태가 아니라 하나의 갈등이 해소되어야만 하며 개인에게 돌리지 않고는 달리 해소될 수 없기 때문에 발생하는 일종의 전가이다."

70 이상돈, 형법학, 형법이론과 형법정책, 법문사, 1999, 55쪽.

(1) 촉매기능와 성찰과제 그런 지점의 법으로 다음 세 가지 구조요소를 전제하여야 비로소 설계할 수 있다.

— 첫째, 외부감사인 뿐만 아니라 자본시장에 참여하는 다른 주체들(예: 금융위원회, 신용평가기관 등)도 공정하고 효율적인 자본시장을 위해 각자에게 기대된 역할을 수행한다.
— 둘째, 시장참여주체들의 역할은 각자의 역할수행을 뒷받침하거나 견제하는 다원적인 정보교환과 의사소통 속에서 수행한다.
— 셋째, 외부감사는 이러한 다원적인 상호작용과 의사소통의 촉매제이다.

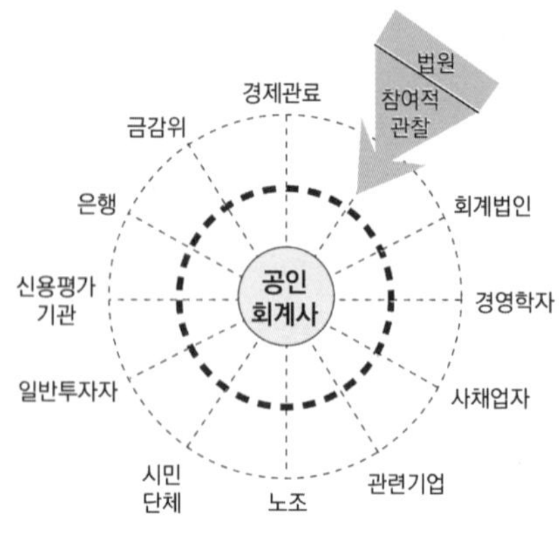

여기서 **외부감사의 상호작용과 의사소통 촉매기능**(도표의 점선)이란 외부감사(보고서)가 그 다원적인 상호작용과 의사소통을 '과학화'하고 '활성화'하며, '교정'하는 것을 말한다. 가령 감사보고서는 다른 정보들의 신뢰를 회계학의 분석과 방법으로 설명해주고, 신용평가기관의 부적절한 평가에 대한 논란을 일으켜서 더 많은 정보를 시장에 등장하게 만들며, 자본시장의 정보약자(일반투자자)와 정보강자(기업, 회계법인 기관투자자 등) 사이의 정보불균형[71]도 교정한다. 자본시장의 의사소통의 과학화, 활성화와 교정과 함께 투자실패의 손해와 책임은 자본시장의 의사소통에 참여하는 모든 주체들에게 공평하게 분배될 수 있다. 부실감사책임의 귀속은 이 외부감사의 촉매기능을 활성화하고 그 장애를 극복하는 방향으로 이루어져야 한다. 이를 위해 법관도 '참여적 관찰'(teilnehmende

71 구체적으로는 소유자와 경영자 사이의 정보불균형상태, 그리고 정보이용자의 정보위험이 외부감사로 인해 어느 정도 해소될 수 있다는 남상천·김성기, 외부감사제도에서 감사인의 독립성과 책임에 관한 연구, 1987, 1쪽.

Beobachtung)로 (부실)외부감사의 의미를 통찰하여야 한다.

(2) 부실감사책임과 다차원적 제재법의 필요성 부실감사책임은 이와 같은 의사소통 촉매기능을 위태화 하는 공인회계사의 일탈행위에 대한 법적 책임이다. 공인회계사의 부실감사책임도 자본시장에서 외부감사의 의사소통 촉매기능을 다하지 못한 점에 대한 것이어야 한다. 그런 책임은 촉매기능을 정상화하는 '예방지향적 구조정책'(예: 외부감사인 선임방식 개선)을 통해 덜어내고도 남는 부분, 특히 외부감사인 개인의 권리남용에 대한 것이어야 한다. 그런 책임은 사후적 진압과 통제의 기제를 가진 제재법(sanction law)에 의해 해소되어야 한다. 여기서 제재법은 전통적인 법분과인 민법과 형법 외에도 책임보험법이나 과징금 등을 부과하는 중간법(middle law)을 아우른다. 아래 도표는 제재법의 여러 차원을 보여준다.

	의무성격	귀책사유 (최소요건)	인과관계	제재	절차	예방효과
신분법	직업윤리 위반		불필요	직무정지 견책,등록취소	자율적 징계절차	매우 약함
책임보험법	법적의무위반	위험지배	기능위태화	보험료할증	분쟁조정	약함
불법행위법		고의·중과실 (과책주의)	인과관계=합법칙적 인과성+귀속가능성	손해 전보	민사소송	미약 함
중간법		고의 (고의책임원칙)	인과관계	징벌손해배상 과징금	사회적 소송	강함
형법		목적 (최강도의 고의책임원칙)	엄격한 인과관계 =합법칙적 인과성+ 객관적 귀속가능성	형벌	형사소송	매우 강함

4. 민사적 책임법제

다차원적인 제재법의 중심은 배상책임보험제도와 분쟁조정제도이다.

(1) 분쟁조정과 배상책임보험 첫째, 공인회계사의 부실감사책임은 전문가책임이며, 이 책임은 투자자보호의 필요성을 고려할 때 **위험책임**

(Gefährdungshaftung)으로 구성되어야 한다. 하지만 그런 책임은 민법상 또는 외부감사법이나 자본시장법상의 불법행위규정에 기초하여 직접 손해배상하는 방식이 아니라, 공인회계사들이 —임의[72]가 아니라 의무로— '부실감사배상책임보험'에 가입하고 보험료를 (할증)납입하는 방식으로[73] 해소되어야 한다. 이 경우 현행 외부감사법이나 자본시장법상의 책임규정들은 삭제되거나 조정제도에 맞추어 재구성되어야 한다.

둘째, 이러한 책임의 추궁은 소송이 아니라 **'조정'** 절차에 의한다.[74] 분쟁해결의 사회적 비용을 합리적으로 감소시키고, 갈등당사자들이 합의지향적인 의사소통적 행동으로 갈등을 해소해 나아가도록 유도하기 위함이다. 이는 외부감사인을 한편으로는 과중한 손해배상책임으로부터 해방시키면서도, 다른 한편으로는 부실감사를 이유로 보험료를 할증시킴으로써 그 가중된 부담을 져야 하는 공인회계사들이 부실감사를 기피하도록 유도할 수 있다. 민법보다는 다소간의 예방효과도 기대할 수 있다.

(2) 불법행위책임법 하지만 분쟁조정으로 분쟁당사자 사이의 합의가 이루어지지 않는다면, 재산상 손해를 전보받을 권리는 민법에 의할 수밖에 없다. 또한 보험료의 할증만으로는 충분하지 못한 부실감사의 예방은 형법에 의해 달성되어야 한다. 첫째, 이때 민법적 제재[75]는 조정

---

72 일본공인회계사회는 동경해상화재보험과 협의하여 직업배상책임보험이라는 제도를 만들어 1972년부터 운영하고 있다. 이는 의무보험은 아니다(弥永真生, 会計監査人の責任の限定, 有斐閣, 2000, 262쪽 참조).

73 프랑스도 1969.8.12. 세칙(detail) 69－810호의 제84조 이래로 강제적인 배상책임보험제도가 운영된다. 이에 관해 자세히는 이영철, "공인회계사의 전문직업인손해배상책임보험에 관한 연구", 기업법연구 제9집, 2002, 122쪽; 이준섭, "감사인의 손해배상책임과 그 한계", 한국공인회계사회, 2002년 4월호, 111쪽 참조.

74 현행 공인회계사법 제45조는 공인회계사회 내에 분쟁조정제도를 마련하고 있다. 그러나 이러한 조정제도는 감사인단체 내부의 자기통제 수단에 불과할 뿐이고, 부실감사분쟁을 대등한 당사자들의 합의지향적인 의사소통과 상호작용에 의해 해결하는 —특정 집단 내부의 제도가 아니라— '사회적 메커니즘'이 될 수 없다.

75 민법학계에서는 대체로 손해의 전보와 제재를 분리하여 이해하는 듯하다(곽윤직, 채권각론, 박영사, 1996, 662쪽). 민법은 제재법이 아니라는 것이다. 이는 민사책임이 형사책임과 분리되는 근대법의 형성과정에서 이념형(Idealtypus)으로 파악된 것이지만 실제현실에서는 불법

에서와는 달리 위험책임이 아니라 과실책임에 따른 것이어야 한다. 법원은 투자자보호를 위해 사실상 위험책임으로 변형시킨 불법행위책임을 '개인적 귀속'의 원리에 충실한 손해전보제도로 환원시켜야 한다. 둘째, 외부감사인이 부실감사로 손해배상책임을 지는 경우에도 회사 재무제표 작성의 일차적 책임이 있는 회사의 경영진과 **연대책임**을 지는 것은 공인회계사가 경영진과 공동의 '경제적 이득의사'를 갖고 고의로 분식회계를 눈감아준 경우 이외에는 옳지 않다.

★ 명확성기준과 공동작성자기준 이 연대책임은 미국에서는 1934년 연방증권거래법 제10조 (b)항 및 Rule 10b-5 위반과 같은 증권사기책임을 물을 수 있는 경우에 국한되는데 증권사기책임은 부실기재책임을 전문가에게 귀속시킬 수 있는 경우, 즉 ① 명확성기준(Bright Line Test)[76]에 의하면 전문가가 직접 부실기재를 한 경우, ② 공동작성자기준(Co-Auditor Test)에 의하면 분식회계를 한 재무제표의 작성에 공인회계사가 공동작성자로 인정될 수 있는 경우[77]에 국한된다.[78]

이러한 예외적인 경우가 아닌데도, 부실감사를 한 공인회계사에게 분식회계를 한 회사경영진과의 연대책임을 인정하는 것은 외부감사인과 피감사회사를 민법상 공동불법행위자로 바라보기 때문이다. 그러나 감

행위법에도 미약하나마 제재기능이 남아 있고, 형법에도 손해전보기능이 남아 있다. 징벌적 손해배상제도는 민법의 제재법 성격을, 원상회복제도는 형법의 보전기능을 더욱 증대시킨다. 불법행위법의 제재기능을 강조하는 이명갑, "불법행위법 이념으로서의 가해행위억제", 사법행정, 1986.2, 48쪽 참조.

76 Anixter v. Home-Stake Prod. Co., 77 F. 3d 1215 (10th Cir. 1996) 참조.

77 Klein v. Boyd, 1998 Fed. Sec. L. Rep. (CCH) 90. 136 (3d Cir. April 1998).

78 예컨대 2002.12.2. 엔론의 파산신청 이후 피해자들은 사기적인 방법으로 회사의 수익을 과대계상하였던 엔론의 계획을 알고 있으면서 JP모건 등의 은행들이 엔론에게 신용을 공여하였고, 법무법인 Vinson & Elkins와 회계법인 Arthur Anderson은 엔론과 공모하여 자산을 과대계상하거나 부채를 은폐하여 엔론의 증권사기에 공동으로 참여하였다는 주장으로 집단소송을 제기하였다. 법원은 명확성기준을 따르는 경우에는 부실기재에 중대한 책임이 있는 전문가에게 단지 그 이름이 드러나지 않았다는 이유만으로 증권사기책임을 물을 수 없는 부당한 결과가 초래되고, 실질적 참여기준은 포괄적이고 불명확한 요건을 기준으로 제시한다는 점에서 채택하지 않고, SEC가 제시한 공동작성자기준이 가장 적절하다고 판단하였다. 이에 관해 Enron Corp. Sec., Derivative & ERISA Litig. 235 F. Supp. 2d 549, 588 (S.D. Tex. 2002).

사계약은 법정감사의 경우와 마찬가지로 외부감사인의 공정감사의무를 근거지을 뿐 제3자에 대해 연대책임을 설정하는 공동관계가 없다. 그럼에도 불구하고 **부진정연대책임**으로 보는 것은 적절하지 않고, **비례책임**으로 구성되어야 한다. 외부감사법 제31조 제4항은 (구) 외부감사법 제17조 제4항처럼 "감사인이 회사 또는 제3자에게 손해를 배상할 책임이 있는 경우에 해당 회사의 이사 또는 감사(감사위원회 위원)도 그 책임이 있으면 그 감사인과 해당 회사의 이사 및 감사는 연대하여 손해를 배상할 책임"을 인정하면서 단서로 "손해를 배상할 책임이 있는 자가 고의가 없는 경우에 그 자는 법원이 귀책사유에 따라 정하는 책임비율에 따라 손해를 배상할 책임이 있다"고 규정한다. 고의가 있으면 연대책임을 인정하지만, 외부감사인이 부실감사를 통해 피감사회사와 함께 경제적 이득을 얻으려는 의사, 즉 **경제적 이득의사**도 있어야 한다.

(3) 적정책임 그러나 비례책임의 진정한 의미는 각자의 행위에 따른 귀책비율이 아니라 **외부감사인의 역할과 기능에 상응하는 책임**에 있다. 즉 외부감사인의 의무는 피감사회사의 이해관계를 보호하거나 공동으로 추구하는 데에 있지 않고, 자본시장참여자들에게 회사의 재무정보를 '과학적 방법으로 분석하여 제공해주는 역할'에 있다. 부실감사는 그런 역할의 실패나 왜곡을 의미하고, 외부감사인은 그 점에 대해 제3자에게 독자적으로 책임을 지는 것이다. 이 책임은 다양한 투자정보를 얻으려는 투자자의 입장에서 보면 고의적인 회계서류의 조작에 가까운 것이 아니라 예컨대 기업신용평가기관의 그릇된 정보제공행위에 더 가깝다. 물론 외부감사인의 부실감사는 피감사회사와 좀 더 긴밀한 교류(예: 계약관계, 표본추출감사)를 한다는 점에서 신용평가기관보다는 좀 더 책임이 무겁지만 그 구체적인 책임의 양은 사안에 따라 법원이 판단할 수 있는 범위 내에 있다. 공인회계사의 진정한 비례책임은 **투자자의 정보권을 침해**한 점에 대한 위자료의 수준에 있다. 이런 의미의 책임은 비례책임과 구별하여 **적정책임**이라고 부를 수 있다.

★ **비례책임과 적정책임** 투자자 甲이 감사보고서를 믿고 투자하여 입은 손해가 1억 원이고, 이 투자실패의 책임이 분식회계를 행한 피감사회사에게 60%, 부실감사를 한 공인회계사에게 20%, 甲에게 20%가 인정된다고 하자. ① 연대책임에 의하면 甲은 8천만 원을 회사든 공인회계사든 임의로 선택하여 청구할 수 있다. 분식회계로 문제가 된 회사는 부도가 난 경우가 대부분이기 때문에 현실적으로는 공인회계사에게 청구되기 쉽다.[79] ② 비례책임에 의하면 甲은 공인회계사에게 2천만 원만을 청구할 수 있다. 비례책임은 연대책임과 결합될 수 있다. 예컨대 회사는 6천만 원에다 공인회계사 배상몫 2천만 원까지 배상할 의무가 있고, 공인회계사도 자기 몫의 2천만 원에다 회사 몫을 6천만 원까지 배상할 의무가 있다. ③ 적정책임은 부실감사가 투자자에게 제공할 정보를 왜곡한 점에 대한 책임이므로 투자정보권 침해에 대한 위자료 형태, 가령 100~1,000만 원 수준에서 결정되기 쉽다. 다만 예외적으로 발행시장에서 부실감사가 분식회계행위와 동등한 수준의 불법을 가지는 경우는 투자실패에 대한 배상책임을 일부 인정할 수는 있다.

5. 형사 및 형사유사법제

(1) 신분법의 우선 책임보험법상의 책임이든 불법행위책임은 부실감사를 예방하는 기능이 크지 않으므로 부실감사에 대한 형법적 통제의 필요성이 남는다. 그러나 형법의 보충성은 불법행위책임의 요건보다는 강화된 요건 아래 신분법적 제재나 중간법적 제재를 우선할 것을 요구한다. 공인회계사협회는 부실감사한 공인회계사를 징계하는 자율통제의 메커니즘을 형벌보다 더 활성화할 수 있다. 예컨대 공인회계사법 제48조에 의한 부실감사인에 대한 신분법적 제재(등록취소, 직무정지, 일부직무정지, 견책 등)는 분쟁조정제도의 기능이 미치지 못하는 예방적 기능과 처벌욕구를 어느 정도 충족시킬 수 있다.[80]

---

79 주머니가 두둑한 사람에게 소송하는 심리(deep pocket mentality)라고 부르는 M. Paskell-Mede, "Soft Touch, Deep Pocket, Are auditors being sued because other defendants have no asset?", CA Maganzine, October, 1991, 39~41쪽.

80 IMF 관리체제하에서 H회계법인에 대해 내린 직무정지명령(신규감사계약체결을 일정기간 금지하는 내용)이 몇 달도 못가서 H회계법인의 자산 청산을 초래한 점은 감사체계에서 신용과

(2) 중간법의 우선 형법이 시민사회의 다양한 의사소통적 교류가 가능하기 위한 최소조건(의사소통조건)을 보장하는 규범(의사소통적 교류의 배후질서)으로 기능해야 한다면, 자신의 강한 통제가 오히려 의사소통적 교류를 파괴하는 측면을 성찰해야 한다. 이는 '실체적'으로는 더 온화한 수단을 강구하고 '절차적'으로는 그러한 수단마저도 신중을 기하라는 요청으로 구체화된다. 여기서 중간법(middle law)이 기획된다. 이 중간법은 민법적 제재(손해배상) 또는 조정법(또는 보험법)적 제재(보험료할증)보다는 더 강한, '징벌'적 성격(punitiv)을 갖지만 형벌보다는 '약한' 제재의 수단을 사용하며, 그 제재의 절차는 민사소송절차나 조정절차보다는 좀 더 권력적인 절차이지만 형사소송절차보다는 좀 덜 권력적인 절차를 사용하는 법이다. 중간법의 구체적 형성은 미래의 과제인데,[81] 우리나라의 과징금, 독일의 간섭법(Interventionsrecht)[82] 그리고 미국의 '민사제재금'(civil money penalties)[83]은 중간법의 전단계 현상에 속한다. 중간법은 불법행위책임의 요건충족을 넘어서[84] 형사책임의 요건을 거의 충족하지만, 형벌을 대신하는 비범죄화 기능을 수행할 수 있어야 한다. 또한 절차적으로는 공인회계사협회에 의한 자발적인 또는 금융감독원에 의한 타율적인 고발을 형벌이나 중간법적 제재의 전제조건으로 삼음으로써

명성의 중요성과 신분법적 제재의 통제효과를 보여준다.

81 중간법을 다소 구체화시킨 우리나라 최초의 연구로는 이상돈, "공정거래질서와 형법정책", 법제연구 제25호, 2003, 167~195쪽 참조.

82 Hassemer, 형법정책, 홍문사, 1998, [7] 단락, 209쪽; Lüderssen, Die Krise des öffen-tlichen Strafanspruchs, 1989, 37쪽 아래; Naucke, Die Wechselwirkung zwischen Strafziel und Verbrechensbegriff, 1985, 35쪽 참조.

83 미국의 경우 은행업계, 선물업계 및 증권업계 등 거의 모든 금융감독분야에 민사제재금 제도가 운영된다. 박정유, "민사제재금(civil money penalties)제도에 관한 고찰(Ⅰ, Ⅱ) — 미국 1934년 자본시장법을 중심으로", 증권조사월보, 9월, 1996 참조.

84 민법학자들이 불법행위법에 제재적 성격과 예방적 기능을 부여하려고 할 때 논의되는 징벌적 손해배상은 바로 이런 경향을 보여준다. 송오식, "불법행위책임의 새로운 전개", 전남대 법률행정논총 제17집, 1997, 208쪽; 아울러 제393조 제2항의 특별손해규정을 징벌적 손해배상을 부과하는 기초로 삼는 윤정환, "징벌적 손해배상에 관한 연구", 재산법연구 제9권 제1호, 1992, 146쪽 참조.

경영학적 관점과 법률적 관점 사이, 경제체계와 사법체계 사이의 간극과 대립을 완화할 필요가 있다. 아울러 중간법으로 충분하지 못한 예방기능은 민사상 불법행위책임보다 더욱 강화된 요건에서 부과되는 형벌에 맡겨져야 한다. 하지만 이 경우에도 부실감사 형사책임은 법치국가적 의문에서 벗어나기 위해 **발행공시책임영역**(예: 공인회계사의 사업설명회 참여)에서만 형사책임을 인정하고, 공인회계사법의 진실의무위반죄나 외부감사법의 부실감사죄는 폐지하며, 발행공시책임에서도 **목적**(Absicht)을 고의의 내용(예: 공인회계사가 사업설명으로 경제적 이익을 얻을 목적)으로 삼아야 한다.

Ⅲ. 현행 부실감사책임법제의 해석정책

부실감사책임을 규율하는 외부감사법, 자본시장법, 민법은 이상의 다차원적 법제의 책임분배구상과 같게 해석될 수 있다.

1. 외부감사법과 자본시장법의 해석

외부감사법상의 부실감사책임과 자본시장법상의 부실공시책임은 배상책임보험법제의 기능에 상응하도록 책임의 부과를 민법상 불법행위책임보다 완화된 요건(예: 위험책임)하에 운영한다.

(1) 법전법과 개별법의 법조경합 다만 외부감사법과 자본시장법은 미래에 구축할 조정과 책임보험법제의 기능을 선취적으로 대리(vorgreifendes Vertreten)하는 방향으로 해석한다.

1) 청구권의 경합 및 귀책요건의 차이 조정과 소송의 자유선택 논리처럼 외부감사법이나 자본시장법에 기초한 손해배상청구권과 민법상의 불법행위에 기초한 손해배상청구권을 선택적으로 행사할 수 있다고 본다. 이때 외부감사법과 자본시장법의 부실감사책임은 민법상의 일반적인 불법행위책임의 특수한 경우(**특수불법행위책임**)가 된다. 여기서 일반과 특수불법행위책임의 관계를 법조경합이라고도 표현하는데, 일반–특별

의 법조경합은 '같은 법전법 안에서' 조문간의 법조경합이나 '민법전과 특별민법들'(예: 임대차보호법) 사이에서 **특별규정의 적용은 일반규정의 적용을 배제**한다. 그러나 외부감사법이나 자본시장법은 '개인의 자유를 조직화'하는 (평균적 정의의) 민법전/형법전과 같은 '판덱텐 패러다임'의 법률의 하나가 아니라, 여러 법전법 분과가 혼재된 개별법'[85]이며, 경제영역을 법제화하는 '사안중심적 법률'로서 자본시장의 효율성과 자본시장의 공정성(특히 약자보호, 배분적 정의)을 동시에 좇는다.[86] 이런 사안중심적인 개별법과 민법전 사이의 법조경합이란 외부감사법이나 자본시장법상의 단기 소멸시효[87]가 경과하면 민법에 의한 손해배상청구를 허용하고, 그 단기 소멸시효가 경과하지 않은 상태에서는 두 법제에 의한 손해배상청구를 **함께 행사**할 수 있지만, 각각의 **귀책요건이 다르다**는 점, 즉 민법에 의한 손해배상청구는 개인적 귀속가능성의 책임(요건)을 충족하여야 하는 반면, 외부감사법이나 자본시장법에 의한 손해배상청구는 위험책임(요건)을 충족하면 된다는 것이다. 이런 방식의 관계설정을 통해 사안중심적 개별법(외부감사법, 자본시장법)과 판덱텐 법전법(민법)은 각자의 고유성을 가지면서도 자본시장영역의 전문법을 유기적으로 함께 형성하게 된다.

---

85 우리나라의 법체계는 판덱텐 시스템의 법전법과 미국의 제정법(act)과 흡사한 사안중심적 개별법이라는 각기 이질적이며, 독자적인 두 개의 법형식으로 구성되어 있는데, 이 법형식의 상호작용에 의해 지속적으로 세분화되어 가는 사회적 하부체계의 영역마다 전문법(예: 의료법, 경제법, 교통법 등등)이 구축된다는 이상돈, 법의 깊이, 법문사, 2018, 559~571쪽.

86 민법도 미약한 배분적 정의를 실현하지만, 자유의 극대화를 통해 사회적 약자에게 돌아갈 수혜의 몫을 크게 하는 정도일 뿐이다. 이런 방식은 롤즈(Rawls)의 정의론에서 보면 최소극대화원칙(minimax)이라고 부를 수 있다(Rawls, A Theory of Justice, 1971 참조). 물론 롤즈도 후기에 들어오면서 사회적 약자의 기본적 자유를 보장해야 한다는 다소 수정된 정의관을 펼치지만(Rawls, Political Liberalism, 1993), 이 문제는 자본시장에서 투자자의 보호에 해당하지는 않는다.

87 이 점을 "피해자인 투자자의 기회주의적 행태를 배제함과 더불어 … 법정감사인의 무한한 책임을 방지하기 위한 사실상 유일한 법기술로…가해자와 피해자 사이의 대립되는 이익관계를 조절하는 기능"으로 설명하는 김상중, "순수 재산상 손해의 배상에 대한 책임법적 규율", 제37회 안암법학회 발표문, 2003, 31쪽 참조.

2) 손해의 범위 이런 의미의 법조경합은 손해(배상)의 범위에서도 차이가 있다. 즉, 외부감사법이나 자본시장법에 기초한 손해배상은 민법상의 불법행위책임에 의한 손해배상보다 그 범위가 현저히 좁게 설정된다. 외부감사법이나 자본시장법에 기초한 손해배상은 불법행위책임에 의한 손해배상처럼 인과관계가 있는 손해에 대한 배상이 아니라, 공인회계사가 외부감사에서 두 개별법의 기획, 즉 자본시장의 **의사소통적 교류 촉진을 다하지 못한 점에 대한 제재금**이기 때문이다. 이 제재금은 투자자의 입장에서는 감사보고서로 투자정보를 제공받을 권리, 즉 **투자정보권 침해에 대한 손해배상**이다. 이런 손해배상은 대체로 민법상의 불법행위법에 근거한 손해배상에서 가령 초상권 침해에 인정되는 손해배상액 또는 정신적 손해에 대한 배상액의 금액(위자료)[88]에 상응할 것이다. 그런 범위를 넘어서는 손해는 민법상 불법행위법에 의거한 책임요건을 충족할 때에만 배상받을 수 있다. 이러한 결론은 공인회계사에게 공정감사의무를 부과하는 외부감사법(제5조 제1항, 제7조)의 보호목적에 의해 손해배상의 범위를 제한하는 해석이기도 하다.

3) 자본시장법 제125조, 제126조의 해석방안 이에 따라 자본시장법 제126조는 다음과 같이 새롭게 해석될 수 있다. ① 제125조 제1항 본문의 손해배상책임은 공인회계사가 자본시장에서 수행해야 할 '정보교류적 의사소통의 촉매' 역할을 하지 않은 점에 대한 제재이며, 이때 손해는 투자자의 **투자정보권에 대한 침해**가 그 내용이 된다. ② 제125조 제1항 단서 전단은 '공인회계사에게로 입증책임이 전환된' 무과실이 밝혀지지 않으면 손해배상책임이 귀속되는 일종의 **위험책임**을 규정한다. 후단("그 증권의 취득자가 취득의 청약을 할 때 그 사실을 안 경우에는 배상의 책임을 지지 아니한다")은 그의 부실감사와 투자자의 정보권침해의 손해 사이에 인과관계가 없는 예외적인 경우(예: 투자자가 부실감사사실을 알았음에도 다른 투

88 실무에서 보면 위자료는 통상적으로 적게는 몇 백에서 많게는 수천만 원 정도에 달한다. 외부감사법에 의한 공인회계사의 배상범위 또한 책임이 인정되는 경우에도 그 선을 넘지 않아야 한다.

자정보에 기초하여 주식을 매수함)에 공인회계사의 책임이 면제됨을 규정한다. ③ 제126조 제1항의 규정(실제취득가액－변론종결시 시장가격[또는 추정처분가격]이나 변론종결전 실제처분가액)은 민법상 불법행위책임의 요건이 완전히 충족되었을 때 투자자가 받을 수 있는 **최대배상범위에 관한 선언규정**일 뿐이다.[89] ④ 제126조 제2항은 부실감사와 정보권침해의 손해[90] 사이의 인과관계 입증책임을 공인회계사에게 부과한다.

★ 해석을 통한 전문법의 형성 ① 자본시장법 제125조 제1항 단서 전단(위험책임화와 무과실의 입증책임전환)과 제126조 제2항(부실감사와 정보권침해의 손해 사이의 인과관계의 입증책임전환)은 정보취약자인 일반투자자들의 지위를 강화하는 사회국가적 법제화에 속한다. ② 하지만 그런 법정책이 평등의 강화로 인한 자유의 상실(예: 공인회계사의 속죄양 만들기, 투자자의 도덕적 해이)을 가져오지 않도록 제126조 제1항은 민법의 귀책원리에 따를 때 아무리 책임을 무겁게 부과하려고 해도 넘어서는 안 되는 법치국가적 한계, 즉 배상책임을 지는 개인의 희생한계(Opfergrenze), 자유시민사회적 한계[91]를 선언한다.[92] 이는 헌법상 비례성

89 이 규정의 목적은 책임한정이지 실손해액이 적음에도 이 법정액까지 올려서 배상시키는 것이 아니라는 大判 97다32215 참조.

90 손해를 이처럼 정보권침해의 손해에 국한하여 인과관계 입증책임을 전환하는 것은 제126조 제2항의 (목적론적) 축소해석에 해당한다.

91 이 점은 자본시장법 제126조가 모델링한 1933년 미국 연방증권법 제11조 e항 단서(손해액은 [공모가격을 초과할 수 없는] 유가증권의 매입가격과 소송제기시의 그 유가증권의 가치차액을 초과할 수 없다)에서도 잘 나타난다. 이 단서조항은 투자자보호를 지향하되 개인이 그런 정책에 희생되는 데에는 한계가 있고, 그 한계는 차액설로 표현된 손해전보의 정의론적 한계라는 점을 분명히 하고 있는 것이다.

92 이 선언규정화는 헌법재판소의 해석과도 연장선에 있다고 평가할 수 있다. 즉, (구) 증권거래법 제197조 제2항이 준용하는 제15조는 1997년 개정 전까지는 현재의 제1항만으로 구성되어 있었다. 이 구 제15조에 대해 헌법재판소가 '상당인과관계를 인정할 수 없는 요인으로 인한 손해'를 배상하게 함은 비례의 원칙에 반하는 위헌성이 있고, 다른 한편 투자자의 입증곤란을 해소할 수도 있어야 한다는 점에서 그 규정을 반증이 허용되지 않는 '간주규정看做規程'이 아니라 '추정규정'으로 해석함으로써 비로소 합헌적일 수 있다는 결정(헌재결 94헌가9)을 내린 바 있다. 이에 따라 1997년 제15조 제2항이 도입되었다. 제2항은 바로 헌재의 추정규정을 구현한 조항이다. 그러나 이 개정으로 인해 제15조 제1항은 다시 선언규정으로 재해석될 수 있다. 왜냐하면 헌법재판소의 추정규정화 기획은 제2항에 실현되었고, 이로써 투자자의 입증곤란이 해소되었으며, 따라서 제1항은 이론적으로 부실감사로부터 초래될 수 있는 —

원칙[93]이 요구하는 바이다. ③ 자본시장법은 사안중심적 개별법으로서 정책적 목표(투자자의 정보력강화)를 더 강하게 추진하며, 민법은 판덱텐 법전법으로서 자유를 조직화하는 귀책원리를 지키고, 사회생활의 도덕적 기반을 형성하는 임무를 수행한다. 그리고 이 둘은 함께 전문법을 형성한다. ④ 자본시장법은 정보의 공정배분을 위한 의사소통 기능을 다하지 않은 공인회계사를 제재하지만 민법상 손해배상책임에서 일차손해의 배상책임과 융합시킨다. 즉 제125조 제1항은 헌법재판소(憲裁決 2002헌가23)가 보듯 "손해배상책임의 성립요건에 관한 규정", 즉 책임설정적 인과관계를 동시에 규정한다고 본다.

	법형식의 유형	법형식 간의 독자성과 고유성		법형식 간의 기능연관
사회국가적 법제화	사안 중심적 개별법 중심	– 제재로서 손해배상책임(제125조 제1항) – 위험책임화와 **무과실**의 입증책임 전환(제1254조 제1항 단서 전단) – 부실감사와 손해(정보권침해)의 **인과관계** 입증책임의 전환(제126조 제2항)	– 정책목표 수행(자본시장에서 정보력 평등)	의사소통기능의 불이행 = 민법적 일차손해 (제125조 제1항)
자유주의적 법제화	판덱텐 법전법 중심	– 투자실패로 인한 손해에 대한 배상책임의 최대범위한정(제126조 제1항) – 면책조항(제125조 제1항 단서 후단)	– 자유를 조직화하는 도덕적 행위규범(민법 제750조의 과책주의 유지)	

4) 법문화적 전통과 가치의 존중 물론 이러한 해석에 의하면 자본시장법이나 외부감사법에 의한 자본시장의 약자 보호는 다소 미흡해질 수 있다. 조정제도와 결합된 강제적인 부실감사배상책임보험법제가 없는

차액설의 손해개념에 따른— 손해의 최대범위를 선언적으로 확인하는 조항으로 이해함으로써 헌법재판소가 그런 추정규정화를 통해 추구했던 헌법원칙인 '비례의 원칙'을 한 단계 더 실현할 수 있기 때문이다. 다만 헌법재판소가 위 결정에서 제15조를 "손해배상액에 관한 규정", 책임충족적 인과관계로 바라본 것은 잘못이다.

93 이상돈, 부실감사법, 법문사, 2004, [3]단락 Ⅲ 참조.

상황에서는 더욱 그렇다. 그래서 법원이나 헌법재판소처럼 자본시장법 제125조와 제126조를 사실상 민법적인 불법행위법으로 바라보고, 투자자의 모든 손해를 완전하게 배상하는 법제로 이해할 필요도 있다. 그러나 첫째, 약자보호에 편중된 불법행위법은 자본시장법이든 민법이든 종국에는 트릴레마의 역기능을 발휘한다. 즉, 자본시장법이나 외부감사법의 투자자 보호가 투자자들의 정보력 보강이 아니라 투자 결과에서 평등이나 공평을 지향하면 투자자들의 도덕적 해이, 공인회계사의 방어적 직무활동, 집단소송폭주로 인한 사법체계(및 경제사회)의 왜곡과 같은 부작용이 발생한다. 둘째, 사회보장적 제도가 미약하고, 자유의 이념이 평등보다 현저히 강하고, 법전법이 없는 판례법국가(예: 미국)에서는 자본시장법을 사회국가적 불법행위법으로 운영하는 것이 필요하고, 적합할 수 있지만, 미국보다 평등이념과 사회보장법제가 발전해 있고, 법전법체계의 문화적 전통과 가치로서 개인적 귀속가능성의 책임원리가 살아 있는 우리나라에서는 미국 증권법처럼 자본시장법을 해석할 필요와 당위가 충분하지 않다.

2. 불법행위법의 해석

민법상 불법행위책임도 위와 같은 외부감사법과 자본시장법의 해석정책과 정합적인 부실감사책임법을 구성하도록 해석되어야 한다.

(1) 정보권침해의 손해 개념화 부실감사에 대해 투자실패로 인한 손해를 귀속시키려면 부실감사행위와 합법칙적 인과성이 인정되는 손해를 확정해야 하고, 이때의 손해는 자본시장법에서 배상책임을 인정한 손해와 달리 투자자 개인의 권리에 대한 침해로 구성되어야 한다. 이때 개인의 권리는 자본시장에 공정하게 참여할 일반인의 권리이며, 투자대상기업의 재무정보를 제공받고 참여할 권리, 즉 적극적인 의미의 정보적 자기결정권(informationelle Selbstbestimmung)이다. 투자행위도 일반적 행동의 자유 영역에 속하고, 그런 영역에서 개인은 자신의 행위 방향을

올바르게 설정하는데 필요한 정보에 대한 지배권을 누린다.

> **★ 순수 재산상 손해와 권리 개념** 독일 민법학과 우리나라 일부 민법학자들이 말하는[94] '순수 재산상 손해'(reine Vermögensschäden)란 신체나 소유권과 같은 권리로 정형화되지 않았지만 보호할 가치 있는 이익에 대한 침해를 가리킨다. 이처럼 이익침해를 '권리침해'가 아닌 손해 개념으로 파악하는 것은 권리 개념을 전체 법질서 안에서, 특히 헌법의 기본권을 구체화하는 해석에 의해 파악하지 못한 데서 비롯된다. 공인회계사의 왜곡된 정보제공으로 투자자가 입는 일차손해인 올바른 재무정보를 제공받을 권리의 침해는 순수한 재산상 손해가 아니라 권리침해인 것이다.

부실감사가 인과적으로 침해했다고 말할 수 있는 유일한 손해, 민법학적으로 일차손해는 이런 투자정보권의 침해를 가리킨다. 물론 현행 자본시장법이나 외부감사법의 손해배상책임은 공인회계사의 정보교류적 의사소통기능을 보호하고, 그에 따른 투자자의 보호는 '반사적 이익'인 반면, 민법상 불법행위책임은 개인의 권리로서 투자정보권 자체를 보호한다. 물론 정보권침해를 투자자의 손해로 공인회계사에게 '개인적으로 귀속'시킬 수 있으려면, **부실외부감사** 뿐만 아니라 공인회계사가 손해를 입은 **투자자와 직접적인 교류**[95]나 **접촉**이 있었어야 한다. 교류나 접촉이 없었다면, 자본시장법이나 외부감사법에 의해 보호될 뿐이다. 이는 개인적 귀속가능성이라는 책임 개념으로 개인의 자유를 조직화하는 근대민법의 규범적 성격에 부합하는 해석이다.[96]

---

94 Honsell, "Der Ersatz reiner Vermögensschäden in Rechtsgeschichte und Rechtsverg-leichung", Festschrift für W. Lorenz, 1999, 483쪽; 최흥섭, "전문가의 제3자에 대한 정보책임", 재산법연구 제11권 제1호, 1994, 131쪽.

95 외부감사인이 감사보고서를 최종적으로 작성하기 전에 감사내용을 기재한 서면을 투자자(예: 피감사회사의 지분 매수인)에게 제출하는 행위가 그 예이다. 이 경우 법정 외부감사의 제3자(투자자)에 대한 책임을 부인하는 독일 법원도 예외적으로 투자자에 대한 공인회계사의 책임을 인정한다(BGH, JZ 1998, 1013쪽).

96 비슷한 통찰로 안법영, "영업경영의 과실침해와 책임귀속의 인과적 표지", 고려대 판례연구 제8집, 1996, 209쪽); 불법행위법이 인간 행위에 대한 책임귀속의 기반이 되고 있음을 통찰한 Esser, Schuldrecht, 2.Auflage, 1960, 231쪽 참조.

(2) 후속손해의 귀책요건문제 하지만 투자자의 정보권에 대한 침해행위인 부실감사행위를 한 공인회계사에게 투자실패로 빚어진 손해(후속손해)를 책임지우려면 고의와 중과실이 있어야 한다.

1) 고의와 중과실 첫째, 공인회계사는 부실감사를 고의[97]나 중과실로 했어야 한다. 이는 미국 판례가 부주의한 부실감사와 구별하는 사기적인(fraudulent) 부실감사, 즉 고의 또는 중과실의 부실감사를 말한다. 제3자와 직접 계약적 관계를 맺지 않고 있는 공인회계사는 경과실의 부실감사로 제3자에 대해 책임을 지지 않는다. 이는 계약관계가 없어도 제3자에게 과실에 의한 책임을 지는 제조물책임과 구분된다. 제조물의 잠재적 위험가능성(potentialities of danger)에는 재산상의 손해(injury to property)도 포함될 수 있기 때문이다.

★ **사기적 부실감사** Fred Stern & Co., Inc.가 1923.12.31.까지 대차대조표를 준비하고 1924.2.26. 회계법인 Touche가 감사를 하여 완성한 대차대조표는 회계장부 위조와 허위자산을 설정하여 자본금을 2,550, 671$, 잉여금을 1,479,956$, 순이익을 1,070,715$로 과대평가하였지만, 실제는 지불불능상태였다. 회계법인은 회계감사 증명서(certificate)가 어떻게 활용될지는 알지 못했지만 그들이 증명하는 대차대조표가 Stern사와 관계를 맺는 은행, 채권자, 주주, 주식거래자에게 공개된다는 점은 알고 있었다. 1924.3. Stern사로부터 대출제의를 받고 거래관계를 맺은 Ultramares사는 대출 승인 전 공인회계사가 작성한 대차대조표를 보고 신뢰하여 Stern사에 대출해주었다. 1924.12.에도 추가 대출을 했으나 1925.1.2. Stern사는 파산하였다. ① 미국 판례[98]에 의하면 공인회계사는 의뢰인(및 의뢰인이 그 증명서를 자기 자신만 활용하려고 할 경우를 제외하면 채권자나 투자자도 포함)에게 증명서 작성상 주의와 신중을 기하여야 하고, 그 의무의 위반은 사기(fraud)와 과실(negligence)로 구분된다. 사기는 존재하지 않는 사실 보도, 정당한 논거가 빈약한 잘못된 견해(erroneous opinion)의 제시를 포함하는데, 특정 제3자의 감사보고서 신뢰와 이용을 알지 못하여도 상관없다. 법적해석의 차

97 독일의 경우도 민법상 불법행위책임규정(제823조 제1항)을 근거로 손해배상을 청구하려면 생명이나 신체, 소유권 등의 권리를 침해한 경우이어야 한다. 소재선, "전문가로서 공인회계사의 민사책임(2)", 경영법무, 2001, 44쪽 참조.

98 Ultramares Corp. v. Touche (255 N.Y. 170; 174 N.E. 441; 1931).

이와 같은 선의의 과실은 사기가 되지 않지만 근거없는 전문적 의견표명, 의심이 있음에도 불구하고 조사를 하지 않는 경우, 조금만 주의하면 확실히 알 수 있는 것을 간과함으로써 파악하지 못하는 경우 등은 중과실로서 사기의 책임을 가져온다.

★ 경과실의 책임부정 ① 1975년 미국연방대법원의 Hochfelder 판결에 의하면 원고가 입증하여야 할 피고의 주관적 요건은 scienter이며[99] 단순한 과실(negligence)만으로는 Rule 10b－5에 위반되지 않는다. "시세조작적이거나 사기적 수단·책략"(manipulative or deceptive device or contrivance)이라는 법문언은 손해배상책임에서도 과실 이상의 주관적 요건을 암시한다는 점이 그 이유였다. 그러나 이 판결은 scienter라는 요건의 내용은 상세히 밝히지 않았다. ② scienter의 사전적 의미는 "인식"이지만, 법적 의미는 부실표시 사실에 대한 단순한 "인식"이 아니라, 행위자가 투자자를 속이려는 의도까지는 필요 없지만, 그 부실표시로 투자자가 충분히 속을 수 있다는 점을 알고 있는 것이다. 따라서 우리나라의 "미필적 고의"의 개념에 가깝다.[100]

① 고의나 중과실을 인정하기 위해서는 부실감사에 대한 인식과 의욕 또는 중대한 착오만으로는 부족하고, **적극적인 행위양태**, 즉 공인회계사가 자본시장에서 담당해야 할 의사소통 촉매기능의 '적극적인 수행거부'에 해당하는 행태(예: 사업설명, 감사하지 않고[101] 적정의견 제시)가 있어야 한다.[102] ② 경과실[103]은 외부감사법이나 자본시장법에 의해 정보권

99 이런 견해로 김건식·송옥렬, 미국의 증권규제, 홍문사, 2001, 324~325쪽.

100 Ernst & Ernst v. Hochfelder, 425 U.S. 185(1976).

101 예를 들어 '피감사회사의 재무제표에서 투자자에게 중요한 사항(가공의 어음을 계상하고 매출채권과 재고자산 과대계상함)인데도 그 허위 기재사항의 진정성을 막연히 신뢰하여 손쉬운 확인절차를 태만히 한 경우'(大判 97다32215)가 이에 해당한다.

102 독일민법 제826조(고의로 인한 선량한 풍속위반에 의한 손해에 대한 배상책임)에 근거한 부실감사책임의 예로 ① 재무제표를 감사하지 않고 무한정적정의견을 표명한 경우, ② 스스로 감사를 하지 않고 타인의 감사결과로만 무한정적정의견을 표명한 경우, ③ 피감사회사의 회계시스템에 중대한 결함이 있고, 올바른 재무제표를 작성하는 것이 거의 불가능함에도 불구하고 무한정적정의견을 표명한 경우, ④ 피감사회사에서 제공한 중요한 정보를 심도하지 않고 무한정적정의견을 표명한 경우 등을 들 수 있다. 제826조의 적용에서 고의는 미필적 고의를 포함하고, 감사인이 자기행위의 결과로 손해를 입을 가능성이 있는 자가 누군지를 인식할 필요는 없고, 가해를 직접적으로 의도하지 않아도 되며, 감사인의 태도가 비양심적 또는 부주의한 경우에도 인정된다. 弥永真生, 会計監査人の責任の限定, 有斐閣, 2000, 135쪽 참조.

103 예를 들면 피감사회사의 회계관련서류에 기재된 특수관계인(회계감사준칙 참조)에 대한 과도

침해의 손해를 전보받는 방식으로 충분히 통제될 수 있다.

2) 다섯 단계의 귀책사유 이처럼 고의와 중과실 및 경과실을 구별하고, 독일 판례[104]에서 보듯 고의와 미필적 고의(bedingter Vorsatz)를 구분하고, 또한 부실감사죄의 고의에 추가적인 주관적 요소인 불법적으로 '경제적인 이익을 취득할 의사'(Bereicherungswille)가 덧붙여진 경우를 함께 고려해보면 부실감사의 귀책사유는 다음처럼 다섯 단계가 된다.

	한국	미국
* 투자자 유인에 대한 연대의식	불법이득의사(Bereicherungswille)	사기(fraud)
	고의(Vorsatz)	
	미필적 고의(bedingter Vorsatz)	
	중과실(Leichtfertigkeit)	
	과실(Fahrlässigkeit)	부주의(negligence)

또한 공인회계사의 손해배상책임은 사업설명서의 부실기재를 통해 투자자를 유인하려는 **피감사회사의 투자자유인의사[105]와 연대의식**을 갖고 있을 때에만 인정되어야 한다. 이 요건은 회계정보를 왜곡하는 회사를 정범이라고 할 때 적정의견을 내놓음으로써 회사(경영자)의 범죄를 돕는 공인회계사는 (고의)방조범이라는 불법의 차등에서 비롯된다.[106] 투자자 유인에 대한 연대의식은 공인회계사가 불법적인 경제적 이득의 의사를

한 지급보증의 사실을 감사보고서에 주석사항이나 특기사항으로 기재하지 않은 행위(대구고등법원 1997. 6. 20. 선고 96나6746 판결)가 이에 해당할 수 있다.

104 독일민법 제826조의 책임은 투자자가 공인회계사의 행위에 의해 손해를 입을 수 있다는 가능성을 인식하였고, 그럼에도 그 결과를 감수(billigend in Kauf nehmen)한 경우 즉 미필적 고의로도 인정된다(BGH NJW 1986, 182).

105 Fischman v. Raytheon Manufacturing Co. (188 F. 2d 783; 1951 U.S. App.)에 의하면 사업설명서상의 사기적(fraudulent) 행위를 주장하려면 특수한 조건, 즉 보통주들은 피고회사가 사업설명서를 보통주의 구매를 유도하기 위해 고의로, 또 사기적으로 부실하게 기재한 것이라는 특수한 사정을 주장할 수 있어야 하고, 이 사기적 목적을 달성함으로써 피고는 보통주의 손해와 대응하는 이익을 얻었어야 한다.

106 방조범의 고의에는 정범과 연대의식이 있어야 한다는 이상돈, 치료중단과 형법, 법문사, 2002, 128쪽 아래 참조.

가진 경우에는 당연히 인정되고, 중과실의 경우에도 잠재적인 형태(투자 유인에 대한 잠재적 연대의식)로 존재할 수 있다.

★ **귀책사유에 대한 입증책임 전환의 예외와 보완** 부실감사책임을 적정책임으로 구성하기 위해서는 몇 가지 법개혁이 필요하다. ① 외부감사법 제31조 제7항 단서[107]는 감사인을 선임한 회사, 은행, 농협은행, 수협은행, 보험회사, 종합금융회사, 상호저축은행은 **공인회계사에게 입증책임을 전환하지 않고**, 공인회계사가 임무를 게을리하였음을 증명하게 한다. 재무정보의 수집·분석능력이 뛰어난 금융대출기관에게까지 감사인에게 입증책임을 전가하는 것은 거래위험을 왜곡분배하기 때문이다. ② 반면 원고입증책임이 공인회계사에게 지나치게 유리하지 않도록 미국 연방민사소송규칙(Federal Rules of Civil Procedure) Rule 26. General Provisions Governing Discovery; Duty of Disclosure의 **증거개시제도**[108]를 도입한다면,[109] 피고(공인회계사)의 방어력은 다시 현저히 약화되므로, 그 균형점으로 원고는 1) 피고에게 소명을 요구하여 피고와 대화를 한 뒤 소송을 제기하면 증거개시요구권을 인정하고, 2) 소명요구를 하지 않은 채 곧바로 소송을 제기하면, 증거개시요구권을 인정하지 않는 입법을 생각할 수 있다. ③ **피감사 회사에 대한 우선 소제기 의무**도 투자실패에 대한 피감사회사와 외부감사인의 책임비율을 고려

107 이 단서는 이종구의원(외21인)이 2006.10.13. 대표발의한 개정안에 기초한 입법임.

108 Rule 26, b) Discovery Scope and Limits. Unless otherwise limited by order of the court in accordance with these rules, the scope of discovery is as follows (1) In General. Parties may obtain discovery regarding any matter, not privileged, that is relevant to the claim or defense of any party, including the existence, description, nature, custody, condition, and location of any books, documents, or other tangible things and the identity and location of persons having knowledge of any discoverable matter. For good cause, the court may order discovery of any matter relevant to the subject matter involved in the action. Relevant information need not be admissible at the trial if the discovery appears reasonably calculated to lead to the discovery of admissible evidence. All discovery is subject to the limitations imposed by Rule 26(b)(2)(i), (ii), and (iii); 서동희, "미국법상의 discovery 제도의 도입 필요성", 한국법학회 법학연구 제18집, 2005, 797쪽 참조

109 미국의 증거개시제도에서도 비닉특권자료(privileged matters)는 증거개시의 대상에서 제외된다. 그러나 비닉특권 대상이 무엇인지는 연방증거규칙(Federal Rules of Evidence Article) 501에 따라 주법이 결정한다. 개시대상이 되어 이에 대해 제출을 요구받은 정보에 관하여 비닉특권을 주장하면서 그 제출을 거부할 경우, 상대방 당사자가 그에 대해 알 수 있도록 그 정보의 성질에 대해서 기술하여 제출해야 한다.

하면 적정책임을 실현하는데 기여한다. ④ 증거개시요구권의 행사가 피고의 귀책사유에 대한 자백과 '사실상' 같은 것이 되지 않도록 증거개시대상에서 가장 민감한 정보인 외부감사서류 중 감사조서는 제외시킬 필요가 있다. 특히 증거개시의무와 외부감사법상 비밀준수의무나 민·형사소송법상의 증언거부권이 충돌하는 상황에서는 그 충돌의 조화로운 해결의 방안으로 외부감사법 제19조의 **감사조서**[110]**를 증거개시에서 제외**시킬 수 있다. 증거개시제도에 매우 근접해 있는 현행 민사소송법상의 문서제출명령제도도 직무상 비밀이 적혀있고, 비밀유지의무가 면제되지 아니한 문서는 제외(제344조 제1항 제3호 단서)하고 있다는 점에서 감사조서의 제외는 더욱 타당하다. ⑤ 증거개시는 **법원의 허가**에 의하게 한다.[111] 사안의 구체적 사정에 따라 피고 측의 자료제출 여부와 (감사조서 이외의) 제출할 자료의 범위를 법원이 정하는 것은 증거개시제도가 무기평등을 깨뜨리지 않도록 법원이 관리하고, 나아가 소송의 지연을 막고 소송의 효율화를 도모할 수 있게 하기 때문이다. 증거개시에 대한 법원의 소송지휘는 민사소송법 제343조 문서제출명령제도(상대방이나 제3자가 가지고 있고 제출의무 있는 문서에 대해 서증신청을 함에 있어서는 그 제출명령을 구하는 신청을 법원에 하여야 한다)의 특칙으로서 부실감사소송에서 피고의 자료제출을 법원의 허가사항으로 할 수 있다. 석명권(제136조 제4항)도 법원이 자료제출명령을 할 수

110 감사조서는 일반적으로, 감사업무의 계획에 관한 사항, 수행한 감사절차의 성격, 시기 및 범위에 관한 사항, 업무의 수행 결과, 감사증거로부터 도출된 결론으로 구성된다. 반면, 감사보고서는 재무제표 감사의 목적, 재무제표에 대한 회사 경영자의 책임, 감사범위, 감사보고서의 형식, 감사위험의 존재와 감사인의 책임한계, 감사의 수행에 필요한 관련 기록, 문서등이 포함되어 있다.

111 미국의 디스커버리제도에도 다음과 같은 법원의 증거개시명령제가 있음을 참조. 2000년 연방민사소송규칙 26(b)(1)b 참조. 2000년 연방민사소송규칙 26(b)(1)b): Discovery Scope and Limits. Unless otherwise limited by order of the court in accordance with these rules, the scope of discovery is as follows (1) In General. Parties may obtain discovery regarding any matter, not privileged, that is relevant to the claim or defense of any party, including the existence, description, nature, custody, condition, and location of any books, documents, or other tangible things and the identity and location of persons having knowledge of any discoverable matter. For good cause, the court may order discovery of any matter relevant to the subject matter involved in the action. Relevant information need not be admissible at the trial if the discovery appears reasonably calculated to lead to the discovery of admissible evidence. All discovery is subject to the limitations imposed by Rule 26(b)(2)(i), (ii), and (iii).

있는 제도로 검토될 수는 있으나 법원이 구체적으로 증명방법을 지시하고 증거신청을 명령하는 것은 변론주의의 한계를 벗어난다.

(3) 투자실패로 인한 손해의 귀속 후속손해의 귀속여부는 위험사회의 특성에 맞게 개발된 귀속론에 의한다.

1) 위험성관련이론과 손해범위의 제한 ① 부실감사행위는 감사보고서를 보고 투자하는 사람에게 재산상 손해를 끼치는 위험을 (공정감사의무를 위반하여) 위법하게 창출하는 행위이다. 이 행위의 투자정보권침해는 위험의 발생에 해당한다. 감사보고서를 참고하고 자율적 의사결정으로 투자를 하였지만 부도나 주가폭락으로 입게 되는 손해는 정보권침해로 발생한 위험이 실현된 결과이다. 투자자가 입은 최후의 손해는 부실감사로 인하여 발생한 후속손해가 된다.[112] ② 이런 후속손해를 제한하는 귀속론으로 민법학자들의 '위험성관련' 이론이 있다. 위험성관련이론[113]은 후속손해가 **1차손해의 부가적 위험**(zusätzliches Risiko)일 때[114] 책임을 인정하고, 일차손해와 관계 없는 일반적인 생활위험이 실현된 것일 때에는 인정하지 않는다. 이는 일차손해와 후속손해 사이에 '위반행

112 ★ 증권예탁과 손해 입은 유가증권의 불특정성 투자자가 잘못된 감사정보를 기초로 주식을 매입하였다가 거래정지 뒤에 매각했고, 또 거래정지 뒤 부실감사사실을 알고 새로 매입하였다고 하자. 나중에 손해배상책임이 추궁되는 것은 앞의 주식매입으로 인한 손해이다. 그런데 현재 증권예탁결제제도에 의하면 이 두 번의 매입으로 취득한 유가증권들은 서로 분리되지 않고 혼합보관되고, 이 예탁증권의 권리의 이전, 변경, 소멸은 계좌부상 계좌대체방식으로 이루어지며, 예탁자 — 증권회사가 작성한 고객계좌부나 증권예탁원이 작성한 예탁자계좌부에 기재된 예탁자 — 는 예탁유가증권에 대한 공유지분을 갖는다(자본시장법 제174조 참조). 따라서 손해를 입은 '유가증권의 특정'이 불가능하다. 이 점은 발행시장이든 유통시장이든 마찬가지이다. 하지만 계좌부의 권리변동관계, 거래가격 등의 기록을 갖고 비록 유가증권을 특정하지는 못하지만 권리의 침해로서 투자로 인한 손해액을 계산할 수는 있다. 그러므로 일차손해를 정보권침해로 바라보는 것 자체에는 별 문제가 없다. 이런 구성은 판덱텐 패러다임의 민법전으로 하여금 사안중심적 개별법인 자본시장법과 함께 자본투자영역을 규율하는 전문법을 형성하도록 하는 법기술적 장치가 되는 장점도 있다.

113 대표적으로 石田 穰, 損害賠償法の再構成, 1977; 김형배, "불법행위에 있어서의 책임구속의 근거와 손해배상의 범위", 고려대 법학논집 제18집, 1980, 139~141쪽.

114 이를 1차 손해와 후속손해가 서로 상응(Entsprechung)한다고 표현하는 E. Wolf, Schuldrecht AT, 1971, 202쪽; 김형배, 앞의 논문, 141쪽.

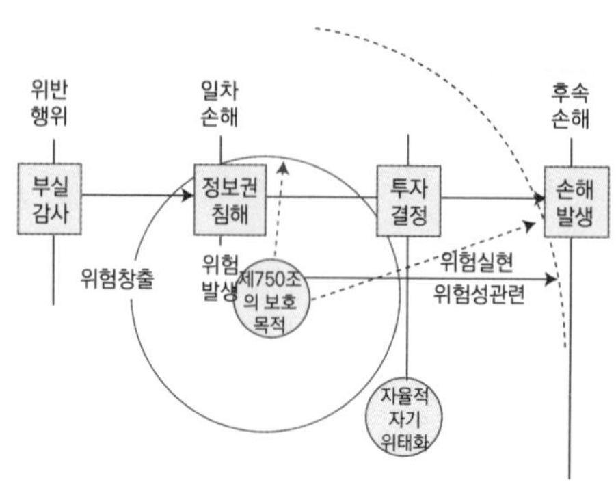

위로 창출된 위험의 실현이 계속 이어지는지'(위험의 실현)를 검토하는 것이다. 하지만 투자자의 손해는 부실감사행위에 의한 투자자의 정보권 침해라는 일차손해에 부가된 위험이 실현된 것임을 부인하기 어렵다. 독일법원도 발행공시책임과 관련하여 '투자의욕의 형성'[115]이라는 연결고리만으로 부실감사에 의해 창출된 위험은 투자실패의 손해와 '위험성관련'을 맺는다고 보았다. 또한 위험성관련을 '일차손해와 후속손해 사이'뿐만 아니라 '위반행위와 후속손해 사이'에서 따지더라도 책임제한을 하지 못하는 것은 마찬가지이다. 부실감사행위를 투자실패의 위험을 창출하는 행위로 보는 한, 투자실패의 손해 역시 부실감사행위에 내재된 전형적 위험이 실현된 결과임을 부인하기 어렵다.[116]

2) 객관적 귀속론 여기서 형법학계의 객관적 귀속론에 주목해볼 필요가 있다. ① **객관적 지배가능성**이라는 귀속척도에 의하면 투자실패의 손해는 부실감사를 한 공인회계사의 입장에서 객관적으로 예측가능하고 결과발생도 회피할 수 있었어야 인과관계가 인정된다. 자본시장의 수많은 변수와 예측불가능한 변화로 이런 객관적 지배가능성은 인정될 수 없다. ② **위험증대이론**(Risikoerhöhungslehre)[117]에 의하면 부실감사로 인해

115 투자의욕의 형성만으로 인과관계를 추정한 BGH, WM 1982, 862쪽(Beton– und Montierbau 사건)과 이를 부정한 OLG Frankfurt a.M., WM 1996, 1219쪽(Bond사건), 사업설명서의 공시는 1년 정도 투자자들에게 투자유인동기를 제공하고 그 기간 내에서 인과관계의 추정을 인정한 BGH, ZIP 1998, 1528쪽; 이 독일판례들은 자본시장법이 아니라 민법의 불법행위법에 의해서 추궁된다는 전제를 갖고 있다.

116 그렇기에 위험성관련은 "특별한 경우를 제외하고 일반적으로 긍정되어야 한다"는 지원림, 민법주해 IX, 1995, 514쪽의 고백은 진솔하다.

117 위험증대이론에 자세히는 이상돈, 형법학, 법문사, 1999, 12/85 아래 참조.

투자실패의 위험이 약간만(5~10%라도) 증대하여도 그 손해의 귀속을 허용한다. 투자결정에는 주가지수의 상승, 신용평가기관의 해당 기업에 대한 평가, 애널리스트들의 조언 등이 작용하여도 대개의 부실감사행위는 이 정도의 위험증가를 가져온다. 위험증대설은 민법학자들의 위험성관련설에 상응한다. 이에 반해 의심스러울 때 개인의 자유 이익으로(in dubio pro libertate) — 원칙(**시민자유우선원칙**, 무죄추정설)을 적용하면 부실감사행위가 위법하게 창출한 위험과 투자자의 손해 사이에는 위험성관련이 부인된다. ③ 물론 객관적 지배가능성과 시민자유우선원칙과 같은 엄격한 귀속척도를 불법행위법 영역에 그대로 적용하기는 어렵지만 부실감사행위가 **투자실패의 손해를 발생시킬** 가능성은 위험증대설보다는 훨씬 높은 **상당성이나 개연성**(50~70%) 수준일 때 비로소 그 손해에 대한 책임을 인정하여야 한다. 다만 민법 제763조가 준용하는 제393조 제2항의 특별손해("특별한 사정으로 인한 손해는 채무자가 그 사정을 알았거나 알 수 있었을 때에 한하여 배상의 책임이 있다")는 사태에 대한 행위자의 지배가능성과 주관적 인식을 전제한다는 점에서 형사책임의 귀속척도에 근접한 위험성관련성이 요구된다.

> ★ **공인회계사와 투자자의 접촉** 미국 판례에서는 위험성관련을 인정하려면 공인회계사와 투자자 사이의 전화통화는 미흡하고,[118] 공인회계사가 피감사회사와 거래하는 당사자에게 보고서를 직접 건네주는 등의 직접적인 접촉[119]이 있어야 한다. 그런 경우에만 공인회계사가 투자자에게 투자결정의 중요한 계기를 준 것이기 때문이다.

3) 위험성관련의 단계구분과 손해액의 산정 ① 하지만 투자동기의 형성과 손해 위험의 상당한 증대만으로는 부실감사가 투자실패의 손해를 인과적으로 야기했음을 보증하지 못한다. 따라서 차액설에 따른 손해산정은 부실감사책임에서는 적절하지 않다(아래 도표의 ㈃.**방법** 배제). 또한

118 Security Pacific v. Peat Marwick Main & Co. (79 N.Y. 2d 695; 1992) 참조.

119 First Florida Bank v. Max Mitchell & Co. (558 So. 2d 9; 1990 Fla.) 참조.

발행공시의 부실감사책임을 규율하는 자본시장법 제162조 제3항의 추정규정을 선언적 규정이 아니라 손해배상액의 법정산정방식으로 삼는다면 주식을 취득한 시점부터 손해를 입었다고 판단한 시점을 지나서 소송을 제기하고 변론종결시점까지 일어난 모든 손해를 포함하게 된다. 그러나 이는 부실감사행위를 투자실패의 유일한 원인으로 의제하는 셈이 된다. ② 반면 정보권침해에 대한 위자료배상은 유통공시이든 발행공시이든 민법상의 불법행위책임을 묻지 않고, 외부감사법이나 자본시장법이 기대하는 의사소통적 역할의 외면에 대한 책임에 상응하므로, 후속손해를 파악하지 못한다(도표의 (ㄱ).**방법** 배제). ③ **판례**(大判 97다32215)는 부실감사로 인하여 상실하게 된 주가 상당액(실손해), 즉 유통공시책임에서 〈분식결산 및 부실감사로 인한 거래정지 전의 정상적 주식가격 - 거래정지 해제 후 하종가를 벗어난 시점에 정상적으로 형성된 주가(또는 그 이상 가격의 매도가액)〉를[120] 공인회계사가 책임져야 할 손해로 보고 있다((ㄷ).**방법**). 판례의 손해 개념은 투자실패의 손해 전체보다는 좁게, 부실감사행위가 '직접' 주가하락에 영향을 준 부분만 파악하려는 것이다. 발행공시책임에도 이 입장은 유지된다. ④ 그러나 투자 이후 가격하락에는 부실감사 이외의 다른 가격영향요소들이 작용하기 때문에, 판례의 손해 개념보다도 좁게 이를테면, 유통공시책임은 투자자의 실제 매입가액 - 공정감사가 이루어졌다면 형성되었을 주식가액에 그 손해범위를 국한((ㄴ).**방법**)할 필요가 있다.[121] 이런 해석은 공인회계사에게 가장 유리하지만 거래 정지 이후의 가격하락이 분식회계와 부실감사가 창출하는 손해확산(후속손해)의 위험이 실현된 결과인 측면을 간과한다.

---

120 예를 들어 회사의 분식결산과 부실감사 사실이 드러나 1993.11.5. 공표된 후 그 다음 날인 11.6. 그 회사 주식이 거래정지되었다가 11.8. 그 해제가 있은 후 주가가 하락하여 11.10.의 종가가 금 11,900원을 기록하였으나 그 다음날에는 다시 주가가 반등되어 그 이후 상당 기간 동안 금 11,000원 및 금 12,000원에서 주가가 안정되어 있었던 사례(앞의 大判 97다32215)에서 투자자의 손해액은, 1993.1.5.의 종가가 가령 15,000원이었고, 구입주식이 10,000주였다고 가정하면 〈구입 주식수[10,000] × [15,000 - 11,900]면〉 = 31,000,000원이 된다.

121 서울지방법원 1996. 8. 28. 선고 96나15298 판결은 이런 입장을 따른 바 있다.

손해범위 \ 해석정책		A(판례)	B
회계사에 유리 △ △ △ △ △	(ㄱ). 정보권침해(일차손해)에 대한 위자료 수준의 배상액		
	(ㄴ). 투자자의 실제 매입가액 – 공정감사가 이루어졌다면 형성되었을 주식가액[122]		유통공시책임에 적용
▼ ▼ ▼ ▼	(ㄷ). 분식결산 및 부실감사로 인한 거래정전의 정상적 주식가격 – 거래정지 해제 후 하종가를 벗어난 시점에 정상적으로 형성된 주가 (또는 그 이상 가격의 매도가액)	유통공시책임에 적용(판례) → 발행공시책임에 적용	발행공시책임에 적용
회계사에 불리	(ㄹ). 투자자의 실제 매입가액–분식결산 및 부실감사로 하락한 매입주식의 가액[123]	자본시장법의 발행공시책임	

★ **손해액의 산출방법** 甲은 K(주)의 주식을 1993.10.22. 주당 15,900원, 1993. 11.8. 주당 13,000원에 각각 1,000주씩 매입한 후, 1993. 11.12. 100주를 주당 11,200원에 매도하고, 1995.5.24. 1심 소송 계류 중 1,900주(주당 2,620원)를 보유중이었다. K(주)의 1992

날 짜	사 실	주 가 (단위 원)
1993.10.22.	정상주가 **매수**	15,900
1993.11.5.	부실감사사실공표	15,000 (거래정지전 종가)
1993.11.6.	주식거래정지	
1993.11.8.	거래정지해제 **매수**	13,000
1993.11.10.	주가하락	11,900
1993.11.11.	주가반등	11,000~12,000 상당기간
1993.12.4.	**매도**	11,200
1994.1.7.	부도설	
1994.1.8.	주가하락	9,000
1994.1.10.	회사정리절차개시	

122 증권관련집단소송법 제34조 제2항은 "법원은 제1항에 따르거나 증거조사를 통하여도 정확한 손해액을 산정하기 곤란한 경우에는 여러 사정을 고려하여 표본적·평균적·통계적 방법 또는 그 밖의 합리적인 방법으로 손해액을 정할 수 있다"고 규정한다. 이를 테면 허위기재 또는 기재누락이 없었더라면 형성되었을 주식가격과 취득자가 실제 매입한 가격과의 차이를 계산하기 위해 ① 특정사건이 발행한 기간의 주가동향과 당해 사건이 없었더라면 진행되었을 주가 동향을 비교하여 그 차이가 통계적으로 의미가 있는 경우 그 차이를 가지고 정상가격을 산정(추정)해야 하며, 이를 위해 ② Event window, 즉 부실감사 사실이 시장에 최초로 알려진 시점으로부터 이것이 주가에 완전히 반영된 시점을 정하고, 시간과 관계된 비정상주가수익률을 산출하며, 그 비정상주가의 통계적 유의성을 검증해야 한다. 이에 관한 경제학적 계량적 분석모델을 제안하는 류근관·송옥렬·이상승, "증권집단소송의 손해배상액 산정 방법에 관하여", 기업소송연구, 2004, 199~225쪽. 이러한 손해산정을 차액산정방식(out–of–pocket damage)이라고 부른다.

123 현행 자본시장법 제126조 제1항, 제162조 제3항 참조.

년 사업연도 외부감사를 맡은 C회계법인의 乙은 K(주)가 각종 채권, 재고자산, 기타 재고품을 과대계상하고 분식결산을 하여 당기순손실을 은폐하고 일정액의 당기순이익이 발생한 것처럼 재무제표를 작성한 것에 대하여 실사절차를 소홀히 하여 이를 밝혀내지 못한 채 적정의견을 표시하고 공시하게 하였다. 주가변동은 도표와 같았다. ① 판례(大判 97다26555; 97다32215)에 의하면 乙의 배상책임은 (ㄹ).**방법**에 따라 1주당 실제매수가액－실제매도가액(＝15,900 － 11,200＝ 3,700원) 또는 (ㄴ).**방법**에 따라 乙이 적정의견을 내지 않았다면 그로 인해 주가가 하락하고 그 하락된 주가가 14,000원으로 평가되었다고 할 때 1주당(15,900 － 14,000＝ 1,900원)이 아니라, (ㄷ).**방법**에 따라 부실감사가 밝혀지기 전 정상주가(11.5.이전주가)와 부실감사가 밝혀진 후 거래에서 계속된 하종가가 마감되어 다시 정상주가가 형성되었을 때(11.10.) 그 정상주가와의 차액(＝15,000 － 11,900원＝ 3,100원)이다.

⑤ 여기서 발행공시영역과 유통공시영역, 위험성관련이 강한 경우와 약한 경우로 이원화하는 것이 합리적이다. 즉 **발행공시영역**은 유통공시영역에 비해 부실감사의 피해자가 더 특정된 집단에 국한되고, 다른 투자정보의 중요성도 더 약한 점에서 부실감사행위는 투자실패의 위험을 상당한 정도로 증가시키고, 투자의욕도 강하게 유발한다는 점에서 위험성관련이 강한 경우이므로 최대의 손해범위는 (ㄷ)이 되어도 무방하다. 이에 비해 **유통공시영역**은 피해자의 불특정성과 다양한 투자정보의 복잡한 영향력을 고려할 때, 부실감사행위는 투자실패의 위험을 약간 증가시키고, 투자동기형성도 약하다는 점에서 위험성관련이 약한 경우이므로, 최대의 손해범위는 (ㄴ)이 되어야 한다(위 도표의 B).

4) 보호목적이론 부실감사행위가 창출한 위험이 어떤 범위의 손해에 실현되었음이 인정되어도 투자손해가 최종적으로 부실감사행위에 귀속되려면 그 손해는 불법행위법(민법 제750조)의 보호목적범위 안에서 발생하였어야 한다. 규범의 보호목적(Schutzzweck)은 위험성관련과 달리 손해배상책임과 형사책임에서 똑같이 적용된다. 보호목적의 검토는 법의 합리적 목적을 실현하는 법해석(목적론적 해석)을 수행하는 것이기 때

문이다.[124] 보호목적이론은 특히 법률이 보호하고자 하는 법익의 침해로부터 발생한 결과인지를 검토하여 손해배상의 범위를 결정한다. 형법학에서 개발된 귀속척도, 특히 자기위태화이론을 민법 제750조에 적용하는 것은 손해범위를 정하는 데에 매우 유용하다.[125] 판례의 상당인과관계설은 '관찰자의 관점'에서 법을 바라보지만, 이 귀속척도를 고려하면, 투자 당시 투자자의 의사나 공인회계사의 내적 태도까지 함께 고려함으로써 참여자의 관점에서도 법을 바라볼 수 있게 한다.

★ **민법 제750조의 보호목적** 불법행위책임으로서 부실감사책임의 근거 규범인 민법 제750조의 보호목적은 외부감사법의 보호목적('자본시장에서 공정하게 투자정보를 교류하게 하려는 체계기능적 목적')처럼 구체적이지 않고, 추상적이다. 종래 민법학계에서는 흔히 '손해의 공평분담'을 보호목적으로 보지만, 근대민법의 기획은 한 개인에게 다른 사람의 자유(이익)와 관련하여 허용되는 자유로운 행동의 한계를 정하는 것, '자유의 조직화'[126]가 보호목적이 된다. 손해의 공평분담에는 자유의 조직화 이외에 평등이나 배분적 정의의 관념이 들어갈 수 있지만[127] 그런 목적은 배상책임보험제도와 같은 법제가 수행해야 할 것들이다. 물론 자본시장참여자들의 정보적 자기결정의 적극적인 측면으로서 투자기업에 관한 올바른 재무정보를 가질 수 있는 정보권은 그 자체로서 개인의 권리이고, 이러한 권리의 침해(부실감사행위로 인한 일차손해)를 막고, 침해된 결과를 보전하는 일은 민법 제750조의 규범목적에 속한다. 정보권은 초상권처럼 일반적 인격권에 속한다.

자율적인 의사결정에 의한 **자기위태화이론**에 따르면 부실감사에 의

124 규범목적이론은 목적론적 해석방법이 결과(손해배상범위)의 귀속기준으로 변환된 것이다. 비슷한 통찰로 이은영, 채권총론, 2002, 294쪽.

125 비슷한 문제의식으로 "시장의 경쟁과정에서 투자자 스스로의 자익 추구적 결정"을 책임귀속을 부정케 하는 요소로 보는 김상중, "순수 재산상 손해의 배상에 대한 책임법적 규율", 제37회 안암법학회 발표자료집, 2003, 11쪽 참조.

126 Grimm, Recht und Staat der bürgerlichen Gesellschaft, 1987, 24쪽.

127 '사회적인 부의 재분배'를 말하는 이은영, "손해배상법의 정책적 과제", 법과 사회 제5권, 1992, 258쪽 참조. 배분적 정의는 근대민법(전)의 새로운 도덕적 지평으로 일부 수용될 수 있지만, 부의 재분배는 보험법이나 누진세법 등에서 추구할 이념이다.

해 창출된 투자손해의 위험이 실현되는 과정에 피해자가 스스로를 위태화(freiwillige Selbstgefährdung[128])시켰다면, 달리 말해 스스로 손해발생의 위험영역 안으로 들어갔다면, 그때 발생한 손해는 법규정의 보호목적 범위 밖에서 발생한 것이 된다. 그런 손해는 '자기의 위험 부담'(auf eigene Gefahr)으로 내린 결정, "자기 가해적 행동"[129]의 결과이며, 그런 결과는 민법 제750조의 보호목적 밖에서 발생한 것으로서 그 결정을 내린 자가 감수해야만 한다.[130] ③ 다만 매우 예외적이지만 부실감사보고서 이외에 해당 기업에 관한 어떤 재무정보도 얻을 수 없거나 다양한 정보제공주체들이 한결같이 부실감사보고서에만 의거하여 만든 투자정보가 시장에 제공된 경우에는 투자자의 '자율적인' 투자결정을 말하기 어렵다.[131] 물론 이 경우에도 투자실패의 손해는 '특별한 사정으로 인한 손해'(특별손해)이므로 공인회계사가 투자자의 '이례적으로 매우 열악한 투자정보상황'을 인식하였거나 인식할 수 있었어야만 배상책임을 진다. 이때 공인회계사가 **인식**할 사항은 '**재무정보가 이례적으로 시장에서 투자결정 행동을 지배**한다'는 점이지, 자신의 "정보가 누구에 대하여, 어떠한 목적으로 활용되는가"[132]는 아니다.

3. 부실감사형사책임의 해석

부실감사법제에서 형사책임은 발행공시에서 목적(의도)적으로 이루어진 부실감사에 국한하는 것이 바람직하다. 이는 부실감사행위를 직접

128 독일 형법학자들은 이 표현 대신 vorsätzliche Selbstgefährdung을 즐겨 쓰지만, 고적이란 개념은 오해의 소지가 많다.

129 Jost, Vertragslose Auskunfts- und Beratungshaftung, 1991, 198쪽.

130 Jansen, Die Struktur des Haftungsrecht, 2003, 527쪽.

131 이는 독일 민법 제311조 제3항이 "제3자가 자신에게 특별한 신뢰를 가지도록 하고 이로 인하여 계약의 교섭이나 체결에 현저한 영향을 준 경우"에 제3자에 대한 채권관계적 보호의무(제241조 제2항)를 인정하는 취지와도 상응하는 해석이기도 하다.

132 김상중, "순수 재산상 손해의 배상에 대한 책임법적 규율", 제37회 안암법학회 발표문, 2003, 20쪽.

범죄로 포섭하는 범죄구성요건들의 목적론적 축소를 필요로 한다.

> 이외에도 부실감사행위에 형법전의 재산범죄, 특히 사기죄(형법 제347조 제1항)는 발행공시에서 의도적으로 한 부실감사행위에 대해서도 적용되어서는 안 된다. 그런 적용은 독일형법 제264조a[자본투자사기]와 같은 규정의 신설이 없다면 금지된 유추이기 때문이다.

(1) 진실의무위반죄의 신분법화 공인회계사법상의 진실의무위반죄는 사실상 신분법적 제재의 근거규정처럼 운영한다. “고의로 진실을 감추거나 허위보고를 해서는 안 된다”는 문언(공인회계사법 제15조 제3항)은 너무 추상적이어서 명확성원칙에 반한다. 이 조항의 불명확성은 다른 변호사에게 요구되는 **직업윤리**인 “변호사는 그 직무를 행함에 있어서 진실을 은폐하거나 허위의 진술을 하여서는 아니된다”(변호사법 제24조 제2항)는 의무조항과 거의 같다. 하지만 변호사의 이 직업윤리(품위유지의무) 위반은 협회의 변호사징계위원회에 의한 징계사유(제91조)가 될 뿐 형사처벌 대상은 되지 않는다. 이는 직업윤리위반의 범죄화는 구성요건이 불명확하고 처벌도 비례성원칙에 위반하기 때문이다. 마찬가지로 공인회계사도 실제로는 ‘공정감사’를 하였지만 외부감사제도의 한계(예: 표본조사)로 인해 진실 그 자체와 부합하지 않는 감사보고서를 작성·제출할 수도 있다. 자본시장에서 투자정보의 충분하고도 공평한 분배는 다양한 시장참여자들이 함께 해야 할 일이라는 점에서 매우 추상적인 진실의무의 위반을 형사처벌하는 것은 형벌권의 과잉행사가 된다. 따라서 이 규정은 공인회계사의 직업윤리를 선언한 규정, 징계 등의 신분법적 제재를 정당화하는 기초규범으로 이해할 필요가 있다.

(2) 부실감사죄의 목적론적 축소 부실감사죄(“감사보고서에 기재하여야 할 사항을 기재하지 아니하거나 거짓으로 기재”)(외부감사법 제39조 제1항)는 고의, 실행방법, 행위객체에서 축소될 수 있다.

1) 경제적 이득의사 부실감사죄는 감사보고서에 기재하여야 할 사항의 기재누락이나 거짓기재를 통하여 공인회계사가 자신의 경제적 이익을 실현하려는 의도(**경제적 이득의사** Bereicherungsabsicht)[133]를 갖고 한 경우에만 적용되어야 한다. 예를 들면 기업공개를 하면 주가가 상승할 피감사회사의 주식을 받고, 그 회사와 공모하여 적자 상태의 회사를 흑자로 표시하면서 적정의견을 낸 경우가 그러하다.[134] 경제적 이득은 반드시 위법한 것일 필요는 없지만 공정감사의무 위반과 경제적 이득의 취득이 부당하게 결부되어있어야 한다.[135] ① 이처럼 목적(의도)을 요구하는 한 미필적 고의의 부실감사[136]는 부실감사죄가 성립하지 않는다. 가령 '기업의 설명이나 자료에 기초하여 기업의 회계처리가 적정하지 아니하다는 점을 입증할 만한 반증이 없다는 이유로 만연히 감사보고서에 적정의견을 기재'[137]한 경우가 그러하다.[138] ② 이에 반해 부실감사의 가능성을 미필적으로 인식했어도 경제적 이득의 명확한 목적을 갖고 적정의견을 낸 경우에는 부실감사죄가 성립한다.

---

133 자세히는 Krekeler, "Strafbarkeit des Abschlußprüfers", StraFo, 7, 1999, 217~222, 221쪽 참조. 다만 독일의 경우는 고의만으로 처벌할 수 있되(독일 상법(HGB) 제332조 제1항), 이득의사가 있는 경우에는 가중처벌된다(제2항).

134 大判 82누115; 서울고등법원 1998. 5. 29. 선고 97다56563 판결; 물론 불법적, 탈법적 경영이 일반화된 시대였던 당시 경영현실을 고려하면 그 당시에는 형사처벌의 당위성이 지금처럼 높지는 않았다. 하지만 지금처럼 윤리경영, 합법적 경영의 시대가 도래한 상황에서는 이런 정도의 행태는 형사불법이 인정될 수 있을 것이다.

135 Budde · Hense, Beck'scher Bilanz Kommentar, 2001, §332, 방주 46 참조.

136 범죄성립을 인정하는 Quedenfeld, Münchener Kommentar zum Handels- gesetzbuch, Bd.4, 2001, §332, 방주 31-34 참조.

137 서울중앙지방법원 2005. 1. 28. 선고 2001고합154 판결.

138 감사인이 회계처리상 의구심을 가질 만한 사항을 발견하였다는 것만으로, 충분하고 적합한 입증절차의 미수행으로 그러한 의구심이 해소되지 않고 있다는 사정만으로 고의의 인식적 요소, 즉 감사인이 재무제표에 부정이나 오류에 의한 중요한 왜곡표시가 존재함을 알았음을 단정지을 수는 없다. 의구심을 감사절차를 통해 해소하지 않고, 한정의견이나 감사의견표명거절을 하지 않고 적정의견을 표명한 것은 과실에 의한 공정감사의무의 위반에 해당할 뿐이다.

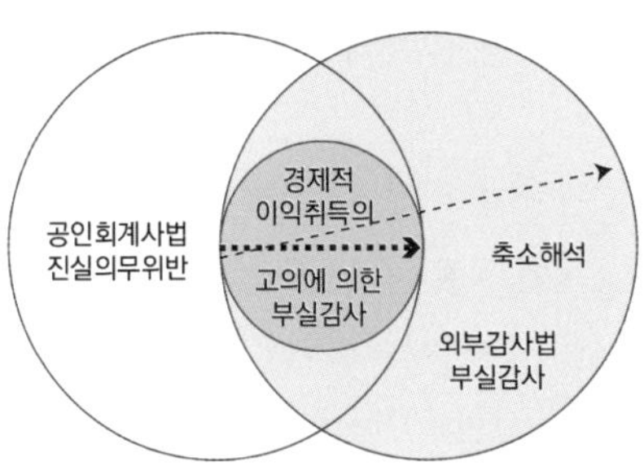

★ **진실의무위반죄와 부실감사죄의 비교** K(주)는 150억 원의 순손실이 발생하였지만 재고자산 과대계상 및 외상매입금, 부채누락의 방법으로 1억 당기순이익이 발생한 것처럼 재무제표를 S회계법인 A에게 제출하였고, A는 재고자산 실사를 하지 않고, 고의로 진실을 은폐한 채, 금융감독원에 감사보고서를 제출하였다. ① 판례(大判 92도2581)에 의하면 는 공인회계사법상 진실의무위반죄(공인회계사법 제53조, 제15조 제3항)와 외부감사법상 부실감사죄(외부감사법 제20조 제1항 제2호)는 각 법률의 입법목적, 규정사항, 적용대상, 보호법익 등을 달리하므로 부실감사죄가 진실의무위반죄의 특별법규가 아니라 각기 독립된 별개의 구성요건이다. ② A는 감사보고서 허위 기재뿐만 아니라 재고자산의 실지입회조사를 하지 않는 등 업무 수행과정 전체에서 그 불법이 있다는 점에서 공인회계사법 위반으로 처벌함이 적절하다. 또한 A에게 불법적인 경제적 이득의사가 없으므로 부실감사죄는 성립하지 않는다. 다만 경제적 이득의 의사가 없이 고의의 부실감사를 했다면 손해배상책임을 진다. ③ 진실의무위반죄의 불법유형은 공인회계사의 직업윤리의 위반에 있고, 부실감사죄의 불법은 자본시장을 속여 투자자의 재산을 위태롭게 하는 데에 있다. 부실감사죄를 경제적 이득의사가 있는 고의에 의한 부실감사에 국한하는 축소해석을 한다면, 부실감사죄는 결과적으로 진실의무위반죄의 불법에 의해 포괄되고, 마치 부실감사죄가 진실의무위반죄의 특별규정인 듯한 외양이 생긴다.

2) 적극적 유인행위 부실감사죄가 성립하려면, 외부감사인은 감사를 받은 회사의 사업설명회에 참여하거나 그 회사의 재무상태에 관해 언론에 발표 또는 설명하는 등의 행위, 바꿔 말해 자본투자자의 투자 동기를 유인하는 '적극적인 행위'를 한 경우에 국한하여 적용해야 한다. 이런 유인행위는 일정한 사항의 기재가 누락된 감사보고서를 이용하거나 허위로 기재된 감사보고서를 이용하거나 모두 가능하다.

3) 행위객체의 제한 부실감사죄의 축소해석은 행위객체의 제한을 통해서 가능하며 또한 필요하다. 첫째, “감사보고서에 기재하여야 할 사항”이란 손해배상책임을 규정한 제31조 제2항(“중요한 사항에 관하여 감사보고서에 적지 아니하거나 거짓으로 적음으로”)과 문언을 비교하고, 형사책임요건의 손해배상책임요건에 대한 상대적 엄격성을 고려하면 감사보고서에서 **중요한 기재사항**으로 축소해석되어야 한다. 둘째, 중요한 사항을 적지 않은 부작위인지 거짓으로 적는 작위인지는 중요하지 않다. 작위와 부작위의 무차별성은 공인회계사에게 감사보고서로 기업의 잘못된 재무정보에 신빙성을 부가하는 결과를 방지할 법적 의무가 있기 때문이다. 형사책임은 작위와 (부진정)부작위의 불법에 차등을 두지 않으며[139] 고의와 과실에 대해서만 차등을 둔다.

4) 중간법 형성적 형사사법 이런 목적론적 축소해석에 의하면 단순히 고의가 인정되는 부실감사행위에 대한 형사제재는 중간법영역으로 옮아가야 한다. 그러나 중간법이 입법되지 않은 상황에서는 중간법을 형성하는 형사사법의 운영으로 ① 기소 전에는 징벌적 손해배상의 성격을 띠는 배상을 조건으로 검사가 기소유예처분을 내리고, ② 공소를 제기하는 경우에는 법원이 소송지휘를 통해 그런 배상합의를 유도하고, 합의가 되면 무죄판결을 한다. ③ 이런 중간법 형성적 운영에서 배상은 투자실패의 손해가 아니라 정보권의 침해에 대한 민사상 손해배상에 징벌적 요소로 가미한 가액을 최상한선으로 삼아야 한다. 징벌적 손해배상은 부실감사죄의 형벌을 대체하는 제재이고, 이 제재는 자본시장의 기능을 위태롭게 한 공인회계사의 일탈행위를 통제하는 것이며, 이런 통제의 반사적 이익으로 투자자가 민사상 전보를 받을 수 있는 것은 정보권의 침해라는 일차손해에 국한되기 때문이다. ④ 또한 징벌적 손해

139 독일상법 제323조는 허위의 보고를 하는(unricitige Bericht) 작위행위나 중요사항을 기재하지 아니하는(erhebliche umstände verschweigt) 부작위 행위를 가리지 않고 고의로(제1항) 또는 경제적 이득의사(제2항)를 갖고 행해졌을 것을 요구한다. 프랑스 회사법 제457조도 고의에 의한 작위 또는 부작위의 부실감사를 처벌한다.

배상의 요건은 불법행위책임의 요건보다 강화된 것이어야 한다. 이를테면 부실감사가 증대시키는 손해발생의 위험이 확실성 수준이고, 투자자의 투자정보상황이 감사보고서의 정보에 의해 지배결정될 정도로 열악하여 투자결정을 자율적인 것으로 보기 어렵고 공인회계사는 바로 이런 투자정보상황을 인식하였으며(고의적[140] 부실감사), 회피가능했음에도 불구하고 회피하지 않았을 것(손해발생의 객관적 지배가능성) 등이 요구된다.

140 형법학자들이 말하는 고의의 개념은 영미법상 징벌적 손해배상의 요건으로서 요구되는 악의(malice)에 가깝다. 고의적 부실감사는 악의적 부실감사로 바꿀 수 있다.

12

증권범죄의 조사와 수사

Ⅰ. 한국거래소의 심리 및 감리 절차
Ⅱ. 금융감독원 · 금융위원회의 조사 절차
Ⅲ. 특별사법경찰
Ⅳ. 검찰 수사 등

12

증권범죄의 조사와 수사

증권범죄에 대한 형법적 통제는 한국거래소, 금융감독기관, 사법기관에 의해서 이루어진다. 한국거래소는 1차적으로 시장감시업무를 통하여 비정상적인 거래행태를 보이는 이상거래 혐의종목을 적출하고 심리를 통하여 불공정거래 혐의가 있는 계좌 등의 정보를 증권선물위원회 및 금융감독원에 통보한다.[1] 금융감독원은 자체로 인지한 정보, 한국거래소의 통보사항 등을 기초로 자료제출 및 출석을 요구하는 방법으로 증권범죄 관련한 객관적 증거를 확보한 후 증권선물위원회의 의결을 거쳐 검찰고발 등의 조치를 취한다.[2] 검찰은 증권선물위원회의 고발 또는 통보에 따라 강제수사 등을 통해 국가의 형벌권을 행사한다.[3]

Ⅰ. 한국거래소의 심리 및 감리 절차

1. 한국거래소의 자율규제

한국거래소는 1차적으로 시장감시시스템[4]을 이용하여 증권 또는 장

1 한국증권법학회, 자본시장법(주석서Ⅱ), 박영사, 2018, 1024쪽.

2 한국형사정책연구원, 자본시장법상 형사제재의 한계와 개선방안에 관한 연구, 2011, 160쪽.

3 증권범죄는 친고죄나 반의사불벌죄가 아니므로 검찰고발 등이 없는 경우에도 수사기관에서 인지하여 수사를 하는 것도 가능하다.

4 한국거래소 시장감시위원회는 새로운 불공정거래에 적극 대응하고 신속하고 정확한 시장감시를 위해 2018.5.부터 인공지능(AI) 기반 차세대 시장감시시스템(EXIGHT)을 가동하고 있다(한국거래소 보도자료, "인공지능(AI) 기반 차세대 시장감시시스템(EXIGHT) 가동", 2018.5.3. 참조).

내파생상품 거래에 대한 시장감시업무를 수행하고, 이를 바탕으로 혐의 종목 및 계좌에 대한 추적조사를 진행한다. 시장감시규정에 의하면, 불공정거래에 대한 판단은 증권 또는 장내파생상품 종목의 거래양태, 가격변동, 거래량규모, 시세·거래관여도 및 풍문 등의 내용을 고려하여 시장감시위원회(자본시장법 제402조)가 정하는 기준에 따른다(시장감시규정 제11조 제2항). 시장감시위원회는 거래소의 내부기구로서 증권·선물시장에 대한 자율규제업무를 수행한다.

2. 시장감시·심리 및 감리

거래소는 시장감시, 이상거래의 심리 및 회원감리업무를 수행한다.

(1) 시장감시 시장감시는 시장에서의 증권 또는 장내파생상품의 매매나 그 주문·호가의 상황 또는 이와 관련된 제보·공시·풍문·보도 등을 감시 및 분석하는 것을 의미한다(시장감시규정 제2조 제2항). 이를 위해 **시장감시위원회**는 시장감시규정을 제정하고, 이에 따라 업무를 수행하는데(자본시장법 제403조), 시장감시절차는 〈시장감시→이상거래 적출→주시→심리 또는 감리→통보(회원조치)→사후관리〉로 이루어진다.[5] 시장감시위원회는 시장감시의 과정에서 거래상황의 급변 또는 풍문 등과 관련하여 투자자보호를 위하여 필요하다고 인정하는 경우에는 해당 시장에 대하여 ① 거래상황 급변과 관련한 공시사항의 유무 또는 풍문 등의 사실여부에 대한 조회, ② 증권의 매매거래정지 또는 장내파생상품의 거래정지, ③ 증권의 매매계약체결방법의 변경의 조치를 요구할 수 있다(시장감시규정 제12조).

(2) 이상거래의 심리 이상거래란 증권시장 또는 파생상품시장에서 이 증권이 종목 또는 장내파생상품이 매매품목의 가격이나 거래량에 뚜렷한 변동이 있는 거래 등 자본시장법 시행령 제355조의 이상거래를 의

---

5 이상복, 자본시장법상 내부자거래, 박영사, 2010, 93쪽.

미한다(시장감시규정 제2조 제1항). 즉, 이상거래의 심리는 증권시장이나 파생상품시장에서 내부자거래, 시세조종, 부정거래 등의 금지규정 등을 위반할 염려가 있는 거래 또는 행위로서 ① 매매품목의 가격이나 거래량에 뚜렷한 변동이 있거나 ② 매매품목의 가격 등에 영향을 미칠 수 있는 공시·풍문 또는 보도 등이 있는 경우 ③ 그 밖에 증권시장 또는 파생상품시장에서의 공정한 거래질서를 해칠 염려가 있는 경우와 관련하여 불공정거래 행위에 해당하는지 여부를 확인하는 것이다(자본시장법 시행령 제355조 및 시장감시규정 제2조 제3항 참조). 시장감시를 통하여 이상거래의 혐의가 있다고 인정되는 종목을 적출하고 이를 일정기간 주시한 이후 이상거래의 징후가 포착된 경우에는 이상거래 혐의종목의 거래나 그 주문 또는 호가 등이 불공정거래 행위에 해당하는지의 혐의여부를 확인한다.

(3) 회원의 감리 회원의 '감리'를 통해 회원이 거래소의 업무관련규정을 준수하는지 등을 확인할 목적으로 회원의 업무·재산상황·장부·서류, 그 밖의 물건을 조사하기도 한다(시장감시규정 제2조 제3항). 거래소는 ① 거래소시장에서 이상거래의 혐의가 있다고 인정되는 해당 증권의 종목 또는 장내파생상품 매매 품목의 거래상황을 파악하기 위한 경우 ② 회원이 거래소의 업무관련규정을 준수하는지를 확인하기 위한 경우에 금융투자업자에게 그 사유를 밝힌 서면으로 관련자료의 제출을 요구하거나, 회원에 대하여 그와 관련된 업무·재산상황·장부·서류, 그 밖의 물건을 감리할 수 있다(법 제404조 제1항). 또한 거래소는 심리 또는 감리를 위하여 필요한 경우에는 회원에 대하여 이상거래 또는 업무관련규정 위반혐의와 관련된 보고, 자료의 제출 또는 관계자의 출석·진술을 요청할 수 있고(법 제404조 제2항), 만약 그러한 요청 또는 요구를 거부하거나 감리에 협조하지 아니하는 경우 시장감시규정이 정하는 바에 따라 회원의 자격을 정지하거나 증권 또는 장내파생상품의 매매거래를 제한할 수 있다(법 제404조 제3항).

(4) 심리 및 감리결과의 처리 거래소는 이상거래의 심리 및 회원에 대한 감리결과 자본시장법 또는 그에 따른 명령이나 처분을 위반한 혐의를 알게 된 경우에는 금융위원회에 통보하여야 한다(법 제426조 제6항). 거래소의 내부기구인 시장감시위원회는 심리 또는 감리의 결과 회원 또는 그 임직원이 내부자거래, 시세조종, 사기적 부정거래 등 증권범죄의 금지규정을 위반한 경우 등에는 회원에 대한 징계조치를 취할 수 있고(시장감시규정 제21조 및 제22조), 회원을 상대로 그 임직원의 징계를 요구할 수 있다(시장감시규정 제23조).

Ⅱ. 금융감독원 · 금융위원회의 조사 절차

1. 증권선물위원회의 조사권

불공정거래 조사란 자본시장법 또는 동법에 따른 명령이나 처분을 위반한 사항이 있거나 투자자 보호 또는 건전한 거래질서를 위하여 필요하다고 인정되는 경우에 위반행위의 혐의가 있는 자, 그 밖의 관계자에게 참고가 될 보고 또는 자료의 제출을 명하는 등 관련 사항을 수집 · 확인하고 필요한 조치를 취하는 등의 조사과정을 의미한다(법 제426조 제1항). 증권 불공정거래 범죄에 대하여 이러한 일련의 조사행위를 할 수 있는 권한, 즉 불공정거래의 조사권은 **증권선물위원회**에 있다(자본시장법 제426조). 증권선물위원회의 권한 중 내부자거래, 주가조작, 부정거래의 조사업무는 **금융감독원장**에게 위탁되어 있다(법 제438조 제4항, 동법 시행령 제387조 제3항).

2. 조사 사건의 분류와 조사직제

불공정거래 조사는 일반적으로 금융감독원이 자체 인지와 거래소의 통보, 검찰 · 금융정보분석원의 의뢰로 시작된다. 현재 불공정거래사건은 일반사건, 중요사건, 긴급 · 중대사건으로 분류하여 ① 일반사건은 금융감독원이 임의조사를 수행하고, ② 중요사건은 금융위원회 내 강제조사를 전담하는 조직인 **자본시장조사단**이 담당하며, ③ 중대사건은 **패스트 트랙**(Fast Track)제도를 이용하여 금융감독원 또는 금융위원회의 사건 조사 없이 증권선물위원회가 바로 검찰에 통보한다. 따라서 증권 불공정거래 범죄의 조사는 금융감독원이 일반사건을, 금융위원회 자본시장조사단이 중요사건을, 검찰이 긴급·중대사건을 담당하는 체계로 이루어져 있다.

또한 금융감독원의 조사부서는 조사기획국, 자본시장조사국 및 특별조사국으로 구분되는데, 자본시장조사국은 거래소 통보사건을 전담처리하고, 조사기획국은 제도 개선과 사건분석, 시장감시 및 기획조사 발굴을 하며, 특별조사국은 테마주 및 복합사건과 외국인이 연루된 사건 등에 대한 조사를 전담한다.[6]

3. 조사의 방식

불공정거래 조사는 원칙적으로 당사자의 동의와 협조를 전제로 한 임의조사를 하고, 예외적으로 압수·수색 등의 강제조사를 할 수 있다(제427조).[7] 다만 원칙적인 임의조사의 경우에도 조사에 불응하는 경우 처벌의 대상이 되므로 간접적으로는 강제조사의 성격을 지니고 있다.[8]

(1) 임의조사권과 강제조사권 ① 금융감독원장은 임의조사에 관한 자본시장법 제426조에 의해 포괄적인 조사권을 가지는 금융위원회와 증권 불공정거래 범죄에 대한 한정적인 조사권을 가지는 증권선물위원회로부터 조사업무의 집행 권한을 위탁받아 행사하고 있다(법 제438조 제4항, 동법 시행령 제387조 제3항 및 별표 20 제103호).[9] ② 증권선물위원회는 내부자거래, 시세조종 및 사기적 부정거래 등의 금지규정 등을 위반한 행위를 조사하기 위하여 필요하다고 인정되는 경우에는 금융위원회 소

6 금융감독원, 자본시장 불공정거래 조사 30년사, 2018, 87쪽.
7 금융감독원, 금융감독개론, 2020, 617쪽.
8 한국증권법학회, 자본시장법(주석서Ⅱ), 박영사, 2018, 1024쪽.
9 금융감독원, 금융감독개론, 2020, 618쪽.

속 공무원(조사공무원)에게 위반행위의 혐의가 있는 자를 심문하거나 물건을 압수 또는 사업장 등을 수색하게 할 수 있다(제427조 제1항). 조사공무원이 이러한 위반행위를 조사하기 위하여 압수 또는 수색을 하는 경우에는 검사의 청구에 의하여 법관이 발부한 압수·수색영장이 있어야 하고(제427조 제2항), 조사공무원이 심문·압수·수색을 하는 경우에는 그 권한을 표시하는 증표를 지니고 이를 관계자에게 내보여야 한다(제427조 제3항).

(2) 조사의 방법 및 절차 **자본시장조사업무규정**(이하 "조사업무규정")에 의하면 조사의 방법과 그 구체적 절차는 다음과 같다. 조사불응은 형사처벌된다(법 제445조 48호). ① 조사원이 불공정거래 위반행위의 혐의가 있는 자, 그 밖의 관계자에 대하여 진술을 위한 **출석을 요구**할 때에는 금융위원회가 발부한 출석요구서에 의하여야 하고, 출석요구서에는 출석요구의 취지를 명백히 기재하여야 한다(조사업무규정 제9조). 조사사항에 관한 사실과 상황에 대한 **진술서의 제출**을 요구할 때에는 금융위원회가 발부한 진술서제출요구서에 의하여야 할 것이나, 당해 관계자가 출석진술하거나 조사원이 진술을 직접 청취하여 진술서등 조사서류를 작성하는 경우에는 그러하지 아니하다(조사업무규정 제10조). 또한 관계자에 대하여 장부, 서류 기타 물건의 제출을 요구할 때에는 금융위원회가 발부한 자료제출요구서에 의하여야 한다(조사업무규정 제11조). 외국인 조사는 국제법과 국제조약에 위배되지 않게 하여야 한다(조사업무규정 제9조 제3항).[10]

② **장부·서류·물건을 영치**할 때에는 대상자의 의사를 존중하고 절차의 공정성을 확보하기 위하여 압수·수색영장을 제시하고 증권범죄조사의 집행이라는 뜻을 알려주고 영치하는 한편, 영장 없이 영치하는 경

10 금융감독원과 금융위원회는 국제 공조를 위하여 2010.6. 국제증권감독기구(International Organization of Securities Commissions)의 다자간 양해각서(MMOU)에 정회원으로 가입하였고, 2018.12. 기존 MMOU보다 강화된 내용의 EMMOU(Enhanced MMOU) 회원국으로 가입하였다(금융감독원, 자본시장 불공정거래 조사 30년사, 2018, 79~80쪽).

우에는 증빙물건의 임의제출에 대한 승낙을 얻어야 한다.[11] 조사원이 물건 등을 영치할 때에는 관계자나 물건 등의 소유자·소지자, 보관자 또는 제출인을 입회인으로 참여시켜야 한다. 영치를 완료한 때에는 영치조서 및 영치목록 2통을 작성하여 입회인과 함께 서명날인하고 1통은 소유자·소지자 또는 보관자에게 교부하여야 한다. 다만, 입회인 등이 서명날인을 하지 않거나 할 수 없는 때에는 그 뜻을 영치조서의 하단 "경위"란에 부기하여야 한다. 영치한 물건 등은 즉시 검토하여 조사에 관련이 없고, 후일에 필요할 것으로 예상되지 않는 물건 등은 보관증을 받고 환부하되 필요한 때에는 언제든지 제출할 수 있도록 조치하여야 한다. 영치한 물건 등 중 소유자·소지자·보관자 또는 제출인의 가환부 청구가 있는 때에는 사진촬영 기타 원형보존의 조치를 취하거나 사본에 "원본대조필"의 확인을 받아 당해 사본을 보관하고 원본은 보관증을 받고 가환부하여야 한다(조사업무규정 제12조). ③ 조사원이 **현장조사**를 실시하는 때에는 조사명령서와 증표를 휴대하여 관계자에게 제시하여야 하며 현장조사서를 작성하여야 한다(조사업무규정 제13조). 강제조사를 하는 경우에는 증빙물건의 은닉장소 등 구체적인 압수·수색 또는 영치할 장소를 선정하여 현장을 확인하는 내사를 할 수 있다(단기매매차익 반환 및 불공정거래 조사·신고 등에 관한 규정 제12조 제1항). ④ 조사원이 금융투자업자, 금융투자업관계기관 또는 거래소에 대하여 조사에 필요한 자료를 요구하는 때에는 금융위원회가 발부한 자료제출요구서에 의하여야 하고, 이러한 자료제출요구서에는 사용목적, 금융투자상품의 종류·종목·거래기간 등을 기재하여야 한다(조사업무규정 제14조). 조사원이 금융실명거래 및 비밀보장에 관한 법률 제4조 제1항의 규정에 따라 금융기관에 대한 거래정보 등의 제공을 요구하는 경우에는 금융거래자의 인적사항, 사용목적 및 요구하는 거래정보 등의 내용 등을 기재한 금융거래정보요구서에 의하여야 한다(조사업무규정 제15조).

---

11 한국증권법학회, 자본시장법(주석서Ⅱ), 박영사, 2018, 1027쪽.

4. 조사결과의 처리

조사결과 금융위원회의 처분 사유(자본시장법 별표 15)가 있는 경우에는 금융위원회(증권선물위원회)는 시정명령 기타 시행령으로 정하는 조치를 할 수 있다(법 제426조 제5항).

(1) 조치유형 조치유형에는 검찰 고발 또는 수사기관 통보, 과징금 내지 과태료의 부과, 시정명령, 단기매매차익 발생사실의 통보, 금융투자업자 등 또는 그 임직원에 대한 조치, 경고·주의, 증권의 발행제한 등이 있다. 이와 관련하여, 조사결과 불공정거래 등 위법행위로서 형사벌칙의 대상이 되는 행위가 발견된 경우에는 조사업무규정 제34조의 조치기준에 따라 관계자를 고발 또는 수사기관에 통보하여야 한다(조사업무규정 제24조).[12]

(2) 긴급조치 증권선물위원회 위원장은 ① 천재·지변·전시·사변·경제사정의 급격한 변동 그 밖의 이에 준하는 사태로 인하여 상당한 기간 증권선물위원회의 개최가 곤란한 경우 그 처리에 긴급을 요하는 사항, ② 수사당국이 수사중인 사건으로서 즉시 통보가 필요한 사항, ③ 위법행위가 계속되거나 반복되어 투자자보호와 공정거래질서 유지를 위하여 즉시 조치가 필요한 사항, ④ 위법행위 혐의자의 도주·증거 인멸 등이 예상되는 사항, ⑤ 위의 ②부터 ④에 준하는 경우로서 투자자보호와 공정거래질서 유지를 위하여 신속한 조치가 필요하고 증권선물위원회를 개최하여 처리할 경우 그 실효성이 떨어질 것이 명백한 사항에 대하여 **신속처리절차**(Fast Track)에 의해 자문기구인 자본시장조사심의위원회의 심의절차를 생략하고 검찰에 통보할 수 있다(조사업무규정 제19조 제2항).

---

12 검찰고발의 경우 검찰은 3개월 내의 신속수사의무를 부담하고 수사종결처분시 고발인인 증권선물위원회에 대한 통지의무를 부담하며, 무혐의처분이 내려지는 경우 고발자는 항소 등의 불복이 가능한 반면, 수사기관통보의 경우 수사기관은 자율적 판단에 의하여 수사여부를 결정하고, 증권선물위원회에 대한 통지의무도 없다.

(3) 자본시장조사심의위원회 심의 자본시장조사심의위원회("자조심")[13]는 증권선물위원회의 자문기구[14]로서 조사업무규정에 의하여 조사한 결과에 대한 처리사항과 이의신청사항 및 직권재심사항을 심의한다(조사업무규정 제21조 제2항). 자조심은 의장이 필요하다고 인정하는 때에 회의 2일전까지 회의의 일시·장소 및 부의사항을 각 위원에게 서면으로 통지하여 소집한다. 자조심 회의는 재적위원 3분의 2이상의 출석으로 성립하고 출석위원 과반수 이상의 찬성으로 의결한다. 가부동수인 경우에는 의장이 결정하며, 필요시 서면에 의하여 동일한 기준에 따라 의결할 수 있다.

(4) 조치예정 사전통지 금융위원회는 불공정거래 조사 결과 조사업무규정에 따라 조치를 할 경우에는 조치예정일 10일전까지 당사자등에게 조치의 제목, 조치 원인사실과 조치내용 및 법적근거, 의견 제출에 관한 사항 등을 통지한다. 다만, 조사한 사항을 고발 또는 수사기관에 통보하거나 공공의 안전 또는 복리를 위하여 긴급히 조치할 필요가 있는 경우, 해당 조치의 성질상 의견청취가 곤란하거나 불필요하다고 인정될 만한 상당한 이유가 있는 경우에는 사전통지를 아니할 수 있다(조사업무규정 제36조).

(5) 증권선물위원회 의결 자본시장조사심의위원회가 심의 후에 증권선물위원회에 안건을 송부하면, 위원장 1명을 포함한 5명의 위원으로 구성된 증권선물위원회는 위원 3명 이상의 찬성으로 의결한다(증권선물

13 자본시장조사심의위원회와 비교되는 기구로는 금융감독원 제재심의위원회가 있는데 이는 제재 관련 금감원장 자문기구로서 금융회사 검사결과 제재를 심의·자문하는 기능을 한다. 금융감독원 제재심의위원회의 운영 내용에 대하여 자세히는 금융감독원 보도자료, "금융감독원 제재심의위원회 운영 내용 및 해외사례", 2020.3.27. 참조.

14 자조심 위원은 증권선물위원회 상임위원, 금융위원회 자본시장국장 또는 금융위원회 3급이상 공무원 중에서 금융위원회 위원장이 지명하는 1명, 금융위원회 법률자문관, 금융감독원 공시·조사 담당 부원장보, 금융관련법령에 전문지식이 있거나 증권·선물에 관한 학식과 경험이 있는 변호사, 교수 등 전문가 중에서 증권선물위원회 위원장이 위촉하는 6인, 금융위원회 자본시장조사단 조사담당관으로 구성한다(조사업무규정 제22조).

위원회 운영규칙 제2조 및 제5조). 증권선물위원회의 논의과정에서 당사자 등의 이해관계자는 서면·구술 또는 정보통신망을 이용하여 의견을 제출할 수 있다(조사업무규정 제37조).

(6) 이의신청 조치에 이의가 있는 피조치자는 그 조치를 고지 받은 날로부터 30일 이내에 금융위원회에 이의신청을 할 수 있고,[15] 금융위원회는 이의신청에 대하여 접수한 날부터 60일 이내에 결정하여야 하되 부득이한 사정으로 그 기간 내에 결정할 수 없을 경우에는 30일의 범위 안에서 기간을 연장할 수 있다(조사업무규정 제39조).

Ⅲ. 특별사법경찰

(1) 자본시장특별사법경찰 ①「사법경찰관리의 직무를 수행할 자와 그 직무범위에 관한 법률」(이하 "사법경찰직무법") 제5조 제49호와 제7조의3[16]에 의하면 금융위원회 위원장이 금융감독원 원장의 의견을 들어 금융감독원 직원을 특별사법경찰("특사경")로 추천하면 관할 지방검찰청 검사장이 특사경을 지명하게 되고,[17] 그 지명된 금융감독원 직원은 공무

15 처분성 조치에 대하여는 조치있음을 안 날로부터 90일 이내에 행정소송이 가능하다.

16 사법경찰직무법 제5조(검사장의 지명에 의한 사법경찰관리) 다음 각 호에 규정된 자로서 그 소속 관서의 장의 제청에 의하여 그 근무지를 관할하는 지방검찰청검사장이 지명한 자 중 7급 이상의 국가공무원 또는 지방공무원 및 소방위 이상의 소방공무원은 사법경찰관의 직무를, 8급·9급의 국가공무원 또는 지방공무원 및 소방장 이하의 소방공무원은 사법경찰리의 직무를 수행한다. 49. 금융위원회에 근무하며 자본시장 불공정거래 조사·단속 등에 관한 사무에 종사하는 4급부터 9급까지의 국가공무원
제7조의3(금융감독원 직원) ① 금융감독원 또는 그 지원이나 출장소에 근무하는 직원으로서 금융위원회 위원장의 추천에 의하여 그 근무지를 관할하는 지방검찰청 검사장이 지명한 사람 중 다음 각 호의 직원은 관할 구역에서 발생하는 「자본시장과 금융투자업에 관한 법률」에 규정된 범죄에 관하여 사법경찰관의 직무를 수행하고, 그 밖의 직원은 그 범죄에 관하여 사법경찰리의 직무를 수행한다. 1. 4급 이상의 직원 2. 금융위원회 위원장이 사법경찰관의 직무를 수행하는 것이 적절하다고 인정하여 사법경찰관으로 추천한 5급 직원 ② 금융위원회 위원장은 제1항에 따른 추천을 할 때에는 금융감독원 원장의 의견을 들어야 한다.

17 2019.7.17. 서울남부지방검찰청 검사장이 금융위원회 공무원 1명과 금융감독원 직원 15명을 자본시장 증권범죄의 수사를 위한 특사경에 지명함에 따라, 2019.7.18. '자본시장특별사법경찰'이 공식 출범하였다.

원으로 신분이 전환되는 것은 아니지만, 불공정거래 등 범죄를 수사하며, 압수·수색, 체포·구속 등 일반사법경찰과 동일한 수준의 수사권한을 행사할 수 있다. ② 금융감독원 본원에 설치하는 특별사법경찰은 금융감독원 소속 직원 10명으로 구성되고,[18] 자본시장담당 부원장 직속으로 자본시장특별사법경찰 전담부서를 설치·운영한다. 자본시장특별사법경찰은 "증권선물위원회 위원장이 패스트 트랙(Fast Track) 사건으로 선정하여 검찰청에 이첩한 자본시장 불공정거래 사건 중 서울남부지검이 지휘한 사건"을 처리한다.

(2) 강제수사 2019.6. 제정된 「금융감독원 특별사법경찰관리 집무규칙」에 따르면 자본시장특별사법경찰은 수사와 관련하여 검사의 수사지휘를 받아 자본시장법에 규정된 범죄에 관하여 수사를 개시·진행하여야 한다(제9조 및 제22조). 금융감독원은 자본시장법상 임의조사권을 위탁받아 임의조사만이 가능하였으나, 특사경의 출범으로 자본시장 불공정거래 사건에 대하여 체포·구속, 압수·수색, 통신조회 등의 강제수단도 활용하여 수사하고, 수사결과를 검찰에 송치한다.[19]

Ⅳ. 검찰 수사 등

검찰은 증권선물위원회의 고발 또는 통보에 따라 강제수사권의 행사를 통해 국가형벌권을 집행하기도 하지만, 수사과정에서 증권 불공정거래 범죄혐의가 포착되는 경우 금융감독원에 조사를 요청하기도 한다.[20] 검찰 등 수사기관에 고발되거나 수사참고사항, 수사기관 정보사항 등이 이첩되면, 피고발자는 형사소송법상 피의자의 지위에서 조사를 받으나 수사참고사항 등의 대상자의 경우 피내사자의 지위에서 조사를 받

18 금융감독원 본원 소속은 금융감독원 직원 10명이고, 그 외 금융위원회 공무원 1명과 금융감독원 직원 5명은 서울남부지방검찰청에서 파견 근무한다. 서울남부지방검찰청에서 파견 근무하는 6명의 특별사법경찰은 남부지검 관할 자본시장법 위반사건을 처리한다.

19 금융감독원, 금융감독개론, 2020, 620쪽.

20 금융감독원, 금융감독개론, 2020, 620쪽.

는다. 이 경우 참고사항이더라도 범죄혐의가 인정되어 입건되는 경우에는 일반적인 형사사건의 처리절차와 동일하다.[21]

21 "고발사건에 비해 이첩된 수사참고사항이 혐의가 경미하거나 가볍게 처벌한다는 것을 의미하지는 않는다"는 조두영, 증권범죄의 이론과 실무, 박영사, 2018, 30~31쪽.

13

조세포탈죄와 조세형법이론

Ⅰ. 조세형법의 정당성기초
Ⅱ. 조세포탈죄의 불법구조와 처벌
Ⅲ. 조세포탈죄 이외의 조세범죄

13

조세포탈죄와 조세형법이론

Ⅰ. 조세형법의 정당성기초

1. 조세일탈행위의 개념과 유형

조세범죄는 먼저 조세당국의 통제와 제재(처벌)의 대상이 되는 일탈행위를 유형화하여 개관할 때 그 구조를 잘 이해할 수 있다.

(1) 합법적인 조세일탈행위 먼저 합법적인 조세일탈행위로 절세와 조세회피가 있다. ① 가장 약한 일탈행위는 **절세**이다. 가령 종합부동산세를 줄이기 위해 남편 단독명의의 부동산을 부부공동명의로 한다. 절세는 실정법상 합법적이지만, 특정한 방식의 절세가 보편화되면, 조세징수를 통한 국가재원조달에 영향을 미쳐서 장기적으로는 조세법의 변화를 가져올 수 있다는 점에서 조세당국의 통제정책의 대상이 된다. ② 조세법의 흠결을 이용하여 조세부담을 비통상적으로 감소시키는 **조세회피**도 조세법을 직접 위반하지 않는다. 예컨대 조세부담이 적은 국가에 해외법인을 설립하여 활동함으로써 국내법인세의 부담을 피하는 것이다. 조세회피행위는 형식적으로는 조세채권을 침해하지 않고 과세를 피하는 적법한 방편이지만 세법의 흠결을 틈타 국가의 일반적인 과세권을 실질적으로 위태화한다. 그렇기에 조세회피는 형식적으로는 합법이지만 절세와 달리 실질적으로는 위법의 요소가 있다. 절세가 통상적인 (조세부담을 지는 행위를 조세부담을 줄이는 행위로 대체하는) 대체행위라면, 조세회피는 비통상적인 대체행위이다.

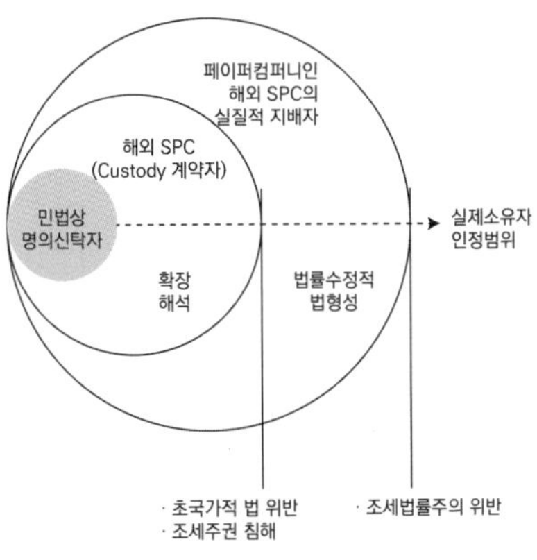

★ 조세피난처 SPC의 Custody 계약과 증여의제 J그룹 회장 甲은 재무팀 乙에게 지시하여 조세피난처 BVI에 SPC를 설립·실질 지배하였고, 그 SPC는 해외금융기관과 Custody 계약(한국내 증권거래대행계약)을 체결하고 J그룹 회사들의 주식을 인수하였다. 인수자금은 甲이 BVI에 있는 회사의 지분매각대금으로 조달하였다. 주주명부에 주주로 등재된 것은 해외금융기관이었다. 甲은 이러한 방식으로 주식 양도와 배당의 소득을 올리면서 배당 및 양도소득을 신고하지 않았다면 甲은 조세회피목적으로 명의신탁한 것으로서의 명의신탁재산의 증여의제규정(상속세및증여세법 제45조의2[1])을 적용받는가? ① 해외 SPC가 해외금융기관과 Custody 계약을 체결하고, 취득한 국내 주식을 SPC가 아니라 해외금융기관으로 명의개서를 한 점에서 명의신탁으로 볼 여지가 있다. 그러나 Custody거래는 국제증권거래에서 통상적으로 인정되는 거래방식이며 초국가적 법(transnational law) 또는 초국가적 상법(lex mercatoria)에 속하므로 Custody 계약에 대해 상속증여세법상 증여의제를 하여 불법화하는 것은 법다원주의(legal pluralism)의 국제사회에서 상호합법성(interlegality)을 승인하지 않는 것이 된다. 그러므로 해외 SPC의 Custody거래는 국내법적으로는 절세행위이거나 적어도 '합법적인 절세'와 상증세법상 '불법적인' 조세회피행위 사이에(inbetween) 위치한다. 따라서 甲에게는 조세회피의 미필적 고의는 인정되어도 조세회피목적이나 부수적 조세회피의도(大判 97누348)를 인정하기는 어렵다.

---

1 상속세 및 증여세법 제45조의2(명의신탁재산의 증여 의제) ① 권리의 이전이나 그 행사에 등기등이 필요한 재산(토지와 건물은 제외한다. 이하 이 조에서 같다)의 실제소유자와 명의자가 다른 경우에는 「국세기본법」 제14조에도 불구하고 그 명의자로 등기등을 한 날(그 재산이 명의개서를 하여야 하는 재산인 경우에는 소유권취득일이 속하는 해의 다음 해 말일의 다음 날을 말한다)에 그 재산의 가액(그 재산이 명의개서를 하여야 하는 재산인 경우에는 소유권취득일을 기준으로 평가한 가액을 말한다)을 실제소유자가 명의자에게 증여한 것으로 본다. 다만, 다음 각 호의 어느 하나에 해당하는 경우에는 그러하지 아니하다. 1. 조세 회피의 목적 없이 타인의 명의로 재산의 등기등을 하거나 소유권을 취득한 실제소유자 명의로 명의개서를 하지 아니한 경우

② 또한 해외 SPC라는 Custody 계약의 당사자도 아니고, 주식의 법적 소유자도 아닌 제3자(甲)에게까지 실제소유자의 범위를 확장한다면 "실제소유자"와 실제소유자(SPC)에 대한 '실질적 지배자'를 동의어로 보는 것이다. 이런 해석은 조세법률주의(헌법 제59조)에 위배되는 법률수정적 (contra legem) 법형성이다.[2] 조세법률주의에 볼 때, 그런 확장해석이나 유추는 과세를 위한 경우가 아니라 조세감면을 위한 경우에만 법규범의 흠결을 보충하는 방법으로 허용될 수 있다. ③ 또한 페이퍼컴퍼니인 해외 SPC를 명의신탁계약 당사자로 보는 것은 세법상 독자적인 권리·의무의 주체로 인정하는 국제조세조정에 관한 법률(제17조)과 모순되며, 甲을 실제소유자로 보기 위해 페이퍼컴퍼니인 SPC의 법인격을 부인하는 것도 다른 판례(大判 2014도12619)와 모순된다. 게다가 그와 같은 확장해석은 "명의신탁을…증여로 의제하는 것은…조세 부과의 본질적 근거인 담세력의 징표가 되는 행위나 사실의 존재와 무관하게 과세하는 것이므로 관련 법령을 해석·적용할 때는 유추해석이나 확장해석은 엄격하게 절제되어야 한다"는 판례(大判 2014두43653)의 취지와도 어긋난다. ④ 조세피난처의 SPC와 Custody 거래를 이용하는 비윤리적 절세행위에 대한 제재(의제증여세부과 등)의 여론은 국가간 조약(조세협정)이나 의회 입법이 있어야 한다.

(2) 위법한 조세일탈행위 납세의무를 위반하고 조세채권을 침해하는 행위들은 위법한 조세일탈행위가 된다. ① 세무실무에서 널리 사용되는 **조세탈루**(탈세)는 납세의무를 면하는 모든 행위를 포괄하는 개념이다. 탈세脫稅는 사전적으로는 조세포탈과 동의어이기도 하지만 합법적인 절세와 조세회피와 대응하는 위법한 행위들의 총칭을 나타낸다. 탈세행위 가운데 가장 약한 일탈행위는 단순미신고나 과소신고를 들 수 있고, 그보다 좀 더 강한 조세탈루로는 예컨대 컴퓨터에 거래내역을 저장·보관하면서 사업자등록을 하지 않고 장부를 비치하지 않고 소득신고도 하지 않은 행위(大判 99도5356)이다. 조세탈루는 조세채권을 침해 또는 위태화하지만 조세(징수)체계의 기능을 직접 위태화하지는 않는 점에서 조세

---

2 판례의 확장해석 개념은 법문언의 의미한계를 넘어서는 법발견(Rechtsfindung)을 포함하는 것(이런 입장으로 A. Kaufmann, Rechtsphilosophie, 2. Auflage, C. H. Beck, 1994, 86~89쪽)이 아니라 유추나 법창조를 말한다.

질서범이나 조세포탈죄와 구별되며, 따라서 (형사)처벌되지는 않고, 단지 가산세가 부과될 뿐이다. ② 조세체계는 조세당국의 행정활동, 조세관련 지식을 생산과 사용하는 전문가(예: 변호사, 공인회계사, 세무사), 납세자들 사이의 상호작용에 의하여 형성된다. 조세당국의 행정활동을 방해하거나 위태화하는 행위들, 각종 명령 위반행위들은 납세의무를 위반하고, 조세채권을 위태화하며, 조세체계의 기능을 위태화한다는 점에서 절세, 조세회피, 조세탈루와 구별되고, **조세질서범**으로 제재를 받는다. 이 행위들은 사기 기타 부정한 방법을 사용하는 바와 같은 반反도덕적인 행위반가치를 갖고 있지 않은 점에서 조세포탈과 구별되며, 조세포탈보다 약한 조세일탈행위가 된다. ③ **조세포탈**은 조세일탈행위 가운데 가장 중대한 일탈행위다. 조세포탈은 납세의무의 면탈, 조세채권의 침해, 조세체계의 기능 위태화 그리고 더 나아가 '사기 기타 부정한 행위'라는 반도덕적인 행위반가치까지 포함하는 행위이기에 형법이 통제하는 범죄가 된다. 조세범처벌법상 조세범죄들은 조세포탈죄를 기본구성요건으로 하여 파생시킨 구성요건이라고 할 수 있다.

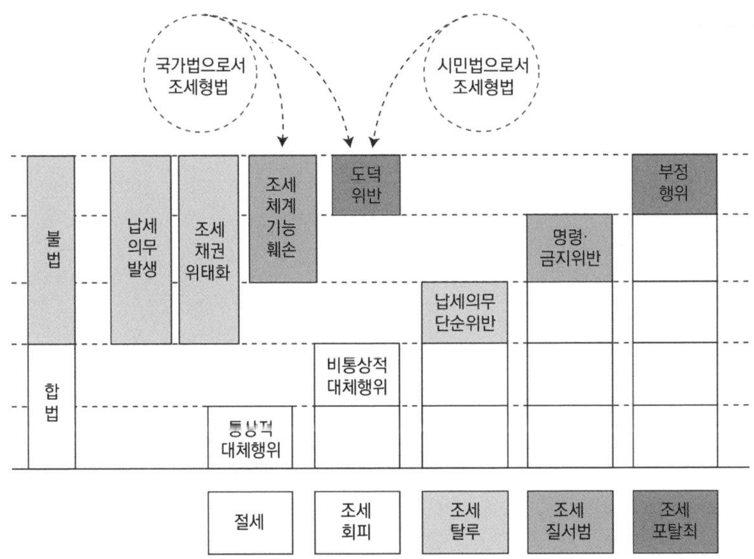

2. 조세형법의 도덕적 이중구조

위법한 조세일탈행위 가운데 중대한 행위들을 범죄로 정하고, 형벌에 처하는 조세형법은 이중적 법의식이라는 특이한 현상 아래에 있다.

(1) 이중적 법의식과 이중도덕 조세는 국가나 지방자치단체가 자신의 임무를 달성하기 위해 필요한 재정을 마련하는 가장 중요한 수단이므로 헌법은 납세를 국민의 의무로 정한다(헌법 제38조). ① 납세의무 위반은 다른 사람으로 하여금 납세의무를 이행하지 않도록 부추기고(일반예방적 필요성), 국가의 재정조달기능을 위태롭게 만들어서(조세채권의 중대한 침해) 형사처벌할 가치(당벌성 Strafwürdigkeit)가 인정되는 중대한 일탈행위가 될 수 있다. 조세포탈이란 그런 행위의 전형이다. 국민의 법의식은 이처럼 〈조세포탈→국가재정조달기능의 위태화→국가임무의 이행 장애→모든 국민의 불이익〉으로 이어지는 일탈행위의 반가치성을 인정하는 것이다. 시민들도 기업인들의 조세포탈을 강력하게 처벌할 것을 요구하기도 한다. ② 그러나 조세범죄는 국가의 기능을 위태롭게 하지만 인륜에 반하거나 인간들의 공존조건인 도덕에 반하는 행위가 아니다. 게다가 조세포탈에 대한 지나치게 광범위하고 무거운 처벌의 정당성을 부인하는 법의식이 오랜 세월 시민의식의 일부로 자리 잡아 있다. 모든 시민들이 '많고 적음의 차이는 있지만 조세포탈하지 않는 시민이 없다'는 것을 인정한다. 예컨대 자영업자와 봉급근로자 사이의 조세불공평을 문제 삼는 것도 이미 조세포탈행위가 일상적으로 만연해있고, 시민사회에서 어느 정도까지는 '정상적인 것'으로 받아들여지고 있음을 의미한다. 조세포탈은 언제나 국가권력의 조세정책에 항거하는 일정량의 시민적 연대에 의해 옹호된다.

이런 시민의식은 뿌리가 깊다. 성경에서도 세리稅吏(세무공무원)는 공동선을 실행하는 수호자가 아니라 시민을 착취하는 '악인의 모습'으로 비춰진다. 예수께서 세리였던 마태의 집에서 음식을 드실 때에 많은 세리와 죄인들이와 있는 것을 보고 바리새인들이 예수의 제자들에게 '어찌하여 너희 선생은 세리와 죄인들과 함께 잡수시느냐'[3]라는 의문을 갖는데, 예수께서 세리와 함께 하심은 세리가 갖는 도덕적 양면성을 상징한다고 볼 수 있다.

그렇기 때문에 개인들은 국민으로는 납세준수의식을 갖지만 시민으로는 납세거부의식을 갖는다. 자신은 탈세를 도모하면서 남의 탈세는 강력 비난하는 이중적 도덕의식은 조세형법이 마주해야 할 현실이다.

(2) 조세형법의 민주적 정당성과 생활세계적 정당성 여기서 조세형법은 국가법으로서 민주적 정당성(demokratische Legitimität)뿐만 아니라 납세거부의식이 상존하는 시민사회에서의 정당성을 갖출 것이 요구된다. 아래서는 시민법과 국가법의 의미를 살펴본다.

1) 시민법으로서 조세형법 형법은 민법과 함께 사람이 사는 곳이면 언제나 존재해온 법이다. 형법은 시민들이 살아가는 세계(생활세계)에서 자생적으로 형성된다. 가령 사람을 죽인 자를 처벌하는 것은 국가나 근대형법과 별개로 존재해왔다. 이런 의미의 법은 그 옳고 그름이 일상에서 경험되고, 비판적으로 논의되며, 그에 따라 반성적으로 변해간다. 그처럼 반성적인 변화 속에서 시민들이 수용하는 정당한 규범의 총체만이 생활세계의 정당한 질서를 구성할 수 있다. 생활세계에서 정당한 형법이란 성문법이나 관습법과 같은 실정형법의 고정된 총량이 아니라, 실정형법의 타당성을 의문시하는 비판적 관점이 성취하려는 규범들을 미래의 자신 속에 지속적으로 편입시켜 자기를 변화해가는 형법이다. 바로 이와 같은 생활세계적 정당성(lebensweltliche Legitimität)[4]을 지닌 법을 **시민법**(civic law)이라고 개념화할 수 있다. 이런 시민법의 구상은 특히 다양

---

3 누가복음 5:27-39, 마태복음 9:9-11 참조.

4 O. Backes, "Strafrecht und Lebenswirklichkeit", Festschrift für Werner Mai- hofer, 1988, 41쪽 아래; Ransiek, Gesetz und Lebenswirklichkeit, 1989; 하지만 민주적 법치국가에서는 형법이 생활세계적 정당성만으로 올바른 법이 되는 것은 아니라는. Sangdon Yi, "Gesetz und Lebenswirklichkeit"(Rezension), ARSP 1991, Bd.2, 279쪽 아래 참조.

한 사회적 행위자들이 법생산권력을 분점하는 법다원주의(legal pluralism) 시대에 더욱 적합하다. 법익보호원칙, 명확성원칙, 비례성원칙, 책임원칙, 의심스러울 때 자유이익으로(in dubio pro libertate)원칙들은 오랜 역사 속에서 조탁된 시민법이 되기 위한 형법의 원리이다. 이는 헌법 이전에 헌법 밖에서 형성된 것이며, 그 상당한 부분은 근대헌법의 텍스트를 형성해왔다.[5] 납세거부의식은 무조건 존중되어야 하는 것이 아니라 이와 같은 형법의 기본원리에 부합하는 한에서 존중되어야 한다.

2) 국가법으로서 조세형법　다른 한편 근대 국민국가(national state)의 성립 이후 정치체제에서는 (시민법으로서) 형법도 정치체계를 민주적 법치국가로 조직화한 헌법과 함께 국가법체계 속에 편입되어 있다. 국가법으로 편입된 형법은 인권의 주체로서 시민이 아니라 국가권력의 주권자로서 국민(Staatsbürger)이 민주적인 방식으로 제정한 규범이다. 국가의 공식적인 입법절차를 통하여 제정된 형법은 그 입법절차가 민주적일수록, 즉 국민 개개인의 의사와 의견을 최대한 수렴하고, 그것들의 관점을 공론의 장에서 충분히 교환시켜 국민들 사이에서 가장 타당성을 인정받는 (공론경쟁력이 가장 강한) 관점을 수용하는 정도가 클수록 정당성을 얻는다. 이를 형법의 민주적 정당성(demokratische Legitimität)이라고 부른다. 이러한 민주적 정당성은 때때로 시민(불복종)운동의 형태를 띠는 납세거부운동에 대해서도 국가가 관용과 성찰의 태도를 취할 때 더욱 더 확보된다.

3. 국고주의와 책임주의

조세형법에서 대립되어 온 국고國庫주의와 책임주의는 국가법으로서 조세형법과 시민법으로서 조세형법으로 연관 지을 수 있다. 즉 국고주

5 적법절차(헌법 제12조 제1항), 고문금지·불이익진술거부권(제12조 제2항), 영장주의(제12조 제2항, 제16조), 변호인 조력을 받을 권리(제12조 제4항), 일사부재리(제13조 제1항), 법관에 의한 재판을 받을 권리(제27조 제1항), 신속한 공개재판을 받을 권리(제27조 제3항), 무죄추정권(제27조 제4항), 과잉금지원칙(제37조 제2항) 등.

의는 납세준수의식을 바탕으로 하는 국가법으로서의 조세형법을, 책임주의는 납세거부의식을 바탕으로 하는 시민법으로서의 조세형법을 각각 구성하는 기본원리가 된다. 물론 이것은 〈국가법=국고주의〉, 〈시민법=책임주의〉라는 식의 논리적 등식을 뜻하지는 않는다. 이 둘 사이의 연관은 다분히 역사적이며 정치적인 것이다. 시민법적 전통을 외면하고 조세권의 실효적 확보라는 목적에 쏠린 의회의 입법역사는 조세형법의 형성을 국고주의에 치중시켰던 반면, 그런 조세형법에 대척되는 시민들의 조세저항의식은 조세형법을 책임주의에 의해 제한하라는 작은 목소리에 모아져 왔다.

(1) 국고주의의 조세형법 국고주의(Fiskalismus)란 조세형법을 '국가의 필요를 충족시키는 조세징수'의 목표달성을 위한 수단으로 이해한다. 따라서 조세포탈은 국가재정을 축소시킨 불법행위에 대한 재정보전적 손해배상 또는 조세채권의 침해에 대한 손해배상이면서 국가의 조세권을 침해하는 행정범이 된다. ① 이 논리에 따르면 일부 **형법총칙규정이 적용배제**될 수 있다. 2010.1.1. 개정 전에는 많은 총칙규정[6]이 적용배제 되었으나 현행 조세범처벌법 제20조는 "형법 제38조 제1항 제2호 중 벌금경합에 관한 제한가중규정"만을 적용배제하고 있다. ② 조세범의 공소시효가 형사소송법상의 5년[7]에서 7년으로 연장되고(조세범처벌법 제22조), 특정범죄가중법상 조세포탈죄의 공소시효가 형사소송법(제249조 제1항 제2, 3호)[8]에 따라 무려 15년(특가법 제8조 제1항 제1호의 조세포탈죄) 또는 10년(특가법 제8조 제1항 제2호의 포탈죄)까지[9] 연장된다. ③ 조세포탈죄는

6 형법 제9조(형사미성년자), 제10조 제2항(심신미약자), 제11조(농아자), 제16조(법률의 착오), 제32조 제2항(종범의 형감경)도 적용을 배제하였지만 "책임주의 원칙을 구현"(2010.1.1. 전면개정이유 사. 참조)하기 위해 폐지되었다.

7 조세범죄의 법정형이 장기 1년 내지 장기 3년의 징역형이므로 형사소송법 제249조 제1항 제5호가 적용되어 5년의 공소시효가 인정된다.

8 형사소송법 제249조 제1항 제2호는 무기징역 또는 무기금고에 해당하는 범죄에 대하여 15년, 3호는 장기 10년 이상의 징역 또는 금고에 해당하는 범죄에 대하여 10년의 공소시효를 인정한다.

9 독일에서도 Jahressteuergesetz(JStG)에 의해 2009년부터 조세범죄의 공소시효를 5년에서 10

(행정범으로서) 비난받을 만한 불법행위에 대한 손해배상이기 때문에 징벌적 손해배상의 요소가 있는 벌금형도 허용된다. 예컨대 조세범처벌법 제3조가 포탈세액에 따라 2배 또는 3배 이하에 상당하는 벌금형을 정하고, 특정범죄가중법 제8조 제2항도 포탈세액의 2배 내지 5배의 벌금형을 규정한다. ④ 국고주의는 조세징수를 통한 국가재정의 충실한 확보를 목표로 하기 때문에 그것이 달성되는 한 형사처벌의 필요성은 사라지게 된다. 조세범처벌법 제21조(고발)가 조세범처벌법상의 범칙행위에 대해 국세청장, 지방국세청장 또는 세무서장의 고발이 없이는 소추할 수 없게 하는 것도 조세징수의 효율성과 시민들의 조세납부동기의 강화 및 유지라는 목표를 달성하기 위한 것이다. 따라서 조세정책이 형사처벌의 법정성보다 우위에 있게 된다.

(2) 책임주의의 조세형법 책임주의(Schuldprinzip)는 조세범죄를 사회유해적인 행위로 보고, 그에 대한 제재를 형사벌로 이해한다. 따라서 ① 납세가 공동체유지라는 공동선을 실현하기 위한 비용의 분담인 점에서 조세포탈행위는 사회유해성(Sozialschädlichkeit)을 띤다. ② 형법적 의미의 죄(Schuld)로서 조세포탈의 책임은 형벌에 의해 상쇄되어야 하고, 동시에 형벌은 그 책임을 넘어서 부과 되어서도 안 된다(책임의 양면성[10]). 그렇기에 ③ 조세범죄는 조세당국의 고발과 상관없이 그 책임의 양과 질에 따라 형벌에 의한 제재를 받아야 한다. 특정범죄가중법 제16조는 동법 제8조의 조세포탈죄(및 면세유부정유통죄, 가짜석유제품제조죄)에 대해 조세당국의 고발 없이 공소 제기할 수 있게 한다. ④ 조세범죄의 성립에 대한 판단도 형법의 일반원리에 따라야 한다. 현행 조세범처벌법 제20조도 과거처럼 다양한 형법총칙규정의 적용을 배제하지 않고 오직 제38조 제1항 제2호 중 벌금경합에 관한 제한가중규정만을 배제하게

년으로 늘렸다(§ 376[Verfolgungsverjäahrung] (1) Die Verjäahrungsfrist füur Fäalle der Steuerhinterziehung (§ 370) beträt zehn Jahre).

10 책임원칙의 양면성을 주장하는 대표적인 Arthur Kaufmann, Das Schuldprinzip, Heidelberg, 1976 참조.

된 것도 책임주의의 강화이다.[11]

(3) 국고주의와 책임주의의 변증 조세형법은 이상의 국고주의와 책임주의를 변증적으로 결합하여 형성된다. 국고주의는 조세정책을 형법에 대해 일방적 우위에 놓음으로써 조세형법의 도덕적 정당성을 취약하게 하는 반면 책임주의는 형법적 정의를 조세정책의 합리성에 대해 우위에 놓음으로써 조세형법의 정책적 합리성을 훼손하거나 엄벌주의로 변질되기 쉽다. 국고주의는 시민법으로서 조세형법의 생활세계적 정당성이 취약하고, 책임주의는 조세범죄에 대해 전속고발제를 적용해온 의회입법의 전통을 부정한다는 점에서 국가법으로서 조세형법의 민주적 정당성을 위축시킬 수 있다. 시민법으로서 조세형법과 국가법으로서 조세형법이 서로 상호보완적이어야 하는 것처럼 국고주의와 책임주의도 서로 보완적이 되도록 각각의 장점을 선별하는 방식으로 변증되어야 한다. 아래 도표는 그런 선별(● 선택 ○ 배제)을 보여준다.

	국 고 주 의	책 임 주 의
조세포탈의 본질	● 국가재정을 축소시킨 불법행위에 대한 재정보전적 손해배상책임 ● 국가의 조세권보호(행정범)	● 사회유해적인 행위에 대한 형벌 ● 공동체유지라는 공동선의 실현행위로서 그 비용의 분담(조세포탈의 반윤리성)
형사법의 기본원칙	○ 행정범으로서 형법총칙의 배제 조세범처벌법 제20조(제38조 제1항 제2호중 벌금경합에 관한 제한가중규정의 배제)	● 형사범으로서 형법총칙의 철저한 적용
조세당국 고발권	● 전속고발(조세범처벌법 제21조)	○ 전속고발의 배제(특정범죄가중법 제16조) ○ 기소법정주의
징벌적 제재	○ 배수벌금형제도의 채택(현행법 포탈액의 ×2,×3,×5배까지)	● 배수벌금형제도의 배제
미래의 실현과제	● 이중위험금지원칙(← 조세범처벌절차법 제15조 제3항) ● 신뢰보호원칙 ● 비례성원칙 등	

11 구 조세범처벌법 제4조는 조세포탈죄 등에 대해 제9조, 제10조 제2항, 제11조, 제16조, 제32조 제2항(종범의 형감경)의 적용을 배제하면서 징역형에 처할 경우에는 적용배제를 하지 않음으로써 책임주의의 형법을 유지하려고 하였다.

이런 변증의 구체적 방안으로 다음 세 가지를 살펴보자.

1) 벌금경합가중의 제한 ① 확정되지 않은 수 개의 조세범에 대해 벌금형을 부과하는 경우에 "형법 제38조 제1항 제2호중 벌금경합에 관한 제한가중규정"("가장 중한 죄에 정한 장기 또는 다액에 그 2분의 1까지 가중하되 각 죄에 정한 형의 장기 또는 다액을 합산한 형기 또는 액수를 초과할 수 없다")을 배제하는 것은 합헌[12]이며, 그 의미는 '각 죄마다 벌금형을 따로 양정하여 이를 합산한 액수의 벌금형을 선고할 수 있다'는 것으로 이해된다.[13] 또한 특정범죄가중법상의 조세포탈죄에 대해 벌금형을 자유형에 병과 하는 경우나 양벌규정에 의하여 법인 또는 개인 등 업무주를 처벌하는 경우에도 마찬가지이다. ② 하지만 벌금형도 노역장유치로 전환될 가능성이 있고, 벌금형 자체가 본래 자유형을 '대체'하는 제재의 성격을 띠기 때문에 자유형을 부과할 때 경합범가중의 제한은 벌금형에서도 똑같이 인정되어야 한다. 경합범의 경우에 각 범죄의 책임에 상응하는 자유형을 단순 합산하지 않는 것은 범죄를 수 개 범한 경우에 책임의 양이 정비례로 늘어나지 않기 때문이다. 범죄를 범할수록 범죄를 하지 않는 반대동기를 형성하기 더 어려워지고, 그에 따라 법을 외면하고 불법을 선택한 결정에 대한 비난가능성도 약해지기 때문이다.

12 憲裁決 97헌바68: "수개의 조세포탈행위에 대한 처벌에 있어서 형법상의 벌금제한가중규정을 준용할 것인가의 문제는 결국 조세포탈죄의 법정형에 관한 문제이고 국가의 입법정책에 속하는 문제로서, 조세포탈범의 처벌에 있어서 그 행위의 반사회성, 반윤리성에 터 잡아 그에 대한 징벌의 강도를 높이기 위해 위와 같이 일부 형법규정의 적용을 배제한 입법자의 의도는 우리의 경제현실이나 사회실정 및 국민의 법감정을 고려할 때 합리적인 것이라 할 수 있고 그것이 형벌체계상의 균형을 잃고 형벌 본래의 목적과 기능을 넘어선 과잉처벌이라고 볼 수 없으므로 위 조세범처벌법 조항은 헌법 제11조의 평등의 원칙이나 헌법 제37조 제2항에서 유래하는 과잉금지의 원칙에 위배된다 할 수 없다".

13 大判 94도952: "판결이 확정되지 아니한 수개의 조세포탈행위를 동시에 벌금형으로 처벌함에 있어서는 형법 제38조 제1항 제2호 본문에서 규정하고 있는 '가장 중한 죄에 정한 벌금다액의 2분의 1을 한도로 가중하여 하나의 형을 선고하는 방식'을 적용하지 아니한다는 취지로 해석하여야 하는 것이지, 단지 위 형법조항의 본문 중 후단 부분인 '각 죄에 정한 벌금형의 다액을 합산한 액수를 초과할 수 없다'는 부분만의 적용을 배제한다는 취지로 해석할 수는 없다. 따라서 판결이 확정되지 아니한 수개의 죄에 대하여 벌금을 병과 하는 경우에는 각 죄마다 벌금형을 따로 양정하여 이를 합산한 액수의 벌금형을 선고하여야 한다".

2) 선택형으로서 벌금형 등 특히 이러한 벌금경합의 제한가중규정의 배제가, 그 자체로서 역시 위헌소지가 매우 높은 자유형과 벌금형의 병과(조세범처벌법 제3조 제2항[정상에 따른 병과], 특정범죄가중법 제8조 제2항), 배수벌금제(조세범처벌법 제3조 제1항, 특정범죄가중법 제8조 제2항) 그리고 양벌규정(조세범처벌법 제18조)과 결합하여 관철된다면, 책임원칙은 더욱 더 심각하게 침해된다. 이런 책임원칙의 침해는 책임형벌의 정의실현은 사라지고, 조세정책적 목표의 달성이라는 기치만 과도하게 좇는 국고주의의 절정을 보여준다.

3) 전속고발제의 체계통합기능 국고주의의 모델에 전형적인 전속고발제는 민주적 법치국가의 조세형법체계를 구성하는 원리가 될 수 있다. ① 국고주의에서 전속고발은 조세범죄자도 자진납부하거나 세무조사에 협조하면 고발당하지 않는 이익을 줌으로써 조세징수율을 최대로 높이는 장치로서 형법적 정의에 대한 맹목성을 보여준다. 그러나 이 맹목성은 조세사건에 대한 통제정책에서 조세당국의 '전문성'으로 재해석될 수 있다. 국가법으로서 조세형법은 포괄적으로 전형적인 형사사건이 아니고, 행정적 해결도 가능한 사건까지 조세범죄화하는 (과잉)범죄화정책을 수행한다. 그렇기에 시민들은 끊임없이 다양한 납세의무와 그것을 설정하는 세법에 대해 때로는 시민불복종을 하거나 헌법재판을 하기도 한다. 이처럼 국가법으로서 조세형법은 시민사회의 조세법의식과 간극이 있다. ② 이런 상황에서 조세당국이 복잡한 조세사건들을 유형화하고, 각 유형별 책임의 크기에 상응하는 제재와 처벌의 세밀한 기준을 정하여 전속고발권을 행사한다면, 전속고발권은 책임주의를 실현하는 기능도 하게 된다. 이를 통해 조세당국은 시민사회의 조세저항을 일정한 수준으로 관리하면서도(즉, 조세징수율을 일정 수준으로 높이고 유지시키면서) 동시에 정책적으로 설정된 국가재정확보의 목표를 달성할 수도 있다. 그렇기에 전속고발제도는 사법(체계와 기관)의 경직된 법적 정의의 논리가 조세라는 경제영역에 무차별적으로 침투해 들어오는 것을 조절하는

기제가 된다. ③ 즉 전속고발제도는 조제체계의 '합리성'과 사법체계의 '정의'라는 체계충돌을 조정하고 조화를 꾀할 수 있게 한다. 현대사회에서 사회체계들 사이의 구조화된 갈등(합리성괴리[14])을 고려할 때, 전속고발권은 체계들 사이에 통합(Systemintegration)을 도모하는 기제가 된다. 이런 체계통합을 외면하는 형법, 시민법으로서 형법의 생활세계적 정당성에 무관심한 국가형법은 사회적 합리성을 가질 수 없고, 그런 형법은 정당성을 창출할 수도 없다.

4) 새로운 발전의 차원 필요성 국고주의와 책임주의의 변증은 단지 기존의 제도들 가운데 합리적으로 선별하는 방식으로 완성되는 것이 아니다. 기존의 제도들을 한 단계 더 발전시키는 새로운 차원이 요구된다. 이 새로운 차원은 이중위험금지원칙이나 신뢰보호원칙, 비례성원칙(특히 수사비례원칙) 등에 의해 조세형법의 도덕적 정당성이나 생활세계적 정당성을 높이고, 조세체계와 형사사법체계 사이의 기능적 분업과 통합이라는 체계의 합리성을 높이는 것이다.

Ⅱ. 조세포탈죄의 불법구조와 처벌

1. 조세포탈죄의 불법구조

조세포탈죄의 구성요건은 조세범처벌법 제3조, 각종 국세관련법 그리고 특정범죄가중법 제8조에 의하여 형성된다.

(1) 조세포탈죄의 형성 조세포탈죄의 기본구성요건은 조세범처벌법 제3조 제1항[15]에 의해 설립된다. 조세포탈逋脫은 '사기 그 밖의 부정한

14 이상돈, 법의 깊이, 법문사, 2018, 516쪽; 양천수, "합리성 개념의 분화와 충돌: 독일의 논의를 중심으로" 법과 사회 제31호, 2006, 211~234쪽 참조.

15 조세범처벌법 제3조(조세포탈 등) ① 사기나 그 밖의 부정한 행위로써 조세를 포탈하거나 조세의 환급·공제를 받은 자는 2년 이하의 징역 또는 포탈세액, 환급·공제받은 세액(이하 "포탈세액등"이라 한다)의 2배 이하에 상당하는 벌금에 처한다. 다만, 다음 각 호의 어느 하나에 해당하는 경우에는 3년 이하의 징역 또는 포탈세액등의 3배 이하에 상당하는 벌금에 처한다. 1. 포탈세액등이 3억 원 이상이고, 그 포탈세액등이 신고·납부하여야 할 세액(납세의

행위로써' 납세의무를 피하여 조세를 탈루시키는 행위(**납세의무의 면탈**)이다. ① 이때 조세는 관세를 제외한 **국세**를 말한다(조세범처벌법 제2조). 국세란 국세기본법 제2조 제1호가 규정하는 국세, 즉 국가가 부과하는 조세 중 소득세, 법인세, 상속세, 증여세, 부가가치세, 개별소비세, 주세, 인지세, 증권거래세, 교육세, 교통세, 농어촌특별세, 종합부동산세를 말한다. ② 납세의무를 부과하는 각종 국세관련법(예: 소득세법, 법인세법 등)은 조세포탈죄의 '금지의 실질'(Materie des Verbots)이 되고, ③ 조세범처벌법 제3조 제1항은 이 금지의 실질에다 **"사기 그 밖의 부정한 행위로써"**라는 행위반가치(Handlungsunwert)의 표지를 더함으로써 형사불법을 형성한다. 납세의무의 위반이 과세권이나 조세채권의 침해를 넘어 범죄가 되는 것은 바로 '사기 그 밖의 부정한 행위'를 사용하였다는 반도덕성에 기초한다.

(2) 사기 그 밖의 부정한 행위 판례는 "사기 그 밖의 부정한 행위"를 적극적 부정행위라고 개념화 해왔고, 이를 수용한 조세범처벌법 제3조 제6항은 "사기나 그 밖의 부정한 행위란 다음 각 호(1.~7.)의 어느 하나에 해당하는 행위로서 조세의 부과와 징수를 불가능하게 하거나 현저히 곤란하게 하는 적극적 행위를 말한다"고 규정한다.

> 1. 이중장부의 작성 등 장부의 거짓 기장, 2. 거짓 증빙 또는 거짓 문서의 작성 및 수취, 3. 장부와 기록의 파기, 4. 재산의 은닉, 소득·수익·행위·거래의 조작 또는 은폐, 5. 고의적으로 장부를 작성하지 아니하거나 비치하지 아니하는 행위 또는 계산서, 세금계산서 또는 계산서합계표, 세금계산서합계표의 조작, 6. 「조세특례제한법」 제5조의2 제1호에 따른 전사적 기업자원 관리설비의 조작 또는 전자세금계산서의 조작, 7. 그 밖에 위계(僞計)에 의한 행위 또는 부정한 행위

1) 적극성 판례는 "어떤 다른 행위가 수반됨이 없이 단순히 세법

무자의 신고에 따라 정부가 부과·징수하는 조세의 경우에는 결정·고지하여야 할 세액을 말한다)의 100분의 30 이상인 경우 2. 포탈세액등이 5억 원 이상인 경우.

상의 신고를 하지 아니하거나 허위의 신고를 함에 그치는 것"(大判 2001도3797)은 사기 그 밖의 부정행위에 해당하지 않는다고 본다. 가령 상속받은 차명주식을 매도하여 현금화하고 이를 사용하는 행위는 조세포탈이 되지 않는다. 적극성이란 작위행위만이 아니라 부작위행위에 의해서도 실현된다. 예컨대 "사업자등록, 장부의 비치·기장을 하지 않고, 매입시 세금계산서 발행과 매출시 부가가치세 확정 신고를 하지 않은 행위"(大判 84도1102)는 부작위에 의한 적극적 부정행위가 된다.

> **★ 조세포탈의 적극성** 허위의 수출계약서를 작성하여 외화획득용 원료구매승인서를 발급받아 영세율로 금괴를 구입한 사람이 이를 가공·수출하지 않은 채 구입 즉시 구입단가보다 낮은 가격에 국내 업체에 과세금으로 전량 판매하면서 공급가액에 대한 부가가치세를 가산한 금원을 수령하는 방식으로 단 3개월간만 금괴의 구입 및 판매 영업을 한 후 곧 폐업신고를 하였고, 금괴의 판매대금이 판매법인 계좌로 입금될 때마다 곧바로 이를 전액 인출하여 법인 명의의 재산을 거의 남겨두지 않았다. ① "처음부터 부가가치세의 징수를 불가능하게 하거나 현저히 곤란하게 할 의도로 거래상대방으로부터 징수한 부가가치세액 상당 전부를 유보하지 아니한 채 사기 기타 부정한 행위를 하는 일련의 과정에서 형식적으로만 부가가치세를 신고한 것에 지나지 아니하여 그 실질에 있어서는 부가가치세를 신고하지 아니한 것과 아무런 다를 바가 없고, 그에 따라 국가가 그 부가가치세를 징수하지 못한 이상" 조세포탈죄가 성립한다(大判 2005도9546[전원합의체]).

2) 부정성 부정한 행위란 법문언(제3조 제1항, 제6항 제7호)은 일반조항(Generalklauseln)의 형식이지만 "사기 그 밖의"라고 함으로써 부정한 행위는 '사기에 준하는 반가치적 행위'임을 뜻한다. 따라서 부정한 행위는 실제로는 가치충전필요개념(Wertausfüllungsbegriff)이 된다. 부정성의 의미를 구성하는 사기에 버금가는 '반가치성'(unwert)에 대한 판단에는 법관의 주관적인 가치관점이 작용한다. 판례는 그런 가치관점을 다음과 같이 "사회통념상 부정"이라고 규정한다.[16]

---

16 "사회일반의 실질적인 납세윤리"로 보는 권순익, "조세범처벌법 제9조 제1항에 규정된 '사기

> "사기 기타 부정한 행위라고 함은 조세의 포탈을 가능케 하는 행위로서 **사회통념상 부정**이라고 인정되는 행위를 말하는 것으로 조세의 부과·징수를 불능 또는 현저히 곤란하게 하는 위계 기타 부정한 적극적 행위"(大判 75도4078)

그러나 이는 부정한 행위의 판단에 개입하는 법관의 가치관점이 주관적인 것이 아니라 객관적인 것임을 강조하는 수사일 뿐이다.

부정행위를 인정한 판례	부정행위를 인정하지 않은 판례
ⓐ 구체적으로 허위장부의 작성·비치를 통하여 매출액과 수입액을 누락하고 경비를 과다계상한 경우(大判 92도147) ⓑ 사업자등록 명의를 차용하여 유흥주점을 경영하면서 수입을 숨긴 경우(大判 2004도5818) ⓒ "사업자등록, 장부의 비치·기장을 하지 않고, 매입시 세금계산서 발행과 매출시 부가가치세 확정신고를 하지 않은 행위"에 대하여 본죄 성립을 인정(大判 84도1102) ⓓ 차명계좌의 이용행위에 적극적 은닉의도가 나타나는 사정이 덧붙여진 경우(大判 96도667) ⓔ 면세금지금거래 승인을 취득한 회사들을 구하여 폭탄업체로 운영하면서 부가가치세를 납부하지 않기 위해 거래 직후 회사 예금잔액을 현금으로 인출하는 한편 과세표준 등의 신고 없이 폐업한 경우(大判 2007도5577) ⓕ 부동산매매회사의 경영자가 토지 등의 매매금액을 감액하여 허위내용의 매입·매출장부를 작성하고, 그 차액을 차명계좌에 보관하는 한편 장부상 금액을 기준으로 법인세 과세신고를 한 경우(大判 2007도4697) ⓖ 과세대상의 미신고나 과소신고와 아울러 장부상의 허위기장 행위, 수표 등 지급수단의 교환 반복 행위, 여러 개의 차명계좌를 반복적으로 이용하는 행위 등 적극적 은닉의도가 나타나는 사정이 덧붙여진 경우(大判 2006도5041) ⓗ 상속·증여받은 부동산을 상속·증여세 포탈을 위하여 매수한 것처럼 가장한 경우(大判 81도2388)	ⓞ 납세신고를 하지 아니하여 사업자등록이 말소된 이후 새로 사업자등록을 하지 않고(大判 99도5355) 미술품중개업을 하면서 납세신고를 하지 않은 경우(大判 2001도3797) ⓟ 법령상 매입세액 공제를 받을 수 없는 것이 분명한 거래를 부가가치세 신고시 매입세액 공제대상으로 허위신고한 경우(大判 2000도1514) ⓠ 컴퓨터에 거래내역을 저장·보관하면서 사업자등록을 하지 않고 장부를 비치하지 않고 소득신고도 하지 않은 경우(大判 99도5356) ⓡ 특수관계자들로부터 주식을 시가보다 고액으로 매수하면서 그 고가매수사실이 발각되지 않기 위하여 매수일자를 소급한 매매계약서와 회계장부를 작성하는 등으로 소득금액을 줄임으로써 그에 해당하는 세금을 면한 경우(大判 99도2814) ⓢ 법인이 이전부터 보유하고 있던 차명주식 등 부외자산을 당해 사업연도에 이르러 비로소 법인의 회계장부에 계상하면서 마치 이를 그 해에 새로 매수하는 것처럼 회계처리하는 방법으로 금원을 인출하여 법인의 비자금 관리계좌에 입금함으로써 동액 상당의 현금자산을 법인의 회계장부 밖으로 유출한 경우(大判 2002도5411)

기타 부정한 행위'의 의미", 대법원판례해설 통권 제56호, 2005, 562쪽.

이 판례들에서 '부정성'의 요소를 인정한 사례와 인정하지 않은 사례 사이를 나누는 법적으로 세분화된 기준은 찾기 어렵고, 대부분 윤리적 직관에 의한 것이다. 그렇기 때문에 범죄구성요건의 보장적 기능에 대한 우려의 목소리[17]가 사라지지 않는다. 게다가 보통시민들이 납세준수의식과 납세거부의식이 공존하는 양면적 법의식을 갖고 있는 현실을 고려한다면 적극적 부정행위의 개념은 예시적 열거조항에도 불구하고 불명확하여 죄형법정주의의 약화를 가져온다.

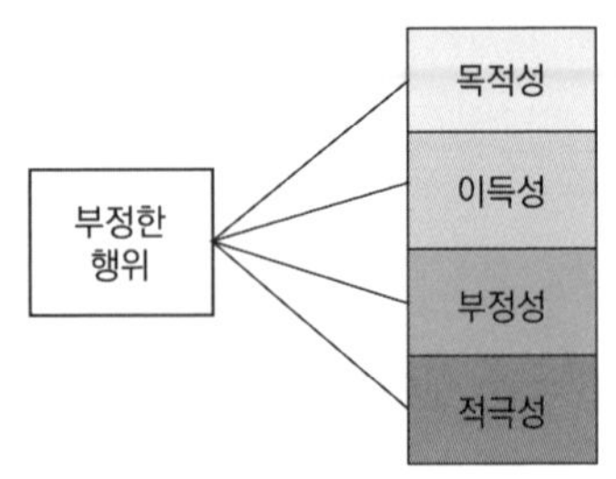

그렇기에 부정한 행위의 개념표지는 적극성과 부정성 이외에 또 다른 개념표지를 추가할 필요가 있다. 그런 추가의 표지로서 이득성과 목적성을 들 수 있다.

3) 이득성　조세포탈죄는 재산범(예: 사기죄)에 준하여 납세를 피함으로써 얻는 이익(**포탈세액)을 넘어서는 이익을 취득**하려는 의사와 행위이어야 한다. 예컨대 차명주식을 매도하여 현금으로 인출한 후 다시 다른 차명증권계좌로 분산 입금하는 행위를 반복함으로써 (탈세액 이외의) 시세차익을 얻는 행위를 들 수 있다. 이로써 조세포탈죄는 기술적 의미의 재산범이 된다.

★ **독일의 조세포탈죄**　독일에서도 조세포탈죄(Steuerhinterziehung)는 "사기죄의 특수한 형태"[18]로 이해되는데, 이때 이득(Bereicherung)은 납세를 피함으로써 자신의 재산이 감소하는 것을 막는 데에 그치지 않고, '타인의 재산영역에 들어가 그의 재산을 자신의 재산영역으로 가지고 오는 것'을 말한다. 납세를 피하는 행위도 조세채권이라는 국가의 재산영역에 들어가는 행위이긴 하지만 조세채권의 침해[19]는 조세포탈행위(기수)에 의하여

17 예컨대 이태로·안경봉, 조세법 강의, 박영사, 신정3판, 783쪽 참조.

18 Erwin Künster, Wirtschaftsstrafrech, 3.Auflage, 2000, 1123쪽 참조.

19 조세포탈죄는 과세요건의 충족을 전제로 할 때만 조세채권의 침해가능성도 인정되고, 과세요

이루지는 결과일 뿐이다.[20] 그렇기에 조세포탈죄는 사기죄와 달리 위태범으로 볼 여지가 생기지만 포탈행위에 의해 잠재적인 조세채권이 침해된다는 점에서 여전히 결과범으로 볼 수 있다.

예컨대 판례의 사례ⓗ는 '타인의 재산영역'을 침범하지 않고 납세부담을 면하므로 조세포탈죄의 '부정한 행위'에 해당하지 않게 된다.

4) 목적성 더 나아가 적극적이며 부정적인 이득행위는 조세포탈죄의 불법의 실질을 이루는 개별 세법상의 **입법취지에 부합하는 목적성**을 갖고 있어야 한다. 조세포탈죄는 "~할 목적으로"라는 문언이 없으므로 당연히 목적범은 아니다. 판례도 같은 입장이다. 그러나 부정한 행위는 조세포탈죄의 금지의 실질인 각종 세법이 설정하는 금지의 목적(또는 입법취지 ratio legis)을 실현하는 행위라는 측면이 있다.

예컨대 (2023년 시행 이전의 소득세법 아래서) 대주주만 부담했던 상장주식양도세의 납부의무는 '변칙증여의 방지'라는 목적(입법취지)을 위한 것이었다. 대주주가 상속받은 차명주식을 매도하고 차명증권계좌에서 현금을 인출하여 다른 차명계좌에 분산 입금하는 행위를 반복하는 것이 조세포탈죄가 되려면 변칙증여의 목적이 있어야 한다. 그런 목적이 없다면 소득세법에 규정된 금지의 실질이 실현된 것이 아니고, 따라서 조세포탈의 불법구성요건도 실현될 수 없기 때문이다.[21]

건이 충족되지 않는 경우에는 애당초 조세포탈죄가 성립하지 않는다. 이에 관한 大判 2003도5631("조세포탈죄는 납세의무자가 국가에 대하여 지고 있는 것으로 인정되는 일정액의 조세채무를 포탈한 것을 범죄로 보아 형벌을 과하는 것으로서, 조세포탈죄가 성립하기 위하여는 조세법률주의에 따라 세법이 정한 과세요건이 충족되어 조세채권이 성립하여야만 되는 것이므로, 세법이 납세의무자로 하여금 납세의무를 지도록 정한 과세요건이 구비되지 않는 한 조세채무가 성립하지 않음은 물론 조세포탈죄도 성립할 여지가 없다.").

20 조세범처벌법 제3조 제5항은 조세포탈죄의 기수시기를 "다음의 각 호의 구분에 따른다"고 규정한다. 1. 납세의무자의 신고에 의하여 정부가 부과·징수하는 조세: 해당 세목의 과세표준을 정부가 결정하거나 조사결정한 후 그 납부기한이 지난 때. 다만, 납세의무자가 조세를 포탈할 목적으로 세법에 따른 과세표준을 신고하지 아니함으로써 해당 세목의 과세표준을 정부가 결정하거나 조사결정할 수 없는 경우에는 해당 세목의 과세표준의 신고기한이 지난 때로 한다. 2. 제1호에 해당하지 아니하는 조세: 그 신고·납부기한이 지난 때

21 자세히는 이상돈, 조세형법론, 법문사, 2009, 175쪽 아래 참조.

따라서 조세포탈죄로 처벌하려는 부정한 행위는 해당 납세의무를 부과하는 '세법규정의 목적'을 실현할 수 없게 만드는 것이어야 한다. 이로써 조세포탈죄의 규범영역(Normbereich)은 납세의무를 근거 짓는 세법규정의 목적에 대한 해석에 의해 정해진다.

2. 조세포탈의 처벌

① 조세범처벌법 제3조 제1항은 형벌은 2년 이하의 징역 또는 포탈세액의 2배의 벌금에 처하고, 포탈세액이 3억 이상이고 포탈세율(=포탈세액÷신고납부의무세액배)이 0.3이상이거나 포탈세액이 5억 이상인 경우에는 3년 이하의 징역 또는 포탈세액의 3배 이하에 상당하는 벌금형에 처한다. 징역과 벌금은 선택형이 원칙이다. 그러나 조세포탈죄의 경우에는 '정상에 따라 징역형과 벌금형을 병과할 수 있다'(제3조 제2항). 이 병과는 임의적 사항이다.

② 특정범죄가중법 제8조에 의하면 포탈세액이 연간[22] 10억 원 이상인 때에는 무기 또는 5년 이상의 징역에 처하고(제1항 제1호), 5억 원 이상 10억 원 미만인 때에는 3년 이상의 유기징역에 처한다(제1항 제2호). 또한 포탈세액의 2배 이상 5배 이하에 상당하는 벌금을 병과한다(제2항). 임의적 병과규정인 조세범처벌법 제3조 제2항과 달리 벌금은 자유형과 반드시 '병과'(倂科)하여야 한다. 이는 포탈세액의 규모, 즉 결과반가치(Erfolgsunwert)의 차이만을 기준으로 법정형을 가중하는 것이다. 예컨대 포탈방법(행위양태)이나 매우 제한된 범위이지만 조세범처벌법 제3조 단서 1호가 고려하는 포탈률(포탈액÷납세의무액)과 같은 행위반가치는 특

---

22 조세포탈범의 죄수는 위반사실의 구성요건 충족 회수를 기준으로 하여(예: 소득세포탈은 각 과세년도의 소득세마다, 법인세포탈은 각 사업년도의 법인세마다, 부가가치세포탈은 각 과세기간인 6월의 부가가치세마다 1죄가 성립하는 것이 원칙이나 … 조세의 종류를 불문하고 1년간 포탈한 세액을 모두 합산한 금액이 특정범죄가중처벌등에관한법률 제8조 제1항 소정의 금액 이상인 때에는 같은 항 위반의 1죄만이 성립하고, '연간'은 각 세목의 과세기간 등에 관계없이 각 연도별(1월 1일부터 12월 31일까지)로 포탈한 또는 부정 환급받은 모든 세액을 합산한 금액을 말한다(大判 99도3822[전원합의체]).

정범죄가중법상 조세포탈죄의 성립요건이 되지 않는다. 또한 특정범죄가중법 제8조가 적용되는 사안은 조세범처벌법상의 범칙사건(조세범처벌법 제6조)에서 제외되고 조세당국(국세청장·지방국세청장·세무서장·세무공무원)의 고발 없이 처벌의 소추가 가능한 범죄행위가 된다(특정범죄가중법 제16조).

3. 조세포탈죄의 정당성과 위헌성

(1) 조세포탈죄의 위헌논란 특정범죄가중법 제8조의 조세포탈죄는 1966년 제정된 이래로 많은 위헌성 논란에 휩쓸렸지만 헌법재판소는 조세포탈은 반사회적, 반윤리적 범죄이고, 조세포탈액이 많을수록 국가와 사회에 미치는 병폐가 커지고, 한계금액을 전후한 사안에서 법정형의 현저한 차이는 작량감경을 통해 조절이 가능하고, 법정형의 하한이 높지만 법률상 감경 및 작량감경 등을 통하여 집행유예를 선고할 수도 있고, 2~5배의 필요적 벌금 병과는 국민의 납세윤리 확립, 건전한 사회질서의 유지와 국민경제의 발전 등 입법목적상 필요하고 역시 작량감경으로 벌금형 감액과 벌금형만의 선고유예도 가능한 점에서 과잉처벌이 아니라고 보았다(憲裁決 97헌바68; 2003헌바98). 조세포탈죄의 위헌성 심사는 다음의 세 가지 토포스(Topos)에서 이루진다.

— **조세의 형평성심사** 조세포탈죄에서 금지의 실질을 이루는 각종 세법상 납세의무가 '조세형평'을 실현하는지가 심사되어야 한다. 납세의무를 설정하는 세법규정이 위헌이면, 조세포탈죄의 적용도 그 한에서 한정위헌이 되기 때문이다.

— **형법의 적정성심사** 각종 납세의무 위반을 조세포탈죄로 만드는 행위양태인 "사기 그 밖의 부정한 행위"(조세범처벌법 제3조 제1항) 개념은 명확성원칙에 위배되는지 그리고 2~5배 벌금은 책임원칙에 위배되는지가 심사되어야 한다.

— **형벌의 적정성심사** 포탈세액의 규모에 따라 가중처벌하고, 2배 내지 5배 벌금의 필요적 병과를 하는 특정범죄가중법 제8조는 비례성(과잉금지)원칙에 위배되는지가 심사되어야 한다.

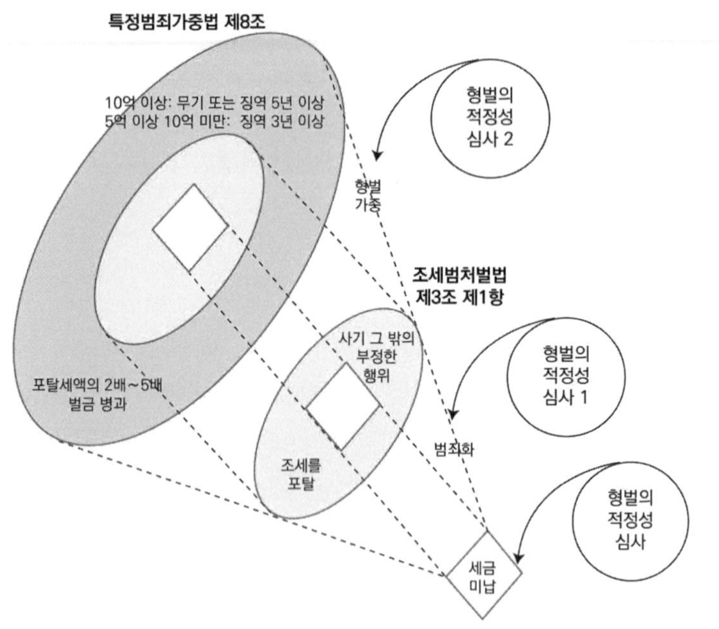

(2) 형벌체계의 균형상실과 입법재량의 한계 특정범죄가중법 제8조의 법정형은 형사처벌의 과잉성(균형성) 판단에서 인정되는 '입법자의 재량권'(형성의 자유) 범위 안에 있는 것일까? '도덕적 이중구조'를 갖고 있는 조세포탈행위의 법정형('무기 또는 5년 이상의 징역')은 보편타당한 반도덕적 범죄행위인 살인(형법 제250조 제1항)의 법정형과 인권침해적인 사형을 제외한다면 똑같다. 이는 형법상 책임원칙(Schuldprinzip)에 위배된다. 그럼에도 불구하고 그와 같은 가중처벌을 합헌으로 보게 만드는 입법재량권 승인은 헌법상 과잉금지원칙의 효력영역을 형법상 책임원칙의 그것보다 좁게 설정한다. 즉 입법재량권은 형벌체계의 불균형을 무시할 수 있는[23] 권한을 포함하게 된다. 형법이론적 요청을 헌법상 비례성원칙의 판단에 수용하고,[24] 형법의 헌법형성을 인정한다면, 특가법 제8조의

23 이에 관해 이상돈, 헌법재판과 형법정책, 고려대출판부, 2005, 51~56쪽.

24 이상돈, 앞의 책, 108~112쪽.

가중처벌은 비례성원칙에 명확하게 위배된다.

(3) 벌금의 병과와 재산권의 본질적 침해 조세포탈액의 2배 내지 5배의 벌금을 반드시 병과[25]하게 한 것은 벌금병과에 의해 조세포탈자가 내야하는 돈의 '가치'(이익)가 조세포탈행위가 침해하는 '가치'(국가적 법익으로서 국가의 조세권)와 비교할 때 더 우월한 가치는 아니라는 형량은 타당한 것일 수도 있고, 그 한에서 입법재량권의 범위를 일탈한다고 볼 수는 없다. 헌법재판소도 벌금병과를 합헌으로 본다(憲裁決 97헌바68).

1) 자유형의 책임을 넘는 벌금과 형벌체계교란 그러나 벌금형은 재산형(Vermögensstrafe)처럼 범죄자의 재산권 그 자체를 박탈하는데 그 본질이 있지 않으며, 범죄예방의 목적을 달성하는 유일무이한 수단도 아니다. 형법상 책임원칙에 의하면 벌금형의 범죄예방효과는 어디까지나 과거에 행한 범죄의 책임을 넘지 않는 범위에서만 추구할 것을 요구한다. 형법체계에서 벌금형(형법 제41조 제6호)은 원칙적으로 자유형(형법 제41조 제2호)보다 경한 형벌이지만 자유형과 '선택적'으로 부과되면서 자유형을 대체하는 형벌이다. 예컨대 상해죄는 7년 이하의 징역, 10년 이하의 자격정지 또는 1천만 원 이하의 벌금으로 처벌된다. 5만 원 이상(제45조) 1천만 원 이하의 벌금이라는 형벌범위는 7년 이하의 징역과 상응하는 것으로 보는 셈이다. 벌금형의 범위를 정하는 것은 물론 입법자의 재량이다. 하지만 형벌이론적으로 보면 일수벌금제도(day-fine system, Tagessätze Strafe)나 노역장유치제도에 견주어 볼 때 벌금형은 아무리 높게 잡아도 〈범죄자의 일일평균근로소득액×자유형의 일수〉를 넘지 않는 선에서 정해져야 책임원칙에 부합한다. 가령 특정범죄가중법상 조세포탈죄의 징역형의 하한인 5년의 총일수에다 조세포탈자의 일일평균근로소득을 곱한 액수를 넘어선다면 그 벌금형은 책임원칙에 위배된다고 볼 수 있다.

---

25 벌금병과규정은 경륜·경정법, 계량에 관한 법률, 관광진흥법 제81조, 방문판매 등에 관한 법률, 산림자원의 조성 및 관리에 관한 법률, 소비자생활협동조합법 등 다양한 법률에서 사용되고 있다.

가령 5억 원의 조세포탈행위에 대해 징역 3년(집행유예 5년)이 선고되었고, 그 조세포탈자의 일일평균근로소득이 20만 원이라면 3×365일×20만원=2억1천9백만 원의 벌금형이 징역형에 상응하는 책임의 양이 된다. 그러나 특가법 제8조 제2항은 5억 원의 조세포탈액에 대하여 최소 10억에서 25억 원의 벌금을 부과한다.

그러므로 특정범죄가중법 제8조 제2항은 자유형보다 벌금형을 경한 선택형으로 바라보는 형법상의 형벌체계(형법 제41조, 제50조)를 교란시킨다. 또한 벌금형이 피고인이 사회생활을 계속 할 수 있게 하는 형벌(자유형)의 완화에 그 본래적 목적이 있다. 2배 내지 5배의 과도한 벌금의 병과는 자칫 피고인의 경제력을 치명적으로 박탈시킴으로써 오히려 자유형보다도 사회경제생활의 참여를 어렵게 만들 수도 있다.[26] 독일 형법 제41조의 해석에서 독일연방법원은 벌금형은 몰수와 같은 재산형이 아니고, 자유형과 벌금을 병과한 형량 전체는 피고인의 책임(Schuld)을 넘지 않아야 한다고 본다.[27] 다시 말해 형벌범위를 확장하지 않으면서 벌금을 병과하려면 그에 상응하는 자유형이 삭감되어야 한다. 물론 일수벌금형이 아니라 총액벌금형을 취하고 있는 우리나라에서는 벌금형의 병과에 따라 어느 정도의 자유형이 삭감되어야 하는지를 계산하는 기준이 없고, 법관의 자의적인 판단에 내맡겨져 있다.[28]

2) 몰수보다 강한 보안처분적 재산권박탈　　벌금의 병과는 실질적으로 몰수와 같이 다른 형벌과 함께 부과되는 '부가형'(附加刑)이 된다. ① 몰

26 ★ 미국의 조세포탈죄에서 벌금형　　미국에서 조세포탈은 Internal Revenue Code(1954년) 제75장(조세범죄규정)에서 규율된다. 우리나라의 조세포탈죄에 해당하는 제7201조는 "누구든지 방법을 막론하고 고의로 본법에 의하여 부과되는 조세나 그 납부를 회피, 무효화시키려고 하는 자는, 다른 처벌과 별개로, 이를 중죄(Felony)로 취급하며, 10만 불 이하의 벌금(법인의 경우 50만 불) 또는 5년 이하의 징역 또는 양자를 병과할 수 있다. 어느 경우이든지 소추비용은 범칙자가 부담한다"고 규정한다. 총액벌금이 배수벌금이 아니라 10만 불(약 1억3천만 원)을 상한선으로 하기 때문에 책임원칙에 위배될 소지가 훨씬 적다.

27 이런 입장의 독일연방대법원판결로는 BGHSt 32, 67 참조.

28 이런 관점으로 서보학, "형법상 법죄수익 몰수의 필요성과 법치국가적 한계", 안암법학 제5호, 1997, 103쪽.

수는 "범죄행위로 인하여 생하였거나 이로 인하여 취득한 물건"(제48조 제1항 2호)에 대하여 부과되는 형벌이고, 유죄의 재판을 아니할 때에도 부과될 수 있다(형법 제49조 단서)는 점에서 유죄를 전제하고 금전벌인 벌금과 다르다. 하지만 "물건을 몰수하기 불능한 때에는 그 가액을 추징"(제48조 제2항)하는데, 이 경우 몰수는 '범죄행위로 인하여 생하였거나 이로 인하여 취득한 가액'으로 재구성된다는 점에서 벌금형의 병과와 몰수가 유사해진다. ② 이처럼 벌금병과가 몰수의 기능을 수행함을 인정한다면 조세포탈에 대한 벌금병과는 조세포탈세액을 넘어서서는 안 된다는 결론도 도출된다.

> 가령 4억 원짜리 다이아몬드를 절도하여 처분한 절도범에게 징역 2년을 선고하고 다이아몬드의 행방을 알 수 없어서 그 가액(4억 원)을 추징한다는 점을 고려한다면, 5억 원의 조세포탈행위에 대해 3년의 징역형을 선고할 때 병과하는 벌금도 5억 원을 넘어서는 안 된다.

그 이상의 벌금형은 형벌의 성격을 넘어서 미래의 탈세를 막겠다는 '보안처분'적인 재산권박탈이 된다. 이런 점에서 포탈세액의 2배에서 5배에 이르는 벌금은 재산권에 대한 과잉의 제한이 된다.

3) 징벌적 벌금의 이중처벌성 일탈행위자가 부담해야 하는 금전적 부담이 그가 저지른 법익침해결과의 가액보다 몇 배나 되는 제재의 대표는 중간법(middle law)에 속하는 징벌적 손해배상제도이다. ① 조세채권액의 2배 내지 5배가 되는 벌금형은 사실상 징벌적 손해배상이 되어버린다. 여기서 징역형과 벌금형의 병과는 징역형과 징벌적 손해배상의 병과라는 문제로 연장된다. 중간법에 속하는 과징금의 형사처벌 성격을 부정한 헌법재판소의 입장[29]에 따르면 아무리 벌금병과가 실질적인 징

29 "행정권에는 행정목적 실현을 위하여 행정법규 위반자에 대한 제재의 권한도 포함되어 있으므로, '제재를 통한 억지'는 행정규제의 본원적 기능이라 볼 수 있는 것이고, 따라서 어떤 행정제재의 기능이 오로지 제재(및 이에 결부된 억지)에 있다고 하여 이를 헌법 제13조 제1항에서 말하는 국가형벌권의 행사로서의 '처벌'에 해당한다고 할 수 없는바, 구 독점규제및공정거래에관한법률 제24조의2에 의한 부당내부거래에 대한 과징금은 그 취지와 기능, 부과의 주

벌적 손해배상이라고 하더라도 동일한 사건에 대한 확정판결이 있는 사건에 대한 이중처벌과 같이 되지는 않으므로 헌법 제13조 제1항에 위배되지 않는다.[30] ② 그러나 헌법 제13조 제1항 후단이 **이중위험금지원칙**을 규정했다고 본다면 이 조항은 형사처벌을 대체하는 중간법적 제재에 대해서도 그리고 확정판결이 나지 않은 경우에도 적용되어야 한다. 조세범처벌절차법 제15조 제3항은 "통고처분을 받은 자가 통고대로 이행하였을 때에는 동일한 사건에 대하여 다시 조세범칙조사를 받거나 처벌받지 아니한다"고 정한다. 이러한 이중조사와 이중처벌의 금지는 이중소추의 금지[31]와 한 세트가 되어야 완전하게 실현된다는 점에서 제15조 제3항은 헌법 제13조 제1항 단서를 이중위험금지원칙으로 운영하는 근거가 될 수 있다.[32] ③ 이중위험금지원칙에 의하면 징벌적 손해배상은 형벌(자유형)과 함께 부과할 수 없다. 왜냐하면 불법행위의 요건보다 가중된 요건, 즉 형사책임의 귀속요건에 준하는 요건 하에서 부과되고[33]

체와 절차 등을 종합할 때 부당내부거래 억지라는 행정목적을 실현하기 위하여 그 위반행위에 대하여 제재를 가하는 행정상의 제재금으로서의 기본적 성격에 부당이득환수적 요소도 부가되어 있는 것이라 할 것이고, 이를 두고 헌법 제13조 제1항에서 금지하는 국가형벌권 행사로서의 '처벌'에 해당한다고는 할 수 없으므로, 공정거래법에서 형사처벌과 아울러 과징금의 병과를 예정하고 있더라도 이중처벌금지원칙에 위반된다고 볼 수 없으며, 이 과징금 부과처분에 대하여 공정력과 집행력을 인정한다고 하여 이를 확정판결 전의 형벌집행과 같은 것으로 보아 무죄추정의 원칙에 위반된다고도 할 수 없다."(憲裁決 2001헌가25)

30 비록 이중위험금지원칙을 채택한 것은 아니지만, 독일연방헌법재판소(BVerfG, 2 BvR 794/95 vom 20.3.2002, Absatz-Nr. 1-145)는 무기 또는 2년 이상의 자유형에 처하는 범죄에 대해 일정한 금액의 지불에 처할 수 있게 한 독일형법(StGB) 제43조a(재산형의 부과)가 독일기본법 제103조 제2항(법률명확성원칙)에 위배된다는 판결을 내린 바 있다. 즉 제43조a의 "행위자의 재산규모에 의해 그 최고한도가 제한되는 일정한 금액의 지불에 처할 수 있게"하는 재산형(Vermögensstrafe)은 즉, 책임원칙을 충분히 고려하여 법관이 구체적인 사안에 적당하고 비례적인 형벌을 부과할 수 있게 하지 못한다는 점에서 법률명확성원칙에 위배된다고 본 것이다. 이는 명확성원칙의 확장해석을 통해 이중위험금지원칙과 비슷한 효과를 발생시킨다.

31 이 점은 (구) 조세범처벌절차법 제11조가 "범칙자가 통고대로 이행한 때에는 동일한 사건에 대하여 소추를 받지 아니한다"고 규정한 점에서도 잘 알 수 있다.

32 비슷한 견해로 김용재, "미국 판례법상 민사금전벌과 이중처벌금지의 원칙에 관한 연구", 고려법학, 제51호, 2008, 520쪽.

33 이런 입장으로 이상돈, 부실감사법, 이론과 판례, 법문사, 2007, 226~227쪽.

손해의 몇 배 전보(징벌)를 통해 형벌의 목적(예: 동일행위의 예방)을 달성한다는 점에서 징벌적 손해배상은 형벌을 대체하는 제재이기 때문이다. 따라서 징벌적 손해배상의 실질을 지닌 벌금형과 자유형의 병과는 헌법 제13조 제1항 단서가 금지하는 이중처벌이 된다.[34]

4) 재산권 제한에 관한 입법재량권 이처럼 자유형의 책임범위를 초과하는 벌금, 몰수를 대체하는 추징액을 넘어서는 벌금, 징벌적 성격의 벌금을 자유형과 별도로 부과하는 것은 보복적이며, 보안처분적이며, 형벌만능적인 재산권의 박탈로서 재산권의 본질적 내용을 침해한다. 물론 헌법상 입법자의 재량권은 그런 형벌이론적인 한계를 얼마간 뛰어 넘을 자유까지 포함한다고 볼 여지가 있다. 즉 이는 그와 같은 벌금의 병과에 의한 재산권의 제한과 다른 공익(국가조세권의 확립을 통한 국가재정의 충실화)을 가치형량함으로써 가능해진다. 그러나 그와 같은 가치형량은 국가권력을 개인의 기본권보다 우선시키는 관헌국가적 잔재를 보여준다. 그렇기 때문에 아무리 입법자의 재량권을 넓힌다고 해도 특정범죄가중법상 벌금병과조항은 위헌으로 보는 것이 타당하다.

(4) 불법의 구조적 편중과 형벌불평등 특정범죄가중법 제8조는 포탈률(포탈액 ÷ 납세의무세액)과 같이 다소 행위불법의 성격을 띠는 요소마저 배제하고[35] 조세포탈액의 규모(하한선 5억)라는 결과불법(Erfolgsunwert)에만 의존해 있다.

1) 행위불법의 결핍과 평등원칙위배 그러나 생활세계 안에서 시민들

34 과징금과 벌금 등 금전적인 제재의 경우에는 중복되지 않고 하나로 통일하자는 김광준·원범연, 한국의 신종 기업범죄의 유형과 대책, 형사정책연구원, 2002, 202쪽.

35 이 점을 비판하고 입법론적 재고를 주장하는 안대희 대법관의 견해에 관해서 안대희, 조세형사법, 법문사, 2005, 368쪽 참조. 안 대법관은 특가법 제8조가 포탈률을 고려하지 않는 점 이외에도 매출이 많은 법인의 조세포탈은 대부분 특가법이 적용되는 반면, 조세를 신고조차 하지 않는 죄질이 중한 위법소득의 향유자는 포탈액이 많은 경우 특가법에 해당하지 않는 등의 불균형도 고발전치주의를 존속시킬 필요성과 특가법에 의한 처벌에 대한 입법론적 재고를 요한다고 본다.

의 정당한 행위규범으로서 기능해야 하는 형법의 불법은 결과불법 이외에 행위불법(Handlungsunwert)이 있어야 한다. **행위불법의 결핍**은 형법의 도덕적 결함을 의미한다. 형법에서 평등원칙은 '같은 종류와 정도의 불법은 같게, 다른 종류와 정도의 불법은 다르게 취급하는 것'을 의미한다. 이를테면 포탈액이 크더라도 장부조작과 같은 적극적인 기망행위를 사용하지 않은 사안과 포탈액은 작지만 그런 기망행위를 사용한 사안(행위태양의 차이), 그리고 같은 종류의 기망행위를 사용한 사안에서도 포탈액은 크지만 포탈률은 작은 경우와 포탈액은 작지만 포탈률이 큰 경우를 비교형량하여 그 적용여부를 결정할 가능성을 처음부터 배제하고 있다면 평등원칙(헌법 제11조)의 위배를 말할 수 있다.

2) 실질적 강제적 양형규정으로서 특정범죄가중법 물론 이런 형벌불평등의 문제점은 특정범죄가중법 제8조가 형사불법을 창설하는 규정이 아니라 단지 조세포탈죄의 강제적 양형규정(strafzumessende Vorschrift)이라는 점에서 덜 중요할 수 있다. 그러나 ① 법정형을 선택하는 양형요소가 형법 제51조의 다양한 요소 가운데 오로지 포탈세액, 그러니까 제51조 제3호(범행의 동기, 수단과 결과) 가운데 "결과"요소로 환원된다는 점에서 법관의 양형재량권을 침해한다. 물론 법관은 정상참작감경규정(제53조)을 적용하여 다양한 "범죄의 정상"을 고려할 수 있기에 양형재량권의 침해는 형벌의 적정성(헌법 제12조 제1항 및 제27조[재판받을 권리])을 깨뜨리지는 않는다. ② 하지만 여전히 절차법적 결함이 남는다. 형법 제51조의 양형요소는 공소여부를 결정할 때에도 고려할 수 있어야(형사소송법 제247조 제1항) 한다. 조세포탈죄에서 공소여부를 결정하는 양형요소의 가장 중요한 고려는 통상 조세당국의 전속고발과정에 의해 '제도적으로' 이루어진다. 그러니까 특정범죄가중법 제16조는 결과불법(포탈세액)의 크기만으로 조세범죄의 특성에 적합한 양형요소의 고려를 할 수 없게 만드는 것이다. 조세포탈행위가 일어난 후에라도 자신납부(통고처분을 받고 벌금에 상당하는 금액을 납부)를 하는 등 결과불법이 제거되면 고발하지

않는 것이 조세당국의 전속고발에 관한 비공식적 규칙이기도 하다. 물론 검사도 이 점을 고려하여 기소유예를 할 수는 있겠지만, 검사마다 다를 수 있고, 현실적으로 그런 고려를 기대하기는 매우 어렵다. 그렇기 때문에 강제적 양형규정으로서 특정범죄가중법 제8조(및 제16조)는 적법절차(헌법 제12조 제1항)의 이념을 위태롭게 만든다.

Ⅲ. 조세포탈죄 이외의 조세범죄

1. 조세범죄의 개관

조세범처벌법 제2장은 조세포탈죄 이외에도 다수의 범칙행위를 규정하고 있다. 일부는 특정범죄가중처벌 등에 관한 법률이 적용되기도 한다. 이 조세범칙행위들을 목록화하고, 주요내용을 간략히 개관해보자.

(1) 면세유부정유통죄·면세유류구입카드등부정발급죄 조세특례제한법 제106조의2 제1항 제1호상의 면세유를 부정유통하거나(제4조), 조세특례제한법 제106조의2 제11항 제1호상의 면세유류 구입카드 등을 부정한 방법으로 발급하여(제4조의2) 조세채권을 침해하는 행위이다.

(2) 가짜석유제품제조죄 석유 및 석유대체연료 사업법 제2조 제10호에 따른 가짜석유제품을 제조 또는 판매하여 조세를 포탈하는 행위는 조세채권을 침해할 위험을 발생시키고 조세질서를 교란시키는 범죄이다(제5조).

(3) 무면허주류제조죄 주류 면허 등에 관한 법률에 따른 면허를 제조장 및 판매장별로[36] 받지 아니하고[37] 주류, 밑술·술덧을 제조하거나 판매하면 '사실상' 주세포탈의 구체적 위험을 초래하게 되므로, 무면

36 주세법상 면허는 제조장 및 판매장별로 받아야 하므로 면허받은 제조 판매장소가 아닌 장소에서 제조 판매한 경우도 무면허주류판매에 해당한다(大判 75도2553).

37 주류판매업면허 정지처분을 받고 그 기간 중에 한 주류판매행위도 무면허 주류판매에 해당한다(大判 95도571).

허 영업 자체가 사기 그 밖의 부정한 방법에 버금가는 행위불법을 구성하는 조세범죄가 된다(제6조).

(4) 체납처분면탈죄 조세징수권은 체납자의 사해행위를 취소할 수 있게 한 국세징수법 제30조에 의해 충분히 보호되지 않는다. ① 체납처분의 대상이 되는 바꿔 말해 국세징수법상 압류와 환가의 대상이 되는 재산의 은닉 · 탈루(예: 소유권의 이전), 거짓계약(예: 재산의 허위양도, 채무의 허위부담)의 행위는 조세의무의 강제적 이행을 면탈시킬 구체적 위험을 발생시키는데(제7조 제1항), 이 행위가 조세포탈죄의 실행행위에 속하는 '조세포탈'을 목적으로 삼고 있으면 체납처분면탈죄가 된다.

② 형사소송법 제130조 제1항에 따른 압수물건의 보관자 또는 국세징수법 제49조 제1항에 따른 압류물건의 보관자가 그 물건을 은닉 · 탈루 · 손괴 · 소비하면 체납처분면탈과 같이 처벌한다(제7조 제2항). 압수물건을 세무관서가 보관하는 대부분의 경우는 적용되지 않는다. ③ 체납처분면탈죄나 압류물건은닉 · 탈루 등 행위임을 알고 방조하거나 거짓계약을 승낙한자는 체납처분면탈죄 등의 방조범이 되지만 조세범처벌법은 처벌규정(제7조 제3항)을 따로 두고 있다.

(5) 장부 · 소각파기죄 조세포탈을 위한 증거인멸목적으로 세법상 비치장부 · 증빙서류를 해당 국세의 법정신고기한이 지난 날부터 5년 이내에 소각 · 파기 또는 은닉하는 행위는 조세범죄로 처벌된다(8조).

(6) 성실신고방해죄 고객유치의 직업적 필요성 때문에 세무신고대리인이 납세의무자의 세무신고에 관하여 거짓 신고를 하거나, 납세의무자가 아닌 제3자가 과세표준의 신고나 조세의 징수 또는 납부를 하지 않도록 선동 · 교사하는 범죄행위이다(제9조). 특히 후자는 조세저항운동이나 조세불납부운동을 막기 위한 것이다.

(7) 세금계산서관련의무위반죄 세금계산서는 부가가치세의 납세의무자(사업자)가 거래상대방에게 작성 · 교부하는 세액의 계산과 거래의

증빙서류로서 사업자에게는 매출세액의 증빙서류(예: 매출처별세금계산서합계표)가 되고 상대방에게는 매입세액의 공제를 통하여 부가가치세액의 과세자료(매입처별세금계산서합계표)가 된다. 세금계산서의 교부와 수령은 거래의 투명성을 촉진하고 근거과세원칙에 따른 조세행정의 기능을 보호하기 위해 조세범처벌법 제10조는 다음의 행위를 처벌한다.

> ① 사업자등록을 하였고, 실제로 재화와 용역을 공급한 사업자가 거래시점에 또는 고정거래처와의 거래에서는 매월 10일 세금계산서를 (주로 일반소비자에 대하여) 교부하지 않거나 거짓기재(예: 액수의 축소, 통정에 의한 과대기재, 거래일자의 허위)하여 교부하는 행위(**세금계산서교부불성실죄**)
> ② 세금계산서(매입처별세금계산서합계표)를 정부에 제출하여야 할 자(국가·지방자치단체·지방자치단체조합, 부가가치세면세사업자 중 소득세·법인세납세의무자, 민법 제32조에 의한 법인, 특별법에 의해 설립된 법인, 각급 학교 기성회·후원회 기타 이와 유사한 단체)가 세금계산서를 작성·교부하여야 하는 사업자와 통정하여 세금계산서를 교부받지 않거나 또는 거짓으로 기재한 세금계산서를 교부받거나 거짓으로 기재한 매입처별세금계산서합계표를 제출하는 행위(**세금계산서수취불성실죄**)
> ③ 부가가치세법상 사업자(예: 사업자, 위장가공사업자, 제3자 명의의 사업자등록을 한 자)가 실물거래 없이 세금계산서를 교부하거나 교부받는 행위와 이를 알선하는 행위(**가공의 세금계산서 교부죄 및 수수·알선죄**). (가공의 공급가액이나 매출매입의 합계액이 30억 이상일 때에는 특가법 제8조의2에 의해 가중처벌)

(8) 조세면탈목적 차명사업자등록죄 조세의 회피나 강제집행의 면탈을 목적으로 타인의 성명을 사용하여 사업자등록하거나 이를 허락하는 행위는 조세질서범으로서 처벌된다(제11조).

(9) 납세증명표식 불법사용죄 조세범처벌법 제12조는 납세증명표시 등의 불법사용을 처벌하는데, ① 국세청장이 유통과정에서 조세포탈의 염려가 많아서 이를 방지하기 위한 식별로서 첨부하게 하는, 예컨대 주세법상의 납세증명표지(예: 납세증지 납세병마개, 납세증표 등)를 재사용, 불법양도(단 불법양수는 제외), 위조 또는 변조, 위조·변조한 납세증명표

지의 소지와 교부의 행위는 조세범죄(**납세증명표식 불법사용죄**)로 처벌된다. ② 문서에 첨부되고 문서의 지면에 걸쳐 서명하거나 인장이 표시된('消印된') 인지(수입인지에 관한 법률상 수입인지)의 재사용행위는 — 형법 제218조의 인지위조·변조죄, 제221조의 소인무효죄와 함께 — 인지세의 포탈과 국고세입금의 누락을 가져온다는 점에서 조세범죄(**인지재사용죄**)로 처벌된다.

(10) 원천징수의무위반죄 소득세법, 법인세법, 농어촌특별세법 등에 — 그 징수할 세의 (원천)납세의무자가 아니지만, "조세징수의 편익"[38]을 도모하기 위하여 — 규정된 원천징수의무자가 '정당한 사유 없이' 그 세를 징수하지 아니하거나(예: 법인임원에 대한 생활비 등 부외인건비, 퇴직위로금 지급) 징수한 세금을 납부하지 않는 행위는 소득세법상 원천징수 불성실가산세 이외에 형벌로 위협되는 조세범죄로 처벌된다(제13조). 징수의무 위반보다 납부의무 위반이 더 무겁게 처벌된다.[39] 타인의 소득에 대해 국가의 조세징수사무를 무보상으로 대신해주는 원천징수의무자의 의무위반이 범죄가 되어야 마땅한지 의문이 남지만 원천징수의무를 이행하지 않으면 근로소득자의 소득세 탈세가 광범위해질 수 있다는 점에서 원천징수의 합리성이 있고, 그 위탁사무를 신의성실로 처리하지 않는 것은 조세포탈에 근접한다.

38 "급료를 지급하는 자에 대하여 조세징수의 편익을 도모하기 위하여 근로자가 납부할 갑종근로소득세를 원천징수하여 납부하도록 규정한 것을 헌법에 위반된다고 할 수는 없는 것"(大判 87누551·552)이다.

39 미국에서 원천징수의무위반죄는 Internal Revenue Code 제75장 제7202조에서 규율된다. "누구든지 이 법에 의하여 조세를 징수하여 그 명세서를 작성, 기입할 자가 이를 고의적으로 징수하지 아니하거나 성실하게 명세서를 작성하여 납부하지 아니하는 경우에는 이를 중죄로 취급하되, 법에 의한 여타 처벌에 병행하여 확정판결에 의하여 1만불 이하의 벌금 또는 5년 이하의 징역에 처하거나 이를 병과할 수 있다"(Any person required under this title to collect, account for, and pay over any tax imposed by this title who willfully fails to collect or truthfully account for and pay over such tax shall, in addition to other penalties provided by law, be guilty of a felony and, upon conviction thereof, shall be fined not more than $10,000, or imprisoned not more than 5 years, or both, together with the costs of prosecution.)라고 규정한다. 벌금병과, 우리나라보다 무거운 징역형이 특징적이다.

⑾ 근로소득원천징수영수증 거짓기재교부죄 근로를 제공받지 않고 거짓으로 근로소득 지급명세서를 제출하거나 근로소득원천징수영수증을 타인에게 교부하는 행위는 사실상 조세를 포탈(의 구체적 위험을 초래)하게 되므로, 사기 그 밖의 부정한 방법에 버금가는 행위불법을 구성하여 조세범죄로 처벌한다(제14조).

⑿ 국제금융정보관련 의무위반죄 다른 나라와 교환하는 조세정보나 금융정보의 획득·교환·제공의 부당방해·지연, 금융회사종사자의 비밀유지의무위반, 세무공무원의 해외금융계좌정보 비밀유지의무위반 등도 조세범죄로 처벌된다(제15조).

⒀ 해외금융계좌신고의무 불이행죄 해외금융계좌를 보유한 거주자 및 내국법인이 해당 연도의 매월 말일 중 어느 하루의 해외금융계좌 잔액이 5억 이상인 자가 그 계좌정보를 다음 연도 6월 1일부터 30일까지 납세지 관할 세무서장에게 신고하지 않는 행위는 조세범죄로 처벌하고, 징역형과 벌금형을 병과할 수 있다(제16조).

2. 유형화의 기준

조세범처벌법이 규정하는 범죄들의 기본구성요건은 제3조 제1항의 조세포탈죄이다. 조세포탈죄는 도덕적 반가치가 있는 행위(행위반가치)에 의해 법적으로 유효하게 발생한 조세채권을 침해하고, 그 행위는 사회 하부체계(subsystem)의 하나인 조세체계의 기능을 직접적으로 교란시킨다. 이 기본구성요건은 두 가지 방법으로 다음 도표와 같은 유형의 조세범죄들을 파생시킨다.

조세범칙행위	• 조세체계의 기능 직접 교란 • 조세채권의 침해·위태화 • 조세포탈죄의 독자변형 구성요건	침해범 Verletzungs-delikt)	기본구성요건: 조세포탈죄(제3조)
			① 면세유부정유통죄· 면세유류구입카드등부정발급죄(제4조)
		위태범 Gefährdung-delikt)	② 가짜석유제품제조죄(제5조) ③ 무면허주류제조죄(제6조) ④ 체납처분면탈죄(제7조) ⑩ 원천징수의무위반죄(제13조)

		⑪ 근로소득원천징수영수증거짓 기재교부죄(제14조)
• 조세체계의 기능 간접 교란 • 조세포탈죄의 전단계 범죄화	위험범 Riskantes Verhalten	⑤ 장부소각파기죄(제8조) ⑥ 성실신고방해죄(제9조) ⑦ 세금계산서관련의무위반죄(제10조) ⑨ 납세증명표식 불법사용죄(제12조)
• 조세행정의 편의성과 고권성 훼손	질서범 (Ordnungs－widrigkeit)	⑧ 조세면탈목적차명사업자등록죄(제11조) ⑫ 국제금융정보관련의무위반죄 ⑬ 해외금융계좌신고불이행죄

(1) 약한 반도덕적 유사구조의 행위유형 첫째, 조세채권을 발생시키는 요건에 포섭되는 행위영역에서 조세포탈죄의 구성요건표지를 부분적으로 교체하여 독자적인 변형구성요건으로 만드는 방법이다. 특히 "사기 그 밖의 부정한 행위"와 반도덕적 구조(immoral structure)가 유사하지만 다른 모습의 동등하거나 약화된 실행행위방식(예: ① 면세유부정유통죄, ② 가짜석유제품제조죄, ③ 무면허주류제조행위, ④ 체납처분면탈행위, ⑩ 원천징수의무위반죄, ⑪ 근로소득원천징수영수증거짓기재교부행위)의 표지에 의해 교체되거나, 행위주체가 납세의무자가 아닌 자(예: ⑨ 원천징수의무자 ④ 탈세자 재산의 점유자)로 교체됨으로써 새로운 구성요건이 만들어진다. 이런 행위들도 조세채권을 침해하거나 구체적으로 위태화(구체적 위험범)하며, 조세체계의 기능을 '직접' '교란'시킬 수 있다.

(2) 조세포탈행위의 전단계에 대한 통제 둘째, 조세채권을 침해하거나 구체적으로 위태화시키는 것이 아니고 단지 '추상적 위험성'(risk)의 속성을 띠는 행위이지만 그 행위가 일반화되면, 즉 자주 발생하고 그 행위의 효과가 누적될수록 조세체계의 기능이 위태롭게 될 개연성이 높은 행위들을 새롭게 범죄화하는 방법이다. 이는 조세포탈죄의 전단계 범죄화(Vorfeldkriminalisierung)라고 할 수 있다. 예컨대 ⑤ 장부·소각파기죄, ⑥ 성신실고방해죄, ⑦ 세금계산서관련의무위반죄, ⑨ 납세증명표식 불법사용죄의 행위들은 아직 조세채권을 침해 또는 침해할 위험을 구체적

으로 발생시키는 것은 아니지만, 그런 행위들이 시민들 사이에 일반화되면, 조세체계의 기능이 위태화될 개연성이 높으며, 이런 행위들은 조세포탈행위로 이어질 개연성도 있다는 점에서 비록 약하지만 반도덕적 성격을 갖고 있다. 이 점에서 이 범죄들은 반도덕적 성격이 전제되지 않은 조세질서범과 확연히 구별된다. 이런 행위유형을 형사범죄로 만드는 형법정책은 '예방적 범죄투쟁'(vorbeugende Verbrechensbekämpfung)이라고 부른다. 이런 영역에 대해서는 범죄화정책의 노선과 비범죄화정책의 노선이 강하게 대립된다.

(3) 조세질서범 셋째, 조세질서범은 조세행정의 고권성(Hoheit)이나 효율성(편의성)을 도모하기 위해 부과한 법적 의무를 위반한다는 이유로 범죄화되는 행위들이다. 예컨대 조세를 면탈할 목적으로 타인의 이름으로 사업자등록을 하거나 이를 허락하는 행위(⑧ 조세면탈목적차명사업자등록죄)는 조세행정의 효율성과 편의성을 해치는 행위이고, ⑫ 국제금융정보관련의무위반죄와 ⑬ 해외금융계좌신고불이행죄는 국제조세조정행정의 효율성과 편의성을 해치는 행위이다. 조세질서범으로 분류되는 조세범죄들은 원칙적으로는 형사처벌 되어서는 안 되고 과태료[40]나 과징금 등으로써 제재하는 것이 타당하다. 왜냐하면 그 의무위반행위들은 형법규범이 내재하여야 할 도덕적 행위규범의 성격을 전혀 갖고 있지 않기 때문이다. 다만 비밀유지의무위반죄는 개인금융정보에 대한 정보지배권을 해치는 행위로서 일부 반도덕적 성격을 갖고 있고 있어서 조세질서범으로 보긴 어렵다.

3. 유형화의 법적 기능

이러한 세 가지 유형화는 다음의 법적 기능을 수행할 수 있다.

---

40 2010년 개정으로 (구) 조세범처벌법 제13조(명령사항위반 등)의 13개의 조세명령위반행위들이 비범죄화되고, 현행 제17조(명령사항위반 등에 대한 과태료 부과)에 의해 과태료가 부과되는 행위의 유형들이 새롭게 정립되었다.

(1) 범죄화정책의 차이 형법이론적, 형법정책적 방향설정에 의미를 준다. 가령 조세에 관련한 시민들의 이중적 도덕의식을 고려한다면, 조세질서범은 물론이고 조세포탈의 전단계 범죄들도 원칙적으로는 비범죄화 할 필요가 있다. 실체법의 차원에서 비범죄화가 부적절하다면, 절차법의 차원에서라도 비범죄화가 요망된다. 조세범처벌절차법상의 통고처분절차는 조세형법에 특유한 절차법적 비범죄화의 예이다.

(2) 죄수론적 효과 이 유형화는 죄수론적 의미가 있다.

1) 법조경합관계 조세포탈죄의 독자적 변형구성요건은 조세포탈죄와 불법유형(Unrechtstypus)이 —특히 조세채권을 침해 또는 위태화시키는 재산범적 성격을 갖고 있다는 점에서— 상당한 정도로 같은 것으로 볼 수 있기 때문에 법조경합관계에 놓인다.

2) 경합범관계 그러나 전단계 범죄행위들은 조세채권을 직접 침해하거나 위태화함이 없이 조세행정의 기능이라는 보편적 법익에 대해 추상적 위험(risk)을 발생시키는 행위인 반면, 조세포탈죄는 조세채권을 직접 침해하는 실행행위에 의해 —그리고 그런 점에서 재산범과 유사한 불법을 가지면서— 조세체계의 기능을 위태화하는 범죄행위라는 점에서 두 범죄는 불법유형이 상당히 다르다. 따라서 이들은 '경합범'의 관계에 놓인다고 봄이 타당하다. 물론 이 경합범관계는 그 실행행위가 단일하거나 부분적으로 중첩되어 있으면 상상적 경합관계(형법 제40조), 그렇지 않은 경우에는 실체적 경합범관계(제37조~제39조)가 된다.

> 가령 거짓기재세금계산서를 교부하는 행위는 신고납부기한이 경과되면 성립하는 조세포탈죄의 실행에 착수하는 행위로 볼 수 있고, 따라서 세금계산서교부불성실죄와 조세포탈죄는 행위가 부분적으로 중첩된다. 이럴 경우에 상상적 경합이 성립하며, 결국 조세포탈죄로만 처벌한다.

3) 공소사실기재방법 조세포탈죄와 그 독자적 변형구성요건들이 법조경합관계에 있다고 하더라도 검사가 조세포탈죄만 기소해야 하는

것은 아니다. 실무상으로도 큰 범죄인 조세포탈죄가 성립하는 경우에도, 특히 경미한 경우가 아니라면 작은 범죄들(독자적 변형구성요건과 전단계 범죄행위들)까지 조세포탈죄와 함께 기소한다. 하지만 법조경합이나 상상적 경합에 놓이는 경우에는 조세포탈죄를 주위적 공소사실로 그 밖의 범죄를 예비적 공소사실로 기소를 하고, 실체적 경합관계에 놓이는 경우에는 둘 다 주위적 공소사실로 기소하는 것(사실상의 병합심리 신청)이 바람직하다.

(3) 전속고발의 효과 범칙행위의 유형화가 갖는 죄수론적인 의미는 세무당국의 전속고발(제21조)의 절차법적 효과와는 관련이 없다. 예컨대 조세포탈죄와 그 독자적 변형구성요건(① 면세유부정유통죄·면세유류구입카드등부정발급죄, ② 가짜석유제품제조죄, ③ 무면허주류제조행위, ④ 체납처분면탈행위, ⑩ 원천징수의무위반죄, ⑪ 근로소득원천징수영수증거짓기재교부행위) 가운데 어느 하나에 대한 고발은, 두 범죄유형이 법조경합관계에 있다는 점에서 다른 것에 대하여도 효력이 있다. 이에 반해 조세포탈죄와 그 전단계 범죄행위들(⑤ 장부소각파기죄, ⑥ 성실신고방해죄, ⑦ 세금계산서관련의무위반죄, ⑨ 납세증명표식 불법사용죄) 가운데 어느 하나에 대한 고발은, 두 범죄유형이 경합범관계에 있다는 점에서 다른 것에 대한 효력이 있지 않다. 왜냐하면 전속고발제도는 조세범죄의 죄질(불법유형)에서 비롯되는 것이 아니라 조세체계와 법체계 사이에 존재하는 기능적 간극과 합리성 충돌을 메우는 기제로서 기능하는 것이기 때문이다.

> 예컨대 세무당국이 세금계산서교부불성실죄로 고발하였지만 수사 결과 조세포탈죄가 성립하는 경우에는 세무당국의 조세포탈죄에 대한 별도의 고발이 필요하다. 그 반대의 경우도 마찬가지이다. 또한 별도의 고발이 없다면 검사는, 특정범죄가중법 제8조에 해당하지 않는 한, 조세포탈죄로 공소제기를 할 수 없다.

14

조세범처벌절차법

Ⅰ. 세무조사

Ⅱ. 범칙조사

Ⅲ. 수사

14

조세범처벌절차법

조세일탈행위에 대한 제재는 ① (탈세에 대한) 세무조사→② (조세범처벌법 위반에 대한) 범칙조사→③ (조세범죄에 대한) 수사라는 세 가지 절차를 통하여 이루어진다. 탈세에 대한 세무조사(아래 I.)를 하다 조세범처벌법위반(조세범죄)이 발견되면 범칙조사(아래 Ⅱ.)로 전환하고, 세무당국이 고발을 하면 수사기관의 수사(아래 Ⅲ.)가 개시된다. 하지만 특정범죄가중법상의 조세포탈죄는 수사기관이 세무 및 범칙조사와는 별개로 수사를 개시할 수 있다. 또한 수사기관은 조세범죄의 혐의를 인지하고 필요에 따라 조세당국의 사건을 이첩할 수 있다. 그러나 현행법상 탈세사건과 조세포탈사건의 구별이 명확하지 않고, 조세당국과 수사기관의 권한분배 그리고 세무조사 및 범칙조사와 수사의 관계에 관해서도 법적 규율이 불명확한 부분이 많이 있다. 그렇기에 탈세조사와 조세범죄처벌의 절차에서 '적법절차'(아래 Ⅳ.)가 무엇인지를 이해하는 것이 중요하다.

Ⅰ. 세무조사

세무조사는 "국세의 과세표준과 세액을 결정 또는 경정하기 위하여 질문을 하거나 해당 장부·서류 또는 그 밖의 물건(이하 장부등이라 한다)을 검사·조사하거나 그 제출을 명하는 활동을 말한다"(국세기본법 제2조 제21호). 실제로는 납세의무가 성립(국세기본법 제21조)하고 확정(신고납세방식[1]에서 신고, 부과납세방식에서 부과처분)된 뒤 질문검사·조사로 세액계산

1 신고납세방식의 조세로는 소득세, 부가가치세, 특별소비세, 주세, 증권거래세, 교육세, 교통세

이 진실한지, 세법이 정확하게 적용되었는지를 밝히는 (행정법상) 행정조사이다.

1. 세무조사의 합법성원칙

세무조사는 법에 규정된 바에 따라 개시·진행·처리되어야 한다. 이를 세무조사의 합법성이라고 한다. 세무조사는 사회적으로는 단순한 행정조사가 아니라 일종의 징벌수단으로 여겨지고 있어서 합법성요청이 더욱 강조된다. 합법성요청에서 법은 국세기본법, 그 시행령과 시행규칙, 납세자권리헌장(국세기본법 제81조의2 제1항), 국세청의 조사사무처리규정 등도 포함한다. 납세자의 권리는 국세청 내부의 세무조사기준의 준수를 신뢰할 권리도 포함하기 때문이다.

★ **세무조사의 합법성요청** 예컨대 ① 세무조사 하는 때에는 **납세자권리헌장**을 교부해야 하고(국세기본법 제81조의2 제2항), ② 세무조사공무원은 검사원증 또는 조사원증을 휴대하고 반드시 제시함으로써 세무조사, 예컨대 질문검사권의 행사임을 알려야 한다. ③ 세무조사는 원칙적으로 15일 전에 조사기간, 조사대상(예: 과세기간) 세목 및 조사사유가 문서로 통지되어야 하고, 예외적으로 **사전통지**로 증거인멸 등으로 조사목적을 달성할 수 없다고 인정되는 경우에는 사전통지를 하지 않아도 된다(제81조의7 제1항). 사전통지를 받은 납세자는 천재·지변·기타 대통령령이 정하는 사유로 인하여 조사를 받기 곤란한 경우에는 관할세무관서의 장에게 조사연기를 신청할 수 있다(제81조의7 제2항). 통지된 조사기간을 연장하거나 조사대상을 확대하려면 조사관할 관서장의 승인을 받고 납세자에게 다시 문서로 통지하여야 한다. ④ 세무조사는 조사자의 출입을 거부하거나 질문에 답하지 않을 경우 강제할 수 없다(**임의조사원칙**). 즉 세무조사방법은 납세의무자(과세표준 확정신고를 하여 납세의무가 확정된 자)와 납세의무가 있다고 인정되는 자 및 거래상대방에게 질문(예: 해명의 요구), 당해 장부·서류(예: 전산기록) 기타 물건(예: 재고자산, 창고)을 조사하거나 그 제출을 명하는 방

및 종합부동산세 등이 부과납세방식의 조세로는 상속세, 증여세, 자산재평가세 및 부당이득세가 있다.

법에 의한다. 이때 제출명령에 대상자가 임의로 제출하면 수사와 달리 세무관서는 반환거부권이 없지만, 납세자에 대한 구체적인 탈세 제보가 있는 경우 등의 예외적인 경우(제81조의6 제3항 각호)에는 세무관서에 **'일시보관'**(제81조의10)을 할 수 있다. ⑤ 납세자는 세무조사결과를 서면으로 통지 받고(제81조의12), 기타 납세자의 권리행사에 필요한 정보의 제공을 세무공무원에게 요구할 수 있다(제81조의14). ⑥ 세무조사가 종결되면 그 조사결과의 적출사항을 정리하여 결정·경정한다. 다만 통지를 받고 납세의무자가 **과세전적부심사청구**(제81조의15)를 하면 결정·경정을 유보하고, 그 청구에 대한 결정을 한다.

납세자는 합법성이 없는 세무조사(예: 사전통지위반, 권리헌장 미교부)를 거부할 수 있고, 그로 인해 검사기피죄로 처벌되지 않는다. 위법한 세무조사에 터 잡은 과세처분은 —설령 그 과세처분이 납세자의 소득에 객관적으로 합치하더라도[2] — 그 위법이 중대한 경우에는 무효가 되고, 경미한 경우에는 취소될 수 있다. 물론 위법한 조사에 의해 수집된 증거는 납세자가 조세포탈죄로 형사재판을 받을 경우에는 위법수집증거배제법칙(형사소송법 제308조의2)에 의해 증거능력이 인정되지 않는다. 아울러 위법한 세무조사를 한 공무원은 징계 대상이 된다.

2. 세무조사의 적법절차성

세무조사를 규율하는 법(조세법률, 조세행정입법, 행정관행[3])은 (형사절차의) 적법절차성을 갖추어야 한다.

(1) 조력을 받을 권리 세무조사는 수사에 견줄 수 있을 만큼 납세자에게 어려우며 힘든 일이다. 그렇기에 국세기본법은 세무조사(조세범처벌절차법에 따른 조세범칙조사를 포함)를 받는 경우에 변호사, 공인회계사,

2 이런 경우에 과세처분은 유효하다고 보는 견해도 있다. 임승순, 조세법, 박영사, 2000, 77쪽.

3 가령 세무조사를 하여 탈세사실을 확인하더라도 통고처분이나 형사고발을 함이 없이 탈루한 세금을 과세표준의 결정 또는 경정에 의해 추징만 하고 절차를 종결하는 관행, 조세포탈죄의 혐의가 있다고 하더라도 세무당국이 범칙조사를 하지 않고 일단 세무조사를 실시하는 관행 등은 비공식적 규칙 등도 법의 일부를 형성한다.

세무사의 조력을 받을 권리를 선언하고 있다(제81조의5).

(2) 형평성 ① 탈세가 거의 모든 시민들과 모든 거래영역에서 일어나는 현실을 고려하면 세무조사는 언제나 '선별적'(selective)일 수밖에 없다. 탈세의 일상성과 세무조사의 선별성 속에서 세무조사를 받는 개별시민의 부담이 공평하게 되는 유일한 방법은 누가 조사를 받을 것인지를 철저하게 **우연성**(Zufall)[4]에 맡기는 것이다. 의도적으로 특정 집단이나 특정인을 선별하여 세무조사를 하면 형평성을 잃어버리게 된다. 그래서 국세기본법은 정기선정의 원칙으로 무작위추출방식을 취한다(제81조의6 제2항 3호). 물론 무작위추출방식으로 운 좋게 장기간 (4과세기간 이상) 동일세무조사를 받지 않는 것도 형평성에 어긋나므로, 장기 미조사자에 대하여는 세무조사의 필요성이 인정된다(동항 2호). ② '형평성'은 동일한 과세조건을 가진 납세의무자에게는 동일하게 부과되어야 함(**수평적 형평성**)과 납세의무자의 재산, 신분, 담세능력 등의 요소를 고려하여 소득재분배의 이념에 따라 세무조사의 부담을 차등화할 수 있음(**수직적 형평성**)을 의미한다. 가령 국세기본법은 4과세기간 세무조사를 받지 않은 납세자에 대하여 신고내용의 적정한 검증이 필요한지를 판단할 때 "업종, 규모, 경제력 집중 등을 고려"하게 하고(제81조의6 제2항 제2호), 일정 수입금액 이하의 영세사업자에게는 세무조사의 부담을 면제해주며(제81조의6 제5항), 세무조사를 실시하는 경우에도 연간 수입금액 또는 양도가액이 100억 원 미만인 납세자에 대해서는 20일 이내로 세무조사기간을 제한해준다(제81조의8 제2항).

(3) 비례성 '비례성'은 특히 세무조사가 기업에게 주는 경영상의 부담이나 개인에게 주는 기본권 침해의 부담과 국가재원의 확보 및 국가의 조세권 사이의 균형성을 의미한다. 세무조사의 비례성은 조사대상

4 이 우연성은 마치 법원에서 사건을 재판부에 배당할 때, 또는 감정인을 선정할 때에도 채택하는 공정성의 기준으로서 우연성(이에 관해서는 Hassemer, Einführungen in die Grundlagen des Strafrechts, C.H.Beck, 1990, 159쪽)과도 같은 것이다.

자 선정과 방법, 절차 전반에 걸쳐 인정되는 원칙이다.

1) 필요최소원칙 "세무공무원은 적정하고 공평한 과세를 실현하기 위하여 필요한 최소한의 범위에서 세무조사를 하여야 하며, 다른 목적 등을 위하여 조사권을 남용해서는 아니 된다"(국세기본법 제81조의4 제1항). 가령 세무조사기간은 조사목적 수행에 필요한 최소한의 기간으로 정해야 한다. 따라서 세무관서의 내부지침에 규정된 조사기간[5]을 초과하는 경우에는 '납세자의 사업규모 및 조사 난이도' 등의 이유를 납세자에게 소명하여야 하고, 특히 조사착수 후 조사범위의 확대, 조사유형의 전환, 납세의무자의 조사기피행위 등이 있어 조사기간의 연장이 필요한 경우에 세무관서의 장의 승인을 받고, 그 사유와 연장기간을 납세자에게 문서로 통지하여야 한다(제81조의8).

2) 세무조사의 우선성과 범칙조사의 보충성 국세기본법은 (정기선정이 외에 행하는) 우선적인 세무조사의 대상자(제81조의6 제3항[6])로 세무조사사유와 (무자료거래, 위장·가공거래 등 거래 내용이 사실과 다른 혐의가 있는 경우와 같은) 범칙조사사유를 혼합시키고 있다. 이는 체계적 결함을 보여주는 것이 아니라, 범칙행위의 혐의가 인정되는 납세자 또는 납세의무자에 대해서도 혐의의 불확실성과 범칙조사의 부담을 고려하여 일단은 범칙조사가 아니라 세무조사를 우선적으로 실시하게 하고, 범칙조사나 수사는 세무조사에 의한 통제(제재실효성과 예방효과)가 충분하지 않은 경우에만 보충적으로 하라는 것이다. 즉 제81조의6 제3항은 탈세혐의가 있는 경우에 세무조사를 '우선적' 수단으로 범칙조사를 '보충적' 수단으로, 수

---

5 실무에서 세무조사는 통상적으로 개인조사는 7일, 법인조사는 15일, 지방국세청은 개인조사 15일 내지 20일, 법인조사는 20일 내지 70일의 범위에서 이루어진다.

6 1. 납세자가 세법에서 정하는 신고, 성실신고확인서의 제출, 세금계산 또는 계산서의 작성·교부·제출, 지급명세서의 작성·제출 등의 납세협력의무를 이행하지 아니한 경우 2. 무자료거래, 위장·가공거래 등 거래 내용이 사실과 다른 혐의가 있는 경우 3. 납세자에 대한 구체적인 탈세 제보가 있는 경우 4. 신고 내용에 탈루나 오류의 혐의를 인정할 만한 명백한 자료가 있는 경우 5. 납세자가 세무공무원에게 직무와 관련하여 금품을 제공하거나 금품제공을 알선한 경우.

사를 '최후' 수단으로 삼고 있다.

3) 합법성원칙의 예외로서 범칙조사전환사유 세무조사 중 범칙혐의가 발견되면 세무조사는 범칙조사로 전환되지만, 실무는 범칙혐의가 발견된 모든 사건을 범칙조사로 전환시키지 않고, 전환사유가 있는 경우, 예컨대 세무조사에 필요한 장부·서류의 제출 등을 협조하지 않거나 조사를 기피, 방해(예: 허위진술)하는 경우, 이중장부 등의 적극적 은닉혐의로 인해 압수·수색이 불가피한 경우, 조세포탈의 수법과 규모가 중대하여 형사처벌의 필요성이 큰 경우에, 그런 전환사유를 구체적으로 기재한 전환사유서를 첨부하여 조세범칙사건심의위원회의 심의를 거치거나 (진행중인 조세범칙행위, 혐의자의 도주·증거인멸우려 및 압수·수색영장 발부받을 시간여유가 없는 경우) 상급관서장(지방국세청장은 국세청장, 세무서장은 관할 지방국세청장)의 승인을 받아 세무조사를 범칙조사로 전환한다(제7조 제2항). 이런 전환제도는 형사소송법상 기소유예제도에 상응하는데, 조세형법의 도덕적 이중구조를 고려할 때 기소유예보다 더 광범위하게 운영될 필요가 있다.

★ **범칙조사전환 불승인결정의 효력**[7] K그룹 회장 甲은 1987. 상속받은 차명주식을 회사 임원들 명의의 차명주식으로 보유하다 퇴사 시 처분하고 다시 매입하는 방식으로 관리해왔다. 2008.4. Y그룹 회장 乙의 유사한 차명주식 관리가 조세포탈죄에 해당한다는 특검의 언론보도를 접하고 2008.5. 차명주식양도 소득세를, 그리고 세무조사가 이루어진 기간(2008.9.~2009.12.)에 차명주식배당 소득세와 의제증여세를 자진신고하고 납부하였다. 이 신고와 납부는 乙의 차명주식관리를 조세포탈죄로 보는 판례[8]가 확립된 2009.5.경 이전에 모두 완료되었다. 국세청은 2009.12.21. 조세범칙조사심의위원회를 열어 심의하고 甲의 차명주식보유목적이 경영권방어였고, 그전까지는 차명주식보유를 형사처벌한 사례가 없었으며 관련세액을 자진납부

7 자세히는 이상돈, "조세범칙조사 불승인결정 사건에 대한 공소제기와 공소권 남용", 고려법학 제76호, 2015, 1~33쪽 참조.

8 서울중앙지방법원 2008. 7. 16. 선고 2008고합366 판결; 서울고등법원 2008. 10. 10. 선고 2008노1841 판결; 대법원 2009. 5. 29. 선고 2008도9436 판결 참조.

하고 차명주식을 실명전환한 점을 고려하여 甲에게 범칙조사전환 불승인결정을 내렸다. 2013.6.7. 검찰은 서울지방국세청에 甲을 조세포탈죄로 고발해줄 것을 요청하였지만, 서울지방국세청은 심의위원회에서 범칙조사전환 불승인결정이 난 사건이므로 중복조사금지원칙에 위배된다는 이유로 응하지 않았다. 검찰은 2003년~2007년의 양도소득세 포탈 혐의로 甲을 기소하였다. 이 사건과 심의위원회가 불승인결정한 사건은 동일한 사건이다. ① 조세범처벌절차법 제15조 제3항("통고처분을 받은 자가 통고대로 이행하였을 때에는 동일한 사건에 대하여 다시 조세범칙조사를 받거나 처벌받지 아니한다")은 동일사건의 거듭된 소추도 금지하는(물론勿論해석) 이중위험금지조항으로 이해할 수 있다. ② 조세범칙조사전환 불승인결정은 이중위험금지원칙의 효력영역 내에 있다. 통고처분은 실질적으로 형벌(형벌대체제재)이며, 이행되면 이중처벌도 금지하는 판결에 준하는 제재이므로 조세범칙조사심의위원회의 조사개시결정은 수사의 개시이자 공소의 제기이며 심의는 법원의 심리에 상응한다는 점에서 세무조사단계에서 심의위원회의 조세범칙조사전환 불승인결정은 불입건 결정이며 조건부 기소유예처분에 준하는 것이기 때문이다. 미국연방대법원판례[9]에서 수사 및 기소여부를 결정하는 대배심(grand jury) 구성시점이 이중위험발생시점인 점과 범칙조사전환 불승인결정이 실질적인 조건부 기소유예처분인 점을 고려하면, 범칙조사개시결정을 위한 조세범칙조사심의위원회의 심의(제7조 제2항 본문) 시점[10]이 이중위험발생시점이 되고, 따라서 범칙조사 전환 불승인 결정이 난 사건[11]은 제15조 제3항을 적용할 수 있다. ③ 물론 이 해석은 제15조 제3항의 법문언의 한계를 넘어선 것이어서, 첫째, 제15조 제3항을 헌법 제13

9 LaFave/Israel, Criminal Procedure, 1992, 1060쪽; United States v. Roger CRIST 437 U.S. 28. 참조.

10 조사개시결정 후 조세범칙처분을 하기 전에 범칙조사결과를 심사하는 조세범칙조사심의위원회의 심의(제14조 제1항)도 있지만, 두 가지 심의 모두 세무조사의 결과에 의존하고, 심의주체도 동일한 심의위원들로 구성된 위원회(실무상 범칙조사 주관국장과 과장, 범무과장과 납세자보호담당관 및 고문변호사 3, 4명이 중심을 이루는 외부위원)가 한다는 점에서 실질적으로 그 의미는 같고, 그런 점에서 범칙조사개시결정을 위한 심의 시점을 이중위험 발생시점으로 볼 수 있다.

11 이처럼 이중위험이 발생하는 시점의 불확실성은 비단 우리나라의 조세범처벌절차에서 발생하는 것이 아니다. 이중위험금지원칙을 연방수정헌법 제5조를 근거로 발전시킨 미국연방대법원의 판례들도 대단히 혼란스러운 모습을 보여주고 있다는 비판(Allen/Stunz/Hoffmann/Livingston, Comprehensive Criminal Procedure, 2001, 1354쪽)에서 보듯 이중위험의 발생시기는 확정적이고 획일적으로 정해지기 어렵다.

조 제1항 후단을 구체화하는 '헌법구체화규범'으로 보고, 이 규범의 이중소추에 관한 흠결을 보충하는 보충적 법형성(대법원의 헌법상 최종적인 법률해석권에 포함됨)으로 보거나 이중위험금지원칙의 '실질적인' 위배를 이유로 한 공소권남용의 법리로써[12] 제327조의 공소기각사유의 흠결을 보충하는 법형성으로 보면, 검사의 공소제기는 형사소송법 제327조 제2호에 의해 공소기각된다. ④ 특정범죄가중법상 조세포탈죄의 경우 통고처분을 무효로 보는 판례(大判 81도1737)의 해석규칙은 조세범칙조사전환 불승인결정에는 적용되지 않는다고 반대해석할 수 있고, 동법 제16조의 소추권은 과세당국이 정상에 따라 징역형으로 판단되어 고발의무를 지게 되는 경우에만 인정되는 것이라고 해석할 수 있기 때문에 이와 같은 해석을 배제하지 못한다. ⑤ 지방국세청장과 조세범칙조사심의위원회는 형사사법기관과 함께 조세범처벌의 형사사법체계를 구성하며, 형사사법기관은 과세당국의 결정에 대해서도 금반언의 법리(principle of estoppel)[13]를 준수하여야 한다. 조건부 기소유예처분(불기소처분)에 상응하는[14] 조세범칙조사전환 불승인결정을 받은 자는 검사에 의해 동일사건으로 기소되지 않을 것이라는 신뢰는 — 첫째, 미납세금의 자진신고, 세무조사에 대한 협조 및 미납세금의 완납, 둘째, 범칙조사전환 불승인결정 당시의 조세포탈사건과 수사 및 기소하는 조세포탈사건 사이에 법적 평가상(불법의 질과 양, 정상징역형에 대한 판단)의 중대한 변화가 없다는 **신뢰보호의 조건**을 충족하는 경우 — 법적으로 보호가치가 있고, 그런 신뢰가 형성된 불승인결정은 기판력과 유사한 존속력(Bestandskraft)을 갖는다.

4) 임의조사와 재조사금지의 원칙　세무조사는 조세범칙사건에서와 달리 압수수색 등과 같은 강제처분을 사용하지 않고, 질문검사와 같은

12 공소권남용법리를 "소추재량권의 현저한 일탈"이라는 권리남용의 법리로 이해하는 판례(大判 98도1273; 94도2658)의 취지는 이 사건처럼 실질적으로 이중위험을 발생시키는 공소제기에도 해당할 수 있다.

13 금반언의 법리를 공소권남용의 판단기준으로 삼는 신동운, "항소심판결선고 후의 누락사건에 대한 공소제기와 공소권남용", 형사재판의 제문제, 1997, 314쪽.

14 "검사가 절도죄에 관하여 일단 기소유예의 처분을 한 것을 그 후 다시 재기하여 기소하였다 하여도 기소의 효력에 아무런 영향이 없는 것이고 법원이 그 기소사실에 대하여 유죄판결을 선고하였다 하여 그것이 일사부재리의 원칙에 반하는 것이라 할 수 없"다는 판례(大判 83도2686)는 조건부가 아닌 기소유예처분의 경우에는 적용될 뿐이다.

임의조사로 한다. 또한 같은 세목, 같은 과세기간에 대해 원칙적으로[15] 재조사를 금지하고 예외적인 경우(예: 조세탈루혐의 인정할 명백한 자료)에만 허용한다(제81조의4 제2항). 이들은 비례성원칙의 표현이다.

5) 정보보호 세무공무원은 직무상 취득한 과세정보를 타인에게 제보·누설하거나 목적 외의 용도로 사용해서는 안 된다(국세기본법 제81조의13 제1항 본문). 과세정보는 민감성이 높은 개인정보이기 때문이다.[16] 따라서 세무관서의 장은 세무조사의 결과를 공공성이 있는 사항일지라도 언론에 공표하여서는 안 된다. 세무조사는 과세처분의 결정 또는 경정을 위한 것이기 때문이다. 이 점은 범칙조사와 구별된다. 납세(의무)자의 과세정보는 행정정보공개청구권의 대상이 되지도 않지만, 조세·과징금의 부과·징수, 국가의 조세쟁송, 조세범소추, 국가통계작성이나 사회보험운영의 목적이나 법원의 제출명령이나 영장이 발부되거나 또는 국정조사위원회가 요청한 경우, 세무공무원 간의 필요한 과세정보 제공, 공공기관의 급부·지원 등을 위한 자격 조사·심사 등에 필요하고 당사자가 동의한 경우에는 예외가 인정된다.

3. 이중위험금지원칙

세무조사와 범칙조사 그리고 수사의 유기적 체계를 관통하는 적법절차로 이중위험금지원칙(Double jeopardy rule)이 있다.

---

15 예외적인 재조사의 허용사유로 국세기본법 제81조의4(세무조사권 남용금지) 제2항은 1. 조세탈루의 혐의를 인정할 만한 명백한 자료가 있는 경우 2. 거래상대방에 대한 조사가 필요한 경우 3. 2개 이상의 과세기간과 관련하여 잘못이 있는 경우 4. 제65조 제1항 제3호 단서(제66조 제6항과 제81조에서 준용하는 경우를 포함한다) 또는 제81조의15 제5항 제2호 단서에 따른 재조사 결정에 따라 조사를 하는 경우(결정서 주문에 기재된 범위의 조사에 한정한다) 5. 납세자가 세무공무원에게 직무와 관련하여 금품을 제공하거나 금품제공을 알선한 경우 6. 제81조의11 제3항에 따른 부분조사를 실시한 후 해당 조사에 포함되지 아니한 부분에 대하여 조사하는 경우 7. 그 밖에 제1호부터 제6호까지와 유사한 경우로서 대통령령으로 정하는 경우

16 과세정보에 대한 국민의 알권리라는 공공의 이익은 사생활의 비밀인 인격권의 침해를 허용할 만한 명백하고 우월하지 않다는 서울고등법원 1995. 8. 24. 선고 94구39262 판결.

(1) 이중처벌금지의 확장된 의미

해석방법	문법적 해석	역사적 해석	목적론적 해석
보호강도 약↔강	이중처벌금지	일사부재리	이중위험금지

헌법 제13조 제1항 후문은 "동일한 범죄", "처벌" 등의 문언으로 인해 이중처벌금지로만 이해된다(문법적 해석). 그러나 역사적으로는 대륙법계의 근대형사소송법이 발전해온 역사 속에서 침전된 법치국가적 원칙인 일사부재리(ne bis idem)원칙이 수용된 것으로 볼 수 있다(역사적 해석). 여기서 더 나아가 생활세계에서 시민들의 법인식[17]을 반영하고 시민의 자유이익을 최대화하기 위해 미국 연방헌법 제5조[18]가 정하는 바와 같은 이중위험(double jeopardy rule)금지원칙으로 해석할 수 있다(목적론적 해석). 형사처벌뿐만 아니라 통고처분, 중간법(middle law)에 속하는 과징금과 보상적(entirely non-deterrent)이기만 하지 않고[19] 보복적(retributive)이거나 억지력(deterrent)을 가지는 민사제재,[20] 특히 징벌적 손해배상에는 이중위험금지원칙이 적용된다. 하지만 과태료나 다양한 종류의 제재금, 직업금지처분(예: 면허정지 · 취업금지)[21] 등에는 적용되지 않는다.

---

17 민 · 형사책임의식이 충분히 분화되지 않은 한국인의 법의식에서는 징벌적 손해배상이나 과징금 기타 범칙금을 부과 받는 것에 대해서 일반인들은 "처벌"받았다는 생각을 갖는다. 이런 생각을 존중하는 것은 곧 시민들의 생활세계를 보호하는 것이다.

18 "동일한 범죄행위에 대해 피의자가 생명과 신체의 위험에 두 번 놓이지 않도록 하는"(prohibits placing a person twice in jeopardy of life of limb for the same offense)원칙을 말한다.

19 Hudson v. United States, 522 U. S . 93, 102 (1997).

20 가령 ① 메디케어의 환자를 위해 임상병리서비스를 제공하는 업체의 매니저인 Irwin Halper는 메디케어 중개회사인 Blue Cross사에게 보험수가가 3달러 서비스에 대해 12불을 65차례 청구하고 지급을 받음으로써 연방정부가 총 585달러의 손해를 입게 하였다. Halper는 허위보험청구로 기소되어 징역 2년과 5천달러의 벌금을 선고받았고, 이후 정부는 민사상 허위청구금지법(the False Claim Act)에 의거 Halper에게 연방정부의 실손해(과다지급된 보험수가+민사소송비용)의 2배에 달하는 2,000달러에다 범죄횟수 65회를 곱한 13만 달러의 민사벌을 부과했다. ② 연방대법원은 민사금전벌(civil penalty)이 형벌에 내재된 목표인 징벌과 억제의 목적을 달성하려는 경우에는 형사처벌(punishment)이 되는 것이며, 징역형과 벌금형 이외에 13만 달러의 민사배상은 다중처벌(multiful punishment)로서 이중위험금지조항에 위배된다고 판결하였다(United States v. Halper 490 U.S. 435, 1989). 하지만 1997년 Hudson v. United States 사건에서는 이 판례를 변경하여 대부분의 민사금전벌은 이중위험금지원칙에 위배되지 않는다고 보았다.

21 ① 미국 연방대법원도 부정대출을 이유로 행정기관으로부터 제재금(monetary penalty)과 금

★ 이중처벌금지, 일사부재리, 이중위험금지의 차이 ① 가령 상해죄로 징역 6월의 형이 확정된 후 그 상해행위로 피해자가 사망한 경우에 상해치사죄로 다시 기소하고 1년 6월의 징역형을 선고하되, 상해죄로 선고받은 선고형량 6월을 빼고 징역 1년만을 선고한다면[22] **이중처벌**(double punishment)은 아니지만 형사소송법상 동일한 사건을 다시 심판한 것이므로 **일사부재리**(ne bis in idem)원칙에 위배된다. 이에 따르면 검사는 기소를 해서는 안 되고, 법원은 면소판결(형사소송법 제326조 제1호)로 종결해야 한다. ② 일사부재리원칙에 의하면 세무공무원의 통고분으로 범칙금을 납부하였다 하더라도 특정범죄가중법상 조세포탈죄로 다시 처벌할 수 있다.[23] 범칙조사절차와 형사소송절차는 같은 심판(즉 '再理')이 아니라고 보기 때문이다. ③ 이에 반해 **이중위험금지원칙**에 의하면 세무조사를 거쳐 범칙조사에 의해 통고처분을 받고 범칙금을 납부하였다면 같은 사건을 조세포탈죄로 처벌하는 것은 금지된다. 아울러 특정범죄가중법 제16조("제8조의 조세포탈죄에 대한 공소는 고소 또는 고발이 없는 경우에도 제기할 수 있다")는 **통고처분을 받지 않은 사건**에 대해서만 적용하는 것이 정합적인 해석이 된다.

(2) 이중조사와 소추의 금지 그러나 이중위험금지원칙은 단지 거듭 처벌되는 것만을 금지하는 것이 아니라 피의자는 동일한 범죄에 대해서 거듭 기소당하지 않는 것과 거듭 수사받지 않는 것을 포함한다.[24]

융업 종사금지처분(occupational debarment)을 받은 사건에 대한 형사처벌은 이중위험금지원칙에 위배되지 않는다고 본다. Hudson v. United States, 522 U. S. 93, 105 (1997) 참조. ② 유럽연합의 집행위원회(Commission)가 EU 경쟁법인 EEC 설립조약 제81조, 제82조의 위반행위에 대하여 부과하는 '제재금'(fine)도 동조 제4항에 의해 형사처벌이 아님("Decisions taken pursuant to paragraph 1 and 2 shall not be of a criminal law nature")을 분명히 하고 있다.

22 이런 소송을 보충소송(Ergänzungsklage) 또는 수정소송(Berichtigungsklage)이라고 부른다. 이에 관해 자세히는 Achenbach, "Strafprozessuale Ergänzungsklage und materielle Rechtskraft", ZStW 87, 74쪽.

23 특정범죄가중법 "제8조 위반의 조세포탈죄에 대하여는 세무공무원이 통고처분을 할 권한이 없으므로 피고인이 세무공무원의 통고처분으로 범칙금을 납부하였다 하여도 이는 이 사건 특정범죄가중처벌 등에 관한 법률위반(조세포탈죄)의 처단에 영향을 미칠 수 없으니 여기에 일사부재리의 원칙이 적용될 수 없다"(大判 87도1059).

24 Andrew Z. Glickman, "Civil sanctions and the double jeopardy clause: applying the multiple punishment doctrine to parallel proceedings after United states v. Halper", Virginia Law Review, Vol. 76, No. 6, 1990, 1251~1285쪽.

즉 이중위험금지원칙은 동일한 범죄에 대한 이중의 수사, 이중의 소추, 이중의 심판과 처벌을 금지한다. 조세범처벌절차법 제15조 제3항은 "제1항에 따른 통고처분을 받은 자가 통고대로 이행하였을 때에는 동일한 사건에 대하여 다시 조세범칙**조사를 받거나 처벌받지 아니한다**"고 규정한다.

1) 이중수사금지　첫째, 조사는 실질적인 수사(행정수사)이므로, 그 취지상 수사기관이 거듭 수사하는 것도 금지된다. 여기서 행정수사와 수사기관의 수사의 관계에 관한 다음 세 가지 법제모델에서 조세범죄의 행정수사는 분업모델(조세범처벌절차법 제2조 제4호)에 속한다.

	구체적인 예	이중위험금지 원칙적용여부
통합 모델	▸ 행정적 지도·감독·조사와 수사가 통합된 법제 ▸ 예: 사법경찰관리인 근로감독관의 지도·감독과 조사는 곧 수사임	○
분업 모델	▸ 행정적 지도·감독·조사와 수사가 분리되어 있지만 지방검찰청 검사장의 지명으로 소속공무원이 사법경찰관리직무를 하는 법제 ▸ 예: 식약청 공무원의 마약류단속과 경찰의 마약수사	○
분리 모델	▸ 행정적 지도·감독·조사와 수사가 완전히 분리된 법제 ▸ 예: 공정거래위원회의 조사와 그 결과를 활용한 수사기관의 수사	×

이 모델은 행정수사와 수사기관의 신분은 분리되어 있지만, 행정기관의 조사도 실질적인 수사기능을 수행하고, 두 기관의 수사기능이 유기적으로 통합될 수 있다. 여기에 더하여 조세형법은 도덕적 구조를 취하고, 세무조사나 범칙조사의 절차는 수사와 형사처벌에 못지않게 개인의 기본권을 제한하는 효과가 크다는 점을 고려하면, 이중위험금지원칙의 일부로서 **이중수사가 금지**되어야 한다.

2) 이중소추금지　둘째, 제15조 제3항은 조사받거나 처벌받지 아니한다고 규정하지만, 법논리적으로 조사와 처벌 사이에 있는 필수적인 절차인 **소추도 당연히 금지**된다고 보아야 한다(물론勿論해석).[25]

25 이 점은 (구) 조세범처벌절차법 제11조가 "범칙자가 통고대로 이행한 때에는 동일한 사건에

★ **법문언의 변경사** ① 1951.6.7. 시행된 조세범처벌절차법 제11조는 "**범칙자가 통고대로 이행한 때에는 동일사건에 대하여 소추를 받지 아니한다**"고 규정하였다. 따라서 범칙자가 통고처분을 이행한 사건에 대하여 기소하면, 법원은 공소기각판결을 내려야 했다. 이런 법문언은 1951.6.7. 부터 2012.7.1. 시행 조세범처벌절차법 전까지 유지되었고, ② 다만 2010.1.1. 시행된 조세범처벌절차법 **제11조(일사부재리)**는 "범칙자가 통고대로 이행하였을 때에는 동일한 사건에 대하여 소추받지 아니한다"로 그 문장이 다듬어졌고, 이중소추금지원칙을 명문화하면서도 조문의 표제를 '일사부재리'로 정하고 있었다. '일사부재리' 개념의 소송법적 의미는 명확하기에 이런 개념혼용의 입법취지는 일사부재리 개념을 이중위험금지원칙으로 확장하는 것으로 보아야 한다. ③ 물론 현행법 제15조 제3항은 제11조에서 '**통고처분**'이란 표제어를 달고 있는 제15조로 그 위치를 변경함으로써 일사부재리라는 표제가 사라졌는데, 이는 제15조 제3항을 이중위험금지로 해석하는데 더 유리하다. 일사부재리의 표제어를 달고 그 법문언도 이중처벌금지만을 정했다면 이중위험금지원칙으로 해석하는 것은 법규정의 명확한 의미에 반하게 되었을 것이다. 게다가 제15조 제3항은 개정 전에는 없었던 "**다시 조세범칙조사를 받거나 처벌받지 아니한다**" 는 문언을 추가함으로써 형사절차의 시작과 끝인 수사와 처벌 그 중간절차인 공소제기가 당연히 금지된다는 물론해석도 매우 안정적인 타당성을 갖게 되었고, 이로써 이중위험금지원칙을 제도화한 셈이다.

따라서 범칙자가 통고처분을 이행하면 이중으로 (조세범칙)조사 또는 수사를 해서는 안 되고, 검사도 소추해서는 안 되며, 소추해도 법원은 심판해서는 안 되고, 이중위험금지원칙을 적용하여 공소기각판결(제327조 제2호)을 해야 한다.

(3) 헌법구체화규범의 우위 그런데 판례(大判 81도1737)는 특정범죄가중법 제16조를 근거로 "제8조 위반의 조세포탈죄에 대하여는 국세청장, 지방국세청장 또는 세무서장은 통고처분을 할 권한이 없"다는 추론을 하고, "동 조세포탈의 죄에 대하여 세무서장이 통고처분을 하였다면 이는 중대하고 명백한 하자있는 무효의 처분이므로 피고인이 그러한 통

대하여 소추를 받지 아니한다"고 규정한 점에서도 잘 알 수 있다.

고처분을 받고서 이를 이행하였다 하더라도 아무런 효력이 없다"고 본다. ① 그러나 전속고발사건이 아니라는 점(제16조)은 검사에게 소추권이 있다는 것을 말할 뿐이다. 판례가 통고처분이행이 무효라는 결론에 이르는 과정(제16조－ⓐ→통고처분권한없음－ⓑ→중대명백하자－ⓒ→무효의 통고처분－ⓓ→이행의 무효)에는 많은 전제들(ⓐ 고발권한이 없다는 해석의 근거, ⓑ 이 해석이 중대명백한 하자를 초래하는 근거, ⓒ 해석상 중대명백하자가 통고처분의 취소사유가 아니라 무효사유인 근거 ⓓ 통고처분이 무효라도 그에 따른 이행을 무효로 봐야 하는 근거)에 대한 논증이 생략되어 있다.

조세범처벌절차법	특정범죄가중법
제15조 제3항 (이중위험금지) 제21조 (전속고발권)	제8조 (5억 이상 조세포탈) 제16조 (비전속고발)

② 더 큰 문제점은 이러한 생략적 추론(enthymene)을 통해 대법원은 헌법구체화규범보다 입법재량규범을 효력상 우위에 둠으로써 헌법위반적인 법률해석을 하고 있다는 점이다. 조세범처벌절차법 제15조 제3항은 헌법 제13조 제1항 후문을 구체화하는 규범(**헌법상 적법절차를 구체화하는 규범**)이다. 그렇기에 제15조 제3항은 이중위험금지원칙으로 확장해석하면서도 특정범죄가중법 제8조의 조세포탈에 대해 고발 없이 소추할 수 있게 한 동법 제16조처럼 법정책적 사항이며 입법재량영역에 속하는 규정보다 우선 적용되어야 한다. 또한 이는 법해석의 정합성(Coherance) 원칙이 요청하는 바이기도 하다. 범칙자가 통고처분을 이행하였다면, 그것은 일단 형식적으로 성립한 통고처분의 법적 유효성을 전제로 더 이상 거듭 조사·처벌(·소추)되지 않는다는 점에 대한 신뢰를 가진 것이며, 그 신뢰는 헌법적으로 보호할 가치가 있는 신뢰이다. 따라서 통고처분을 받고 그것을 이행한 범칙자라면 이중위험금지원칙(헌법 제13조 제1항, 조세범처벌절차법 제15조 제3항)에 의해 동일한 사건에 대하여 거듭 (범칙) 조사 또는 수사받거나 소추 또는 심판 및 처벌되어서는 안 된다.

Ⅱ. 범칙조사

1. 범칙조사의 의의

범칙조사는 세무공무원이 조세범처벌법위반의 범죄를 범한 자(범칙자)를 확정하고 그 범칙증빙을 수집하여 과세청이 (무혐의처분, 조세의 부과·징수처분 또는) 벌금(상당액)을 부과하는 통고처분이나 수사기관에 고발하는 절차를 말한다. 범칙조사는 조세범죄수사의 전문성과 효율성, 조세범죄의 일상성·대량성으로 인한 형사사법의 과부하 예방과 해소, 조세일탈행위를 둘러싼 형법적 정의의 요구와 경제활동을 위축시키지 말라는 경제체계의 요구 사이의 조화로운 실현(법체계와 경제체계의 체계통합 System integration)을 지향한다. 그러므로 범칙조사는 행정조사와 범죄수사가 통합된 **행정수사**(administrative inspection)이다. ① 한편 범칙조사는 수사이므로 형사소송법에 의한 **수사에 관철되는 적법절차**가 원칙적으로 동일하게 적용된다. 조세범처벌절차법 제8조와 제9조는 범칙조사를 위한 압수·수색영장을 자세히 규정하고 제10조는 "형사소송법 중 압수 또는 수색과 압수·수색영장에 관한 규정을 준용한다." 이 준용은 범칙조사가 행정조사로서 갖는 성격과 충돌되지 않는 범위에서 이루어진다. 가령 범칙조사는 탈세를 밝히기 위해 영장(**행정수사영장** administrative inspection warrant)을 발부받아 사무실을 수색하고 필요한 장부를 압수할 수 있지만 체포·구속 등 대인적 강제처분은 사용할 수 없다. 이는 형사소송 이전의 절차라는 점을 고려한 것이다. ② 다른 한편, 범칙조사는 행정조사이므로 **세무조사가 받는 제한**, 예를 들어 주사무소·사업장 조사, 일과시간 내 조사, 미리 정한 조사대상과 조사기간 준수, 확대조사 시 관할관서장의 사전승인 등과 같은 '수사방법상의 제한', 그리고 납세자권익보호, 신의성실원칙, 실질과세원칙, 근거과세원칙, 조세비례원칙 등에 의한 제한을 받는다.

2. 범칙조사의 적법절차

(1) 조사자 · 관할 · 증거수집과 인계 ① 범칙조사는 조사권이 있는 세무공무원, 즉 지방국세청장의 제청에 의해 관할 지방검찰 검사장의 지명을 받은 지방국세청 소속 공무원이나 세무서 소속 공무원(조세범처벌절차법 제2조 제4호 가.나)이 행한다. 이들은 사법경찰관리가 아니어서 검사의 수사지휘를 받지 않지만 영장청구는 검사가 하기 때문에 영장청구를 위한 자료보완 등의 지휘를 받을 수 있다. ② 조세범칙사건은 그 납세지를 관할하는 세무서장의 관할로 하고, 중요한 사건의 경우는 지방국세청장의 관할로 한다(제3조 제1항). 조세범칙사건의 관할에 관하여 필요한 사항은 국세청장의 조사사무처리규정으로 정한다. ③ 조세범칙사건의 증거수집은 국세청, 사건 발견지를 관할하는 지방국세청 또는 세무서의 세무공무원이 행하고, 각 관서의 세무공무원이 수집한 증거는 관할하는 지방국세청장이나 세무서장에게 인계한다. 동일범칙사건에 관한 증거가 수개 장소에서 발견된 경우 각 발견지의 증거는 최초 발견지 소관세무서의 세무공무원에게 인계한다. 세무관서 이외의 기관과 그 소속공무원이 인지한 범칙사건은 국세청장 · 관할지방국세청장 또는 세무서장에게 지체 없이 인계하여야 한다(절차법 제6조).

(2) 범칙조사의 개시요건 범칙조사는 세무공무원이 세무조사, 다른 범칙사건조사, 현행범의 발견, 수사기관으로부터 통보나 이첩, 제3자의 제보, 미디어의 보도 등 어떤 자료에 의하여 범칙사건이 존재한다는 혐의를 인지한 때 개시한다. ① 다만 범칙조사는 수사(형사소송법 제195조)와 달리 구체적 범죄혐의(konkreter Tatverdacht)로 충분하지 않고, **상당한**(고도개연적인) **범죄혐의**가 있는 경우에만 개시할 수 있다. 이는 조세형법의 취약한 도덕적 기반과 조세범죄통제의 선별성을 고려하고 세무조사에 대한 협조와 자진납부의 동기를 강화하기 위한 것이다. ② 또한 범칙조사는 혐의탈세의 규모 및 납세의무액 대비 탈세액의 비율, 동종업

자와의 형평성이나 업계에 대한 경제적 영향 등 법외적 요소까지 종합 고려하여 범칙사건으로 조사함이 사회적으로 상당한 경우에만 개시하여야 한다. 이러한 **사회적 상당성**의 요청도 탈세의 광범위한 일상적 발생을 고려하고 조세범죄처벌의 형평성을 위한 것이다. ③ 범칙조사는 피조사자에게 조사원증, 세무공무원 지명서, 압수·수색영장을 제시하고, 범칙조사 집행의 뜻을 알린 후에나 개시할 수 있다.

(3) 범칙조사의 방법 범칙조사는 혐의를 밝히기 위해 필요한 경우에는 범칙혐의자나 참고인을 심문, 압수·수색할 수 있다(제8조).

1) 임의조사 범칙조사는 임의조사가 원칙이며, 임의조사로는 심문, 검사, 세무조사의 방법이 있다. ① 범칙조사는 범칙혐의자나 참고인의 동의를 받아 심문한다. "**심문**"審問은 피의자신문의 '신문'訊問과 달리 피조사자에게서 증거를 발견하는 것 이외에 피조사자에게 혐의에 대해 자신을 논증적으로 변명할 기회(법적 청문권 Anspruch auf rechtliches Gehör)를 부여하는 것이다. 범칙혐의자 심문은 통고처분 또는 고발의 자료가 되므로 진술거부권(헌법 제12조 제2항)이 인정된다. 진술거부권은 진술거부권고지의무를 포함하므로 세무공무원은 심문 전에 진술거부권을 고지하여야 한다. 심문의 장소는 제한이 없고, 구두 또는 서면에 의한 질문과 답변 모두 허용된다. 심문은 피심문자의 동의가 없으면 야간에는 허용되지 않는다(일과시간 내 조사원칙). 심문내용은 심문조서(전말서)를 작성하여 참여자 또는 심문을 받은 자에게 확인시킨 후 세무공무원이 그와 함께 서명·날인하여야 하고, 서명날인을 거부하거나 할 수 없는 경우에는 그 사유를 기록하여야 한다(제11조). 심문조서는 형사소송법의 규정에 준하고, 범칙처분은 물론 수사와 재판에서도 증거로 사용될 수 있다. ② 범칙혐의자 및 참고인의 승낙을 얻어 혐의범칙사건과 관련된 물건·장부 또는 서류, 주거 기타 장소에 대하여 **검사**(예: 장부조사, 재고조사)를 할 수 있다. ③ 범칙조사는 행정조사로서 **세무조사의 방법**을 사용할 수 있다. 즉, 범칙혐의자에 대한 질문, 장부·서류 기타 물건의 조사나

제출 명령, 장부와 증빙서류의 진실성 검증을 위한 실물조사, 거래처와 금융거래의 확인조사 등을 할 수 있다. 이는 범칙조사가 일반 수사와 달리 행정수사로서 갖는 특징이다.

2) 강제조사 강제조사는 형사소송법상 강제수사에 해당하는 범칙조사의 방법이다. 다만 ① 범칙혐의자에게 체포·구속은 허용되지 않고 즉시 고발할 수 있을 뿐이다. ② 대물적 강제조사로 범칙사건의 증거물·몰수물에 대한 압수·수색이 허용되고, 범칙행위가 진행중이거나 범칙혐의자가 도피 또는 증거를 인멸할 우려가 있어 영장을 발부받을 시간적 여유가 없는 경우에는 영장 없는 압수·수색(긴급압수·수색)할 수 있고. 이 경우 48시간 이내에 사후영장을 청구하여야 하며, 영장을 발부받지 못하면 즉시 압수물을 환부해야 한다(제9조). 조세범처벌절차법은 형사소송법상의 검증을 강제조사로 인정하지 않는데 이는 세무조사의 임의조사방법으로도 같은 목적을 달성할 수 있기 때문이다. ③ 그 밖의 강제조사로는 흔히 임의조사로 이해되는 특정범죄가중법상 조세포탈죄에 해당하여 하는 고발과 징역형이 예상되는 범칙혐의자에 대해서 하는 출국규제가 있다.

(4) 세무조사와 범칙조사의 비가역성 ① 범칙혐의가 인지된 이후에 범칙조사의 방법으로 세무조사의 방법을 사용할 수 있지만, 반대로 일본법[26]처럼 "순전히 범칙사실의 단서를 포착할 목적으로 세무조사를 하는 것은 허용되지 아니한다".[27] 범칙혐의가 인지되지 않은 상태에서 그런 인지를 위해 세무조사를 하는 것은 세무조사권의 남용이기 때문이다. ② 세무관서의 사실상 업무관행(비공식적 규칙)으로 세무조사와 범칙조사 사이의 **비가역성원칙**이 고려되어야 한다. 즉, 세무조사를 하다 범칙사실이 인지되고, 세무관서가 다양한 정황을 고려하여 범치절차로 공식

26 범죄수사를 위한 질문검사권 행사를 금지하는 일본 상속세법 제60조 제4항, 소득세법 제234조 제2항, 법인세법 제156조 등을 참조.

27 안대희, 조세형사법, 법문사, 2005, 830쪽.

전환한 경우에는 과세처분 이외에 통고처분 또는 고발을 할 수 있는 반면 범칙조사를 먼저 개시하고 수사의 방법만으로 탈세를 충분하게 밝힐 수 없어, 세무조사의 방법을 사용하는 경우에는 그 조사의 결과에 따라 조세의 부과·징수처분만을 내리고 통고처분이나 고발을 하여서는 안 된다.

	세무조사	범칙조사	수사
성격	행정조사	행정수사 (administrative investigation)	수사 (investigation)
목적	– 과세근거의 발견, 과세자료의 수집, 조세채권실현확보를 위한 납세자재산상태 조사	– 범칙자 확정과 범칙증빙 취집 – 조세일탈행위의 합리적 통제	– 조세포탈자의 규명과 증거의 수집 – 조세범죄에 대한 형사정의의 관철
주체	– 세무공무원	– 지방국세청장의 제청과 관할 지방검찰청 검사장의 지명을 받은 지방국세청·세무서 소속공무원(조세범처벌절차법 제2조 제4호)	– 수사기관
대상	– 납세의무확정자 – 납세자	– 범칙혐의자, 참고인	– 피의자, 참고인
방법	– 질문조사 (임의조사)	– 심문 – 압수·수색(절차법 제9조) – 형사소송법준용(절차법 제10조) – 세무조사방법의 제한(주사무소·사업장 조사, 일과시간 내 조사, 미리 정한 조사대상 과세기간 준수 확대조사 시 관할관서장의 사전승인)	– 피의자신문 – 참고인조사 – 체포·구속 – 압수·수색·검증 – 감정유치 등
원칙	– 합법성과 적법절차성 – 세무조사원칙들(납세자권익보호, 신의성실, 실질과세, 근거과세, 조세비례)	– 세무조사원칙과 형사소송의 적법절차원칙(영장주의) 동시적용	형사소송의 적법절차원칙
차별적용	– 재조사금지 – 납세자성실성추정 – 세무조사 사전통지 – 과세적부심사청구	미적용	미적용

공통 적용	– 납세자권리헌장교부 – 변호사·공인회계사·세무사 조력을 받을 권리 – 조사결과통지(제81조의9) – 과세전적부심사청구 – 세무공무원 비밀유지의무(단 고발 시엔 세무조사결과와 달리 범칙조사결과의 공익목적상 공표가능)	미적용

3. 범칙사건의 심사와 처리

범칙조사가 끝나면 세무공무원은 국세청장·지방국세청장 또는 세무서장에게 보고하고(조세범처벌절차법 제12조), 통고처분(및 벌금액)이나 고발·무혐의처분에 관한 의견을 제출한다.

(1) 통고처분 지방국세청장·세무서장은 범칙조사에 의해 조세범칙행위의 확증을 얻었을 때에는 그 이유를 구체적으로[28] 밝히고 1. 벌금에 해당하는 금액, 2. 몰수 또는 몰취할 물품, 3. 추징금에 해당하는 금액을 납부할 것을 (송달로[29]) **통고하여야 한다**(제15조 제1항). 통고처분은 필수적이라고 보기도 하지만[30] "통고한다"라는 문언이 아니라 "통고하여야 한다"라는 문언[31]에서는 포탈세액규모, 죄질, 전과유무, 일반예방적 효과 등의 '정상'을 고려하여 사안이 경미한 경우에는 예외적으로 통고처분을 하지 않고 세금의 추징과 가산세부과만 할 수도 있다.

1) 법적 성격과 효력 ① 통고처분은 벌금을 확인하는 확인행위적 행정처분으로서 강제적인 집행력이 발생하지 않는다. 범칙자가 이행하

28 동일성을 판단할 수 있을 정도로 특정한 범칙사실을 각 범칙행위마다 적용법조(조세범처벌법 및 위반한 세법조항)를 명시하고, 증거서류번호를 기재한다.

29 송달에 관한 명문규정은 없으나 조세범처벌절차법시행령 제13조는 "세무공무원은 형사소송법에 준하여 문서를 작성하고 직접 또는 등기우편으로 송달하여야 한다."고 규정하고 있기 때문에 형사소송법상 교부송달(예: 수령증받음)과 우편송달(예: 등기우편 또는 배달증명)의 방법에 의해야 한다.

30 안대희, 조세형사법, 박영사, 2006, 854쪽 참조.

31 재량불허문언인 "~한다"와 기속재량문언인 "~하여야 한다"의 법이론적 차이에 관해 이상돈, 법의 깊이, 법문사, 2018, 501쪽 아래 참조.

지 않으면 조세당국은 단지 고발하여 형사절차로 이행하게 할 수 있을 뿐이다. ② 통고처분은 사법적 성격도 띤다. 통고처분의 내용이 형벌(벌금)이고, 통고를 하면 공소시효가 중단되며(제16조), 통고처분에 대한 행정쟁송이 불허되고(국세기본법 제56조, 大判 79누89),[32] 범칙자가 이를 이행하면 동일한 사건에 대하여 거듭 조사받거나 처벌되지 않는 효력(조세범처벌절차법 제15조 제3항)이 발생한다.[33]

2) 정상통고처분 범칙행위가 특정범죄가중법상 조세포탈죄에 해당하는 사건에 대한 통고처분은 판례(大判 81도1737)에 의하면 무효이다. 그러나 그런 경우에도 포탈세율, 자진납부, 세무조사 협조, 일반예방과 특별예방적 필요성 등을 종합 판단하여 (실형의) 징역형 부과가 필요 없다고 판단되면 통고처분으로 종결하고 고발하지 않을 수 있다. 이는 형법의 보충성에서 나오는 요청이고 —'정상징역형'(제17조 제1항 제1호)에 대응하여— 정상통고처분이라고 부를 수 있다.

(2) 고발 범칙사건조사가 종료되고 보고되면 지방국세청장 또는 세무서장은 범칙처분의 하나(제13조 제2호)로서 고발을 할 수 있다. 조세당국의 고발은 포탈세액의 규모, 포탈률, 포탈방법의 반가치적 수준(행위반가치), 포탈 후의 정황(예: 자진납부, 세무조사에 대한 협조여부), 고발의 일반예방적 효과나 조세납부동기에 미치는 영향 등 다양한 요소들을 종합 고려한 합리적·조세정책적 결정이어야 한다.

> **★ 전속고발제도의 의미** 범칙사건에 대한 고발은 전속고발사건에서는 소추조건 및 소송조건이 되고(전속고발), 특정범죄가중법상 조세포탈죄에서는 수사의 단서가 된다. 전속고발제도는 조세체계와 형사사법체계 사이의 균열과 갈등을 해소하는 체계통합의 기제로 이해되어야 한다. 체계통합의 각 체계의 전문성과 자율성을 전제한다. 조세당국을 조세일탈행위에 대한

---

32 통고처분의 이유인 포탈세액의 부과처분은 별개로 행정쟁송의 대상이 될 수 있다.

33 제15조 제3항을 근거로 헌법 제13조 제1항 단서를 이중처벌금지원칙에서 이중위험금지원칙으로 확장 실현하는 해석을 한다면, 제15조 제3항은 헌법적 지위를 갖는다.

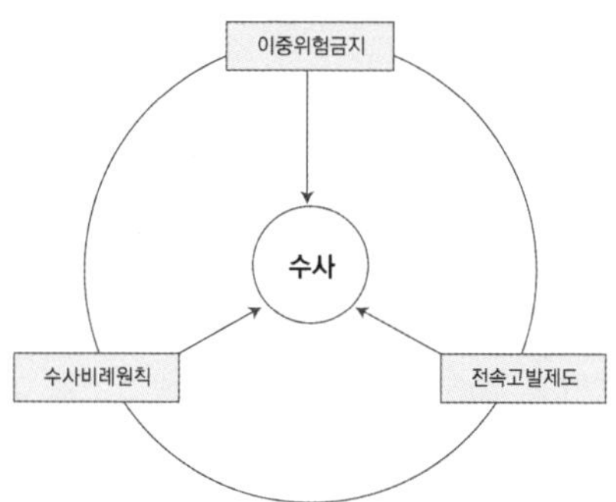

통제의 전문기관으로 바라본다면, ① 첫째, 세무공무원이 (세무·범칙)조사하고 있는 동안에 수사기관은 수사를 하지 않아야 한다. 또한 조세당국의 통고처분은 행정형벌로서 (통고처분 이행을 전제로) 전속고발을 하지 않음으로써 형사사법기관이 기능하지 않을 수 있게 한다. 다만 (세무·범칙)조사가 진행 중인 사건이라도 고발이 당연하다고 예상되는 경우(상당한 범죄혐의와 큰 규모의 포탈세액에도 불구하고 세무조사에 비협조적이며 자진납부도 안한 사건)에는 형사사법기관이 조세당국의 통제와 함께 수사·심판의 역할을 수행할 수 있다. ② 둘째, 특정범죄가중법상 조세포탈사건의 경우에도 포탈세율, 자진납부, 세무조사 협조, 일반예방과 특별예방적 필요성 등을 조세당국이 전문성을 갖고 종합 판단하여 (실형의) 징역형 부과가 필요 없다고 판단되면 통고처분으로 종결하고 고발하지 않을 수 있고, 이 경우 형사사법기관은 기능하지 않아도 된다. 이는 전속고발제도가 이중위험금지원칙 및 수사비례원칙과 기능적으로 서로 엮인 채 서로를 보완하는 관계에 있기 때문이다.

1) 통고처분전치주의와 즉시고발 고발은 "통고처분을 받은 자가 통고서를 송달받은 날로부터 15일 이내에 통고대로 이행하지 아니한 경우"(제17조 제2항)에 하여야 하고(**통고처분전치주의**), 정상情狀에 따라 징역형에 처할 것으로 판단되는 경우, 통고대로 이행할 자금이나 납부 능력이 없다고 인정되는 경우, 거소가 분명하지 아니하거나 서류의 수령을 거부하여 통고처분을 할 수 없는 경우, 도주하거나 증거를 인멸할 우려가 있는 경우(이상 **즉시고발사유**)에는 통고처분을 거치지 아니하고 그 대상자를 즉시 고발하여야 한다(제17조 제1항 단서).

여기서 정상에 따른 징역형, 즉 **정상징역형**은 고발의 가장 중요한 기준이다. '정상에 따른 징역형'이란 ① 법정형을 가리키는 것이 아니라 선고형을 가리킨다. 즉 조세포탈죄의 혐의뿐만 아니라 모든 양형요소를 종합 고려하여 '**실형의 징역형**'이 '선고'됨이 마땅한 경우에 고발을 하는 것이다. ② 둘째, "고발하여야 한다"는 문언은 훈시규정이 아니라 효력규정이지만, 강행규정은 아닌 **임의규정**으로 이해되어야 한다. 강행규정이 되려면 법원에 의해 실형의 징역형이 선고되어야 할 조세포탈사건과 그렇지 않은 사건이 명확하게 구별되어야 하는데, 그럴 수가 없기 때문이다. ③ 셋째, 합리적 조세정책적 결정으로서 고발여부는 **합리적 양형의 판단**을 대신한다. "벌금에 해당하는 금액"(벌금상당액)을 통고처분할 권한은 그 전제로서 '법원의 양형에 상당하는' 판단을 할 권한을 포함하기 때문이다.

2) 고발의 적법요건　① 범칙조사는 실질이 수사이므로 고발은 사법경찰관이 아니라 관할 지방검찰청 또는 지청의 검사에게 하여야 한다. 즉 "고발은 공소제기의 요건이고 수사개시의 요건은 아니므로…검찰의 요청에 따라 세무서장이 고발조치를 하였다고 하더라도 공소제기 전에 고발이 있은 이상…공소제기의 절차가 법률의 규정에 위반하여 무효라고 할 수 없다"(大判 94도3373). ② 고발은 사건번호, 고발자, 고발처와 고발의사표시, 죄명, 범칙자의 인적사항, 범칙일시 및 범칙사실, 범칙증빙물건, 고발사유, 첨부서류를 기재한 고발서에 의한다. 압수물건이 있을 때에는 압수목록을 첨부하여 고발사건을 담당하는 검사에게 인계하여야 한다(제18조 제1항). ③ 고발의 적법요건을 갖추지 못한 고발(예: 범칙사실의 기재가 없거나 특정되지 않은 경우, 명백하게 고발사유가 없는 고발,[34] 통고처분이 이행되었는데도 한 고발, 통고처분을 거치지 아니하고 고발하는 경우)은 유효하지 않다. ④ 범칙혐의는 일부는 명확한 데 조세포탈액이 특정

34 "즉시고발을 함에 있어서 고발사유를 고발서에 명기하도록 하는 규정이 없을 뿐만 아니라 원래 즉시고발권을 세무공무원에게 부여하였음은 세무공무원으로 하여금 때에 따라 적절한 처분을 하도록 할 목적으로 특별사유의 유무에 대한 인정권까지 세무공무원에게 일임한 것이라고 볼 것이므로 … 세무공무원의 즉시고발이 있으면 그로써 소추의 요건은 충족되는 것이고, 법원은 본안에 대하여 심판하면 되는 것이지 즉시고발 사유에 대하여 심사할 수 없다"(大判 2007도7482). 그러나 통고처분전치주의의 취지에서 보면 고발사유가 없음이 명백한 경우에 고발은 효력이 없다.

범죄가중법상 조세포탈죄가 적용될 금액인지가 불확실한 경우에는 의심스러울 때에는 시민의 자유이익으로(in dubio pro libertate)-원칙(시민자유우선원칙)에 따라 고발하지 않고, 통고처분을 하여야 한다. 이미 범칙조사로 실질적인 수사를 모두 받았고, 불확실한 조세포탈혐의를 밝히기 위해 또 다시 형사소송절차를 밟게 하는 것은 이중위험(이중조사, 이중심판)에 빠뜨리는 것이기 때문이다.

3) 고발의 효력범위 고발은 범칙사건의 일부에 대한 것이어도 그 전부에 대하여 효력이 미친다. 예컨대 동일한 사업년도에서 일어난 법인세포탈이면 다른 계정과목의 법인세포탈에 대하여도 고발의 효력이 미친다. 반면 전속고발사건인 범칙사건의 "고발에 있어서는 고소·고발 불가분의 원칙이 적용되지 아니하므로, 고발의 구비 여부는 양벌규정에 의하여 처벌받는 자연인인 행위자와 법인에 대하여 개별적으로 논하여야 한다"(大判 2004도4066). 따라서 범칙행위의 공범자 중 1인에 대한 고발이 고발장에 기재되지 않은 다른 공범자에게도 미치지 않는다. 이는 고발사유가 통고이행자력, 통고불이행, 정상징역형 등 범칙혐의자에 고유한 것들이고, 고발결정도 범칙혐의자에 대한 형의 양정을 거쳐 이루어지는 것인 점을 고려한 것이다. ③ 고발은 형사소송법 제232조, 제255조를 준용하면 명백히 잘못된 고발의 경우에 그리고 제1심 판결 선고 전까지 취소할 수 있다(大判 4290형상58). ④ 고발 없이 공소가 제기된 후에 비로소 고발이 되어도 공소제기의 하자는 치유되지 않는다(大判 70도942). 추완불허는 전속고발사건으로 공소제기된 경우뿐만 아니라 처음에는 특정범죄가중법상 조세포탈로 기소되었지만 심리를 통해 조세범처벌법상의 조세포탈, 즉 전속고발사건으로 인정되는 경우에도 마찬가지이다.

4) 고발에서 신뢰보호원칙 고발은 합리적·조세정책적 결정이면서 수사와 심판의 기능도 대신하기에 법치국가의 기본원칙들, 특히 신뢰보호원칙과 불소급원칙을 준수하여야 한다.

가령 2008년 S그룹특검사건[35] 이전에는 차명거래에 의한 상장주식양도세의 포탈행위에 대해 국세청은 탈루된 세금을 추징하고 가산세를 부과는 할 뿐 고발하지 않았지만, S그룹사건에서 특검은 비자금의 실체가 차명상속주식의 양도세포탈이었음을 밝히고 국세청에 요구하여 고발장을 제출받아 공소를 제기하였고, 법원에 의해 '처음으로' 조세포탈죄로 유죄판결을 받았다. 이 사건 이후 국세청은 상장주식양도세포탈행위에 대하여는 고발할 의무가 있다.

그러나 판결에 의해 처음 형성되는 구체적인 법규범(예: 상장주식양도세포탈죄)은 판결불소급원칙에 의한다면 그 판결 이전에 일어난 같은 유형의 행위에 대해서는 소급적으로 적용해서는 안 된다. 이런 판결불소급원칙을 인정하지 않는다고 하더라도 '행정기관'인 국세청은 처음 조세포탈죄로 처벌한 판결 이전에 행해진 동일한 유형의 행위에 대하여 고발을 해서는 안 된다. 가령 판결 이전에 같은 유형의 행위에 대하여 국세청이 고발을 하지 않았고, 특히 자진납부하면 고발하지 않을 것이라는 점에 대한 시민들의 신뢰가 형성되어 있다면 신뢰보호원칙(Vertrauensschutzprinzip)[36]상 행정기관은 그런 신뢰를 보호해야 한다.

★ 국세기본법상 신뢰보호원칙 국세기본법 제18조 제3항도 "세법의 해석이나 국세행정의 관행이 일반적으로 납세자에게 받아들여진 후에는 그 해석이나 관행에 의한 행위 또는 계산은 정당한 것으로 보며, 새로운 해석이나 관행에 의하여 소급하여 과세되지 아니한다"고 규정한다. ① 이 문장은 전반부("~것으로 보며")가 후반부("새로운~아니한다")를 위하여 존재하는 주종관계의 복문複文이 아니라 서로 대등절의 위치를 갖고 있는 중문重文이다. 그러니까 전반부는 (조세범처벌절차로서 진행되는 세무조사·범칙조사 및 통고처분이나 고발여부 결정의 절차를 포괄하는) 국세행정 전반에 대하여

35 서울중앙지방법원 2008. 7. 16. 선고 2009고합366 판결; 서울고등법원 2008. 10. 10. 선고 2008노1841 판결.

36 이런 해석에 의하면 아직까지도 상속차명주식을 갖고 있는 상당수의 기업인들이 국세청의 조사로는 밝힐 수 없는 차명계좌를 스스로 드러내고 탈루된 세금을 자진 납부하는 유인효과도 거둘 수도 있다. 다시 말해 법치국가적 원칙을 지키면서 오히려 조세징수의 기능은 강화되는 것이다.

신뢰보호원칙을 선언한 것이고, 후반부는 특히 **소급과세금지원칙**을 따로 규정한 것이다. ② 물론 이 규정을 복문으로 이해하고, 아울러 "과세되지 아니한다"라는 문언에 더 높은 비중을 두면, 신뢰보호원칙은 가장 좁은 의미의 과세처분에 국한된 것으로 해석할 수 있다. 그러나 이 경우에도 제5항에서 "세법 외의 법률 중 국세의 부과·징수·감면 또는 그 절차에 관하여 규정하고 있는 조항은 제1항부터 제3항까지의 규정을 적용할 때에는 세법으로 본다" 고 규정함으로써 널리 (조세형법을 포함한) 세법의 적용에 신뢰보호원칙이 적용됨을 명확히 하였다. "그 절차"에서 "그"의 의미는 부과·징수·감면에 관련되는 절차, 즉 부과·징수·감면을 행하는 (직접적) 절차와 그에 수반되는 절차를 포괄한다고 보아야 하고, 조세범처벌절차법상 범칙조사 및 고발은 부과·징수·감면에 수반되는(뒤따르는) 절차이기 때문이다.

5) 고발결정에서 조세당국과 검찰의 협동적 상호작용 물론 이런 **신뢰보호원칙**은 모든 형벌정의를 희생할 수 있는 것은 아니다. 고발권 행사에서 조세당국과 검찰의 협동적 상호작용관계가 필요하다. 그런 관계모델의 전형은 공정거래위원회의 전속고발권 모델이다.

★ 공정위의 전속고발권 모델 공정거래위원회의 조사는 행정조사이며, 수사와 기관(신분)적으로, 기능적으로 완전 분리되어 있기에 공정거래위원회와 수사기관 사이의 상호작용기제를 만드는 고발규정(공정거래법 제129조[37])이 있다. 제129조 제1항은 공정거래위원회의 고발이 없이는 검찰은 소추할 수 없게 하여 검찰을 견제하는 반면 제6항은 일단 고발하여 기소할 수 있게 한 후에는 취소하지 못하게 하여 공정거래위원회를 통제한다. 제2항은 중대명백한 법위반사건에 대해 공정거래위원회에게 고발의무를 부과

---

37 공정거래법 제129조(고발) ① 제124조 및 제125조의 죄는 공정거래위원회의 고발이 있어야 공소를 제기할 수 있다. ② 공정거래위원회는 제124조 및 제125조의 죄 중 그 위반의 정도가 객관적으로 명백하고 중대하여 경쟁질서를 현저히 해친다고 인정하는 경우에는 검찰총장에게 고발하여야 한다. ③ 검찰총장은 제2항에 따른 고발요건에 해당하는 사실이 있음을 공정거래위원회에 통보하여 고발을 요청할 수 있다. ④ 공정거래위원회가 제2항에 따른 고발요건에 해당하지 아니한다고 결정하더라도 감사원장, 중소벤처기업부장관, 조달청장은 사회적 파급효과, 국가재정에 끼친 영향, 중소기업에 미친 피해 정도 등 다른 사정을 이유로 공정거래위원회에 고발을 요청할 수 있다. ⑤ 공정거래위원회는 제3항 또는 제4항에 따른 고발요청이 있을 때에는 검찰총장에게 고발하여야 한다. ⑥ 공정거래위원회는 공소가 제기된 후에는 고발을 취소할 수 없다.

하여 전속고발권 남용을 통제하고 제3항은 검찰총장(제4항은 감사원장 등)에게 고발의무를 다하지 않는 공정거래위원회를 견제하도록 고발요청권을 부여한다. 이러한 대칭적인 권한분배는 상호통제를 가능하게 하고 공정거래법위반사건에 대해 국가형벌권이 적정하게 행사되게 만든다(협동적 상호작용의 모델).

공정거래위원회의 협동적 상호작용모델을 적용해보면 ① 특정범죄가중법상 조세포탈죄에 해당하는 경우에도 조세당국이 고발하지 않으면('정상통고처분') 검찰은 법'형식'적으로는 소추할 수는 있지만, **조세당국의 전문적 판단을 존중할 의무**를 부담한다. 복잡한 조세법체계와 조세일탈행위의 일상적인 빈발, 조세법집행의 불균형과 선별 등의 현실에서 실질적 과세형평과 과세행정의 체계적 일관성을 추구하면서 이루어지는 조세일탈행위의 불법성에 대한 조세당국의 전문적 판단을 존중하지 않는 공소권행사는 공소권남용[38]으로 볼 수 있기 때문이다. 조세당국의 고발판단에 대한 검찰의 존중의무는 법문에 충실한 형법적 정의가 실질적인 조세정의에서 멀어지는 것을 방지하고, 조세체계와 사법체계 사이의 체계통합을 이룰 수 있게 한다. ② 반면 조세포탈혐의가 **중대하고 명백한 사건**에 대해서는 형법적 정의와 형법질서를 지키기 위해 조세당국은 **고발의무**를 지고, 검찰은 고발을 요청할 수 있는 권리가 있다. 첫째, 중대성은 포탈행위의 불법의 질과 정도에 대한 종합적인 판단으로서 중대한 조세포탈임을 뜻한다. **중대성 판단**에는 포탈세액의 규모(예: 특가법 제8조의 5억 원 이상), 포탈세율, 포탈의 수법(예: 장부의 위조), 포탈 후의 정황이나 동기, 포탈자의 포탈전과, 처벌이 납세자 일반의 준법의식에 미치는 효과 등 매우 다양한 요소가 고려된다. **"정상에 따라 징역형"**(절차법 제17조 제1항 단서)이란 개념은 바로 이를 가리킨다. 가령 납세자가 '자진하여' 신고 및 납부를 하고, 세무조사에 '적극' 협조함으로써 침해된 조세

38 공소권남용이론은 이중위험금지원칙의 관점에서 재구성하는 이상돈, 사례연습 형사소송법, 법문사, 2004, 196~197쪽. 이중위험금지원칙에 의하면 수개의 경합범인 동일사건에 대한 동시소추의무도 인정된다.

채권을 거의 보전한 경우에는 일반적으로 사건의 중대성이 부인되어야 한다. 둘째, **명백성**은 검사가 공소제기하는데에 필요한 혐의 수준인 고도 개연성이 아니라 법원이 유죄를 인정하는 데 필요한 혐의 수준인 **확실성**을 의미한다. 즉 조세당국은 고발여부를 결정함에 있어 의심스러울 때 피고인에게 유리하게(in dubio pro reo)-원칙을 준수해야 한다.

> 예컨대 차명상장주식의 매도 후 증권계좌에서 현금인출이 아니라 추적이 가능한 수표로 인출하여 자동차를 사는 행위가 '사기 그 밖의 부정한 방법'으로 주식양도세를 포탈한 행위에 해당하는지는 합리적 의문이 남으므로 조세당국은 고발해서는 안 된다.

③ 수사기관의 임의수사를 통해 상당한 범죄혐의가 포착되고 독자적인 수사를 통하여 포탈세액의 규모로 잠정 판단할 때 중대한 조세포탈혐의가 명백해진 경우에 검사는 조세당국에 고발을 요구할 수 있고, 조세당국은 이에 응할 의무가 있다. 물론 조세당국은 여전히 독자적인 조세정책적 판단으로 고발요구를 거부할 수도 있지만 그런 경우에 특정범죄가중법 제16조가 비로소 작동한다. 즉 검사는 조세당국이 고발요청을 거부하면 고발 없이 소추를 할 수 있다.

6) 전속고발사건의 양형판단 이와 같은 협동적 상호작용의 모델은 전속고발사건에는 적용되지 않고 특정범죄가중법상 조세포탈죄사건에만 적용되어야 한다. 세무조사는 범칙조사로 전환되면 수사의 성격을 갖고 있고 통고처분은 형벌을 부과하는 절차이므로 고발하지 않고 세무조사와 범칙조사가 통고처분으로 마무리된다면 그것은 형사절차의 종결을 의미한다. 따라서 이 경우 검사의 소추권은 조세당국의 고발여부에 전적으로 종속되어야 한다. 반면 조세당국이 비록 조세포탈세액을 특정범죄가중법이 적용될 만큼 큰 액수가 아니지만 고발을 한다는 것은 그 조세포탈행위의 행위반가치(예: 포탈방법의 반도덕적 강도)가 매우 높아 행정수사와 행정벌보다는 형사절차를 통한 더 강한 비난과 제재가 필요함을 의미한다. 이와 같은 조세당국의 실질적인 양형판단으로 고발하지

않는 상황에서 검찰이 고발을 요청해서는 안 된다.

★ 조세당국, 검찰, 법원의 정상 판단과 체계통합 조세범죄의 처벌가치는 특가법상 조세포탈죄의 적용과 조세범처벌법상의 범칙행위를 가르는 기준인 포탈세액규모 뿐만 아니라 포탈률, 포탈의 수법, 전과, 고발과 처벌여부가 납세의식에 미치는 영향(일반·특별 예방적 효과)을 고려하여 판단된다. 이를 **정상에 대한 판단**(실질적 의미의 양형)이라고 한다. 이 판단은 조세당국(조세범처벌법 제17조 제1항 제1호), 검사(형사소송법 제247조), 법원(형법 제51조)이 한다. 이 세 기관의 판단이 어떻게 법체계의 정합성을 이루면서 조세체계와 사법체계 간의 통합을 수행하게 되는지를 요약해본다.

① 첫째, 조세당국은 조세사건에 관한 전문성을 갖고 세무조사와 범칙조사를 하여 통고처분을 하거나 고발을 한다. 이 고발은 실질적인 양형의 결과이다. 전속고발사건에서 통고처분하고 범칙자가 이행하면 조세범죄의 형사절차는 종료되고, 고발을 하면 일반 형사절차가 진행된다. 세무조사와 범칙조사 중에는 수사비례원칙에 의해 수사기관의 수사는 원칙적으로 금지되고, 예외적으로 임의수사만 전개할 수 있다. 특정범죄가중법상의 조세포탈죄사건도 조세당국은 다양한 정상요소들을 참작하여 (실질적 양형을 하여) 고발하지 않을 수 있다. 이는 헌법구체화규범인 조세범처벌절차법 제15조 제3항에 기획된 이중위험금지원칙이 입법재량규범인 특정범죄가중법 제16조보다 우선하고, 조세범처벌절차법 제17조 제1항 제1호 "정상에 따라 징역형에 처할 것으로 판단되는 경우"(줄여서: 정상징역형)란 조세당국이 정

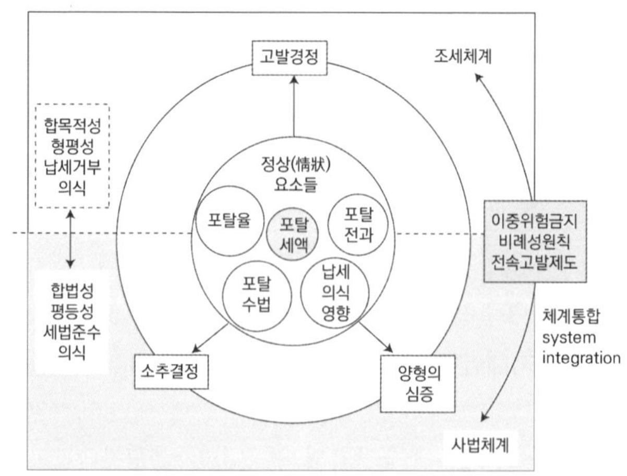

상요소를 고려할 때 징역형으로 처벌할 가치가 있는 사건으로 판단하는 경우만을 의미하기 때문이다. ② 그러나 검찰은 임의수사를 통해 상당한 범죄혐의가 밝혀져서 비로소 행하는 과세정보의 요구(국세기본법 제81조의13 제1항 제2호)와 영장에 의한 강제수사 등을 통하여 조세당국이 고발하지 않은 특정범죄가중법상 조세포탈사건의 범죄혐의가 중대하고 명백하여 징역형으로 처벌할 가치가 있다는 판단을 내릴 수 있다. 그런 경우에 검찰은 조세당국에 고발을 요청하고, 조세당국이 이에 응하지 않으면 특정범죄가중법 제16조에 따라 비로소 고발 없이 공소제기를 할 수 있다. 이러한 절차를 지키지 않는 조세범죄에 대한 소추는 공소권남용이 될 수 있다. ③ 수소법원은 이 경우에도 조세당국이 고발하지 않은 정상판단의 결과를 양형과정에 고려해야 한다. 조세당국이 특정범죄가중법상 조세포탈사건이지만 징역형이 적절하지 않다고 정상을 판단하여 고발하지 않고 통고처분을 하고 범칙자가 이를 이행하면 헌법구체화규범인 조세범처벌절차법 제15조 제3항의 이중위험금지원칙에 따라 검사는 소추할 수 없고, 설령 소추하여도 법원은 심리하지 않고 공소기각판결을 내려야 한다. ④ 이로써 조세체계와 사법체계의 기능충돌을 해소하고 체계간 통합(system integration)을 도모하며, 조세형평과 형법적 정의의 간극을 좁히고, 조세전문기관과 형사사법기관의 직능갈등과, 납세자들의 납세준수의식과 납세거부의식의 이중성이 해소될 수 있다.

Ⅲ. 수사

조세범죄에 대한 수사기관에 의한 수사의 방법과 절차는 일반 형사사건의 경우와 다르지 않다. 이중조사금지원칙, 일반 형사사건에 비해 강화된 수사비례원칙, 전속고발 등의 제한이 있을 뿐이다.

1. 수사의 방법과 절차

① 조세범죄에 대한 수사는 통상적으로 조세당국의 고발에 의해 수사의 단서가 인지되고, 수사대상자나 증거확보방법에 대한 준비를 하는 내사단계를 거쳐, 범죄혐의가 인정되면 소속 검찰청의 장에게 보고를 하고 승인을 받아 수사를 개시한다. ② 수사는 통상적으로는 세무관서

의 범칙조사를 거쳐 고발될 때 넘어온 각종 조사기록과 범칙증빙자료를 검토하고, 조사를 한 세무공무원의 진술을 듣는 방법으로 수행한다. 포탈세액의 확정이나 공소유지를 위해 필요한 경우에는 새롭게 증거를 수집한다. 수사의 방법으로는 장부조사, 계좌추적, 피의자신문과 참고인조사 등이 사용된다. 또한 임의로 출석하여 피의자신문을 받던 중에도 신병확보를 위해 필요하다면 긴급체포한다. ③ 수사기관이 조세범죄를 직접 인지한 경우에는 수사의 초기단계에서 압수·수색영장에 의하여 탈세관련장부를 압수하는 등의 조치를 취한다. 이후의 수사를 통해 포탈세액이 확정되면 피의자를 신문하고, 신병확보를 위해 구속한다. ④ 특정범죄가중법상 조세포탈죄는 감청대상범죄(통신비밀보호법 제5조 제1항 제9호)에 해당되고, 조세범처벌법상의 조세포탈은 감청대상범죄가 아니다. 하지만 포탈세액이 불확정적이어서 조세범칙사건도 감청되는 경우가 많다. ⑤ 조세포탈범죄의 수사를 위해 피의자나 피내사자까지도 출국이 금지될 수 있다(출입국관리법 제4조 제1항 제2, 4호). ⑥ 고발사건에서 수사의 범위는 고발장에 기재된 고발사실과 동일성이 인정되는 조세포탈행위에 국한된다.

2. 수사비례원칙

조세범죄의 수사는 수사비례원칙(특히 수사목적의 달성과 수사방법의 기본권침해 사이의 균형성)에 의해 제한되어야 한다.

(1) 범죄인지권의 남용과 통제 범칙조사는 행정조사가 아니라 행정'수사'이고, 세무조사는 비록 행정조사이지만 세무조사의 결과를 토대로 통고처분여부를 결정하므로 잠재적인 범칙조사이며, 따라서 잠재적인 수사라고 말할 수 있다. ① 이렇듯 세무공무원의 (세무·범칙)조사가 실질적인 수사라면 수사기관이 (세무·범칙)조사가 진행 중에 동일한 사건을 입건하여 수사하는 것은 이중수사가 된다. **이중수사는 범죄인지권남용**[39]으로서 수사비례원칙에 위배된다. 범죄인지권의 남용금지를 완벽하

게 실현하려면 수사기관이 조세포탈죄의 단서를 인지한 경우 원칙적으로 세무관서로 사건을 이첩하고, 이미 세무당국이 조사 중에 있는 경우에는 그 조사가 끝나 통고처분 또는 고발여부의 결정이 날 때까지 수사를 개시하지 않아야 한다. ② 그러나 판례는 (세무·범칙)조사 중인 사건에 대하여 수사기관은 "고발가능성이 없는 상태 하에서 행해졌다는 등의 특단의 사정이 없는 한"(大判 94도252), 수사를 할 수 있다고 본다(大判 94도3373). 경찰에 의해 조세포탈혐의를 받고 있어도 조세포탈죄의 기수 이후 피의자가 세금을 **자진 납부**한 경우 국세청은 그에 대한 고발이 탈세자들의 자진납부동기를 떨어뜨려 조세징수기능을 약화시킬 수 있다는 이유로 **고발하지 않을 개연성**이 있다. 그렇기에 자진납부는 판례가 말하는 세무당국의 고발가능성을 배제하는 특단의 사정에 해당할 수 있다. 물론 그 점에 관해 의문이 남을 수 있지만, 의심스러울 땐 시민의 자유 이익으로–원칙(in dubio pro libertate)을 적용하면 자진납부자에 대해 조세당국의 고발여부를 기다리지 않고 수사기관이 수사를 개시하는 것은 역시 범죄인지권남용에 해당한다.

(2) 조세수사방법의 비례성 고발가능성이 있다는 이유로 이중수사를 하더라도 피의자의 이중방어부담과 과도한 기본권제한을 고려하여 제한적인 수사활동만을 해야 한다.

1) 임의수사원칙 판례에 따라 고발가능성이 없다는 특단의 사정이 없는 경우 수사를 허용하더라도 조세범죄는 비폭력범죄일 뿐만 아니라 이중적 납세법의식, 과세형평의 어려움, 선별적인 법집행, 형사처벌과 합리적 조세정책과의 충돌 등을 고려할 때 임의수사만 허용하여야 한다. 또한 피의자가 세무당국의 질문에 답하고, 범칙조사에서 피의자심문에 대처하면서 동시에 수사기관의 피의자신문까지 받는 것은 방어권의 현저한 축소를 가져오기 때문에 피의자신문은 허용되어서는 안 된다.

39 범죄인지권의 개념과 그 남용에 대한 통제 논의로 백형구, 현대수사법의 기본문제, 1985, 103~104쪽 참조.

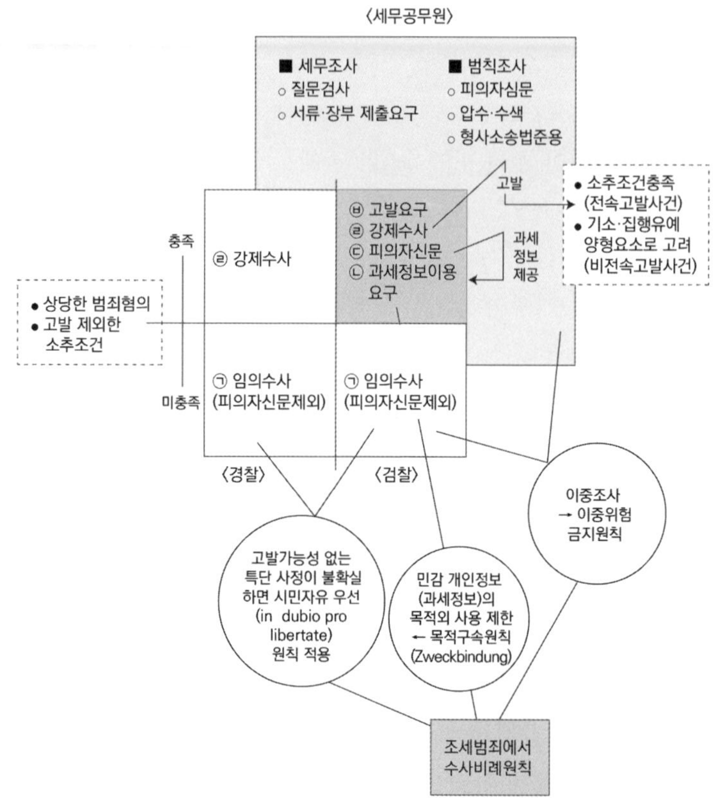

② 강제수사는 수사기관이 고발 전에 허용되는 피의자신문 이외의 임의수사만으로 **상당한**(고도개연적인) **범죄혐의**가 밝혀지고, 기타 양형요소를 종합적으로 고려하여 **처벌필요성**(Strafbedürftigkeit)이 클 것으로 예상되는 특정범죄가중법상 조세포탈사건에 대하여 영장에 의한 강제수사를 할 수 있다.

2) 과세정보이용의 제한　조세사건의 수사는 과세정보를 이용함으로써 해결되기 쉽지만, 세무조사·범칙조사 중인 사건에 대해서는 과세정보의 이용이 제한된다. 다만 ① 조세·과징금의 부과·징수, 국가의 조세쟁송, 조세범소추, 국가통계작성이나 사회보험운영의 목적이나 법원

의 제출명령이나 영장이 발부되거나 또는 국정조사위원회가 요청한 경우, 세무공무원 간의 필요한 과세정보 제공, 공공기관의 급부·지원 등을 위한 자격 조사·심사 등에 필요하고 당사자가 동의한 경우에는 예외가 인정된다(국세기본법 제81조의13 제1항 단서).

② 영장주의가 적용되지 않는 세무조사에서 획득한 정보는 매우 민감한 개인정보이고, 그런 정보는 목적 외 사용이 매우 엄격하게 제한되어야 한다. 검사는 "소추목적을 위하여"만 과세정보를 요구할 수 있고, 영장주의를 형해화하지 않기 위해서 검사는 조세포탈혐의가 고도로 개연적이고 기타 소추조건이 충족된 경우에만 과세정보를 요구하여야 한다. 또한 과세정보는 형사소송법 제199조 제2항의 공무소조회의 방법으로도 요구할 수 없다.[40] ③ 세무공무원이 이와 같은 기준에 의하지 않고 세무조사에 의해 획득한 과세정보를 수사기관에게 넘겨주는 행위는 공무상 비밀누설죄에 해당하여 처벌될 수 있다.

3. 사건처리와 공소

(1) 종결처분의 유형 검사는 수사결과에 따라 기소(불·구속구공판), 약식명령, 불기소, 기소유예를 한다. 혐의가 인정되지만 정상을 참작하여 기소유예를 할 수 있고, 이때 포탈세액·가산세의 납부와 그 밖의 조건을 붙여 할 수 있다. 이를 **정상불기소처분**이라고 부를 수 있다.

(2) 공소제기 조세범죄에 대한 공소제기도 공소장을 제출하는 방법으로 하고, 공소장에는 피고인의 성명 기타 피고인을 특정할 수 있는 사항을 기재하여야 하며, 죄명(조세범처벌법위반, 특정범죄가중법위반, 지방세법위반), 적용법조(조세범처벌법, 특정범죄가중법 제8조 제1항) 그리고 공소사실을 범죄의 주체, 범죄의 일시와 장소, 부정행위의 내용, 포탈세액, 기수시기 등을 특정하여 기재한다.

---

40 안대희, 조세형사법, 박영사, 2006, 812쪽.

(3) 공소장변경 공소장변경은 공소제기를 한 조세범죄와 동일성이 인정되는 범위 내(형사소송법 제298조 제1항)에서 가능하다. 계정과목(손익, 자산, 부채)의 변경은 실제소득금액과 포탈세액을 변경시킬 수 있기 때문에 공소장변경을 거쳐야 한다. 반면 세목이 다르거나 과세연도가 다른 사건은 공소장변경이 허용되지 않는다. 포탈세액의 증가는 피고인의 방어에 실질적 불이익을 초래하므로 공소장변경이 필요한 반면, 포탈세액이 감소하면 — 적용법조가 변경(예: 특정범죄가중법 제8조 제1항 제1호에서 제2호로 변경)되어도 — 피고인에게 불이익을 주지 않으므로 공소장변경이 필요없다(大判 93도658).

15

경영권 승계의 형법적 한계

Ⅰ. 합법과 불법 사이의 경영권승계
Ⅱ. 차명주식관리에 의한 경영권승계
Ⅲ. 전환사채발행에 의한 경영권 승계
Ⅳ. 인수합병에 의한 경영권 승계

15

경영권 승계의 형법적 한계

Ⅰ. 합법과 불법 사이의 경영권승계

기업가정신으로 기업을 일구고 성장시킨 기업인은 자녀에게 그 기업의 경영을 승계시키고 싶어한다. 자녀가 경영능력이 있을수록 그런 의지는 더욱 더 강해진다.

1. 주식상속의 자유에 대한 과도한 제한

경영권의 승계는 기업인이 보유한 현금이나 부동산보다는 주식의 증여나 상속을 통해서 이루어진다. 그런데 우리나라는 주식의 증여·상속세율이 최고 50%나 되고, 최대주주의 경우는 60%로 할증된다. 이는 선진 각국의 세율, 특히 사회적 시장경제체제를 취하고 있는 독일의 30%, 덴마크의 15%에 비해서 2배나 될 정도로 과중하다. 이런 세제는 경영권 승계를 정상적인 주식의 증여·상속으로는 거의 불가능하게 만든다. 소유와 경영의 분리라는 이념도 이런 세제를 지지해준다. 그러나 전문경영인의 대리인비용문제, 특히 임기 중 보여주기식 업적 쌓기로 개인적 이익(예: 스톡그랜트, 재선)에만 골몰하고, 장기발전을 추진하지 못하는 치명적인 단점을 고려할 때 소유와 경영의 분리가 그 일치보다 언제나 더 나은 경영문화라고 말할 수 없다. 그렇기에 60%에 달하는 증여·상속세율은 재산권의 보장(상속의 자유 포함)이라는 근대적 인권을 지나치게 외면한다는 우려를 갖게 한다.

2. 경영권승계전략의 형법적 문제들

이런 상황에서 기업인들은 경영권을 자녀에게 승계시키기 위해 최대한 불법을 피하고, 다양한 편·탈법의 방법들을 사용하여 과도한 주식의 증여·상속세를 피하려고 애써왔다. 주식증여·상속세율이 독일이나 덴마크와 같다면 아마 그런 방법들을 지능적으로 강구할 필요도 없었을 것이다. 그러나 우리나라 경제의 기둥이며 자랑이 된 Y그룹에서 지난 수십 년 동안에 삼대에 걸쳐 사용한 경영권 승계의 중요한 전략들은 어김없이 형사재판을 뒤늦게 받았고, 지금도 받고 있다. 경영권 승계를 위한 노력들은 마치 합법과 불법, 생生과 사死의 영역을 가르는 담장 위를 걸어가는 것과 같다. 그 담장의 위치는 입법과 판례의 변화에 따라 변해가지만, 기업들도 그 변화에 맞추어 경영권 승계의 전략을 다시 짜기 마련이다. 하지만 시민사회는 '이원적 코드'의 법체계에서 어떻게 판단되든 간에, 정당한 대가(증여·상속세)를 지불하지 않은 경영권 승계는 '변칙적인 것'이라는 가치판단[1]을 내린다. 그런 가치판단은 처벌여론을 높인다. 여기서 경영권 승계의 형법적 한계라는 법리연구가 필요함을 알 수 있다. 다음 세 가지는 그 대표적인 예이다.

— 첫째, 대기업 오너는 자신의 주식을 임원의 명의로 보유하고, 그 임원이 퇴사하면 그 주식을 처분하여 다시 새로운 임원의 명의로 변경하는 방법, 즉 **차명주식의 관리**로써 증여·상속으로는 안정적인 경영권 확보에 부족한 지분을 확보한다. 이 방법은 금융실명제 실시 이후 조세(대주주의 상장주식양도세)포탈죄나 상속회복의 소 그리고 횡령죄의 문제를 가져온다(아래 Ⅱ.).

— 둘째, 대기업 오너는 자녀에게 현금을 수십억 원 증여하고, 그 종자돈으로 주력기업의 모기업에 지분을 갖고 있는 비상장 계열사가 (시가보다

1 이 가치판단은 약하게는 '변칙증여'나 '변칙상속'의 개념으로 표현되고, 강하게는 "헐값배임발행" 또는 "배임특권"(이들 개념을 사용하는 곽노현, "배임특권의 법과 정치", 민주법학 제35호, 2007, 311, 313쪽)의 개념으로 표현되는데, 어떤 개념에서도 이 가치판단은 담길 수 있다.

저가로) 발행하는 전환사채(CD)를 인수한 후 전환권을 행사하여 그 계열사의 대주주가 되게 한다. 이 방법은 **전환사채 저가발행**으로 인한 배임죄의 문제를 가져왔다(아래 Ⅲ.).

— 셋째, 전환사채 인수나 증여받은 현금으로 주식을 매입하여 대주주가 된 자녀는 그 계열사에 대한 그룹차원의 (합법적인, 때로는 부당한 일감몰아주기의) 지원을 통해, 그리고 계열사의 상장을 통해 거듭 보유주식의 가치를 비약적으로 증대시킨 후 그 계열사와 주력기업의 모기업의 인수합병을 통해 모기업에 대한 지배력을 쌓아간다. 이 과정에서 그룹총수의 자녀의 지분율이 높은 계열사와 인수·합병하는 모기업의 주식교환비율이 자녀에게 유리하게 산정되도록 각 기업의 주가를 관리하고, 자녀의 지분율이 높은 계열사의 주가가 상대적으로 높게 산정되도록 (합법적인 범위 내에서) 기업회계를 행한다. 이 방법은 계열사 부당지원죄나 자본시장법 위반(부정거래죄, 주가조작죄 등), 배임 및 외부감사법상의 **분식회계죄** 등의 문제를 가져온다(아래 Ⅳ.).

Ⅱ. 차명주식관리에 의한 경영권승계

차명계좌에 의한 주식의 보유·관리는 수많은 기업들이 금융실명제 이전이나 이후에도 해오고 있다. Y그룹도 예외는 아니었는데, 비자금조성 혐의의 수사를 받는 과정에서 별건으로 차명주식관리가 드러났다.

1. 차명주식의 관리와 조세포탈죄의 적용

(1) 차명주식관리의 조세포탈범화 Y그룹 Y_2회장은 Y_1선대회장으로부터 1987년에 상속받은 차명계좌의 주식을 계속 관리(보유·처분·양도)했고, 그 과정에서 발생한 양도소득의 세금을 신고·납부하지 않았다. 차명주식관리의 방법은 다음과 같았다.

★ **차명주식관리** Y그룹 Y_2회장은 Y_1(선대)회장이 보유·관리하던 다수의 임원들 명의의 차명주식을 1987년에 상속받은 후 이를 실명전환하지 않고 그대로 보유하면서 그 임원들이 퇴직하면 새로운 임원의 명의로 교체하기 위해서 또는 유상증자의 신주인수대금을 마련하기 위해서 차명주식을 양도

하였고, 그 과정에서 양도차익(소득)이 발행하였지만 이를 신고·납부하지 않았다. 차명계좌로부터 금원을 인출하여 소비하거나 새로운 차명계좌에 입금할 때에는 대부분 현금으로 출금하고, 동일 명의인의 계좌에만 입금하거나 사용하지 않았으며, 금고에 장기 보관하기도 하였다. 이는 국세청이 차명계좌들의 상호연관성을 발견하기 어렵게 만들었다.

2008년 이러한 차명주식관리는 1999.1.1. 시행된 소득세법 제94조 제1항 3.가목[2]이 정한 상장기업 대주주의 주식양도세[3]를 포탈(특정범죄가중법 제8조)한 것으로 해석되어 Y_2회장은 유죄판결을 받았다.[4]

(2) 정책적 신분범의 취약한 도덕적 정당성 그러나 차명주식관리는 경영권 유지와 방어를 위한 지분분산의 측면[5]이 있고 60%의 대주주상속세율에 따른 상속 자유의 과도한 제한을 우회하는 고육지책의 측면도 있다. 게다가 거짓 서류를 만들어 적극적으로 과세당국을 속이는 통상의 조세포탈보다는 행위반가치가 상대적으로 낮은 편이다. 또한 보통의

2 1999.1.1 시행 **소득세법 제94조 (양도소득의 범위)** 양도소득은 당해연도에 발생한 다음 각호의 소득으로 한다. 3. 한국증권거래소에 상장된 주식 또는 출자지분으로서 대통령령이 정하는 것의 양도로 인하여 발생하는 소득.
소득세법시행령 제157조 ④ 법 제94조 제3호에서 "한국증권거래소에 상장된 주식 또는 출자지분으로서 대통령령이 정하는 것"이라 함은 증권거래법 제2조 제12항의 규정에 의한 유가증권시장에 상장된 주권을 발행한 법인의 주식 또는 출자지분의 합계액중 100분의 5이상에 해당하는 주식등을 소유하고 있는 주주 또는 출자자 1인 및 그와 국세기본법시행령 제20조의 규정에 의한 친족 기타 특수관계에 있는 자가 당해법인의 주식등의 합계액의 100분의 1이상을 양도하는 경우의 당해주식등을 말한다. 이 경우 제158조 제1항 제1호·제4호 또는 제5호에 해당하는 주식등을 제외한다.〈신설 1998·12·31〉.

3 헌법재판소는 소득세법 제94조 제1항이 주식양도에 세금을 부과하는 것은 재산권침해가 아니며, 소급적용할 수도 있고(憲裁決 2002헌바9) 조세법률주의나 포괄적위임입법금지원칙에도 위반하지 않는다고 보았다(憲裁決 2004헌바71; 2005헌바103[병합]). 그러나 대주주에게만 상장주식양도세를 부과하는 부분이 평등원칙(헌법 제11조)에 위배되지 않는지에 관한 판단은 명확히 밝혀지지 않았다.

4 Y_2회장의 상장주식양도세포탈사건에 대한 서울중앙지방법원 2008. 7. 16. 선고 2009고합366 판결과 서울고등법원 2008. 10. 10. 선고 2008노1841 판결 참조.

5 Y그룹은 2008.4.17. 보도자료로 상속차명주식양도세포탈은 통상의 조세포탈과 달리 경영권 보호와 방어를 위한 지분분산의 필요성에서 비롯되었음을 주장하였다(http://www.ohmynews.com/NWS_Web/View/at_pg.aspx?CNTN_CD=A0000881592에서 인용).

시민들도 불법의식이나 반도덕적 의식 없이 증여성 차명계좌를 이용한 주식거래[6]를 하지만 대주주처럼 처벌되지 않는 실질적 불평등도 간과할 수 없다. 이 차별은 자본시장법, 외부감사법, 공정거래법 등의 경영(자)에 대한 통제기능과도 직접 상관이 없고 —모든 사람의 주식양도소득에 대해 과세하더라도[7] 누진세율을 적용하면 달성가능한— 소득재분배기능을 직접 겨냥한 것도 아니다. 오직 경영권 승계를 매우 어렵게 만드는 60% 상속세율을 피하는 (변칙적)방법인 차명주식관리에 의한 경영권 승계를 막기 위한 것일 뿐이다.

주식양도세포탈죄는 대주주만 주체가 된다는 점에서 일종의 신분범(Sonderdelikt)이 되는데, 이런 신분범은 형법이론적 정당성의 문제를 남긴다. 가령 생활세계에서는 허위공문서작성과는 달리 의사 등의 신분자를 제외하고는 (자기명의로 내용이 거짓인 문서를 만드는) 허위사문서작성행위를 문서죄로 보지 않는다. 의사 등의 자격을 지닌 사람만이 허위진단서작성죄(형법 제233조)의 주체될 뿐이다. 또한 자격 외에 사회적 신분관계가 있을 때 존속살인죄에서 보듯 신분범이 된다. 그러나 대주주는 이런 능력·자격이나 사회적 신분이 없고, 지속성[8]도 보장되어 있지 않으

6 예컨대 부모가 자식 이름으로 (증여세공제범위를 초과하여) 2,000만 원을 예금하고, 추후에 그 예금으로 상장주식을 산 다음 주가가 2배 오르자 팔아서 다시 그 자식 이름의 계좌에 예치하기를 반복한다. 그러나 시민들의 이러한 증여세포탈에 대하여는 조세포탈죄가 사실상 집행되지 않고 있고, 주식양도차익에 대하여는 양도세도 부과되지 않으므로 법률상 조세포탈죄가 처음부터 성립하지 않게 된다.

7 우리나라는 2023년부터 대주주 아닌 자의 주식양도소득도 과세될 예정으로 있으나 미국의 경우 1986년에 제정된 Tax Reform Act(TRA)은 주식양도소득을 다른 소득과 합산하여 종합과세한다. 세율은 15%, 28%, 31%의 3단계로 나뉘며, 일정 수준 이상의 고소득자에게는 36%, 초고소득자에 대한 10%의 부가세를 적용하여 39.6% 의 세율이 적용된다. 결국 5단계의 세율이 적용되는 셈이다. 또한 2001년부터는 IRS Restructing and Reform Act가 5년 이상 보유한 자산으로부터 얻은 자본이득에 대해서는 18%, 1년 이상 5년 미만 보유 자산으로부터 얻은 자본이득에 대해서는 20%의 세율을 각기 적용하고 있다.

8 물론 학계에서는 신분 개념에 계속성이 불필요하다는 견해가 많다(이재상, 형법총론, 박영사, 2008, 503쪽; 김일수·서보학, 형법총론, 박영사, 2006, 655쪽). 그러나 수범자의 범위를 결정하는 개념으로서 신분은 계속성이 필요 없으나 형사불법을 구성 및 가중하는 형법이론적 개념으로서 신분은 친족관계처럼 일신적 특성(Persönliche Eigenschaft)이나 공무원처럼 일신적

며, 단지 경제적 계층성을 가질 뿐이다. 대주주가 경영을 지배하는 사실상의 힘[9]도 시장상황에 따라 새로운 대주주에게 넘어가기도 한다. 또한 대주주가 아니어서 주식양도소득세가 부과되지 않는 개인이 주식양도소득세포탈죄의 소극적 신분이 되는 것도 아니다. 그렇기에 대주주주식양도세포탈죄는 경영권승계의 우회전략을 막으려는 목표를 위해 창출한 신분성 없는 신분범이다. 이 정책적 신분범이 초래하는 형사처벌의 불평등은 형법의 도덕성이나 생활세계적 정당성을 위협한다.

(3) 헌법합치적 해석의 필요성 물론 차명주식관리가 차명주식의 실명전환에 대한 과징금(금융실명법 제6조)과 명의신탁재산에 대한 의제증여세(상속증여세법 제45조의2)의 부과만으로 충분히 통제되기는 어려울 수 있다. 하지만 위와 같이 신분범의 정당한 근거가 없는데도 수범자를 상장회사 대주주에게 국한시키고(평등원칙 위반) 거기에 더하여 오로지 결과불법(포탈세액)의 증가만을 이유로 법정형을 살인죄 수준으로 가중하는 것은 — 대주주 아닌 주주들이 아예 상장주식양도세를 내지도 않는 것에 비하면 — 불평등한 과잉의 처벌이라고 할 수 있다. 즉 **정당한 신분성이 없는 신분범**의 문제점과 행위불법의 정도를 고려하지 않는 **결과불법 편향의 가중처벌**은 형사처벌의 평등과 죄형균형원칙을 심각하게 훼손한다. 여기서 특정범죄가중법 제8조나 조세범처벌법 제3조 제1항 및 소득세법 제94조 제1항 3. 가목은 각각 입법재량권을 존중하여 위헌으로 보지 않더라도 특정범죄가중법 제8조를 대주주 상장주식양도세포탈의 사안에 적용하는 것은 위헌으로 볼 수 있다. 이 결론을 헌법재판소는 한정위헌[10]결정에 담을 수 있고 법원은 (구성요건이 아니라 강제적 양형규정인) 특정범죄

관계(Persönliche Verhältnisse) 그리고 상습성처럼 일신적 상태(Persönliche Umstände)를 지닌 것으로서 계속성은 신분 개념에 내재적으로 필수적인 요소가 된다.

9 상장주식양도세의 근거로 "대주주가 주식 발행 회사에 미치는 사실상의 영향력 등 지배적인 위치"를 제시하는 憲裁決 2004헌바32, 2005헌바63 · 102 · 104 · 105(병합)참조.

10 특히 한정합헌결정과 한정위헌결정의 구속력에서 차이에 관한 새로운 법이론적 분석으로 이상돈, 헌법재판과 형법정책, 고려대출판부, 2005, 113쪽 아래 참조.

가중법 제8조를 대주주 상장주식양도세포탈죄에 적용할 경우에는 조세범처벌법 제3조 제1항의 범죄구성요건의 실질인 소득세법 제94조 제1항 3.가목을 제한해석하여야 한다.

2. 대주주 주식양도세포탈의 제한해석

(1) 적극적 은닉행위 차명주식관리가 조세포탈죄의 요건인 기망 기타 방법에 해당하려면 적극적 은닉행위가 있어야 한다.

1) 차명주식의 보유, 현금인출, 배당금수령 계좌폐쇄 먼저 차명(증권)계좌나 차명주식을 상속으로 받았다는 사실, 차명주식의 배당금을 받거나 그 주식을 양도하고 증권계좌에 들어온 현금을 인출하고 그 계좌를 폐쇄시킨 점만으로는 적극적 은닉행위가 되지 않는다.[11]

2) 반복적인 계좌교체 및 계좌연결성단절 하급심 판례[12]에 의하면 차명주식거래의 양도세 회피행위가 적극적 소득은닉행위가 되려면 ⓐ 상속재산을 여러 차명계좌에 분산 입금하였거나(ⓐ1), 한 차명계좌에서 '다른' 차명계좌로 재산을 이전하였어야 한다(ⓐ2). 이를 계좌교체행위라 부를 수 있다. 또한 ⓑ 차명계좌에서 출금과 차명계좌로의 입금은 현금으

11 이 해석은 차명계좌의 보유와 매도, 현금인출과 계좌폐쇄가 대주주에게 주식양도세를 부과한 1999.1.1. 이전이건 이후이건 모두 타당하다.

12 "적극적 은닉행위는 과세대상의 무신고와 아울러 여러 개의 차명계좌에 분산 입금(입고)하거나 순차 다른 차명계좌에 입금(입고)을 반복하는 행위, 현금 등 지급수단의 교환반복행위 등과 같이 차명계좌의 재산 … 을 감추려는 적극적 의도가 나타나는 사정이 덧붙여진 경우" "피고인 … 은 … 차명계좌의 주식을 양도한 것은 명의자의 퇴직이나 사망 등으로 새로운 명의자의 계좌로 교체하는 경우 및 유상증자가 있을 때 신주인수대금을 마련하려는 경우가 있었을 때이므로 … 소득을 올리려는 의사 자체가 없어 단순한 차명계좌의 보유 외에 적극적인 소득은닉행위가 없다는 것이다. 살피건대 … 그러나 어느 차명계좌로부터 금원을 인출하여 소비하거나 새로운 계좌에 입금할 필요가 있을 때에는 그 액수가 고액이더라도 대부분 현금출금 등의 방법을 통함으로써 자금추적을 곤란하게 하고, 배당금수령액을 수표로 출금하는 경우에는 동일 명의인의 계좌에만 입금하거나 사용하지 않고 금고에 장기 보관하는 등 과세관청으로 하여금 차명계좌들의 상호 연관성을 발견하기 곤란하게 하였던 사정 … 등을 종합하여 보면 … 적극적 은닉의도가 현저하므로 사기 기타 부정한 행위에 해당한다"(서울중앙지방법원 2008. 7. 16. 선고 2009고합366 판결; 서울고등법원 2008. 10. 10. 선고 2008노1841 판결).

로 하였거나(ⓑ1), 드물게 수표로 인출할 때 반드시 동일인의 계좌로 입금하거나 장기간에 걸쳐 수표를 금고에 보관하였어야(ⓑ2) 한다. 이를 계좌연관성단절행위라 부를 수 있다. ⓒ 아울러 이런 행위들은 일회적인 것이 아니라 반복적인 것이어야 한다. 그리고 분명하지 않지만 "차명계좌들의 상호 연관성을 발견하기 곤란"해지려면 예컨대 甲 명의의 계좌에서 乙 명의의 계좌로 옮겨질 때 현금으로 입출금되어야 하므로 ⓐ와 ⓑ의 관계는 또는(∨)이 아니라 '그리고'(∧)의 관계로 이해되며, ⓒ와 ⓐ, ⓑ의 관계도 "입금(입고)을 반복하는 행위", "지급수단의 교환반복행위"라는 표현을 보면 그리고(∧)의 관계로 이해된다.

적극적 소득은닉행위 = ⓐ∧ⓑ∧ⓒ
(ⓐ: 계좌교체행위 ⓑ: 계좌연관성단절행위 ⓒ: 반복성)

따라서 가령 상속 차명계좌가 다시 여러 차명계좌로 분산 입금되지 않았을 뿐만 아니라 차명계좌에서 다른 차명계좌로 재산이 이전되지 않았던 경우(~ⓐ), 계좌가 교체되었어도 현금 입출금이 아닌 수표 출입금을 하여 다른 계좌로 입금한 경우(~ⓑ), 계좌교체행위나 계좌연관성단절의 입출금행위가 일회에 그친 경우(~ⓒ)에는 적극적 은닉행위가 인정되지 않는다.[13]

3) 사망에 따른 차명교체 판례는 인정하지 않았지만[14] 차명계좌의 명의인이 사망하거나 퇴사하여 다른 차명인으로 교체하는 행위는 전체 차명계좌에서 다발적으로 일어나기는 하지만 한 차명계좌에서 반복적으

13 ⓐⓑⓒ요건을 모두 충족하는 행위가 있어도 대주주에 대한 주식양도세부과규정이 시행된 1999. 1.1. 이전에 차명거래에 의한 주식취득과 매도 그리고 양도차익의 은닉행위가 일어난 사안에 대해서는 조세법률주의 및 형법불소급원칙에 따라 조세포탈죄가 적용될 수 없다.

14 Y그룹사건에서 변호인들은 이런 행위가 적극적 소득은닉의사가 없는 행위라고 주장하였으나 제1심 항소심에서 받아들여지지 않았다. 만일 이런 행위에 계좌연관성단절의 입출금행위가 없었다면 당연히 적극적 소득은닉행위가 되지 않지만 그런 행위가 있었다면 적극적 소득은닉행위는 인정될 것이다. 다만 이런 행위는 재산증식행위가 아니고 그런 이유로 인해 조세포탈죄의 성립이 부정되어야 한다.

로 일어나는 것은 아니어서 적극적 은닉행위가 인정되지 않는다.

4) 유상증자 위한 차명주식매도 유상증자가 있을 때 신주인수대금을 마련하기 위해 주식을 매도하는 행위는 적극적 소득은닉행위에 해당한다. 다만 주식양도세포탈고의를 〈은닉의사+재산증식의사+변칙증여의사〉로 본다면, 그 행위의 목적이 경영권 방어에 있을 경우에는 변칙증여의사가 없다는 점에서 조세포탈죄가 성립하지 않을 수 있다.

(2) 재산증식 차명주식관리에 의한 소득의 상당부분은 주가보유자라면 누구에게나 주어지는 이익인 주식의 거시적 상승에 따른 이익이므로 소득의 적극적 은닉만으로 기망 기타 방법에 의한 조세포탈이 되기 어렵다. 그렇기에 차명주식관리가 조세포탈이 되려면 적극적인 재산증식행위가 있을 것을 요구하여야 한다. 예컨대 차명계좌에서 입고나 출고, 주식의 교환 등을 반복적으로 함으로써 주식시장의 상황변화에 따라 **능동적으로 시세차익을 지속적으로 추구**했어야 한다. 상속받은 것을 유지하는 수준을 넘어 그것을 이용해 부를 더 늘렸어야 한다.

> 가령 차명주식을 매각하고 동일 증권계좌에서 바로 무기명채권을 산 다음 채권을 할인받아 수표를 취득한 다음 그 수표로 물건을 샀다면, 적극적 은닉행위는 있지만 재산증식행위는 없는 것이며, 상장주식양도세포탈죄도 성립하지 않는다.

조세포탈죄의 고의는 행위자가 차명거래에 의해 주식양도차익이 발생하였고, 주식양도세납부의무가 발생했음을 알고도 그 차익(소득)을 적극적으로 은닉하려는 의사뿐만 아니라 적극적으로 재산을 증식할 의사(불법이득의사 Bereicherungswille)까지 포함하는 것이다.[15] 물론 이는 재산

15 물론 조세포탈죄는 과세요건의 충족을 전제로 할 때만 조세채권의 침해가능성도 인정되고, 과세요건이 충족되지 않는 경우에는 애당초 조세포탈죄가 성립하지 않는다. 이에 관한 大判 2003도5631("조세포탈죄는 납세의무자가 국가에 대하여 지고 있는 것으로 인정되는 일정액의 조세채무를 포탈한 것을 범죄로 보아 형벌을 과하는 것으로서, 조세포탈죄가 성립하기 위하여는 조세법률주의에 따라 세법이 정한 과세요건이 충족되어 조세채권이 성립하여야만 되는 것이므로, 세법이 납세의무자로 하여금 납세의무를 지도록 정한 과세요건이 구비되지 않

범(이득범)의 고의 개념에 상응하는 해석으로서 조세포탈죄도 넓은 의미의 재산범, 기술적 의미의 재산범으로 보는[16] 해석이다.[17]

(3) 변칙증여 또한 상장주식양도세를 도입한 1998.12.28. 소득세법의 개정이유를 보면 "상장주식을 이용한 변칙증여를 방지하고 부동산 등 다른 자산을 양도하는 경우와는 과세형평을 기하기 위하여 대주주가 상장주식을 대량으로 거래하는 경우에 대하여도 양도소득세를 과세하도록 함(법 제94조)"[18]이라고 한다. 이처럼 대주주에게만 상장주식양도세를 부과하는 것이 '변칙증여의 방지'라는 목적을 위한 것이라면, 역사적 해석에 의해 상장주식양도차익에 대한 "조세를 포탈"(처벌법 제3조 제1항)하는 행위는 그런 목적을 위한 것이어야 한다. 따라서 상장주식양도세포탈죄의 고의는 적극적 소득은닉의사와 재산증식의사 이외에 변칙증여의사를 포함하여야 한다.

> 차명주식관리를 상장주식양도세포탈죄로 처벌한 판결은 2008년 Y그룹 사건이 처음이다. 차명상속주식을 매각하여 여러 차명계좌로 분산입금하거나 지속적으로 현금으로만 출금하는 등의 행위가 처음으로 조세포탈죄에 해당하는 사안유형으로 포섭된 것이다. 그러나 상속받은 차명주식의 매도와 분산입금 및 현금인출 등이 "사기 기타 부정한 방법"에 해당하는지는 실천이성에 의해 누구나 알 수 있는 것이 아니다. 또한 유사한 상속재산의 조세포탈이 문제되었던 또 다른 Sh그룹 등의 경우에는 국세청이 고발조치를 하지 않음으로써 사실상 종결되기도 하였다. 여기에 판결이 형성하는 구체적 형법규범에 관해서도 소급효금지원칙을 적용한다면, Y그룹 사건의 판결이 확정된 이후 발생한 동일한 유형의 사건에 대하여만 조세포탈죄를 적용하여야 한다.

는 한 조세채무가 성립하지 않음은 물론 조세포탈죄도 성립할 여지가 없다") 참조.

16 Fritjof Haft Strafrechts, BT, 2.Auflage, 1982, 183쪽 참조.

17 독일에서는 조세포탈죄(Steuerhinterziehung)를 "사기죄의 특수한 형태"(spezielle Form des Betrugs)로 이해하고 있다. Erwin Künster, Wirtschaftsstrafrecht (Müller−Gugenberger/Bieneck 편), 3.Auflage, 2000, 1123쪽 참조.

18 소득세법 일부개정(1998.12.28. 법률 제5580호 개정이유의 사.항목) 참조.

이상의 내용을 요약하면 다음 도표와 같다.

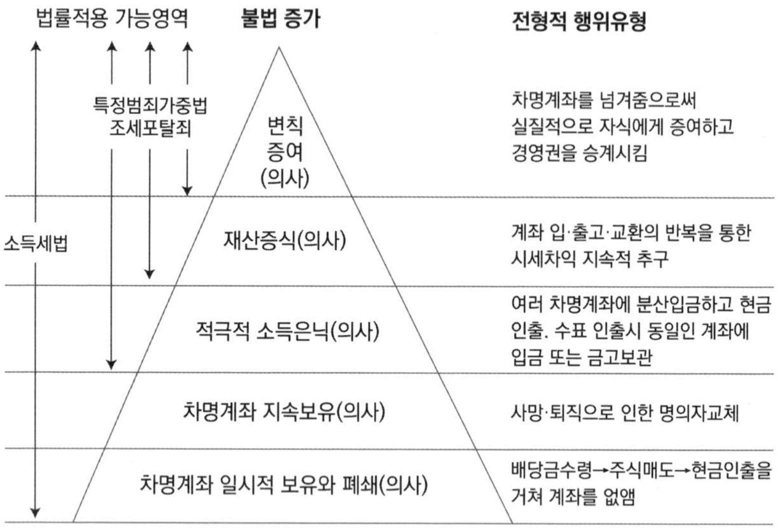

3. 양형기준의 절차법적 설계

차명주식관리에 대한 특정범죄가중법상 조세포탈죄의 적용제한은 절차법적 차원에서도 마련될 수 있다. 가령 국세청이 조세포탈자가 자신납부를 하면 고발하지 않거나 통고처분절차로 이행하여 조세포탈사건을 종결짓는 업무관행에 상응하는 바를 검사가 특정범죄가중법상 조세포탈죄를 적용하는 절차에서도 할 수 있다. 이는 넓은 의미의 양형이다. 특히 주식양도세포탈 뒤에 자진 납부함으로써 결과불법이 회복되는 경우에는 주식양도세포탈죄의 위헌성을 고려할 때 특정가중법의 적용을 최대한 자제할 필요가 있다. 자신납부는 작량감경(제53조)의 사유가 되고, 아울러 자진납부와 함께 수사기관에게도 그 내용을 신고하였다면[19]

19 판례에 의하면 "자수라 함은 범인이 스스로 수사책임이 있는 관서에 자기의 범행을 자발적으로 신고하고 그 처분을 구하는 의사표시를 말하고, 가령 수사기관의 직무상의 질문 또는 조사에 응하여 범죄사실을 진술하는 것은 자백일 뿐 자수로는 되지 않는다"(大判 92도962).

자수(형법 제52조 제1항)에 의한 형의 감경 또는 면제가 인정된다는 점도 함께 고려해야 한다.

(1) 자진 납부한 경우의 처리기준 아래 도표는 주식양도세포탈죄가 적극적 소득은닉을 넘어 '재산을 증식하는 행위'일 때에 성립한다는 해석을 전제로 양형책임을 단계화한다. 이 도표에서 가로 변은 적극적 소득은닉행위보다 재산증식행위 그리고 변칙증여행위의 성격까지 띠게 될 때 양형책임이 증가함을 보여주고, 세로 변은 자진납부시기가 늦을수록 양형책임이 증가함을 보여준다.

양형책임의 증가 → 0

↑양형책임의 증가

행위 / 자진납부시기	㉢ 적극적 소득은닉	㉢ + ㉣ (은닉) (재산증식)	㉢ + ㉣ + ㉤ (은닉) (증식) (변칙증여)
공소제기 후	무죄판결 (범죄불성립)	③ 징역(집행유예) + 벌금(선고유예)	④ 징역(집행유예) +1 배의 벌금
수사개시 후 공소제기 전	불기소처분 (범죄불성립)	① 불기소처분 (기소유예)	② 조건부 기소유예
수사개시 전	불입건	불입건	입건

첫째, 상장주식양도세회피가 재산증식행위가 아니고 적극적 소득은닉행위에 그친 경우에 자진납부가 수사개시 전이면 불입건, 수사개시 후 공소제기 전이면 불기소처분, 공소제기 후면 무죄판결을 내려야 한다. 둘째, 상장주식양도세회피행위가 소득은닉 및 재산증식행위였던 경우에는 자진 납부가 수사개시 전이었으면 수사기관은 불입건하고, 수사개시 후 공소제기 전이었으면 검사는 기소유예처분하고, 공소제기 이후였다면 수소법원은 집행유예부 징역형과 선고유예부 벌금형을 병과한다. 셋째, 상장주식양도세회피행위가 소득은닉, 재산증식 및 변칙증여의 행위였던 경우에는 자진납부가 수사개시 전이었어도 수사기관은 입건을 하고, 수사개시 후 공소제기 전이었다면 검사는 조건부(예: 사회공헌기부)로 기소유예하며, 공소제기 후였다면 역시 (작량감경을 적용하여) 집행유

예부 징역형과 (작량감경할 경우 최하한선인) 포탈세액의 1배의 벌금형을 병과하는 조치를 취한다.

(2) 처리기준의 변경 이렇게 잠정적으로 설계된 처리기준은 두 가지 구조적 요인에 의해 변경될 수 있다. 첫째, 자진납부가 아니라 국세청의 조사를 받고 발각되어 비로소 납부하였고 국세청이 고발하지 않은 경우에는 이 전의 조치를 한 단계씩 높일 수 있다. 예컨대 ①→②, ②→(기소하여)→③ ③→④로 각 한 단계 높이고 ④의 경우는 (작량감경할 경우 최상한선으로) 포탈세액의 2.5배 정도 규모의 벌금을 병과하는 양형을 할 수 있다. 둘째, 상장주식양도세포탈죄는 소득은닉과 재산증식 이외에 변칙증여행위이어야 한다는 해석을 취할 수 있다. 이럴 경우에 위 표에서 ④→③, ③→②, ②→① ①→(협의의 불기소처분)로 각각 제재의 강도가 한 단계씩 낮아질 수 있다.

(3) 조세당국의 고발기준 이러한 처리기준에 의하면 특정범죄가중법상 조세포탈죄사건이라 할지라도 조세당국은 정상을 고려할 때 징역형이 예상되는 ③, ④의 경우에만, 최대로 넓힌다면 기소유예의 조건부과를 위해 ②의 경우까지만 고발을 하고, 그 밖의 경우에는 고발을 하지 않는 것이 합리적인 고발결정이 된다.

4. 차명주식의 상속회복과 차명주식관리의 횡령여부

차명주식에 의해 경영권을 승계하는 경우에는 그 차명주식의 회사에 대한 선대회장(Y_1)의 경영권을 승계한 회장(Y_2) 이외의 형제자매들은 그 차명주식의 존재나 규모에 관해 알지 못할 수도 있기 때문에 다음 사안처럼 뒤늦게 상속회복청구의 소를 제기하기 쉽다.

> Y그룹 부회장이었던 Y_2는 1987.11.19. Y그룹의 Y_1선대회장이 타계한 직후인 1987.12.01. 그룹회장으로 취임하였고, 계열보험회사 Y(주)와 전자회사 YE(주)의 임원명의로 선대회장이 소유했던 차명주식을 단독으로 관리하면서 이익배당을 받고, 의결권을 행사했으며, 차명주식의 명의인이 퇴사하면

그 차명주식을 매각하거나 다른 임원으로 차명을 변경하였고, 1998.12.03. Y(주)의 차명주식 일부를 계열사 E(주)에 비교적 낮은 가격으로 처분하기도 하였다. 주식을 처분한 자금은 다시 유상증자에 사용하였다. 2008.04.17. 특검은 Y_2회장을 대주주 상장주식양도세 포탈죄로 기소하였고 유죄판결을 받았다. Y_2회장은 2008.12.31. 차명주식들에 대해 명의신탁을 해지를 하고, 자신의 단독 명의로 변경하였다. 2009.01.12. Y(주)는 차명주식의 실명화에 따른 최대주주 등의 변경사항을 공시하였다. 2011.6.경 Y_2는 공동상속인 Y_{2-2}의 아들 Y_3가 경영하는 C(주)의 재무팀장에게 Y_1선대회장이 Y그룹의 회사들의 주식을 실명주식과 차명주식을 포함하여 각 상속인에게 분할해주었고, 재산분할이 상속 당시 결정되었으며, 차명주식을 국세청에 신고한 후 실명전환하는 시점에 Y_{2-2} 등 다른 상속인들은 Y_2회장의 상속지분에 문제를 제기할 수 없다는 확인서를 요청하였다. Y_{2-2} 등 공동상속인들은 Y(주)가 주주총회를 열기로 공고를 한 2009.02.13.로부터 3년이 되기 바로 전일인 2012.02.12.에 Y_2회장을 상대로 상속회복청구의 소를 제기하였다.

(1) 제척기간 Y_{2-2}가 제기한 상속회복청구의 소가 "상속권이 참칭상속권자로 인하여 침해"(민법 제999조 [20]제1항)되고, "그 침해를 안 날부터 3년, 그 침해행위가 있은 날부터 10년이 경과"(제2항)한 때 이루어진 것인지가 이 사건의 핵심문제이다. 민법 제999조 제1항은 상속회복청구권의 발생요건과 소제기의 권리를 규정한 것이고, 제2항은 소송조건의 하나인 상속회복청구권의 제척기간[21]을 규정한 것이다.

1) 거래안전에 쏠린 해석 민법 제999조의 해석에서 거래안전(상속 관련 법률관계의 조속한 안정)을 좀 더 중시한다면 ① Y_2회장이 1987. 11. 19. 주권을 단독으로 점유하거나 주주권을 침해하는 이익배당금 수령이나 의결권 행사를 한 때에 상속권을 침해하는 것으로 본다. ② 이 해석은 상속권 침해(주권 점유개시, 의결권 행사 등)와 상속권자의 참칭이 동시

20 민법 제999조(상속회복청구권) ① 상속권이 참칭상속권자로 인하여 침해된 때에는 상속권자 또는 그 법정대리인은 상속회복의 소를 제기할 수 있다. ② 제1항의 상속회복청구권은 그 침해를 안 날부터 3년, 상속권의 침해행위가 있은 날부터 10년을 경과하면 소멸된다.

21 김성태, "상속회복청구권의 행사기간에 대한 연구", 서강법률논총 제1권 제1호, 2012, 134쪽.

적으로 이루어질 수 있다고 보는 것인데, 이는 제999조 제1항의 인과관계("인하여")의 문법적 구조를 해체하고, 역사적 해석에 중점을 둔다. 이 해석은 1960년 민법 제정 당시[22]부터 상속회복청구의 제척기간을 상속권 또는 그 법정대리인이 "그 침해를 안 날부터 3년, 상속이 개시된 날부터 10년"으로 외국(예: 독일 민법[23]의 30년, 일본의 20년)에 비해 단기로 설정한 취지에 중점을 두며, 이 취지는 헌법재판소의 위헌결정(憲裁決 99헌바9·26·84 등)에 따라 2002.01.14. 민법 제999조 제2항이 "상속이 개시된 날부터 10년"에서 "상속권의 침해행위가 있은 날부터 10년"으로 개정되었어도 유지되고 있다고 본다.

2) 권리보호에 쏠린 해석　민법 제999조의 해석에서 진정상속인의 권리보호를 좀 더 중시한다면 ① 참칭상속인이 표현상속인 또는 상속인의 외관을 갖추기 위해 2008.12.31. 차명주식의 명의를 변경(주주명의개서)하거나 2009.1.12. DART로 시장에 공시된 때에 비로소 상속권이 침해된 시점(제척기간의 기산시점)이 된다.

> 주식의 권리변동은 주식의 유가증권 성격상 증권을 점유하고, 또한 사원권의 성격상 회사 투자자(주주와 채권자)에게 공시하기 위해 주주명부에 등재하고, (전자)공시하는 것이 필요하다. 이런 지위에 도달한 이후 참칭상속권자의 배당금 수령 등 행위는 주주권의 침해를 넘어 주주권의 행사라는 외양까지 가진다는 점에서 진정상속권자의 보호를 위해 이미 충분한 제척기간의 기산점이 될 수 있다. 그러나 명의개서 후 배당금 수령 등의 상속권 침해는 명의개서에 의한 참칭이 없었어도 반복되었을 수 있는 것이므로 참칭상속권자로 인한 침해(제999조 제1항)는 명의개서를 통해서 이미 '완료'된다고 보아야 한다. 그렇기에 제척기간의 기산시점은 명의개서시점보다 나중이 되는 것은 부적절하다.

---

22 1960년 제정 민법은 제999조(상속회복청구권)에서 제982조(호주상속회복의소)를 준용함으로써 제982조(호주상속회복의 소)는 2002.01.14. 개정되기 이전의 민법과 동일한 내용을 갖고 있었다.

23 BGB §§ 2018~2031 참조.

② 이런 해석은 문법해석[24]에 가깝다. 첫째, "참칭"의 시점을 참칭의 국어사전적 의미("분수에 넘치는 칭호를 스스로 이름")에 따라 정한 셈이며, 둘째, "상속권이 참칭상속권자로 인하여 침해된 때"에서 "참칭상속권자", 즉 상속권자의 참칭을 원인, 상속권의 침해를 결과로 이해하면 시간적으로 앞서 있어야 하는 참칭의 시점은 주주명의개서 시점이나 전자공시시점이고, 침해의 시점은 그 이후에 배당금을 수령하거나 의결권을 행사한 때가 된다.

3) 거래안전과 권리보호의 균형을 지향하는 해석 권리보호설의 문법적 해석과 거래안전설의 역사적 해석이 갖는 문제점을 반성하고 종합하기 위해 참칭상속권자의 차명주식 상속권 침해의 의미론적, 존재론적 구조를 파악해보자. 먼저 참칭僭稱은 (공무원자격사칭죄의) 사칭詐稱처럼 '속임'(詐)의 의미가 없고 (분에) '넘침'(僭)의 의미(예: 국가보안법 제2조의 "정부를 참칭")가 강하다. 즉 참칭은 '분'이란 분수分數에 넘친다는 가치평가로 충전되어야 하는 개념(wertausfüllungsbedürftiger Begriff)이고, 그 가치의 예로 〈형식주주-실질주주〉의 이분법에 담기는 법가치적 의미를 들 수 있다. 소유권자가 아닌 명부주주는 형식주주이고, 명부주주가 아닌 소유권자는 실질주주인데, Y2회장은 명의개서 전까지는 형식주주도 아니고, (공동상속의 지분을 넘어서는 범위에서는) 실질주주도 아니다. 여기서 ① 차명주식을 공동상속한 후 무단으로 단독으로 점유한 후, 차명주식의 형식주주들을 지배하여 의결권을 행사하거나 이익배당금을 수령하는 **관리행위**나 차명주식의 명의수탁인인 회사 임원 등이 퇴사하는 등의 이유로 그 명의를 새로운 임직원으로 교체하는 행위, 차명주식을 일시적으로

24 또 다른 문법해석으로 제999조 제2항의 "상속권의 침해행위가 있은 날"의 '있은'을 '있었던'과 구별하는 해석을 들 수 있다. 이런 구분을 한다면 명부주주가 된 이후에도 배당금 수령 등의 상속권 침해행위가 계속되었다면, "있었던" 침해가 아니라 "있은" 침해가 되므로 제척기간의 기산점은 침해행위가 마지막으로 행해진 때로 해석될 수도 있다. 그러나 이런 문법해석은 사실상 제척기간의 거래안전 보호기능을 무력화시키고 역사적 해석의 의미를 완전히 폐기하므로 타당하지 않다.

매각한 후 그 자금으로 다시 동일회사의 신주를 매수하여 다시 차명주식을 만드는 행위와 같은 **관리적 처분행위**는 형식주주를 지배하여 실질적으로 주주권을 행사한 것이고, 이는 어떤 지위를 얻게 하는 것이 아니라 상속권을 침해하는 행위들일 뿐이다.[25] ② 이런 관리행위 또는 관리적 처분행위들이 주주명부의 명의를 개서하여 형식주주의 지위를 얻은 상태에서 이루어지면 비로소 '참칭상속권자로 인한 상속권의 침해'가 된다. ③ 제척기간이 도과하여 더 이상 소송으로도 상속권을 회복할 수 없게 될 때, 공동상속한 차명주식의 완전한 권리자가 되며, 공동상속인들의 권리는 비로소 '찬탈'된다.

③ 단계	상속권의 완전한 찬탈	제척기간의 도과	법원의 판단	법적 소유자가 됨
② 단계	참칭상속인에 의한 상속권 침해	명부주주 지위획득	관리적 처분행위	주주명부의 명의개서
① 단계	상속권 침해	주주처럼 행동함 주주권의 실질적 행사[26]	처분행위	수익 목적으로 차명주식을 제3자에게 처분
			관리적 처분행위	명의자 교체, 매각 후 대금으로 신주인수 및 차명주식 유지
			관리행위	의결권 행사, 이익배당금 수령

★ 횡령에 의한 참칭의 은폐 명의개서시점을 제척기간의 기산점으로 보더라도 상속이 (주주명부의 명의개서의) 원인이 아님을 가장하여 상속재산

25 이 행위들을 하면 실질주주가 된다고 보는 제1심 판결은 〈형식주주－실질주주－진정주주〉라는 삼분법을 만드는 셈이 된다.

26 실질주주로 행동함이 상속권 침해에 해당할 뿐 참칭상속권자로 인한 침해가 아닌 또 다른 이유가 있다. 즉, 공동상속재산의 관리는 공동상속인들 상속분의 과반수로 결정해야 하는데, 의결권 행사, 배당금 수령, 무상증자 신주인수 등은 관리방법(과반수 결정)을 위반한 행위가 되지만, 이 위반은 사후동의로 치유될 수 있다(판례에 의하면 무권리자가 타인의 권리를 자기의 이름으로 또는 자기의 권리로 처분하는 행위도 추인할 수 있고, 그 추인으로 처분행위의 효력이 본인에게 발생한다. 이에 관해 大判 2001다44291 참조), 또한 관리적 처분행위는 처분의 측면에서는 보존행위가 아니지만, 차명의 변경 등이 차명계좌의 보존과 관리를 위한 것이므로 역시 사후동의에 의해 그 하자가 치유될 수 있다(Y그룹 상속소송사건 제1심 판결문 85쪽 참조).

을 횡령하면 진정상속인은 여전히 보호받지 못할 수 있다. 가령 차명주식을 차명주주로 하여금 헐값에 자신에게 매각하게 한 다음, 명의개서를 하고, 다시 제3자에게 제 값을 받고 처분(증여)을 한 경우가 이에 해당한다. 이런 결과를 막으려면 주주명부의 명의개서의 원인이 (원인특정제도가 없지만 매매계약서와 같은 원인증명자료의 제출로) 상속임이 대외적으로 인식할 수 있었던 때[27]에 비로소 참칭의 표지가 충족된다고 보아야 한다.

★ 주식명의신탁계약상 지위의 상속 이 사건을 피상속인 Y_1선대회장이 차명주주와 맺은 주식명의신탁계약을 중심으로 바라보자. ① 이 계약의 내용은 신탁자의 의사에 따라 의결권을 행사하고, 이익배당금도 신탁자가 받으며, 신주도 신탁자에게 귀속하고, 신탁자가 요구하면 차명주식을 반환하는 것이다. 이 계약상 지위가 상속되었으므로, 상속회복청구는 명의신탁계약의 당사자를 공동상속인들로 해달라는 것이 된다. 그러면 주식의 반환이 아니라 Y_2회장이 신탁자의 지위를 혼자 누리면서 받은 (주식의 재산가치에 상응하는) 부당이득의 반환이 문제가 된다. 주권을 무단 점유하고, 수탁자와의 신탁계약관계를 유지해온 피고 Y_2회장은 공동상속재산(명의신탁계약상의 지위)의 관리인이고, 의결권 행사, 배당금 수령, 신주인수, 명의개서(신탁재산의 반환청구)까지 신탁계약을 실현하는 공동상속재산의 관리행위가 된다. Y_2회장이 수탁자로부터 차명주식을 반환받아(명의개서) 제3자에게 매각하거나 공동상속인에게 재산관리의무를 이행하지 않겠다는 의사를 표명한 때가 바로 "상속권이 참칭상속권자로 인하여 침해"된 때가 된다. 상속재산 분할협의 확인 요청 공문을 통해 자신이 단독 소유권자임을 다른 공동상속인에게 표명한 때 또는 적어도 전자공시로 명의개서 사실을 일반

---

27 같은 입장의 서울중앙지방법원 2009. 8. 20. 선고 2009가합3994 판결("이 사건 소는 원고들이 이 사건 주식의 공동상속인임을 이유로, 공동상속인 중의 1인인 피고 A와 이 사건 주식의 주주로 명의개서 되어 있는 피고 B를 상대로 하여 주주권확인을 구하는 소송인데, 원고들의 주장에 의하더라도 피고 A의 경우 그 명의로 명의개서가 된 바가 없고, 피고 B의 경우 그 명의개서가 망인으로부터의 상속을 원인으로 한 것이라고 할 수 없어, 결국 위 피고들은 상속권 있는 외관을 가진 참칭상속인에 해당하지 않으므로 이 사건 소가 상속회복청구임을 이유로 제척기간이 도과되었다는 피고 B의 주장은 이유 없다."), 서울고등법원 2008. 11. 14. 선고 2008나27266 판결("피고 A가 이 사건 증여에 터 잡아 이 사건 주식에 대한 명의개서절차를 마쳤다거나 C(일본 회사)가 이 사건 주식을 대여금채권에 대한 담보조로 점유하고 있었다고 하더라도 그 명의개서절차 및 점유가 상속을 원인으로 하였던 것은 아니므로 피고인 A나 C(일본 회사)가 민법 제999조 소정의 참칭상속인에 해당한다고 볼 수는 없고, 달리 피고 A나 C(일본 회사)가 참칭상속인에 해당한다고 볼 사정도 인정되지 않는다.").

인에게 알린 시점이 제척기간의 기산점이 된다. 주식에 대한 부당이득반환청구에서 법률상 원인 없이 이득을 취한 시점은 피고가 명의개서를 한 시점이 되고, 소멸시효도 완성되지 않았다. ② 이처럼 상속회복청구의 대상을 물권(차명주식에 대한 소유권)으로 보는 경우와 주식명의신탁계약으로 만든 채권(명의신탁계약상의 지위)으로 보는 경우는 제척기간의 기산시점이 달라진다. 그러나 동일한 법률관계가 물권관계와 채권관계로 쪼개져 파악될 수 있다는 것은 법논리적 측면이고, 판결의 정당성 측면에서는 그 둘의 관계는 하나의 법률관계를 파악하는 것이므로 어떻게 바라보든 제척기간도과에 대한 판단의 결론이 심각하게 불일치를 보여서는 안 된다. 그렇지 않다면 판결은 법리구성에서 정합성(coherence)을 잃어버리게 된다. 그렇기에 제척기간의 기산시점을 명의개서 시점보다 앞당겨진 시점을 기준으로 잡는다면 판결의 정합성이 유지되기 어려움을 알 수 있다.

(2) 상속재산의 동일성 "상속회복"(제999조 제1항)은 상속재산 및 그와 동일성이 인정되는 재산의 회복을 의미한다. Y그룹 사건에서 1987년 선대회장의 사망 당시 공동상속한 차명주식(A)과 2008년 실명전환한 Y2회장의 주식(B)이 동일한 상속재산인지가 문제된다.

1) 동일성의 의미 법적 동일성이란 A와 B가 존재적으로(ontisch) 같은 것(A=B)이 아니라 제3의 비교기준(tertium comparationis)에 의해 같은 점이 다른 점에 비해 중요하여 법적으로 같은 것으로 취급할 수 있는 상태를 가리킨다.

★ **상속재산의 점유요건과 주장 · 입증책임** ① 판례의 입장처럼 "상속회복을 청구하는 자는 자신이 상속권을 가지는 사실과 청구의 목적물이 상속개시 당시 **피상속인의 점유**에 속하였던 사실뿐만 아니라, 나아가 참칭상속인에 의하여 그의 재산상속권이 침해되었음을 주장 · 증명하여야 한다"(大判 2009다64635)면 상속주식의 이익배당금, 유 · 무상증자로 받은 신주, 심지어 액면분할된 주식도 상속회복청구의 대상이 되지 못한다. ② 이 입장은 이론적으로는 동일성 개념을 존재적 단일성으로 환원시키는 오류를 범하고, 정책적으로는 과도하게 거래안전만을 도모하는 입장이다. 그러나 외국의 입법례에 비해 단기의 제척기간임을 고려하면, 피상속인의 점유는 상속재산의 동일성 여부를 판단하는 기준이 아니라 상속재산의 동일성 판단에서 원

고가 주장·입증책임을 져야하는 요증사실로 재해석할 수 있다.

A와 B의 존재적 차이만으로 —가령 상속 당시 B가 현존하지 않았거나 현존했어도 피상속인이 점유하지 않았거나 또는 A와 B 사이에 처분행위가 있다는 점만으로— 도식적으로 동일성을 부인한다면 "상속회복의 소"는 상속재산반환의 소가 되어버린다. 반면 경제적 원천이 같다는 것만으로 동일성을 인정하고 —A가 B가 되는 과정의 모든 거래행위를 모두 상속재산 관리방법의 변경으로 도식화한다면— 상속재산은 법적 개념이 아니라 경제적 개념이 되어버린다.

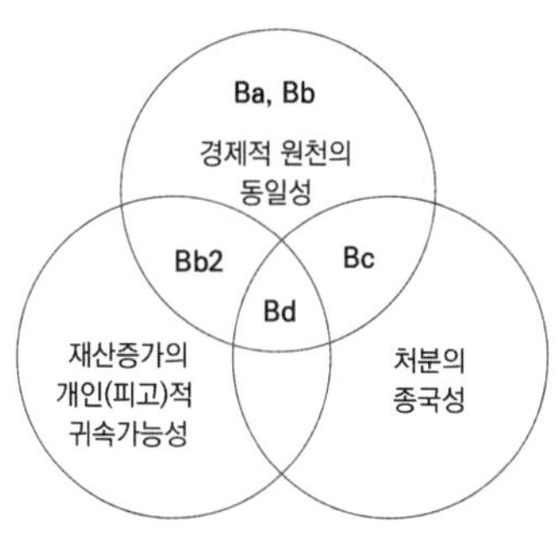

2) 동일성의 세 가지 구성요소 여기서 상속재산의 동일성을 구성하는 평가요소로 세 가지를 생각할 수 있다. ① 경제적 원천이 상속이어야 한다. 이 경제적 원천의 동일성을 가져오는 대표적인 요인은 주식이 갖는 — 주식의 재산(유가증권)적 성격 외에 — 사원권 성격이다. 주식의 상속은 사원권의 상속을 의미하고, 그 사원권을 근거로 신주를 유·무상으로 발행받음으로써 상속주식재산은 증가한다. ② 상속재산의 증가가 참칭상속인에 고유하게 귀속가능한 것일수록 동일성은 부정된다. ③ 상속재산을 진정상속인의 재산영역에서 빼내는 행위가 종국적인 것일수록 동일성은 부정된다. 다음의 도표는 다양한 차명주식관리행위가 어떻게 유형화되는 지를 보여준다(구성요소의 구비정도: ○는 많음, △는 약간 있음 ×는 적음). 영역 Ba, Bb의 행위들은 명확하게 상속재산의 동일성이 유지된다.

상속재산 변화유형		경제적 동일 원천	귀속 가능성	종국적 처분	상속(차명)주식의 관리·처분행위	객관	주관
변모 morpho-sis	Ba	○	×	×	상속(차명)주식 액면이 분할된 주식보유	위탁	참칭

		○	×	×	상속(차명)주식의 무상주 인수	관리	의사
		○	×	×	상속(차명)주식의 단순 명의교체		
		○	×	×	상속(차명)주식의 이익배당금 수령		
변형 metamorphosis	Bb	○	×	×	상속(차명)주식의 (차익실현) 매각 대금인 현금을 보관	신탁관리	찬탈의사
		○	×	×	상속(차명)주식의 (차익실현) 매각대금으로 같은 회사의 유상증자 주식을 매입		
	Bb2	×	○	×	상속(차명)주식의 (차익실현) 매각대금과 자신의 고유재산을 함께 사용하여 같은 회사의 유상증자 주식을 매입		
	Bc	○	×	○	상속(차명)주식을 헐값에 자신이 지배하는 계열사에 법적으로 유효하게 매각		
		○	×	○	상속(차명)주식을 헐값에 자신에게 매각하고, 다시 제값을 쳐서 제3자(채권단)에게 처분(증여)	불법영득	불법영득의사
대위물 surrogation	Bd	○	○	○	상속(차명)주식 매각대금이나 공동 상속한 현금 자산으로 그림을 사서 자신이 소유자처럼 사용(예: 개인전시관에 보관)		
		○	○	○	상속(차명)주식 매각대금이나 공동상속한 현금 자산으로 그 주식발행회사의 유상증자 시 다른 주주의 실권신주를 인수		

법수사학적으로는 유형 Ba은 카멜레온이 몸의 색깔을 바꾸는 것에 비유한 변모(morphosis) 유형 Bb, Bc는 성형수술로 외모가 바뀌는 것에 비유한 변형(metamorphosis)으로, 유형 Bd는 재산은 대위물代位物(surrogation)[28]이

28 ★ 대상재산(代償財産)의 법리와 경제적 원천설 ① 독일 민법 제2019조 제1항은 상속재산 점유자가 상속재산을 수단으로 한 법률행위로써 취득한 물건은 상속재산으로부터 획득한 것이 된다(Als aus der Erbschaft erlangt gilt auch, was der Erbschaftsbesitzer durch Rechtsgeschäft mit Mitteln der Erbschaft erwirbt)고 규정하여 상속의 대상재산(Surrogation)도 상속회복청구의 대상이 된다. 심지어 2차, 3차의 대체물(Kettensurrogation)도 상속재산이 된다. ② 우리나라 민법은 권리자보호에 치중한 대상재산규정이 없고, 게다가 대상재산 개념은 상속재산과 동일성이 인정되지 않는 재산(예: 매수한 건물이 화재로 전소됨으로써 보험회사에서 지급되는 보험금)도 포함하며, 경제적 원천이 같다는 연관성은 상속재산거래행위와 취득재산 사이의 인과관계로 충분하지 않다는 점에서 대상재산은 상속재산이 될 수 없다. 물론 독일에

라고 부를 수 있다. 상속재산의 동일성을 어디까지 인정할 것이냐는 권리자보호와 거래안전의 대립적 이념을 어떻게 조율할 것인지에 관한 (해석)정책에 달려 있다.

3) 상속재산의 변모 ① 상속개시 당시에는 현존하지 않았지만, 참칭상속인이 명의개서 당시 점유하고 있던 재산(B)이 상속재산(A)과 경제적 원천이 같으면서 참칭상속인에게 귀속할만한 상속재산의 증가도 없었고, 진정상속인의 재산영역에서 종국적으로 빼내는 처분도 없었던 경우(상속재산의 변모 morphosis)는 상속재산과 동일한 재산이 된다. ② 예컨대 상속재산주식이 액면분할된 주식이나 상속재산주식으로 무상인수한 주식 및 그렇게 증가된 주식에 기초하여 다시 액면분할되거나 무상인수한 주식, 이들 주식에서 발생하는 이익배당금, 공동상속한 차명주식의 명의가 교체된 주식, 상속주식 매각대금으로 산 자산과 그 자산의 매각대금 등이 이에 속한다. 이렇게 변모한 상속주식을 점유하고 관리하는 행위는 마치 그가 진정(공동)상속인과 관리위탁계약을 맺었다면 하게 될 행위들이다. 하지만 참칭상속인은 상속재산관리의사가 없고, 참칭의사 또는 찬탈의사가 있을 뿐이다. 그렇기 때문에 진정(공동)상속인의 동의 없이 하는 이런 관리행위는 상속권 침해행위가 된다. 진정(공동)상속인들은 물론 이런 관리행위를 추인할 수 있다.

> **★ 상속차명주식의 무상주와 상속회복** ① 재평가적립금(자산재평가법 제28조) 등의 자본전입에 따른 무상주의 발행은 이사회의 결의에 의해 보유한 주식수에 따라 배정하고, 회사의 순자산에 변동 없이 자본금을 증가시키면서 주식의 수를 늘린다.[29] 그러나 총 주식의 자본금에 대한 비율(PBR 주당순자산가치), 실질적 재산가치는 변하지 않는다. 그래서 "무상주는 실질적으로 기존 주식이 분할된 것에 다름 아니다"(大判 2007두8652; 2009다

는 "밀접한 경제적 연관성"으로도 인과관계를 인정하는 견해(Münchner Kommentar § 2019, 565쪽, Rdnr. 12.)도 있다.

29 배당가능한 이익을 신주로 전환하는 경우도 참칭상속인에게 귀속시킬만한 결과도 아니고 그의 처분으로 발생한 결과도 아니다.

90856)라고 보기도 한다. 게다가 무상주는 주주의 사원권이 발현한 결과이므로 주주의 지위를 공동상속한 자에게 귀속되어야 하는 상속재산이다. 그러므로 무상주는 동일성 여부를 검토할 필요가 있는 변형물[30]이 아니라 그냥 모습만 조금 바뀐(변모 morphosis) 상속재산일 뿐이다.[31] ② 참칭상속인이 차명주식의 명의자를 지배관리한다는 점에서 실질상 주식인수인이며 무상주를 회복가능한 상속재산이 아니라고 보는[32] 것은 타당하지 않다. 명의대여자가 형식주주이면서 형식상 주식인수인이라면, 실질주주는 무상주로 변모되는 차명주식의 진정한 소유자인 공동상속인 전원이기 때문이다. 실질주주와 부진정주주(차명주식의 상속권자가 아닌 자)는 개념적으로 구분하여야 한다. 무상주의 실질적 인수권은 유상주와 구별되는 무상주의 특성들(예: 주금납입 없음, PBR 주당순자산가치의 변화 없음, 발행절차 없음)을 고려할 때 진정주주, 차명주식의 진정(공동)상속인에게 귀속된다고 보아야 한다.[33]

4) 상속재산의 변형물과 동일성 유지 상속개시 당시에는 현존하지 않았지만, 참칭상속인이 명의개서 당시 점유하고 있던 재산이 상속재산

30 "이익잉여금의 자본전입은 장부상 계정의 대체에 불과하여 회사의 자본항목의 구성내용에 변동을 가져올 뿐 회사의 순자산에는 아무런 증감이 없으므로, 개별 주주의 주식수는 증가하지만 실질적으로는 기존 주식을 분할하여 기존 주주에게 지분비율대로 배분한 것에 불과하고, 주주가 보유하는 총 주식의 경제적 가치에도 변화가 없다. 즉, 구주의 실질적 가치가 줄고 그것이 신주의 형태로 바뀐 것에 불과하여 무상으로 배정받은 **무상주는 종래 주식의 변형물**에 지나지 아니한다고 볼 수 있다."(서울행정법원 2009. 4. 1. 선고 2008구합38605 판결)에서 '변형물'은 여기서 변모를 가리키는 개념으로 적합하다.

31 대법원은 무상주를 증여의제규정의 적용대상이 아니라고 본다(大判 2009두21352).

32 Y그룹 상속소송사건의 제1심 판결에 의하면 무상주도 상속회복청구의 대상이 안 된다. 무상주는 주주의 고유권이 아니라 — 주주우선배정원칙에 의해 발생하는 주주의 추상적 신주인수권과 구분되는 — '구체적 신주인수권의 발현으로서 주총이나 이사회 결의에 의해 발생하며, 주주권의 이전에 수반되어 이전되지도 않고, 원칙적으로 주주명부에 기재된 주주에게 귀속되지만, 차명주식을 불법점유하고, 명의대여인을 지배하는 실질상 주식인수인에게 귀속된다는 것이다.

33 가령 L생명 50,000주(액면분할로 소송당시 500,000주)는 차명주식으로 상속된 후 명의변경 없이 지속되었고, 무상증자로 총 7,300,800주를 받았다. 피상속인과 차명주주와의 포괄적인 명의대여약정에 따라 공동상속인들은 공유재산으로 주식을 소유하고 차명주주(형식주주)들은 명의차용인인 모든 공동상속인에게 지분에 따라 주식을 반환해야 할 의무가 있다. 공동상속인은 소유권에 기한 반환청구를 할 수 있고, 그 반환의무위반으로 주식을 반환받은 것은 부당이득이 되므로, 공동상속인들은 부당이득반환청구를 할 수 있다. 이 경우 제척기간은 적용되지 않는다.

과 경제적 원천이 같은 재산이면서 피고에게 귀속시킬만한 상속재산의 증가 또는 진정상속인의 재산영역에서 종국적으로 빠져나가게 하는 처분 중 어느 하나만 있었던 경우(Bb, Bc)에 그 재산은 상속재산의 변형물(metamorphosis)이다. 이 경우를 두고 형식은 처분이어도 실질은 여전히 관리라는 점에서 **'관리적 처분'**이라고 개념화할 수 있다. 관리적 처분은 수익적·종국적 처분처럼 상속재산의 동일성을 상실시킬 수 없다. 이때 상속회복은 "원물반환의무의 이행이 불가능한 특별한 사정이 없는 한"(大判 2007다18218) 대체물인 주식[34]을 제3자로부터 취득하여 반환하는 방식이나 주식을 매각한 현금을 반환하는 방식으로 가능하다.

(가) 매각대금 상속재산주식 매각(차익실현)대금은 참칭상속인에게 귀속가능한 권리형태의 변화와 상속재산의 증가가 있는 것이지만 진정상속인의 재산영역에서 종국적으로 빠져나간 것이 아니다.

(나) 유상증자의 신주 ① 상속(차명)주식을 매각(차익실현)한 대금으로 다시 '같은' 회사의 유상증자 주식을 매입한 경우는 참칭상속인에게 귀속가능한 수익의 발생이 인정되지만 전체적으로는 상속재산주식이 증가만 될 뿐이므로 진정상속인의 재산영역에서 종국적으로 빠져나간 것이 아니다. ② 상속(차명)주식의 이익배당금으로 새로운 유상증자를 받은 경우는 현금을 처분한 것이지만, 그 유상증자를 받은 회사가 차명주식의 발행회사라면 그 주식매입은 그 현금을 타인의 재산영역으로 옮겨놓지 않고 진정상속인의 재산영역 안에 머무르게 한 것이다. 이 경우 참칭상속인에게 귀속가능한 상속재산의 증가가 있다고 하더라도 그 신주

34 ★ 대체물의 특정 법리와 동일성 배제 Y그룹 상속사건 제1심 판결처럼 주식은 대체물이지만 상속개시 당시 차명주식은 상속재산으로 특정된 것으로 본다면, 그 이후 취득된 주식은 상속재산에 속하지 않게 된다. 이는 대체물이라도 특정된 경우에 채무자는 그 특정된 물건을 채권자에 인도해야 한다는 채권법의 법리를 차용한 셈이다. 그러나 피상속인은 자신의 상속재산을 사망 당시의 차명주주로 특정하지 않았다. 그 주식으로부터 발생하는 무상주나 유상주도 상속시키려는 의사가 분명하기 때문이다. 대체물의 특정 법리는 상속차명주식과 유·무상주의 동일성 판단과는 무관하다.

는 상속재산의 변형물일 뿐이다.[35] ③ 상속(차명)주식을 매각한 대금으로 다시 같은 회사의 유상증자 주식을 매입하면서 주금의 일부를 참칭상속인의 고유재산으로 납입한 경우(도표의 Bb2) 그에게 귀속가능한 권리형태의 변화와 상속재산의 증가가 있고, 경제적 원천도 다르므로 상속재산과 동일성은 없다. 그러나 그 재산 또한 공동상속주식의 사원권이 발현된 측면이 있고, 상속(차명)주식이 유상증자로 증가된 재산과 혼합되어 있는 점에서 그 재산은 진정상속인의 재산영역에 들어와 있다. 그렇기에 유상증자에 납입한 주금이 본인의 고유재산임을 주장·입증할 책임은 참칭상속인에게 있다.[36]

(다) **상속재산을 감소·유지시키는 종국적 매각** ① 상속(차명)주식을 헐값에 참칭상속인이 지배하는 다른 계열사에 법적으로 유효하게 매각하면(도표의 Bc) 그 주식은 진정상속인의 재산영역에서 종국적으로 빠져나간 것이고, 상속재산의 그 감소분은 권리변동을 통해 제3자의 재산영역으로 이동한다. 하지만 이러한 상속재산의 감소에 따른 참칭상속인의 부당이득은 그(또는 그의 지배 아래 있는 그 계열사의 임직원)에게 귀속될 수 있는 것이 아니다. 이 경우 상속재산은 제3자의 재산 또는 참칭상속인의 부당이득으로 변형된 채 동일성을 유지하고 있다고 말할 수 있다. 물론 제3자는 선의취득제도로 보호될 수는 있다. 그러나 참칭상속인의 부당이득에 해당하는 그 회사의 주식은 반환하여야 한다. ② 상속(차명)주식을 참칭상속인 자신에게 헐값으로 매각하게 하고, 명의개서한 다음 그 주식을 다시금 제3자(채권단)에게 처분(증여)한 경우(도표의 Bc)도 상속

35 Y그룹 상속사건 제1심 판결에 의하면 유상증자시 신주인수권도 주주의 고유권이 아니라 주총이나 이사회 결의로 발생하는 구체적 권리(구체적 신주인수권)이고, 유상증자시 형식주주의 승낙을 얻어 그 명의로 주식인수대금을 납입하는 자가 참칭상속인이라는 점 등에서 상속차명주식과 유상증자로 인수한 주식은 동일성이 없다.

36 가령 S전자 차명주식을 매도한 후 매입한 E(주)의 주식이 어떤 자금에 의한 것인지가 입증되지 않았지만, 상속재산과 동일성이 인정될 수 있는 범위에 있는 변형물이라면 그리고 Y그룹 특검 형사재판에서 상속재산으로 자백된 사항이라면 입증책임분배원칙에 따라 그 자금이 상속재산과 같은 원천이 아님은 피고가 입증해야 한다.

재산은 진정상속인의 재산영역에서 종국적으로 이탈한 것이지만 상속재산은 그 제3자의 재산으로 변형되었거나 피고의 불법영득 또는 부당이득(채권단에 대한 채무의 면제)으로 변형된 채 그 동일성을 잃어버리지 않는다.

5) 상속재산의 대위물 상속재산이 변모와 변형을 넘어 대위물(surrogation)로 변화한 경우는 동일성이 인정되지 않는다.

(가) **상속재산 매각 대금으로 그림을 매입한 경우** ① 상속차명주식을 매각하고 그 대금으로 (또는 공동상속한 현금자산을 함께 사용하여) 그림을 사서 자신이 소유자처럼 사용(예: 개인창고 보관이나 전시관 보관)하였다면 상속재산은 권리형태를 변화하고 참칭상속인에게 귀속가능한 재산을 증가시키고 동시에 진정상속인의 재산영역에서 (주식이 그림으로 바뀐 것은 주식의 관리신탁행위가 아니라는 점에서) 종국적으로 빠져 나간다(도표의 Bd). 이때 그 그림은 상속재산과의 동일성이 없는 대위물이 된다. ② 상속차명주식 매각으로 수익을 남기고, 그 매각대금으로 다른 부동산을 매입한 경우의 부동산도 상속재산의 대위물이다. 대위물을 상속재산에 포함하는 명문규정(예: 독일 민법 제2019조[Surrogation] 제1항)이 없는 한 동일성이 없기 때문에 상속재산에 포함될 수 없다. 다만 이런 행위는 상속재산을 사적으로 사용한 것이며, 진정상속인의 상속재산을 보관하는 자(참칭상속인)가 불법영득을 한 것으로서 횡령죄가 성립할 수 있다.

(나) **상속재산 매각 대금으로 실권주를 인수한 경우** 상속(차명)주식 매각대금이나 공동상속한 현금자산으로 그 주식의 발행회사가 유상증자할 때 다른 주주가 실권한 신주를 인수한 경우에 그 신주는 상속재산이 경제적 원천이지만, 상속주식의 사원권 지위에서 증가된 재산이 아니라 타인의 사원권 지위를 기초로 새로이 취득한 재산이므로 이 재산의 취득은 참칭상속인에게 귀속가능한 것이면서 진정상속인의 재산영역에서 종국적으로 빠져나간 것이다(도표의 Bd). 그러므로 이 신주는 상속재산

과 동일성이 없는 대위물일 뿐이다.

주식의 권리성격	상속 재산	상속회복청구의 근거	참칭상속인(관재팀) 침해행위 성격	피상속인 점유여부	입증책임분배
유가증권 (점유=공시+권리 이전)	원주 + 과실	공동상속	관리행위 (명의교체포함)	(현실적) 점유 ●	원고 입증 L 증명완료 E 추정수준
사원권의 발현 →	무상주 + 과실	변모 morphosis = 동일재산	관리행위 (명의교체포함)	잠재적 점유 ○	원주와 동일 취급
사원권의 발현 →	원주의 유상주 + 과실	변형물 metamor－phosis = → 상속재산과 동일성 인정됨 (← 매각대금,개인재산으로 주금 납입)	관리적 처분 (외형은 상속재산처분, 실질은 관리)	잠재적 점유 ○	원고: 유상주가 공동상속한 원주에 근거해 인수된 사실 피고: 개인재산으로 주금납입한 사실
유가증권의 재산적 가치발현	실권 유상주 + 과실	동일성 없는 대위물(→ 대상재산이론 원용?)	관리적 처분 (외형은 상속재산처분, 실질은 관리)	점유 ×	원고: 관재팀의 관리방식상 상속재산을 주금으로 사용한 사실을 추정하는 간접사실 입증 피고: 개인재산 주금납입사실을 반증

6) 상속재산의 동일성 해석의 정합성과 입증책임분배　상속회복청구권의 해석과 상속재산의 동일성 해석, 입증책임분배에 관한 해석은 서로 정합적이어야 한다.

㈎ 상속회복청구권과 상속재산 동일성의 해석적 정합성　판례(大判 79다854)의 집합권리설(상속회복청구권은 단일의 독립적인 청구권이 아니라 상속재산을 구성하는 개개의 재산에 대한 개별적 청구권의 집합이다)에 의하면 소의 명칭이 어떻든 상속을 원인으로 상속재산의 반환을 청구하는 것이면 상소회복청구가 되어 제척기간의 적용을 받고, 소유권에 기한 물권적 반환청구권은 배제된다. 그런데 이 집합권리설을 취하면서 상속재산의 동일성에 관해 경제적 원천이 같은 재산이 아니라 '법적으로 동일한 재

산', 즉 권리의 외형까지 같은 재산만 상속회복청구의 대상이 된다고 보는 것은 비록 논리적 모순은 아니지만, 근거지음의 (체계적) 연관성이라는 적극적인 의미의 법치국가적 정합성(coherence)을 해친다.

> ★ **정합성의 의미** 근거지음의 연관성이란 형식적 합리성(또는 추상적 형식주의)이 실질적 정의에 대한 법의 요구와 충돌[37]하는 상황에서 판결은 실질적 정의를 구성하는 (창조적) 요소(법발견적 요소)가 되기 때문에 법관은 자신의 법률해석을 실질적인 논거로 근거지우고, 그 근거지음은 서로 체계적으로 연관성을 맺어야 한다. 법관은 완벽한 규범의 이상을 찾는 것이 아니라 롤즈(Rawls)가 말하는 "반성적 평형"(reflective equilibrium)[38]의 과정을 밟아야 한다. 그런 반성적 평형의 하나로 알렉시(Alexy)가 제시한 8가지 명제들[39] 가운데 다음의 제7명제를 들 수 있다: "한 이론이 **개념들 간의 횡적 결합**을 많이 내보일수록 그 이론은 그만큼 더 정합적이다." 여기서 "개념들 간의 횡적 결합"이란 한 진술에서 사용되는 개념이 다른 진술에서도 사용되는 것이다.

가령 집합권리설에 바탕을 둔 거래안전과 진정상속인의 권리 사이의 이익형량적 고려와 판단은 상속재산의 동일성을 판단하는 이론에서도 같게 사용될 때, 그 해석들은 더 정합적인 것이 된다. 집합권리설은 (단기제척기간, 물권적 청구권 배제 등으로) 거래의 안전을 권리보호보다 우위에 놓으면서도 최소한의 (진정상속인) 권리보호를 함께 하는 이익형량을 할 수 있을 때 정합적이다. 집합권리설이 수행하는 진정상속인의 '손쉬운' 권리보호는 두 가지이다. 즉, 진정상속인은 1) 상속재산 하나하나를 조사하지 않고, 일괄적으로 권리 회복을 주장하고, 2) 다툼인 재산이 상속재산임을 증명함이 없이 상속개시 당시에 피상속인의 점유에 속하였다는 사실만 증명할 책임만 진다. 그런데 참칭상속인에게 귀속가능한

37 이런 충돌은 바로 막스 베버가 처음으로 정식화한 바 있다. M. Weber, Wirtschaft und Gesellschaft (Studienausgabe, 1964), 601쪽.

38 J. Rawls, A Theory of Justice, Cambridge, Mass., 1971, 48쪽.

39 R. Alexy, "Juristische Begründung, System und Kohärenz", in: Behrends u.a. (Hg.), Rechtsdogmatik und praktische Vernunft, 1990, 97쪽 아래.

상속재산의 증가와 처분의 종국성 중 어느 하나라도 갖추지 못한 경우(도표의 Bb, Bc)에도 상속재산의 동일성이 상실되었다고 해석한다면, 이 권리보호기능은 유지되기 어렵다. 그런 해석을 하는 법관은 상속회복청구권을 집합권리설로 운영할 때 요구되는 '반성적 평형'을 도모하지 않은 것이며, 집합권리설과 정합성이 없는 해석을 한 것이다.

(나) **상속재산 동일성과 입증책임분배의 해석적 정합성** 정합성은 상속재산의 동일성과 입증책임의 분배에도 유지되어야 한다. 진정상속인(원고)이 차명계좌의 개별적인 증권계좌별 주식 보유현황과 각 증권계좌의 차명 여부, 동일사건의 형사재판에서 확정된 임원 형식주주의 주식이 피상속인의 차명주식이라는 사실 전부를 입증해야 하는 것은 집합권리설에게도 요구되는 최소한의 권리보호요청과 그에 정합적인 상속재산의 동일성 해석과 역시 정합적이지 않다. ① 정합적 해석을 위해서는 진정상속인(원고)은 참칭상속인(피고)의 실명전환된 주식과 상속 개시 당시의 차명주식이 경제적 원천에서 같은 재산임을 입증할 책임을 지고, 피고가 자신의 현재 주식이 상속 당시의 차명주식과 동일성이 없는 주식임을 —바꿔 말해 상속재산의 변화와 증가가 자신에게 귀속가능한 것이면서 상속재산이 진정상속인의 재산영역에서 종국적으로 빼냈다는 사실을— 입증할 책임을 지는 것이 적절하다. ② 그리고 동일사건에 대한 형사재판이 있었던 경우라면 그 소송자료(예: 차명주식의 동일인(관재팀)에 의한 관리, 피고의 주권과 같은 일련번호의 차명주식 주권들, 명의대여자와 참칭상속권자의 조직적 상하관계, 연속된 명의변경의 종점이 피고, 계좌추적의 한계, 민·형사 재판의 서로 다른 사실인정[40]이 재판의 정당성을 떨어뜨리는 정도 등)가 민사재판에서 명의개서된 주식이 상속재산이라는 사실에 대해 일응의 증명 또는 사실상 추정을 할 수 있다.[41] 이 경우에 진정상속인(원고)의 입증책임은 이행

40 大判 88다카16270("민사재판에 있어서 형사재판에서 인정된 사실에 구속을 받는 것은 아니라도 이미 유죄로 확정된 관련 형사사건의 판결에서 인정된 사실은 유력한 증거자료가 되므로 민사재판에서 제출된 다른 증거에 비추어 형사판결의 사실판단을 채용하기 어렵다고 인정되는 특별한 사정이 없는 한 이를 배척할 수 없다.").

41 원고는 상속차명주식을 다른 재산과 구분하여 차명주식 통(can) 안에 넣어 관리한 점을 근거

된 셈이며, 참칭상속인(피고)이 다툼이 된 재산이 상속재산이 아님을 입증할 책임을 진다. 그런데 구체적으로 언제 참칭상속인(피고)에게 입증책임이 사실상 전환되는지는 해석정책에 따라 달라질 수 있다.

★ 입증책임전환의 해석정책 이 해석정책에서는 구조사고가 유용하다. ① 원고가 형식주주 보유주식이 (경제적 원천이 같은) 상속재산임을 입증하는 정도를 가능성(1점) → 개연성(2점) → 고도개연성(3점) → 확실성(4점)으로 단계화한다. 예컨대 증거방법으로서 Y그룹 특검의 수사자료에서 확정된 사실은 민사소송에서 고도개연성(3점) 수준으로 입증된 것이고, 원고 입증사실이 그 수사자료에서 추출할 수 있는 사실이면 개연성(2점)으로, 대량보유 주요임원이 형식주주로 있는 주식이 상속재산일 사실은 가능성(1점)으로 등급화 해본다. ② 상속재산의 동일성은 가령 주식의 액면분할이나 병합(4점) → 무상증자주식(3점) → 유상증자주식(2점) → 시장매각 재매입주식(1점) → 시장매도 후 사적재산으로 사용(0점)으로 단계화한다. 다음 도표는 두 가지 점수의 매트릭스이다.

증거의 예	상속재산 동일성 / 상속 재산확률	④ 주식분할 액면병합	③ 무상주 주식배당	② 유상주(가·차명예금사용+피고재산 혼입)42	① 시장매도후 피고 지배 회사 주식 재매입	⓪ 상속재산 동일성 상실시키는 처분
	④ 확실성	8	7	6	5	41
형사재판자료에서 확정된 형식주주	③ 고도 개연성	7	6	52	4	3
형사재판자료에서 추출가능한 형식주주	② 개연성	6	5	4	3	2
임원이 보유한 형식주주	① 가능성	5	4	3	2	1

로 이와 같은 사실상의 추정을 허용할 것을 주장할 수 있다. 그러나 차명주식 '통' 안에 들어있는 상속재산에 대한 개별적인 청구권이 성립할 수 없다면, 상속회복청구를 통해서 상속재산의 반환을 구할 수 없고, 차명주식 '통' 안에서 관리되었다는 이유로 상속재산이 아닌 재산에 대해서까지 상속회복청구를 할 수는 없다.

42 이는 유상증자로 받은 주식을 기반으로 배정받는 무상증자의 주식 또는 주식배당의 주식도

③ 이 도표에서 해석정책적으로 종합점수가 가령 4이상인 경우에 피고에게 그 주식이 상속재산이 아님을 입증할 책임을 부과(입증책임의 사실상 전환) 해보자. 상속재산의 동일성이 상실하였지만, 대상재산이론을 적용하여 상속회복청구를 허용하면 원고는 반환요구 재산이 상속재산과 경제적 원천이 같다는 사실을 '확실히' 입증하여야만 피고가 그 재산이 상속재산이 아닌 사실(경제적 원천이 상속재산이지만 그에게 귀속가능하게 증가된 재산이고 상속재산을 진정상속인의 재산영역에서 종국적으로 빼내는 처분을 했다는 사실)을 입증할 책임을 지게 된다. ④ 또한 상속재산 이외에 피고 개인의 재산을 함께 납입하여 신주를 취득한 경우는 원고가 그 신주가 상속재산과 경제적 원천이 같음을 개연성 수준으로 입증하면, 피고는 자신이 납입한 고유 재산을 입증할 책임을 져야 한다.

(3) 차명주식관리의 횡령문제 참칭상속인의 차명주식관리행위는 횡령죄(타인의 재물을 보관하는 자의 횡령·반환거부)에 해당할 여지가 있다.

1) 타인의 재물성 차명주식은 사원권[43]으로서는 재물이 아니지만 유가증권으로서는 주권이 한국예탁결제원에서 '혼합보관'(혼장임치)되고, 주권의 물리적 동일성이나 특정성은 중요하지 않다는 점에서 대체물이며, 대체물은 수탁자의 같은 종류의 재산과 혼합될 수 있으므로 소유권이 수탁자에게 이전될 수 있다. 다만 봉함물, 포장물이나 공탁금과 같이 특정물로 위탁된 경우, 대체물의 용도와 목적이 지정된 경우에는 소유권이 위탁자에게 유보된다(大判 2002도2939). 판례[44]가 대체물로 인정하는

포함한다.

43 사원권은 주주명부의 명의자가 됨으로써 회사에 대해 대항력을 갖는 권리가 되고, (주주명부의 열람이 허용되는 주주와 채권자에 대해서) 공시된다.

44 大判 93다49482("주식매매계약 이후 액면 500원의 주식 10주가 액면 5,000원의 주식 1주로 병합되고 1,000주권, 10,000주권 등으로 교환된 경우, 교환된 주권은 매도인들과 매수인 사이에 매매된 주식을 여전히 표창하면서 그와 동일성을 유지하고 있는 것이고, 그 주권은 그것이 표창하는 주식의 수를 중요한 요소로 할 뿐 주권 상호 간의 개성이 문제되지 아니하는 대체물이므로, 매매계약이 취소되었다면 매수인은 매도인들에게 그 교환 소지하고 있는 주권 중 당초 매수한 각 주식수에 상응하는 매수를 반환할 의무가 있다."); 大判 2004다51887("유류분으로 반환하여야 할 대상이 주식인 경우, 반환의무자가 피상속인으로부터 증여받은 주권 그 자체를 보유하고 있지 않다고 하더라도 그 대체물인 주식을 제3자로부터 취득하여 반환할 수 없다는 등의 특별한 사정이 없는 한 원물반환의무의 이행이 불가능한 것은 아니"다);

유류분반환청구나 주식병합의 경우와 대체물성을 부인할만한 차이가 없는 상속회복청구에서도 그 대상인 **주식은 대체물**이 된다. 참칭상속인이 그 대체물을 갖고 있다면 민법상 반환청구의 대상이 될 뿐, 그 한에서는 재물의 '타인성' 요건을 충족하지 못하므로 참칭상속인의 명의개서만으로 횡령죄가 성립하지 않고, 공동상속인의 지분에 따른 상속주식 반환청구를 거부할 때 비로소 횡령죄가 성립한다.[45]

주식이 대체물일 가능성은 상속 개시 당시의 차명주식(원주)과 실질적으로는 주식의 분할인 무상주에 한정된다. 원주를 기초로 유상으로 인수한 주식들은 공동상속된 주식의 '사원권'[46]을 기초로 하는 주주의 의결권 행사나 신주인수결정 등에 따라 달라지는 결과물이기 때문에 대체물의 법리가 적용될 수 없다. 그러나 유상인수 신주도 그 신주가 참칭상속인에 귀속될 수 있는(예: 납입주금이 참칭상속인 개인의 자금인 경우) 상속재산의 증식(새로운 재산의 창출)이 아니면서 공동상속인의 재산영역에서 종국적으로 이탈(예: 제3자의 선의취득)하지도 않은 경우에는 원주와 동일한 재산이 되고, 타인의 재물이 된다.

2) 보관관계 공동상속인들이 상속재산에 대해 갖는 공유관계는 법률상 인정된 것이고, 법률의 이와 같은 공유관계 인정은 공동상속인들이 공유관계의 법리에 따라 행동할 것에 대한 신임을 전제로 한다는

大判 2007다18218; 2004다51887("주식병합의 효력이 발생하면 회사는 신주권을 발행하고, 주주는 병합된 만큼 감소된 수의 신주권을 교부받게 되는 바, 이에 따라 교환된 주권은 병합 전의 주식을 여전히 표창하면서 그와 동일성을 유지한다") 참조.

45 그러나 공동상속인들이 참칭상속인에게 공동상속한 차명주식의 용도나 목적을 지정하여 위탁한 경우라면 타인의 재물이 되고, 참칭상속인의 명의개서만으로 이미 횡령죄가 성립한다. 공동상속인들은 상속주식을 공유하므로 상속주식을 점유하는 공동상속인 중 1인인 참칭상속인은 (홀로) 보존행위를 할 수 있고 (공유자의 과반수 의결로) 관리행위(혼자 하고 공유자의 사후추인 포함)를 할 수 있다. 그러나 공동상속인 중 1인의 상속주식 —법적으로는 공동상속인 모두에게 점유권이 이전되지만(민법 제193조) — 단독 점유가 주식의 보존과 관리 목적을 벗어나면, 그의 지분을 넘어서는 범위에서 타인의 재물이 된다.

46 주식은 회사의 전체 재산에 대한 참가비율을 뜻하는 지분에 따른 사원의 지위이고, 이 지위로부터 의결권, 이익배당(수령)권, 신주인수권 등 다양한 권리가 인정된다.

점에서 참칭상속인은 공동상속인의 지분에 따른 상속주식의 사실상 보관자라고 볼 수 있다. 이는 (임대보증금)채권양도인(임차인)은 채권양수인이 채무자(임대인)에게 채권을 추심할 수 있게 할 신임관계를 근거로 보증금을 수령하면 곧바로 양수인의 소유에 속하고, 채권양도인은 채권양수인의 재물의 사실상 보관자가 되는 법리(大判 97도666)에 견줄 만하다.

3) 횡령행위 횡령이란 타인 재물 보관자가 불법영득의사를 객관적으로 인식할 수 있는 방법으로 표현하는 행위이며, 반환거부는 보관물에 대해 소유자의 권리를 배제하는 의사표시로 불법영득의사를 표현하는 한 예이다. 통상적으로 횡령은 처분의 형태를 띠는데, 차명주식을 매각하여 현금화 한 다음 다시 같은 회사의 유상증자에 참여하여 주식의 양을 증가시키는 행위는 형식적으로는 처분이지만, 관리(위탁 또는 신탁)행위로서의 성격을 벗어나지 않으며, 따라서 횡령에 해당하지 않는다. 명의개서나 공동상속인의 상속주식반환요구에 거절하는 행위라야 횡령행위에 해당한다. 또한 상속(차명)주식을 더 이상 상속재산이 아닌 대위물(예: 차명주식 매각대금으로 구입하여 사적 사용하는 그림)로 변화시키는 처분은 명의개서나 반환청구 이전이라도 횡령(불법영득)이 된다.

4) 참칭상속인의 착오 참칭상속인(피고)은 몇 가지 유형의 착오를 했을 수 있다. ① 피상속인의 사망 당시 각 회사마다 있을 수 있는 차명주식을 제외한 상속재산에 대해 공동상속인들이 상속재산분할협의서를 작성한 경우, 각 회사의 차명주식도 묵시적으로 함께 분할협의를 마친 것으로 인식할 수 있다. 이 경우 참칭상속인은 위에서 검토한 횡령죄의 성립에 필요한 사실을 인식하지 못한 사실의 착오(형법 제13조)를 범한 것으로서 횡령고의를 탈락시킨다. ② 참칭상속인이 상속 당시 차명주식들이 오로지 자신에게만 상속된 것 또는 공동상속되었지만 상속재산분할협의를 통해 자신에게 그 소유권이 귀속된 것이라고 믿었다면 이는 "타인의 재물"에 해당하는 점을 착오(포섭의 착오)로 인식하지 못한 경우로서 법률의 착오(형법 제16조)에 속한다. ③ 대기업 오너경영자 사회에

서 차명주식관리는 널리 행해지는 관행이었고, 오너경영자들은 그 관행이 사회상규(형법 제20조)에 해당한다고 생각할 수 있다. 그런 관행은 하부문화로 볼 수는 있지만, 금융실명제가 법제화된 이후로는 불법적인 하부문화로서 사회상규에 해당할 수 없다. 하지만 오너경영자들은 그 관행이 사회상규라는 허용규범에 포섭되지 않는다는 점을 인식하지 못한 (허용포섭의) 착오를 범한 것이고, 이는 법률의 착오(형법 제16조)에 속한다. ②와 ③의 착오는 정당한 이유의 인정여부에 따라 횡령죄의 책임이 면제되거나 감경될 수 있다.

Ⅲ. 전환사채발행에 의한 경영권 승계

경영권을 승계시키기 위한 변칙적 방법으로 차명주식관리 다음으로 문제된 것은 전환사채를 저가에 발행하여 그룹총수의 자녀에게 제3자 배정을 하는 것이다.

1. 전환사채의 제3자 저가발행의 합법화 판결

대법원은 2009년 다음 사례에서 전환사채발행에 의한 경영권의 변칙적 승계에 대하여 면죄부를 주는 배임죄 무죄판결(大判 2007도4949)을 내놓았다.

★ 전환사채의 제3자저가발행 비상장회사 E(주)는 1996.10.30. 이사회를 열어 17명의 이사 중 8명(회의록에는 9명)이 참석한 상태에서 시설자금확보를 위해 100억 원의 무기명식 이권부 무보증전환사채를 낮은 이율(표면이율 연1%, 만기보장수익률 연5%)로 발행, 주주(1996.11.14. 16:00시 기준)에게 우선 배정하고, 실권 시 이사회결의로 제3자에게 배정하기로 하고 전환가액은 1주당 7,700원(당시 주식가치는 14,825원)으로 정하였다. E(주)의 주주는 E(주)가 속한 Y그룹의 다른 계열사이거나 계열 분리된 8개 회사와 1개의 재단법인, Y그룹 회장 Y_2, Y그룹 계열사의 전·현직 임원들인 17명이었다. 주주 중 Ch(주)만 청약만기일까지 지분비율(2.94%)에 따른 인수청약을 하였고, 나머지 주주들(지분비율 97.06%)은 인수청약을 하지 않았다. E(주)는 청약기일이 도과하자 이사회를 개최하여 긴급·돌발 자금수요가

없는데도 새롭게 제3자 배정방식의 발행을 결의를 하거나 주총의 동의를 받지 아니한 채, 주주들이 실권한 전환사채를 회장 Y_2의 장남 Y_3 등 4인에게 배정하기로 의결하였다. Y_3는 인수청약 및 인수대금(48억 원)납입을 하였고 그 후 전환권을 행사하여 E(주)의 제1의 대주주(지분 31%)가 되었다. 대법원이 무죄판결을 한 이유는 다음과 같다. ① 주주배정의 경우 액면가를 하회하지 않는 이상 시가보다 낮게 발행해도 임무위배가 되지 않는 반면, 제3자 배정의 경우에는 시가보다 현저하게 낮은 가액으로 발행하면 배임행위가 된다. ② 발행이 주주 배정방식인지 제3자 배정방식인지를 구별하는 기준은 회사가 주주들에게 신주 등을 우선적으로 인수할 기회를 부여하였는지 여부에 따라 객관적으로 결정된다. 따라서 실권주의 제3자 배정도 주주배정방식의 발행이 된다. ③ 이 경우 단일한 기회에 발행되는 전환사채의 발행조건은 동일하여야 하므로, 실권주 부분에 관하여 전환가액 등 발행조건을 변경하여 발행할 여지가 없다. ④ 전환사채 발행을 위한 이사회 결의에 하자가 있었다 하더라도 실권된 전환사채의 제3자 배정을 의결한 이사회 결의에 하자가 없는 경우 전환사채의 발행절차를 진행한 것은 재산보호의무위반으로서의 임무위배에 해당하지 않는다. ⑤ 이사가 주식회사의 지배권을 제3자에게 이전하는 것은 기존 주주의 이익을 침해하는 행위일 뿐 지배권의 객체인 주식회사의 이익을 침해하는 것으로 볼 수 없다. ⑥ 주식회사의 이사는 주식회사의 사무를 처리하는 자의 지위에 있지만 주주들의 사무를 직접 처리하는 자의 지위에 있는 것은 아니고 회사 지분비율의 변화가 기존 주주 자신의 선택에 기인한 것이라면 지배권 이전과 관련하여 임무위배가 있다고 할 수 없다.

(1) 실질적 정의에 소홀한 법기술적 장치 이 판결은 제3자 배정 전환사채 저가발행을 통한 경영권 승계를 변칙승계라고 받아들이는 시민사회의 공론을 지나치게 외면한 채, 법률해석학의 **법기술적 장치**, 이를테면 형식논리(예: 주주에게 인수기회의 제공 여부에 따른 주주배정과 제3자 배정의 구별), 단일성의 논리(예: 주주배정 발행과 실권 후 제3자 배정발행이 단일한 기회라는 이유로 동일 조건발행[47]), 임무위배성을 은폐하는 부수효과논리

47 이 저가발행에 대해 가령 상속세나 증여세 법령이 그 저가발행으로 인수한 제3자가 얻는 이익을 그 발행회사의 지배주주 등 특수관계에 있는 자로부터 증여받은 것으로 간주한다는 증여의제규정을 둔다는 점도 그 근거로 보는 견해(위 판결의 별개의견)도 있다. 그러나 그런

(예: 지배권이전은 실권[48]의 부수적인 효과임)를 사용하여 합법의 판단을 내린다. 법의 실질적 정당성은 이런 법기술적 장치 속에 갇힌다. 물론 법률해석은 널리 이와 같은 기술적 장치들을 사용할 수 있다. 그런 장치들은 법의 예측가능성을 높이는 측면이 있지만, 그런 장치들의 사용이 도덕적 정당성, 정치적 합리성, 경제적 효율성의 조화로운 최대실현에 얼마나 기여하는 지를 성찰해야 한다. 특히 거시적인 경제정의나 경제적 신분의 창출 문제뿐만 아니라 그룹총수 충성파와 다른 회사구성원의 불공정 경쟁 등의 미시적 문제도 되돌아보아야 한다.

(2) 배임죄 해석의 부정합성 이 판결은 대법원이 그간 배임죄의 요건[49]을 확장적용하여 배임죄를 포괄구성요건(Auffangtatbestand)[50]으로 유연화 시켜온 경향과 눈에 띄게 어긋난다. 이 유연화의 해석장치는 타인사무처리자를 사실상의 신임관계 있는 자로, 임무위배를 권한의 초월이나 남용에서 비윤리적 경영으로, 손해를 경제적인 관점에서 실해발생의 위험으로, 고의를 비윤리적 행위에 대한 인식의무의 위반으로 변질시켜서 만들어졌다.[51] 특히 정리절차에 들어간 회사를 인수함에 있어 자신의 자산을 투자하지 않고, 피인수회사의 자산을 담보로 은행에서 차입한 자금으로 그 회사를 인수하고, 합리적 경영으로 회사를 소생시킨 사건(LBO)에서 업무상 배임죄를 긍정하는 판례(大判 2004도7027; 2007도5987)의 법리를 연장하여 적용해보면 E(주) 사건에서도 배임죄가 긍정되었어야 한다.[52] 왜냐하면 E(주) 사건에서 그룹회장도 전환사채발행행위

규정들은 "전환사채를 저가로 인수하여 이익을 얻은 자에게 증여세를 부과하기 위한 필요에서 나온 법기술적인 의제일 뿐이다"(소수견해).

48 예를 들어 실권했던 J모직의 이사들을 업무상 배임을 이유로 상법 제399조에 따른 배상책임을 져야 한다는 대구지방법원 김천지원 2011. 2. 18. 선고 2007가합425 판결 참조.

49 배임죄(형법 제355조 제2항, 제356조)는 ① 타인의 사무를 처리하는 자가 ② 그 임무에 위배하는 행위를 하여 ③ 재산상의 이익을 취득하고, 그 타인(본인)에게 재산상 손해를 발생시키고, ④ 고의(불법이득의사)가 인정될 때 성립한다.

50 A. Dierlamm, "Untreue ein Auffangtatbestand?", NStZ 1997, 534쪽 아래 참조.

51 이에 대해 자세히는 이상돈, 윤리경영과 형법, 신영사, 2005, [1]단락 참조.

52 이 판결은 "이사가 주식전환으로 인한 시세차익을 얻을 의도로 전환사채를 저가발행한 경우

의 주체이고, 전환사채발행에 의한 변칙적 경영권 승계는 조세회피적이며 실질적 경제정의를 외면하는 윤리적 결함 때문에 임무위배가 되며, 전환사채를 제3자(그룹회장 자녀)에게 시가발행을 통해 증가시킬 수 있었던 자본액만큼 회사에 손해를 끼친 것이며, 변칙적인 경영권 이전의 의사는 차입매수보다 더 큰 비윤리성에 대한 인식을 포함한다는 점에서 배임고의(불법이득의사)가 인정될 수 있기 때문이다. 그렇기에 이 판결은 대법원이 형성해 온 배임죄의 구체적 법규범들의 정합성(coherence)을 해친다. 게다가 E(주) 사건처럼 배임죄의 불법유형을 충분히 갖추고 있는 사건에 배임죄를 적용하지 않는 과도한 축소해석은 윤리경영과 준법경영의 시대에서는 더욱 이해하기 어렵다.

2. 배임죄해석의 상법 종속성과 독자성

E(주)의 전환사채발행이 배임행위에 해당하는지를 결정짓는 것은 전환사채발행에 관련한 상법규정의 해석방법이었다.

(1) 배임죄해석의 선결문제로서 상법해석 대법원의 다수의견과 소수의견은 다음과 같은 의견의 차이를 보여주고 있다. ① 다수견해가 "전환사채를 주주배정방식에 의하여 발행하는 경우에도 주주가 그 인수권을 잃은 때에는 회사는 이사회의 결의에 의하여 그 인수가 없는 부분에 대하여 자유로이 이를 제3자에게 처분할 수 있"게 하는 상법 제513조의 3, 제419조 제4항, 제469조를 근거로 E(주)의 전환사채발행을 주주배정으로 보는 반면, 소수견해는 이사의 선관주의의무(상법 제382조 제2항)(예: 1주의 발행가액도 적정하게 결정할 의무)를 근거로 발행의 형식은 주주배정이지만 실질은 제3자 배정으로 본다. ② 다수견해는 전환사채가 사채청약서, 채권과 사채원부에 기재하며(제514조 제1항), 전환사채의 등기시점

주식 시가와 전환가액의 차액 상당의 재산상의 이익을 취득하고 회사에게 손해를 가한 행위로서 배임죄가 성립할 수 있다"는 판례(大判 2001도3191; 2003도5309)를 사실상 변경한다. 같은 견해로 위 판결의 별개의견(양승태 대법관) 참조.

도 사채납입(제476조)이 완료된 날로부터 2주간 내인 점(제514조의2 제1항)에 비추어 사채금액의 균일성(유통성, 공중성, 집단성) 요청(상법 제472조 제2항[53])에 따라 같은 기회에 발행하는 전환사채의 발행조건이 동일해야 한다고 보는 반면, 소수견해는 실권된 부분의 제3자 배정에 관하여 다시 이사회 결의를 거쳐야 하고 주주총회의 특별결의(제513조 제3항, 제516조의2 제4항)를 거쳐야 하므로 다른 조건으로 발행해야 한다고 본다. ③ 다수견해는 지배권의 이전은 주주의 선택과 제3자의 지배주식 확보(大判 2001다36580)에 따른 부수적인 효과이며, 이사의 임무위배가 아니라고 보는[54] 반면, 소수견해는 지배권의 이전은 저가의 전환사채 발행이 지향한 궁극적 목적이었기에 이사의 배임행위가 가져온 직접적 효과가 된다.

	다수의견	소수의견
주주배정과 제3자 배정의 구별기준	주주에게 인수기회를 부여했으면 주주배정의 전환사채발행이 된다. (=형식적 기준)	주주배정 방식을 취해도 당초부터 실권주의 제3자 배정이 가지는 실질은 제3자 배정 방식의 발행과 같다. (=실질적 기준)
전환사채 발행조건	단일한 기회에 발행되는 전환사채이므로 주주들의 실권 후 제3자 배정 발행의 조건은 주주들의 경우와 똑같이 유지된다. (동일조건의 발행)	선관의무에 따라 새로운 이사회 결의에 의한 실권주의 제3자 배정은 처음부터 제3자 배정하는 경우와 같이 시가발행을 조건으로 한다. (시가발행으로 변경 또는 발행절차 중단)
경영권 이전의 변칙성	주주(계열사)들의 선택(실권)에 따른 부수적인 효과일 뿐이다.	지배권의 이전은 실권된 전환사채를 저가로 제3자에게 발행한 이사의 임무위배행위에 따른 효과이다.

(2) 상법해석에 종속된 형법의 불명확성 이처럼 〈주주배정→동일한 기회의 사채발행→주주 선택에 따른 지배권의 이전〉의 논거를 취하

53 "동일 종류의 사채에서 각 사채의 금액은 균일하거나 최저액으로 정제할 수 있는 것이어야 한다".

54 이는 지배권의 이전은 주주의 이익을 침해할 뿐, 지배권의 객체인 주식회사의 이익을 침해하는 것은 아니며, 이사는 주주의 사무처리자가 아니라 단지 회사의 사무처리자일 뿐이라고 본 大判 2003도7645(전원합의체)에 근거한다.

면 전환사채의 제3자 저가발행은 배임죄가 성립하지 않고, 〈제3자 배정→별개의 전환사채발행→지배권 이전 목적의 저가의 전환사채 제3자 배정〉의 논거를 취하면 배임죄가 성립한다. 다시 말해 상법 제513조의3(전환사채의 인수권을 가진 주주에 대한 최고), 제419조 제4항(신주인수청약권자의 미청약에 따른 실권), 제469조(이사회 결의에 의한 사채의 모집)를 강조하느냐 아니면 제382조 제2항(이사의 선관주의의무)을 강조하느냐, 또는 전환사채의 사채적 성격(제514조 제1항, 제514조의2 제1항, 제476조)과 사채금액의 균일성요청(제472조 제2항)을 강조하느냐 아니면 별개의 이사회 결의 필요성과 제3자 발행 시 주주총회의 특별결의(제513조 제3항, 제516조의2 제4항) 필요성을 강조하느냐에 따라 좌우된다. 이처럼 배임죄의 성립여부가 어떤 상법해석(견해)을 취하느냐에 따라 좌우되는 것을 형법해석의 상법(해석)종속성이라고 부를 수 있다. 두 견해 사이에 어떤 해석적 조정이나 변환의 공간이 없다.

그러나 상법해석들이 제시하는 근거의 타당성 차이가 형법상 배임죄의 성립여부를 좌우할 만큼 중차대한 것인지는 매우 의문스럽다. 가령 다수견해는 전환사채의 사채적 성격을 강조했지만, 실권 후 제3자 배정이 같은 기회에 발행되는 것에 대한 논증은 사실상 생략하는 반면, 소수견해는 이사가 부담하는 공정가액 발행의무로부터 실권 후 제3자 배정을 다른 기회의 발행으로 보는 결론을 도출하는데, 이는 당위(규범)로부터 존재(사실)를 추론하는 오류를 범한 것이다. 또한 어느 편의 상법해석이 제시하는 논거도 다른 편의 논거보다 압도적으로 우월하지 않다. 이런 사정은 상법해석에 좌우되는 형법은 법치국가가 갖추어야 할 명확성을 잃어버릴 수 있다는 우려를 낳는다. 상법해석의 불확실성은 무엇이 상법인가에 관해 일반인이 들여다 볼 수 없는 지점에 서있지만 그와 같은 '알 수 없음'은 생활세계의 정당한 규범이어야 하는 형법에게는 용납되기 어렵다.

(3) 형법해석의 독자성 이와 같은 배임죄해석의 상법해석종속성은

환경형법의 행정종속성과 같이 그 규율영역의 고유한 특성에서 비롯되는 논리필연적인 현상이 아니다. 환경형법이 환경위태화행위를 규제하는 기준은 불가피하게 기술적 차원을 갖고 있어서 환경형법이 설정하는 행위규범도 '기술적 행위규범'이 된다. 이 기술적 행위규범은 전문적인 지식과 능력을 갖춘 행정당국과 전문가들에 의해 관리될 수밖에 없다. 이에 비해 전환사채발행은 전문적인 행위영역이긴 하지만, 시민들은 회사에 (소극적) 손해를 끼치는 전환사채의 제3자 발행조건이 갖는 도덕적 의미를 통찰할 수 있다. 이 점은 환경형법과 근본적으로 다른 점이다.[55] 전환사채발행행위를 규율하는 형법, 일반화하여 말하면 회사형법의 상법해석종속성은 본래 불필요한 것이다.

예컨대 주주배정인지 제3자 배정인지를 구분하는 것은 배임죄의 적용에서 중요하지 않다.[56] 물론 제3자 발행시에 시가에 근접한 적정가격으로 발행하는 것은 상법해석상으로는 자본충실원칙에 포함되지 않는다.[57] 그러나 이런 상법해석도 형법상 전환사채를 제3자에게 저가로 발행하는 경영자의 임무위배행위를 인정하는데 방해가 될 수 없다. 또한 제1차 이사회 결의에 정족수 미달의 하자가 있어서 제3자 배정을 하는 제2차 이사회의 결의가 상법상 무효인지[58] 여부도 이사의 임무위배여부에 대한 판단을 좌우하는 것도 아니다.

물론 형법의 상법종속성 해체와 형법해석의 독자성 확립은 배임죄

55 이런 행위영역을 기능적 체계영역(예: 증권투자행위의 영역), 일상행위영역(예: 친구, 가족 간의 관계영역)과 구별하여 과학기술화된 일상영역이라고 부르는 이상돈, 기초법학, 법문사, 2010, 534쪽 아래 참조.

56 "대주주의 이익과 관련되어 이루어지는 것인지, 아니면 이와 구별되는 일종의 경영행위 과정에서 벌어지는 것인지가 더 중요한 구별점이" 된다고 보는 이종상, 회사와 관련된 배임죄 적용상 문제점에 대한 연구, 서울대학교박사학위논문, 2010, 91쪽.

57 그렇게 때문에 배임죄가 성립하지 않는다는 이철송, "자본거래와 임원의 형사책임", 인권과 정의 제359호, 2006, 112쪽.

58 제1차 결의의 하자로 제2차 이사회 의결은 무효이며, 제3자 배정은 처리권한 범위와 한계를 넘은 무효인 점에서 임무위배행위를 인정하는 성민섭, "전환사채의 저가발행에 대한 이사의 형사책임", 국민대 법학논총 제23권 제2호, 2011, 430쪽 참조.

해석에서 회사법의 규범과 이론들을 무시하고 펼쳐질 수 있다는 것을 의미하지 않는다. 오히려 회사법의 다양한 이론과 규범들 속으로 들어가 형법의 고유한 목표와 원칙의 관점에서 적합한 이론과 규범을 선택하여 형법규범을 형성해 나아가야 한다. 이러한 형법의 독자성은 형법이 생활세계의 근본질서를 형성하는 규범이라는 성격에서 비롯된다.

3. 형법의 도덕성과 상법과의 수평적 법형성

(1) 도덕의 결핍을 메우는 형법 형법규범은 모든 개인들이 상호이해가 가능하고, 하나의 법공동체로 통합시키는 도덕적 행위규범의 핵심이 된다. 형법은 도덕에 힘입어 자신의 정당성을 확보하면서도 거꾸로, 현대사회의 복잡성으로 인해 도덕이 그의 규율능력을 잃어버린 행위영역에서 도덕의 결핍을 메우는 기능을 수행한다.[59] 이런 한에서 형법의 도덕형성력을 인정할 수 있다. 여기서 도덕은 형이상학적 사회윤리가 아니라 공동체 통합의 핵심규범을 가리킨다. 이를테면 우리사회에서 경영권 승계는 60%세율의 상속·증여세를 내고도 넘겨줄 수 있는 주식자산의 범위 내에서 허용된다는 규범도 도덕의 하나가 된다.

E(주) 사건을 두고 시민사회가 '변칙적'인 경영권 승계라고 부르는 것은 그런 도덕규범을 위반한 것으로 보기 때문이다. 여기서 변칙이란 일상언어는 **조세회피**라는 개념으로 옮길 수 있다. 조세회피란 조세탈루나 조세포탈처럼 국가의 구체적인 조세채권을 위법하게 침해하는 행위도 아니고, 절세처럼 합법적인 행위도 아니라, 조세법의 흠결을 틈타 국가의 일반적인 과세권을 위태화시키는 행위이다.[60] 조세회피는 위법과 합법 사이에 위치하며 사회적으로 정의롭지 않다고 판단된다. E(주) 사건 발생 이후에 개정[61]된 상속세 및 증여세법은 지배주주의 특수관계자

---

59 생활세계와 체계가 분리되면서 법이 도덕의 규율능력 결핍을 메운다고 보는 Habermas, Theorie des kommunikativen Handelns, Band Ⅱ, Suhrkamp, 1981, 222쪽 아래 참조.

60 이상돈, 조세형법론, 법문사, 2009, 4쪽; 경영과 형법, 법문사, 2011, 485쪽.

61 1997.11.10. 개정된 상속세 및 증여세법과 그 시행령 제31조의3에서 이와 같은 전환사채의

가 전환사채를 저가로 인수하여 얻은 이익을 증여재산가액으로 보고 과세한다(제40조). 이로써 전환사채의 제3자 저가발행행위를 통제하는 조세법의 결함은 메워진 것처럼 보인다. 그러나 시민사회의 도덕적 비난은 여전히 남는다. 왜냐하면 실권된 전환사채를 저가로 제3자에게 배정하는 행위는 실질적으로 회사의 미래적 자산을 빼내어 제3자(그룹회장의 자녀)에게 넘겨주는 반도덕적인 행위이기 때문이다. 이런 반도덕적 행위를 통제하는 것은 조세법(증여세)이 아니라 형법(배임죄)이다. 형법은 전환사채의 제3자 저가발행과 같은 경영권의 변칙적인 승계행위를 도덕적으로 승인되지 않는 행위로 판단하고 그것을 금지하고 관철할 수 있기 때문이다.[62]

(2) 형법의 도덕형성과 법치국가적 제한 하지만 이런 형법의 적극적인 도덕형성기능이 법치국가성을 훼손하는지 살펴보아야 한다.

1) 보충성원칙 위반여부 형법의 **보충성원칙**(Subsidiaritätsprinzip)이란 형법 외의 사회통제(예: 손해배상책임, 행정법적 제재)가 실효적으로 기능하는 한 형법은 동원되어서는 안 된다는 것이다. 예컨대 단순한 계약위반행위를 손해배상책임의 부과와 집행을 통해 충분히 통제할 수 있다면 형법이 나서서는 안 된다. 이는 형법의 최후수단성(ultima ratio), 형법의 단편적 성격이라 불리기도 하지만 '소극적인' 의미의 보충성원칙이라 할 수 있다. 이에 비해 처음부터 고의적으로 계약위반을 의도한 경우는 손해배상으로는 부족하고, 형벌로만 상쇄시킬 수 있는 도덕위반이 된다. 사기죄는 이런 도덕위반을 불법유형으로 포착하고 있다. 이처럼 아무리 사법적 통제가 실효적일지라도 —특히 집단소송과 같은 강력한 통제수단까지

저가인수로 인한 이익취득을 증여로 의제하였고, 2000.12.29. 개정된 상증세법은 제40조를 개정하여 이 시행령 제31조의3과 같은 취지의 증여의제 규정을 법률로 정하였다. 이 규정은 다시 2003.12.30. 개정되었고, 상증세법 제40조는 위 행위의 실질을 증여로 의제하는 것이 아니라 바로 증여로 과세한다.

62 저가발행을 한 이사와 통모한 인수인이 얻은 이익은 모두 '부당이득'으로 회사에 반환해야 한다는 곽노현, "배임특권의 법과 정치", 민주법학 제35호, 2007, 325쪽.

가능한 경우일지라도 — 그것이 달성하지 못하는 도덕적 행위규범의 구축과 유지 필요성이 남아 있다면, 형법의 투입은 정당하다. 이는 적극적 의미의 보충성원칙이다. E(주) 사건에서 그 회사와 실권한 다른 계열사의 경영자의 손해배상책임으로 고갈되지 않는 시민사회의 도덕적 요청이 남아 있다면[63] 형법은 배임죄를 물을 수 있다.

2) 시민자유우선원칙 위반여부　　형법의 도덕형성기능은 비례성원칙에서 파생되는 시민자유우선원칙(in dubio pro libertate 의심스러울 때에는 시민자유의 이익으로)에 위배된다는 우려가 있다. 이 자유우선원칙은 입법뿐만 아니라 형법해석에서도 기능한다. 어떤 행위가 형법상 불법구성요건에 해당하는지에 대한 판단이 민·상법의 해석이론들에 따라 좌우된다면, 시민의 자유를 좀 더 넓게 인정하는 방향으로, 즉 구성요건 해당성을 부인하는 방향으로 그 해석이론이 선택되어야 한다. 예를 들어 전환사채의 제3자 저가발행 사건의 배임성을 좌우하는 두 가지 견해의 상법해석이 대립할 때, 상법적 타당성과는 별개로 모든 시민의 자유이익에 유리하도록 배임죄를 인정하지 않는 해석을 선택하여야 한다는 것이다. 이것은 일종의 비범죄화실험(Entkriminalisierungsexperment)이다. 그런 실험을 통해 형법적 통제의 필요성이 입증되었거나 그런 실험에 앞서 형법적 통제의 필요성이 분명하게 인정되는 경우에까지 범죄화 방향의 구성요건 해석·적용을 금지하는 것은 아니다.

(3) 상법과 수평적인 형법해석　　물론 상법학설들이 대립할 때 범죄화하는 방향의 학설 선택은 1) 형법해석학이 형성하는 배임죄의 전승된 의미를 넘어서지 않으며, 2) 상법학설들이 서로에 대해 압도적으로 우월한 타당성을 갖지 않는다는 전제조건에서 가능하다.

1) 형법해석에 의한 보충적 상법형성　　E(주) 사건에서 〈제3자 배정→

---

63 이와는 대조적으로 손해배상책임이나 집단소송, 조세범처벌법 등에 의해 형법적 통제의 필요성이 사라질 수 있다는 이상현, "업무상 배임죄의 분석: 경영권 변칙승계로의 투입의 적정성", 기업소송연구회 발표문(2011.4.25.), 18쪽 참조.

별개의 전환사채발행→지배권 이전이 목적인 저가의 전환사채 제3자 배정→배임죄 성립〉이라는 논증은 배임죄의 해석학적 전통에서 벗어나지 않는 것이어야 한다. 비판적 형법해석학에서는 이런 요청에 대해 회의를 가질 수 있지만, 그런 전통에 충실해야 하는 이유는 이 사건에서 배임죄를 인정하는 형법해석은 ―실권 전환사채의 제3자 배정 시 주총의 특별결의가 필요한지에 관하여― 가령 "주주들이 대량으로 전환사채를 인수하지 않은 경우에도 제3항을 준용한다"와 같은 **상법조항**(상법 제513조 제3항의2 또는 제5항)**의 흠결을 보충**하기 때문이다.[64] 그런 해석은 주총의 특별결의를 받지 않은 채 실권한 전환사채를 제3자에게 배정하는 것은 "타인의 사무를 처리하는 자가 그 임무에 위배하는 행위"(형법 제355조 제2항)에 해당한다는 형법규범을 상법에 이식시킨다.

2) 상법해석의 예외적인 형법형성 형법해석에 의한 상법의 보충적 법형성은 흠결된 상법이 개정을 통해 명문으로 정립되기 전까지만 유효하다. 그렇지 않다면 상법이 형법에 일방적으로 하위에 놓이게 되기 때문이다. 상법이 형법에 대해 하위의 법이 되지 않으려면 여기서 더 나아가 상법해석에 의한 배임죄의 해석, 구체적인 배임죄규범의 형성이 좌우될 가능성도 남아 있어야 한다. 이런 가능성은 흠결된 상법규범의 보충적 형성이 입법에 의해 이루어지기 전이라도 **압도적으로 우월한 타당성을 보이는 상법해석**이 있을 때 인정할 수 있다. 그럴 경우에 형법해석은 그 타당한 견해를 수용하여야 한다. 그렇지 않는다면 형법과 상법 사이의 차이와 간극이 너무 커져서 법치국가의 위엄으로서 정합성(coherence)을 해치게 되기 때문이다. 물론 E(주) 사건은 이런 경우에 해당하지 않는다. 이와 같이 형법해석이 상법을 보충하고, 상법해석이 형법해석을 결정짓는 관계 속에서 형법과 상법은 수평적인 상호작용의 관계에 놓이게 된다.

64 대량의 실권주를 배정하는 경영목적을 검토하지 않은 것은 회사에 대해 선관주의의무를 다하지 않은 배임이 된다는 이훈상, "전환사채의 저가발행과 배임죄에 관한 판례평석", 한양법학 제21권 제1집, 2010, 451쪽도 이런 보충적 법형성을 한 셈이다.

4. 업무상 배임죄 적용의 방향

실권한 전환사채를 저가로 제3자(그룹회장의 자녀)에게 발행하는 행위가 배임죄에 해당한다는 판단은 올바르면서도 이 사건의 고유한 특성에서 나오는 정의요청에 적합한 것일까?

(1) 배임죄 적용의 타당성 배임죄의 요건 가운데 특히 쟁점이 되는 임무위배와 손해 문제를 중심으로 검토한다.

1) 임무위배여부와 경영판단원칙 E(주) 사건에서 전환사채의 제3자 저가 발행은 이사(회)의 권한 범위 안에 있지만, 상법이 정한 발행의 절차를 위배한 권한의 남용이 문제이다.[65]

(가) **자금의 규모 판단** 조달하려는 자금규모와 발행가액의 결정은 물론이고 회사에 필요한 '자금의 규모'는 경영전략의 방향에 따라 달라지므로 경영판단에 속하는 사항이다. 예컨대 M&A를 통해 사업을 공격적으로 확장하는 전략을 선택하면 자금의 규모는 커지고, 경제위기에 대한 전망 속에서 안정적 경영전략을 선택하면 자금의 규모는 적어진다. 어떤 길을 가는지는 경영판단의 사항이다.

(나) **적정 발행가액의 결정** 제3자 '발행가액'을 시가로 할지 그보다 낮게 할지, 얼마나 낮게 할 것인지의 결정도 그 가격에 전환사채를 인수할 제3자가 시장에 있을 것인지에 대한 예측에 좌우된다는 점에서 경영판단에 속하는 사항이다. 이 경영판단에서 이사는 신의성실의무를 다해야 한다. 따라서 전환사채를 인수할 제3자를 시장에서 찾기 어렵다는 막연한 판단 아래, 시가보다 현저하게 저렴한 가액으로 발행하는 행위는 경영판단원칙에 의해 보호되지 않는다. 바꿔 말해 경영진은 전환사채를 발행할 때 가능한 더 높은 가액으로 인수하려는 제3자를 찾아야 할 의

---

65 배임죄는 독일배임죄처럼 권한남용과 신뢰위배 배임죄를 모두 포괄한다고 해석하는 임정호, "배임죄의 본질에 관한 연구", 연세대 법학연구 제18권 제2호, 2008, 202쪽.

무가 있다. 이런 의무를 위배하게 되면, 배임행위가 인정되며, 그 배임행위에 의해 제3자가 "재산상의 이익을 취득"할 수 있게 된다. 저가발행은 오로지 그렇게 저가발행을 해야 할 만큼 "긴급한 자금조달의 필요"[66]가 명백하게 있을 때에만 경영판단으로 인정될 수 있다.

㈐ **발행절차** 전환사채를 주주가 아닌 제3자에게 발행하는 경우에 주주총회의 특별결의(상법 제513조 제3항, 제516조의2 제4항)를 구하는 절차를 밟는 것은 경영판단사항이 아니라 법률상 의무사항이다. 이런 의무는 준법경영시대에는 이사의 선관주의에 속하며, 그 의무의 위반은 경영판단원칙의 적용을 배제시킨다. E(주) 사건 당시처럼 현행 상법 제418조 제2항(2001.7.24.신설)의 규정이 없었어도 마찬가지이다. 실권한 전환사채의 제3자 배정을 통해 지배권이 이전되는 경우에 주주들에게는 단지 경제적 손해만을 가져다주는 것이 아니라 경영을 통제할 지위의 근본적 변화가 일어나고, 지배권을 이양 받는 제3자가 특히 그 경영자들에 대해 지배력을 지닌 그룹오너의 자녀이므로 그런 제3자 발행은 회사나 주주가 아니라 그룹오너에 대해서 충성을 다하는 것임을 경영자들도 잘 알고 있다. 그렇기에 경영자들은 주주총회의 특별결의를 받거나, 적어도 그 정족수만큼의 주주들로부터 동의를 받아내야 한다는 점을 실천이성에 의해 인식할 수 있다. 따라서 특별결의절차로 3분의 2가 넘는 주주들이 동의할 때에만 지배권을 제3자에게 이전시키는 것의 배임성이 제거될 수 있다.[67]

2) 손해여부 판례는 배임죄의 손해는 주주의 손해가 아니라 회사의 손해라는 전제[68]에서 시가보다는 현저히 낮지만 발행가액이 액면가

---

66 이런 경우에만 배임행위가 부인될 수 있다고 보는 박지현, "삼성에버랜드 이사회의 이재용에 대한 전환사채발행의 형사책임", 민주법학 제20호, 2001, 24쪽.

67 박지현, "삼성에버랜드 이사회의 이재용에 대한 전환사채발행의 형사책임", 민주법학 제20호, 2001, 26쪽.

68 이는 전환사채의 저가발행으로 손해를 입는 것은 구주주이지 회사가 아니라는 견해로 이철송, "자본거래와 임원의 형사책임", 인권과 정의 제359호, 2006, 107쪽; 회사와 주주의 법인격이 별개라

액보다는 높게 전환사채를 제3자에게 발행한 경우라면 (주주배정의 경우로 보는 한) 회사에는 손해가 없다고 본다.[69] 더 나아가 전환권의 행사도 차입금을 자본금으로 전환시키는 것이므로 회사에는 손해가 아니라 오히려 재무를 건실하게 만든다고 보기도 한다.[70]

(가) **손해개념의 이론적 차이** 이런 판례는 전환사채를 시가로 발행할 경우에 납입이 '기대'되는 금전에 대해서 회사는 청구권이나 처분권을 갖고 있지 않다는 점에서 손해가 없다고 보는 것이고, 이는 오래전에 극복된 법률적 손해개념을 따른 셈이 된다. 그러나 배임죄는 권리나 처분의 자유의 보호보다는 재산상태(Vermögenslage)의 보호, 바꿔 말해 전체재산으로서 경제적 가치의 총량 감소를 막는 데 중점이 있다. 독일의 판례[71]와 통설인 경제적 손해개념설처럼 배임죄의 손해는 배임행위 전후를 비교할 때 재산상태가 악화되었는지,[72] 경제적 가치의 총량이 감소되었지만 다른 지위의 증가로 상쇄되었는지를 기준으로 판단하여야 한다.[73]

★ **전체재산의 증감 판단기준: BPS와** 기업의 '전체재산으로서 경제적 가치의 총량'을 재는 과학적인 기준으로 주당순자산가치(book-value per share)[74]와 현금흐름할인법(discount cash flow)[75]을 생각할 수 있다. ① 주

는 점이 회사의 재산에 대한 회사와 주주가 동일한 이해관계를 갖는다는 점을 호도해서는 안 된다고 보는 최문희, "주식회사의 법인격의 별개성 재론", 한양법학 제20권 제4집, 2009, 36쪽 참조.

69 판례(大判 2007도4949)가 주식회사의 손해와 주주의 손해를 구별하지 않고 있고, 심지어 법인격을 형해화하는 법인격부인론의 입장이라고 비판하는 윤동호, "에버랜드 전환사채 헐가발행 사건 대법원 판결(2007도4949)의 중대한 오류", 형사법연구 제22권 제1호, 2010, 376쪽.

70 이종상, "이사의 책임과 배임죄에 대한 비판적 고찰", 서울대 금융법센터 BFL 제19호, 2006, 58쪽.

71 대표적으로 BGHSt 15, 342; BGH NJW 75, 1234 등을 참조.

72 Müller-Gugenberger/Bieneck (Hrsg.), Wirtschaftsstrafrecht, 3. Auflage Aschendorff, 2000, §31(Wolfgang Schmid), Rdnr. 124~138 참조.

73 독일의 개별적·객관적 손해개념설(Individuell-objektiver Schadensbegriff)(김일수, "1인회사의 주주겸 대표이사의 업무상 배임", 고려대 판례연구 제4집, 1987, 63쪽 참조)에 의하더라도 E(주) 사건에서는 경제적 손해개념설과 차이가 없다.

74 주당순자산가치(BPS)는 《자기자본(=총자산-총부채)-무형고정자산(상표권, 영업권)-사외유출분(배당금, 임원상여금 등)》÷발행주식수를 말한다. 이는 청산가치가 되기도 하며, 기업의 자산충실도를 보여준다.

75 현금흐름할인법은 일정기간 기업이 창출할 수 있는 현금(유동성)의 총합을 연간할인율(이자율

당순자산가치가 하락하면 향후 주가가 하락하거나, M&A 시장에서 그 회사의 상품가치(재산적 지위)가 떨어지기 쉽다.[76] 이 기준에 의하면, 전환사채의 발행과 전환권의 행사에 따라 주식총수가 증가하더라도 주당순자산가치가 발행전과 비교할 때 감소하는지가 손해발생의 유무를 결정하게 된다. ② 또한 전환사채의 저가발행으로 주당순자산가치가 감소하였더라도 현금흐름할인법으로 예측되는 영업이익과 주당 순이익이 증가하는 경우에는 회사에 대한 손해를 인정하지 않을 수 있다. 하지만 경영권을 이전시키는 전환사채의 제3자 발행이 그 제3자의 경영능력에 대한 시장의 신뢰가 있고, 그 신뢰가 영업이익의 급증을 가져오는 경우가 아니라면 그런 상쇄이익의 발생은 통상적으로 기대하기 어렵다.

㈏ **손해발행의 배임성 제거** 그러나 주주총회의 특별결의를 받은 경우에는 시가보다 낮은 가액으로 전환사채를 제3자에게 발행하여도 배임죄의 손해발생과 임무위배행위의 표지를 동시에 충족하지 않게 된다. 그 경우 경영자들은 배임죄의 불법유형이 보호하려는 회사 내부의 신뢰관계를 파괴한 것이 아니기 때문이다. 유한회사(GmbH)가 주된 회사형태인 독일에서 사원총회의 결의에 의해 업무집행사원의 배임행위가 배제될 수 있다고 보는 것[77]도 같은 취지이다. 하지만 발행가액이 시가보다 '현저히' 낮은 경우라면 아무리 총주주의 3분의 2가 동의하였다고 하더라도 최대 3분의 1에 달하는 주주들이 회사구성적인 주체의 지위를 잃어버린다는 점에서 회사 손익의 실질적 귀속주체인 주주들 전원(100%)이 동의할 경우[78]에만 그 배임성이 제거될 수 있다.

의 반대)을 적용하여 산출해내는 기업가치(PV)를 말한다. 이에 대해 예시적인 소개로 이상돈, 경영과 형법, 법문사, 2011, 350쪽 참조.

76 시가발행에 비해 1주당 순자산가치가 떨어지는 것 자체를 판례(大判 2007도4949)처럼 단지 "그 주식을 통해 행사되는 기존 주주의 회사에 대한 지배력이 약화될 뿐 회사 자체의 자산가치가 감소되는 것은 아니다"라고 보는 것은 옳지 않다.

77 Arloth, "Zur Abgrenzung von Untreue und Bankrott bei der GmbH", NStZ (1990), 590쪽 아래; Reiß, "Verdeckte Gewinnausschüttung und verdeckte Entnahmen als strafbare Untreue des Geschäftsführers?", wistra 1996, 81쪽 아래 참조; LK-Schünemann, § 266 Rdnr. 125 bb 참조.

78 최문희, "경영자의 배임죄와 회사법상 이사의 의무", 저스티스 통권 제112호, 2009, 47쪽.

(2) 배임죄 적용의 적절성 이상의 논의에서 보듯 E(주)의 전환사채 제3자 저가발행 사건은 일반적으로는 배임죄를 충족한다고 볼 수 있다. 다음으로 E(주) 사건의 특수성을 고려할 때에 배임죄를 적용하는 것이 적절한(angemessen)[79]지를 살펴본다.

1) 착오 법이론적 개념인 사안에 대한 법률적용의 적절성은 E(주) 사건에서는 착오론의 적용을 통해 실현할 수 있다. 가령 E(주) 사건에서 경영자들이 실권된 전환사채를 그룹회장의 자녀에게 배정하면서 그런 행위가 배임죄구성요건에 해당하는지에 대하여 법률전문가에게 자문을 구하고, 그 결과로 배임죄의 불성립을 신뢰하였다면 법률(포섭)의 착오(제16조)로 다루어질 수 있다. 하지만 그 신뢰의 기초인 법률자문이 처음부터 그룹회장의 자녀에게 제3자 배정을 하는 기획에 맞추어 진행된 것이라면, 그 신뢰는 보호가치가 없고, 따라서 정당한 이유를 인정할 수 없다. 이 경우 경영자에게 배임죄를 적용하는 것은 적절한 것이며, 착오는 다만 양형에서 고려될 수 있다.

2) 불법이득의사 적절성의 또 다른 범죄론적 위치로서 불법이득의사를 들 수 있다. 학설상 다소 논란이 있지만, 배임죄의 행위자에게 (자기 또는 제3자를 위한) 불법이득의사가 귀속될 수 없는데도 배임죄를 적용하는 것은 법이론적인 '적절성'이 없다고 보아야 한다. 가령 ① 불법이득의사는 이득을 합법적일 수 있게 만드는 사정, 예컨대 제3자가 실권한 전환사채를 발행받을 권리를 사전에 회사에 대해 갖고 있었던 사정이 있으면 인정되지 않는다. E(주) 사건에서는 그룹회장의 자녀에게 그런 권리가 보이지 않는다. ② 그런 사정은 없었어도 제3자가 취득하는 '이득의 불법성을 구성하는 사실들'을 인식하지 못했다면 제13조를 적용하여 불법이득의사는 인정되지 않는다. 이득의 불법성을 구성하는 사실의 불인식은 구성요건에 해당하는 사실을 인식하지 못한 경우와 유사하며 '사실

79 이 적절성 개념은 K. Günther, Der Sinn für Angemessenheit Suhrkamp, 1987 참조; 균터의 이 이론에 대해서는 이상돈, 법이론, 박영사, 1996, 330쪽 아래 참조.

의 착오' 규정인 제13조를 유추적용할 수 있다.[80] 이를 불법이득의사의 착오라고 부를 수 있다.

E(주) 사건에서 이런 불인식을 추론케 하는 간접사실로는 제3자에게 발행한 가액이 액면가보다는 높다는 사실, 이사회의 결의로 제3자 발행을 한다는 사실, 주주들이 대부분 실권했다는 사실 등이 있다. 그러나 이런 간접사실들이 이사들이 인식하지 못했다고 주장할 수 있는 '불법이득 구성사실들', 이를테면 주총의 특별결의 절차를 생략하였으며, 제3자를 그룹회장의 자녀에 편중시킨 사실과 특히 발행가액이 현저히 저가라는 사실에 대한 '불인식'(착오)을 엄격하게 증명할 수는 없을 것이다.[81] 간접사실들의 선별과 중요성 평가는 법관의 몫이지만, 판결에 등장한 이러한 간접사실들로만 추론해본다면, E(주) 사건에서 이사들에게 (제3자를 위한) 불법이득의사가 없었다고 보기는 힘들다.

3) 법감정과 법의 질감미 배임죄적용의 적절성은 법감정(Rechts-gefühl)으로도 옮길 수 있다. 만일 전환사채의 제3자 저가 발행이 그룹회장의 기획이나 상호연락 아래 이루어졌다면, 그 그룹회장 E(주)의 사실상 경영자 지위에 기초하여 그리고 조직적 범행지배이론의 뒷받침을 받아서 업무상 배임죄의 공동정범이 되거나 특수교사범(형법 제34조 제2항)[82]이 될 수 있다. 그러나 그런 배임죄의 적용이 적절한 것인지는 이를테면 그 그룹회장이 기업의 성장을 주도하여 국민경제에 기여한 바, 거대규모의 사회공헌사업 수행, 그룹회장의 교도소행이 시장의 불안과 기업운영의 어려움을 가져오는 정도 등은 그 사건에서 그룹회장을 업무상

80 이런 견해로 김일수, "一人會社의 株主겸 代表理事의 業務上 背任", 고려대 판례연구 제4집, 1987, 73쪽 참조.

81 주의할 점은 이득의 불법성을 근거짓는 사실들과 탈락시키는 사실들 가운데 어느 것을 더 중요한 것으로 보는지에 대한 법원의 판단과 이사들의 판단 사이의 차이는 불법이득의사의 착오 문제가 아니라 앞서 다룬 포섭착오의 문제라는 점이다.

82 E(주)에 속한 그룹의 회장이 업무상 배임죄의 특수교사범이 됨을 주장하는 곽노현, "배임특권의 법과 정치", 민주법학 제35호, 2007, 317, 323쪽.

배임죄로 교도소에 집어넣는 제재의 적절성을 흔들어 놓는다. 그래서 법감정은 업무상 배임죄를 공식적으로 인정하되 집행유예와 같은 제재의 유보를 지지하는 방향으로 형성될 수 있다. 이 경우의 법감정은 특정한 개별사안의 질감(texture)에 대한 시민들의 미추체험 속에서 형성된 것이다. 포스트모던 사회에서 아름다움이 법적 정의의 일부분을 차지한다고 할 때,[83] 사안의 질감에 대한 미추체험에서 형성되는 법감정의 향방은 형법적용의 적절성을 결정지을 수 있다.

Ⅳ. 인수합병에 의한 경영권 승계

1. 복합적, 합법적, 장기적 승계전략

준법경영시대가 본격적으로 시작된 이후 차명주식관리는 사용할 수 없게 되었고, 전환사채의 제3자 저가발행 등도 배임의 경계에 있기에 사용되기 어렵다. 그룹회장은 주기적으로 자녀에게 현금증여를 합법적으로 하고, 그 현금으로 지주회사나 모기업의 (의결권이 10여년이 지나 생기는) 신형우선주를 매입하거나, 지주회사나 모기업에 지분을 많이 갖고 있는 핵심계열사를 나중에 인수합병할 수 있는 다른 비상장 계열사의 주식·전환사채를 인수하거나 회사를 신설하여 대주주가 되고 그 회사(계열사나 신설회사)를 성장시켜 적정시점에 그 핵심계열사를 인수합병하거나 거꾸로 지주회사나 모기업에 인수합병되게 함으로써 지주회사나 모기업의 대주주가 되는 합법적 전략이 경영권 승계의 지배적인 방법이 되어가고 있다.

(1) 경영권 승계목적의 합병전략들 이 전략을 실행하는 주요방법은 승계자에게 유리한 신형우선주나 전환사채의 발행과 인수, 계열사 주가관리, 진실과 분식 사이의 회계판단, 인수합병시 교환비율산정 등이다.

---

83 아름다움이 법적 정의가 되고, 기하학적 조형미와 더불어 질감미가 법감정을 통해 법적 정의를 형성하는 법미학적 논의에 대하여 자세히는 이상돈, 법미학, 법문사, 2008, 126~135쪽.

이처럼 방법은 복합적이며, 진행은 합법적이며, 과정은 장기적이고 다단계적인 승계전략의 화룡정점은 인수합병에 있다. 그런 점에서 이런 경영권 승계전략을 인수합병에 의한 경영권 승계라고 부를 수 있다. 현재 재판 중인 Y그룹 3세인 Y_3부회장의 다음과 같은 사건은 이미 이 승계방법의 전범이 되었다.

> ★ **인수합병에 의한 경영권 승계** Y그룹 3세 경영인 Y_3가 전환사채 제3자저가발행으로 대주주(지분 31%)가 된 E(주)는 1998.12. 그룹 계열사 시총의 2/3를 차지하는 전자회사 Y(주)의 지분 7.21%를 보유한 L(주)의 지분 20.67%를 매입하였다.[84] E(주)는 2011.4. 바이오회사 B(주)를 설립하고(지분 40%), B(주)는 2012.2.28. 미국 Bg(주)와의 합작투자로(지분 85%) Be(주)를 설립하였다. Bg(주)는 50%−1주의 콜옵션을 부여받았다. 또한 E(주)는 많은 내부매출로 인한 일감몰아주기 규제를 피하기 위해 J(주)의 패션부분을 1조원에 인수하고, 급식사업을 물적분할하여 S호텔에 합병시켰으며, 2014.4.경 금산분리규제가 더욱 강화되고, 5.10.경 그룹회장 Y_2가 급성심근경색으로 쓰러졌으며 2014.7. 사명을 J(주)로 변경하였다. J(주)는 2014. 12. 상장되었고 Y_3의 지분(총21조의 23.34%)가치는 비약적으로(약 3배) 상승하고 주가도 급등한 반면, 전자회사 Y(주)의 지분 4.06%를 보유한 M(주)는 실적과 기업가치에 비해 낮은 주가가 형성·유지되었다.[85] Y_3는 2015.3.경 J(주)와 M(주)의 합병(시기 및 비율 등)을 미래전략실[86]의 논의를

---

84 L(주)는 2010.5. 상장하였고, E(주)가 보유한 L(주)의 지분가치는 E(주)의 자산총액의 50%를 넘어섰다.

85 2015.3.경 J(주)의 발행주식 총수는 1억 3,500만 주, 자산총계는 약 8조 4,000억 원이고, 2014년도 매출액은 약 5조 1,000억 원, 영업이익은 2,134억 원이었는데, 2015년 상반기 주가가 15만 원대를 형성하고 시가총액 약 18조 원 이상을 유지하였고, 모직 주식은 상장 이후 액면가 대비 환산주가(액면가 100원을 5,000원으로 환산할 경우 800만 원대)가 국내에서 가장 높은 주식였던 반면 M(주)는 발행주식 총수가 1억 6,000만 주, 자산총계는 약 29조 6,000억 원이고, 2014년도 매출액은 약 28조 4,000억 원, 영업이익은 6,523억 원으로서 M(주)가 J(주)에 비해 총자산은 약 3배, 매출액은 약 5.5배, 영업이익은 약 3배였음에도 M(주)의 주가는 2014.11.12, 76,800원에서 2015. 5. 22. 55,300원으로 하락하고, 합병할 때까지 약 5만 원대에 머물렀다.

86 총수의 보좌조직인 미래전략실은 과거 비서실, 구조조정본부 등과 같이 회사법적 근거나 권한이 없는 조직으로 총수의 지시나 의중에 따라 계열사의 경영에 개입하여 주요 의사결정에 관여하지만 책임은 계열사에 전가시키며, 총수 일가의 이익을 우선시함으로써 일방 계열사

통해 결정하였고 이 결정에 따라 — 2015.4.경 M(주)의 CFO는 J(주)와의 합병계획이 없음을 언론에 보도하였음에도 — 2015.4. J(주)는 M(주)에게 합병제안을 하고, 두 회사는 2015. 5.경 각기 합병이사회를 열고, 7.경 주총을 거쳐 2015.9.2. J(주)가 M(주)를[87] 흡수합병한 후 사명을 M(주)로 변경하였다. 자본시장법상 기준주가에 따른 합병비율은 1:0.35이었고, 이 비율에 대하여 2015.5.경 M(주)가 의뢰한 D회계법인은 J(주)와 M(주)의 기업가치 평가액에 따른 합병비율을 1:0.3139~1:0.4936로 평가하고, 이 범위 안에 포함되는 합병비율 1:0.35는 적정하다는 의견을 내놓았다. 이 합병의 결과로 Y_3은 Y(주)에 대한 탄탄한 지배력을 확보하게 되었다.

(2) 범죄인가 합리적 경영전략인가 그러나 합법의 궤도에서 진행시키려고 애씀에도 불구하고 이 전략들의 인수합병은 (부정거래죄, 주가조작죄, 분식회계죄 등에 해당하는) 범죄라고 바라보는 근본관점(검찰)과 합리적 경영전략으로 보는 근본관점(경영계)이 대립한다.

1) 범죄로 보는 근본관점 이와 같은 기업경영의 복잡하고 다양한 요소들로 얽힌 행위들은 경영권 승계라는 유일목적을 위한 시퀀스적 행위이며, 총수를 보좌하고 그룹을 통할하는 조직(미래전략실)과 계열사는 전단적 결정·지시와 복종의 관계에 있을 뿐이어서 이후 계열사의 경영행위들은 그 목적을 실현하는 복종적 행위라고만 바라보는 관점은 이러한 인수합병을 범죄의 과정으로 바라보기 쉽다. 그런데 이 사건의 공소장이 보여주는 관점은 더 극단적이다. 총수보좌조직(미래전략실)은 마치 경영권 승계의 목적을 실현하는 (부정거래죄, 주가조작죄, 분식회계죄의) 유사범죄조직으로, 그룹총수인 Y_3부회장은 그 범죄조직의 우두머리로 묘사되며, 그 우두머리가 범죄조직을 통해 전단적 결정을 내리고 지시하면 계열사(의 경영자)는 (자율적인 판단역량도 없고 판단하지도 않은 채) 그 지

및 그 주주들의 이익을 경시할 우려가 있는 조직이다.

87 당시 M(주)의 지분은 국민연금이 11.21%, 외국인이 33.50%, 국내기관주주가 22.3%였고, Y_2 회장은 1.37%에 불과하였고, Y_3는 전혀 없었다. M(주)의 주총 특별결의를 위해서는 국민연금이 키를 쥐고 있었다.

시에 복종하고 필요한 경우 위의 범죄들을 실행에 옮기는 행동대원과 같이 묘사된다. 그렇기에 인수합병의 전체적 과정은 각 계열사의 사업상 필요에 의해 결정되었다고 공시하고 홍보한 것도 그룹총수 Y_3와 미래전략실의 지시에 따른 것으로 설명된다. 공소장은 이와 같은 묘사적 이미지 아래서 사안을 구성[88]하고 있는 듯하다.

2) 합리적 경영전략으로 보는 근본관점 반면 경영계가 이 사건을 바라보는 근본관점은 다음과 같다. ① 총수보좌조직(미래전략실)은 그룹 소속 계열사들의 중복투자를 피하고, 경영상 위기의 극복을 도우며, (국내외) 시장변화에 따른 사업의 다각화와 확장 및 계열사 간의 시너지효과를 창출하고, 미래에 지속가능한 성장을 위하여 필요한 계획과 전략을 세우고 그에 따라 다시 계열사들을 컨설팅하고, 계열사 간의 다양한 거래들을 조율하는 그룹경영상 불가결한 조직이다. 이 조직은 기업의 발전보다 단기적인 투자이익만을 좇는 적대적 인수합병세력으로부터 계열사와 그룹을 방어하는 헤드쿼터 역할도 수행한다. 법경제학적으로 보면 하나의 회사 자체가 많은 사업(체)들 간의 거래비용(transaction costs)을 감소시키는 통합조직인 것처럼, 이런 경영조직도 그룹차원의 거래비용을 감소시키는 기능을 하는 것이다. ② 이 조직과 총수는 전단적 결정을 내리고 계열사에게 지시·복종시키는 것이 아니라 계열사들로부터 경영현실을 보고받고 제안을 들어 종합적·장기적인 경영전략과 계획을 세우며, 그에 따라 다시 계열사를 컨설팅하고, 계열사는 그것을 고려하여 자율적인 경영을 해가는 것이다. ③ 인수합병과정에서 문제가 되는 행위들은 법과 회계 전문가들의 자문에 따라 법이 허용하는 자유를 최대한 활용한 합리적 경영전략일 뿐이다.

---

88 사안구성(Herstellung des Sachverhalts)이란 과거 사건은 실체를 밝힐 수가 없고, 정보의 수집, 선별, 평가, 조합을 통해서 합리적으로 구성된 사건임을 말한다. 실체적 진실발견은 구호일 뿐이고, 진실은 재판상 구성될 뿐이다. 자세히는 이상돈, 법의 깊이, 187쪽 아래 참조.

	범죄화 관점(검찰입장)	경영계의 근본관점
목적	경영권 승계(유일목적)	그룹의 지속가능한 성장
총수보좌조직	(유사)범죄조직	그룹차원 거래비용 감소시키는 조직
계열사와 관계	전단적 결정 · 일방적 지시와 복종	상호소통과 컨설팅
인수합병	범죄실행	합리적 경영전략
(부수)효과	경영권 승계 (M(주)의 손해발생)	그룹의 미래적 발전 (경영권이전)

3) 관점교환과 반성적 평형의 형법 법은 이 두 가지 근본관점의 대립을 지양할 수 있어야 하며 그렇기에 관점교환(Perspektivenwechsel)과 자기성찰이 필요하다. 이것은 정치적 타협과 같이 중간지점을 찾는 것이 아니라 반성적 평형(reflexive equilibrium)을 이루는 사고를 말한다. ① 이를 위해 이 사건의 인수합병은 두 근본관점이 바라보는 측면을 모두 갖고 있는 양가적(ambivalent) 행위로 바라볼 필요가 있다. 가령 총수보좌조직은 그룹의 발전을 도모하면서, 그룹회장의 경영권을 지키고 승계시키는 목적을 모두 추구하며, 계열사와의 관계도 결단 · 지시 · 복종의 관계와 소통 · 협의 · 컨설팅의 관계가 함께 있으며, 인수합병은 (R&D와 더불어 기업성장의 양대축을 이루는) 합리적 경영전략이면서도 늘 범죄의 위험을 수반하고 있다는 것이다. ② 이 두 가지 측면 중 어느 한 쪽에 쏠리는 것은 평형을 잃는 것이며, 평형을 잃지 않게 하는 반성은 기업가 정신 · 경영합리성과 소통하면서 동시에 법치국가적인 형법원칙들(법익보호 · 죄형법정 · 비례성 · 책임주의)을 준수하는 해석을 통해 인수합병을 범죄화하는 형법(및 구체적 형법규범)을 정립해가는 것이다. 바꿔 말해 인수합병(에 의한 경영권 승계)을 규율하는 형법은 경영의 자율과 합리성을 존중하면서도 법치국가적 원칙 위에서 인수합병의 외적 체제(äußere Verfassung)가 되어야 한다.

아래서는 이 사건에 적용하려는 형법(규범)이 그와 같은 외적 체제가 되기 위해 관련 형법(처벌법규)을 해석하는 데 사용할 수 있는 중요한 법리를 논의한다. 다만 아직 재판을 통해 사안이 구성되지 않은 사건이기 때문에 사건에 대한 확정적 결론을 제시하지는 않는다.

2. 부정거래죄의 성립여부

검찰은 Y_3가 J(주)와 M(주)의 합병추진을 결정하고, 증권신고서 등 공시자료, 설명자료 및 보도자료 등에 기재하게 만든 '합병의 목적, 경과, 효과 등에 관한 허위의 명분과 논리를 다양한 상황(예: M(주) 경영자들에게 설명, M(주)의 이사회 결의 직후 합병 공표, M(주)의 자기주식을 J(주)의 2대주주인 K(주)에 매각하는 과정, 국민연금 등의 의결권 확보를 위한 설명)에서 사용한 점이 사기적 부정거래죄(자본시장법 제178조 제1항, 제443조 제1항 제8, 9호)의 "부정한 수단, 계획 또는 기교를 사용하는 행위"(제1호), "중요사항에 관하여 거짓의 기재 또는 표시를 … 사용하여 금전, 그 밖의 재산상의 이익을 얻고자 하는 행위"(제2호)에 해당한다고 본다.[89] 허위의 명분과 논리라고 본 핵심내용은 "합병 시너지 효과 및 수치 작출", "합병비율 적정성 검토결과의 조작"이다.

(1) 합병시너지 효과 및 수치 작출의 경영학적 오류 ① 그러나 합병효과에 대한 판단은 고도의 **경영재량사항**이어서, 합병효과에 대한 예측과 전망 이후 예측할 수 없었던 사정의 변경이 없었는데도, 그 예측과 전망이 실제 결과와 상식적으로 수용하기 불가능한 정도로 현격히 차이가 나는 경우에만 재량의 한계를 넘어섰다고 볼 수 있고, 그 경우에만 사기적 부정거래죄를 적용할 가능성이 열린다. ② 합병시너지는 대강의 예측을 통한 비전 제시의 성격이 강하기 때문에 전부 아니면 전무의 문제가 아니라 예측 적중률이나 비전 실현율(사업목표달성률)의 **높고 낮음 또는 많고 적음의 문제**이다. 그렇기에 허위의 표시나 작출이 전제하는 진실/허위(또는 만들어냄/만들지않음)의 이원적 판단은 합병시너지 효과에 대한 판

89 이 밖에도 J(주)와 M(주)의 합병으로 인해 두 회사에 지분을 갖고 있는 계열사 Sd(주)에 신규 순환출자가 발생하는 점과 J(주)의 주요 자산인 L(주) 지분 매각 추진과 관련된 투자위험을 숨긴 점 등도 사기적 부정거래에 해당한다고 보지만 이 쟁점은 여기서 다루지 않는다.

단으로 적합하지 않다. ③ 설령 합병시너지 효과 판단이 경영재량사항이 아니라 진실 또는 거짓의 문제라고 보더라도, 진실인지 거짓인지에 관한 판단은 공소장처럼 법논리적 사고에 의할 것이 아니라 경영의 상식과 (경험)지식에 의해야 한다.

★ 논리적 결함이 아닌 경영지식(상식)에 의한 판단 가령 ① 공소장이 합병시너지 효과 및 수치가 허위라고 본 이유는 2015.5.부터 2020년도 합병법인 예상매출액 60조(패션부문 10조=2014년도의 5배),[90] 세전이익 4조를 제시하였지만, 이는 중장기사업계획상 사업부문별 목표매출액의 단순합산이고, 합병시너지효과의 창출액수를 특정하지 않았고, J(주)가 2014년 검토하다 중단한 신수종사업의 예상매출액 8천억을 포함시킨 점 때문이었다. ② 이는 합리적 추론사고에서 보면 논리적 결함을 지닌 합병효과분석으로 보이지만, 경영의 상식과 (경험)지식에서 보면 가능한 현실일 수 있다. 즉, 중장기 매출목표는 달성하지 못하는 경우도 많아서 두 회사의 중장기 목표매출의 단순합계를 실제로 달성하는 것도 합병시너지로 인한 것일 수 있다. 또한 매출액 증가의 원인은 매우 다양하고 복잡하여 합병으로 인한 부분을 액수로 분리해낼 수가 없다. J(주)가 검토하다 중단한 신수종사업의 예상매출액도 합병으로 회사의 규모가 커짐으로써 생기는 유·무형의 기회증대에 따른 것일 수 있다.

(2) 합병비율 적정성 검토결과 조작과 협의의 구분 검찰이 합병비율의 적정성 검토결과를 조작해서 사기적 부정거래죄에 해당한다고 본 이유는 ① 기업가치에 비해 J(주)의 주가는 고평가된 상태고, M(주)의 주가는 저평가된 상태에서 그 주가에 따른 합병비율(J(주) : M(주)=1 : 0.35)의 적정성 평가 용역을 맡은 D회계법인에게 기업가치평가에 필요한 충분한 자료를 제공하지 않고, J(주)가 선임한 SKPMG 작성 합병비율 검토보고서 초안을 제공하여, 주가에 따른 합병비율이 적정하다는 기업가치에 따른 합병비율의 결과(J(주) : M(주)=1 : 0.3139~0.4936)를 내놓도록 유인

90 이에는 합병법인의 B(주)에 대한 최대주주 지위(51.2%)와 Be(주)에 대한 최대주주 지위(90.3%)를 바탕으로 바이오 사업에서 2020년 1조 8,000억 원 상당의 매출이 포함되어 있다.

하였다는 점이다. ② 주가는 기업가치에 비해 고평가 되거나 저평가되는 것은 통상적이고, 바로 그렇기에 애널리스트들의 분석과 활동이 필요하다는 점을 고려할 때, (주가관리와 구별되는) 주가조작을 하지 않은 한 자본시장법이 정한 주가에 따른 합병비율(1 : 0.35)은 주주나 채권자 등에게도 원칙적으로는 적정한 것이다. 이에 더하여 기업가치에 따른 합병비율에 관한 정보를 제공하는 것은 주총의 찬성을 얻기 위해 필요한 경영활동이고, 기업이 기업평가를 하는 회계법인에게 불충분하면서, (다른 평가기관의 평가결과를 포함하여) 가급적 유리한 자료를 제공하고 원하는 결과를 유도하는 것도 통상적이며, 회계법인은 그런 자료를 비판적으로 활용하거나 다른 자료의 제출이나 수정을 요구하면서 일정한 재량(예: 합병비율을 J(주) : M(주) = 1 : 0.3139~0.4936처럼 범위[91]로 표시)을 갖고 전문적인 평가를 하는 것이다. 기업의 희망과 유인은 회계법인이 전문가의 책임윤리에서 수용가능한 범위(한계) 내에서만 반영될 뿐이다. 그렇기에 기업이 제공한 자료가 분명하게 위법한 분식회계의 자료여서 분식회계죄가 성립하는 경우가 아닌 한, 기업평가를 의뢰하는 기업이 자신에게 유리한 자료를 제공했다고 하여 기업평가 결과를 '조작'했다고 말할 수 없다. 그것은 기업과 평가기관 사이의 흔한 협의(및 컨설팅)로서 기업평가의 정상적인 과정의 일부이다.

(3) 사기적 부정거래의 엄격한 해석 필요성 이처럼 작출이나 조작은 전문성과 재량성이 있는 기업경영이나 기업평가상의 협의나 상호소통 및 컨설팅의 현실을 바라보지 않을 때 비로소 가능한 말이다. 여기에 더하여 사기적 부정거래죄의 구성요건이 매우 불명확함을 되새길 필요

---

91 M(주)의 주주들이 주식매수청구권의 매수가격(57,234원)이 낮다고 낸 소송에서 대법원 판결(大判 2016마5394)이 합병 전년도 J(주)의 상장 전날(2014.12.17.)을 기준일로 정한 매수가격은 66,602원으로 합병당시 매수가격의 약 1.16배에 해당한다. 합병기준주가가 55,767원을 같은 배율을 적용해보면 약 64,689원이 되고, 합병기준주가를 D회계법인이 평가한 합병비율 적정범위에 대입해보면 D회계법인이 평가한 합병기준주가는 50,002원~78,627원이 된다. 이런 사정은 D회계법인의 합병비율 적정성 검토가 적어도 '조작'된 것이라고 말할 수 없게 한다.

가 있다. 부정거래죄는 목적조항(예: "부당한 이득을 얻기 위하여")도 없고, 주체의 제한, 행위양태의 열거적 제한(예: 조작적manipulative이나 사기적deceptive)이 취약하고, 결과발생도 요구되지 않는 추상적 위험범이어서 거짓기재 등의 행위와 타인의 오해유발 사이의 인과관계가 요구되지 않는데다가(大判 2016도6297) 문언은 포괄적·추상적이기까지 하다. 그렇기에 부정거래죄는 매우 엄격하게 해석되어야 한다. 위와 같은 양가적인 인수합병을 범죄화하는 관점에 편향되어 부정거래죄를 적용한다면, 그것은 이 죄를 사법기관의 도덕적 관점을 관철하는 수단으로 변질시킬 우려가 매우 크다.

3. 업무상 배임죄의 성립여부

합병의 목적이 오직 경영권승계이고, 합병시너지효과 및 수치가 작출되었고, 합병비율의 적정성 검토결과도 조작된 것이라는 관점에서 보면 그룹총수 Y_3부회장(과 총수보좌조직의 경영자 및 M(주)의 경영자)은 M(주)에 대해 업무상 배임죄(의 공범)가 성립할 수 있다. 그룹총수는 계열사(M(주))의 사실상 경영자로서 배임죄의 주체가 인정되고, 합병의 (부수)효과로서 지배권 확보는 재산상 이익이 된다. 따라서 남은 배임죄 요건은 임무위배여부와 손해발생 여부이다.

(1) 임무위배여부 흡수합병(주주의 회사 재산에 대한 지분을 합병회사 신주로 전환하는 주주의 지분 거래)에서 M(주)의 경영진은 계약 체결, 이사회 결의, 주주총회 승인 등 합병 과정에서 회사와 주주의 이익을 보호해야 하는 임무를 지닌다.

1) 배임의 선결문제로서 부정거래죄 이 임무의 위배는 주로 앞서 논의한 사기적 부정거래죄에 해당한다고 보았던 자료가 제시하는 합병의 목적, 효과, 적정 합병비율 등을 그대로 수용하여 합병을 진행한 점에 있다. 그러나 합병의 목적, 합병시너지효과, 합병비율 적정성에 대한 판단은 고도의 전문적인 경영판단이거나 일정한 전문가재량을 지닌 기업

평가이므로 그 재량의 한계를 일탈한 것이 아니라면 임무위배를 인정할 수 없다. 다시 말해 앞서 검토한 부정거래죄의 성립여부는 배임죄요건인 임무위배의 선결문제가 된다. 부정거래죄를 인정하지 않는다면 그에 가담한 행위를 통한 배임도 인정될 수 없다.

2) 계열사간 합병과 적대적 인수합병의 차이　배임죄의 타인사무처리 임무는 적극적인 재산관리의무이므로 합병 직전 M(주)의 시가총액이 총자산의 1/3 수준에 불과한 사정 등을 고려할 때 M(주)를 위해 자본시장법이 정한 합병비율의 10% 할증을 위한 협상을 적극적으로 하지 않은 점도 임무위배가 될 여지는 있다. 공소장도 할증뿐만 아니라 합병비율 등에 관한 "적극적 협상 등을 통한 적정 합병 거래조건 및 구조의 설정 또는 합병 외 다른 대안의 선택 등으로 보장"받지 않은 점을 임무위배로 보았다. 그러나 같은 그룹 내 계열사간 합병은 마치 그룹 외부의 인수자와의 협상처럼 대결구도 속에서 (가급적 덜 주고 많이 받아내기 위해) 펼치는 적극적 협상이 아니라 (공동의 발전된 미래를 기획하는) 대화적 소통의 협의에 의해 진행되는 것이다. 더 빼앗고, 덜 주는 식의 적극적 협상을 하지 않은 것이 임무위배가 될 수 없다.

(2) 손해발생　배임죄가 성립하기 위한 손해가 발생해야 한다.

1) 소극적 손해의 부존재　공소장은 (덜 주고 많이 받는 식의) 적극적 협상을 하지 않음으로써 초래된 "기업가치 및 주주가치 증대 기회의 상실이라는 재산상 손해"를 바라본다. 그러나 적극적 협상을 하지 않은 것이 그룹내 계열사간 합병에서 배임이 되지 않기에 그런 협상에 의해 높일 수 있었던 가상의 M(주)와 그 주주가치 증가분은 기대이익의 상실이라는 '소극적 손해'에도 해당하지 않는다. 또한 합병 과정에서 M(주)가 보유한 전자회사 Y(주)의 주식 등 상장사 주식들이 시가총액(약 13조원)보다도 낮은 합병가액(약 8.8조원)에 해당하는 합병신주를 교부받았다는 점 자체는 손해에 해당하지 않는다. 전문적인 가치평가의 결과일 뿐이

기 때문이다.

2) 주당순자산가치의 과도한 감소와 합병효과미발생 하지만 ① 합병 당시 미래를 향해 사전적으로(ex ante) 예측할 때, M(주)의 주주가 새로 받은 신주의 주당순자산가치(BPS)가 합병으로 인해 과도하게(예: 1/2 이하) 감소한 경우이면서 동시에 합병효과로 전망한 사업년도(예: 합병 후 5년간)까지 현금흐름할인법(DCF)에 의해 창출되는 이익을 포함하여 계산되는 주당순자산가치도 과도하게 감소한 경우에는 손해(의 구체적 위험)가 발생한 것으로 볼 수 있다. ② 하지만 이 경우에도 합병효과로 기업가치와 주주가치의 증가를 전망한 기간(예: 5년)이 지나서 사후적으로(ex post) 판단할 때, 1) 총매출이 전망대로 증가하였다거나 2) 주당순자산가치(BPS)의 감소가 만회되었거나 3) 낮은 합병비율로 받은 신주가 주가상승과 낮은 주가순자산비율(PBR) 등으로 그 실질적 잠재가치를 합병전 수준 이상으로 유지하고 있다면,[92] 합병 당시 손해는 구체적 위험이 아니라 추상적 위험이었던 것으로 재판단되어야 한다. ③ 여기서 합병 당시 (DCF에 의한 예측을 포함한) 주당순자산가치의 과도한 감소가 없었는데도 이 사후적 판단만으로 손해를 인정해서는 안 된다는 점에 주의해야 한다. 기업경영에는 예측하기 어려운 다양한 변수들이 작용한다는 점을 고려할 때 그것은 일종의 결과책임을 지우는 것이 되기 때문이다. ④ 이처럼 사후적 판단이 손해여부를 판단하는 데 필요한 한에서는 합병효과의 전망치로 제시한 사업년도(예: 합병 후 5년)가 경과하기 전에는 손해여부를 확정할 수 없고, 그때에 가서야 비로소 합병으로 인한 손해여부를 말할 수 있게 된다는 점에서 손해요건의 판단은 일종의 전미래시제(le futur antérieur)[93] 구조를 띠는 것이다. 따라서 수사와 소추도 그 기간이

92 가령 M(주)의 2020년도 평균주가가 10만 원이라고 가정하면, M(주)의 구주 1주는 3.5만 원인 셈인데, 2020년도 M(주)의 PBR(주가순자산비율 Price Bookvalue Ratio)이 0.61이라면 약 5.7만 원의 주식가치를 유지하고 있는 셈이다.

93 법의 전미래시제성에 대해서는 이상돈, 법미학, 법문사, 2008, 123쪽 참조.

경과한 이후에 해야 한다. 이는 형법이 경영합리성을 고려하고, 형사절차의 비례성을 실현하는 방식이다.

(3) 경영판단원칙의 적용 설령 공소장의 주장처럼 M(주)의 경영진에게 임무위배와 그로 인한 손해발생을 인정하여 배임죄의 객관적 구성요건이 충족되었다고 보더라도, ① 경영자는 자신의 경영지식과 경영을 통해 쌓은 직관적 통찰능력을 다하여 주의깊게(with due care) 판단할 때 그와 같은 합병추진이 장기적인 관점에서 회사와 그룹의 발전에 도움이 될 것이라고 믿었다면(in good faith) 경영판단원칙을 적용하여 배임고의가 탈락할 가능성이 남아 있다. ② 설령 그와 같이 경영판단원칙을 적용하지 않는다고 하더라도, 경영진에게는 그와 같은 합병이 그룹 내 계열사 간의 인수합병관행(경영 하부문화)으로서 사회상규에 포섭되어 법적으로 허용된다고 착각한 점에서 허용포섭착오(Erlaubnissubsumtionsirrtum) 형태의 법률의 착오(형법 제16조)를 적용할 수 있다.

4. 분식회계죄의 성립여부

(1) 콜옵션 부채에 관한 분식회계죄의 적용 Y_3 부회장은 회사에 대한 자신의 영향력을 이용하여 이사에게 업무집행을 지시한 자(상법 제401조의2 제1항 제1호)로서 아래 사안에서 콜옵션 존재 외에 동의권 등 모든 계약조건을 2014년 재무제표의 주석에 기재하지 않은 점과 지배력 상실을 이유로 연결회계대상에서 지분법대상 회사로 변경하여 2015년 재무제표를 작성·공시하게 했다는 혐의로 "회계처리기준을 위반하여 거짓으로 재무제표를 작성·공시"한 분식회계죄(외부감사법 제39조)로 기소되었다. 이 분식회계여부는 앞서 논의한 자본시장법상 부정거래죄와 업무상 배임죄의 성립에 상당한 영향을 미친다.

J(주)의 자회사 B(주)의 2014회계연도 재무제표는 합작회사인 Be(주)에 대한 미국 Bg(주)의 콜옵션(50%－1주) 보유사실만 주석에 기재하고 행사가격, 만기전 행사허용, 행사시 이사회 동수 구성권, 주총의 52% 가중의결요건, 주요경영활동에 대한 사전동의권 등은 기재하지 않음으로써 마치 B(주)가 Be(주)에 실질적 지배력을 갖고 있는 것처럼 보이게 하였으나, 2015.9.초순 D회계법인이 콜옵션을 부채(약 1.8조)로 인식하자, 이를 재무제표에 반영하면 B(주)는 완전자본잠식 상태가 되어 합병 전 미반영과 합병(비율)의 불공정성 비판이 예상되었고 이를 막기 위해 2015. 하반기 Be(주)의 사업성과 가시화로 Bg(주)의 콜옵션 행사가능성이 높아져 B(주)는 그 지배력을 상실하였고, '기업회계기준상 지배력 상실 회계처리'에 따라 Be(주)를 연결회계대상(종속회사)에서 지분법대상 자회사로 변경하여 2015회계년도 재무제표를 작성하고 비치하였다. 이로써 B(주)의 Be(주) 투자주식 평가자산은 4.5조의 평가이익을 보았다.

(2) 회계판단의 차이와 분식회계죄 실질적인 지배력과 같은 경제적 실질을 판단하는 것은 기업회계처리기준에 세밀한 규칙이 정립되어 있지 않다. 그렇기에 콜옵션과 기타 계약조건들 가운데 어디까지 재무제표의 주석에 기재해야 하는지에 관한 명확한 법적 규칙도 없다. 그것은 회계학적 판단의 전문가영역에 맡겨져 있다. 그런데 이 사건에 관해서 회계전문가들의 의견도 다음과 같이 나뉠 수 있다.

— Bg(주)의 콜옵션만으로도 B(주)의 Be(주)에 대한 (단독)지배권이 없으므로 콜옵션 부채가 누락된 분식회계이며, 4.5조는 과다계상된 금액이 된다는 견해,
— Bg(주)의 콜옵션과 주요경영활동 동의권까지 있어서 B(주)는 Be(주)에 대한 (단독)지배권이 없으므로 콜옵션 부채가 누락된 분식회계이고 4.5조는 과다계상된 금액이 된다는 견해(2018.11. 증권선물위원회 결정),
— 국제회계기준(IFTS)의 취지는 기업의 자율성 최대보장이므로 경제적 실질이 무엇인지를 가장 잘 아는 해당 기업이 판단해서 회계처리를 하는 것이며, 다만 기업은 콜옵션을 언제, 얼마의 부채로 인식·평가했는지, 지배력이 있는지, 언제 잃어버렸는지를 재무제표에 자세히 설명하면 된다는 견해.[94]

94 최종학, "삼바 사건과 무시된 회계 전문가의 견해", 중앙시평, 2019.2.16.: 최 교수에 의하면

검찰이 바라보는 재무제표 작성·공시의 '거짓'은 회계자료 등을 조작하는 식의 회계부정(accounting fraud), 기업회계기준을 잘못 적용하는 식의 회계오류(accounting mistake), 고의적인 사기나 실수가 없이 전문적인 견해의 차이가 있는 회계판단(professional judgment decision)의 차이를 포함한다.[95] 회계부정과 회계오류는 그에 비례적인 법적 책임을 물을 수 있지만, 회계판단의 차이는 마치 경영판단과 같이 전문가의 재량영역으로 남겨두어야 한다. 이 사건에서 위와 같이 회계학적 관점과 판단 중 어느 것이 옳으냐는 것은 중요하지 않고, 그렇게 나뉘고 대립한다는 것 자체가 이 사건의 쟁점들이 회계판단차이의 영역에 속함을 의미한다. 주주나 투자자에게 의미있는 모든 정보를 제공하지 않은 점은 공시책임의 문제이지 분식회계죄의 규범영역이 아니다. "거짓"을 일체의 진실이 아닌 것으로 보는 도덕적 사고는 분식粉飾의 부정적인 이미지 속에서 경영의 합리성과 회계의 전문성을 외면하는 형법만능주의의 늪에 빠진다.

2011년 H자동차도 2010년까지는 지분 34%를 보유한 점에서 K자동차를 종속회사로 보고 연결재무제표를 작성했지만, 2011년 IFRS 도입 후 H자동차는 K자동차에 지배력이 없다고 판단해 관계회사로 분류한 사례 등도 마찬가지였다고 한다.

95 자세히는 이상돈, 부실감사법, 법문사, 2007, 241쪽 참조.

사항색인

[ㄱ]
가격형성력 308
가치논증 162
가치총계이론 92
가치충전필요개념 132, 318
간섭법 394
강제적 양형규정 462
개인적 책임귀속 8
객관적 처벌조건 220
거래위험 271
거래인과관계 354
게임의 법칙 270
결과책임 45
경성카르텔 178, 217
경영재량사항 565
경영책임자 47
경영판단원칙 14, 250, 554
경영판단적 상계충당 95
경쟁규칙조작 208
경쟁적 시장구조 148
경쟁제한성 210
경쟁제한입찰담합죄 179
경쟁제한추정 218
경쟁제한효과 160, 211
경제적 의미의 반대급부 33
경제적 이득의사 392, 416
경제적 이성 32
경제적 행위 동일체 158
공감의 법해석 183
공개매수 273
공동행위심사기준 178
공매도제한 278
공정감사의무 362
공정성 276
과세전적부심사청구 476
과점가격 213
과징금 109
과책주의 374
과학적 인과성 378
관리적 처분행위 526
구체적 위험 32
국고주의 442
국제회계기준 241
권한남용 252
기업개선작업 268
기업살인법 116
기업탈취자 358
끼워팔기 152

[ㄴ]
내부자거래의 순기능 269
내부정보 284, 285

[ㄷ]
다차원적 제재법 389
단기매매차익반환 278
당연위법원칙 217
대량거래 309
대리인비용 269
대리인비용문제 510
대체구입가능성 154
도덕적 정당성 513
독점경쟁 214
독점적 경쟁의 이론 213
독점화의도 169
동의명령 175
동의의결제 119, 234
동조행위 193

[ㄹ]
러너지수 159
리니언시제도 229

[ㅁ]
모럴헤저드 7
모험거래 28
목적합리성 247
무과실 손해배상 111
무상주 531
무죄추정원칙 100
미공개중요정보 289
민사제재금 394

[ㅂ]
반대급부가 없다 27
반독점범죄 171
발행시장공시 379
벌금병과 459
범죄인지권 504
범칙조사전환 479
법감정 559
법다원주의 167, 168, 442
법률상 추정 196
변칙증여 519
변칙증여의 방지 453
변형주식스왑 329
병행행위 194
보안처분적 재산권박탈 458
보충성원칙 551
부가적 위험 407
부가형 458
부당이득의사 353
부수적 경쟁제한의 원칙 221
부실감사책임 370, 371, 383
부실공시책임 368, 371
부실외부감사 401
부외자금의 상계충당 93
부외자금조성 103
부정한 수단 348
부정한 행위 450
분쟁조정 389
불법이득의사 332, 346, 353
불법지수 228
브랜드로열티 256
브랜드사용료 242, 256
비가역성원칙 491
비례성 477

비례성원칙 334
비례책임 393
비신사성 161
비자금의 조성·사용 88

[ㅅ]
사건연구방법 292
사기적 부실감사 402
사기적 부정거래 342, 567
사법자제의 원칙 77
사실상 추정 204
사실상 하나의 사업자 189, 257
사안의 질감 232
사전적 허수매수주문 320
사회유해적 행위 374
사회조사방법 376
사후적 허수매수주문 321
산업별 평균수익률 164
상계충당 91
상당인과관계설 375
상속재산분할협의서 542
상속재산의 대위물 535
상속회복 522
상품결합의 컨버전스 150
상호적 동조행위 193
생활세계적 귀속규칙 375
선관주의의무 73
세무조사 474
세무조사의 합법성원칙 475
셔먼법 179
소급과세금지원칙 499
소멸시효 396
소비자주권 137, 152
소비자편익 211
소비자후생 137, 180
소유적 개인주의 386
수리재무학 253
수요독점시장 216
수탁의무 273
순환논증 155
스캘핑 317
시뮬라크르 274, 275
시민법 441
시민자유우선원칙 552
시장감시 423
시장의 공정성 136, 148
시장의 실패 180
시장지배력 159, 225
시장지배지위 남용행위 144
시장획정 154
시퀀스 336
시퀀스고의 297
신고전주의 경제학 82
신뢰보호원칙 498
신의파괴 252
신제도학파 경제학 83
실질주주 525
실질지배력 85
심리적 인과성 268
심문 490
심사지침 167
심정형법 314

[ㅇ]
안전구역 188
액면분할 531
약식기준원칙 223
엄정책임 171
업무분담장치 279
여론재판 377
연대책임 391
영구전환사채 238
예방적 범죄투쟁 469
예외적 사용·처분의 법리 88
우리사주제도 10
원상회복 111
위험감수원칙 28
위험성관련이론 407
위험증대이론 408
유동성장애 22
유사기업분석법 75
유통시장공시 379
윤리경영 66
윤리적 경영의무 23
윤리적 덕 118
의도적 배임고의 59
의무구성요건 139, 278
의미론적 투쟁 376
의심스러울 때에는 시민자유의 이익으로 원칙 280
이득액 산정 290
이중수사 131
이중위험금지원칙 460, 482
이중위험금지조항 480
이중위험평가금지 71
익금불산입 86
인수합병의 외적 체제 564
일방적 의식적 동조행위 192
일수벌금제도 457
일응 증명 케이스 312
입법재량 456
입증책임전환 369
입찰경매방해죄 183

[ㅈ]
자기거래제한 72
자기위태화이론 413
자기주식 취득소각 328
자본시장조사심의위원회 430
자전거래 318
자진신고 230
장치산업 214
재산처분의 자유 380
적극적 은닉행위 516
적극적 재산증식의사 70
적법절차 487
적정수익률 163
적정책임 392, 393
적정형법 146
전문형법 140
전미래시제 4, 249
전속고발 471
전속고발제 233, 448
정당행위 226
정범 뒤의 정범 20
정보교환적 소통 192, 193
정보권침해 400

정보소유이론 270
정보수령자 283, 296
정상불기소처분 507
정상징역형 495
정상참작감경규정 462
제로섬 게임 300, 381
제척기간 523
조세일탈행위 436
조세질서범 469
조세탈루 438
조세피난처 437
조세회피 550
조직적 범행지배 19
조직지배 18
주가결정력 320
주가부양(boosting) 309
주가수익비율 327
주가연계증권 336
주가조작의 불법유형 306
주가조작의 트릴레마 303
주당순자산가치 327, 570
주식공모사기 352
주식대량보유보고의무 279
주식명의신탁계약 527
주식파킹 24
주주수탁의무이론 273
준내부자 282
중간법 171, 174, 394, 418, 459
중대재해책임 41
중대재해처벌법 116
즉시고발사유 495
증거개시제도 405
지렛대효과 149
지분법평가이익 81, 255
진실의무위반죄 372
진압적 제재 195
집단적 사익 246
집합권리설 537
징벌적 손해배상 110

[ㅊ]
차명주식관리 512
차액정산계약 240
차액정산방식 339
차입매수 25
참여적 관찰 388
책임원칙 272, 334, 456
책임주의 198
체계간 원칙 97
체계통합 122, 175, 232
체계통합기능 447
충실의무 72

[ㅋ]
카르텔불법 185
카르텔이탈 202

[ㅌ]
탈법경영 13
탈법적 시세안정 309
통고처분 493
통고처분전치주의 495
투자손실보전계약 257
투자유발효과 323, 354

투자유인효과 322, 354
투자자보호정보 285
투자정보 285
투자정보권 397
트릴레마 302
특별배임죄 2
특수관계인거래위반죄 246
특수관계인부당지원 245
특수관계인부당지원죄 261
특수불법행위책임 395

[ㅍ]
파레토최적상태 181
판덱텐시스템 106
패스트 트랙 426
편면적 대향범 295
평균적 정의 396
포괄구성요건 17, 343, 545
포괄일죄 203, 336
포괄적 금지조항 343, 347
포괄적 사기금지 307
포괄조항 358
포섭착오 98
포탈세액 454
풍문의 유포 355
필요최소원칙 478

[ㅎ]
합리원칙 223
합법칙적 인과성 384
합병비율 566
합의추정복멸사유 199
합작투자 222
행정수사영장 488
행정적 조사 126
허용리스크이론 35
허용포섭착오 98
헌법구체화규범 486
헌법합치적 해석 515
현금흐름할인법 29, 556
협조의사 195
협조행위 190
형벌대체적 제재 106, 109, 480
형벌보완적 제재 109
형식주주 525
형평성 477
화해결정 121
회계부정 363
회계오류 363
회계판단의 차이 363, 572
효율성논증 162

저자 약력

■ 이 상 돈

서울고등학교 졸업
고려대학교 법과대학 졸업
고려대학교 일반대학원 법학과 졸업(법학석사)
독일 프랑크푸르트 대학교 대학원 졸업(Dr.jur.)
고려대학교 법학전문대학원 정교수(現)

한국법철학회 회장(역임)
국가생명윤리심의위원회 위원(역임)
대법원 국선변호위원회 위원(역임)
대법원 법원행정처 소송규칙 자문특별위원회 위원(역임)
검찰제도개혁위원회 위원(역임)
법무부 인권옹호자문단 위원장(역임)
고려대학교 법학연구원 원장(역임)

대표저서
법의 깊이(법문사, 2018)
법의 예술(법문사, 2020)
형법강론(박영사, 2020)
기업경영형법(박영사, 2022)

기업경영형법

초판발행 2022년 9월 30일

지은이 이상돈
펴낸이 안종만 · 안상준

편 집 이승현
기획/마케팅 조성호
표지디자인 Benstory
제 작 고철민 · 조영환

펴낸곳 (주) 박영사
서울특별시 금천구 가산디지털2로 53, 210호
(가산동, 한라시그마밸리)
등록 1959. 3. 11. 제300-1959-1호(倫)

전 화 02)733-6771
f a x 02)736-4818
e-mail pys@pybook.co.kr
homepage www.pybook.co.kr
ISBN 979-11-303-4258-0 93360

정 가 32,000원